INTERPRETING MOZART

新版
モーツァルト
演奏法と解釈

エファ&パウル・バドゥーラ=スコダ 著

今井 顕 監訳　堀 朋平・西田紘子 訳

音楽之友社

INTERPRETING MOZART (Second Edition)
The Performance of His Piano Pieces and Other Compositions

Japanese translation by Ongaku No Tomo Sha Corporation
© Copyright 2016 by Eva & Paul Badura-Skoda

日本語版に寄せて

　新たに再編された『新版　モーツァルト　演奏法と解釈』を通じて、日本の読者の皆様にあらためてご挨拶申し上げます。

　旧著が出版されてから、すでに50年以上の時間が流れました（原著は1957年、日本版は1963年刊行）。以来、日本語版が他のどの言語よりも多く出版され、愛読されていたのです。これは日本の方々とモーツァルトのつながりが特別のものであるからに違いありません。

　日本の読者がモーツァルトの明解な音楽を好まれるのは、モーツァルトの音楽に日本の木版画、あるいは俳句のように「ごく簡素な素材によって深く、幅広い情緒──幸せの絶頂から痛みを伴う嘆きまでの感情──を表現する芸術」と相通ずるものがあるためと確信しています。この「簡素であること」「饒舌でないこと」こそが、演奏者にとって最大の課題なのです。そこに粗雑に扱って良い音符は1音たりとも存在しません。直前の音符、直後の音符、あるいは同時に弾かれる音符との正しい連携を、極限まで磨かなければならないのです。「今日の日本のピアニストばかりでなく、ヴァイオリニスト、フルーティスト、あるいは指揮者たちが魅力的なモーツァルトを演奏してくれる陰には、旧著の存在が少しでも役に立っているのかな」と想像すると、心に嬉しさがあふれてきます。

　巨匠の作品の演奏、作曲家の意図への理解、当時の音響への考察、これらはすべて「硬直した概念」ではありません。それぞれの時代において「規範となるべき名演奏」あるいは「正統と思える解釈」が存在し、中には時代を超えた価値を持つものもありました。しかし演奏や音楽鑑賞の好みと価値観はこの50年で大きく変化しました。50年前にはまったく存在しなかったタイプの音楽が今では世界を席巻し、「良き音楽」を圧迫するようになったのです。こうした新しい音楽がもたらす充足感の特徴は「足を踏みならすように無表情に続く四分の四拍子」です。

　"クラシック"な音楽家の数はさらに少なくなり、危機的な状況に陥っています。私どもにできることは、今までよりもっと美しく演奏することによって、浅薄なものに対し、より深い、真摯な音楽の存在価値を示していくことです。こうしたさまざまな思いから、私どもは旧著にまとめたモーツァルト研究をさらに拡大し、加筆校訂を施すことにしました。私どもも過去50年にさまざまなことを学習し、旧著における見解が基本的には正しくても、それを別の形で表現する必要性を感じるようになったのです。

　20世紀に得られた成果のうち、モーツァルト研究の進展に多大な影響を与えたのは主に以下の3点です。

1）さまざまな伝記の中に埋もれていたモーツァルトの生涯と創作における情報を再考証

することによって得られた新しい知見。

2）今までにない緻密さで編纂された『新モーツァルト全集』の上梓。

3）長年行方不明だったモーツァルトの手稿の再発見と、その研究によって得られた知見。とりわけ20世紀初頭からその存在が不明だった《幻想曲ハ短調K.475》と《ピアノソナタハ短調K.457》の手稿の特筆されるべき再発見。

　本書の日本語版の出版社、音楽之友社に感謝するとともに、内容の正確な翻訳を引き受けて下さった堀朋平氏と西田紘子さんにも心から御礼申し上げます。またウィーン国立音楽・舞台芸術大学で開講されていた私のクラスのアシスタントを担当していた今井顕氏には長年の友として全幅の信頼を置いており、原著に散見される難解、あるいはウィーン風の表現を、誰にでも理解できる平易な日本語に再編してくれた労に特段の感謝を捧げます。

　2016年春

エファ＆パウル・バドゥーラ＝スコダ

第1版への序

　本書は、長期にわたる愛情のこもったモーツァルト研究の結果がまとめられたものです。この研究の間、私どもは毎日のように発見に巡り会い、洞察を行なってきました。それによってモーツァルトの音楽への愛はより深まり、この唯一無二の人間かつ芸術家に対する崇敬の念を、さらに強めることになりました。アマチュアの音楽愛好家でもプロの音楽家でも、モーツァルトの音楽から何も得ない人がいるとは、とうてい思えません。一見やさしく単純な音楽のように見えたとしても、その根底にある複雑さ、内容と形式のバランスを再現することがとても難しいことに、どの音楽家も気づいています。「モーツァルトを演奏する」とは、まさしく音楽の趣味を問われることなのです。

　良いバッハ演奏のためには、その様式を知る――その時代と作曲家の様式に通じる――必要があります。改めて述べるまでもないことですが、これはモーツァルトでもまったく同じです。本書で紹介するモーツァルトの様式を知らなければ、モーツァルトがしばしば書き残した「概略として示されている音列」をきちんとした演奏として整えるために必要な音楽的肉づけを行なったり、協奏曲のカデンツァを正しい様式で創作したり、モーツァルトが書いていないところにも強弱記号を追加する、あるいは装飾を正しく処理する、といったこともできません。本書に掲載されている範例が、他書に採用されている既知のものと異なっている場合が少なからず存在しますが、これらはすべてモーツァルトの自筆譜や、信頼に耐え得る二次的な資料から引用されたものばかりです。

　当然のこととして、モーツァルトの様式の解明にも一定の限界があります。さまざまな問題を扱う際に、個人的な見解をすべて排除して客観的と思われる知見のみで解決することは不可能です。私どもは本書にまとめた結論がすべてであるとは考えていません。本書の目的はむしろ、モーツァルトの演奏の諸問題に光を当てることによって、それらを解決するための糸口を提供するところにあるのです。

　本書ではピアノ作品からの範例が多く使われていますが、だからといってピアニストだけのために書かれたわけではありません。他楽器の作品も数多く引用されており、ヴァイオリニスト、歌手や指揮者にとっても参考となる知見が多く提供されています。

　この機会に尊敬すべき師たち――エトヴィン・フィッシャー名誉博士、ドクター・ヴィルヘルム・フィッシャー教授、ヴィオラ・テルン教授らが私どもに教えてくださったことすべてに対し、心より感謝申し上げます。ドイツ語版を上梓する際に私どもを暖かく援助してくださった方々全員、とりわけアルフレッド・オーレル教授、ドクター・ヘルムート・フェーダーホーファー教授、ドクター・オズヴァルト・ヨーナス氏、そして指揮者のジョ

ージ・セル氏にも感謝を捧げます。さまざまな図書館の管理者やスタッフ、とりわけベルリンのドイツ国立図書館（ヴィルナイズル博士）、マールブルクの西ドイツ図書館（クレーマー館長）、テュービンゲン大学図書館（フォン・ライプニッツ博士）、ウィーンの音楽愛好家協会図書館(ヘドヴィヒ・クラウス博士)、ウィーンのオーストリア国立図書館音楽部門(L.ノーヴァク博士) らの助力にも恩義を感じています。英訳に際し出版社と翻訳者の親切な協力体勢を構築するとともに、とりわけ貴重な助言と忠告を頂戴したH.C.ロビンズ・ランドン氏、ポール・ハンバーガー氏、フリッツ・シュピーゲル氏、そしてモーツァルトの手紙の翻訳を快く許可してくださったエミリー・アンダーソン女史に感謝の意を表明します。また翻訳者の注で触れた出版社の皆様にも感謝いたします。校正刷りに目を通した上で訂正も行なってくれたアルフレート・ブレンデル氏、モーリッツ・シレム氏、クリスタ・ランドン女史、ルネ・ラロシェ氏にも心から感謝しています。

なお以下の出版社の本から引用を行ないました。これについても感謝申し上げます。

Cassell & Co.: *C.P.E.Bach: Essay on the True Art of Playing Keyboard Instruments* (1949), translated by W.J. Mitchell.

Oxford University Press: *Leopold Mozart: A Treatise on the Fundamental Principles of Violin Playing* (1948), translated by Editha Knocker.

T. Schirmer & Co.: *F. Busoni: Sketch of a New Esthetic of Music* (1911), translated by T. Baker.

1957年1月、ウィーンにて

エファ＆パウル・バドゥーラ＝スコダ

本書で言及される主な資料・文献

　モーツァルトの自筆譜と初版譜に関するこの研究は、私どもが個人的に所蔵するマイクロフィルムとコピー、ならびに若干のファクシミリ・エディションに基づいています。

　特記のない場合、譜例は『新モーツァルト全集』（NMA = *W.A. Mozart, Neue Ausgabe sämtlicher Werke,* in Verbindung mit den Mozart-Städten Augsburg, Salzburg und Wien, herausgegeben von der Internationalen Stiftung Mozarteum, Kassel, 1955–2007）のテクストに従いました。『新モーツァルト全集』はネット上で無料閲覧ができます（2016年4月現在）。http://dme.mozarteum.at/DME/nma/start.php?l=3

ケッヘル番号について

Köchel, L. Ritter von. *Chronologisch-thematisches Verzeichnis sämtlicher Tonwerke Wolfgang Amadeus Mozarts.* Third ed. Edited by Alfred Einstein, with a supplement. *Berichtigungen und Zusätze* [Addenda and Corrigenda], by Alfred Einstein. Ann Arbor, MI: 1947.（K.と略記）ただし本書で用いたのは、音楽家のあいだでもっともよく知られる初版のケッヘル番号です。上記ケッヘル＝アインシュタインの目録による追加番号は、今や多くが時代遅れであり改訂される必要があるため、付記しないこととしました。

モーツァルトの書簡の主な出典

Anderson, Emily, ed. and trans. *The Letters of Mozart and His Family,* Third ed. London: Macmillan, 1985.

Bauer, W., Deutsch, O. E., and Eibl, J., eds., *Mozart: Briefe und Aufzeichnungen, Gesamtausgabe* (7 vols.). Kassel: Bärenreiter, 1962–75; vol. 8 (addenda) BVK 2005.（邦訳：『モーツァルト書簡全集』海老澤敏・高橋英郎編訳、白水社、2001年。）

モーツァルトに関する文書の出典

Deutsch, Otto Erich. *Mozart: Dokumente seines Lebens.* Kassel: Bärenreiter, 1961.（邦訳：O.E.ドイッチュ『ドキュメンタリー モーツァルトの生涯』井本晌二訳、シンフォニア、1989年。）

Eisen, Cliff. *New Mozart Documents: A Supplement to O.E. Deutsch's Documentary Biography.* California: Stanford University Press, 1991.

もっとも頻繁に言及される18世紀の理論書

Bach, C.P.E. *Versuch über die wahre Art das Clavier zu spielen.* Berlin: 1753 (first part);

Berlin:1762 (second part).（邦訳：C.P.E. バッハ『正しいクラヴィーア奏法』東川清一訳、全音楽譜出版社、2000年。）

Mozart, Leopold. *Versuch einer gründlichen Violinschule.* Augsburg: 1756.（邦訳：L. モーツァルト『ヴァイオリン奏法［新訳版］』久保田慶一訳、全音楽譜出版社、2017年。）

Quantz, J.J. *Versuch einer Anweisung die Flöte traversiere zu spielen.* Facsimile reprint of the third edition, 1789. Edited by Hans-Peter Schmitz, Kassel: Bärenreiter, 1953.（邦訳：J.J. クヴァンツ『フルート奏法試論』石原利矩・井本晌二訳、シンフォニア、1976年。）

Türk, G.D. Fr. *Klavierschule.* Halle: 1789; second edition, Halle: 1802.（邦訳：D.G. テュルク『クラヴィーア教本』東川清一訳、春秋社、2000年。）

日本語版新版の凡例

・著者による引用文中の補足は［　］の中、訳者による補足は〔　〕の中に入れました。
・音名はドイツ語表記となっています。
・が表示されている箇所ではパウル・バドゥーラ＝スコダの声と演奏を聴くことができます。下記より無料でストリーミング再生、またはファイルのダウンロードが可能です。
https://www.ongakunotomo.co.jp/ov/131110_mozart.html

日本語版新版第2刷に際して

新版第2刷に際して、L. モーツァルト『ヴァイオリン奏法』の邦訳引用元を下記に変更しました。
L. モーツァルト『ヴァイオリン奏法［新訳版］』久保田慶一訳、全音楽譜出版社、2017年

目 次

日本語版に寄せて ――― 1
第1版への序 ――― 3
本書で言及される主な資料・文献 ――― 5
日本語版の凡例 ――― 6

はじめに　　　　　　　　　　　　　　　　　　　　　　11

第1章　モーツァルトの響きの世界　　　　　　　　　　19
- モーツァルト時代の鍵盤楽器 ――― 20
- あらゆる種類の鍵盤楽器に習熟していたモーツァルト ――― 25
- アントン・ヴァルター製フォルテピアノと音律 ――― 38
- ダンパーを上げるために用いられる膝レバー ――― 41
- ペダル効果とペダルの使い方 ――― 45
- モーツァルトのペダルフリューゲル ――― 56
- モーツァルトのフォルテピアノの音域 ――― 60
- ピアノの構造に関して一言 ――― 66

第2章　デュナーミク（強弱）　　　　　　　　　　　　71
- 強弱記号に関する18世紀の基本的慣習 ――― 72
- モーツァルトのピアノ作品における強弱記号 ――― 75
- デュナーミクの種類 ――― 83
- クレシェンドとデクレシェンド ――― 84
- アクセント記号 ――― 88
- 強弱記号の補足 ――― 97
- エコーシンドローム ――― 105

第3章　テンポとリズムの問題　　　　　　　　　　　113
- テンポの問題 ――― 114
- きわめて重要なテンポ記号のリスト ――― 124
- アッラ・ブレーヴェ ――― 131
- 「拍子を守って」演奏すること ――― 134
- アゴーギク ――― 137
- ルバート ――― 140
- リズムの記譜の特性 ――― 147
- ヘミオラ ――― 155

第4章　アーティキュレーション　　159
- レガート ——— 163
- アーティキュレーションスラーとレガートスラー ——— 166
- 混合アーティキュレーション ——— 183
- ポルタート ——— 185
- スタッカート ——— 186
- 記号のついていないパッセージ ——— 194

第5章　装飾音　　203
- アッポッジャトゥーラ ——— 209
- アルペッジョ ——— 258
- ターン ——— 260
- トリル ——— 275
- プラルトリラー ——— 297

第6章　即興的装飾　　309
- 装飾する箇所についての古い規則 ——— 313
- 必要な音の付加 ——— 315
- モーツァルトによる各種の装飾モデル ——— 331
- 趣味の問題としての音の付加 ——— 337
- 様式になじまない音の付加 ——— 351
- 結論 ——— 357

第7章　カデンツァとアインガング　　361
- カデンツァは即興なのか、それとも事前に作曲されたものなのか ——— 363
- カデンツァと自由な即興における構造上の差異 ——— 366
- モーツァルトの協奏曲のカデンツァを創作する ——— 368
- アインガングとフェルマータ上の装飾 ——— 394
- フェルマータ装飾の適切な場所 ——— 399
- フェルマータ装飾が疑われる箇所およびアインガングを演奏すべきではない箇所 ——— 405
- フェルマータ記号のさまざまな意味 ——— 407

第8章　「表現と趣味」　　413
- 強弱のニュアンスを活用した表現 ——— 419
- アーティキュレーションを使った表現 ——— 423
- リズムの表現力 ——— 429
- 和声の表現力 ——— 430
- 表現力を支える適切な伴奏 ——— 432
- 喜劇的な雰囲気と悲劇的な雰囲気の表現 ——— 437
- 笑顔を絶やさずに！ ——— 446
- くり返しは必ずしなくてはならないのか？ ——— 450

第9章　最良のテクストを求めて　453
- 新モーツァルト全集 ──── 456
- その他の推奨されるエディション ──── 458
- ピアノソナタにおけるテクスト問題 ──── 459
- ピアノ協奏曲におけるテクスト問題 ──── 467
- 『新モーツァルト全集』のあとに来るのは？ ──── 480
- 《ピアノ協奏曲変ホ長調 K.271》の最新版 ──── 481
- ウィーン原典版の新訂版 ──── 487
- 楽譜の綴じ方について ──── 494
- 章の最後に ──── 494

第10章　オーケストラとの共奏　495
- ピアノ奏者は、ピアノ協奏曲をどのように演奏すべきか ──── 497
- オーケストラの規模とリピエーノ・パート ──── 507
- コンティヌオの演奏 ──── 508
- オーケストラとともに演奏する協奏曲楽章の最後の和音 ──── 530

第11章　ピアノ作品における技術的問題　533
- フィンガーアクション ──── 536
- 音階とアルペッジョ ──── 540
- トリル ──── 542
- オクターヴ ──── 543
- ダンパー・リフティング・ペダル（膝レバー）を使う際の技術的問題 ──── 546

第12章　いくつかのピアノ作品の演奏解釈　553
- 《ピアノ協奏曲ニ短調 K.466》 ──── 555
- 《ピアノ協奏曲イ長調 K.488》 ──── 573
- 《ピアノ協奏曲ハ短調 K.491》 ──── 587
- 《ピアノソナタイ短調 K.310》 ──── 620
- 《ピアノソナタイ長調 K.331》 ──── 634

付録　645
- 付録1　パミーナのト短調アリアに関して伝えられるモーツァルトのテンポ ──── 646
- 付録2　現在入手可能なモーツァルト作品の推奨楽譜 ──── 649
- 付録3　バッソ・コンティヌオの実施例 ──── 653

参考文献一覧 ──── 655
監訳者後記 ──── 663
作品索引 ──── 665

はじめに

音楽演奏にまつわる課題は、音楽そのものと同じくらい古いに違いありません。それは「演奏を通じて聴衆にこの上なく強力かつ直接的で深く、しかもできる限り長く持続する印象を与えるにはどうしたらいいか」というものです。このことは、古くはオルフェウスの伝説としても伝えられています。オルフェウスの歌にはそうしたたぐいまれな効果があり、その演奏があまりに感動的なため、神や死さえも凌駕してしまった、という話です。

　あらゆる音楽活動の究極の目的は、聴き手の魂に深く語りかけることでしょう。しかし、そこに至る道は決して安易なものではありません。たまたま幸運が味方して、すべてがうまくいくように思える場合もあるでしょう。しかしほとんどの場合、芸術とは真摯な研究の結晶であり、時として苦しみぬいたからこそ手にできた成果であり——さらに言えば、魂の破壊（病気や罪）さえをも突き抜けた末に得られる結果なのです。芸術家の本質は想像力と愛する力と並んで、「伝えたい」という命がけの要求にあり、それを成就しようとする道は無限の苦しみを伴うのです。芸術家たらんとすることは、素質があるか、それだけの器に恵まれているか、創造性を持ち合わせているかによって左右されるのではありません。そして最後に直面する演奏が自分の思い通りになるかどうかも、演奏の瞬間まで誰にもわからない秘密なのです。

　どの世代の芸術家にも共通することがひとつあります。それは「誰もみな完成した芸術家として生まれてきたわけではない」ことです。芸術家への道は努力と忍耐の道のりであり、安易に啓発の瞬間を待ちわびているだけの者に、その期待が満たされることはないでしょう。素質があろうとなかろうと「何かをやり遂げよう」と願うのであれば、自分の才能を存分に開発し、知識を深める努力が不可欠です。音楽にたずさわる演奏家は、音楽演奏の本質的問題を常に意識していなければなりません。

　もちろん、古今の音楽家は演奏の基本的な問題に常に関心を払ってきましたし、すでに多くのことが語られ、書かれてきました。しかし偉大な演奏家たちの見解は互いに矛盾することもあり、さまざまな原理がひとつに集約されることはなさそうに見えます。例としてC.P.E.バッハとブゾーニという二人の大家のことばを比較してみましょう。バッハはこう述べています。

　　音楽家は、自分自身が感動するのでなければ、他人を感動させることはできないので、聴衆の心に呼び起こそうとするすべてのアフェクトのなかに自分自身もひたることが是非とも必要である[1]。

---

1) C.P.E.バッハ『正しいクラヴィーア奏法 第一部』東川清一訳、全音楽譜出版社、2000年、178〜179頁。L.モーツァルトは、『ヴァイオリン奏法』（第12章第7段落）で同じ効果について書いている。「そして練習では作曲者が表現しようと思っていたアフェクトを見つけ出し、正しく演奏できるように、あらゆる努力を惜しまないことを、最後に言っておきたい。悲しさと楽しさがしばしば交替するようなら、それぞれにふさわしい方法で演奏できるよう、努力してほしい。一言で言えば、

一方でブゾーニの言葉はこうです。

芸術家が他人を感動させる場合、自身が感動していなくてもよい。さもなければ、決定的な瞬間に、技術をコントロールしきれなくなるだろう[2]。

逆説的にも見えますが、理想の演奏とはこれら双方が満たされているものなのです。絶対的信念をもって演奏していても、どこか内部に客観的に作動する制御機能が保たれていないと、知性が築いた土手から感情があふれてしまい、結果としてアマチュア的演奏になってしまいかねません。次の引用もブゾーニの『新しい音楽美学の草稿』からですが、ここではブゾーニが決して感情を敵視していたわけではなかったことがわかるでしょう。以下は「ブゾーニの演奏には感情が宿っていない」という批判への応答として書かれたものです。

感情は、誠実さと同じく誰にでも備わっている［…］とはいえ、他のもっと輝かしい精神で埋め合わせない限り、それが日常生活において欠落することもあり得るだろう。［…］芸術におけるそれ［感情］は、何よりも崇高な価値を持つモラルなのである[3]。

すべての音楽のフレーズには一定の表現内容が委ねられています。真の芸術家はこの内容を理解するだけでなくしっかり意識し、その上で演奏に必要な他の課題のために知性と心情を使うことができます。あるフレーズが悲しみを表現すると知っていても、そのパッセージを演奏するたびに悲痛な気持ちになるわけではありません。日常の練習やリハーサルではなおさらです。

大切なのは「そのフレーズが何を意味するか、そしてその悲しみがどういう悲しみなのか」を知っていることであり、それを客観的に表現できることなのです。音楽によって呼び起こされる感情の波にみずから溺れてしまっては、ひとつの有機体のような大規模な音楽形式を、知性によって構築することはできません。次々と続く情緒の変化だけに捉われていては、全体への展望を見失ってしまいます。真の芸術家への課題が「作品の各部分に適切な感情表現を与えつつ、一貫し、調和した"全体"という印象を聴き手に与えること」であるならば、作品を全体として把握しなければなりません。

作曲家と演奏家の関係はまた別の問題であり、これまでもたびたび議論されてきました。「演奏家は別人格である作曲家の作品を"自分自身と自分の感情"の表現に使うべきな

演奏者自身がまず心動かされるように、すべてを演奏しなくてはならないのだ。」L.モーツァルト『ヴァイオリン奏法［新訳版］』久保田慶一訳、全音楽譜出版社、2017年、249〜250頁。
2) Ferruccio Busoni, *Sketch of a New Esthetic of Music*, p.21.
3) Ibid., p.26. 以降のページも参照のこと。

のか？」あるいは「演奏家は目立たず、作品の後ろに隠れ、自身の個性を背景に追いやるべきなのか？」——これは特定の演奏家の気性による問題というよりも、時代の趣味によるところが大きいに違いありません。ロマン主義の時代には、想像力を働かせた解釈が演奏家にも求められました。フランツ・リストは、ある手紙で次のように書いています。

> ヴィルトゥオーソは、設計者のスケッチに誠実に従って石を彫る石工ではありません。自分のものを何もつけ加えることなく感情や思想を再現する、受身の道具ではありません。自らの発言には何の余地も与えてはくれないような作品を、多少の経験を基にしながら「通訳する者」ではないのです。[…] ヴィルトゥオーソにとっての音楽作品とは、実際のところ自分の情緒を悲劇的かつ感動的に具体化したものにすぎません。自らの情緒に語らせ、泣かせ、歌わせ、ため息をつかせ、自身の意識と一致させてそれらを再現するよう求められているのです。このように、作曲家と同じように、ヴィルトゥオーソも創造者です。自分自身の心情として生き生き描き出したい、と切実に願うような情熱をもっていなければならないからです[4]。

　現代の作曲家の多くは、正反対の見解に到達しています。演奏家に、目前の音符をあたかも兵士が上官の命令を遂行するように没個性的に、何も自身の意見を加えることなく演奏するよう要求しているのです。一説によると、ラヴェルは「私は解釈されたくないのだ！」と言ったと伝えられていますし、ストラヴィンスキーも同じ立場です。ラヴェルの言葉は明らかに、自分の作品があまりに主観的・ロマン的に演奏されたことへの抗議であり、多くの演奏家が作曲家の意図を真摯に見つけ出し、それを再現しようという努力を怠っている、ということへの憤懣です。ラヴェルは「解釈 interpretation」という語を故意に曲解していますが、ラヴェルの言いたかったことに変わりはありません。

　リストの言葉はロマン主義者、さらには天才的即興演奏家ゆえのことであり、驚くには値しません。彼の考えは、その時代の演奏様式を反映しています。ロマン主義の作品には、ほかの時代の作品よりも自由で個性的な演奏が必要であることを忘れてはならないのです。ロマン主義の作曲家が創作した作品には、その場での即興や瞬間のひらめきを容認する要素が含まれていたと考えるべきでしょう。

　それとは正反対の極にある現代の作曲家たちの見解を理解することは、もっと困難です。楽曲を没個性的に演奏することは、冷酷な唯物論者のような音楽家でさえ不可能でしょう。演奏者は、それを認識していようといまいと楽曲を解釈し、伝達し、翻訳しているのですから。

---

4) James Huneker, *Franz Liszt*, p.303.

ある作曲家が自作品を演奏家の媒介を排除した形で演奏させたいと願うなら、自分の音楽を単に記譜しただけでは不充分です。記譜と並行して録音も残し、演奏家が（もはや「演奏家」ではあり得ませんが）できるだけ正確に模倣できるようにしなければなりません。しかし、そのような魂のない模倣があらゆる音楽演奏の死を意味することは、あらためて述べるまでもないでしょう。

　視点を変えて、演奏家が単なる模倣者ではなく演奏者・解釈者として介在できるのであれば、作曲家の演奏の録音はその作曲家が言わんとしていることを理解するための大いなる助けとなるでしょう。およそ作曲家による自作自演は、「自作を客観的に演奏した」のとはまったく違う、生気に満ちた様相を呈しています。何にもまして作曲家たちは、ひとつの作品を二度同じように演奏することが得意ではありません。「逐語的な正確さを狂信的に擁護する者」とは違って、自らの作品を生き生きと、束縛されず、自然に演奏する傾向にあるだけでなく、演奏家たちよりもさらに大きな想像力をもって演奏することが多いようです。

　今日の作曲家のほとんどが演奏家の"機能"を重視したがらず、実際には当然のものであるはずの「演奏家の自由」をあまり認めたがりません。作曲家たちは、自身の心理や思想のプロセスが明々白々であるゆえに、記譜においても自分の思想をかなり明確に表現できたと思い込んでいることがよくあります。

　しかし、楽譜と実際の音楽の間には、大きな隔たりがあるのです。これらの関係は、家の設計図と完成した建物の関係とは違います。ひらめきはなくとも誠実な施工業者であれば、良い設計図に従って目的にかなう建物を建てることができるでしょう。また設計図通りに作るのであれば、別の業者に頼んでも寸分違わぬものができあがります。他方、音楽の作品を演奏する場合には、才能のある演奏家でさえ、想定以上に道を踏み外して作曲家の意図を完全に歪めてしまうことがしばしばあります。これは現代音楽の演奏のみならず、私たちが親しんでいるスタンダードなコンサートプログラムでもよくあることです。ふたりの演奏家が与えられた指示に可能な限り従ったとしても、両者が同じ曲を同じように再現することはないでしょう。

　記譜の書法はどんどん精密化していきますが、音が響くプロセスを視覚上のシンボルで置き換えていく処理法には限界があり、どう工夫したところで常に不正確な代用手段でしかありません。緊張と弛緩の連なりや大きな規模での感覚値を、図示という方式によって正確に固定することは不可能です。楽譜は連続体を点に置き換えたものであり、演奏家の直観と手腕だけがこれらの点をつなげ、生き生きとしたものとして再生できるのです。

　時代と共に過去の偉大な作曲家へのイメージは大きく変化しました。バッハ、ベートーヴェン、モーツァルトの研究を推し進めていくと、その作曲家へのイメージ以上に、それ

ぞれの時代の雰囲気を感じ取れるでしょう。私たちの持っているモーツァルトに対する理解が祖父母の世代におけるそれと異なっているとすれば、それは「作曲家の意図を尊重し、音楽テクストや時代の習慣を完全に把握するには膨大な作業が求められ、究極的には不可能に近い」という認識にあります。

　私たちの演奏が作品やその様式に忠実であるためには、多岐にわたる研究が欠かせません。実際に求められることは何でしょうか？　まずは「作品への忠実さ」と「逐語的な正確さ」は違う、ということを明確にしておく必要があります。

　演奏史の視点からは「演奏における自由（実際には恣意性）が青天井に近かった1900年以前の時代」と、それに対する反動かのように「楽譜にできる限り忠実であろうとした1900年以降の時代」、そして「印刷楽譜への固執が弱まり、偉大な傑作への修正も徐々に容認されていった20世紀終わりにかけての時代」という流れが見受けられます。

　作曲家が書いた楽譜を尊重しようという気運自体はありがたく、とても重要な意識の転換でしたが、不幸にもこれがアカデミックなまでの"原典版至上主義"に陥ってしまうことも少なくありませんでした。今日では「天才たちが生まれ、育ち、活躍した時代の歴史的状況も理解しよう」という努力の甲斐あって「逐語的な正確さを追求しただけで様式的に忠実な演奏は行なえない」ことが明らかになりました。古典派の作品は、演奏家にある程度の自由を「許す」だけでなく、そうした自由を駆使することを「要求」しているのです。何はともあれ、作曲家たちが「表現力に乏しい無味乾燥な演奏を望んでいたのではない」ことだけは確実です。

　演奏における基本的な課題——可能な限り深く、持続的な共感を生み出すこと——に戻りましょう。この見地からすれば「正確な演奏」「自由な演奏」のどちらをとっても大差はないように思われます。たとえば私たちが「正確な演奏」をめざすにしても、単に「音が正しい」ことが目的なのではなく、「モーツァルトの作品はモーツァルト風の様式で再現されることがもっとも好ましくて正確である」と信じるからです。なお、ここでの「様式」とは、創造的芸術家が行なう精神的な行為や現象の総体を意味します。創造的芸術家は様式の影響下にありながら鍛えられ、様式へも影響を及ぼしていくのです。

　ほかの誰よりもまさった「これぞモーツァルト」という究極の演奏を披露できる演奏家がいるならば、私たちは快くその演奏家の様式でモーツァルトを演奏すべきでしょう[5]。モーツァルトの作品には他がまったく追随できないほどの有機的統一性および内容と形式の

5）ちなみに「作曲家は演奏効果——つまるところの表面的な効果には関心を払わなかった」という誤った考えには用心しなければならない。多くの作曲家は効果を歓迎していたし、モーツァルトも例外ではなかった。彼は手紙で「良い効果が生まれる」という語で、作品における着想の多くを正当化している。E. Reeser, *Ein Augsburger Musiker in Paris: Johann Gottfried Eckard 1735-1809*, p.74を参照。

完全な均衡があります。どんなものであれ、そこに異質な要素を加えることは、たとえそれが天才によって為されたとしても、調和——モーツァルトの音楽をして人間的であることを超越したところにまで高めるあの調和——を台無しにしてしまうでしょう。

　特定の作品や様式への忠実さは大切ですが、知性に頼り過ぎることは危険もはらんでいます。過度に知的なアプローチは、無意識のうちに発生する自発的な表現を妨げかねないからです。芸術は究極的には"直観"によって把握されるしかありません。いくら歴史的研究を積み重ねても、それだけでは「真の様式に即した演奏」には到達できません。作品はいつも、あたかもそれが初めて演奏されたかのような新鮮さをもって鳴り響かなければならないのです。

　それまで知られていなかった新しい知見を生み出すような歴史的な発見は、演奏の活力増進に寄与します。19世紀にはまったく理解されていなかったバロック音楽のリズムの精緻さを私たちが再発見したことによる波紋は、そのひとつの表れです。しばしば直感は知性によって導かれ、補強されます。知性は組織し、区分し、分析します。そしてすべては長い経験によって育まれた感情と直感とを通じて、ひとつに融合されるのです。いつの時代でも音楽の生きた息づかいとは、旋律、そして緊張と弛緩や拡張と収縮をとらえる偉人の本能——直観——によって生まれるものでした。それゆえ、どんな音楽家の内面にも多少なりともロマ的なものがあるべきでしょう。理論的研究は準備の一部に過ぎません。楽器の練習と同じく、欠かすことのできない準備です。そして演奏によって実感される芸術的な表現は、演奏者の人生によって形づくられます。エトヴィン・フィッシャーは、生徒たちにいつも語りかけていました。

君の無意識から生まれる芸術的想像力を壊すことなく、それを受け入れる余地を残しておきなさい。目を閉じて想像しなさい、目を開いて直視しなさい、自分が自分であるように。レコードを聴きすぎて、君自身が永遠にくり返されるレコードのようにならないこと。苦しみ、喜び、愛し、いつも新鮮である生を生きなさい[6]。

---

6) 1953年、ルツェルン音楽院での夏期講習初日に行なわれた講演より。

第1章
モーツァルトの響きの世界

モーツァルトの作品が初演された時の実際の響きを再現するのは、ほぼ不可能です。ロココ様式の会場で18世紀のオリジナル楽器を用い、当時とできる限り同じ音響条件を整えたとしても、歴史的に100％忠実な再現に十分ではないでしょう。つきつめれば演奏家や聴衆の美的感覚、そして社会的な状況その他の条件も、モーツァルト時代と同じであるべきだからです。しかし一般の生活様式のみならず、音楽家や聴衆の好みも18世紀以降大きな変化を遂げたばかりか、都市部における社会構造や音楽生活の実態は激変しました。

　私たちが音楽を演奏する目的は、こうした歴史への関心からではなく、演奏と響きそのものへの喜びにあるのです。しかし今とは違う時代に生まれた作品を当時と同じように演奏し、聴いてみない限り、その作品を真の意味で正当に扱うことは困難です。また、できる限り当時の状況に忠実な環境でその作品を再現するためには、歴史的側面の研究を欠かすことはできません。

　本書が初めて刊行された1956年頃は皆「モーツァルトはモーツァルトらしく、その時代と環境に即した様式で演奏されるべきだ」と思っていました。しかし20世紀も終わりになると、異なった見解を主張する音楽家が現れました。こうした人たちは、モーツァルトの音楽をどんな目的に使っても構わないと考えたのでしょう。芸術に対する尊敬は霧散し、モーツァルトの限られた側面しか伝わらないような演奏が横行したのです。今日、モーツァルトの作品は単なる素材として頻繁に修正され、ジャズや映画音楽に編曲されたり、ロックやとるに足らないBGMとして、とても適切とは思えぬ形で使用されています。こんなことでモーツァルトの偉大な芸術としての価値とインパクトが損なわれてしまうのは、残念でなりません。

　私どもはモーツァルトの作品をこのように現代的に応用しよう、と考えているのではありません。そうではなく、モーツァルトの傑作を演奏する際にどのようにその意図を理解したら良いか、どうやってその個性的な様式を把握すべきかを示していこうと思います。

モーツァルト時代の鍵盤楽器

　今日では、歴史的な価値のある鍵盤楽器がよく用いられるようになりました。多くの音楽愛好家の満足に寄与する、喜ばしい傾向です。モーツァルト時代の「フォルテピアノ」（当時のピアノは現在そのように呼ばれます）を使うことは、何もモーツァルト通だけに高く評価されているわけではありません。

　半世紀前の状況は、今とはだいぶ違ったものでした。パウル・バドゥーラ＝スコダがアントン・ヴァルター製のフォルテピアノ（ヴァルター製のピアノはモーツァルトも愛用していました）を使用したモーツァルトリサイタルを企画したのですが、それはかなり奇抜な試

みとして受け取られました。しかし、これは同時に先進的でもあったのです。なぜなら、そのコンサートの録音をLPのレコードとして販売すべく、ウェストミンスター・レコーディング・カンパニーの総裁を説得できたのですから。ウェストミンスター社の見解は「誰も買わないだろう」というものでしたが、売れ行きは上々でした。それでも当時の批評家たちはヴァルター製フォルテピアノに、「ピリオド楽器はモダンピアノより明らかに劣っており、こうした楽器には未来がない」という否定的な評価を下したのです。

モーツァルトの生誕200年が祝われた1956年当時は、まだモーツァルト時代のフォルテピアノに満足できない要因が複数ありました。最大の問題は、修復に必要な技術がまだ未熟だったことです。古い楽器を演奏可能な状態に修復することに慣れておらず、満足のいく結果を出せずにいたのです。しかし当時まだわずかだった修復の専門家（博物館に勤務していました）は、単に古いものを修理するだけで満足するのではなく、演奏可能な、価値あるフォルテピアノを製作しようと意気込んでいました。フォルテピアノ修復に関する深い専門知識と、たんねんな修復作業に必要な熱心さを兼ね備えた新しい世代のピアノ製作者が現れるまで、数年の月日が流れました。当時はフォルテピアノ用の弦や修復に必要な道具もきちんと揃っておらず、これもまた大きな問題だったのです。

今日これらの問題はすべて解決され、多くの都市や国で満足のいくレプリカ（古い楽器の複製）に出会うことができます。レプリカの品質は、過去の巨匠たちが作ったオリジナル楽器と大差ないほどになりました。この喜ばしい発展の陰には、パイオニアとして活躍したピアニストたちの存在も忘れてはなりません。とりわけマルコム・ビルソンの果たした功績は特筆に値するでしょう。ビルソンはピリオド楽器の演奏法を学び、優れたレプリカを使用して多くのコンサートを行なうプロのフォルテピアノ奏者となりました。また、指導者としても卓越しており、今も多くの才能ある若手音楽家がビルソンに学び、彼を手本としています。

状況が好転したとはいうものの、博物館の所有物であることが多いオリジナルのフォルテピアノで演奏する際には、なおも多くの問題が残されています。まず、コンサートに使うことができる、あるいはレプリカのモデルとなるような、モーツァルト時代の優れたオリジナル鍵盤楽器は、常時入手可能というわけではありません。今日なお演奏できるオリジナルのフォルテピアノの台数は限られていますが、その響きは当然のことながらレプリカとは違います。素材として使われている木の老化によってモーツァルトの時代の響きと違ってくることも、防ぐことのできない経年変化です。オーセンティックなオリジナルサウンドを再現したくとも、そこに限界があるのは仕方ありません。

これはヴァイオリンでも同じです。19世紀以降、数多くのすばらしいモダンヴァイオリンが作られてきましたが、その響きはストラディヴァリウスやグァルネリとは微妙に異な

ります。技術でも楽器でも「新しいもののほうが優れている」となりがちな19世紀風の評価は避けるべきですが、古いという理由だけですべてが美しいとみなしてしまうのも、また別のあやまちでしょう。作品を実際の音として再現する際には、しばしば楽器の歴史的価値と私たちの美的感覚の間のどこかに妥協点を見いださざるを得ないことがあるのです。

　18世紀半ば頃、一部のスクエアピアノはダンパーなし、あるいはダンパーリフティング装置やその他のストップなしで製造されていました。ゲオルク・クリストフ・ヴァーゲンザイルやモーツァルトのようなプロの奏者は、こうした安物の楽器をめったに使いませんでした。モーツァルト時代の南ドイツでは、翼の形（フリューゲル＝いわゆるグランドピアノ型）をしたフォルテピアノのほうが、多様な音色をセットできる北ドイツの大型スクエアピアノよりも多用されていたようです。

　ダンパーリフティング装置は（現代ピアノの右ペダルの機能です。詳細は後述）長いことフォルテストップと呼ばれ、リュートやファゴットのストップのように「響きを変えるストップ」として位置づけられていました。これらのストップを使用することによって、音色が変化したのです。ダンパーを弦から上げるための手動レバーや膝レバー、弱音効果をかもし出すためのレバーやノブ（現代ピアノの左ペダルであるウナコルダペダルにほぼ匹敵するものです）のほかに、モーツァルト時代に愛されていたストップのひとつとして、チェンバロの響きをまねるものがありました。18世紀を通じてチェンバロとフォルテピアノの複合楽器が数多く製作されていたことも、当時の記録から読み取れます。

　音楽家たちは撥弦楽器であるチェンバロの音色を好みつつも、他の音色も選択できるよう望んでいたことがわかります。管楽器系の音色としてはフルートとファゴットのストップに人気があり、楽器にとりつけられるストップの数が増加する一因になりました。

　1770年、ピアノ製作者フランツ・ヤーコプ・シュペートは「自分の複合楽器では50種以上の音色を選べる」と誇らしげに宣伝しました。その後1783年には別の製作者（ミルヒマイヤー）が「250種もの音色がある」と打ち上げたように、18世紀後期から19世紀初期のウィーンのピアノには、音色を変えるために手や膝で操作するさまざまなレバーやペダルが取りつけられていたのです。1800年以降になるとすべてのピアノで膝レバーの代わりに足で操作するペダルが採用され、音色を変えるための4～6本のペダルとともに、必ずダンパーを操作するためのペダルと弱音のためのペダル（ソルディーノ、モデラートア、もしくはウナコルダ用）が装着されました。1830年頃を過ぎると、遊び心たっぷりに工夫された音色ストップの魅力は色あせ、ダンパーペダルと弱音ペダルのみが常に装備されるようになったのです。

　18世紀のオリジナル楽器が今やほんのわずかしか残っていないという現実——おそらく

モーツァルト時代に作られ、演奏された楽器総数の1%にも及ばないでしょう——を踏まえると、当時新しく考案されたストップがいつ生まれ、どのように廃れていったかを確定するのは困難です。1800年前後に作られて現存する数少ないオリジナルのハンマーフリューゲルのほとんどには、古い記録の中で言及されているフォルテ、トランペット、ファゴット、リュート、ソルディーノ（モデラートア）、ハープ、ドラム、あるいはヤニチャリー（スラヴ系の民族情緒）ないしトルコ風音楽のストップと呼ばれるものの中から、少なくとも1種以上のストップがつけられています。トルコ風音楽のストップがつけられた楽器に関する最初期の記録は1796年に遡り、それ以前の時代の叙述は見つかっていません。また単なる偶然かもしれませんが、1780年代に製作されたピアノの中で、トルコ風音楽のストップがつけられているものは現存しません。

　ウィーンは1683年、あわやトルコ軍に占領される危機に遭遇しましたが、からくも難を逃れることができました。この大危機回避から百周年となる1783年、ウィーンではトルコに関する風物が大々的に流行したのです。ピアノ製作者たちもアッラ・トゥルカ（alla Turca＝トルコ風）の作品を演奏するのに適したストップをこぞって開発、装備したと考えるのが一番自然でしょう。おそらくモーツァルトは《ピアノソナタイ長調K.331》のトルコ風マーチのリトルネッロ（第25～32小節をはじめとする反復部分）を演奏した時、そのようなストップを使って楽しんだのではないでしょうか。ただ、たとえそうだったとしても、それはあまりモーツァルト的ではない、例外的な表現だと思われます。なぜなら、そうした音色の変更がモーツァルトの趣味ではなかったことが、さまざまな理由から推測できるからです。時として人々の意表を突くような「しかけ」を利用したハイドンやベートーヴェンと違い、モーツァルトのウィットはもっと繊細なものでした。

　このストップの響きは参考音源で確認してください。使用したフォルテピアノはウィーンで作られたモーツァルト時代の楽器です。現代ピアノにはこうしたストップがないところから、こうしたトルコ音楽独特の特徴を模倣するためには、リズムやタッチの工夫が欠かせません。また、それはそれなりの効果をもたらしてくれます。なぜなら、現代ピアノの音色は古いフォルテピアノやほかの楽器——たとえばオーボエやチェロ——のように個性的ではなく、ピアニストのタッチによってはじめて音色の変化が得られるところにその特徴があるからです。

　現代ピアノが「音量の強弱やレガート、スタッカート以外の表現は不得意で、たとえば管楽器の音色、あるいはチェロのピッツィカートの音色などをまねることはできない」と決めつけるのは誤りです。物理学の見地からピアノの音色の変化は証明できないものの、「ピアニストは雰囲気のみならず、特定の音色イメージも聴き手に伝達できる」というのが、演奏芸術の説明しがたい秘密のひとつなのです。さもなければアルフレッド・コルトーや

ヴィルヘルム・ケンプ、エトヴィン・フィッシャー、アンドラーシュ・シフといったピアニストが弾くピアノからあれほど多彩な音色があふれ出てくることを、どうやって理解したら良いのでしょうか？

　モーツァルトは、音域を変えたり、高音と低音をたくみに対置させたり（たとえば《4手のための変奏曲ト長調K.501》）、手の交差、そしてレガートとスタッカートの使い分けなどを通じて、驚くべき音色効果を作り出しました。音符の数や和音の密度を増やしたり、逆に2声だけの書法にしたり、バスにトリルを置いたり…、といった手法も存在します。モーツァルトの書いたピアノの楽譜からはさまざまな音色──トランペットの奏でる華やかなメロディー、優しく溶けるフルート、嘆くようなオーボエ、慰めのクラリネット、ヴェールに包まれたバセットホルン、そしてオーケストラの重厚なトゥッティも──が響いてきます。そればかりかモーツァルトの書法には、ピアノだけに可能な、まるで魔術にかけられたかのような響きまでもが含まれているのです。

　もっともひそやかで内的な表現効果を得られるのは、フォルテピアノのウナコルダストップです。それはあたかも「演奏者が音楽を聴き手の耳もとでやさしく囁いている」かのように響きます。こうした色彩豊かな音のパレットという魔法なしにモーツァルトを演奏することは非芸術的で、様式的にも不充分なものと言わざるを得ません。

　モーツァルトの時代のフォルテピアノの響きを明確に知りたければ、過去250年間に起こった変化を追ってみる必要があるでしょう。変化の軸は「音量の増大」と「音域の拡張」、「より輝かしい音色」、そして「演奏技巧の発展に対応できるアクションの改善」にあります。

　なぜか、については改めて説明するまでもないでしょう。たとえば現代ピアノの音量がなぜ増加したかと問えば、それは邸宅のサロンといった私的な空間でのコンサートが次第に珍しくなり、今日では2〜3千人の聴衆を前にしてのソロリサイタルや室内楽のコンサートがスタンダードになったからです。

　もうひとつの理由は音楽そのものの変遷にあります。ベートーヴェンの求めた理想の響きはモーツァルトのものとは明らかに異なっています。ベートーヴェン（そしてリスト）の影響によって、モーツァルト時代以降のピアノ製作者は豊かで丸みのある音、つまりあまり倍音を含まず、音域による音色の差が少なく、パワフルな音を作ろうとしたのです。音量を増大させる過程において、ピアノの音色は着実に変化していきました。

　現代人の耳は、音楽が比較的柔らかな弱音で演奏されたときのみ、倍音に富んだ明るい響きを心地よく感じるようです。多くの倍音が含まれているフォルテピアノの響きはそれほど大きくなかったので、この楽器で演奏したフォルテをオーディオ機材で現代ピアノのレベルに増幅して鑑賞すると、鋭く甲高い効果ばかりが強調されがちです。フォルティッシモで弾かれている部分は、ほとんど耐え難いほど耳障りに響いてしまうのです。古い楽

器（クラヴィコードや18世紀のフォルテピアノ）の録音をすでにお持ちの方ならおわかりと思いますが、スピーカーから流れてくる音量が実際の楽器の音量レベルを超えない範囲で鑑賞しなければ、こうした繊細な響きの魅力を味わうことはできません。

　モーツァルトやベートーヴェンのピアノと比較して、20世紀のピアノが豊かで大きな音を出せるようになったと同時に、ますます暗く、鈍い音色になっていったことは、ピアノ製造における当然の変化としてとらえるべきでしょう。現代ピアノに比べてモーツァルトのフォルテピアノは並はずれて透明でくっきりとした輪郭を持つ、冴えた音色で響きます。楽器の構造も、はるかに繊細に作られています。弦は細く共鳴板は薄く、倍音の豊かさとあいまって柔らかく、美しい音を出すことができました。

　私たちが慣れ親しんでいる音量は、内部にフレーム構造（アイデアは1825年頃に生まれましたが、一般的に使われ始めたのは1850年頃です）が導入される前には出せませんでした。鉄製のフレームで支えることによって、初めて弦の張力を強くすることが可能になったのです。さらに、18世紀のピアノのハンマーは今日のようなフェルト製ではなく革で覆われたもので、小型かつ軽量でした。

　モーツァルトの時代のグランドピアノ（＝フォルテピアノ。ドイツ語ではフリューゲル）と現代のグランドピアノの違いは、重さを比べただけでも一目瞭然です。ヴァルターのフォルテピアノは62kg程度ですが、スタインウェイ社のフルコンサートグランドは480kgもあります。1785年3月12日、モーツァルトの父はナンネルにこう書いています。「おまえの弟のフォルテピアノのフリューゲルは、私がこちらに来てからというもの、すくなくとも十二回は、家から運び出しては劇場に、それとも別の邸に運ばれているのです」[1]。モーツァルトが現代のピアニストだったら、3週間で12回も街の小路を通ってピアノを運べるでしょうか…。

　オーケストラで使われている楽器も、モーツァルト時代から変化していないものはほとんどありません。演奏技術の発展はメカニックの改良をうながし、楽器の音量や音質も変わっていきました。しかしピアノほど大きくその影響を受け、根本的に変化した楽器は他に存在しないのです。

あらゆる種類の鍵盤楽器に習熟していたモーツァルト

　レオポルト・モーツァルトが、生涯を通じて音楽の最新トレンドや変化に敏感な、博識で啓蒙的な教師だったことは間違いありません。レオポルトは1755年9月17日、マインラート・シュピース神父（ミツラー音楽協会のメンバーであり、音楽論も著しています）宛て

---

1)『モーツァルト書簡全集』Ⅵ、海老沢敏・高橋英郎編訳、白水社、2001年、57頁。

にこう書いています。

> 近年、音楽の実践は本当に大きく変わってしまいました。聴き手の感情を喚起するものはすべて、良い、美しい、自然な演奏法に基づいています。今や柔らかさと強さ（デュナーミク）は、パッセージ全体だけでなく個々の音にも適用されなければなりません。時には同じ音が、また時には異なる音が、通常のやり方に反したさまざまなやり方で結ばれたり、あるいは分けられたりしています。こうしたことや、これに似た他のさまざまなことが表現［アフェクト］を適切に示すとともに、我々が何をなすべきか教えてくれるのです[2]。

デュナーミクの増減を表情豊かに工夫すること（Übergangsdynamik）や"歌うアレグロ"の概念はイタリアに由来します。同時代の報告によれば、ドイツ語圏の国々ではこうした表現作法がマンハイムの宮廷オーケストラはもとより、個々の音楽家においても完成されていたといいます。これはプレクトラム（爪）で撥いて発音させるチェンバロより、フォルテピアノに適した表現形態でした。クラヴィコードでも可能でしたが、音量が限られていました。クヴァンツは1752年に出版された理論書でこのことを指摘しています。

> しかし、ピアノフォルテの場合、要求したいことは全て完全に満たされるかも知れない。というのは、この楽器は鍵盤楽器と呼ばれるもののうちで良い演奏に必要な特性を最も備えており、その伴奏の効果はもっぱら演奏者とその判断力にかかってくるからである。良いクラヴィコードの場合、演奏における状況は同じであるが、その効果の点から言うと違う。それはフォルティッシモが出ないからである[3]。

旧著の改訂を機会に、モーツァルトが子供の頃に演奏し、練習していた鍵盤楽器に関する近年の研究結果について報告しておきましょう。

レオポルト・モーツァルト家の楽器にはクリスティアン・エルンスト・フリデリチ（フリーデリチ）が作った2段鍵盤のチェンバロが含まれていたようです。レオポルトは1760年頃、子供たちの訓練のためにこれを中古で購入し、他にもクラヴィコードを少なくとも1台（おそらく2台）所有していました。そのうちのひとつも、おそらくフリデリチ製のものだったと推測されます。1763年にレオポルトは、1763年から1766年にかけての大規模

---

2) *Acta Mozartiana* 34, no.4, pp.78-82においてファクシミリとして掲載された手紙。Chr. L. ミツラーの『音楽学の通信員協会 Korrespondierende Sozietät der Musikalischen Wissenschaften』は、学識ある人物たちの協会であり、1738年にライプツィヒに設立された。会員は20名に限られ、ヘンデル、J.S. バッハ、グラウン、テーレマンなどの名が見られる。ミツラーは1778年に、物理学者、数学者、音楽家、哲学者として高く尊敬を受けて亡くなった。
3) J.J. クヴァンツ『フルート奏法試論』石原利矩・井本䂖二訳、シンフォニア、1976年、225頁。

ツアーの旅先で子供たちが練習する楽器として、アウグスブルクのシュタインからクラヴィコード（旅行用クラヴィーア Reiseclavierl）を購入しています。

ザルツブルクを去らなければならなかったプランク伯爵からレオポルトが買い取った2段鍵盤のフリデリチ製チェンバロは、最近まで単なる普通のチェンバロと考えられていました。しかし最新の研究では、このフリデリチ製チェンバロはおそらくチェンバロのアクションと並行してハンマーアクションも備えた複合楽器（今日の英語圏ではハープシコード・ピアノと呼ばれます）だった可能性が指摘されるようになりました。こうした楽器には鍵盤が2段あり、そのひとつはチェンバロとしてプレクトラムを作動させ、もう一方の鍵盤がハンマーアクションと連結されていたのです。18世紀にはこのような複合楽器がイタリアやドイツで流行していました。レオポルトの楽器が複合楽器だったという推測には、友人ローレンツ・ハーゲナウアー宛ての手紙をはじめとするさまざまな文献にも支えられた大きな信憑性があります。この楽器が本当にハンマーアクション付きのチェンバロだったとすれば、ナンネルルやヴォルフガングはすでに幼い頃からフォルテピアノの演奏法を学んでいた、ということになります。

オルガンをはじめとする楽器の製作者クリスティアン・エルンスト・フリデリチは、ゴットフリート・ジルバーマンの徒弟として修行を開始したと思われます。そのあと彼は、3年の必修期間中にアルテンブルクのオルガン製作者トローストのもとで職人として働きました。その後1737年に自分の仕事場をゲーラに開設、弟ゴットフリートを助手として雇ったのです。ハンマー付きのアクションを備えた鍵盤楽器の革新的な製作者として、フリデリチはすぐ有名になりました。

1745年の広告には彼が製作したハンマーアクション付きのアップライト楽器——いわゆるピラミッドフリューゲル——の絵が掲載されています。察するにフリデリチ兄弟はあらゆる種類の鍵盤楽器——クラヴィコード、チェンバロ、複合チェンバロ、フリューゲル型ピアノフォルテ、そしておそらくは三角形や四角形の楽器——を作ったのでしょう。（後者——四角形の楽器——は当時まだ「ターフェルクラヴィーア」という固有の名称ではなく、日常的にクラヴィーア、パンタローネ、あるいはフォービアンと呼ばれていました）。プレクトラムとハンマーアクション双方が取りつけられた複合楽器が早くも1731年にライプツィヒで売られていたところから推測しても、この楽器は続く数十年の間に今日までの推測よりも多く製作され、愛用されていたようです。たとえば1760年代にはフランツ・ヤーコプ・シュペートやヨハン・アンドレアス・シュタインが何回もそのような複合楽器の宣伝をしています。

これはモーツァルト一家がそのような複合楽器を所有していたと想像する理由のひとつ

に過ぎませんが[4]、レオポルト・モーツァルトが子供たちのために購入したチェンバロが本当に複合楽器だったとすると、興味深い疑問が浮上してきます。すなわち「若きモーツァルトが作曲した最初期の鍵盤作品は一体どちらのタイプの楽器用だったのか」という問題です。

フリデリチ製ハープシコード（図1.1）は、レオポルトの存命中は彼の手元に置かれていましたが、没後になって所持品がオークションに出される旨の告知が1787年9月15日付けの『ザルツブルガー・インテリゲントブラット紙』に掲載されました。そこには次のように書かれています。

> *4番目は、ゲーラの有名なフリデリチ製チェンバロで、2段鍵盤と5オクターヴを備えているほか、コルネットストップやリュートストップが装備されている。*

図1.1 モーツァルト家の肖像画。ヴォルフガングとナンネルルが連弾で、おそらくフリデリチ製の2段鍵盤の楽器を演奏している。右手（旋律部）が低いほうの（見えない）鍵盤で、左手が上段鍵盤。J.N. デッラ・クローチェ（？）による油彩画、1780/81年頃（ザルツブルクのモーツァルテウム所蔵）。

---

[4] この判断を支持する証拠と分析は、エファ・バドゥーラ＝スコダの *The History of the Fortepiano from Scarlatti to Chopin* という近刊本で詳しく示される。

この楽器には5オクターヴの鍵盤に加えて標準的なリュートストップだけでなく、どうやら高音域のトランペットの音色をまねるためのストップもあったようです。コルネットストップ（トランペットストップ。高音域のホルンの音色も含まれます）があるという事実は、18世紀中頃に作られたチェンバロとしてはいささか不自然です。管楽器をまねたストップは、当時純正なチェンバロよりもハンマーアクションも兼ね備えた複合楽器に装備されることが多かったからです[5]。このことからも、モーツァルト家にあったフリデリチ製チェンバロが複合楽器だった可能性はさらに高まります。

コルネットストップの存在を踏まえれば、ヴォルフガングが子供の頃にトランペットの高音を恐れていたという報告（シャハトナー）も理解できます。事実モーツァルトは生涯を通じて高音域のトランペットの響きを嫌悪していました。幼いモーツァルトはこのストップの音を嫌っていたかもしれませんが、フリデリチ製の楽器は大好きだったようです。1762年11月、モーツァルト一家が初めてのウィーンで数週間を過ごしたあと、レオポルト・モーツァルトは「ヴォルフガングがザルツブルクの家にあるフリューゲルのことをたびたび思い浮かべていた」とハーゲナウアーに伝えています（1762年11月10日）。

> あの子は「クラヴィーア〔フリデリチ製フリューゲルのこと〕はどうしてる？」と訊いてばかりいます。——あの子はまったくしょっちゅうあの楽器を思い出しています[6]。

この文は何を言わんとしているのでしょうか？ 2段鍵盤のチェンバロがウィーンになかったということでしょうか？ そうではないでしょう。はるかに現実味がある推測は「モーツァルト一家のフリデリチ製チェンバロは複合楽器だったので製作された台数が少なく、ウィーンでも簡単に入手できなかったのだろう」というものです。

誇り高き父は「ヴォルフガングはこれであらゆる種類の鍵盤楽器に精通するに至った」と確信したのかもしれません。鍵盤楽器のうちにはヴォルフガングが若い頃に演奏法を習得したオルガンも含まれます。一家が1762年10月にウィーンを訪れたとき、レオポルトはハーゲナウアーに次のような旅行談を送っています。

> 次の火曜日のお昼にイプスに着きましたが、ここで私どもと同船していた二人のフランチスコ派の会士と一人のベネディクト派会士が、ミサを唱えました。その間、ヴォーフェル〔ヴォルフガングの愛称〕がオルガンを弾き、たいへんうまく演奏したもので、ちょうど二、三のお客と昼食のテーブルに座っていたフランチスコ派の会士の方がたが、お客との食事を

---

5) Edward L. Kottick, *A History of the Harpsichord*, p.494 n.36 および Christian Ahrens, *Hammerklaviere mit Wiener Mechanik*, p.59を参照。

6) 『モーツァルト書簡全集』I、海老沢敏・高橋英郎編訳、白水社、1976年、44頁。

やめ、合唱隊席のところにワッと押し寄せ、死ぬほどびっくりしてくれました[7]。

幼い頃のモーツァルトのオルガンへの関心は並外れていたようで、とりわけ低音域の響きに魅せられていたようでした。翌年、ミュンヘンへの旅の最中だった1763年6月11日、レオポルト・モーツァルトはハーゲナウアーにこう書いています。

> いちばん新しいニュースは、気晴らしをしようとオルガンのところに行ったことで、私はヴォーフェル坊やにペダルを説明しました。そのうえで、あの子は立ったままですぐ試し弾きをし、腰かけをどけて、立ちながら即興的に演奏しましたが、ペダルも加えて踏み、しかもまるでなんか月もすでに練習しているかのようでした。みんなびっくりしましたが、これは、多くの人たちがうんと骨折ってはじめて得られる神のあらたなご慈悲なのです[8]。

モーツァルトはオルガン演奏に情熱を燃やしており、アウグスブルクのヨハン・アンドレアス・シュタインに会った1777年10月、バールフス教会のオルガンを弾いても良いかどうか訊ねました。父への手紙で（1777年10月17日）モーツァルトはシュタインの驚きをこのように表現しています。

> 「なんですって？ あなたのような大ピアニストが、甘さもなければ表情もない、弱音や強音どころかいつも同じ調子の楽器を弾きたいんですか？」——「そんなことはまったく問題ではありません。オルガンはなんていったって、ぼくの目と耳には、あらゆる楽器の王様ですからね。」[9]

シュタインはモーツァルトのオルガン演奏を聴いたとき、なぜモーツァルトがオルガン演奏を好きなのか理解したことでしょう。モーツァルトがあらゆる鍵盤楽器に習熟し、新しい響きや技術を積極的に身につけていったことに疑いはありません。

このような経験を経た上でモーツァルトが愛用するようになった楽器がフォルテピアノでした。ヴォルフガングは音楽愛好家が自分の作品を性能の悪い楽器や普通のチェンバロ、あるいはクラヴィコード、さらにはスピネットなどで演奏することは承知していました。しかし彼はまもなくこれらの楽器を、もっと表現豊かなフォルテピアノの代用品としか考えないようになったのです。シュペートのタンジェントピアノ（グランドピアノ型の楽器で、響きや表現力はフォルテピアノと似ているものの、デュナーミクの範囲が狭い楽器）を受け入れ

---

[7] 『モーツァルト書簡全集』I、海老沢敏・高橋英郎編訳、白水社、1976年、26頁。
[8] 同、56頁。
[9] 『モーツァルト書簡全集』III、海老沢敏・高橋英郎編訳、白水社、1996年（第2刷）、151頁。

ていた時期もありましたが、1777年にシュタインのピアノを試弾してからは、モーツァルトは間違いなくハンマー付きのピアノを好むようになりました。モーツァルトの成熟期のソナタ、協奏曲、幻想曲はまさにフォルテピアノを想定して作曲されたに違いなく、このことは今日の常識的な音楽家にとっては疑う余地のない明白な認識でしょう。

　ハンマーアクション付きの鍵盤楽器（ハンマーフリューゲル）を指す「ピアノフォルテ」という名称は1731年頃にゴットフリート・ジルバーマンが考案したもので、まずプロイセンのザクセンや北ドイツのプロテスタントの国々で使われるようになりました。しかし南ドイツのカトリック地域の音楽家たちはイタリアの習慣に従うことが多く、この新しい楽器に対しても「チェンバロ」という名称を使い続けました。クリストーフォリはハンマーアクションがついた自分の楽器をいつも「チェンバロ」と呼んでいましたし、クリストーフォリの時代から18世紀全般を通じて、チェンバロという用語はイタリアのハンマー付きチェンバロのためにも用いられました。どうやらイタリア人たちはジルバーマン由来の「ピアノフォルテ」よりもこちらの名称を好んだようです。

　それゆえに、モーツァルトやベートーヴェンその他の作曲家たちがイタリア語で楽器名を書くときには「チェンバロ・コン・マルテッリ」あるいはそれを簡略化して「チェンバロ」としたのです。モーツァルトのピアノ協奏曲の自筆譜を見ると（最後の協奏曲を除いて）、スコア冒頭のパート名には「チェンバロ」と書かれています。これはモーツァルトが単にイタリアの慣習に従って楽譜を書いているだけなのです。たとえば《ピアノ協奏曲ハ短調K.491》が正真正銘のチェンバロで演奏されるのを聴きたい人など、いないでしょう。

　18世紀後半の北ドイツの書物ではピアノフォルテPianoforte（あるいは2語を連結してピアノ・フォルテPiano-Forte）という名が普遍的だったのに対し、同じドイツ語圏でも南部やウィーンではフォルテピアノ、より一般的にはチェンバロと呼ばれていました。現代では「フォルテピアノ」がモーツァルトの時代のピリオド楽器の名称として定着しています。

　今日ではモーツァルトの時代における「チェンバロ」「ハープシコード」「クラヴサン」という用語が、20世紀よりも多義的に使用されていたことが解明されていますが[10]、いまだなお多くの音楽家や一部の音楽学者に誤解されています。ほぼ18世紀全般にわたってチェンバロ、ハープシコード、クラヴサンという名詞の意味するところは「翼型かハープ型の鍵盤楽器」ということだけでした。「翼」はドイツ語ではフリューゲルFlügelです。それゆえ、のちになってキールフリューゲルKielflügelやハンマーフリューゲルHammerflügelという用語が生まれたのです。

　クリストーフォリはハンマーアクションをチェンバロに組み込み、この新しい楽器を「ピ

---

[10] この用語に関する事実は1980年にエファ・バドゥーラ＝スコダの *Prolegomena to a History of the Viennese Fortepiano* で指摘された。当初は疑問視され論争の的となったが、現在では一般的にも容認されている。

アノとフォルテが出るグラーヴェチンバロ gravecimbalo che fa il piano e il forte」と名づけたものの、この新楽器も彼にとっては依然として"チェンバロ"でした。18世紀の用語の多様性は示唆に富み、ハンマー・ハープシコード hammer-harpsichord やクラヴサン・ア・メレ clavecin à maillet、あるいはイタリアの名称チンバロ・コン・マルテッリーニ cimbalo con martellini、チンバロ・ディ・マルテッラーティ cimbalo di martellati など、さまざまな名称が使われていました。チェンバロはチェンバロ・コン・ペンネ（＝羽軸）cembalo con penne とチェンバロ・コン・マルテッリ（＝ハンマー）cembalo con martelli どちらにも当てはまる名称でした。英語のハンマー・ハープシコード hammer-harpsichord（ドイツ語ではハンマーフリューゲル Hammerflügel）という名称を理解するためには、ハープシコードといえどもプレクトラムの代わりにハンマー、あるいはプレクトラムとハンマー双方が装備されていたこと、そして通常はどちらも単にハープシコードとしか呼ばれていなかったことを知っておく必要があります。これにてモーツァルトが明らかにフォルテピアノでの演奏を想定していた作品になぜ「チェンバロ」と書いたのかが、解明されたでしょう。

　いずれにせよ、イタリア人はイタリア語のセンスが貧弱なドイツ人が創案した「ピアノフォルテ」という新語よりも、古い用語「チンバロ」や「チェンバロ」を好みました。彼らはピアノフォルテという名称を、心底からは好きになれなかったのでしょう。ふたつの形容詞を並べただけの単語は文法的にも間違っており、どこか不自然です。英語圏の音楽家に「この楽器の名前はソフトラウド soft-loud です」と言って、果たして受け入れてもらえるでしょうか…。

　モーツァルトは、1782年1月16日の手紙にチェンバロ Cembalo と書いたとき、それが何を指していたかを自ら教えてくれます。

　　さて、クレメンティについて。――この人は律儀なチェンバロ奏者です。――でも、それだけのことです。――右手が非常に巧みに動きます。――彼の見せどころは、三度のパッサージュです。――その他の点では、趣味も感情もまったくありませんし、たんに機械的に弾くだけです[11]。

数行後にモーツァルトが説明しているように、クレメンティとの演奏試合が2台のフォルテピアノを使って行なわれたことは間違いありません。このことから、クレメンティが弾いていた楽器がプレクトラムで弦をはじくチェンバロではなかったことがわかります。

　モーツァルト最初期の鍵盤作品がフォルテピアノのために書かれたかに関しては、疑問の余地が残ります。もちろんこれらの作品はどんな鍵盤楽器――入手可能な「クラヴィ

---

11)『モーツァルト書簡全集』V、海老沢敏・高橋英郎編訳、白水社、1995年、202頁。

ーア」ならすべて——でも容易に弾けたに違いありません。ヴォルフガングはあらゆる鍵盤楽器の演奏法を学んでいるのです。とはいえ、モーツァルトの"難しい"6曲のソナタK.279～K.284はフォルテピアノのために書かれた作品と思われます。モーツァルトは数多くの強弱記号や劇的な音楽表現（とりわけ緩徐楽章で顕著です）、そして高度な演奏技巧（とりわけK.284）を積極的に盛り込んでいますが、この事実からだけでも、これらの作品を演奏するのにふさわしいのはチェンバロや音量に限界のあったクラヴィコードではなく、強弱の陰影をつけられ、華やかな音色を持った楽器であることがわかります。

　南ドイツで手に入れやすかったクラヴィコードはたいてい小型で、とても柔らかい響きのする安価な楽器でした。これはドイツのプロテスタント地域や北欧で作られていた、例外的に大型で大きな音のするクラヴィコードとは異なって、コンサートに使えるほど充分な音量が出せませんでした。もしモーツァルト一家がC.P.E.バッハが持っていたような特別に良い性能のジルバーマン製クラヴィコードを所有していたとすれば、それについて何も言及されていないのは不自然です。モーツァルトがアウグスブルクから出したシュタイン製ピアノに関しての記述がある有名な手紙には、それまでに自身がシュペートやほかの製作者の翼型フォルテピアノを高く評価していたことが書かれています。このことは、モーツァルトが1777年にアウグスブルクを訪れる以前からフォルテピアノを愛用していたからこその記述です。これら6曲のソナタはモーツァルトによって「大規模な聴衆を前に演奏できる楽器のために作曲された」と考えるのが自然でしょう。事実モーツァルトはアウグスブルクに到着する前のミュンヘンで、そして後にはパリ旅行の際にも、そのようなコンサートをしばしば行なっていました。モーツァルト自身がこれらのソナタを難しい（「私の難しいソナタ」）と述べている通り、演奏には通常より高度な技巧が求められます。とりわけ最後の《ピアノソナタ二長調K.284》については、父に「シュタイン製ピアノフォルテで弾くと、この上なくすばらしい響きがする」と伝えています（1777年10月17日）。

　ピアノ協奏曲K.175、K.238とK.246が当初18世紀のフォルテピアノではなく、現代の語義におけるチェンバロで演奏されたとすれば（なお、この主張には確たる根拠はありません）、それは単に適当なフォルテピアノが入手できなかったからに過ぎないでしょう。モーツァルトがそのような楽器〔チェンバロ〕を歓迎したかどうかは、また別の問題です。一般的なチェンバロにはオーケストラのパートナーとなるにふさわしい音量があり、それゆえ実際の演奏にも使用されたと思われますが、その限られた表現力はいかんともしがたく、理想の楽器とはなりませんでした。とりわけ《ピアノ協奏曲変ホ長調K.271》では、モーツァルトがキールフリューゲルを理想の楽器と考えていたとはとうてい考えられません。

　モーツァルトの最初期の出版作品K.6～9については、パリでの演奏の際にフォルテピアノではなくチェンバロが使われたというのが、一般に推測されているところです。レ

オポルトは《ヴァイオリンとの合奏でも演奏できるクラヴサンのためのソナタ（Sonates Pour le Clavecin qui peuvent se jouer avec l'A'ccompagnement de Violon)》として、作曲された1763年にパリで出版しようと試みました。しかしすでに述べた通り、この「クラヴサン」という単語は必ずしもフォルテピアノを除外することにはならないのです。

　モーツァルト一家はパリに到着して間もなく、ドイツから移住してきた作曲家ヨハン・シューバルトとヨハン・ゴットフリート・エッカルトに会いました。シューバルトはフォルテピアノを好み、この楽器を使った新しい様式の作品で有名でした。エッカルトは1759年にピアノ製作者シュタインとともにパリに来ており、彼も普通のクラヴサンよりもフォルテピアノを好んでいたようです。エッカルトの《クラヴサンのための6つのソナタ op.1》（1763年出版）には次のように書かれています。

　この作品をクラヴサン、クラヴィコード、ピアノフォルテで演奏されるように整えた。このため、弱音と強音をたびたび指定すべきと考えた。これらの記号は私がクラヴサンだけを想定していたとするならば不要なものだろう。

　同じ1763年にエッカルトはさらにop.2を出版し、それにはすでに《クラヴサンまたはピアノ・フォルテのためのふたつのソナタ Deux Sonates pour le Clavecin ou le Piano Forte》というタイトルがついていました。レオポルト・モーツァルトはエッカルトを高く評価し、のちにヴォルフガングはそのソナタの楽章のひとつを《ピアノ協奏曲ニ長調 K.40》の中間楽章として編曲しています。

　ドイツからの別の亡命移民ヘルマン・フリードリヒ・ラウパッハとレオンツィ・ホーナウアー——彼らの作曲した楽章にも、若きヴォルフガングが編曲を施しています——も、フォルテピアノを好んでいたようです。ヴォルフガングは彼らのスタイルを模範にしていたのでしょうか？　ヴァイオリンソナタ K.6〜9は、のちに作曲され1764年にロンドンで出版された、より洗練された内容の（トリオ・）ソナタ K.12とは異なって多くのアルベルティバス音型や単純な旋律線が多用されており、フォルテピアノの使用を示唆しています。

　「モーツァルトのピアノソナタ K.279〜284だけでなくさまざまな協奏曲、とりわけ《ピアノ協奏曲変ホ長調 K.271》もチェンバロで演奏されたはずだ」と主張する音楽家もまだわずかながら存在しますが、彼らの主張には妥当性がありません。1760年より前の時代、フォルテピアノが依然として比較的珍しい楽器だったことは確かですし、いつも容易に入手できるわけではありませんでしたが、プロの音楽家や作曲家の間では間違いなく認知されており、実際に使われていました。

　最初期のフォルテピアノはおおむね小さく軽いハンマーを備えた繊細なアクションで動

作するもので、耐久性のある楽器ではなかったでしょう。アクションと音律は常に調整が必要だった上、修理は困難でした。モーツァルトのフレデリチ製チェンバロが複合チェンバロだったとすれば、この楽器のハンマーアクションの耐久性が十年程度で尽きてしまったとしても当然でしょう。モーツァルトの母が書いた手紙から推察できるように、モーツァルトがおそらくザルツブルクで見つけたシュペート製フォルテピアノ（後述）も、おそらくあまり良好な状態ではなかったと思われます。1777年12月28日、マンハイムから夫に宛てて出された書簡には、ミュンヘン、アウグスブルク、マンハイムにおけるヴォルフガングのソナタ演奏について書かれています。

　あの子［ヴォルフガング］はでも、ザルツブルクとはたいへん違った弾き方をします。だって、当地では、どこにでもピアノ・フォルテがあるんですもの。それにこうしたピアノ・フォルテを、あの子はまったくほかに比べようがないほどの扱いぶりをしていて、これはだれも今まで聴いたことがないほどです[12]。

一部の音楽学者が「ザルツブルクにいるモーツァルトが、自由に使えるフォルテピアノを所持していなかった」と思い込んでしまった背景には、この記述の存在があったのかも知れません。しかしこれは1777年10月17日にモーツァルトが書いた父宛ての有名な手紙の冒頭にある、シュタインのピアノに関する叙述と矛盾します。

　さて、早速シュタインのピアノ・フォルテから始めなくてはなりません。シュタインの仕事をまだ若干でも見ていないうちは、シュペートのクラヴィーアがぼくの一番のお気に入りでした[13]。

シュペート Späth[14] とは誰で、モーツァルトはどこでシュペートのフォルテピアノを演奏したのでしょうか？
　南ドイツのオルガン製作一家を創始した人物ヨハン・ヤーコプ・シュペート（1672～1760）についてはほとんど知られていません。彼は1700年より前の時点でレーゲンスブルクに定住していますが、有名になったのは息子のフランツ・ヤーコプ（1714～1786）です。職人としてザクセンを旅し、短期ながらゴットフリート・ジルバーマンのもとでも働いて

---

12)『モーツァルト書簡全集』III、389頁。
13) 同、149頁。
14) 種々の記録でシュペートの名前は"Spath"と誤って綴られている。これら後世のすべての誤記やこの姓の発音を通じて明らかになったのは、まだ稀にしか使われていなかったウムラウトが無視された事実である。18世紀の文書資料では適切な綴りがおろそかにされていたため、ウムラウトが省略されてしまった。

いたようです。のちに彼はさまざまな弦鳴鍵盤楽器、とりわけタンジェントフリューゲルの製作と新しいストップの開発で知られるようになりました。1765年9月10日の『ライプツィヒ新聞 Leipziger Zeitung』に掲載された記事では、いわゆるパンタレオンないしフォルテ・ピアノ・クラヴサンの製作者として「レーゲンスブルクのフランツ・ヤーコプ・シュペート」が推薦されています。この記事には、他の職人が製作した複合楽器にはたいてい欠陥があり、演奏が難しく、望まぬ雑音が多く、意図したフォルテ、ピアノ、ピアニッシモがいつも出せたわけではなかったと書かれています。

> これらすべての欠陥は、レーゲンスブルク出身の有名な芸術家でオルガン製作者のフランツ・ヤーコプ・シュペート氏によって軽減された。彼のパンダレオン・クラヴサンのすべての音 [の響き] は完全に均等であるばかりでなく、クラヴィコードと同じくらい簡単かつ繊細に演奏される。すべてのパッセージが優しく表現されるのだ。そのうえこれらの楽器には耐久性があって、たえず修理する必要もない。シュペート氏はさらにクラヴサンの冴えた荘重な音色と、フォルテ・ピアノ・クラヴサン [!] を爪付きフリューゲルと結合させた精密な構造で知られる。2段鍵盤 [の強弱と音質] は、心地よく変化する。[…]

シュペートの複合楽器に関する別の広告は、今まで以上に音色を変えられる（多くのストップがある）ことを告知しており、1770年にヒラーの『週間ニュース Wöchentliche Nachrichten』に掲載されました。この楽器は、プレクトラムやハンマーアクションを再びチェンバロに内蔵させたことを特色としています。なおヨハン・アンドレアス・シュタインの日記には、シュタインが1750年にアウグスブルクで自分の工房を設立する前の年にあたる1749年、数ヶ月間シュペートの工房の職人としてレーゲンスブルクで働いていた、という興味深い記述が残されています。

ザルツブルクでモーツァルト一家は、商人フランツ・クサーヴァー・アントン・シュペートと知り合いました。彼はレーゲンスブルクの楽器製作者と遠縁にあたり、シュペート製ピアノフォルテを所持していた可能性も否定できません（F.X.A.シュペートはザルツブルク市長の娘エリーザベト・ハフナーと1776年7月22日に結婚しました。その婚礼のため、モーツァルトはいわゆる《ハフナー・セレナーデニ長調K.250》を作曲しています）。

モーツァルトが成熟したプロの演奏家として聴衆の前で演奏するとき、スクエアピアノやクラヴィコードよりも翼型フォルテピアノを最良の楽器ととらえていたことは確実です。この楽器だけが協奏曲の演奏に使用でき、ピアノソナタの演奏にもっとも適していました。以前のスクエアピアノ（ターフェルクラヴィーア Tafelklavier という名称が一般的に定着したのは1780年頃より後になってからです）には、時にダンパーが装備されていませんでした。

第1章　モーツァルトの響きの世界　　37

あった場合も、レバーを介した手動のものが多かったのです。モーツァルトがピアノのためにあれほど膨大な数の傑作を創作したという事実だけを見ても、フォルテピアノこそがモーツァルトお気に入りの楽器だったことに疑いはありません。とりわけピアノ協奏曲にはもっとも個性的なアイデアが盛り込まれており、モーツァルトはこれらの作品によって器楽芸術の頂点を極めたのです。

　1775年にミュンヘンで演奏した際、モーツァルトはいたるところで賞賛され、他のヴィルトゥオーソピアニストより有望視されていました。しかし演奏試合で勝てなかったことが一度あったようです。1775年4月27日の『ドイツ年代記Deutsche Chronik』に掲載された記事の抜粋からそれがわかります。

　この前の冬、ミュンヘンで私はふたりの実に偉大なクラヴィーア演奏家を聴いた。モーツァルト氏とフォン・ベーケ大尉である。私の主人アルベルト氏は偉大で美しいものすべてに熱心で、家にもすばらしいフォルテピアノがある。クラヴィーアのコンテストとしてこれらふたりの巨人の演奏を聴いたのは、そこでのことだった。モーツァルトの演奏にはたいそう重みがあり、彼は目の前に置かれたものすべてを初見で弾いてしまうのだ。しかし、それ以上のものはない。ベーケはモーツァルトを大きく凌いでいる。[…]15)

しかし2年後、1777年アウグスブルクでモーツァルトはベーケよりも成功を収めました。当時の批評家が新聞に書いているように、彼のピアノ演奏は最高の讃辞とともに受け入れられたのです。

　すべてが並外れていて、趣味よく力強い。期待を上回り、非常に高尚である。旋律はとても心地よく遊び心があって、すべてがとても独創的である。フォルテピアノの演奏は非常に喜ばしく純粋で、表現に満ちている。そればかりかあまりに並外れて滑らかなので、最初は何を聴いているのかほとんどわからなくなってしまう。そして聴衆全員が感動で恍惚とした。[…]16)

　年月がだいぶ経ってから、ザクセン地方ドレスデン（ここをはじめとした地域では、ドイツ北部や中央部で製造された美しい大型のクラヴィコードを所有している私邸が散見されます）の『音楽の実情新聞Musikalische Real-Zeitung』の批評家は、モーツァルトの演奏を同じように熱狂的に描写しています。

---

15) R. Marshall, *Mozart Speaks*, p.10からの引用。
16) E. Mueller von Asow の *Briefe W.A. Mozarts*, vol.1, p.271からの引用。ミュラーはモーツァルトの手紙を編集した際にこれらの報告を出版した。

4月14日、ウィーンから来た有名な作曲家モーツァルトは、陛下の御前でフォルテピアノを演奏し、またここドレスデンの多くの貴族の公邸や市民の私邸でも演奏し、はかり知れないほどの成功を収めた。クラヴィコードやフォルテピアノに対する彼の能力は、まったく言い表せないほどである。並外れた初見能力もこれに付け加えるべきだろう。これは本当に信じがたい——練習によってさらに上手に弾けるとは思えぬほど、初見での演奏がすばらしいのだ[17]。

　モーツァルトはしばしば「最初の偉大なピアニスト」と称されてきました（この称号に対する唯一のライバルと長年呼ばれていたのは、ヴィルトゥオーソ演奏家ムツィオ・クレメンティです）。モーツァルトの音楽のスタイルがはっきり示しているのは、彼が生まれながらのピアニストであり、お気に入りの楽器の技術的・音響的可能性を時としてその極限まで追求してやまない、たぐいまれな才能に恵まれていることです。ウィーンに移住してまもなく、モーツァルトの好みはシュタイン製からアントン・ヴァルター製のフォルテピアノへ移行し、ヴァルターから2台の楽器を購入しました（2台目はペダル鍵盤付きフォルテピアノでした。図1.2および1.3を参照）。ヴァルターの楽器のほうが、よりパワフルな響きだったのでしょう。

アントン・ヴァルター製フォルテピアノと音律

　1780年頃、アントン・ヴァルター製フォルテピアノはウィーンの音楽家たちの間で知られるようになりました。*pp*から*ff*まで広い強弱の幅があるばかりか、音色についても他のピアノよりも敏感に反応したためです。モーツァルトがシュタインのもとを訪れた1777年からヴァルター製ピアノを買ったとされる1782年の間におけるピアノ製造の発展は、音響の質、量ともにきわめて顕著でした。

　ヴァルター製フォルテピアノのアクションが多くの点で今日のピアノと異なっているとはいえ、現代の楽器のほうがニュアンスを細かくつけられると思ってはいけません。シュタイン製ピアノとヴァルター製ピアノは、ともに明確で明るい響きの高音域が特徴で、豊かな音色を持ち、カンタービレな演奏が容易です。低音域にも独特な豊かさが宿り、現代ピアノの低音域のように曇った、やぼったい響きはしませんでした。音は最高音に向けてやや薄くなりますが、ヴァルター製ピアノのバスの豊かな響きは、モーツァルトにとって何よりの魅力だったでしょう。弦がとても細いので、低音域での和音はそれが密接した音域内のものでも構成音がはっきりと分離して聞こえます。一方現代ピアノの低音域で同じ和音を弾くと、それらはいつも不明瞭で垢抜けない響きのかたまりになってしまい、そこ

---

17) *Musikalische Real-Zeitung*, 1798, p.191. E. Mueller von Asow, *Briefe W.A. Mozarts*, vol.2, p.259からの引用。

から個々の音を聴き分けることは困難です。そうした背景があるため、次のような和音が
モーツァルトのピアノ作品にしばしば出現しても不思議ではないのです。

■ 例1/1

現代のピアニストがこうした和音をスタインウェイやベーゼンドルファーのグランドピア
ノで弾く時には、その人の趣味や様式感覚が大いに問われることになるでしょう。このよ
うな技術的問題をどのように克服すべきかについては第11章（544ページ以降）にまとめま
した。

　モーツァルトも当時のほとんどの演奏家と同じように、自分で楽器を調律していたと推
測されてきました。この必要不可欠だが時間のかかる作業を彼が好んで行なったかどうか

図1.2　モーツァルト所有のアントン・ヴァルター製フォルテピアノ（ザルツブルク、モーツァルテウム）

はわかりません。時にはピアノ製作者や調律師に依頼したかも知れません。いずれにせよ、モーツァルトの繊細な耳が、平均律ではない古い音律での調律を嫌っていたことは確かだと思われます。古い音律では遠隔調への転調の可能性が限られてしまうからです。18世紀全般を通じ、調律の際にはさまざまな音律が使われていましたが、モーツァルトは──J.S.バッハと同様に──よりモダンな平均律の支持者だったに違いありません。C.P.E.バッハの論文でも「序論」で、この調律方法が次のような言葉で推薦されています。

> クラヴィコードもフリューゲルも、*gut temperirt*〔適度に調整〕されなければならない。つまり5度と4度を調律し、そして長短の3度および完全和音を試し聞きしながら、大概の5度を、耳で聞いても分からないほど完全な純正律からずらし、そして24の調がすべてうまく用いられるようにしていくのである。［…］このように調律されたクラヴィーアは、演奏の面からする限り、すべての楽器のなかでも最も純正な楽器であると考えることができる。というのは、クラヴィーア以上に純正に調律（調弦）することができる楽器は一部にあるとしても、クラヴィーア以上に純正に演奏できる楽器はない、ということができるからである。<u>クラヴィーアでは、24の調のなかのどの調でも、同じ程度の純正さで演奏することができるのである。</u>しかもここで忘れてはならないのは、多数声部でそのように演奏することができるということである。というのは、その音程関係のためにごく僅かなずれでもすぐに目立たせるのが和声だからである。したがってわれわれは今日この新しい調整律によって、一部の調が今日の多くの楽器よりも純正であった古い調整律によっていたかつてよりも、大きく前進したのである[18]。〔下線は著者による〕

このC.P.E.バッハの文章を読んで、ヨハン・ゼバスティアン・バッハが有名な48のプレリュードとフーガで使った「平均律」という語が何を意味していたのか、すべてのチェンバリストは理解すべきです。

当時の──とりわけイタリア出身の──音楽家の多くがなおも古い音律で調律していたとしても、モーツァルト自身は平均律という近代的システムを喜んで使っていたに違いありません。おそらく父とC.P.E.バッハの弟子であったヨハン・クリスティアン・バッハの忠告に従ったのでしょう。この推測を証拠づけるのが、ジュゼッペ・サルティのパンフレット『モーツァルトのふたつの断章に基づいてなされた音響試論 Esame acustico fatto sopra due frammenti di Mozart』[19]からの断片です。サルティは、モーツァルトの《弦楽四

---

[18] C.P.E.バッハ『正しいクラヴィーア奏法 第一部』東川清一訳、全音楽譜出版社、2000年、18～19頁。
[19] この記事はドイツ語に翻訳され、『一般音楽新聞Allgemeine Musikalische Zeitung』の無名の記者によって要約され、1832年6月6日、第34号に掲載された。

重奏曲ハ長調K.465「不協和音」》を痛烈に批判して次のように書きました。

> これらから［…］作者［モーツァルト］は［…］悪い耳をもつ単なるピアノ弾きに過ぎないと判断できる。［…］彼はオクターヴを12の均等な半音に分ける誤ったシステム、つまり長いこと分別ある芸術家全員が明らかな誤りとみなしてきたシステムの支持者である。

しかし、モーツァルトは伝統的な音律で調律された楽器で演奏しなければならなかったこともあったでしょう。それゆえ初期のピアノソナタK.279〜284ではフラットやシャープがふたつ以上つかない調が選ばれたのに違いありません。《ピアノソナタ変ホ長調K.282》には3つのフラット記号がついていますが、4つのシャープ記号がついた《ピアノ三重奏曲ホ長調K.542》とともに、どちらかというと例外的な調として位置づけられます。これらの作品を別にして、モーツァルトはフラット記号やシャープ記号がたくさんついた調を避けていました。

現代のピアノでモーツァルトのフォルテピアノの豊かな音色のパレットを再現することは、容易ではありません。そのためもあって、モーツァルトを現代ピアノで演奏する際に右のペダル（ダンパーペダル）を使用しないよう、一部のピアニストが言い出したのかも知れません。1800年以降に作られたほとんどすべてのピアノに装備されたペダルによって作られる「ペダル効果」は、もともとは手で操作するストップとして考案されたものですが、モーツァルト時代には膝レバーによって操作されていました。

ダンパーを上げるために用いられる膝レバー

1777年10月17日に書かれたモーツァルトの手紙の冒頭部分はすでに引用した通りですが、その手紙の中でモーツァルトはシュタイン製ピアノを生き生きと描写し、膝でダンパーをもち上げる仕組みを高く評価しました。そしてシュタインのこの機構が完璧に動作することに感銘を受けています。手紙は次のように続きます。

> シュペートのクラヴィーアがぼくの一番のお気に入りでした。でも今はシュタインのが優れているのを認めなくてはなりません。レーゲンスブルクのよりも、ダンパーがずっとよくきくからです。強く叩けば、たとえ指を残しておこうと上げようと、ぼくが鳴らした瞬間にその音は消えます。思いのままに鍵に触れても、音は常に一様です。カタカタ鳴ったり、強くなったり弱くなったりすることなく、まったく音が出ないなどということもありません。要するに、すべてが均一の音でできています。そのピアノは、一台三〇〇フローリン以下で売ってくれないのはたしかですが、彼がつぎこんだ苦労と努力はお金で報いられる

ものではありません。彼の楽器が特にほかのと変わっているのは、エスケープメントがつけられていることです。それについて気を使っているのは、百のメーカーにひとつもありません。しかし、エスケープメントがなければ、ピアノ・フォルテがカタカタ音をたてたり、残響がのこったりしないようにすることはまったく不可能です。彼のハンマーだと、鍵を叩くとき、たとえそのまま指を残しておこうと放そうと、鍵が弦に触れて飛び上がったその瞬間に、また落ちます。［…］ぼくは当地およびミュンヒェンで、自作の六曲のソナタをほんとにたびたび暗譜で演奏しました。［…］最後のニ長調の曲［K.284］は、シュタインのピアノ・フォルテで、比較にならないほどよく響きました。膝で押す装置も、彼のはほかのよりもよく出来ています。ただ触れさえすればすぐに効きますし、膝を少しのければたちまちどんな残響も聞こえなくなります[20]。

　ここから明らかになるのは、モーツァルトがすでに膝レバーの使用に習熟していたことです。シュタインの工房を訪れる前にこの装置を経験していたからこそ、シュタインのものを「ほかの楽器よりも良い」と褒めたわけです。モーツァルトがダンパーを操作するための膝レバーを歓迎していたことに、疑いはありません[21]。モーツァルト所有のヴァルター製ピアノは、十中八九1782年に自分で買ったものでしょう。このピアノはザルツブルクにあるモーツァルトの生家に展示されていますが、モーツァルトが1777年に演奏したシュタイン製フォルテピアノと同じように膝レバーが装備されています。

　しかし、ヴァルター製のピアノにはもともとダンパーを上げるための手動レバーが装着されていました。つまり、膝レバーは楽器がほぼ完成してから追加されたものだったことを示唆しています[22]。膝レバーがいつ追加されたかという問題は、1990年代に激しい論争へと発展しました。マイケル・ラッチャムは「モーツァルトが買ったのは膝レバーのない楽器だった可能性もある」と考え、仮説を提示しました[23]。「モーツァルトの死後だいぶたった1811年、未亡人コンスタンツェがミラノにいる息子にこの楽器を送る前、ヴァルターに膝レバーを追加するように依頼したのではないか」というのです。しかしこの考えは諸々の理由から馬鹿げています。1800年以降では、その頃すでに旧式となっていた膝レバ

---

20)『モーツァルト書簡全集』III、149〜151頁。
21) Joseph Banowetz, *The Pianist's Guide to Pedaling* を参照せよ。バノヴェッツはモーツァルトの作品にダンパー・リフティング装置を使わないことは「歴史的な観点から見た場合に、あまり正しいこととは言えません」と正しく指摘している (p.136)。ジョーゼフ・バノヴェッツ『ピアノ・ペダルの技法』岡本秩雄訳、音楽之友社、1989年、155頁。David Rowland, *The History of Pianoforte Pedalling*, p.14ff. も参照。
22) Alfons Huber and Rudolf Hofpner, "Instrumentenkundlicher Befund des Mozart-Flügels," in *Mitteilungen der Internat. Stiftung Mozarteum* 48, p.146ff. を参照。
23) Michael Latcham, "Mozart and the Pianos of Anton Gabriel Walter," p.382ff., Eva Badura-Skoda, "The Anton Walter Fortepiano – Mozart's Beloved Concert Instrument," p.469ff. および Paul Badura-Skoda, "Mozart without 'Pedal?'" p.332ff. を参照。

ーに取って代わって、足で操作するペダルが標準の装備になっていました。また、モーツァルトがシュタイン製ピアノの膝レバーの機能性に熱狂していたのは1777年のことです。ラッチャムの仮説にほとんど根拠がないのは明らかでしょう。

　イングリット・フックスによる最近の研究[24]は、「1782年当時、ヴァルターはすでに複数のピアノを販売していた」という私どもの推測を確定します。モーツァルトはそのうちの1台を買ったのでしょう。モーツァルトはピアノを購入する際に、複数の楽器の中から選択することができたのです。そのうちの何台かは10年ぐらい前に作られた楽器だったかも知れません。これらの楽器が決して安いものではないところから、モーツァルトは自分で楽器を選定する大切さを理解していたはずです。「ウィーンでの演奏活動を意識していたならば、なぜ膝レバーのない旧式の楽器を選んだのか？」という疑問への答えとして考えられる仮説は、「モーツァルトの気に入ったとりわけ美しい音のするヴァルター製フォルテピアノには手動のレバーしかついていなかったので、モーツァルトはヴァルターに膝レバーをつけるよう購入前に依頼した」というものです。膝レバーの追加は、製作者にとってはわずか数時間でこなせる作業でした。

　モーツァルトが膝レバーのないピアノを購入し、そのまますべてのコンサートで使ったとはどうしても信じられません。膝レバーが追加されたのは購入時であって、1791年のモーツァルトの死後、ましてや1800年より後である可能性はないでしょう。「モーツァルトのピアノ作品を演奏するときにペダルを使うことが歴史的に正しいか」という問いへの答えは単純にイエスかノーで答えられる事柄ではなく、「いつ、どれくらいの頻度で」としてとらえるべき問題なのです。

　不可解なのは、『古楽ジャーナル Early Music Journal』でこの件に関する論争が進行している際、モーツァルト所有のヴァルター製ピアノにおける他の重要な特徴のひとつに、誰ひとり触れようとしなかったことです。ヴァルターはモーツァルトのピアノに、他の楽器と違って1本ではなく2本のダンパー用膝レバーを取りつけました。右膝で操作するレバーでは右半分（高音側）のダンパーが上がりますが、左膝のレバーは全部のダンパーに作用するようになっています（弱音用のモデラートアは楽器中央上部につけられ、手動です）。右膝レバーは連続した和音をレガートで演奏したり、ノンレガートのバスに合わせて弾かれるメロディーを艶やかに歌わせたい時に役立ちます。一方、現代ピアノの右ペダルに相当する左膝レバーでは、アルペッジョや分散和音をレガートで響かせることができます。1956年以降パウル・バドゥーラ＝スコダはモーツァルトの楽器を使用してのコンサートのみならず、この楽器や他のヴァルター製の楽器を使用したレコーディングをたびたび行な

---

24) Ingrid Fuchs, "Nachrichten zu Anton Walter in der Korrespondenz einer seiner Kunden," *Mitteilungen der Internat. Stiftung Mozarteum* 48, p.107.

いました。モーツァルトのピアノと同じ仕様のダンパー用膝レバーが装着されているヴァルター製の翼型フォルテピアノはもう1台現存し、イタリアはブリオスコ在住のフェルナンダ・ジュリーニ夫人の個人コレクションに含まれています。

　異なる機能を持たせたこれら2本の膝レバーは単なる職人の気まぐれから生まれたのではなく、アントン・ヴァルターもしくはモーツァルトの天才的なひらめきに由来している、と私どもは固く信じています。現代の演奏家は、最初は左膝でのダンパー操作にとまどうでしょう。かつては鍵盤の両脇にある手動レバーでもダンパーを操作できましたが、膝レバーのほうがはるかに使いやすく、今日手動レバーを使用する演奏家はいないでしょう。

　半分、あるいは全部のダンパーを別々に制御するアイデアそのものはすでに1730年頃ゴットフリート・ジルバーマンによって考案されていたものの、1800年頃のヨーロッパ大陸ではすでに廃れてしまった、と考えられています。そして1815年頃にブロードウッドがそれを「再開発」したというのです。その機構は現在ブダペストに保存されているベートーヴェンのブロードウッド製コンサートグランドや、バドゥーラ＝スコダ・コレクション（オーストリアのクレムスミュンスターにあるクレムスエッグ城の楽器博物館所蔵）に含まれている1817年のブロードウッド製ピアノで確認することができます。

　他のすべてのヴァルター製ピアノおよび同時代のシャンツ製、ホフマン製、ヤケシュ製などのフォルテピアノでは、すべてのダンパーが1本の膝レバーで上げられ、そのためのレバーは通常右膝側につけられています。それに対する第2のレバーには弱音用ストップの操作が割り当てられ、モーツァルト時代の直後に製作されたヴァルター製ピアノには、さらにファゴットストップが装着されていました。

　モーツァルトはなぜ1782年、前の年にトゥーン伯爵夫人に推奨していたシュタイン製のピアノではなく、アントン・ヴァルターの楽器を選んだのでしょうか？　それは1782年までにシュタイン製ピアノよりもヴァルター製ピアノを好きになり、他よりもヴァルター製ピアノのほうが勝っていると思ったからにほかなりません（ウィーンではモーツァルトばかりでなく、ベートーヴェンを含む他のピアニストも同じ評価を共有していました）。シュタイン製ピアノやシャンツ製ピアノにもそれぞれの長所があるものの、今日でもヴァルター製の楽器が一番高く評価されています。ヴァルター製の翼型フォルテピアノでは中音域から高音域にかけて弦が3本ずつ張られており、シュタイン製の2本弦よりもはるかに大きな音量を得ることができました。そして——おそらくモーツァルトにとってこれがもっと重要だったと思われますが——並外れて"歌わせやすい"特性を持ち合わせており、それは今日でもなお、実感できるのです。

ペダル効果とペダルの使い方

　モーツァルトは膝レバーを稀にしか使わず、それを特別な効果とみなしていたという見解が存在します。しかし、このことを裏づける適切な証言も証拠もありません。ただし、そのような推測にも一抹の真実は認められるでしょう。たとえば当時のウィーンの資料から、ベートーヴェンのほうがモーツァルトよりもはるかに頻繁にペダル効果を用いていたことがわかっています。9歳でモーツァルトの弟子となったヨハン・ネポムク・フンメルが発し、以来しばしば引用される発言は、それほど真剣にとらえる必要はありません。その頃すでに流行していたペダルの誤用について、後の時代になってから不満を唱えているだけなのです。フンメルはそれを「罪を隠蔽するものSündendecker」と呼びました。このような状況から、フンメルは（そしておそらくモーツァルトも）ペダル効果の効用、あるいはペダルそのものをほとんど必要としていなかったという憶測が生まれたのです。フンメルは意図せずして「モーツァルトのヴァルター製ピアノにはペダル効果のための膝レバーがなく、手動レバーで満足していた」という前述の主張を補強する証人として扱われてしまったのでしょう。

　以下に紹介するいくつかの例外を除いては、確かにモーツァルトのピアノ作品をペダル、あるいはそれに準じる装置なしで演奏することも可能です。しかし、それは歴史的に正しいことでしょうか？　さらには美学的にも妥当だと言えるでしょうか？　どちらも正しくありません。この私どもの信念を正当化できる、数々の音楽上の理由を以下に挙げましょう。なお、モーツァルトのピアノの左膝レバーは機能の点で現代ピアノの右ペダルと同じところから、煩雑さを避けるために「ペダル効果」「ダンパー操作」などといった表現を、現代の読者にとってより直感的な「ペダル（右ペダル）」という表現にできる限り統一して説明します。

　まず、右ペダルを使うべきもっともわかりやすい場所を採り上げましょう。《ピアノソナタニ長調K.311》の第2楽章、第86〜89小節におけるモーツァルトの記譜は、彼がペダルを意図しており、モーツァルト以外の演奏者もその指示に従うべきことを指示しています。さもなければ自筆譜のバス音につけられている四分音符としての符尾はまったく意味を成しません。

■ 例1/2

このモーツァルトによるバスの四分音符の記譜に、「伴奏部の他の十六分音符よりも長くそれを響かせようとした」という以外の説明が可能でしょうか？ モーツァルトの父レオポルトは著書『ヴァイオリン奏法』の第1章で、音の長さの扱いに関してくり返し言及しています（第1章第3節第18段など）[25]。それゆえ、K.311の左手の四分音符が短い音価で演奏されるとは考えにくく、ペダルの補助なしでの実現は不可能です。

ためしに「モーツァルトは父の忠告とは相容れない別の古い伝統——演奏の際の音価を記譜の半分とする習慣——に従っていた、つまりペダルの存在は考慮していなかった」と仮定してみましょう。…すると何と、指だけで弾いたのでは、音価の半分さえ保持できません。バスを保持している第5指は、次の十六分音符か、遅くともその次の音を弾く時点では鍵盤から離れてしまいます。

■ 例1/3

指だけではバス音は半分どころか4分の1の音価を保つのがやっとであり、ペダルなしで処理しようとするのは無駄なあがきでしかありません。カンタービレの表情が魅力的な《ピアノソナタ変ロ長調K.570》の第1楽章第23〜26小節の伴奏部分でも長いバス音が求められていますが、こうしたバスを短く弾いてしまったらどんな結果になるか想像してみてください。類似のパッセージは他にも存在します。

---

[25] L.モーツァルト『ヴァイオリン奏法［新訳版］』久保田慶一訳、全音楽譜出版社、2017年、49頁。

■ 例1/4

　ダンパーから解放された弦の響きが必要なのは、多くのアルペッジョのパッセージでも同じです。

アルペッジョ

　アルペッジョという言葉はアルパ（ハープ）に由来します。ハープにダンパー装置は装備されておらず、奏者は手で弦の振動を止めなければなりません。分散和音は全音域にわたって演奏され、通常はいちいち響きを止めず、鳴らしたままにされます。弦が張られた鍵盤楽器のための作品を作曲する18世紀の作曲家の中で、ハープのような表現を使わなかった人はほとんどいないでしょう。

　通常のチェンバロ（キールフリューゲル）にはダンパーを操作するペダルも膝レバーもついていないので、アルペッジョは指で保持しなければなりません。ヨハン・ゼバスティアン・バッハの楽譜には、このことを反映させたきわめて几帳面な記譜が見受けられます。たとえば《半音階的幻想曲BWV903》（第27小節以降）でバッハは、アルペッジョで演奏されるべき和音のうち最初のものの奏法を記譜した上で、その後すべての和音が同じように弾かれることを望んでいました。例1/5冒頭に私どもが加筆した音価の延長は、実際の奏法を示しています。

■ 例1/5

モーツァルトのアルペッジョでも、構成音が楽譜に詳細に書き込まれています。その響きはハープのように混ざり合うのです。こうした例は数多くあり、《幻想曲ニ短調K.397》でも見受けられます。

■ 例1/6

《幻想曲ハ短調K.396》冒頭のアルペッジョは、理論的にはまだ手動レバーしか装着されていなかった楽器でも演奏できますが、レバーで上げたダンパーをまたレバーで戻す手間も大変ですし、不要な雑音が生じてしまいます。モーツァルトとしては、膝レバーの使用を歓迎したに違いありません。

■ 例1/7

さらにこの幻想曲の第7小節以降を、いちいち手動レバーを動かしながら演奏するのは困難で、膝レバーの使用が推奨されます。

■ 例1/8

《幻想曲ハ長調K.394》の第46小節では、ペダルの使用が欠かせません。これらすべてのアルペッジョをペダルなしで弾いても不自然なだけですが、それは現代人のみが覚える感覚ではないでしょう。

■ 例1/9

《ピアノ協奏曲変ホ長調K.271》の第3楽章、中間部として挿入されているメヌエット・カンタービレの第270〜271小節で、モーツァルトはアルペッジョの和音を2個書いています。

■ 例1/10

同じパッセージがくり返される際、第287小節と第288小節のアルペッジョ和音は個々の音符として書き込まれ、スラーがかけられています。このことも、モーツァルトがハープのような効果を意図し、膝レバーによるペダル効果を想定していたことを示しています。

■ 例1/11

ペダルによってのみ適切に保持される音

　前出の協奏曲楽章（K.271第3楽章）のプレスト部分に、左手がアルベルティ音型を弾きながら、右手の旋律音がバスと高音域とで交互に弾かれるところがあります。

■ 例1/12

手動レバーだけのフォルテピアノ、あるいはそれさえもないチェンバロで演奏された場合、第67〜68小節にある2個の高い二分音符は短かすぎるだけでなく、不快な響きになってしまうでしょう。

　次に挙げるモーツァルトの《ピアノソナタイ短調K.310》第2楽章の第83小節では、よっぽど大きな手の持ち主でなければ、ペダルの助けなしに左手のトリルの下にあるバス音（c^1）の響きを保つことはできません。

■ 例1/13

平行箇所である第28小節でモーツァルトは、バス音をアッポッジャトゥーラとして書いていることも注目に値します。この音を保持するためのペダルを前提にしてこその書法だと考えられるでしょう。

■ 例1/14

反復されるポルタート音の響きはペダルによって得られる

　ポルタートが指示されているパッセージの中には、ハンマーで打弦するイメージではなく、柔らかく振動し続けるような表情が求められるものがあります。たとえば《ピアノソナタイ短調K.310》の第2楽章第64小節では、ペダルが大いに役立つでしょう。

■ 例1/15

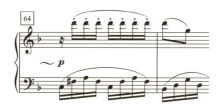

同様の例は《デュポールのメヌエットによる変奏曲K.573》の第8変奏（アダージョ）第3小節にも見られます。

■ 例1/16

（この小節の第3拍ではもちろんペダルを踏み替えなければなりません。）

このようなポルタートで弾かれるべき音は、《ピアノソナタイ短調K.310》の第2楽章にもあります。ダブルエスケープメント式アクションを備えた現代のピアノでさえ、ペダルなしでポルタートを適切に表現するのは難しく、フォルテピアノならなおさらです。こうした柔らかく保たれながらくり返されるテヌートの音は、ペダルを使ってはいけない"正真正銘の"スタッカートときちんと区別されなければなりません。

■ 例1/17

分散和音にも必要なペダル

アルペッジョと分散和音（三和音の分散型Dreiklangs-Zerlegungen）の違いは、連続する音の速さにあります。こうした和音を歌わせるためにペダルをどのように使ったら良いかを示す恰好の例が、《ピアノ協奏曲ニ短調K.466》の第2楽章に見られます（譜例はレヴィンによる）。

■ 例1/18

ここでペダルを使うか使わないかは（音質とは別に）音量の点での大きな差となって現れるでしょう。このパッセージは自由な装飾を歓迎しているようにも思われます。ロバート・レヴィンによる魅力的な装飾例は次の通りです。

■ 例1/19

パウル・バドゥーラ＝スコダも長年にわたり同じような装飾を用い、1992年の録音では以下のように弾きました（Auvidius-Valois CD Nr.4664）。

■ 例1/20

しかし現在のパウル・バドゥーラ＝スコダは「モーツァルトが書いた通りの、装飾されないバージョンが最良である」という共著者の意見に賛同しています（もちろんペダルの使用は必須です。またこれらの音を装飾して演奏する場合でも、ペダルなしでは乾いた響きになってしまいます）。この楽章にある他の主題はもっと生き生きとした性格で動きも活発ですが、それとは対照的に、第40小節以降ではパッセージ自体の表情として、静かに保たれる音が基調になっていると感じるようになりました。この部分に関して私どもは装飾なしの演奏のほうがより美しいと思っていますが、究極的には演奏者の趣味の問題であり、歴史的な知識によってその是非が判断されるものではありません。

　この協奏曲を18世紀のフォルテピアノでオーケストラとともに演奏してこそわかることですが、この楽章では現代ピアノが出せる以上にふくよかな響きが必要となります。装飾しようがしまいが、このパッセージにはペダルが欠かせないのです。

叙情的楽章における手の交差

　ここまでで、旋律音がバスと高音域を交互に往復しながら弾かれる際のペダリングのことが話題になりました（例1/12）。《ピアノソナタイ長調K.331》の第1楽章第4変奏にも同じような問題がありますが、このパッセージを満足のいくように表現するためにはペダルが必要である、という見解にはまだ異論があるのかも知れません。

■ 例1/21

手が交差するこのパッセージは、モーツァルトが「アンダンテ・グラツィオーソ」と書き添えた楽章にあるものです。加えて、この変奏は全体を通してレガートのタッチをその基調としています。ここで（とりわけ3小節目の）高音は、ペダルによって弦を解放して弾くと小さな鐘のような音色でことさら上品に響きます。

同じことは、モーツァルトの速いテンポの楽章における同様のパッセージにもあてはまります。《ピアノ協奏曲変ロ長調K.450》の第3楽章に見られるいくつかのパッセージや、K.352やK.455、K.460といった、ピアノのための変奏曲にあるパッセージがそれにあたります。しかしこれらはいずれも、《ピアノソナタニ長調K.311》の第2楽章、第86～89小節のように（例1/2）必ずしも「ペダルが必須」という位置づけではありません。

保持される高音に与えられる、歌うような音質

この大切な観点はしばしば見過ごされてしまいますが、「カンタービレな演奏」はモーツァルトにおいてきわめて重要です。ペダルを使って弾かれる音は、他の弦が共鳴するためペダルなしの音よりはるかにふくよかに響きます。単に共鳴するだけでなく響き自体も長くなるので、とりわけピリオド楽器で演奏する際に利用価値の大きい奏法です。若干の例を挙げましょう。たとえば先ほども紹介した《ピアノ協奏曲ニ短調K.466》の第2楽章にある次のパッセージを参照してください（これも装飾なしで弾いたほうが美しいと思います）。

■ 例1/22

最後のピアノ協奏曲として作曲された《協奏曲変ロ長調K.595》第2楽章にあるパッセージ（この作品の出版にはモーツァルト自身が関与していました。ここに装飾が施されていないのはそのように弾いてほしいからであって、演奏者が自由に装飾して良い、ということではないと思われます）も同じように扱われ、第17小節からや第90小節以降ではペダルを使うべきでしょう。

■ 例1/23

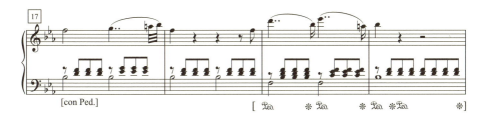

　モダン楽器、ピリオド楽器いずれのピアノでも、装飾するかわりとしてペダルを使ってパッセージの歌うような美しさを補強することができるのです。

　ペダルによって良い結果が得られる長い音は、モーツァルトの《ピアノ協奏曲ハ短調K.491》の独奏ピアノの冒頭にもあります。付点二分音符g^2音とas^2音がペダルによってしっかりと強調・保持されることによって、はじめてメロディーが歌うように流れるのです。

■ 例1/24

　ペダルに関するポイントをまとめましょう。モーツァルトの鍵盤作品の記譜には、彼の念頭にダンパーを操作する装置の存在があったことがうかがえます。また例1/2で示されているように、ペダルは時として絶対必要なものでもあります。ペダルによって得られる効果は、音楽的にも喜ばしいものでしょう。モーツァルトは楽器の音色や音響の可能性を開発することにおいて、比類のないチャレンジャーでした。《ドン・ジョヴァンニK.527》第1幕のフィナーレにおけるすばらしく柔らかいトランペット独奏を思い出してください。あるいは、《ピアノ三重奏曲変ホ長調K.498（ケーゲルシュタット）》におけるクラリネットの扱いや、《管楽セレナーデ変ロ長調K.361》も思い浮かべてください。

　モーツァルトが、手紙であれほど熱心に説明していたメカニズムを実際に使わなかったとは思えません。モーツァルトのピアノ作品で必要に応じてペダルを使うことには、歴史

的観点から検証しても何の問題もないのです。「ベートーヴェンがモーツァルトよりもペダルを多く使った」ということは、「モーツァルトは必要な時や望ましい時でもペダルを使わなかった」ということを意味するのではありません。ダンパーを上げている時でも、モーツァルト時代のピアノの響きには現代ピアノよりずっと大きな透明感がありました。

しかし、「ペダルなし」か「ペダルを多用する」のどちらかを選ぶとすれば、モーツァルトではペダルに過度に頼りすぎるより、なしの演奏のほうが受け入れやすいでしょう。もちろんペダルを使う場合でも、演奏の明瞭さを犠牲にして良いわけでは決してありません。もともと明瞭さに欠けた音質の現代ピアノで過度にペダルを使うことは、厳重に慎まなければならないことです。モーツァルト時代のピアノはもっと明瞭でクリアな響きだったので、ペダルを注意深く使うことによって、音がにごる危険よりも豊かにするメリットのほうが大きかったのです。場合によっては不可欠な要素でもありました。

モーツァルトのペダルフリューゲル

モーツァルトはオルガン演奏の練習にも熱心でしたが、オルガンの足鍵盤を試したその日から、その響きに魅せられてしまいました。そんな経験から、モーツァルトは後年になって、ピアノの音域を拡張するためにピアノ用の足鍵盤──ハンマーアクション付きの独立したバス楽器──を注文するに至ったのかも知れません。このペダル楽器はおそらくバス2オクターヴ分の音域をもち、フォルテピアノの下に置かれ、オルガンの足鍵盤と同じように演奏されたのです。1785年3月、モーツァルトは印刷されたパンフレットで演奏会を告知しました。そこでは新しいピアノ協奏曲が披露されるだけでなく、「とりわけ大きなペダルフリューゲルを即興演奏のために使用する」と予告されています。このチラシはオーストリア国立図書館の劇場コレクションに保存されており、次のように書かれています。

告知／1785年3月10日木曜日／宮廷楽長モーツァルトは／帝国宮廷劇場で／壮大な音楽アカデミーを／自らのために／催す栄誉を得た。そこで彼は新しい／フォルテピアノ協奏曲を演奏するだけでなく／とりわけ大きなフォルテピアノ・ペダルで、即興演奏を披露するだろう。残りの楽曲は、演奏当日のポスターで告知する[26]。

---

26) "Nachricht / Donnerstag den 10. März 1785 wird / Herr Kapellmeister Mozart die Ehre haben / in dem / k. k. National=Hof =Theater / eine / grosse musikalische Akademie / zu seinem Vortheile / zu geben, wobey er nicht nur ein neues erst / verfertigtes Fortepiano = Konzert / spielen, sondern auch ein besonders grosses / Fortepiano Pedal beym Phantasieren gebrauchen wird. Die übrigen Stücke wird der große Anschlagzettel am Tage selbst zeigen."

第1章　モーツァルトの響きの世界　57

モーツァルトはこのチラシで、ペダルフリューゲルの使用を支持者たちに予告しました。この楽器もモーツァルトが愛したフォルテピアノの製作者アントン・ヴァルターが作ったものでした（注33を参照。モーツァルトの死後この楽器が売られた時のリストに記載されています）。

近年、物理学者でモーツァルトの大いなる崇拝者でもあったアマチュアのヴァイオリン奏者アマンド・ヴィルヘルム・スミスという人物が東ハンガリーのパトロンと交わした興味深い（ラテン語の）書簡集が発見されました[27]。スミスはモーツァルトが足鍵盤付きのピアノで演奏するのを聴いたと書いています。この書簡集にはヨハン・ザムエル・リーデマンからの手紙も含まれており、そこではアントン・ヴァルターがペダルフリューゲルの製作者であると書かれています。リーデマンの報告は「モーツァルトがすでに1785年2月11日、《ピアノ協奏曲ニ短調K.466》の初演という公の場でペダルフリューゲルを使用した」という私どものかねてからの推定を確定してくれます[28]。

レオポルト・モーツァルトはこのときウィーンの息子のもとを訪れ（1785年2月）、新しいペダルフリューゲルを聴き、そのことを1785年3月12日にザンクト・ギルゲンにいる娘に報告しています。

> あの子は大きなフォルテピアノ用ペダルを作らせましたが、これはフリューゲルの本体の下にあり、60センチほどの長さで、びっくりするくらい重いのです[29]。

バロック時代、足鍵盤付きの鍵盤楽器はチェンバロであれクラヴィコードであれ、たいていはオルガン奏者の練習用楽器として作られました。通常双方の楽器は弦を共有するために連結されていましたが、独立したペダル・チェンバロとして作られることもありました。しかし、このフォルテピアノのためのペダル楽器は稀にしか注文されなかったようです。モーツァルトが《ピアノ協奏曲ニ短調K.466》の自筆譜のソロ冒頭に足鍵盤のための音を複数書き込みながらも結局それを断念した背景には、おそらくそのような事情があったのでしょう。

デンマークの俳優で音楽家ヨアヒム・ダニエル・プライスラーは、1788年にモーツァルトのもとを訪れ、日記にペダルフリューゲルのことを書いています。

---

27) Ingrid Fuchs, "W.A. Mozart in Wien. Unbekannte Nachrichten in einer zeitgenössischen Korrespondenz aus seinem persönlichen Umfeld," *Festschrift Otto Biba zum 60* を参照。
28) Ingrid Fuchs, "Mozarts Klavierkonzert d-moll KV 466. Bemerkungen zum Autograph und zum Instrument der Uraufführung," in *Mozartiana. Festschrift for the 70. Birthday of Professor Ebisawa Bin* を参照。
29) 『モーツァルト書簡全集』VI、57頁。

> 8月24日日曜日。午後、ユンガー、ランゲ、ヴェルナーが我々のところに来て、楽長モーツァルトの所へ行った。そこで聴いた音楽の時間は、これまでのなかでもっとも幸福なものだった。この小男だが偉大な大家はペダルフリューゲルで2回も即興演奏を行なった。非常にすばらしかった！とてもすばらしい！自分がどこにいるかわからないぐらいだった。きわめて難しいパッセージととびきり愛想の良い主題とがいっしょに紡がれるのだ[30]。

J.D.プライスラーとはまた別の崇拝者ミヒャエル・ロージングも、プライスラーのお供で聴いたモーツァルトの演奏について書き残しています。

> ［…］私にとって、とりわけ2回目のファンタジーの際のペダルが最大の印象だった[31]。

別の訪問者であるフランクという名の医者も、モーツァルト家を訪問したあと、このペダルフリューゲルについて熱く語っています。

> 私はモーツァルトが作曲した幻想曲を弾いた。驚いたことに彼は「悪くない」と言った。「私が弾くから聴いてごらんなさい。」なんという奇跡だろう！彼の指の下でピアノは全く別の楽器になった。彼は、ペダルとなっている第2の鍵盤楽器で、それを強化したのだ[32]。

モーツァルトが所有していたようなハンマーアクション付きのオプションペダル鍵盤は、楽器博物館や個人のコレクションでもほとんど見かけることがありません。18世紀に製作されたものはまったく知られておらず、現存している数少ないペダル鍵盤は19世紀初期のもののみです。そこで私どもはオリジナルの外見に似ているペダル鍵盤を復元しました（図1.3を参照）。どんな音がするかは参考音源のNo.07で確認してください。

モーツァルトが使っていたペダル鍵盤付きの楽器は失われてしまいました。モーツァルトの死後、未亡人コンスタンツェが新しい地に引っ越す際に売却したのが、その発端です。最終的にこの楽器はアマチュア作曲家兼ピアニストとして知られている音楽愛好家イグナツ・ヴェルナー・ラファエルの所有となりましたが、ラファエルは1799年に亡くなっています[33]。『ウィーン新聞 Wiener Zeitung』の付録広告『ウィーン宮廷顧客局からのお知らせ』[34]から、1799年にラファエル所有の全財産が公売されたことがわかります。その際に

---

30) O.E. Deutsch, *Dänische Schauspieler zu Besuch bei Mozart*, Österreichische Musikzeitschrift, 11, p.406 ff. より引用。
31) Ibid., p.410.
32) Hermann Abert, *W.A. Mozart*, vol.2, p.1007への注を参照。
33) W. Brauneis, "... eines der besten Forte Piano von Herrn Walter, mit einem Pedal von dem sel. Herrn Mozart," in *Mitteilungen der Internationalen Stiftung Mozarteum* 48. Jg., pp.200-209 を参照。
34) Posttäglichen Anzeigen aus dem k. k. Frag- und Kundschaftsamte in Wien

図1.3 ヴィルヘルム・リュックによるモーツァルト所有のアントン・ヴァルター製フォルテピアノの複製と、同じくモーツァルト所有のヴァルター製フォルテピアノ・ペダル（消失）を復元したもの。ペダル鍵盤は、1990年にマティアス・アーレンスによって製作された（バドゥーラ＝スコダ・コレクション）。

この楽器は現金精算で売買されましたが、誰が買ったかも、その後楽器がどこへ行ったかも不明のままになっています。

モーツァルトのフォルテピアノの音域

　モーツァルトがペダル鍵盤付きフォルテピアノを入手した背景には、何か特別な理由があったはずです。モーツァルト時代のフォルテピアノの音域は5オクターヴだけでした。ペダル鍵盤の最低音はおそらく現代ピアノの $_1$C音で、その音域は約2オクターヴだったと想像されます。モーツァルトは手鍵盤の最低音が $_1$F音なのに満足せず、もっと低い $_1$E音や $_1$Es音、$_1$D音、あるいはさらに、$_1$C音までも演奏したいと思っていたふしがあります。

　モーツァルトはオルガン奏者としても卓越しており、足鍵盤を問題なく扱うことができました。彼が即興演奏の際にペダル鍵盤を使っていたことは、コンサートを告知するパンフレットの文言や訪問者の証言から確認できますが、この鍵盤によってバス音域が拡張され、重要なバス音や動機を二重にしたり、音量を増大させることができたのです。

　ペダル鍵盤のついた楽器を注文する時、モーツァルトはおもに即興演奏のことを考えていたのでしょう。モーツァルトからベートーヴェンの時代では、コンサートプログラムに即興演奏を含めると非常に喜ばれました。しかしモーツァルトは、ピアノ協奏曲にもそうしたペダル鍵盤の必要性を感じていたに違いありません。ピアノからオーケストラを指揮しながら、通奏低音を補強したい時や、ピアノのソロパートの音域を拡張するために必要だったのです。《ピアノ協奏曲ニ短調K.466》の自筆譜（第1楽章の最初のソロ第12小節にあたる第88小節より）にモーツァルトの筆跡によってペダル鍵盤で弾くべき音が示されているところから、この推測が実証されます。第88〜90小節のパッセージは、ペダル鍵盤を使用しない限りすべての音符を楽譜通りに演奏することは不可能です。

　残念なことに、『新モーツァルト全集』のこの協奏曲の編纂者は、モーツァルトが楽譜になぜこれら一見演奏不可能な音符を書いたのか理解していませんでした。編纂者は「パッセージに誤記がある」と勝手に納得し、低い音を無視し、これらの小節をペダル鍵盤なしでも演奏できるように改変してしまったのです。

　モーツァルトがこのパッセージを2段階に分けて書いたことを示すインク色の違いが、自筆譜では明瞭に区別できるのですが、残念なことに一般的なファクシミリ版ではわかりにくくなっています。

第1章 モーツァルトの響きの世界　61

■ 例1/25

　この協奏曲が収録されている『新モーツァルト全集』の前書きでは、モーツァルトが自筆譜を推敲する際に第88小節以降で「誤り」を犯したと説明されています。しかし自筆譜を丁寧に参照すると、モーツァルトは（彼が常にそうしていたように）これらの小節に複数回に分割して音符を書き込んでいったことがわかります。まず明るい茶色のインクで簡単なバス音を含む左右2手のパートを書き、その後モーツァルトは暗い茶色のインクで単純なバス音の上にペダル鍵盤用の音を加筆してオルガン風の伴奏に仕立て上げ、同時に手鍵盤の中央部で左手によって弾かれる和音を追記しました。これら追記された音にはその後何の修正も不要でしたし、自筆譜のこの場所には削除されたり塗りつぶされたり、といった推敲の跡は確認できません。

　最近まで『新モーツァルト全集』をはじめとしたこの協奏曲の出版社のほとんどは、2手だけでこれらの小節を演奏できるように編集した上で出版していました。なお、オイレンブルク社のスコアではモーツァルトの自筆譜通りの表記が再現されています。

■ 例1/26

ペダル鍵盤の装備されていないフォルテピアノでは、これらの小節をそのまま演奏できませんし、モーツァルトもこの問題に気づいていたに違いありません。当時ペダルフリューゲルという特別な楽器を所有し、モーツァルトの楽譜通りに演奏できる人がほぼ皆無だったことは明らかです。そのためモーツァルトはこうしたオルガンのような記譜を断念し、それ以降のピアノ独奏パッセージにペダル鍵盤用の音が書かれることはなかったのでしょう。しかしモーツァルト自身は新しく入手した自分のペダルフリューゲルを――楽譜にこそ残さなくても――もっと活用したに違いありません。それはこの《ピアノ協奏曲ニ短調K.466》に限ったことではなかったはずです。

　こうした状況を踏まえると、それが順当である場合にはペダル鍵盤の存在を考慮に入れた演奏も、あながち様式から外れるわけではありません。そうした可能性を示す好例は、《幻想曲とフーガハ長調K.394》のフーガ主題にあります。ここではバス音の響きを豊かにするためにオクターヴ下の音を追加できるでしょう。

■ 例1/27

　《ピアノ協奏曲変ホ長調K.482》第1楽章の展開部に現れる半音階的なバス進行は、現代ピアノにおいて1オクターヴ低く演奏することもできるでしょう。モーツァルト時代のペダルフリューゲルで演奏された場合のペダル音は記譜されている全音符ではなく、下段に示したような長い音符として弾かれたものと推測されます。

■ 例1/28

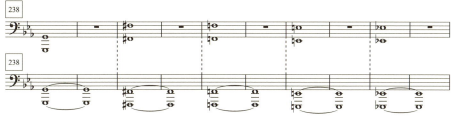

（オーケストラのバス音と同様にピアノのバスも保持される）

《ピアノ協奏曲イ長調K.488》の自作のカデンツァでも、モーツァルトはペダル鍵盤を使ったかも知れません。

■ 例1/29

しかしこれらのパッセージはすべて例外的なケースと言えるでしょう。一般には——とりわけ現代のピアノで演奏する場合——モーツァルトが書いた通りの音符で演奏することが、より強く推奨されます。現代のグランドピアノのバス音の響きは厚ぼったく、不鮮明になってしまう危険をはらんでいるからです。

モーツァルトのヴァルター製ピアノの最高音はf^3音です。モーツァルトはピアノ作品では常にこの5オクターヴ音域を遵守していましたが、ただひとつだけ例外が存在します。《2台ピアノのためのソナタニ長調K.448》の第3楽章第98小節でだけ、彼はfis^3音を要求して

いるのです。いつもなら音域の上限が苦もなく守られていることを考えると、これは確かに驚くべきことでしょう。モーツァルトのメロディーは、いつも"自然に"響くように気遣われています。

　モーツァルト時代のほとんどのフォルテピアノではf^3音が最高音でしたが、そうでない楽器もあったのです。現存するフォルテピアノの年代を音域によって推測するのは危険です。たとえばドメニコ・スカルラッティは、時としてモーツァルトよりも高い音域を使用しています。彼のソナタにはg^3音やa^3音が出現しますが、スペイン宮廷のフォルテピアノやチェンバロの中にこの鍵盤を備えた楽器があったに違いありません。アントン・ヴァルター製の現存するフォルテピアノにもg^3音を出せるものが存在します。

　モーツァルト唯一のfis^3音が出てくるこのソナタはモーツァルトの生徒のバルバラ・プロイヤーとの演奏のために作曲されたのですが、プロイヤー一家はg^3音に達する音域の楽器を所有していたのでしょう（f^3音をfis^3音に調律してしまう裏技——いわゆるスコルダトゥーラ——は、f^3音も必要とされているこの作品では使えません）。

　モーツァルトは自分のヴァルター製ピアノの音域を超えることなく作曲し、すべてが自然な仕上がりになっていますが、これは誰にも真似できることではありません。もし再現部で第2主題が主調に戻る際にf^3音を超えそうな場合には、モーツァルトは動機そのものを改変することも躊躇しませんでした。美しさを損ねないためにモーツァルトが採用した手法は繊細で優雅なもので、単純でありながらもきわめて説得力のある結果が導かれています。例として《ピアノ協奏曲変ロ長調K.595》の第3楽章、第112〜113小節を見てみましょう。

■ 例1/30

第112小節のパッセージは、再現部（第251〜252小節）では半音の動きに変更されています。

■ 例1/31

機械的に移行させるだけでは高いg^3音が必要になってしまうからです。

■ 例1/32

ベートーヴェンの作品では、当時のピアノの音域が作曲家のアイデアを不当に邪魔しているようなパッセージが散見されます（たとえば《ピアノ協奏曲第4番作品58》第1楽章の第318小節、《ピアノソナタ第7番作品10の3》第1楽章第22小節や《ピアノソナタ第18番作品31の3》第2楽章第54小節など）。現代の多くのピアニストたちはこうした箇所に手を加え、本来ベートーヴェンが望んだと思われる形で演奏していますが、モーツァルトのピアノ作品でこのような作業はほぼ不要かつ不可能です。モーツァルトの作品にある例外的なケースを指摘するとすれば、以下の2箇所しか思い浮かびません。

そのうちひとつは《ピアノ協奏曲ト長調K.453》第3楽章の第56小節ですが、第40小節と同じように上行する勢いを尊重すると、g^3音に達してしまいます。

■ 例1/33

現代のピアノでは第56小節でg^3音を弾くほうが良いでしょう。

もうひとつの例は《3台ピアノのための協奏曲ヘ長調K.242》の第3楽章に見られます。

第34小節以降のパッセージをそのまま移行させると第155小節以降ではa^3音が必要になります。そのためモーツァルトは1オクターヴ低い位置に記譜していますが、現代では以下のように演奏したほうが、聴き手にとってより自然な音楽になるでしょう。

■ 例1/34

なお、こうした変更は必須でも、義務でもありません。

ピアノの構造に関して一言

　モーツァルトは、当時のピアノアクションの欠点に気づいていました。1777年に書かれたシュタイン製ピアノに関する手紙の最初の段落で、モーツァルトはそのことに触れています。以下の文面から、当時の一般的な楽器によくある不具合が推察できるでしょう。

　思いのままに鍵に触れても、音は常に一様です。カタカタ鳴ったり、強くなったり弱くなったりすることなく、まったく音が出ないなどということもありません。要するに、すべてが均一の音でできています。［…］彼のハンマーだと、鍵を叩くとき、たとえそのまま指をのこしておこうと放そうと、鍵が弦に触れて飛び上がったその瞬間に、また落ちます[35]。

　本来ハンマーは鍵盤を押さえ続けていても所定の位置に落下し、弦に触れたままではいけないのですが、今日でも粗悪なフォルテピアノや粗雑に復元されたフォルテピアノではハンマーが弦に押しつけられたままになる不具合が出ることがあります。現代ピアノのハンマーはフェルトで覆われているので、そうなっても音が消えるだけですが、モーツァルトのフォルテピアノように革が巻かれたハンマーでは、振動している弦にドライバーのような金属製の物で触れたときに生じる雑音に似た、不快な共鳴音が生じてしまうのです。

　幸いここ50年ほどの間に多くの優れたピアノ製作者が輩出するようになり、フォルテ

---

35)『モーツァルト書簡全集』III、149頁。

ピアノのアクションを的確に復元する方法を熱心に学んでいます。古いオリジナル楽器のパーツをできる限りそのまま使いながらアクションの復元を行なえば楽器の音色も変わらず、オリジナルの響きが温存されるのです。

　優しいタッチは柔らかい響きを生み、力強いアタックが大きな音を生むことは、皆知っています。力を入れすぎるとフォルテピアノの音は荒い金属的な響きとなり、耳にも不快です。弦が許容できるアタックの強さを超えると弦の振幅が極限まで達し、断線もします。ピアノ内部で起こっている現象をきちんと理解しているピアニストの数は、あまり多くありません。音の強さ（＝弦振動の振幅）を左右する要素は、ひとえにハンマーを叩くスピードにあるのです。ハンマーのスピードが速くなれば、その結果として音も大きくなります。現代のピアノでは鍵の押し下げとハンマー上昇のスピード比率は1：5に設定されています。ハンマーの打弦速度は鍵を押すスピードの5倍なのです。この比率はモーツァルト時代のピリオド楽器ではさらに大きく、7倍か8倍になっています。

　フォルテピアノで大きな音を出すのにどうしてそんなパワーが必要なのでしょうか？これは物理学の問題です。運動エネルギー、つまりハンマーが弦に当たるときの衝撃は、スピードの二乗で増加します。2倍の速さで打鍵すれば、4倍のエネルギーが生まれるのです。3倍速ければ9倍になるでしょう。スピードが増すことによって、ごく軽いハンマーでもキログラム単位で計測できるほどの圧力を生み出すのです。

　大きな音を出すためには、筋肉を緊張させて鍵盤を素早く押し下げる必要があります。これ自体は練習によって鍛えればすむことで、特別な問題ではありません。ピアニストにとっての本当の課題は、いかにして弱音（*p*）の音量をコントロールするかにあります。後述するように（第11章を参照）、18世紀の音楽を演奏する時には手首や腕よりも、指の使い方がポイントになります。遅いテンポのパッセージでは、鍵盤を落ち着いて押し下げることによって柔らかい繊細な音が得られます。タッチが遅すぎてしまうとアクションのエスケープ機構のためにハンマーが弦まで到達せず、音そのものが出ません。

　しかし *p* で弾かれるべき多くのパッセージは速いテンポのものであり、個々の鍵盤をゆっくりと押す奏法で対応するのは不可能です。速く弾きつつも比較的ゆっくりとハンマーを動かすのは一見矛盾しているようでも、私たちはそれが可能なことを知っています。それは打鍵の深さによってコントロールできるのです。鍵盤を一番下まで押し下げずに指をもとに戻せば、ハンマーはとても短い初期加速しか受け取らない上、ハンマー自体の重さにも影響され、比較的ゆっくりとしたスピードで弦に当たります。この奏法には指と手首のコントロールが欠かせませんが、熟練するまである程度の時間が必要でしょう。

　指で弱音を作ることが不得意なピアニストを"ピアニスト"と呼ぶのはふさわしくなく、"フォルティスト"と名づけたくなってしまいます。フォルティストたちは、この能力の欠

如を補うために足に助けを求めます。どれほど多くのピアニストが（優秀なピアニストでさえ）楽譜に p を見つけると、無意識に左ペダルを踏んでしまうことか…[36]。

グランドピアノのシフトペダル（左のウナコルダペダル）を使用してアクションを横にずらすと、ふだん使われていないハンマーの柔らかな部分で打弦することになるため、より繊細な響きが生まれます。しかし、倍音が少ない響きは、柔かいと同時に鈍くもなるのです。作曲家が要求する「歌うような p」とはうらはらに、生気のない濁った響きになってしまいます。

まともなヴァイオリニストなら、柔らかいパッセージやカンティレーナを演奏するたびにミュート（ソルディーノ）をつけるようなことはしないでしょう。ピアニストの左ペダル使用を、これと似たような行為ととらえることもできます。「ウナコルダ効果」を得られる左ペダルは、オルガンに装備されている柔らかく包まれたような響きを生み出すためのストップに相当すると思ってください。さらに「ウナコルダ（＝1本の弦）」という名称は多くの場合、厳密には正しくありません。一般的なピアノでは、ハンマーは通常3本の弦を打ちます。左ペダルを使うと、このうちの2本が、ハンマーのふだん弦に触れていない軟らかい部分で打弦されるのです。ピリオド楽器でも仕組みは同じで、文字通り「1本弦」のみが打たれる楽器は、私どもの経験としてはイギリス製のもの1、2台に出会っただけです。そして古いピアノの多くにはウナコルダ機構ではなく、モデラートア（ソルディーノ）が装備されています。

モーツァルト時代のフォルテピアノの響きは倍音の多い、冴えた明るさがその特徴ですが、それに比較すると現代ピアノの音は倍音の量が不足しています。音量を小さくするためにウナコルダペダルやモデラートアを使うとこのギャップを広げるだけで、モーツァルトの音楽の生き生きとした特徴を台無しにしてしまうのです。真の意味で「音色の変化」──たとえばピアニッシモやソットヴォーチェなど──が指示されている時のみ、例外的に使うのが妥当でしょう。

モーツァルトのフォルテピアノには響きを柔らかくし、倍音を減らすモデラートアがついていました。しかし後世のフォルテピアノに見られるような膝レバーやペダルではなく、鍵盤中央の上部にある、押し込んだり引っ張ったりして操作するノブだったことに注目してください（図1.2と図1.3を参照）。モデラートアをセットするためには、1秒か2秒鍵盤から手を離さなければならないのです。ということは、それなりのタイミングが与えられ

---

36) これはとりわけロシア流の演奏テクニックとして顕著である。この習慣は、何十年もの長きにわたってロシアの音楽院や私的な邸宅では質の良いピアノが稀にしか見られなかったという背景にも由来するだろう。優秀な調律師はさらに稀だった。以前、ピアニストたちは使いすぎて擦り切れたハンマーが生み出すひどくキンキンした響きを緩和するために、左ペダルを多用せざるを得なかった。しばらくすると、当初は柔らかかったハンマーの表面も硬くなってしまい、時としてソフトペダルを踏んでも何の変化も得られないばかりか、さらに粗悪な音色になってしまうことさえあった。

ていない限り、パッセージの途中で音色を変えることはできませんでした。このストップはイギリスやフランスの初期のフォルテピアノではすでにペダルとして装備されており、のちになってウィーンの楽器でもペダルとして操作できるようになったのです。

　以上のことを一言の教訓としてまとめれば「ピアニストは弱音を指で弾けるように勉強するべきで、左足に頼ってはいけない」ということになります。

　折に触れてモーツァルト時代のピリオド楽器の演奏を聴くことは、今日モーツァルトを演奏するすべての人にとって大きな刺激になるでしょう。18世紀のピアノは実に多彩な音色で演奏できるのです。古いフォルテピアノを使って練習すれば、モーツァルトが耳で聴き、心の中で歌っていた響きがどんなものだったかを、もっともダイレクトに実感できます。こうしたリサーチは、単に古い楽器の録音を聴いただけでは足りませんし、詳細きわまりない楽器の説明を熟読しても実を結ばないでしょう。今日では良質のレプリカがたくさん製作されるようになり、多くの音楽学校が所有しています。若いピアニストたちには、望みさえすればモーツァルト時代のフォルテピアノを試弾し、そこにどんな音色の可能性が存在し、モーツァルトの意図がどのようなものだったかを発見する機会が与えられているのです。

第2章
デュナーミク(強弱)

音の強度は強弱記号によって楽譜に記されています。音響学では音の大きさはデシベル（dB）で測られ、（やっと聞こえる）1dBから（苦痛となるレベルの）120dB以上という数字で表されるのです。音楽では一般によく知られているフォルテ（*f*）と、ピアノ（*p*）に加え、さらに細かいグラデーション（*mf*、*pp*、*ff*）を表す記号を用いて表現されてきました。そして音量の度合いだけでなく、変化も指示されます。アクセント、*crescendo*、*decrescendo*や、*sotto voce*、*marcato*、*dolce*といった記号や言葉は、私たちの音楽ボキャブラリーとして定着しています。

音楽でも言語でも、強弱の変化はその程度に差こそあれ、とても自然なことです。「ダイナミックな（めりはりのある）演奏」が音量の多様な変化を想像させるのに対し、「平坦な演奏」は変化に乏しく、聴き手を退屈させます（一部のロック音楽は大音量で演奏されるものの、そこにほとんど音量の変化がないところから「めりはりがない」とみなせるでしょう）。この章では、モーツァルトの音楽が強弱に満ちあふれていて、こうした繊細な変化や響きのレベルをたえず敏感に伝達すべきであることを確認しましょう。しかし残念なことにモーツァルトの強弱指示が時としてあまりにそっけなく、まったく書かれていないケースもあるのです。

強弱記号に関する18世紀の基本的慣習

f と *p* の記号が1600年頃の一部の作品にすでに存在することは、一般に知られています。しかし強弱記譜が洗練されてきたのは、18世紀初頭になってからでした。17世紀の鍵盤音楽では、ほとんどの作品において強弱指示を見つけることができません。あまり知られていない作曲家の一部が1700年頃に強弱記号を書いているとはいえ、たとえばドメニコ・スカルラッティ[1]、ヘンデルその他の作品に強弱記号はまったく、あるいはごくわずかしか見られません。

楽譜に強弱のためのヒントがなくても、演奏者はそれを障害とは感じていませんでした。さまざまなジャンルの音楽がていねいに定義されており、序曲、シンフォニア、メヌエット、サラバンドといった有名な舞踏楽章は、どちらかというとフォルテで演奏されるのが共通の認識でした。一方叙情的でカンタービレな楽章には、常にピアノが要求されました。たとえばスカルラッティのもっとも有名な《ソナタホ長調 Kirkpatrick 380（Fadini 326、Longo 23）》を音量豊かなフォルテで弾くのは愚か者だけでしょう。同じく、J.S.バッハの《平均律クラヴィーア曲集第2巻》における〈プレリュードホ長調BWV878〉が、どちらかといえばあまり大きな音ではない繊細なカンタービレの歌唱様式で弾かれるのも、18世紀の

---

[1] 著名なスカルラッティ研究家のエミィリア・ファディーニが、600あまりのスカルラッティのソナタのうちのただ1曲において、2種類の主要資料の一方に強弱指示がいくつかあるとしている。

演奏家にとっては自明のことでした。それに対して、それに続く古様式のフーガは、フォルテピアノを含めた当時の楽器において重厚な *pleno organo* の響き〔＝フォルテ〕で弾かれることが見て取れます[2]。

バッハは「強弱が必ずしも常に明白で揺るぎないとは限らない」ことに気づいた最初の作曲家のひとりでした。バッハは強弱の指示を注意深く構想し、それをクラヴィーア練習曲第2部に含まれている《イタリア協奏曲BWV971》をはじめとする鍵盤作品の印刷譜に表記しました。《イタリア協奏曲》の大部分において、旋律が *forte*、伴奏に *piano* と書かれていることに注目してください。これは2段鍵盤のチェンバロあるいは複合チェンバロ（クラヴィコードがこの作品の演奏にふさわしい楽器とは、とうてい言えません）での演奏を想定して書かれた指示でしょう。強弱表記における未来志向の革新的な一歩です。バッハは、《ブランデンブルク協奏曲第5番BWV1050》でさらに先を行き、ユニゾンで進行するパッセージを演奏する楽器のパートに異なる強弱記号を与えています[3]。f あるいは p の記号を一律に揃えない書法は、19世紀や20世紀初頭のオーケストラスコアでもしばしば見受けられるものです。

強弱に関してとても敏感な作曲家のひとりに、C.P.E.バッハがいます。C.P.E.バッハは卓越した性能だったと想像される大型で繊細なジルバーマン製クラヴィコード、そしてフォルテピアノのために多くの鍵盤作品を作曲しました。C.P.E.バッハによる作曲上の理念[4]はモーツァルトやハイドンにさえほとんど受け継がれていませんが、音楽を「心の言語」として伝えるための配慮は、これらふたりのウィーン古典派の大家に深い印象を与えました。「心から弾くのであって、手なづけられた小鳥のように弾くのではない」[5]という有名な主張には、多くの人が賛同したのです。C.P.E.バッハはみずからの言葉の通り、敏感で柔らかく、表情豊かで多彩な強弱を愛してやまない音楽家でした。

私の考えでは、音楽はとりわけ心を動かさなければならない。しかしクラヴィーア奏者は、楽器をがんがん、どんどん叩いたり、アルペッジョをしたりするだけでは、それを達成することはできないというのが、少なくとも私の考えである[6]。

---

2) J.S.バッハによるフォルテピアノの使用については、Eva Badura-Skoda, "Komponierte J.S.Bach Hammerklavier-Konzerte?" *Bach Jahrbuch* 1991, p.159ff.を参照されたい。19世紀の演奏習慣における"ロマン主義的"な考え方によって、このフーガは「子猫のように始まり、咆哮するライオンのように終わらなければならない」と解釈されるようになった。

3) Paul Badura-Skoda, *Interpreting Bach at the Keyboard* (Oxford, 1993, Clarendon Press), p.133. パウル・バドゥーラ＝スコダ『バッハ 演奏法と解釈——ピアニストのためのバッハ』今井顕監訳、松村洋一郎・堀朋平訳、全音楽譜出版社、2008年、176頁〜。

4) Dominique Patier, "La dynamique musicale au XVIIIème siècle," pp.446-520 や John Irving, *Mozart's Piano Sonatas, Contexts, Sources, Style*, pp.29-31を参照。

5) C.P.E.バッハ『正しいクラヴィーア奏法 第一部』東川清一訳、全音楽譜出版社、2000年、176頁。

6) *Carl Burney's der Musik Doctors Tagebuch seiner Musikalischen Reisen... Aus dem Englischen übersetzt von C.D. Ebeling* (1773; reprint, Kassel: 1959), p.209. 『音楽家の自叙伝』東川清一編訳、春秋社、2003年、155頁。

ロココ時代になると、独奏音楽や室内楽、オーケストラ作品の多くに、少しずつ強弱記号がつけられるようになりました。ギャラントスタイルの作曲家にとって、旋律は微細な強弱変化に満ちた演説にも似たもので、一番目立つ存在として扱われました。そのためにも旋律は、伴奏より数段大きな音量で弾かれなくてはなりません。ルソーによると、伴奏は「小川の流れ」のような、背景の響きとして機能するものとされています。ホモフォニックな音楽ではどんな様式でも、伴奏が主要な旋律より弱くなければなりませんでした。どの時代でも偉大なピアノ奏者は、本能的に歌唱的な旋律すべてに比重を与えるのです——百年にわたる録音の歴史が、この考察の正当性を裏づけてくれることでしょう。

モーツァルトによる強弱記号の使用法は、強弱がごくわずかか、あるいはまったくないバロック時代の傾向（J.S.バッハは例外です）と、ロマン主義時代の緻密さとの中間に位置します[7]。ロマン主義以降ないし印象主義時代になると、この緻密さはさらに徹底し、たとえばチャイコフスキーは《交響曲第6番「悲愴」》第1楽章の第160小節で *pppppp* を、少し前の第154〜157小節では *pppp* と *pp* の間で変化する *crescendo* と *diminuendo* を書き込むほどになりました。

ベートーヴェンは *pp* をよく用い、モーツァルトよりも多くの強弱記号を記譜しています。同じくシューベルトも *pp* を活用し、概して *fff* から *ppp* まで多くの記号を使っています。ただし、これらの微妙な書法でさえ、もっとも弱い音ともっとも大きな音の間にある、耳で認識できる幾多の変化を表すのに十分ではありません。強弱に関して言えば、楽譜は依然として大雑把で不完全な存在なのです。

モーツァルトはしばしば *cantabile* という指示を用いていますが、そのような箇所では伴奏を弱く演奏すればその意図がもっと明瞭になるでしょう。いわゆるアルベルティバスは、モーツァルトのピアノ作品ではしばしば変奏の一形態として見受けられます。アルベルティバスは旋律パートよりも抑制され、ずっと弱く弾かれなければなりません。この種の伴奏の好例が、《ピアノソナタハ長調K.545》の第1楽章および第2楽章の第1主題や、《幻想曲ハ短調K.475》のアダージョ部分（第6小節以降）に見られます。主要な声部と伴奏パートを区別すべきことは、もちろん室内楽やオーケストラ作品にも当てはまる常識です。

モーツァルト時代のピアノ作品における強弱指示は、通常は上段と下段の五線譜それぞれに書かれ、印刷されました。こうした習慣は《幻想曲ハ短調K.475》の冒頭や、それとセットになっている《ピアノソナタハ短調K.457》の第1楽章（第9〜12小節、例2/1を参照）など、各所に見られます。

---

7) 強弱の歴史についての卓越した説明は、バロック時代から現代までのオーケストラの大きさに関する議論を含めて、Hermann Dechant, *Dirigieren*, pp.147-175 にある。

■ 例2/1

　これらの記号の位置が左右のパートで一致している場合、多くの現代の楽譜ではこれらを大譜表中央に位置する1個の記号に集約しています。左右で強弱記号の位置が異なる場合には、もちろんその通りに処理されます。たとえば《ピアノソナタハ短調K.457》の第1楽章提示部の最後（第74小節）では、左手だけに *p* が指示されているのがわかるでしょう。

モーツァルトのピアノ作品における強弱記号

　モーツァルトの最初期の作品は「強弱の記載がまだ省かれている状態」と言えるでしょう[8]。それに対し、モーツァルトが私的演奏会で演奏した、すでに成熟した作品である6曲のピアノソナタK.279～284は、まったく違う仕上がりになっています。K.284の自筆譜や（モーツァルト自身が関与した可能性がとても高い）初版譜における膨大な量の強弱記号は、このソナタの終楽章、第11変奏（アダージョ）の印刷譜で頂点に達します。この作品は作曲後およそ9年たってから出版されたのですが、モーツァルトはこのアダージョ変奏の最初の8小節の間だけで28個もの強弱記号を書き入れています。これはずぬけた数量で、トッリチェッラ（モーツァルトの知人のひとりで、この人物を通じて複数の作品が出版されました）もトッリチェッラが雇った彫版師も、モーツァルトからの指示なしで勝手にここまで多量の強弱記号は挿入しなかったでしょう。

　奇妙なことに、モーツァルトはトッリチェッラにこのソナタとともにK.333のソナタも渡しているのですが、K.333には少量の強弱記号しか書き込まれていません。仕上げを急がねばならない、など何か特別の事情があったのでしょうか？ この疑問はあらためて解明することにしましょう。

　例外的な状況のもとで作曲された《ピアノソナタイ短調K.310》は除外しても、モーツァルトのピアノ作品における強弱記号の記譜は年を経るに従って次第にまばらになり、生

8) Patier, pp.500-501.

前に出版されなかった最後の3曲のピアノソナタではほとんどなくなってしまいます。モーツァルトによる強弱の記譜の発展は、ハイドンとは逆なのです。ハイドンの初期のソナタには強弱記号がありませんが、晩年のソナタにはきわめて詳細な強弱指示が含まれています。最後の《ピアノソナタ変ホ長調Hob.XVI/52》の第2楽章第10小節にある突然のffは、そうした独創的な強弱記号の中でもとりわけ象徴的な存在でしょう[9]。

このように、モーツァルトが晩年に創作したピアノソナタの自筆譜にはほとんど強弱記号がありません。しかし、これらのうちモーツァルトが生前に出版できたものには自筆譜よりはるかに多くの強弱記号が印刷されており、それらは初期のソナタK.279〜284や、その後の《ロンドイ短調K.511》と比較しても遜色のない数にのぼります。《ロンドイ短調K.511》はモーツァルトが通常よりはるかに多くの強弱記号を書き込んだ、特別な仕上がりの作品です。そこにはおそらく「強弱指示がそれほど綿密ではない作品の演奏法を提示する」といった教育的意図が込められていたのでしょう。

モーツァルトの意志によって出版された印刷譜には、なぜ自筆譜より多くのfとpの指示が含まれているのでしょうか？——その答えはごく単純な「強弱記号の記入は、たいてい作曲の最後の段階で行なわれることだから」という理由によるものでしょう。作曲家にとって一番大切な作業は音符やリズムを書き込むことで、アーティキュレーションや強弱の指示、さらにテンポ表示などは、通常は作曲過程の終盤あるいは最終段階で行なわれます。多くの作曲家は出版への準備が整った段階になって、自分の作品がきちんと理解されるよう、さらなる手がかりを盛り込むのです。こうした行為は古今の偉大な作曲家の作曲過程における共通した習慣として認められます。

ただ、モーツァルトの場合には思いがけないことが起こりました。一部の学者の疑わしい意見に惑わされ、現代の編纂者たちは何と「モーツァルトが個人的に自作の出版準備を行なったことは、おそらく一度もなかっただろう」と主張したのです。残念ながらこの編纂者たちの判断は、モーツァルト自身が関与した出版譜と、本人のあずかり知らない場で出版されてしまった海賊版とが混在した資料状況下で下されてしまいました。モーツァルトの承認なしに勝手に出版された海賊版では、モーツァルト以外の誰かが随所に強弱記号やテンポ指示を——通常はごくわずかであったにせよ——加筆することもありました。しかし当時のウィーンの出版社はいずれもモーツァルトと個人的なつき合いがあり、これらの出版社が準備中の初版譜に本人の同意なしに何かを勝手につけ加えてしまうようなことは考えられません。

モーツァルトは1784年（6月9日と6月12日）の父宛ての手紙で「出版のための3曲のソ

---

[9] 残念なことにこのffに委ねられた突然のエネルギー噴出の効果が、指示されていないクレシェンドを先行させることによって台なしにされている演奏が多い。

ナタ（K.330〜332）をアルタリアに送っただけでなく、（おそらく個人的に）別の3曲のソナタをトッリチェッラに送ることにした」と報告しています。それらの中には《デュルニッツソナタニ長調K.284》と《ピアノソナタ変ロ長調K.333》が含まれていました。現代のほとんどの編纂者はモーツァルトの作品を編纂する際に、印刷された版より自筆譜の内容を優先しています。たとえばヘンレ版は、印刷譜に見られる *f*、*p*、*cresc.* などの記号を小さな字体でのみ印刷しており、「モーツァルト自身が出版のために行なったとされる変更や付加の重要性が軽視されている」としか言いようがありません。

1991年以降、《幻想曲ハ短調K.475》と《ピアノソナタハ短調K.457》の自筆譜が再発見されたのをきっかけに、ウィーンで出版された印刷譜への付加や変更にモーツァルト自身が関与していたことが明らかになってきました。新たに発見されたテレーゼ・フォン・トラットナーのための自筆譜は、自筆譜と印刷譜の関連を評価するための重要な情報を提供してくれます。これによって、私たちは初めてこれらの偉大な作品が生まれた時の状況を究明できるのです。

一連の状況は、《ソナタハ短調K.457》の第2楽章（ロンド形式）においてもっとも顕著にあらわれています。当初の草稿およびテレーゼ・フォン・トラットナーへの献呈譜（筆写譜）では、主題が回帰するところ（第17小節）には「冒頭の7小節にもどる」と書かれているだけで、具体的な記譜は省略されています。つまり、当初は第17小節から冒頭と同じ7小節が反復される形に整えられていたのでした。しかしその後モーツァルトは、冒頭の主題が回帰した際に弾かれるべき装飾されたふたつのバージョンを制作したばかりでなく、別の場所にもっと手の込んだバージョンも準備しています。

自筆譜が再発見されたことで、モーツァルトの自筆譜とモーツァルト存命中にウィーンで出版された印刷譜との違いが作曲家自身に由来するものであり、けっして横柄な出版社や彫版師の気まぐれではなかったことが明らかになりました。この事実は広範囲への影響をもたらすでしょう。たとえば《4手のためのソナタヘ長調K.497》では、今日出版されているほぼすべての楽譜において、終楽章の最後は初版譜ではなく自筆譜に従ったバージョンが印刷されています。モーツァルトが初版譜に採用したすばらしい4声部カノンは、あろうことか補遺や校訂報告に追いやられているのです…。

K.330、K.331、K.332といった作品の場合でも、モーツァルトがアルタリア社から出版する準備の一環として付加や変更を行なったことはほぼ間違いありません。また、最終校正としてモーツァルトが加えた音や強弱指示は、それまであったものとまったく同じ活字で表示されました。しかし現代の楽譜において、このようにモーツァルトがアルタリアやトッリチェッラの初版譜に追加した強弱指示は、自筆譜を基礎資料とした譜面に小さな活字や括弧つきで表示されるか（『新モーツァルト全集』、ヘンレ版およびライジンガー編の新し

いウィーン原典版)、完全に排除されるか（フュッスルとショルツ編の古いウィーン原典版）のどちらかです。このような方法では「追加された記号はさほど重要でないか、編纂者の提案に過ぎない」という誤った印象を使用者（演奏者）に与えてしまいます。この方式がもたらすのは弊害でしかありません。モーツァルトの場合も他の偉大な作曲家の原典版と同じように、自筆譜にあるものも初版に追加されたものも、同じサイズの活字で表示されてしかるべきなのです。ベートーヴェン、ショパン、ブラームスその他の作曲家の原典版ではすべてに同じ活字が使用されています。

現代の編纂者たちの論理によって、モーツァルトの場合（にのみ）、「自筆譜と印刷譜に見受けられる相違は弟子や彫版師の気まぐれの産物である」とされてきました。その根拠として信ずるに値する証拠は何もありません。「作曲家自身の意志による変更かどうかわからない」という疑問はベートーヴェン、ショパンやブラームスの場合にも生じることがあります。このような場合、良心的な編纂者ならば「オーセンティックでない可能性は指摘しなければならない」と感じるはずです。しかしそれは校訂報告に掲載されるべきものであり、使用者が直接目にする譜面上にまぎらわしい表示を持ち込むべきではありません。

作品の出版が決まってからモーツァルトが出版間際に行なう作業のひとつに「強弱記号の追記」があったという習慣に照らし合わせると、後期ピアノ作品のひとつである《ソナタハ長調K.545》になぜ強弱指示が記載されていないのかが理解できます。作曲された時には、その作品の出版がまだ予定されていなかったのです（ソナタK.545はその後も出版の機会に恵まれなかったことが明らかになっています）。つまり、モーツァルトは強弱指示を書き込むべき差し迫った状況に追い込まれていなかったのです。私たちが目にしているソナタK.545は、「まだ強弱の記譜が完結していない、未完の状況にある」と言えるかもしれません。

モーツァルトの基本的な強弱は、*pp*から*p*、*mf*、*f*を経て*ff*にまで至ります[10]。*mf*は《ヴァイオリンソナタ変ロ長調K.454》の導入部や、《ピアノソナタハ長調K.330》の第1楽章（第21、108小節）に見られます。鍵盤楽器を伴う作品における*ff*は《ピアノソナタイ短調K.310》第1楽章の第58、66小節や《ヴァイオリンソナタニ長調K.306》終楽章のカデンツァ（第215小節）、《2台ピアノのためのソナタニ長調K.448》第1楽章の第90小節、《ピアノ協奏曲変ホ長調K.271》第1楽章のトゥッティ第45、139、277小節、そして《ピアノ協奏曲ト長調K.453》の終楽章で1回（第128〜129小節）使われています。

モーツァルトは*for:*や*pia:*のように、たいてい2文字以上の綴りで強弱記号を書いてい

---

10) きわめて稀な指示として *poco forte* が、たとえば《交響曲ト長調K.199》の第2楽章に見られる。ここではホルンに4回にわたる *un poco forte*、その他のパートには *forte* のみが指示されている。

ます。またこれらは、対象となる音符の左側4〜6ミリのところに書かれていることがよくあります（モーツァルトの楽譜では3文字［*for.*や*pia.*］の表記と1文字［*f*や*p*］の表記が混在しているのに対し、現代の楽譜では1文字の*f*や*p*に統一されています）。しかしモーツァルトが急いで作曲したいくつかのケースにおいて、これらの指示が音符のほぼ直下か、わずかに右側に書かれていることさえあります。今日ではモーツァルト研究者ほぼ全員が「今日の楽譜で強弱記号を正確な場所に印刷しようとすると、時として文献学的な観点からは解決できない問題が生じるため、音楽的な見地からの判断も欠かせない」という共通認識を持っています。

　モーツァルトは多くの作品で強弱を3つの基本的な音量レベル、つまり*f*、*p*、そして時おり*pianissimo*（たいてい略さずに綴られます）だけに集約して指示していますが、それによって強弱表情のインパクトが失われることはありません。これには驚きを覚えます。とても表情豊かでたいへん"ロマンティック"な《幻想曲ハ短調K.475》と《ピアノソナタハ短調K.457》においてさえ、*ff*はひとつとしてありません。だからといってこの独奏ピアノのためのもっとも記念碑的な作品が、《ピアノソナタイ短調K.310》あるいは*ff*の指示がもっと豊富に見られるベートーヴェンのどのソナタと比較しても、劇的、活動的、情熱的という観点で見劣りするわけではありません。

　モーツァルトの*f*はとても大きな音から中くらいの音量にわたる、幅広い範囲を含んでおり、同じようにモーツァルトの*p*は、豊かで歌うような*mp*からきわめて弱い*p*までを意味するのです。《ピアノソナタハ短調K.457》第1楽章展開部の冒頭にある*f*は、ベートーヴェンの*ff*に相当するでしょう。言うまでもなく、強弱はそれぞれの作品の枠組みの中で解釈されなければなりません。特に18世紀後期のフォルテピアノは、現在のコンサート用グランドピアノが持つ絶対音量にはまったく太刀打ちできません。たとえばモーツァルトの*ff*をラフマニノフのそれに匹敵させようとするのは馬鹿げています。しかし、モーツァルトが*ff*と書いているのに、現代のグランドピアノでは*mf*で演奏してしまうのも、また誤りでしょう。クライマックスのインパクトは、どの楽器で弾こうと実現されなければなりません。レオポルト・モーツァルトは、若き息子ヴォルフガングに教えるとき、『ヴァイオリン奏法』にも書かれている忠告を伝えていたに違いありません。

　　いつもフォルテが記載されている場合でも、強さは控えめにして、特に協奏曲の伴奏をするときには、決して狂ったようにかき鳴らしてはいけない。多くの人はそのようなことはしないのだが、万が一そうしたとしたら、誇張するためだろう[11]。

---

11) L.モーツァルト『ヴァイオリン奏法［新訳版］』久保田慶一訳、全音楽譜出版社、2017年、254頁。

モーツァルトは、*p* の代わりに *sotto voce*（ソフトな、抑制された声）や *mezza voce*（中くらいの声）、*dolce*（甘く）といった言葉による指示もしばしば用いました。*dolce* の指示には特に注意が必要です。

sotto voce の指示

sotto voce はヴァイオリンソナタ、弦楽四重奏曲、そして時おりピアノ協奏曲のオーケストラパート——たとえばK.414やK.413の第2楽章——によく見られますが、ピアノソナタでは2回しかありません。《ソナタハ長調K.330》の第3楽章、第96小節（第94小節にもつけられるべきか？）と《ソナタハ短調K.457》の第2楽章冒頭です。これは「モデラートアを使って」（現代の左ペダルに相当するものと言えます）という意味とも思われますが、モーツァルトはおそらく主題やその回帰のみへの指示として使ったのでしょう。*sotto voce* という指示は、*p* と *pp* の間にあるような繊細で静かな音量だけでなく、*dolce* と同じような情感の質をも要求しており、これにはもっと注意を向ける必要があります。

dolce は強弱指示なのか

イタリア語の *dolce* には、「甘い」「柔らかい」「繊細な」「優しい」「喜ばしい」「感じの良い」「愛想の良い」「魅力のある」「静穏な」「敏感な」など、複数の意味があります。言語においても音楽においても、*dolce* は荒さや無骨さの対極にある、甘さや柔かさを意味します。モーツァルトは、*dolce* という語を *p* の代わりによく用いており、前後にある *f* と対照させています。こうした例は《ピアノ三重奏曲ホ長調K.542》の第3楽章、《ピアノソナタハ長調K.330》の第2楽章、《幻想曲ニ短調K.397》を締めくくるニ長調のアレグレット冒頭などに見られます。これらの場所では単なる *p* の範疇を超えた、優しさの要素が期待されるのです。

ロバート・レヴィンは興味深い論文で、モーツァルトの *dolce* はそれ自体が強弱記号であり、単に「*piano* よりも濃い」というような特徴を示しているだけではないと主張しています[12]。第一印象では、この解釈は伝統的な意味から逸脱しているように思われますが、レヴィンは以下の文脈によって自らの仮説を補強しています。

> モーツァルトは、強弱記号の付随しない *dolce* をたえず使っている。現代の印刷譜においてここに *p* を加筆することは、表面的であるだけでなく、誤りともなるだろう（p.34）。

---

[12] Robert D. Levin, "The Devil's in the Details: Neglected Aspects of Mozart's Piano Concertos," pp.32-35.

《2台ピアノのためのソナタニ長調K.448》の第1楽章について、レヴィンはこう述べています。

> *forte*のカデンツのあとに出現する第2主題〔第34小節〕には*dolce*と記されている。〔…〕15小節あとの第49小節では(第1ピアノでは第48小節)、*dolce*に代わって*p*が書かれている。〔…〕〔エルンスト・フリッツ・〕シュミット〔『新モーツァルト全集』当該巻の編纂者〕は、モーツァルトが第49小節に書き込んだ*piano*の意味を説明できなかったので、第42小節に*mf*の強弱記号をでっち上げ、次に来る*piano*を正当化しようとしたのである。
>
> 《弦楽五重奏曲ハ長調K.515》の第1楽章冒頭では第1ヴァイオリン以外の楽器に*p*と記され(チェロでは*f*がすぐに*p*に移行する)、〔第4小節で加わる〕第1ヴァイオリンには*dolce*と書かれている。第1ヴァイオリンに*p*記号がないことや、第1ヴァイオリンが旋律として優勢であることから、*dolce*は、伴奏声部よりも強いものであることがわかるだろう。このように、*dolce*の強弱は、周囲にある*p*よりも強いのである (p.34)。

レヴィンの意見はいつもながらの興味深い達見であり、真摯に向き合うに値します。まず第1点目に関して。*p dolce*の指示は、モーツァルトの作品では、たとえば《ヴァイオリンソナタホ短調K.304》の第2楽章テンポ・ディ・メヌエット、ホ長調の部分にあたる第93小節[13]や、《弦楽五重奏曲ニ長調K.593》冒頭の第1ヴァイオリン、同じく再現部の第233小節にあります。また《管楽セレナーデハ短調K.388》第2楽章では、*p dolce*や*piano e dolce*の指示がくり返し見られます(興味深いのは、モーツァルトがこのセレナーデを《弦楽五重奏曲ハ短調K.406》に編曲する際には*dolce*なしの*p*だけを書いていることです)。レヴィンは私とのプライベートな会話の中で、モーツァルトでは「*dolce*のみでの指示のほうが*p dolce*よりも多く見られる」と語っていました。レヴィンは、管楽つきの《ピアノ五重奏曲変ホ長調K.452》の導入部(ラルゴ)第5〜9小節では、オーボエ、クラリネット、ホルンの主導声部に連続して*dolce*が書かれているのに対し、同時に進行する主導声部以外の管楽器には*p*しか書かれていないことも指摘しています。演奏家たちは通常フルスコアではなく、パート譜のみを見ながら演奏しているため、こうした*dolce*は表情豊かに、少し大きめに弾くように説明してあげれば良いのです。

次に第2点目に関して。K.448第1楽章の*dolce*の主題(第34小節)は再現部の第136小節に現れますが、第146/147小節からの*crescendo*を経て*f*(第148/149小節)まで導かれ、その後両パートとも*p*になります。提示部の平行箇所にそのような*crescendo*はありませんが、

---

13) ロバート・レヴィンは、忘れ難い偉大なピアニスト、マルコム・フレージャーを追悼するために行なわれた1991年の演奏会でこのソナタを演奏した。その際レヴィンはこの*p dolce*を自らの装飾も加えつつ、とても美しく演奏した。

第34小節から第47小節の間で、声部数は1から8にまで増加します。これは一種の「緊張のクレシェンドSpannungscrescendo」であり、音量の増大を間接的にうながすものとなります。第48小節（および第150小節）の *p* の指示は、直前まで音量が増加してきたからこそ、意味があるのです。しかしこのことは、主題全体が *p* よりも大きな音で演奏されるべきことを意味するでしょうか？　まったくないとは言えませんが…。

　しかし第3点目としてレヴィンが挙げた《弦楽五重奏曲ハ長調K.515》冒頭からの例には説得力があります。《弦楽五重奏曲ニ長調K.593》冒頭にも同じような書法が見られますが、K.593では *p* と *dolce* がモーツァルト自身によって書かれています。K.515では、第2ヴァイオリン以下の弦楽器より3小節遅れて入る第1ヴァイオリンが、他の楽器よりも大きな音量で主題を弾かなければならないことに疑いの余地はないでしょう。また、すべての楽器に *p* が指示されている多くの室内楽作品では、第1ヴァイオリン（あるいは第1オーボエ）が主導的役割を担わなければなりません。《六重奏曲ヘ長調K.522「音楽の冗談」》における有名なホルン独奏にも、*dolce* がつけられています。

　なお、レヴィンの説と対象的なケースが、《弦楽四重奏曲変ロ長調K.589》の第2楽章（ラルゲット）冒頭です。中声弦楽器（第2ヴァイオリンとヴィオラ）に *p* という指示があるのに対し、チェロは *sotto voce* とともに入り、第9小節の第1ヴァイオリンでも同じ指示が続きます。デリケートな音楽家ならば、*sotto voce* は「*p* よりも大きな音で」を意味するものだ、などとは言わないでしょう。しかし「*p* よりも弱く」というのも、主題の基質から見れば無意味な解釈でしかないでしょう。これはおそらく、主導声部がより個性的な方法で奏されるべきであるとの示唆ではないでしょうか。

　以上 *dolce* の用法に関し、私どもはロバート・レヴィンによる「デュナーミクのレベルを増大させる」という提案に、「感情表現の密度を増大させる」ことを補足したいと思います。*dolce* は前後の脈絡によって単純な *p* より大きくもなるし、小さくもなります（*piano* という語が単に「弱い」だけではなく「平坦な」という意味をも有していたことを思い起こしましょう）。《弦楽五重奏曲ハ長調K.515》冒頭や、《ピアノ五重奏曲変ホ長調K.452》のラルゴの導入部（第1楽章）において、*dolce* は確かにそのパート（ひとつでも複数でも）にとっての「より充実した響き」を意味しているでしょう。しかしながら《ピアノソナタハ長調K.330》の第2楽章冒頭を、たとえば *mf* で演奏するなどということは、ほとんど想像できません。ここでの *dolce* は明らかに「優雅に *grazioso*」「情感豊かに *affetuoso*」「愛情を込めて *amoroso*」「興奮して *agitato*」「歌うように *cantabile*」「表情豊かに *espressivo*」といった、情緒に関する指示領域に属しているのです。

デュナーミクの種類

　モーツァルト時代の、楽章冒頭や新しい主題の前にある *f* や *p* などの指示は、"静的なstatic"記号だと言えます。バロックのテラス型デュナーミクのなごりと考えることもできるでしょう。そうした音量レベルは、通常別の強弱記号が出現するまで維持されます。しかしモーツァルトの音楽では、静的な *f* あるいは *p* のパッセージ内部でもしばしば音量の変化が求められます。パッセージ全体を支配する音量レベルの枠を守りながらも、より強い音やより弱い音の混在によってデリケートなニュアンスが作られていくのです。大きな音から小さな音、あるいはその逆の微細でシームレスな変化は、表情を豊かにするために大切です。

　一方、音量や圧力のもっと大きな変化もあり、私どもはこれを静的な記号と区別し、より厳密な意味で「デュナーミク」と呼ぶことにします。これらは *crescendo*（増大する、成長する）や反対の意味の *decrescendo*（減少する）などと、日常的な言葉を用いて説明できるような変化です。長めのパッセージを含むさまざまな局面において音量の増減を指示するこれらの強弱記号が叙情的な中間楽章で頻繁に見られるのは、興味深いことでしょう。それに対して冒頭楽章や終楽章では *f* や *p* の並列が支配的です。

　カール・マルゲールは、モーツァルトのヴァイオリンソナタに関する価値ある研究[14]の中で、*f* と *p* の間に明瞭な、時として予想外の対比を要求する「ブロック単位のデュナーミク」と、陰影やニュアンスの変化を伴う「表現のデュナーミク」を区別しました。マルゲールは主に弦楽四重奏曲やヴァイオリンソナタを例に挙げながら、これらふたつの原理を演奏においてどのように区別すべきかについて価値あるヒントを与えてくれます。ブロック単位のデュナーミクの好例は、《ピアノソナタハ短調K.457》の冒頭に見られます。

■ 例2/2

　ユニゾンによる冒頭の大胆な主題（通称"マンハイムのロケット"）と、その後第3〜4小節にある悲哀に満ちた *p* の応答（オーボエによる演奏を想像させます）は、明確な対比を示しています。こうした「黒と白」のような対比は《ピアノソナタ二長調K.576》第1楽

---

14) Karl Marguerre, "Forte und Piano bei Mozart," pp.153-160.

章冒頭（ここに強弱記号は書かれていません）にも見られます。K.576第1楽章第3〜4小節の繊細な応答はK.457でのような訴える表情ではなく、むしろ愛情豊かで、じらすような *grazioso* が特徴です。

　すでに述べたように、モーツァルトの作品の多くでは強弱記号がまばら、もしくはまったく書かれていません。それらをモーツァルト風に補って演奏することは、良心ある演奏家の義務でしょう。そのための最大の助けとなるのは、モーツァルト自身が書いた *f* や *p*、記号の多い作品における強弱の用法──対比や変化──を研究することです。ピアノのための《ロンドイ短調K.511》のような作品は、強弱記号の補填作業を行なうにあたって参考にできるモデル的な存在と言えるでしょう。

　さて、デュナーミクに関する作業を行なう前に、強弱を指示する際にモーツァルトが用いていた語彙のカタログを作ってみましょう。

クレシェンドとデクレシェンド

　クレシェンド（イタリア語としての一般的な意味は「成長する」）が「音量の漸次的な増加」を意味することは、改めて述べるまでもないでしょう。しかし経験を積んだ演奏家でも、時として「クレシェンドの指示以前に音量を大きくしてしまう」という過ちを犯しています。ハンス・フォン・ビューローの「クレシェンドは *p* を意味し、ディミヌエンドは *f* のことである」という警句は、今なお有効なのです〔クレシェンドの書かれているところは小さい音量、ディミヌエンドの書かれているところは大きな音量で弾かないと、その後の変化を実現できないということ〕。

　短めのクレシェンド指示はモーツァルトの作品でもしばしば見られますが、長いスパンでのクレシェンドは比較的まれです。モーツァルトは、当時有名だった「マンハイム楽派」の好んだ長いクレシェンド（一世代あとのベートーヴェンやロッシーニの作品にも見られます）に批判的だったのでしょうか？ モーツァルトの父は息子に対し、わざとらしい"マンハイム趣味"を模倣することへの警告を発しました。モーツァルトがこの忠告を心に刻んだのは確実です。レオポルトは1777年11月11日、《ピアノソナタハ長調K.309》について息子に次のように書いています。

　このソナタは風変わりじゃないかね？ この曲にはなにか手の込んだマンハイムの趣味(グゥ)が含まれているが、でもそれはとてもわずかなので、おまえの立派な作り方はそれでもって駄目になることはないのだ[15]。

---

15)『モーツァルト書簡全集』III、海老沢敏・高橋英郎編訳、白水社、1996年（第2刷）、346〜347頁。

確かに「マンハイム風」といった作風は——数こそ多くないものの——後の作品でも見受けられますが、例外的な存在でしかありません。「長いクレシェンド」は《ポストホルン・セレナーデニ長調K.320》の第1楽章、《シンフォニア・コンチェルタンテ変ホ長調K.364》冒頭のトゥッティ、《2台ピアノのための協奏曲変ホ長調K.365》や（だいぶ後の）オペラ・セリア《皇帝ティートの慈悲K.621》序曲に見られます。

しかし、長いスパンのクレシェンドを形成するには別の手段もあるのです。徐々に音程を高くしたり、同じフレーズをくり返しながら少しずつ楽器を増やしていく方法です。このような「言葉では記されないクレシェンド」でも、音の強度を増加させていくことが可能です。例は《交響曲へ長調K.43》の冒頭や、のちには《ピアノ協奏曲ハ長調K.467》冒頭のトゥッティ（第36〜43小節）、もうひとつの有名な《ピアノ協奏曲ハ長調K.503》の冒頭と終結のトゥッティ（第82〜89小節と第423小節から終わりにかけて）などに見られます。独奏ピアノ作品における「言葉では書かれていなくとも必要なクレシェンド」は、《ピアノソナタニ長調K.576》の第1楽章にあります。展開部より再現部に至る前、a音のオルゲルプンクトが出現する第92〜98小節では、音量を増大させていくと良いでしょう。

音量を次第に弱めていく指示として、モーツァルトはデクレシェンド以外にもさまざまな用語を使いました。カランド *calando*（《ピアノソナタニ長調K.284》の第3楽章の第11変奏第4小節）、マンカンド *mancando*（たとえば《ピアノソナタハ短調K.457》の第2楽章、第15小節と第55小節、また《メヌエットニ長調K.355 [576b]》の第28小節）や、ごくまれにはディミヌエンド（《ロンドイ短調K.511》の第127小節）です。モーツァルトのカランドに「弱くすると同時にテンポも緩める」という現代の意味はまだ含まれていません。従って、モーツァルトのカランド指示に *a tempo* が続くことは決してないのです。

複数の研究者が興味深い事実を指摘しています。モーツァルトはデクレシェンドよりもクレシェンドのほうをはるかに多く指示しているというのです。シュテファン・シュトラッサーは1927年にザルツブルクで行なった講演（その内容が出版されたのは、ようやく1997年になってからでした）で、ディミヌエンドもしくはデクレシェンドが、たとえば《フィガロの結婚K.492》では3回しか見られず、《ドン・ジョヴァンニK.527》では *poco a poco p* として一度だけ、そして《魔笛K.620》では一度も見られないと述べています[16]。デイヴィッド・ボイデンは、モーツァルト作の10曲の有名な弦楽四重奏曲の自筆譜でこれらの記述を調査した結果として、同じような見解を報告しています。ボイデンはこの事実に言及しながら、「*現代の印刷譜で300ページにも及ぶ音楽において、デクレシェンドの短縮形 decresc. がひとつしかないとは、信じがたい*」[17]と結論づけています（《弦楽四重奏曲変ホ長調

---

16) Stefan Strasser, "Mozarts Orchesterdynamik," *Mozart-Jahrbuch 1997*, pp.38-40.
17) David D. Boyden, "Dynamics in Seventeenth- and Eighteenth-Century Music," pp.185-193.

K.428》第4楽章第161小節のことですが、実は第22小節にもあります）。

ところでボイデンは、カランドと記されたパッセージが複数あることを言い忘れています。これもデクレシェンドを意味するのですが、いずれにせよボイデンはシュトラッサーと同じ結論を導き出しました。

> モーツァルトは $f\ p$［を書くこと］によって短いデクレシェンドを指示していた。非常に例外的な状況においてのみ *decresc.* という語が、1小節以内の短いディミヌエンドのために必要となる。$f\ p$ は短いディミヌエンドを意味しているのであって、フォルテに続くスビトピアノではないことが推測される。その意図はレオポルト・モーツァルトの『ヴァイオリン奏法』第12章の説明から明らかだろう。

私どもは、このボイデンの見解に完全には同意できません。モーツァルトの作品にデクレシェンドがまれなのは確かですが、すべての $f\ p$ 記号をディミヌエンドと解釈するのは理にかないません。とりわけ f と p の文字が fp のように隣接している場合、この解釈は説得力に欠けるのです。

モーツァルトの《ロンドイ短調K.511》では、多くのクレシェンドとは対照的に、ディミヌエンドが第127小節に1回しかありません[18]。第3小節のクレシェンドとそれに続く p との間には仲介するディミヌエンドがありませんから、ここでは突然の対比が求められます。さらに《ピアノ協奏曲変ホ長調K.449》第1楽章の第219〜222小節（例2/8参照）やその他の作品にあるような fp のあとにも、漸進的な強弱の減少はありえません。

確かに《ピアノソナタニ長調K.311》の第2楽章（第73〜74小節）や《ピアノソナタハ長調K.330》の第2楽章（第18〜19小節）のような場合には、$f\ p$ 記号によって音量の漸進的な減少が意図されていると考えられるでしょう。これらの問題をはらみがちな指示に関しては、後ほど改めて触れることにします。

後期のオペラや弦楽四重奏曲とは異なって、ピアノソナタには少なからぬ数のディミヌエンドが指示されているものの、すでに紹介したように別の名前のもとで存在しているのです。クレシェンドによって到達した f に続くデクレシェンドは《ピアノソナタ変ロ長調K.281》第2楽章（第4〜5小節と第62〜63小節）に見られます。カランドは《ピアノソナタイ短調K.310》に3回、第1楽章（第14小節と第94〜95小節）と第2楽章（第50小節）に現れます。ここに限らず、細やかな表情が求められる作品ではより繊細な強弱の指示が欠かせませんが、それでもクレシェンドの数はデクレシェンドの数をはるかに上回っているのです。

いわゆるヘアピン（ドイツ語ではGabeln──「フォーク」と名づけられています）と呼ばれる、

---

18) Paul Badura-Skoda, "Mozart's Rondo in A Minor," pp.29-32 を参照。

クレシェンドとディミヌエンドを表す記号 ──────── ────────があります。しかしある単純な理由から、これらはモーツァルトの鍵盤音楽では見られません。モーツァルトはこの記号を、もっぱら単一の長い音が増大し、最後に弱まるメッサ・ディ・ヴォーチェ *messa di voce* を表すためだけに用いたからです。鍵盤楽器にとっては不可能な表現です。

　モーツァルトは特別な感情や緊張を表すために、このよく知られた声楽上の効果を数回使っています。《後宮からの誘拐》の中のアリア〈おぉ、なんと不安な、おぉ、なんと情熱的な O wie ängstlich, o wie feurig〉では、ヘアピン記号がベルモンテの心の膨らみを表現しています。ニール・ザスローは、モーツァルトがオーケストラ音楽でも音量増減の記号を2回使っていると指摘しています。《イドメネオ K.366》の（金管楽器のための）大団円と、《フリーメーソン葬送行進曲ハ短調 K.477》の冒頭においてです。ここでは音量増減の記号が超自然的なものを呼び起こすとされています[19]。《弦楽四重奏曲ニ短調 K.421》第1楽章では、極端な強弱の対照のあとに第51小節でクレシェンドのヘアピン記号が続き、その後 *subito* **p** となります。これは感情の苦痛を表現しているのでしょう。同じく、"小"《交響曲ト短調 K.183》第1楽章における第115～116小節のオーボエとホルンのクレシェンドが、同じような表現を示しています。

　しかし、超自然的なものも苦悶も呼び起こさないヘアピン記号の例がふたつあります。これはピアノ奏者にとっても意義深いものでしょう。すでにシュトラッサーも触れている最初の例は、《交響曲変ロ長調 K.319》の第2楽章冒頭に見られます。

■ 例2/3

デクレシェンドとクレシェンドのヘアピンは、1音以上の音符にわたって指示されていま

---

19) ニール・ザスラウ『モーツァルトのシンフォニー――コンテクスト、演奏実践、受容』礒山雅監修・訳、永田美穂・若松茂生訳、東京書籍、2003年。しかし、「モーツァルトがオーケストラ音楽で音量増減を記譜したのは2回だけであった」というザスローによる発言は、誤りである。もっと多くの例が挙げられるだろう。

す。しかし、主題が楽章の終結部、第80小節で回帰するところでは、デクレシェンドのヘアピン記号が消えています。そこでは第1ヴァイオリンとヴィオラの第1拍に *fp* の記号があるのに対し、第2ヴァイオリンとバスには *f* が書かれ、第2拍の裏で *p* となります。第92小節と第94小節では、第1ヴァイオリンだけに *f* *p* 記号があり、それに対して他すべての楽器のパートに  が書かれています。ディミヌエンドは、明らかに第1ヴァイオリンにも意図されているのです。

フォルテピアノのパートに出現する唯一のヘアピン記号は《ピアノ協奏曲ハ長調K.503》第2楽章第2小節にあります。そこではオーケストラが次のように演奏します。

■ 例2/4

モーツァルトはなぜ、ここにディミヌエンドのヘアピン記号を書いたのでしょうか。おそらく、それがなければ小節全体を通して *sf* が保たれてしまうからでしょう。のちにソロピアノが入るとき、伴奏楽器には *sf* がなく、その代わりにヘアピン記号なしの *mfp* があります（第24小節）。変化の幅は少なめとなりますが、同じような音量の減少が意図されているのはほぼ間違いないでしょう。「強く打たれた鐘の音が次第に弱くなる」[20] のに似ています。

アクセント記号

モーツァルトの時代に、一般的なアクセント記号 ＞ がまだ使われていなかったことはよく知られています。モーツァルトのアクセント記号は、強さの順に並べると次のようになります。

mfp	mezza-fortepiano	比較的軽いアクセント
fp	fortepiano	中庸のものから強いものまで幅広いアクセント
'	垂直の縦線あるいは楔	長い音やタイの音につけられた場合にさまざまな度合いのアクセントを指示する。本書192ページ以降を参照。
rf	rinforzando	より長い音やパッセージの強調。*poco forte* と同義。
sfp	sforzato-piano	*fp* よりも強い
sf	sforzato	アクセントの一番強い形、時として *forte* の頂点

---

20) L. モーツァルト、50頁。

これらのアクセント記号のいずれもが、単一の音もしくは複数音のグループいずれかに関わっています。双方のパターンの好例が、《弦楽四重奏曲変ロ長調K.458「狩」》第3楽章の第43～45小節に見られます。第1ヴァイオリンに *sf*、のちに *cresc.* があり、中声部の弦楽器では *sf* と *p* が複数回指示されています。*sf* による強調は第1ヴァイオリン以外の楽器では複数の音に対して有効です。すでに引用した論文（注12を参照）でロバート・レヴィンが正しく述べているように、「我々に聴こえる音の強さは、最初のアタックを超えて続く」のです。

■ 例2/5

モーツァルトはしばしばひとかたまりに書かれる *mfp*、*fp*、*sfp* と、これらのうち *p* の指示をより右寄りに離して先行する記号（*mf*、*f*、*sf*）との間にスペースを確保する書法もしくは *sf: p:*、*for: pia:* といった書法を使い分けています。アクセントの持続は後者のほう（記号の間に空間があるほう）でより長くなります。しかし《ピアノ協奏曲ニ長調K.451》第3楽章の第9小節と第11小節でも見られるように、ほとんどの印刷譜では *f* と *p* の文字を分離することなく、*fp* として印刷されています。

■ 例2/6

モーツァルトの *fp* 記号がひと筆で書かれている場合には、今日よく聴かれるような漸次的なデクレシェンドではなく、アクセントをつけて弾いた音をすぐさま弱めなければなりません。こうした奏法の区別は《ピアノ協奏曲ニ短調K.466》第1楽章の第344小節以降で必要となります。

■ 例2/7

次の例（《ピアノ協奏曲変ホ長調K.449》の第1楽章、第219〜222小節）では、それぞれ2番目の八分音符（f^2音とg^2音）から *p* にすべきでしょう。

■ 例2/8

もちろん *fp* によるアクセントを誇張しすぎてはいけません。たとえば数え切れないほどの *fp* 記号が《ピアノソナタハ長調K.309》や《ピアノソナタイ短調K.310》の第2楽章に見られますが、これらは表情を豊かにするためのこまやかなアクセント指示以上のものではないのです。

クヴァンツの著書に *fp* 記号に関する説明があります（第17章第7節第24段落）。

長い音符にフォルテがついていてその直ぐ次にピアノが書いてあって交互の弓使いをしない場合、この音符はできるだけ大きい力で弓に圧力をかけて弾かなければならないが、同時に直ぐ弓をぐいと押さないで音を弱くし消え入るようなピアノでピアニッシモにしなければならない[21]。

---

21) J.J.クヴァンツ『フルート奏法試論』石原利矩・井本晌二訳、シンフォニア、1976年、240頁。

この記号については、レオポルト・モーツァルトも『ヴァイオリン奏法』で説明しています。

> 短い音符と混ざった2分音符は、常に強く演奏して、再び弱くするのが常である。[…]作曲者が音符に *f* と *p*、すなわちフォルテとピアノを記入したなら、それは作曲者が本来求めている表現である。音符を強くひくときには、弓を弦から離してはいけない。多くの人がなかなかうまくできないが、弓を保ち、音が突然消えないよう、滑らかに消えていくようにするのだ[22]。

ひと筆であれ、個別の指示であれ、モーツァルトの *fp* と *sfp* は、しばしばシンコペーションや不協和音の弱拍のところに現れます。たとえば《ピアノ三重奏曲ホ長調 K.542》第2楽章の自筆譜第40小節以降には、こう書かれています。

■ 例2/9

しかし多くの版では誤って印刷されているのです。

■ 例2/10

《ピアノソナタ イ短調 K.310》の第2楽章第11小節にも、弱拍へのアクセントが指示されています。

■ 例2/11

ほぼ半世紀前のことになりますが、《ピアノソナタ ハ短調 K.457》第2楽章におけるミス

---

22) L.モーツァルト、250〜251頁。

プリントを発見するきっかけとなったのが、後者の例です。この誤りは、その時まで誰にも気づかれないままでした（多くのピアニストは、いまだに知らずにいます）。この楽章の第48小節では、初版譜を基礎資料として扱ったすべての編纂者が、アクセントの *fp* を強拍につけた結果、大部分の印刷譜では以下のように誤って表示されてしまいました。

■ 例2/12

これらふたつの *fp* は自筆にはなく初版にだけあるところから、おそらくモーツァルトが校正刷りの段階で追加したものと思われます。その位置を彫版師が誤解したのでしょう。モーツァルトが意図したのは、以下のものだと思われます。

■ 例2/13

K.310の場合と同じく、これらの *fp* は右手の三十二分音符 g^2 音と es^2 音につけられるべきものに違いありません。この楽章全体を見わたすと、孤立したアクセントがつけられた伴奏の音はひとつもない一方、旋律における弱拍へのアクセントは第21小節、第31小節、第44小節など複数見受けられるからです（なおこの場を利用して指摘しておくと、第50小節にも問題があります。この小節にある *f* は自筆譜にはなく、自筆譜にはある *p* も初版に印刷されている位置よりもっと右側に書かれています）。

1950年代に《幻想曲ハ短調 K.475》の第19小節、第169小節と第172小節〔ベーレンライター原典版による。作品内のくり返し部分をどう表示するか、また第82小節からのカデンツァの小節数をどう数えるかなどによって小節数が多少前後している〕における *fp* 記号の正しい解釈について、長い論議が始まりました。私どもはこれらのアクセントも弱拍に、つまりそれ

それのグループの2番目にある音の上に置かれるべきだと主張したのですが、『新モーツァルト全集』を含むほとんどの編纂者は、十六分音符1個前の位置に f を印刷しています。私どもの見解は上記の例にしたがって、「《幻想曲ハ短調K.475》第19小節と類似の小節に表示されている f と p は、ほとんどの版において誤って表示されている」というものです。

■ 例2/14

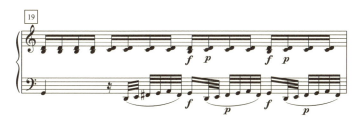

正しくはこうあるべきです。

■ 例2/15

自筆譜が発見される前の『新モーツァルト全集』の編纂者は、私どもの推論に従わず——誤って——強拍上に f を印刷しました。幸いなことに、自筆譜の再発見（1990年7月）によって、私どもの推定が正当なものだったことがようやく理解されたようです。

■ 例2/16

fortepiano

fp が、文字通り ***f*** の直後に ***p*** が続く意味で書かれているのではないことは、もっと周知されるべきでしょう。これは「強調」には至らない「抑揚」の記号であり、強勢の音に単独あるいは複数の弱い音が続くことを意味しているのです。これはモーツァルトがしばしば ***fp*** のあとに ***p*** を書いていることからも推定できるでしょう。たとえば《ピアノソナタイ短調K.310》第2楽章にそうした用法が見受けられます。

■ 例2/17

アクセントがどれほどの強さであるのか、またそれに続く音がどれくらい弱く演奏されるべきかの判断は、何を表現したいかによって左右されます。「アクセントだから」と粗く、大きい音で弾くことへの戒めはレオポルト・モーツァルトの『ヴァイオリン奏法』にも書かれています（第12章第17段落）。

> 音の出だしには強いものが求められる場合があるが、多くの場合には中程度の強さが求められる。しかしあまり目立たないものが求められる場合もある。最初の場合は一般的に、すべての楽器が同時に鳴るような力強い表現に見られ、たいてい ***fp*** と記載されている[23]。

p と、それに先行する ***f*** や ***sf***、***mf*** との間にスペースがある場合、これらの記号の間隙をどうしたものかという疑問が生じるのは当然です。「必ずこうすべきだ」というルールはなく、奏者自身が自分の音楽的センスによって判断しなければなりません。ディミヌエンドが適切な場合もあるでしょうし、スビトピアノのほうが説得力に富むケースもあるでしょう。***f*** と ***p*** の間に複数の音が書かれている場合には、大きな音から弱い音への突然の変化が意図されているものと推測できます。すでに述べた、ブロック単位のデュナーミクです。《アダージョロ短調K.540》の第11〜12小節はその一例です。

---

[23] L.モーツァルト、254〜255頁。

■ 例2/18

　《ピアノソナタハ長調K.309》の第2楽章は特殊なケースです。すでに触れたように、モーツァルトの父や姉でさえ、頻繁に出てくる **fp** その他の記号をバランス良く調整することの難しさを感じていました。それらが全体のライン——レオポルトが「糸 il filo」と呼んだもの——を損ねかねないからです。父たちはこの楽章を、やや気取った「マンハイム趣味」に対するモーツァルトの敬意の現れだろうと考えました。モーツァルト自身はこの楽章をとても気に入っており、モーツァルトが親しくしていたクリスティアン・カンナビヒの娘のローザが1777年12月6日、モーツァルトの趣向に沿った演奏をザルツブルクで披露したことを報告しています。

>　十五歳になる彼の娘は、いちばん年上の子供ですが、とても美しく、感じのいいお嬢さんです。彼女は年齢のわりに非常にかしこく、落ちついた態度です。真面目で、口数は少ないのですが、話すときは——愛らしく好意に溢れています。きのうはまた、彼女はほんとに言葉では言い表わせないほどぼくをよろこばせてくれました。彼女がぼくのソナタをまったく——すばらしく弾いたのです。このアンダンテを（速く弾いてはいけないのですが）彼女はおよそ可能なかぎりの感情をこめて弾きました。でも彼女はこの曲をほんとによろこんで弾いてさえいるのです。御存知の通り、ぼくがここへついて二日目には、最初のアレグロをすでに書き終えていました。つまり、カンナビヒ嬢には一度しか会っていなかったのです。息子のダンナーがそこで、ぼくがどんな意図でアンダンテを書くつもりか、とたずねました。ぼくは「ローザ嬢の性格そっくりに作曲したい」と言いました。ぼくがそれを弾いたとき、それはたいへん気に入られました。[…]「彼女はそのアンダンテにそっくり」です[24]。

　もっとも、この楽章と若い少女の性格の似ているところを想像し、このソナタを演奏する彼女の様子を脳裏に描くことは、そう簡単ではなさそうです…。

---

[24] 『モーツァルト書簡全集』III、328～329頁。

sforzato

　トーマス・バズビーによる『音楽マニュアル──技法の規則集 A Musical Manual─A Technical Directory』という本では、*sforzato* が「それがつけられた音やパッセージを強調して演奏すべきであることを演奏者に知らせる表現」と定義されています。モーツァルトの死後しばらく経ってから出版された本ですが、この解釈は今なお有効です。

rinforzando

　広く共有されている見解とは異なり、モーツァルトの作品に *rinforzando*（*rf*）がまったくないわけではありません。ごくまれにしか使っていないだけです。たとえば《ヴァイオリンソナタヘ長調K.377》終楽章の第101小節と第103小節、オペラ《後宮からの誘拐K.384》におけるベルモンテのアリア〈おぉ、なんと不安な、おぉ、なんと情熱的な O wie ängstlich, o wie feurig〉の第9小節に見られます。基本的にモーツァルトのピアノ作品でこの記号は使われていませんが、「*rf* の可能性がある」と考えられるものが《ピアノソナタ変ロ長調K.333》の第2楽章に存在します。

　モーツァルト自身が関与して制作された初版譜のこの楽章には、数多くの *sf* ないし *sfp* 記号が通常の形で印刷されています。しかし左手のパート第21、25、71、75小節の4箇所のみに、左右が逆になった *s* と通常の *f* が組み合わされた奇妙なアクセント記号が印刷されているのです。もしほかの16個の指示に含まれる *s* まですべてが裏返っているならば、これは彫版師の道具に由来するものと推測できます。しかし限定された4箇所のみとなると、その背景には別の理由があったに違いありません。おそらくモーツァルトが校正刷りに追加した *rf* が彫版師にとって初めての記号だったため、謎めいた記号 *ʦf* として印刷されたと考えるのが自然ではないでしょうか。

■ 例2/19

音楽的見地からも、ここには *sforzato* より *rinforzando* のほうがはるかにふさわしいと思われますが、現代の楽譜ではこの不思議な記号の存在にまったく言及されることのないまま *sf* のみが印刷されています。

強弱記号の補足

　モーツァルトの作品において、もろもろの指示がきちんと表示されている作品が存在する一方、その他多くの作品ではこうした記述がわずかな、あるいはまったく見られません。しかし、これは驚くことではありません。膨大な生産力を誇る作曲家は、常に細部まできちんと楽譜を整備していたわけではないからです。モーツァルトの場合も、アーティキュレーション記号や強弱といった最終段階での指示を整えるのは、その作品の出版が現実的になってからだったに違いありません。

　こうした状況を踏まえ、モーツァルトが"未完"のまま残した作品に強弱記号を補填するなど、創作の最終段階で行なわれたに違いない仕上げの作業を追加したいとします。そ

編者注：例2/20は原著者の指示により削除。

の場合には、まず行なうべき準備があるのです。それは、モーツァルト自身による編集が完了していると思われる、演奏に関する多くの指示（Vortragsbezeichnungen）や記号が提示されている数少ない作品を詳細に研究し、それらを規範とすることです。幸い私たちピアニストはこの点で恵まれた立場にあります。ピアノの独奏作品は協奏曲、交響曲、室内楽作品と比較すると、より多くのアーティキュレーション、強弱指示や表現記号によって、一層綿密に整えられているからです。

モーツァルトは *pp* から *ff* までを網羅する強弱のグラデーションを手中にしていたものの、記譜の作業としては残念ながら当時の伝統に従った「強弱への示唆」を与えるだけで満足していました。そこからモーツァルトの真意をくみ取り、作品があるべき姿を完成させるのは、演奏と解釈における難問のひとつです。19世紀におけるモーツァルト作品の編纂者たちのほとんどは「やりすぎ」に陥り、あまりに多くの強弱ニュアンスを提案したため、レオポルトのいう「糸 filo」を分断してしまいました。しかし「書かれていること以外は何もしない」という極端な行為も、「誤った方向」という点では同等のものでしかありません。クヴァンツの有名な教科書にある以下の要求は、今なお新鮮なのです。

> *これまで述べてきたことから推量されることは、ピアノやフォルテは、それが書いてある場所だけで注意するのでは不充分であって、伴奏者はそれが書いていない箇所でも十分に注意しなければならばならないということである。そのためにこそ良い指導と多くの経験が必要なのである*[25]。

モーツァルトが年齢とともに成熟し、人間として、また芸術家としての自意識が高まるにつれて、以前にも増して記譜の曖昧さを避けるようになりました。成熟期に創作された複数の作品では、強弱指示が美しく完璧な状態で記譜されています。たぐいまれな美しさをたたえる《ロンドイ短調K.511》の楽譜は、モーツァルトが自作の演奏で望んでいた豊かなニュアンスを伝える好例です。この作品はすでに自筆譜において正確で数多くの演奏指示を含んでおり、強弱やアーティキュレーションの問題をめぐるモーツァルト様式研究における貴重な出発点なのです。

モーツァルトにおける強弱の基本は *p* と *f* です。しかしモーツァルトの *p* は、*p* はもとより *pp* も、そしてその後の時代で一般的になった *mp* をも意味します。他方 *f* は、*mf* から *ff* までのグラデーションすべてを含みます。

私たちの耳にとってフォルテに響く音量はモーツァルトの時代のそれよりも大きなものですが、大切なのは物理的な音量ではありません。フォルテは音響的な効果であると同

---

[25] J.J.クヴァンツ、241頁。

時に、心理的な効果でもあるのです。それぞれの *f* における最適な音量は異なりますし、それを正しく裁定するためには作品の内容への理解も欠かせません。「*f* はいつも大きく弾けば良い」のではなく、本当に大きな音が求められるのはその一部でしかないのです。強弱の幅に関する一般的なルールを定めるのは困難ですが、トランペット、ティンパニ、それにトレモロで持続音を維持する弦楽器をはじめとしたトゥッティで支えられるオーケストラ曲のクライマックス部分、また成熟期に創作された多くの独奏ソナタ楽章の展開部で表現される情感の噴出において、モーツァルトが書いた *f* には実質的な *ff* が意図されている場合が多々あることを指摘しておきましょう。

とりわけ器楽による協奏曲では、*p* と *f* をさらに細分化して演奏に反映させることが大切です。モーツァルトはピアノ協奏曲でピアノのソロが奏でられている部分の伴奏オーケストラに、多くの場合等しく *p* を指示しています。オーケストラパートに重要な動機的素材が含まれていても、単なる伴奏音型（保持される和音や反復和音）と同じような扱いになっているのです。純粋な伴奏和声に関しては、モーツァルト時代よりずっとパワフルな現代のオーケストラでは *pp* 近辺の音量で奏されるべきでしょう。それに対し、とりわけトゥッティで弾かれる旋律のクライマックスの音量を増幅することは、単に許されるだけでなく、必要なことです。また現代ピアノを使用しての演奏ではオーケストラ全体に限らず、旋律を奏でる管楽器にもより精密な強弱の設定が大切でしょう。

くり返しになりますが、モーツァルトはしばしば強弱の指示を異常なほど節約しました。とりわけピアノ協奏曲の独奏パートには、ごくまれにしか強弱記号がありません。しかし音楽の構造を観察することによって、正しい強弱を認識できる場合もあります。助けとして、指針を立ててみましょう。ピアノフォルテのための作品でフォルテの音量は、次のような場合に適しています。

1. オクターヴのパッセージや厚みのある和音（たとえば《ピアノソナタへ長調K.533》第2楽章の展開部、《ピアノ協奏曲ハ長調K.503》第1楽章の第298小節以降）。
2. 数オクターヴにまたがる分散和音でのパッセージ（《ピアノ協奏曲ハ短調K.491》第1楽章の第332小節以降）。
3. アレグロ楽章のカデンツァ部分のトリルや、展開部の技巧的な音階（とりわけカデンツァや導入部の前ではほぼいつも）。
4. 分散オクターヴのような、トレモロおよびトレモロ風の音型（《幻想曲ハ短調K.475》のアレグロ第3〜4小節〔第38〜39小節〕などや《ピアノ協奏曲変ホ長調K.482》第1楽章、第347小節以降）。
5. 左手にある速いパッセージのうち、多くのもの（《ピアノ協奏曲ハ短調K.491》第3楽

章の第65小節や第81小節以降、《ピアノソナタイ短調K.310》の第1楽章の第70小節以降、《ピアノソナタニ長調K.576》第3楽章の第9小節以降)。

ところで、次のように書かれた和音の解釈については複数の見解があります。

■ 例2/21

これらは和音に *f* が積極的に記されている、華やかな響きのピアノ作品(たとえば《ピアノ協奏曲K.503》第1楽章、第298小節以降)によく見られます。こうした記譜は、一般には音の強調に関する指示とみなされるべきでしょう。ロバート・レヴィンが指摘するように、この種の例は《ピアノ四重奏曲ト短調K.478》第3楽章にも見られます。

■ 例2/22

より短い音価で書かれている中声部や下声部の音を記譜通りの長さで弾くことは、おそらく誤りでしょう。多くの場合、スピードの速いアルペッジョも意図されていますが(たとえば《ピアノソナタイ短調K.310》第2楽章、第82小節)、確たる証拠はありません(モーツァルトが慣例としていたアルペッジョの指示は、和音上に書かれた斜線です。本書258ページを参照)。しかしテュルクの『クラヴィーア教本』にはそのような和音は、書かれた通り正確に演奏すべきだと書かれています[26]。

もちろん、これらの規則も万能ではありません。たとえば上述の「オクターヴのパッセージには *f* が適している」に関しては、《ピアノソナタイ短調K.310》の終楽章に例外が見られます。第64小節と第203小節では主要主題がオクターヴで左手に現れますが、モーツァルトはこれらのレガートオクターヴに対してはっきりと *p* を求めているのです。

---

26) D.G.テュルク『クラヴィーア教本』東川清一訳、春秋社、2000年、341頁。「*最高音と最低音だけは持続して、变イと嬰ヘからは、指をすぐに離すべきことを示している。*」

モーツァルトが指示しなかった強弱記号を補足すべき好例として、《ピアノソナタ変ロ長調K.333》を詳細に観察してみましょう。

　このソナタは1783年に作曲され、《ピアノソナタニ長調K.284》や《ヴァイオリンソナタ変ロ長調K.454》（レギーナ・ストリナサッキのために作曲）とともに、1784年に出版されました。《ピアノソナタK.284》と、《ヴァイオリンソナタK.454》で不足していると感じられる強弱はごくわずかなのに対し、《ソナタK.333》では随所で強弱指示が欠けており、それらはとりわけ第1楽章と第2楽章において顕著です。出版のためにモーツァルトが加えたのは一握りの記号、わずかな装飾とスラーだけでした。これは奇妙です——というのも、同時期にアルタリア社から出版された、K.333に先行するピアノソナタK.330〜332には、充分な数の強弱記号が掲載されているからです。しかし《ソナタK.333》に強弱記号が不足している理由がどうであれ、そうした指示を補填すべく努めるのが私たち演奏者の責務というものです。幸い、先行するソナタとの間に見られる多くの類似性——とりわけ《ピアノソナタヘ長調K.332》との比較——が、問題解決への手がかりとなるでしょう。

　ソナタK.333の抒情的な冒頭は p で始めることが最適で、第8小節ではクレシェンドとなり、第8〜9小節で最高音（＝モーツァルトのピアノの最高音であるf³）に達します。主題を冒頭から f で提示することは論外です。出だしの雰囲気には、先行する《ピアノソナタヘ長調K.332》やモーツァルト最後のピアノ協奏曲である《協奏曲変ロ長調K.595》の冒頭 p との共通点がそこはかとなく感じられるでしょう。またその後のクレシェンドは、このフレーズをオーケストラのトゥッティのように確固とした終結（第9〜10小節）へと導くもののように感じられます。続いて同じ動機がオクターヴ下で p で再提示されますが（第10小節以降）、これらすべてのことはあまりに明白でもあり、こうした構図に異を唱える演奏者はいないでしょう。第2主題の前の半終止はすでに f となっていなければなりませんが（おそらく第18小節からでしょう）、第22小節の最後にあるC音とc音のオクターヴを乱暴に弾いてはいけません。

　第2主題冒頭の厚みのある和音（第23小節）は、歯切れのよい fp か sfp のようなアクセントをつけるとより魅力的にまとまるでしょう。右手の和音は素早いアルペッジョで処理するのが様式にかなっています（《ピアノ三重奏曲ト長調K.496》の第2楽章冒頭にある同じような和音には f が指示され、その後 p となっています）。

　第24小節と第32小節の第2拍にある4声の和音には fp のアクセントをつけましょう。こうした弱拍へのアクセントは、他の多くの作品でも見受けられます（たとえば《ピアノ三重奏曲変ロ長調K.502》第1楽章、第52〜53小節）。第26小節と第29小節（および第34小節）では最初の音が強調され（基本的に不協和な音——ここでは c^2 ——は強調され、続く解決音が弱く弾かれます）、第35〜37小節は f で演奏されるべきです。第39〜43小節とその再現（第

135 〜 139小節）は、第148 〜 150小節と並んでモーツァルトによって強弱記号がつけられた数少ない場所です。

　第40（136）と42（138）小節後半にある *f* には第148 〜 150小節に見られるカデンツァ的な挿入句と同じような新鮮な驚きが感じられる一方（*f* は小節の最後まで保持されます）、前後にある *fp* 記号は *p* のセクション内でつけられる控えめなアクセントを意味します。第46 〜 48（142 〜 146）小節では、若いピアノ奏者の多くが左手の二分音符のうち小節後半のものをきちんと保持しておらず、音響の空白が生じています。第58小節のトリルに至るパッセージでは、そのどこかで *f* へのギアを入れる必要があります。第55小節が良いでしょう。最後の5小節（《ピアノソナタニ長調K.311》第1楽章の提示部の終わりを思い起こさせます）は、もちろん *p* で演奏されなければなりません。

　展開部は冒頭に *p* で提示された主題とともに始まります。情熱的かつ煽動的なヘ短調のパッセージ（第71小節以降）は、ト短調のドミナント到達（第85 〜 86小節）まで *f* で演奏するのが良いでしょう。続く、再現部へ連結される行程では表現と強弱の自由が要求されるものの、第89 〜 91小節の音量は大きすぎないようにしましょう。第93小節ではほとんどすべてのピアノ奏者がリタルダンドしていますが、その理由がわかりません。モーツァルトが書いたのは再現部へのなめらかな導入であって、それを躊躇するような流れを作るべきではないでしょう。

　第2楽章アンダンテ・カンタービレにおける強弱指示も、第1楽章と同じく不完全です。高貴で哀愁的な性格を持つこの楽章は、前後の楽章と大きな対照をなしています。右手には3度の響きが満ちており、*cantabile* の指示は当然のことながらこれらの3度和音のうち上の音に圧力をかけ、*p* でも美しく歌わせるべきことを意味します。それとともに、4小節のフレーズが一息で歌われなければならないことも示唆しています（このためには ♩=55という、いくぶんしなやかな流れのテンポのほうがまとめやすいでしょう）。

　この楽章はほとんど3声で書かれており、まるで弦楽三重奏のようです。主要主題はふたつの美しい4小節アーチからなっています。冒頭2小節の最初の音は同じですが、上昇するアーチの原理は2小節目の強調を要求しています。そこではバスが3小節目のクライマックスへ向けて動き出すからです。このふたつの小節どちらにおいても、3拍子のリズムにあわせて、第2音は第1音よりも弱くしなくてはなりません。4小節目の三十二分音符は"橋渡し"となるよう、とても繊細に（「小さなため息モティーフ」が積み重ねられているこれらの音に不自然なアクセントがつかないように）始めなければなりません。第5小節は第1小節を大きく変奏したもので、10度跳躍するソプラノ声部（es^1音からg^2音へ）にあわせて、音量も増大させなければなりません。

　この後は緊張も和らぎ、第8小節からの6小節フレーズは冒頭主題に対する穏やかなエ

ピローグとなります。第13、15、17小節の最後の3音は、交響曲楽章における低音弦楽器やホルンに典型的な連結パターンであり、重くならないように弾いてください。それに対して同じ小節の最初の音は、それぞれしっかりと歌われなければなりません。第14、16（64、66）小節右手最後の2個の八分音符は、おそらくレガートではなく、軽く分離させて弾くべきでしょう（第64小節にあるモーツァルトのスラーは——書き滑りのせいで——小節のはるか右まで書かれているように見えます）。

モーツァルトによく見られる和声の曖昧さが現れるのは、第2楽章の第19小節です。

■ 例2/23

第19小節の最初の fis^2 音を ges^2 音として把握することが大切で、この音が g^2 音に解決されるまで変ホ短調上の短3度として知覚すると良いでしょう（この fis^2 音に軽いアクセントをつけることを推奨します）。

第31小節から楽章冒頭に戻ることによって（このくり返しは必ず行なわれるべきです）、この小節最後の3音は完全協和音へと導かれます。しかし第32小節になると、驚くべきことにこの3音は、$e\natural$（！）－fis^1－a^1 音という"シェーンベルク風"の不協和音へ至るのです。不協和な音はいつも強調されるべきですが、この苦痛に満ちた和音にはとりわけ強いアクセントが必要です。そのあと緊張は徐々に鎮まり、第35小節に至ります。

続くパッセージ——悲しみの深淵です——は pp で始まり、徐々に上行するバスラインとともに音量を増やしていくと良いでしょう。第44〜47小節右手にある"ため息"には、初版譜において $sf\ p$ が付加されています。しかし「音程の上昇とともに増加する苦痛に満ちたアクセントをくり返しながら、はるかに遠い変ニ短調へ転調する」という演奏者にとっての難題をどう処理すべきかに関して、モーツァルト自身は何も記していません。この後モーツァルトは、いわば"天才の筆致"とも言える手法でバスラインを下行させ続けながら、第48小節で元の調である変ホ長調のドミナント音を確保するのです。この偉大な楽章は、このソナタに見られる唯一の pp で、平穏のうちに終わります。同時に出版された《ヴァイオリンソナタ変ロ長調K.454》のアンダンテが同じようなピアニッシモで終わっていることも、おそらく偶然ではないでしょう。

幸いにも第3楽章にはそれまでの楽章よりもはるかに明確に強弱が記されています。それゆえ、いたずらに記号を補足しなくても良いでしょう。ただし第61〜62小節は例外で、*crescendo*が推奨されます。

　強弱を補足することに関してさほど問題がないのがモーツァルト最後のピアノソナタ、《ソナタニ長調K.576》の冒頭です。というのも、ここは典型的な「音域によるデュナーミク」で処理できるケースだからです。第1〜2小節のエネルギー溢れる上行ユニゾンは、女性終止による繊細なフレーズによって応答されます。それゆえ《ピアノソナタハ短調K.457》や《ジュピター交響曲ハ長調K.551》のように、最初の動機は $\boldsymbol{f}$ で始め、第2のフレーズ（d^2 – cis^2 – h^1 – cis^2 音のミニ・トリルで始まります）は $\boldsymbol{p}$ で応答するのが適切でしょう。この対照は楽章を通じて維持されなければなりません。

　ところで「静的なデュナーミク statische Dynamik」と言えるものは、ごくまれにしか存在しません。おそらくこの楽章にはないでしょう。それとは別に私たちは、我々の音楽的遺産と言語の一部である「内的なデュナーミク dynamische Spannungsverlauf〔抑揚や、楽譜上には記されない強弱の変化のこと〕」についても考える必要があります。楽章冒頭の10音を（稚拙なチェンバロ奏者やコンピューターのように）等しい強さで弾いてしまうと、このフレーズは何の意味も表さなくなってしまいます。強拍と弱拍を適切に配置した上で、上昇していく"マンハイム・ロケット"のエネルギーに合わせて音量も増加させなくてはなりません。これらを完璧に記譜することはできないにせよ、正しい演奏へのヒントを示しておきましょう。

■ 例2/24

　実はこれでも充分ではありません。左手（第2ホルン）の表情は、右手よりも弱くなければならないのです。

　その後第28小節以降にあるウィットに富んだカノン風のパッセージは、次のアーティキュレーションによって明確になります。

■ 例2/25

(内的デュナーミクと動機の関連についてさらにヒントを得たいのであれば、第8章「表現と趣味」を参照してください。)

エコーシンドローム

共著者パウル・バドゥーラ＝スコダは、ロンドンで開催された「若いヴァイオリニストのためのユーディ・メニューイン・コンクール」の審査を終えたあと、手紙で次のように不平を述べています。

42人のヴァイオリニストが、モーツァルトの協奏曲のある楽章を弾きました。彼らのいずれもが、1、2小節のフレーズをくり返すときに必ずエコーのように弱音で弾いたのです。それがもたらす効果は、控えめに言っても「馬鹿げたもの」でしかありませんでした。まるで、一貫した動きを小さな断片に切り刻んでしまうかのようです。同じことは、多くの現代のピアニストにも当てはまります。モーツァルトのトルコ行進曲における「パーカッション部分〔第25～32小節〕」の5小節目にさえ、時おりエコー効果が持ち込まれます。なぜ若い芸術家たちは「くり返しでは何かを変えなければならない」と感じるのでしょうか。そしてそれらはなぜ、ほとんどの場合にネガティヴな効果を生じさせてしまうのでしょうか。

エコー効果は何となく"お洒落"であってもマンネリズムに過ぎず、18世紀中頃のロココ音楽の遺産に過ぎないことに疑いの余地はありません。鍵盤楽器奏者がエコー効果を楽しんでいた時代の遺物なのです。確かに18世紀の第2四半世紀に活躍していた音楽家たちによるギャラントスタイルの作品に限らず、続く世代の作曲家たちの作品においても、そのような効果は受け入れられていました。クヴァンツは、『フルート奏法試論』で次のような指示を与えています。

半小節または全小節からなる楽想の繰り返し又は類似の楽想の場合、それが同じ高さに現われても異なる高さに現われても、そういうパッセージの繰り返しは最初の演奏の時より幾分弱く演奏してもよい[27]。

クヴァンツは「いくぶん弱めにしても良い」と書いているのであって「とても弱くしなければならない」ではありません。またテュルクの『クラヴィーア教本』(1789年)でも、エコー・デュナーミクの使用が特定の作曲家に言及することなく推奨されていますが、これも「そのようなエコー効果がどこにおいても適切で、おもむきがある」ことを意味するものではないのです。

この効果を、モーツァルトのような古典派の作品に導入する際には気をつけなければなりません。モーツァルトの作品ではしばしば動機のくり返しが生じていますが、そのようなくり返しには常に構造上の正当性があります。判で押したように常にエコー効果がくり返されることほど、うんざりするものはありません。それはしばしば全体のラインを絶望的に破壊してしまうのです。エコー効果が適切なのは、目立ってギャラント的な旋律や、遊び心のある調べやフレーズのみ――たとえば《ピアノ協奏曲変ホ長調K.482》の第1楽章(第118〜121小節、第171〜174小節、第178〜181小節)――です。しかし、その後のコデッタでそうした効果はなじみません。コデッタでのくり返しにはセクションの終結に向かう盛り上がりを増大させる効果があり、これこそがモーツァルトの様式を特徴づけるもののひとつだからです。

モーツァルトが用心深く正確な強弱記号を記入した複数の作品からわかるのは、モーツァルトがエコー効果をほとんど指示していないことです。たとえば《ハフナー交響曲ニ長調K.385》の終楽章(プレスト)では、モーツァルトは、動機がくり返されるときに(第11〜12小節、第17〜19小節など)はっきりとエコー効果を拒否しています。それにもかかわらずここでもしばしばエコー効果が適用されてしまいますが、実際にモーツァルトが指示しているのは展開部の第88〜103小節(若干のモティーフ変形も含む)に限られるのです。

エコー効果とはまったく逆に、モーツァルトがくり返しをより大きな音で望んだパッセージの例は数え切れないほどあります。たとえばピアノ協奏曲において2小節や4小節の楽想がまず独奏ピアノによって弾かれ、それがオーケストラの伴奏つきでくり返される際の音響的構成は、エコー効果とはまったく逆になるでしょう。

古典様式において、フレーズやパターンをくり返す際のエコー効果はさほど歓迎されません。「古典音楽における同じ動機やフレーズのくり返し自体が、構造のなかの一要素、

---

27) J.J.クヴァンツ、240〜241頁。

大規模で一貫した形式を築くために欠かせない原理となってきた」という背景があるからです。くり返されるパターンには、しばしば門、橋やドームを支える柱の機能が委ねられるのです。建築において右側の柱が左側の柱より寸足らずだったら、その建物が崩れてしまうのは当然です。

　エコー効果を排除し、そのままのくり返しを意図した顕著な例はベートーヴェンの《月光ソナタ》第3楽章の第9〜14小節に見られます。

■ 例2/26

この例の3〜4小節目を *p* で弾くことは――「？」を示しました――まったく馬鹿げているでしょうし、情熱的な興奮の効果を破壊します。しかし、なぜことモーツァルトになると、ピアニストたちは楽譜通りに弾こうとしないのでしょうか…。

　《ピアノソナタハ長調K.330》の第1楽章では、同じ形をしたフォルテのパッセージが4回現れます。モーツァルト自身が関与した初版譜では、明らかに次のように記されています。

■ 例2/27

エコー効果を要求する強弱記号はありません。「エコー主義者」（ほとんどは若いピアニスト）はなぜ楽譜を無視し、第43、49小節で恣意的に *p* を加えるのでしょうか。まったく無用のことでしかありません。

構造的に正当化されないエコーのもうひとつ典型的なケースが、時として《ピアノソナタ二長調K.576》の第3楽章（第18小節と第82小節）に聴かれます。

第9小節から始まるパッセージ全体には協奏曲におけるトゥッティの雰囲気があり、持続したフォルテのパワーが必要なのです。

同じように、このソナタの第1楽章提示部最後、第53小節にある *f*（この作品における数少ない強弱指示のひとつ）も、モーツァルト自身によって書かれた *p* が第59小節に出現するまで保たれなくてはなりません。

ピアノソナタにおいてモーツァルト自身によるエコー指示が確認できるのは2箇所だけです。それらは《ソナタイ短調K.310》第1楽章（第18小節と第99小節）と、《ソナタハ短調K.457》第2楽章（第38小節——ただし真のエコーとは異なり、その後も *p* が持続します）にあります。加えて、独創的な二重エコーも《ピアノ協奏曲変ホ長調K.271》の終楽章に見られます（第196小節以降と第324小節以降）。

このようにエコー効果に関しては、その指示自体がまれにしか存在しない事実をじっくり吟味する必要があるでしょう。強弱記号が豊かに書き込まれている作品でさえ、エコー効果に関する指示はほとんど存在しないのです。

だからといってエコー効果の利用が完全に禁止されるわけではありませんが、これまで述べた通り、慎みをもって用いなければなりません。モーツァルトの若い頃の作品や、この上ない魅力にあふれる晩年の作品では、フレーズがくり返される際にやや弱く演奏することも可能でしょう。こうした"エコーっぽい"効果は聴き手にとって邪魔にはなりません。すでに述べた通り、モーツァルトが好んでいたのは「くり返されるパッセージの音量を減少させるより、むしろ増加させる」パターンであり、それはピアノ協奏曲やヴァイオリン協奏曲でパッセージが反復される際のオーケストレーションによって明瞭に示されています。

ヴァルター・ゲルステンベルクは、バロック時代の鍵盤楽器奏者は「自然の声」としてのみエコー効果を好み、ギャラント様式の音楽家はその用例をさらに頻繁に活用したと指摘しています[28]。一方、くり返す際に音量を増加させることは、提示された主題の喜ばしい確定となります。ゲルステンベルクは、ハイドンの初期ソナタ（たとえばHob.XVI/22やXVI/31）において頻繁にくり返されるパッセージが、果たして自然におけるエコーの模倣（バロックのアプローチ）なのか、あるいは人間のスピーチ（ロゴス）の模倣なのかという問いを立ちあげました[29]。後者とすれば、フレーズのくり返しは「以前に述べられたことの強化」すなわち「確定」を意味するものとなるわけです。ゲルステンベルクは「どちらの解釈も"前古典派Vorklassik"に固有の弁証法的曖昧さの兆候としてもっともである」と譲歩しています。

この問題における私どもからの補足は「円熟期のモーツァルトとハイドンは、ギャラント様式の若きハイドンがその最初期のソナタで行なっていたバロックの実践から、さらに距離をおいている」というものです。フレーズをくり返す際の処理をどうすべきか迷った時には、およそ同じ音量で演奏する解決が推奨されます。

モーツァルトは動機を確定し、増強するためにくり返しを用いています。これは、とりわけ協奏曲において明瞭です。《2台ピアノのための協奏曲変ホ長調K.365》、《ピアノ協奏曲ニ長調K.451》、そして《ヴァイオリン協奏曲イ長調K.219》の第1楽章をその例として挙げられるでしょう。《ピアノ協奏曲変ロ長調K.595》の第3楽章第94～97小節でも、くり返しにさらに圧力を加えるほうが、弱いエコーとして処理するよりもはるかに自然に響きます。

---

28) Walter Gerstenberg, "Die Krise der Barockmusik," pp.81-84を参照。

29) マリアンネ・ダンクヴァルトMarianne Danckwardtは近年、モーツァルトの強弱法に関する論文 "Muß accurat mit dem Gusto, Forte und Piano, wie es steht, gespielt werden," pp.293-316で、同じような結論に達した。バロック時代においてエコーのあるいくつかの楽節 (pp.296-297) は「自然の模倣imitazione della natura」であるのに対し、18世紀後半になると音楽は人間の修辞学と比較された。ダンクヴァルトは、ジャン・ジャック・ルソーの『音楽辞典Dictionnaire de la Musique』p.150の「*p* の'エコー'はもはや流行っていない (Cet usage ne subsiste plus)」という文を引用している。

■ 例2/29

　一流のオーケストラと凡庸なオーケストラの響きの差はどこにあるのでしょうか。最高峰のオーケストラでは、主要な旋律が自然な流れのなかで生まれ、それに対する伴奏楽器群は控えめに、旋律を邪魔することなく支えます。こうした「正しいバランス」——これが、古い理論書において「リピエーノ奏者」（和声を補充ないし補填する奏者）の役割が語られる際に念頭に置かれている概念です。リピエーノ奏者には、独奏者がはっきりと聴こえなければならないことをしっかり意識するよう、注意がうながされています。

　モーツァルト時代に限らず19世紀に入っても、オーケストラ全体でフォルテとなる際にはどの楽器にも一律に *f* が、またピアノの時には *p* がスコアに記されました。しかしオーケストラ奏者たちは、総和としての響きにパート間のバランスが必要であることを知っていましたし、それは今日でも同じです。和声を支えるだけの楽器は、主題の彫琢を担う楽器よりも理屈なしで弱くなくてはなりません。ベートーヴェンの複数の作品ではこの音量バランスの解決が深刻な課題となりますが、モーツァルトと、とりわけハイドンは、オーケストラの記譜にもっと手馴れていました。それでも彼らの交響曲からより良い響きを得るためには、リピエーノの調整が欠かせません。

　強弱記号のさまざまな意味が、パティエールによって次のように適切に定義されています。

*　音楽におけるデュナーミクは、複雑な概念をなしている。その重要な原理が［精確に］記述されなくてはならない。ひとつの作品の強弱に敬意を払うことは、［単に］スコアに見られる指示を遵守することだけに限られるものではない。18世紀では、望まれるデュナーミクがしばしば演奏者に一任されているが、他の要素も考慮しなければならない。たとえばフレージング、和声、リズム、テンポ、構造が依拠している旋律線［の指標］である。また、*

音楽のジャンルや楽器の選択（ソロもしくはアンサンブル）も無関係ではなく、ニュアンスに影響を及ぼす。［…］つまり、強弱は、テクストに加えられた美学的な工夫ではなく［…］音楽言語の不可欠な一部分なのである[30]。

---

30) Patier, p.541.（パウル・バドゥーラ＝スコダによる英語への翻訳）

第3章
テンポとリズムの問題

テンポの問題

　一般的には拍は正しく均等に打たなくてはならないだけでなく、その曲が遅いテンポなのか、速いテンポなのかを、その曲から知らなくてはならない。そのために特にそれぞれの曲にはある特定の言葉、例えば、アレグロ **Allegro**（楽しく）、アダージョ **Adagio**（ゆっくりと）などが付けられている。もちろん、遅い、速い、そして楽しくにも、それぞれに段階がある。[…] だから楽曲そのものから導かなくてはならないのだ。そしてここにおいてこそ、音楽の識者の真価が遺憾なく発揮されるわけである。それぞれの楽曲には少なくともひとつ、そこからこの曲が必要とするテンポが確実にわかる楽節がある。もっと別の見方をして詳細に見れば、否応でも自然なテンポは決まるだろう。このことに十分に留意してほしいし、またこうしたことがわかるには、長い経験と優れた判断力が求められることを知っておいてほしいのだ。芸術音楽における最初の完成段階のひとつとして、私はこの点を挙げたい。私に反対する人などは、誰もいないのではないだろうか？[1]

　レオポルト・モーツァルトは『ヴァイオリン奏法』（第1章第2節第7段）でこのように書いています。テンポを見つけるためには「長い経験と優れた判断力が求められる」と述べていることに注目してください。加えて、様式に対するセンスも不可欠です。他のどんなテンポも排除した、唯一の正しいテンポが存在するのではありません。音楽家には一定の自由があり、その自由を過小評価してはなりません——ある範囲内であれば、どんなテンポも芸術的に受容できるはずです。ここでは、その自由の限度を示してみたいと思います。

　「昔の大家たちが現代の演奏テンポを知ったら、仰天しただろう」としばしば言われます——「当時はそんなに速くは演奏できなかったはずだ！」というわけです。「スピードが重視される時代だから演奏テンポも速まったのだ」と推測したくなりますが、それは疑わしい説明です。「時代が古いほどテンポも遅い」というのは誤りでしょう。歴史を遡ると、18世紀半ば、フリードリヒ大王の有名なフルート教師J.J.クヴァンツは、人間の脈拍の助けを借りて「1分間に80拍」というテンポを基準にするよう提案しました[2]。しかし通常の脈拍数は——少なくとも今日では——1分あたり80回ではなく70回前後としたほうが妥当でしょう。クヴァンツは風邪でもひいていたのか、もしくは自分の脈を正確に計ることができなかったのでしょうか…？　クヴァンツは四分の四拍子のアレグロ・アッサイのテン

---

1) L.モーツァルト『ヴァイオリン奏法［新訳版］』久保田慶一訳、全音楽譜出版社、2017年、34頁。
2) J.J.クヴァンツ『フルート奏法試論』石原利矩・井本晌二訳、シンフォニア、1976年、250頁。

ポとして「二分音符＝1拍」、つまり♩=80と規定し、アッラ・ブレーヴェのアレグロ・アッサイでは2倍の速さを要求しました。確かにこのテンポは、当時の作品において驚くべきスピードです。しかし1分間に約70拍という通常の脈に従えば、クヴァンツのテンポはすべてぴったりです。

　18世紀後半の基本的なテンポは私たちのテンポより遅かったのではなく、むしろ速かったようです。そのうえクヴァンツは、テンポの指示表示をあまり杓子定規に受け取るのではなく他のさまざまな要素、とりわけ「作品に含まれるパッセージ中で一番速い音」を念頭に置くよう主張しています。また人間の身体には脈拍以外にも生まれながらの"ペースメーカー"が備わっており（たとえば通常の歩くスピード）、これらはとても普遍的なため、時代や世界が変わってもそれほど大きな誤差は生まれないでしょう。

　モーツァルトはメトロノーム記号も、脈拍に基づいたテンポ計算も残していません。モーツァルトのテンポに関しては、彼の手紙に見られるような数少ない曖昧な記述に頼るしかないのです。彼は書簡の中で、一部の演奏家があまりに速すぎるテンポで演奏することに不満を述べたり、ある楽章を極端に遅いテンポで演奏することに対して警告を発したりしています。モーツァルトの日常の音楽活動の一部であるコメントの数々は後世の人々を意識したものではないため、すがすがしいほどダイレクトです。こうした発言の内容をもとにして一般的な定理をまとめることは困難ですが、重要な記述には触れておきましょう。

　モーツァルトがかつて若いナンネッテ・シュタインの演奏について父宛てに書いた手紙（1777年10月23～25日）にて、テンポという「音楽において一番難しくて重要な要素」に光を当てていることは幸いです。《ハフナー交響曲ニ長調K.385》についてモーツァルトはこう書いています（1782年8月7日）。

> 第一楽章のアレグロは、すごく情熱的に——終楽章は——できるだけ速く演奏されなくてはいけません[3]。

1781年9月26日付けの有名な手紙では《後宮からの誘拐K.384》第1幕の終わりに言及し、

> そのあとすぐに長調がピアニッシモで始まるのですが——これは非常に速く演奏されなくてはなりません。——そしてフィナーレはまさに大騒ぎになります[4]。

と述べられています。第3幕のオスミーンのアリアについて、モーツァルトは父にこう書

---

[3] 『モーツァルト書簡全集』V、海老沢敏・高橋英郎編訳、白水社、1995年、263頁。
[4] 同、145頁。

いています。

「予言者の髭にかけて……」のところは、同じテンポでも速い音符です。——しかし、オスミーンの怒りがますます激しくなっていって——つまり、アリアがもう終わるかなと思うころ——アレグロ・アッサイが——まったく別の拍子、別の調になるので、まさに最高の効果をあげるにちがいありません。というのは、人間がこんなに激しく怒ると、あらゆる秩序や節度や限界を超えて、我を忘れてしまうからで——音楽も同様に我を忘れなくてはなりません[5]。

さらにこの同じ手紙では、《後宮からの誘拐K.384》序曲について、

そして、一晩中眠れなかった人でも、ここで眠るわけにはいかないと思いますよ[6]。

とも述べられています。
　他方、自分の作品が過度に速く演奏されることに対してモーツァルトがどれほどの不満を覚えたかをはっきりと示す発言も残っています。1778年1月17日の手紙（本書360ページではもっと完全な形で引用されています）です。

ただし、食事の前に、彼［フォーグラー牧師］はぼくの協奏曲［…］を、初見で——弾きまくりました。第一楽章はプレスティッシモで飛ばし、アンダンテはアレグロ、そしてロンドはまさにプレスティッシッシモです。［…］とてもがまんできる代物でなかったことは、容易におわかりでしょう。ぼくは、「あまりにも速すぎる！」と彼に言う気にさえなれなかったのですから[7]。

モーツァルトはのちの手紙（1778年2月4日）で「フォーグラー牧師の演奏よりも16歳のアロイジア・ヴェーバーの演奏のほうが気に入った」と書いています。おそらく本心そう思ったのでしょう。アロイジアの音楽的能力に対するモーツァルトの評価に、彼女への恋愛感情が影響しているようには思えません。音楽的な事柄に関するモーツァルトの判断はいつも公正で——この時のアロイジアの歌唱についてモーツァルトが父に書いた内容を参照すれば明らかです——決してすべてを賛美しているわけではないのです。

---

[5]『モーツァルト書簡全集』V、144頁。
[6] 同、145頁。
[7]『モーツァルト書簡全集』III、海老沢敏・高橋英郎編訳、白水社、1996年（第2刷）、427〜428頁。

ヴェーバー嬢は［…］二回クラヴィーアを弾きました。彼女はけっして下手な弾き手ではありません。ぼくがいちばん驚くのは、彼女がとても見事な譜読みをすることです。想像してみてください、彼女はぼくのむつかしいソナタを、ゆっくりではありますが、一音符も落とさずに初見で弾いたんですよ。ぼくの名誉にかけて言いますが、ぼくのソナタをフォーグラーが弾くよりも、彼女が弾くのを聴いたほうがぼくはうれしいです[8]。

作曲家でピアニストのF.X.シュテルケルもモーツァルトの不興を買ってしまいました。シュテルケルは5曲演奏したものの、

あまりにも速いのではっきり見分けもつかず、まったく明瞭さを欠き、拍子ぱずれでした[9]。

と、1777年11月26日の手紙で父宛てに書かれています。このようにモーツァルトは、あまりに速いテンポのせいで明瞭さやリズムの正確さが損なわれる場合には、いつもそれに抗議しました。この点で彼の意見は父と一致しています。というのは、レオポルトもしばしば「テンポがあまりに速すぎる」と感じていたからです。1778年1月29日付けの息子宛ての手紙に、レオポルトはこう記しています。

私は、ヴァイオリンのやっと半分ぐらいの音であらゆることをやってしまい、それに言ってみれば、弓でもってほとんどヴァイオリンには触れもしないで、まるで空中で弾いているような、そんなびっくりするほどの速さが好きではありません[10]。

父の死後、モーツァルト晩年の手紙でテンポの話題が扱われることはなくなりました。しかし同時代人の発言がいくらか参考になるでしょう。1798年11月7日の『一般音楽新聞 Allgemeine Musikalische Zeitung』（ライプツィヒ）には、ロホリッツによるモーツァルト回顧が掲載されています。ロホリッツの評論は"あまりにも想像力豊か"だと評されることが多いものの、そこにはいくばくかの真実も反映されているように思われます。

モーツァルトがもっとも激しく抗議したのは、公衆の前での演奏で、主としてあまりに速いテンポのために自分の作品が台無しにされた時だった。「演奏家たちは、それが作品に火を加えることになる、と考えているのです」と述べ、「火は作品それ自体の中にともらねばなりません——大急ぎで疾走しても、火はつきません。」と訴えんばかりだった。

---

8) 『モーツァルト書簡全集』III、473頁。
9) 同、290頁。
10) 同、459頁。

モーツァルトの没後わずか20年を経ただけで、モーツァルト作品におけるテンポの解釈ははっきりと分化してきました。『一般音楽新聞』（ライプツィヒ、1813年5月5日）にはこう書かれています。

> たとえば、いくつかの楽曲のさまざまな箇所に採用される実にさまざまなテンポに注目してみさえすれば良い。とても有名で性格的な楽曲でも同じである。ひとつだけ挙げると、私はモーツァルトの《ドン・ジョヴァンニ》序曲が、プラハのガルダソン協会管弦楽団［当時の名称］によって、かの偉大なる人物みずからの指揮で演奏されるのを聴いたことがある。パリ、ウィーン、ベルリンを含むほかのさまざまな土地でも聴いた。アダージョ[11]はパリではわずかに遅く、ウィーンではかなり速く、ベルリンではモーツァルト指揮によるものより倍近く速かった。これら3つの土地いずれにおいても、アレグロはモーツァルトが演奏したものよりも速いか遅いかのどちらかであった。

興味深いことに、モーツァルトは自身のアレグロ楽章を中庸なスピードで演奏してほしいと思っていたことが、多くの報告から明らかになっています。今日、単にアレグロとだけ書かれた楽章は、しばしばあまりにも速く演奏されてしまいます。ある楽章を本当に速く演奏してほしいと思った場合、モーツァルトはプレストもしくはアレグロ・アッサイと書きました。アレグロとだけ書かれているのであれば、「陽気な」「喜びに溢れた」「快活な」といった、この言葉本来の意味しか持ちません。たとえば有名な《ロンド二長調K.485》は、陽気かつエレガントに演奏されれば、たとえ中庸なテンポであってもすばらしい効果をもたらします——単に速く演奏しただけでは優美さに欠けた、無味乾燥な響きになってしまうのです！

アンダンテやアダージョ楽章に関しては——モーツァルトや同時代人の見解によれば——モーツァルトがむしろ流れるようなテンポを好んでいたことがわかります。荘重で威厳のあるアダージョが軽やかで速すぎるテンポで演奏されてしまうこともありますが、それよりもアンダンテ楽章があまりにも重く演奏されることのほうが、はるかに多い誤りなのです。父宛ての手紙（1784年6月9日）を介して、モーツァルトは姉にピアノ協奏曲K.413～415に関する次のような助言を伝えています。

> でも、どうかお姉さんに伝えてください、どの協奏曲にもアダージョがなくて、アンダンテばかりだって[12]。

---

11) モーツァルトの楽譜には「アダージョ」ではなく「アンダンテ」と書いてある——ロホリッツによる興味深い誤りだ。
12) 『モーツァルト書簡全集』V、512頁。編者注：緩徐楽章を遅く弾きすぎないように、という意味。

モーツァルト時代の「アンダンテ」が決して遅いテンポではなかったことを、心に刻んでください。「遅い」という意味を持つのは19世紀になってからです。モーツァルトにとってのアンダンテは穏やかに流暢なテンポであり、単語本来の意味である「前に進む」ことだったのです。それは、「速い」と「遅い」のおよそ中間です。

　モーツァルトは《ロンドヘ長調K.494》の自筆譜にアンダンテと書いていますが、2年後にこれを《ピアノソナタヘ長調K.533》の終楽章に転用した際にはアレグレットと書き、長さも27小節拡張しています。音楽自体は同じなので、アンダンテとアレグレットというテンポの間にも大きな違いはないはずですが、このソナタの終楽章アレグレットは当初単曲のロンドとして創作されたバージョンよりも、おそらくわずかに速く演奏できるでしょう（ロンドが♩=66～69であるのに対して、およそ♩=72～79）。

　同じ主題でも正しいテンポが複数存在することを示す別の例は、《ヴァイオリンソナタト長調K.379》の終楽章に見られます。変奏曲の主題として提示される瞑想的なアンダンティーノ・カンタービレ（♩=66）は楽章の終結部にて再度同じ形で提示されますが、こちらには朗らかなアレグレット（♩=80）が指示されているのです。

　もちろんモーツァルトのアンダンテ楽章すべてが同一のテンポになるわけではありませんし、それほど速く演奏すべきでない作品も数多く存在します。明るく優雅なアンダンテ[13]と、《ピアノ協奏曲ハ長調K.503》や《ピアノソナタイ短調K.310》に見られるような親密で深い情感が秘められたアンダンテとは、明らかに異なります。

　《ヴァイオリンソナタ変ロ長調K.454》のアンダンテは、あまり速く演奏してはいけません。モーツァルトは当初この楽章にアダージョと書いたもののこれを抹消し、アンダンテに修正しました。このソナタを知る人にとって、その理由は明らかでしょう。この楽章に託された奥深い内容に一貫性を与えるためには、ある程度の流れを持ったテンポが必要なのです。一方、第30～33小節からは、モーツァルト自身がこの楽章をアダージョとも感じたことがうかがわれます。この部分は穏やかに演奏されるべきでしょう。基本となるテンポが速すぎると、これらの小節に適切な表現を与えられなくなります。♩=52ぐらいが適当ではないでしょうか。

　《ピアノ協奏曲ハ長調K.503》のアンダンテも、もっとゆっくりでなければなりません。アルフレート・アインシュタインが述べているように、この楽章の性格はアダージョに酷似しています。1777年12月6日、モーツァルトがこの独特なアンダンテ楽章を「速く弾い

13）明るく、流暢なアンダンテの例としては《ピアノ三重奏曲ホ長調K.542》の第2楽章（アンダンテ・グラツィオーソ）が挙げられる（♩=58）。《ピアノソナタイ長調K.331》の繊細で起伏に富んだリズムに裏打ちされた第1楽章（アンダンテ・グラツィオーソ）も重くなってはならない（♪=138～144）。第12および18小節における軽いリタルダンドは適切な処理として許容できる。

てはいけない」¹⁴⁾と父に書いている通りなのです。

　四分の三拍子のアダージョの場合、そのテンポが「それぞれの小節がひとつのまとまりとして感じられるリズム」として流れなくてはいけません。こうすれば小さな音価でまとめられているフィギュレーションも、とってつけたようなアクセントで区切ることなく旋律的かつ均等に演奏できますし、表情も保たれます。

　《魔笛K.620》におけるパミーナの有名なト短調アリア〈愛の喜びは露と消え〉には、アンダンテと書かれています。

■ 例3/1

　今日このアリアはアンダンテではなく、まるでモーツァルトがアダージョあるいはレントと指定したかのように歌われます。つまり、通常の演奏はあまりに遅すぎるのです。早くも19世紀初頭には、あまりに遅いテンポに対する反論が出現するようになりました。この問題に関する見解や詳細に関しては、巻末の「付録1」を参照してください。

　テンポというこの大切な問題を考える際には「音がぎっしり詰まっていればテンポは広がり、逆に少なければ少ないほどテンポが変わりやすくなる」ことを念頭に置くべきでしょう。これはモーツァルトの音楽を決定づける要素のひとつです。音が重くならないように配慮すれば、流暢なアンダンテ楽章にさえ驚くほど大きな表現の余地が生まれます。たとえ細部の音の表現がある程度薄味になってしまったとしても、フレーズ全体の一貫性がそれを補って余りあるのです。

　一般に作曲家が緩徐楽章に対して思い浮かべる速度は、演奏家が実際に演奏するよりも速めになるものです。それに対し、現代の作曲家が自作品を演奏する際には——その録音や生演奏からわかる通り——メトロノーム記号で指示されたものよりもわずかに遅いテンポとなることが常です。ここには入り組んださまざまな技術的、そして音響上の要因などが関与しています。音楽を実際に演奏したり歌ったりするよりも、作曲家の心の中で再現された時のほうが響きを認識しやすく、自由に動きやすいこともあるでしょう。いずれにせよ、演奏時のテンポがあまり遅くなるのは避けてください。

---

14)『モーツァルト書簡全集』III、328頁。

モーツァルトの音楽が、その後の世代の作曲家の作品よりもテンポに関する意見の違いを多く生じさせることにとまどう必要はありません。モーツァルトは後の作曲家たちのように、メトロノームを介した数値を解釈の基盤として提供できなかったのです。「モーツァルトの音楽はできるだけ軽く、すばやく、敏捷に演奏されなければならない」と考える音楽家がたくさんいます。この見解は、モーツァルトの子供のように純真な気性や、作曲上のどんな技術的障壁さえも難なく克服してしまう事実、さらには語法における天性の優美さによって正当化できるでしょう。確かにモーツァルトの語法はベートーヴェンやブラームスよりもはるかに軽快です。

一方、逆の考察を主張する音楽家も存在します。彼らはモーツァルトのきわだった特徴として、悲劇的でデモーニッシュな要素を指摘します。彼らにとってのモーツァルトは、臆することなく次から次へとメロディーを生み出した超越的な存在ではないのです。それゆえ彼らには、実際には遊び心で満たされた気軽な作品にまで悲劇的な側面を投影してしまう傾向があります。あまりに真面目で重厚なアプローチを用いると、モーツァルトの音楽はいとも簡単に損なわれてしまうでしょう。

もちろん、どちらの見解にもそれなりの真理が含まれています。モーツァルトの音楽にはギャラントな魅力とともに悲劇性も同居しており、それがゆえにモーツァルトは音楽史上で特別な位置を占めているのです。きわめてギャラントな作品でも真摯な心情の痕跡が認められ、その逆もしかりです。

テンポを選ぶ際には、作品を支配する性格を把握することがとても大切です。たとえば《ピアノ協奏曲ハ短調K.491》の第1楽章をあまりに速く演奏すれば、表現の深さが大きく損なわれてしまうでしょう。《ピアノ協奏曲変ホ長調K.271》の第2楽章も同様です（後者には♪=80〜84を提案します。この楽章のテンポはあまり厳格に規定しないほうが良いでしょう。レチタティーヴォ的な表現には一定の自由が不可欠です）。

それほど精神的な深みをともなわないブリリアントな楽章では、最大限の効果を発揮するために速めのテンポが望まれます。《ピアノ協奏曲ニ長調K.537「戴冠式」》の第1楽章、《ピアノソナタニ長調K.284》、《同ハ長調K.309》、《同ニ長調K.311》の第1楽章などがそれにあたるでしょう。《4手のためのソナタニ長調K.381》や《2台ピアノのためのソナタニ長調K.448》の第1楽章（♩=152）も同様です。これらの楽章の大多数がニ長調であるというのも、興味深いことですね。

モーツァルトのアーティキュレーション記号も、しばしば適切なテンポへのヒントとなります。《ピアノ協奏曲変ロ長調K.595》の第1および第3楽章では、テンポが速すぎると美しく弾けないパッセージがあります。たとえば第1楽章第106小節（♩=129〜132を推奨）を見てみましょう。

■ 例3/2

（括弧内の指示は、著者による提案です。）

　同じ協奏曲の第3楽章でも、第1〜8小節のアーティキュレーションを正確に、自然に表現できる落ち着いたテンポが求められるのです。

■ 例3/3

第102小節以降でも繊細なアーティキュレーションに注目してください。

■ 例3/4

第150小節以降、

■ 例3/5

そして第163小節以降も同様です。

■ 例3/6

　音楽の性格上「中庸なテンポ」がもっともふさわしい例は、《ピアノ協奏曲変ホ長調K.449》の終楽章です。モーツァルトが"アレグロ・マ・ノン・トロッポ"という言葉で表した「居心地の良さ」こそがこの楽章の魅力であり、あまり速く演奏するとこの比類のない雰囲気が失われてしまいます（♩=108〜116を推奨）。

　テンポ指示に関してモーツァルトが用いた語彙は、一般に思われているよりもはるかに正確です。しかし今日でさえなお、モーツァルトのテンポ指示の解釈に大きな混乱が見られるので、ここできちんと整理してみましょう。この作業にあたっては、ジャン・ピエール・マルティの価値ある研究を重要な資料として使います。マルティはモーツァルトのテンポ記号すべてを調査し、メトロノームの数値に換算して体系化すべく試みました[15]。ただし私どもにとって「マルティによるテンポは遅すぎる」と感じられるケースも存在します。たとえば彼は《ピアノ協奏曲ニ短調K.466》と《同ハ長調K.467》の冒頭楽章における四分の四拍子を♩=126と提案していますが、過去70年の重要な演奏家によるほぼすべての録音における基調テンポが♩=132〜138であったことは、単なる偶然ではないでしょ

---

15) J.-P. Marty, *The Tempo Indications of Mozart*.

う（他の協奏曲ではさらに速いテンポになっています）。

きわめて重要なテンポ記号のリスト
ラルゴ
　私どもが知る限り、これがモーツァルトにおけるもっとも遅いテンポです。レントという指示は、ピアノ作品を含めたすべての作品において使われていません。まれにしか使われないラルゴの表記例は《ヴァイオリンソナタ変ロ長調K.454》第1楽章の導入部に見られます。そこでのテンポは♪≒69〜72が良いでしょう。

グラーヴェ
　この速度標語も、モーツァルトが意識したテンポの中でも極めて遅いテンポにあたります。彼がグラーヴェを用いたのは一度だけで、残念ながら未完のまま残された《2台ピアノのためのソナタ変ロ長調K.375b》冒頭に見受けられます[16]。

アダージョ
　これも遅いテンポのための標語ですが、"a[d']agio"——くつろいで、落ち着いて——に由来しています。なお、「18世紀のアダージョは19世紀のものより速い」ことを覚えておきましょう。モーツァルトを演奏する際には《ピアノソナタハ短調K.457》の第2楽章のように際だって叙情的な後期の作品（♪≒72〜76、中間部にあるイ長調のセクションでは♪≒76〜80）よりも、ギャラントスタイルのアダージョ楽章（たとえば《3台ピアノのための協奏曲ヘ長調K.242》第2楽章）に、原則的により流暢なテンポ（♩≒40〜42）を採用すべきです。《幻想曲ハ短調K.475》の冒頭部は♪≒72〜80、第10小節以降は♪≒80〜88、ニ長調の部分は♪≒84〜88で、《アダージョロ短調K.540》は♪≒76が良いでしょう。
　《幻想曲とフーガハ長調K.394》冒頭の祝祭的なアダージョは特別なケースで、♪≒92を提案します。一方《ピアノソナタニ長調K.576》のアダージョ楽章にはより流れるようなテンポ、♪≒92〜96が感じられます。私どもにとっては遅すぎるテンポで演奏されることが多い《ピアノソナタヘ長調K.332》第2楽章では、4小節構造の連続性が維持されるべきでしょう。

ラルゲット
　不幸なことに、多くの人は「ラルゲットのほうがアダージョより遅い」と誤解していま

---
16) J.-P. Marty, *The Tempo Indications of Mozart*, p.108.

す（第12章にある《ピアノ協奏曲ハ短調K.491》に関する議論を参照）[17]。テュルクはラルゲットを"*ein wenig langsam*"と定義していますが、これは「やや遅く」という意味です。ラルゲット楽章は、たとえば《ピアノ協奏曲変ロ長調K.595》のように、しばしばアッラ・ブレーヴェの指示とセットになっています（テンポの提案は♩≒84〜88）。

アンダンテ

　すでに述べたように、アンダンテはモーツァルトの音楽のなかでもっとも注意が必要なテンポです。モーツァルトはこの単語に、意味を限定する別の言葉をたびたび列記することによって、よりゆっくりとしたテンポなのか、あるいはもっと流れるようなテンポなのかを示しています。アンダンテ・ウン・ポコ・アダージョ——たとえば《ピアノソナタハ長調K.309》の第2楽章や《ピアノ協奏曲変ロ長調K.238》の第2楽章（♩≒56）、あるいはアンダンテ・コン・エスプレッシオーネ——たとえば《ピアノソナタニ長調K.311》の第2楽章（♪≒84〜88、中間部分は少し速めの♪≒96ぐらい）、といった形です。またアンダンテ・ソステヌートという表示が見られるのは《ヴァイオリンソナタハ長調K.296》第2楽章においてです。

　流れるようなアンダンテが望まれる場合には、たとえば《ピアノソナタイ長調K.331》の第1楽章（♪≒138〜144を提案）のように、ほとんどの場合アンダンテ・グラツィオーソと書かれています。アンダンテに言葉を加えたこれらのテンポ指示は、必ずしもよりゆっくりとしたテンポだけを示しているわけではありません。たとえば《ピアノソナタ変ロ長調K.333》第2楽章のアンダンテ・カンタービレは、遅すぎてはいけません——歌手として4小節楽節を一息で歌うことができるテンポが必要なのです。

　しかしほとんどのアンダンテは単独で書かれており、正しいテンポを導き出すためには多くの考察が必要です。とりわけ難しいのは《ピアノソナタヘ長調K.533》第2楽章にあるアンダンテのテンポ選択でしょう。この楽章は威厳をもって演奏されなければなりませんが、同時に流れが必要です（♩≒58〜60）。そしてより情熱的な展開部ではわずかにテンポを速めるのが適切であるように思われます。嵐のようなアンダンテは《幻想曲とフーガハ長調K.394》の第9小節以降に見られます（♩≒66）。

アンダンティーノ

　モーツァルトが生まれる前から、アンダンティーノの意味に関する音楽家たちの意見は分かれていました。「アンダンテより速い」のか、「アンダンテより遅い」のか？　この差

17）ショパンのテンポ表示は、とても正確である。ショパンは、「ラルゲットと指示されているノクターン作品27の1の最後の長いリタルダンドが"アダージョ"で終わる」と書いている。これは明らかに、まだ彼の時代にはラルゲットがアダージョよりも速く演奏されていたことを示している。

違は andante の本来の意味、「前進する」[18] のとらえ方に由来するのでしょう。前進するエネルギーを抑制するのであれば〔～tino は縮小を表す〕より穏やかなテンポを意味することになりますが、もともとのアンダンテを「落ち着いて前進する」という意味に解釈し、その「落ち着き」を減少させるのであれば「アンダンテより速く」ということになるでしょう。ハイドンが《フルート、チェロ、ピアノのためのトリオ ニ長調 Hob. XV/16》の第２楽章をアンダンティーノ・ピウ・トスト〔＝むしろ〕・アレグレットという指示によって伝えたかったことは、後者のほうだったと思われます。２世代あとのシューベルトが《ピアノソナタ イ短調 D537》の第２楽章に指示したアレグレット・クワージ・アンダンティーノでは、ハイドンと語の順序が逆ではあるものの、考えていたことは同じでした。

　モーツァルトにとってのアンダンティーノは「アンダンテよりも遅い」という意味だったようです。子供の頃モーツァルト家に住み込みでピアノを師事していたフンメルは、自著でこのことを強調し、当時広まっていたと思われる逆の考えに警告を発していました[19]。フリードリヒ・フォン・シュタルケの『ウィーンのピアノ奏法 Wiener Klavierschule』(1819～29年) においても、アンダンティーノは「よりゆっくりした」ものとして説明されています。

　しかし、アンダンティーノがよりゆっくりとしたテンポであることを示す証拠は、何よりもモーツァルトの音楽の中にあります。コンサートアリア《心配しなくてもいいのです、愛する人よ K.505》では、明らかにアダージョの性格を有するアンダンティーノ部分（♪≒96～100）のあとに、ロンド形式のアンダンテ（₵、♪≒96～100、倍速です！）が続いているのです。

　ただし、時としてその境界は曖昧です。《ピアノ協奏曲変ホ長調 K.271》第２楽章はアンダンティーノですが、モーツァルトはこの楽章のために創作した大規模なカデンツァに *ferma nell' Andante*[20] と書いています。《ピアノ協奏曲変ホ長調 K.449》第２楽章のアンダンティーノでは、短い音価の中で多くの音符を弾かなければならない装飾があるため落ち着いたテンポが推奨されますが、引きずってしまうようではいけません（♪≒48～52）。

テンポ・ディ・メヌエット

　よく見られる表示ですが、より簡潔な"メヌエット"という表示とともに、もっと精密に定義されなくてはなりません。レントラー、ドイツ風舞曲 "*Deutsche*" やワルツと同じよう

---

[18] 編者注：原著には「歩く walking」と書かれているが、著者の承諾を得た上で「前進する going」という概念で表現した。歩く速度がアンダンテの速さを規定するものではないからである。
[19] J.N.Hummel, *Ausführliche theoretisch-praktische Anweisung zum Pianoforte-Spiel*, p.66, footnote.
[20] 編者注：直訳は「アンダンテで終わる」あるいは「アンダンテで終わりなさい」。カデンツァ直後の第123小節には Tempo primo と書かれているが、これは本来冒頭と同じアンダンティーノとなるべきである。

に、メヌエットにも穏やかでゆったりとしたものから、のちのスケルツォを暗示するような速いメヌエットまで、大きな幅があります。すべてのメヌエットに共通するのは「純粋な舞踊の性格」ですが、それを記譜そのものから特定することは極めて困難です。第1拍の強拍は強調され、第2拍や第3拍は——とりわけ伴奏において——一般的に軽く短く演奏されます[21]。この舞踊的な特徴はメヌエットに限ったことではなく、四分の三拍子の速い楽章ほぼすべてに共通しています。《フィガロの結婚K.492》におけるフィガロのカヴァティーナ第3番が恰好の例でしょう。そこでは第1拍の強調が歌詞の抑揚によって明確に確保されています。

■ 例3/7

《ドン・ジョヴァンニK.527》に見られる貴族のメヌエットは、よりゆっくりとしたタイプという点で興味深いものです（♩≒84〜96）。このメヌエットは舞踏会のシーンで速いドイツ風舞曲と組み合わされ、メヌエットの各四分音符に八分の三拍子があてがわれています。

■ 例3/8

1839年の『一般音楽新聞』では編集者フィンクが、プラハでモーツァルトが指揮する《ドン・ジョヴァンニ》の初演を聴いたW.トマーシェクによる証言を引用しています。トマーシェクはテンポがおおよそ♩=96であったと回想しています。長い時間を経ていても、

---

21) 残念ながら現代の奏者の多くがこの点に留意せず、強い第1拍と、軽めの後拍が区別されていない。

こうした記憶はしばしば驚くほど正確で、この場合もこれがオーセンティックなテンポだったと考えて差し支えないでしょう。もっと中庸なテンポ・ディ・メヌエット楽章としては《3台ピアノのための協奏曲ヘ長調K.242》の終楽章や《ヴァイオリン協奏曲イ長調K.219》の第3楽章〈ロンド〉などがあります。

メヌエットを実際に踊るとなると、テンポの選び方には別の配慮が必要です。1982年、ウィーンで国際ハイドン学会が開催されました。その際、歴史的な衣装をまとったダンツェ・アンティーケがエファ・カンピアヌー教授の指揮のもと、ハイドンが作曲した仮面舞踏会用のメヌエットを古い舞踊に関する資料に基づいて実際に踊ることになりました。他のウィーンの作曲家と同じように、ハイドンも仮面舞踏会のための作品を残しているのです。こうした舞踏会は皇帝の居城で開催されました。

学会の予算で生のオーケストラを雇う余裕はありませんでした。そこでエファ・バドゥーラ=スコダは踊る予定になっていたこれらのメヌエットの録音を、できる限り集めたのです。しかしドレスリハーサルに立ち会った彼女は、これらの録音のいずれもが、実際の踊りには適していないことに気づきました。どのメヌエッティ・バッラビーリ〔舞踊のためのメヌエット〕の録音も、衣装を身につけて踊るにはあまりに速すぎたからです。踊り手はみなプロのバレエダンサーで、レオタードで踊る分に問題はありませんでした。しかしクリノリン〔馬の毛などで織ったペチコートなどの張り輪〕で補強されたロココ風衣装をまとうと、録音のテンポではターンできないのです。結局これらのダンス（Hob. IX: 11, Hob. IX: 16/5, 12, 16）のために小編成のオーケストラを雇わざるを得ないはめになってしまったのです。こうした作品はせいぜい♩=100で演奏されるべきでしょう。

「イタリアのメヌエットはゆっくりと演奏される」とモーツァルトが考えた理由のひとつに、衣装の問題があったのでしょうか？　ウィーンのメヌエットはイタリアのものより明らかに速く演奏されます。1770年3月24日、モーツァルトはボローニャにいる姉に宛て、ミラノでの舞踏会について次のように書いています。

メヌエットそのものは、とっても美しいのです。むろん、これはヴィーンから出たものですから、おそらくデラーか、シュタルツァーの曲でしょう。〔…〕ところが、ミラノのメヌエットないしイタリアのメヌエットは、たくさんの音符があり、ゆっくりとした動きで、小節も多いのです[22]。

他の音楽学者による最近の研究によれば、ウィーンでは交響曲にあるほとんどのメヌエット楽章のほうが、1小節1拍として指揮されるメヌエッティ・バッラビーリよりもかな

---

[22]『モーツァルト書簡全集』II、海老沢敏・高橋英郎編訳、白水社、1996年（第4刷）、84〜85頁。

り速く演奏されたそうです[23]）。メトロノームによるテンポが指定されているフンメルその他モーツァルト以降の作曲家による編曲も、この指摘を裏付けています。《第40番》として有名な《交響曲ト短調K.550》の第3楽章は、こうした速いメヌエットのひとつでしょう（♩.=140）。《ジュピター交響曲ハ長調K.551》の第3楽章も同様です（♩.≒60〜69を推奨。フンメルやツェルニーの編曲は♩.=88ですが、これは速すぎます）。

モーツァルトはメヌエットの性格をもつ速めの楽章にアレグレットと書くことがよくありました。このことは「それらの曲のテンポが極端に速くてはいけない」ということも示唆します。

稀にしか見られないメヌエット・カンタービレという指示は、メヌエットのテンポの中で一番遅いものとして位置づけられます。《ピアノ協奏曲変ホ長調K.271》の終楽章第233小節以降に挿入されているメヌエットを♩.≒88〜92よりも速く演奏するのは、ほとんど不可能でしょう。

興味深いことに、モーツァルトは《弦楽四重奏曲ト長調K.387》第2楽章のメヌエットにおいて、当初の草稿ではアレグレット、自筆譜最終稿ではアレグロ、そして1785年にアルタリア社から出版された時、ふたたび指示をアレグレットに戻したのです（チェルニーは♩.=60を提案しています）。このような状況から得られる結論は「モーツァルトは多くのメヌエットがアレグレットとアレグロの間で演奏されるべきだと考えていた」というものでしょう。こうした速めの楽章の例には、《ピアノソナタ変ホ長調K.282》の第2楽章や《交響曲変ホ長調K.543》第3楽章のメヌエットがあります（♩.≒58〜66。ツェルニーは♩.=72を提案していますが、アレグレットと表示されたメヌエットとしてはあまりに速すぎます）。

マエストーソ

モーツァルトの時代、マエストーソはテンポをわずかに遅くすることを意味する付加語でした。これは「荘重に」だけでなく「壮大な」や「華麗に演奏する」ことを意味していました。1782年4月20日、モーツァルトは姉に《幻想曲とフーガハ長調K.394》を送り、フーガについてこう書いています。

> この曲はあまり速く弾いてほしくないので、わざわざアンダンテ・マエストーソと記しておきました。——フーガはゆっくり演奏されないと、テーマが出てきたとき、それをはっきり聴き分けられないし、その結果、効果がまったくなくなってしまうからです[24]。

23）マックス・ルドルフによるフレデリク・ノイマン宛ての1991年1月27日付けの手紙を参照。Max Rudolf, *A Musical Life: Writings and Letters* (Hillsdale, NY: Pendragon Press, 2001), p.411ff. この手紙はウィリアム・マロッホの批判にも言及している。W. Malloch, "The Minuets of Haydn and Mozart: Goblins or Elephants?" *Early Music* (August 1993), pp.437-445.
24）『モーツァルト書簡全集』V、227頁。

テュルクはマエストーソを「荘厳な，崇高な」とした上で「そのテンポは，速いと言うよりはむしろ遅い」と補足しています[25]。

アレグレット

アレグレットはアンダンテととてもよく似ており，そこそこの速さとなります。最初，あるいは最後の楽章に使われた時にはアレグロに近いテンポになりますが，中間に位置する緩徐楽章の場合は，「とても流暢なアンダンテ」として受け取られるべきでしょう。《ピアノ協奏曲ヘ長調K.459》の第2楽章がその一例です。《ピアノソナタニ長調K.576》第3楽章にもアレグレットが表示されていますが，時としてあまりにも速く演奏されてしまうのが残念です。♩≒92〜96が良いでしょう。

アレグレット・グラツィオーソ

アンダンテ・グラツィオーソは，時としてより流暢なテンポを意味しますが，アレグレット・グラツィオーソは逆で，楽しげな優雅さが宿ります。この種の楽章の典型として《協奏ロンドニ長調K.382》を挙げておきましょう（♩≒56〜60）。

アレグロ

これは，モーツァルトが一番頻繁に使ったテンポ指示です。アレグロは「生き生きと」「鮮明に」「元気に」「すばやく」といったニュアンスすべてを含みます。安定したアレグロ楽章としては，アレグロ・マ・ノン・トロッポやアレグロ・マエストーソがあります。《ピアノソナタイ短調K.310》の第1楽章は，モーツァルトのピアノソナタにおける唯一のアレグロ・マエストーソです。またピアノ協奏曲の中でこのテンポ表示が使われているのも，《協奏曲ハ長調K.467》第1楽章と，1784〜86年にかけて創作された一連のピアノ協奏曲の最後を飾る《協奏曲ハ長調K.503》第1楽章の2回だけです。

しかしアレグロ楽章でも，《ピアノ協奏曲イ長調K.488》第1楽章のように叙情的なカンタービレ楽章と，《2台ピアノのための協奏曲変ホ長調K.365》第1楽章や《ピアノソナタニ長調K.284》第1楽章のように火が燃えさかるごとく技巧的な楽章とは明確に区別されなくてはなりません。モーツァルトは《ピアノソナタハ短調K.457》第1楽章の自筆譜にアレグロと書いていますが，初版ではモルト・アレグロとなっています。もちろん相応に活発なテンポが適当でしょう（♩≒88〜92）。

同程度に快活なアレグロを意味するアレグロ・アペルト（《ピアノ協奏曲ハ長調K.246》第1楽章）やアレグロ・コン・スピーリト（《2台ピアノのためのソナタニ長調K.448》第1楽章）は，

---

[25] D.G.テュルク『クラヴィーア教本』東川清一訳，春秋社，2000年，132頁。

それほど多く見られません。モーツァルトがアレグロ・アペルトを指示したのは初期ザルツブルク時代だけで、後にはアレグロ・モルトやモルト・アレグロが、おそらくその代用として多用されるようになりました。これらの指示は「単なるアレグロ以上に生き生きと、スピーディーに」を意味したのです。

アレグロ・ヴィヴァーチェ／アレグロ・アッサイ

《ピアノ協奏曲変ホ長調K.449》第1楽章にはアレグロ・ヴィヴァーチェが指示されていますが、これは「アレグロより速く」ではなく、「もっと生き生きと」という意味になります。それに対してアレグロ・アッサイではもっとプレスト寄りの速い速度が求められます。《ピアノソナタハ短調K.457》終楽章のテンポは♩.≒76〜84が適当でしょう。

プレスト／プレスティッシモ

プレストとは、モーツァルトによれば「できるだけ速く」演奏されるべきものでした（1782年8月7日付けの手紙）[26]。ただし、すべての音とアーティキュレーションが明瞭に把握でき、テクスチュアの透明性が曖昧にならない範囲での話です。モーツァルトの姉は自分のために《ピアノ協奏曲変ホ長調K.271》を筆写しましたが、この筆写譜の終楽章では興味深いことにプレストの代わりにアレグロ・アッサイが指示されています。これはおそらくモーツァルトの意志によるもので、一般的なプレスト楽章よりもわずかにゆっくりと演奏されることを意味していたと思われます（♩≒138〜144）。本当に速いプレストは《ピアノソナタイ短調K.310》終楽章に見られます（♩≒96〜102）。モーツァルトの作品にプレスティッシモの指示はありません。

全般的に、モーツァルトはテンポの指示に関してとても厳格だったと言えるでしょう。モーツァルトがクレメンティについて述べた手紙（1783年6月7日）の中の有名な一節からも間接的にうかがい知ることができます。

> クレメンティは、すべてのイタリア人同様、いかさま師です。——彼はソナタにプレストとか、プレスティッシモとか、アッラ・ブレーヴェとか書いておきながら——自分では四分の四拍子でアレグロで弾くのです。——ぼくはそれを知っています[27]。

アッラ・ブレーヴェ

クレメンティに関するこの記述から、モーツァルトが「アレグロ ¢」「アレグロ C」「プ

---

[26] この手紙の最後で言及されている「短い行進曲」とは第4楽章がプレストで書かれている《ハフナー交響曲ニ長調K.385》のことである。同年7月20、24および27日の手紙を参照。

[27] 『モーツァルト書簡全集』Ⅴ、376頁。

レスト ¢」「プレスト C」を、明確に区別していたことが明らかになります。つまり「アレグロ C」は「アレグロ・アッラ・ブレーヴェ」ではないのであり、その逆もまた然りです。この事実が演奏に反映されることはほとんどありませんが、もし反映された場合、その違いは実に大きなものとなるでしょう！ 二分音符が1拍として数えられる真のアッラ・ブレーヴェ楽章の例には《ピアノソナタヘ長調K.533》の第1楽章、そして《ピアノ協奏曲ニ短調K.466》や《ピアノ協奏曲イ長調K.488》の終楽章があります。これらの楽章では最小単位になる八分音符（装飾音を除く）が、生き生きとしたアレグロの十六分音符とほぼ同じテンポで演奏されなければなりません（♩=138〜144⁺）。1782年8月7日付けの父宛ての手紙によれば、《ハフナー交響曲ニ長調K.385》の終楽章は——マルティが正しく指摘しているように——「できるだけ速く」演奏されるべきプレスト ¢ の一例です。

　《ピアノ協奏曲ヘ長調K.459》は、冒頭楽章がアッラ・ブレーヴェで書かれた唯一の協奏曲です。この楽章では《ピアノソナタハ短調K.457》と同じく十六分音符ではなく八分音符の三連符が拍の最小単位になっており、おそらくそのためにアッラ・ブレーヴェが選択されたのでしょう（♩=76〜84が妥当と思われます）。モーツァルト自身が書き留めていた主題目録でこの楽章のテンポ指示がアレグロ・ヴィヴァーチェとなっていることは、興味深い事実です。

　ピアノ協奏曲の複数の緩徐楽章において、モーツァルトはアッラ・ブレーヴェを意図的に要求しています。慣例通りの1小節＝4拍ではなく、2拍として数えるのです。ゆっくりとしたテンポでもアッラ・ブレーヴェで演奏することには何の支障もなく、音楽的にも必要です。今日多くのオーケストラでいまだに使用されているブライトコプフ社の『旧モーツァルト全集』においては、数多くのアンダンテとラルゲット楽章にあるアッラ・ブレーヴェ記号が省略されていますが、これはたいへん遺憾なことです。《ピアノ協奏曲ハ長調K.467》のアンダンテや《ピアノ協奏曲変ロ長調K.595》のラルゲットがその例ですが、いずれの楽章においてもそれがアッラ・ブレーヴェであることが、何よりも重要なのです。モーツァルトがこのラルゲットで確実にアッラ・ブレーヴェを意図していたことは——他のアッラ・ブレーヴェのラルゲットと同じように——三十二分音符のパッセージがないことからも明らかです（楽章終結部、第129小節だけは例外です）。ピアノ協奏曲K.595の第2楽章は♩=42で演奏するのが良いでしょう。

　《ピアノ協奏曲ニ短調K.466》の緩徐楽章でも、アッラ・ブレーヴェの存在は大きな影響を及ぼします。この楽章ではノクターンのように伸びやかな旋律とセレナーデのような優美さ（第11〜12小節などにあるスタッカートの内声に注目）が融合しています。正しいテンポを判断する上でのポイントは「目立った加速なしで嵐のような中間部のテンポに移行できるか」にあるのですが、この協奏曲の初演を聴いたレオポルト・モーツァルトは、1784

年6月9日ナンネルにこう書き送りました。

　　ピアノ協奏曲を同封して送ります。アダージョはロマンスで、速い3連符のある騒々しいパッセージが［…］演奏できるスピードをテンポとすべきでしょう。

　《ピアノ協奏曲ハ長調K.467》の優雅な第2楽章は、♩=54～56ぐらいの過度に遅いテンポで演奏されてしまう頻度が他のどのアッラ・ブレーヴェ楽章よりも高い楽章です。モーツァルトが指定したアッラ・ブレーヴェのテンポで演奏してみると（♩=80を推奨します）、まるで別の曲を聴いているかのような印象が生まれます。
　ところで、モーツァルト自身の不注意からアッラ・ブレーヴェ記号が書き忘れられたケースが存在する可能性があります。たとえば《ピアノソナタハ短調K.457》の第1楽章はアッラ・ブレーヴェのほうが適切であるように思われます。この楽章では、1小節を2拍に感じたほうが良いのではないでしょうか。そうしないと、興奮に満ちたモルト・アレグロの性格が失われてしまいそうです。あるいは、モーツァルトは第23、25、79、81、135小節にあるターンのために、アッラ・ブレーヴェを避けたのでしょうか？ それとも（マルコム・ビルソンが言うように）4拍を感じながらのより重厚な演奏を求めたのでしょうか？
　シチリアーノや八分の六拍子で書かれた作品の場合は注意が必要です。微妙な違いでも、「1小節に拍節がふたつしかないもの」「四分の四拍子のようにもっとたくさんの拍節があるもの」そして「アッラ・ブレーヴェ指示のあるもの」に分類できるでしょう。《ピアノ協奏曲変ホ長調K.482》終楽章の主題では、各小節に明瞭なふたつの拍節が感じられます（♩≒108）。それに対して最後のピアノソナタである《ソナタニ長調K.576》第1楽章にある旋律を同じように2拍子化することはできず、それゆえあまり速く演奏してはなりません（♩≒92～96）。
　この章の冒頭で述べたように、すべての演奏者には芸術的に妥当な範囲内で適切なテンポを選ぶ自由があります。すべての芸術家を特定のメトロノーム指示に縛りつけようとするのは無意味でしょう。「個性の差」があまりにも多く存在するからです。
　あらゆる指揮者が夕刻よりも日中の演奏会でよりゆっくりとしたテンポで振り、同じプログラムでも昼前の生放送より夕方の中継のほうが数分短くなるという事実を、ベルリンのラジオ放送局RIASが何年にも及ぶリサーチによって明らかにしました。昼夜の差よりも大切なのは演奏家の体調です――疲れているか、活気に満ちているか、落ち着いているか、興奮しているか。演奏の状況は演奏家の気性にも依存するでしょう。年齢もテンポの感じ方に大きな影響を及ぼします。リヒャルト・シュトラウスは、ある若手指揮者のサイン帳に「10の玉条」の第9番目として、「作品最後を締めくくるプレスティッシモに到達したら、

テンポを2倍にすること！」[28] と書きました。その23年後となる1948年になると、シュトラウスは「今だったら"半分にすること"と書いただろう」とモーツァルトが得意な指揮者たちに伝えているのです！

　フルトヴェングラーも、晩年には比較的ゆっくりとしたテンポを好んだことで有名でした。しかし彼は《交響曲ト短調K.550》の第1楽章を、極端に速いテンポで知られるトスカニーニと同じくらいの速さで演奏しました。「ゆるぎなき真実」という感覚が、テンポそのものよりも緊張、あるいは心をひきつけてやまない集中力の持続に依存することを、フルトヴェングラーは他の誰よりも強烈にアピールしたのです。一方カラヤンは《ジュピター交響曲ハ長調K.551》の（Cで書かれた）第1楽章を非常に速いアッラ・ブレーヴェのテンポで指揮しましたが、「そこにモーツァルトの意図が反映されている」と私どもには思えませんでした。

　20世紀も後半になって、テンポに関する感覚に大きな幅が生じるようになったのは興味深いことです。伝統的なオーケストラはじっくりとしたテンポで演奏することが多く、時として退屈なほどゆっくりだったのに対し、ピリオド楽器による演奏は、しばしば表現を犠牲にするほど速いものでした。この差の背景には、モーツァルトがいかなるメトロノーム記号も残さなかったことがあるでしょう。今日ではテクストに忠実であろうとする情熱が大きく、音楽家は内に感じる確信に反してまでも「書かれていること」に従おうとします。テクスト信奉が直観を凌駕することによって導かれる音楽に、生命は宿りません。たとえテクストと矛盾していても、自己の信念に基づいた適切なテンポのほうがまだましでしょう。メトロノーム表示はあくまで特定の範囲内での平均的なテンポを示すものに過ぎず、私どもが提案してきた数字も、ぜひそのように理解されんことを望みます。

「拍子を守って」演奏すること

　　拍Tactが旋律を作る。従って拍は音楽の魂である。拍は旋律を生き生きとさせるだけでなく、旋律の分節を正しく秩序づける。拍はさまざまな音が演奏される時間を決める。しかし音楽にすでにかなり精通し、自立したしっかりとした意見を持った多くの人でもしばしば欠けているのも拍で、この欠如は拍をはなから蔑にしていることに起因している [29]。

リズムがきちんと保たれていない演奏は、そこに生じる「拍節の構造が認識できない」と

---

28) Marty, *The Tempo Indications of Mozart*, p.108を参照。
29) L.モーツァルト、31頁。

いう弊害はともかく、常にアマチュア的でしかありません。しかしながら、どの小節も異なるテンポで演奏する音楽家は数多く存在し、あろうことにそれが彼らの誇りでもあったのです。シューマンは『音楽庭訓 Musikalische Haus- und Lebensregeln』〔1850年〕で、そうした人たちの演奏は「酔っぱらいの歩みのようだ」と評しました。モーツァルトは1777年10月24日付けの有名な手紙で、あらゆる音楽上の欠点の中でもおそらくもっとも重大なこの問題について、さらに強い語調で述べています。

> 彼女〔ナンネッテ・シュタイン〕は音楽でもっとも必要不可欠なもの、いちばんむつかしいもの、とくに大事なもの、つまりテンポを身につけることはけっしてないでしょう。なにしろ幼いころから、拍子はずれの弾き方に専念してきたのですから。
> 　シュタインさんとぼくは、この点について二時間はたっぷり話し合いました。でも、すでにぼくはほとんど彼の意見を変えさせました。いまではなにかにつけ、ぼくの忠告を求めます。彼はベーケにすっかり夢中でした。でもいまでは、ぼくのほうがベーケよりもうまく弾くこと、ぼくがしかめっ面などせず、しかもじつに表情豊かに弾くこと、彼の知っているかぎり、いままでだれも彼のピアノ・フォルテをこんなに見事につかいこなしたひとはいないことを見聞したわけです。
> 　ぼくが常に正確に拍子(タクト)を守っていること、それについてはみんな感心しています[30]。

正確なリズムで演奏することは正しい解釈と演奏の基本ですが、簡単ではありません。自然なリズム感を持ち合わせたピアニストでも、音楽的に極めて高度な要求となる「リズムの完璧なコントロール」を獲得しようとするならば、真剣に練習に取り組まなくてはなりません。経験を積んだ音楽家でさえ難しいパッセージになると時としてあせり、しかもそれに気づかないのです。レオポルト・モーツァルトもこの問題に触れています。

> この展開された音形が躓きの石となるのだ。〔…〕そこそこひける多くのヴァイオリン奏者でも、同じ長さの音符が終始流れている音符をひくと、ついつい急いでしまって、たった数小節すらであっても、4分音符ひとつ分くらいは速くなってしまうものだ[31]。

このやむなき過ちを回避するには、メトロノームを使っての練習を通じて常に自己鍛錬する以外にありません。練習の補助（それ以上では決してありえません）としてのメトロノ

---

30) 『モーツァルト書簡全集』III、174〜175頁。
31) この段落はこう続く。「このような弊害を避けるためには、最初はゆっくりと〔…〕急がずに抑え気味にひくのである。特に、同じ長さの4つの音符の後半のふたつを、短くしすぎないことである。」これは今もって妥当な見解であり、パッセージワークではとりわけグループの最後尾に位置する音に注意を払うべきである。L.モーツァルト、99〜100頁。

ームの有用性が疑問視されようとも、演奏をチェックする手段のひとつとして、メトロノームは必要不可欠だと思われます。また、リズムの安定性を養うためには、室内楽を経験することも大切です。とりわけピアノの連弾には、計り知れない教育的価値があります。拍子を守って演奏できてこそ、アゴーギクやルバートといった「拍節からの意識的な逸脱」が可能になるのです（詳細は後述）。もちろん「拍子を守った演奏」とは、小節ごとに機械的にアクセントをつけるだけの、メトロノーム的な制御とともに楽曲を無感動に演奏することではありません。リストの言葉を参照しましょう。

恐縮ながら申し上げますと、私は多くの場合なおも基本とされている、機械的で断片化され、小節線に支配された脈動しかない演奏を終わりにしたいのです。私が真の価値を認めることができるのは、ペリオーデ〔楽節〕に基づく演奏、つまりアクセントをつけることによって旋律やリズムのニュアンスを際立たせるような演奏のみです[32]。

多くの場合、小節線を小節線として知覚できるようではいけません。小節線は太鼓橋を支える橋柱、旋律は橋柱に支えられた道路にたとえられるでしょう。橋柱ごとに道の継ぎ目がわかるようでは、建築家の能力が疑われます。橋柱のような基礎としての支えは作品の構成や内的な流れ——レオポルト・モーツァルトはこれを「糸 filo」と呼びました——を妨げてはなりません。この糸はどんな作品にも存在し、分断されてはいけないのです。

モーツァルトの音楽構築プロセスをしっかりと意識することは、とても大切です。ベーシックなタイプは8小節あるいは16小節の楽節が整列しているもので、大変明快です。しかし、ここからの逸脱は想像以上の頻度で起こります。《ピアノソナタニ長調K.576》第1楽章の展開部第81小節以降は、2＋3＋3＋3＋5＝16小節という組み合わせになっていますし、《ピアノソナタイ長調K.331》のメヌエットのような舞踊楽章でさえ2＋3＋3＋2という不規則な形に構成されていることは驚きです。《弦楽四重奏曲ヘ長調K.590》のメヌエットの主題は7＋7小節で、トリオは5＋5小節でまとめられています（レヴィン）。こうした不規則な小節構造は、より大局的な視点から俯瞰した全体像を認識した上で処理しない限り、正しく演奏できません。

ミクロなレベルに関して言及すれば、四分の四拍子では1、3番目の四分音符が2、4番目の四分音符よりも、四分の三拍子では1、3番目の四分音符が2番目の四分音符よりも強く感じられなければなりません。同様に、3小節で形成されたグループの重心は通常第1

---

32) リストによる交響詩の序言。ヴィルヘルム・フルトヴェングラーの *Ton und Wort*, p.262に引用されている〔抜粋による邦訳『音と言葉』には収録されていない〕。

小節にあり、第2小節はより軽く処理されるのです。

アゴーギク

　ひとつの楽章内でそれとわかるほど基本テンポが揺らいでしまうことは、モーツァルトの音楽では不要かつ混乱の根源になります。ほとんどの楽章は構造的な統一性をもって構築されているため、繊細優美な装飾も興奮に満ちたパッセージワークと同じテンポで演奏できるのです。もしもこのことが不可能に感じられるならば、その原因は速すぎるテンポにあるのです。モーツァルトは速すぎるテンポを「*良い趣味をおびやかす無作法な攻撃である*」とくり返し断罪してきました。

　しかし、落ち着いた音楽的な演奏家であっても、慎み深くテンポを速める、あるいは若干遅くする箇所があります。これらの変動は"知覚できない"程度で、メトロノームのひと目盛りにも達しないほど（たとえば♩=132と138）の微調整です。こうした微妙なテンポ変化は、アゴーギクと呼ばれます。アゴーギクの有無こそが、安定した演奏家とリズム感のない演奏家との差になるのです。リズム感のある演奏家は音楽の感覚にあわせてテンポを変えるだけですが、不安定な演奏家は見さかいなくでたらめにテンポを変えてしまいます。

　良い音楽家は、ひとつの主題といったように何らかの"まとまり"が求められている部分ではほとんどテンポを変えず、せいぜいルバートを用いるのみです。アゴーギクは主として多くの主題を含む音楽形式（黎明期の単一主題的な形式とは異なった、ソナタやロンドといった作品のこと）で生じる移行部に、自然な感覚を与えるために使われます。C.P.E. バッハの『正しいクラヴィーア奏法』を見ると、この種のわずかなアゴーギクは、18世紀の音楽実践において一般的だったことがわかります。

> アインシュニットでは概して、普通よりは長く滞留する。[…] これはアインシュニットばかりか、フェルマータ、カデンツのときにも当てはまることである[33]。

　しかし、この種のアゴーギクをすべての移行部にあてがうのは間違いでしょう。リアルタイムな音楽感覚に大きく依拠した変化であるため、普遍的なルールブックを作成することはできませんが、テンポに関する自由が推奨される実例を、いくつか紹介したいと思います。

　重厚感あふれる《ピアノソナタハ短調K.457》の第1楽章と第3楽章では、すべてを基本的なテンポの変動なしで構築できれば、とても良い結果を得られるでしょう（例外は終楽章

---

33) C.P.E. バッハ『正しいクラヴィーア奏法 第二部』東川清一訳、全音楽譜出版社、2003年、289頁。

の第228〜243小節にあるレチタティーヴォのパッセージです。ここにはモーツァルト自身による *a piacere*〔意のままに、自由に〕という表記があり、その後 *a tempo* となっています)。それに対する第2楽章では第1主題の回帰を自然に準備するために、第40小節の後半でわずかなリタルダンドが必要となるでしょう(初版譜ではこの小節に *calando* と印刷されています。しかしモーツァルトのカランドは明らかに「音量を減少させる」意味で使われており、「遅くする」要素は含まれません)。第16小節と楽章最後の小節でも、リズムにおける一定の自由が要求されます。第34〜39小節のパッセージは痛ましい半音階で彩られ、変ト長調という遠隔調からハ短調のドミナントへの転調によってこの楽章のクライマックスを形成しています。興奮の度合いによって、テンポもわずかに速めることが可能です。そして到達したクライマックスでは、はりつめた緊張感に応じてテンポが再び減速され、本来のテンポへ回帰する、という効果を生み出します。

■ 例3/9

このような盛り上がりのパターンでは、長い時間をかけて到達した頂点後の弛緩は比較的短くまとめられるのが通常です。それはさておき、譜例で示したパッセージは非常にゆっくりと高まっていくのであり、それに伴うアッチェレランドも微細なものにすべきで、強引で押しつけがましい流れを作らないようにしてください。

モーツァルトの協奏曲でも、はっきりと聴きとれるほどテンポを変えてはいけません。これはとりわけオーケストラに言えることです。『ヴァイオリン奏法』にある父の説明(第12章第20段落)に、モーツァルトもうなずいていたに違いありません。

趣味ということを理解しない多くの人は、協奏曲の伴奏に際しても、拍を一定に保つことができず、いつも独奏声部についていくことばかりを考えている。こうした人たちは愛好家の伴奏はできても、専門の独奏者の伴奏には向かない[34]。

《ピアノ協奏曲変ホ長調K.482》の第1楽章では、独奏者にわずかなリタルダンドが求められる箇所があります。とりわけオーケストラが沈黙している時、たとえば第117小節や第149～151小節がそれにあたります。

■ 例3/10

最初の2小節にまたがる経過音f^3-e^3-es^3が、第3小節では半分の音価で——意図的なアッチェレランドとして——反復されているのに注目しましょう。この移行部をより生き生きと表現するために、ちょっとしたしかけを施すことも可能です。第150小節で行なうリタルダンドを第152小節まで継続せず少し早めに切り上げ、新しい主題が導入される前に本来のテンポに戻してしまうのです。こうした形の微細なリタルダンドは第247小節でも使えます。そうすれば、穏やかな変イ長調のパッセージへの移行を、よりなめらかにまとめることができるでしょう。

この協奏曲の第2楽章では、(自由な) 変奏とロンド形式が興味深いかたちで結びついています。変奏形式では、特定の変奏や変奏グループの性格に沿って、主題とは異なるテンポで演奏することが慣習 (100％ではありませんが) となっていました。最後の変奏はしばしば速めに演奏されます (モーツァルトが書いたアダージョの変奏や、変奏形式で書かれたアンダンテ楽章における締めくくりのアレグロ変奏を思い出すだけで十分でしょう。なお《ヴァイオリンソナタへ長調K.377》第2楽章の第4変奏にテンポ変化に関する指示は何も書かれていませんが、疑いなくピウ・モッソ・エ・エネルジコで演奏されます)。しかしそれぞれの変奏におけるテンポはどの変奏内でもきちんと維持されなければならないことはもちろんです。《ピアノ協奏曲変ホ長調K.482》第2楽章のエネルギー溢れる第2変奏 (第93～124小節) を、基本となるテンポ♪=74よりもわずかに速く演奏することは、必須ではないものの充分に妥当なことでしょう。コーダに入る直前の小節 (第200小節) は、リタルダンドが望まし

---

34) L.モーツァルト、256頁。

と思われる移行部のひとつです。

　《ピアノ協奏曲変ホ長調K.482》の終楽章では一定のテンポを維持することが大切です。たとえこれまで触れてきたような自由なテンポ変化をこの楽章に施したとしても、それを知覚できるのはメトロノームを使って聴いている人だけでしょう。第181小節にはわずかばかりのリタルダンドを入れることができます。そうすることによって、次の独奏主題を正確に元のテンポで導入できるからです。第217小節と第264小節の休止の前でテンポを少し緩めることもできますが、カデンツァ（第361小節）の前にテンポを遅くしてはなりません。ここでのリタルダンドは音楽の邪魔になるだけです。注目すべきは、ここのフェルマータが四六の和音の上ではなく、続く休符につけられていることなのです。

　はっきり肝に銘じるべきは、どんな音楽家でもアゴーギクを使っているということです。この上なく安定した演奏をする奏者も例外ではありません。ひとつの有機体としての芸術である音楽をアゴーギクなしで形づくるのは不可能です。問題となるのはアゴーギクの正当性ではなく、その量です。アゴーギクの程度は、作曲家や演奏家の世代によってさまざまに変化してきました。モーツァルトにおいて要求されるアゴーギクの度合いは、ベートーヴェンやブラームスとは異なります。同様に、バックハウスやケンプ、シュナーベルやフィッシャーといった19世紀に生まれたピアニストたちは、その後の世代のピアニストよりも多いアゴーギクの自由を、自らに許しています。それ以外にも、個々人の気性や趣味がアゴーギクの度合いに影響を及ぼすのです。

　ほのかなアゴーギクは自由でリラックスした表現豊かな演奏に欠かせませんが、明らかに聴きとれるほどテンポを変えてしまうのは避けたほうが良いでしょう。「拍子を守って演奏していますか？　それとも感覚で演奏していますか？」という問いに対するシュナーベルの答えを思い出してください。「拍子を守りつつ感覚を表現することが、なぜいけないのでしょう？」

ルバート

　ルバートを適切に用いることは、モーツァルト作品を演奏する際にもっとも難しい問題のひとつです。モーツァルトは、アウグスブルクからの1777年10月23日付けの手紙でこう書いています。

　　アダージョでテンポ・ルバートするとき、左手はそれと関係なくテンポを守るのも彼らには理解できないことです。彼らの場合は左手までが一緒になってしまうのです[35]。

---

35)『モーツァルト書簡全集』III、175頁。後半の訳は編者による。

これはテンポ・ルバートに関する明快で、おそらく最上の記述と言えるでしょう。モーツァルトが緩徐楽章における装飾としてテンポ・ルバートを用いていたのは明らかです。安定した伴奏パートと共に弾かれる旋律のリズムを、表現のためにわずかながら変化させるのです。ルバートによってひとつの音符の長さがほんのわずか、気づかれない程度に差し引かれると、その分だけ次の音符がわずかに引き延ばされます（あるいは逆に、ひとつの音がわずかに引き延ばされると、次の音が短くなります）。こうして、おそらく作曲家が感じていたに違いない抑揚が形成されるのです。ルバートを正確に記譜することは、ほとんど不可能です。

「テンポ・ルバートはショパンが発明した」と今日でも多くの人々が信じていますが、そうではありません。ルバートはいみじくも「盗まれた時間」と呼ばれてきましたが、この表現手段の歴史はとても古いものです[36]。しかし、今日私たちが慣れ親しんでいるテンポ表示が用いられるようになったバロック時代に至るまで、この手段が実際に記述されることはありませんでした。最初の記述は1600年頃にさかのぼりますが、ルバートは（明らかに声楽と結びついて）常に使われていた表現手段だったのです。その後ルバートは、フレスコバルディやフローベルガーによって記譜されるようになり、トージによって論じられることになりました。ルバートは主にアリオーソのパッセージ、あるいは朗唱風のパッセージの中で使われます。真のルバートの特性は「伴奏は一定に保たれ、旋律のわずかなアッチェレランドやリタルダンドに追随してはいけない」ということなのです。レオポルト・モーツァルトの記述を見てみましょう（『ヴァイオリン奏法』第12章第20段落）。

> その名に値する真の名演奏家の伴奏をするときには、うまく遅らせたり速めたりして、心動かすような演奏をしてもらいたい。決して滞ったり急いだりせず、いつもテンポを一定に保って演奏しなくてはならない。さもないと、独奏者がいい演奏をしようとしているのに、オーケストラ奏者がぶち壊してしまうからだ[37]。

そして注でこう付け加えています。

> すぐれた伴奏者たるものは、独奏者をそのつど判断できなくてはならない。独奏者がそれなりの人なら、伴奏者はその人に追随することはないだろう。さもないと、彼のテンポ・ルバートを損なってしまうからである[38]。

36) Tosi, *Opinioni de' cantori antichi e moderni*, Bologna, 1723 を参照。初期および後期のルバートについての本として、Richard Hudson, *Stolen Time: The History of Tempo Rubato* を参照。とりわけ Sandra Rosenblum, *Performance Practices in Classic Piano Music* におけるモーツァルトの「反韻律的なルバート contrametric rubato」の議論（pp.373-392）が有用である。
37) L.モーツァルト、256頁。
38) L.モーツァルト、256頁。

こうしたルバート技法は、今日ではほとんど失われてしまいました。左手は厳格にテンポを守り、右手は自由なリズムで演奏する——そんなことのできるピアニストはどこにいるでしょうか？　初期の古典的作品を生き生きと表現豊かに演奏するためにもっとも大切な要素のひとつだったルバート技法の能力が徐々に消え失せているのは残念です。2小節、4小節、8小節のグループによる楽節構造が数多く存在しますが、そのままでは印象があまりに単純でしょう。ルバートによってこれらの構造のシンメトリーを、壊さないまでも緩めなければ、音楽は生き生きと息づきません。

こうした状況の背景には、両手をそれぞれ独立したものとして育てようとしない現在の教育方法が横たわっています。初心者に教える際にはすべての注意が両手の完全なシンクロ運動に向けられ、独立したコントロールがないがしろにされているのです。正しいルバート演奏のために、両手の独立性は絶対に欠かすことのできない要素です。

モーツァルト作品を演奏する際にルバートを適切に用いることは、一番難しい問題のひとつです。《ピアノソナタハ短調K.457》第2楽章でモーツァルトは第12小節の後半に、あるべきルバートの形を記譜しています（ターンは自筆譜にはなく、初版譜にのみ認められます）。

■ 例3/11

ルバートのない本来の形は、おそらく次のようになるでしょう。

■ 例3/12

どちらの場合も、主たる課題はアクセントを正しくつけることです。例3/11では、上行

する旋律フレーズが十六分音符によって前にずらされ、それによって旋律のアクセントは、伴奏におけるアクセントのない音の上に移動します。それに対してターンにはアクセントがないものの、左手にはアクセントがあります。通常のシンコペーションは本来の拍節とは矛盾したリズムとして感じられるものですが、ここでは左右のアクセントが「交互につけられる」、つまりお互いが干渉し合うのではなく、それぞれを独立した旋律線として処理することによって、より自然なまとまりが得られるでしょう。

なお、第12〜13小節にかけて指示されている4個のターンは、モーツァルトの自筆譜には含まれていません。このように装飾が施されたシンコペーションの旋律は他に例がないところから（《ピアノ協奏曲ハ短調K.491》第2楽章第48小節や《ピアノ協奏曲変ロ長調K.595》第2楽章第71小節を参照）、これらのターンはモーツァルトが口頭で伝えた指示を彫版職人が誤解して表示してしまった可能性が否定できません。私自身は2007年以降、第13小節にある最後のターンのみを演奏しています。

モーツァルトは、同じ楽章（K.457の第2楽章）の第19小節で、再びルバートを記譜しようとしました。第3小節と第19小節を比較してみましょう。

■ 例3/13

■ 例3/14

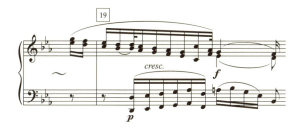

第19小節のパッセージの巧妙さは、旋律4個目の音の後で初めてシンコペーションが導入されるところにあります。魅力的なルバートのためには、シンコペーションによって引き延ばされるb^1-d^2音と、その結果短縮されることになる最後の音を、楽譜通り正確に演奏

する必要はありません。最後からふたつ目のオクターヴのc^1-c^2音に向かって右手にわずかなアッチェレランドをかけ、このオクターヴをほんの少し長引かせることもできるでしょう。ルバートの特色は「本来アクセントのつかない音が、長く保たれることによってわずかに強調され得る」ことにもあるのです。

記譜されたルバートのもうひとつの例が、《ピアノソナタヘ長調K.332》第2楽章に見られます。自筆譜にあるバージョンとは異なって、モーツァルトの生前に出版された初版譜には、第34～35小節にルバート奏法が記譜されています。単なるシンコペーションだ、という見解も成立しますが、いずれにせよ適切なルバートの記譜は極めて困難です。

■ 例3/15　初版譜

■ 例3/16　自筆譜

鍵盤楽器のための作品に記譜されたルバートとして一番の好例は、おそらくバッハの《イタリア協奏曲BWV971》の第2楽章でしょう。バッハのような天才作曲家がどのようにルバート奏法を表記したかを示す例はたくさんありますが、ここではふたつのパッセージを見てみましょう。最初の例は第41～42小節にあります。

■ 例3/17

ルバートなしの本来の形は以下のようになるはずです。

■ 例3/18

また終わりから4小節前は、このように書かれています。

■ 例3/19

記譜として盛り込まれたルバート奏法を省略すると、このようになるでしょう。

■ 例3/20

　通常、作曲家がルバート効果を楽譜に表記した形で提示することはほとんどありませんが、演奏ではルバートを用いていました。記譜されたルバートの複雑なリズムを理解するためには長い時間がかかってしまいます。この大切な表現効果を、私たちが使用している記譜法では正確に表記できないからです。真のルバートに内包される繊細なリズムのずれを正確に書き留めるのに、現行の記譜法は大雑把すぎるのです。とはいえバッハやモーツァルトのような作曲家や、とりわけロマン派時代の作曲家は、こうした問題を解決できる記譜法をたえず模索していました。C.P.E.バッハは次のように書いています。

　譜例178〔例3/21〕が示すのは、アフェクトの関係で音符も休符も、記譜上の時価より長めに奏されることのある種々の例である。私はこの滞留を、はっきり音符で記譜したり、小さな十字記号で記したりした。[…] 概していえば、この表現は、テンポが非常に速いときよりも、ゆっくりとしているとか中庸であるときにふさわしい[39]。

---
39) C.P.E.バッハ『正しいクラヴィーア奏法 第一部』東川清一訳、全音楽譜出版社、2000年、189頁。

ここでC.P.E.バッハが挙げている音型は以下の通りです。

■ 例3/21

　モーツァルトの初期作品では、ルバートはほとんど記譜されていません。しかし実際の演奏では多用されていたことでしょう。そうした場合には、上記のように処理することも可能です。ただしこれは緩徐楽章に限られるべきで、しかも特定のパッセージにしか用いることができません。モーツァルトがウィーン時代に創作した緩徐楽章の構造はポリフォニックなものが多く、ルバートを用いるのは困難でしょう。またホモフォニックな楽章でも旋律と伴奏パートがとても緊密に結びついており、ルバートを使うのは簡単ではありません。たとえば《ピアノソナタへ長調K.533/494》の緩徐楽章第1主題でルバートを使うことはおよそ考えにくいですし、《ピアノ協奏曲変ロ長調K.595》のコラール風な第2楽章冒頭も同様です。

　モーツァルトが例3/14や例3/15のようにルバートを筆記した時でさえ、その記譜はルバートを用いるための手がかりにすぎません。というのも、ルバートの効果は安定した拍上に分割されるシンコペーションではなく、まさしく不均等な延長と縮減（クープランのいうノート・イネガル）によるものだからです。これらは実に繊細な表現であり、現在の記譜法では再現不可能です。レオポルト・モーツァルトの次の言葉はまさに真実を語っているのです。

　　この「ひねりだされた」テンポが何たるかは、書いて説明するよりも見たほうがよくわかる[40]。

　私たちが使っている記譜法はそれなりに精密に構築されているものの、ことリズムの表記面では、実際に存在するリズムの果てしない多様さを前にすると、どうしても四角四面で不自然になってしまいます。長い音価を二分音符、四分音符、八分音符…などに分割することは必要ですが、これだけに頼ってしまうと、軍隊行進曲とほとんど共通点のないはずの抒情的なカンタービレ楽章でさえ、行進曲風な演奏になりがちです。三連符、四連符、六連符といった不均等な区分はその傾向を軽減してはくれるものの、合理的かつ直線的なシステムに基づく記譜法の弱点を、完全に補ってはくれません。この方式では正確に記譜

---

[40] L.モーツァルト、256頁。

できないリズムもあり、そうしたリズムは直観的に演奏されるか、口づてで弾き方を伝承しなくてはなりません。

　ルバートはこの領域に属するエレメントです。単純な数学的区分ではリズムがきちんと説明できない方法で演奏されるか歌われる——これがしばしば「ルバートによる演奏」と呼ばれるものなのです。たとえば2個の八分音符を想像してください。これらの理論上の長さは1：1という比率になります。しかし、最初の音がわずかに長く演奏されると、比率はおそらく25：22くらいになります。ノート・イネガルになるほどの違いではないにせよ、この差こそが「生き生きした」感覚を生み出すのです。

　ルバートに関するすべての理論で一致しているのは「ルバートを実行してもテンポは変わらない」ことであり、言い換えれば「伴奏を担う声部は正確に同じテンポで保たれなければならない」という点です。もちろん微細なテンポ変化——アゴーギク——はリズムの自由を表現するまた別の手段として存在しますが、適切な意味でのルバートと混同してはなりません（すでに137〜140ページで述べたように、アゴーギクはモーツァルトの場合にはごく稀です。アゴーギクを適用する場合でも、できるだけ控えめであることが大切です）。

　別のタイプのルバートは、十六分音符や三十二分音符が並んでいる均一なパッセージでよく使われます。最初のほうが拡張され、その分後続の音が圧縮されれば、より生き生きと響きます。たとえば《ピアノ協奏曲ト長調 K.453》の第2楽章第51小節

■ 例3/22

は、次のように演奏できるでしょう。

リズムの記譜の特性

　モーツァルトは時おり、伝統的なバロックの記譜法を使っています。これについて考えてみましょう。

複付点

　バロック時代、「付点リズムを鋭く処理し、しばしばそれを反復していく」というフラン

ス由来の慣習は、厳粛な序曲などの演奏でよく見受けられました。実際の記譜とは異なったリズムで演奏されていたのです。この慣習はドイツに広がり、ドイツでもフランス様式で演奏される作品が増加しました。バッハやヘンデルの作品も、紙上とは異なったリズムで演奏されたのです。この慣習についてレオポルト・モーツァルトはこう書いています。

> 遅い楽曲では、眠たくなるような演奏にならないために、すでに紹介した規則が必要とした以上に、付点を長く保たなくてはならない。例えば、次のような場合には、

■ 例3/23

付点を通常の長さで演奏すると、間抜けに聴こえて、眠気を誘ってしまうであろう。こうした場合には、付点音符をいくぶん長めにするのだが、その長くする分は、付点の後の音符から、言うなれば、盗んでこなくてはならない[41]。

他方ヴォルフガングには、自分がそう演奏してほしいと望む形でリズムを記譜する傾向がありました。「作曲家はリズムをできるだけ正確に記譜し、特定の場合には複付点も使うべきだ」という父の教えのひとつ(『ヴァイオリン奏法』第1章第3節の11)に従ったのです。主にヴァン・スヴィーテン伯爵を通して知るようになったバッハやヘンデルの影響から、晩年のモーツァルトは明らかに「古様式」で書きたがりました。《ヴァイオリンとピアノのためのアンダンテとフーガイ長調K.402》の第1楽章には特徴的な例があります。第47〜48小節に、モーツァルトは次のようなパッセージを書いています。

■ 例3/24

ピアノとヴァイオリンで形成されるカノンのリズムを整えるためには、ヴァイオリンパー

---

41) L.モーツァルト、44頁。

ト第2〜3拍にある付点リズムの付点八分音符をあたかも複付点であるかのように処理し、十六分音符を三十二分音符のように演奏する必要があります。

　こうしたバロック時代のリズムを、モーツァルトは別の形でも書きました。《ミサハ短調K.427》の〈あなたは世の罪を裁きたまい Qui tollis〉ではこうなっていいます。

■ 例3/25

　《魔笛K.620》第2幕の「試練の音楽」でも、全体を通して複付点を適用することが望ましいでしょう。すべてのアナクルシス（上拍）を三十二分音符にするのです。なお、この見解は《魔笛》の草稿によって確定されています（『新モーツァルト全集』の序言を参照）。

■ 例3/26

　有名な《アダージョとフーガハ短調K.546》の導入部（アダージョ）でも、全体を通して複付点リズムが適用されます。また《4手のためのソナタハ長調K.521》の第3楽章第97小節のリズムも見てみましょう。左の例は右に示したようにも演奏できるでしょう。

■ 例3/27

　しかし、音価が次第に縮減していく付点リズム（四分音符から八分音符、そして十六分音符へなど）が連続している場所を常に複付点で処理してしまうのは誤りでしょう。《2台ピアノのための協奏曲変ホ長調K.365》の動機

■ 例3/28

は、トゥッティや独奏パッセージにくり返し登場します。ここでは♩から♪、そして♬へというリズム上のアッチェレランドが明白ですが、付点四分音符as^{2}と八分音符f^{2}とがセットになった付点リズムを鋭くすると、その効果が失われてしまうでしょう。

　アナクルシス（上拍）のこの種の短縮は、他にも例があります。《交響曲イ長調K.201》第2楽章冒頭や《4手のためのソナタへ長調K.497》第2楽章第29、96小節の上拍[42]（第28、95小節最後の十六分音符）です。

　モーツァルトのオペラでも、リズムを統一すべき例が多々あります。ここではほんの数例だけ触れておきましょう。《ドン・ジョヴァンニK.527》第1幕フィナーレ、第20場（四分の二拍子のト長調部分）では、次のようなリズムがくり返しオーケストラに出てきます（オイレンブルク版のスコアp.283）。

■ 例3/29a

しかし楽譜通りだとすると、ドン・ジョヴァンニは「自由万歳 Viva la libertà」という語を、以下のように緊張感乏しいリズムで歌わなくてはなりません。

■ 例3/29b

この十六分音符はもちろんオーケストラにあるような付点リズムで歌われて当然であり、そのように調整すべきでしょう。

　同じフィナーレ、第20場アダージョ（変ロ長調部分、アッラ・ブレーヴェ）には、全パートに十六分音符の上拍があります。ここでも最初の十六分音符は三十二分音符として歌われるべきでしょう。

■ 例3/29c

　18世紀の演奏実践において、このようなことは言うまでもない常識でした。あまりに当たり前だったので、このことについて改めて論じようとした理論家はほとんどいません。ただしテュルクがまとめた包括的な『クラヴィーア教本』（1802年）では、これについて

---

[42] 第96小節の上拍は『新モーツァルト全集』において三十二分音符になっているが、誤りである。

次のような言及があります[43]。

> 時折、複数声部の箇所において、付点音符は1声部だけで延長され、そして両声部の短い音符は、全体がいっそう一致するように、同時に奏される。たとえば、

■ 例3/30

同じことは、《4手のための変奏曲ト長調K.501》第4変奏の第2小節に見られるパッセージにも当てはまります。

■ 例3/31

この部分の奏法に関しては古い出版譜（レーベルト編纂のコッタ版）だけが、注にて正しい解釈を提示しています（それ以外でこの版を推奨する価値はありません）。第5変奏の第48、50小節（古い版では第138、140小節）では、第1パートの奏者も付点リズムを複付点にし、十六分音符の代わりに三十二分音符を弾く必要があります（そうしないと第2パートのリズムとのずれが生じてしまいます）。

同様に《ヴァイオリンソナタト長調K.379》終楽章第4変奏でも、ヴァイオリンの十六分音符とピアノの三十二分音符が同時に弾かれなくてはなりません。

■ 例3/32

---

43) D.G.テュルク、418〜419頁。

《レクイエム K.626》の〈恐ろしい王 Rex Tremendae〉の部分でも ♪♩ のリズムを複付点として演奏する必要があります。さもなければさまざまな声楽パートの間に絶えず不都合な衝突が起きてしまうでしょう（たとえば第10小節の終わりなど）。

さらに、同時に2種類のリズムが書かれる場合もあります。《ピアノ協奏曲変ロ長調 K.595》の第2楽章第104小節や、のちの第124小節がそれにあたります。

■ 例3/33

オイレンブルク社のスコアでは、該当するソロピアノのリズムがフルートをはじめとした楽器のリズムと一致するよう、正しく変更されています。多くの類似ケースでも、こうしたリズムの変更が必要です。

今日まで見過ごされてきたと思われる複付点の例が《ピアノ協奏曲変ホ長調 K.271》第1楽章に見られます。モーツァルトは冒頭第24小節のトゥッティのヴァイオリンパートで、独自の書法で複付点に該当するリズムを書き込みました。ピアノパートにある並行箇所も十六分音符を含んだリズムにしなくてはなりません。第86小節や第215小節にある同様のパッセージにおいても、モーツァルトは演奏者が第1音と第3音を正しく引き延ばしてくれることを期待していたのです。

■ 例3/34

三連符の形成

　バロック時代に普遍的だった実践のひとつが、モーツァルトにおいても時折見られます。八分音符による三連符のパートと通常の八分音符2個のパートが同時進行する場合、双方のリズムはしばしば一致すべきなのです[44]。《ピアノ協奏曲変ホ長調K.482》第1楽章第50小節の場合、クラリネットとファゴットの冒頭にある八分音符は、間違いなく三連符の八分音符の上拍として演奏されます。

■ 例3/35

クラリネットとファゴット：

44) シューベルトも、そのようなリズムが時として"歩み寄る"ように意図していた。たとえば《冬の旅D911》の〈溢れ流れる水〉自筆譜の記譜によれば、第3小節（あるいは第17小節）で付点音型に含まれる十六分音符が三連符3番目の音に揃えて書かれている。シューベルトは記譜に関して非常に正確であり、これはおそらく偶然の所作ではない。ショパンでさえ、こうしたリズム一致のパッセージがなおも見受けられる。《ピアノソナタ第3番作品58》のパデレフスキ版、第1楽章第73小節への注釈を参照。

次のようなリズムでも、同じような調整を推奨します。

■ 例3/36

《ピアノ協奏曲変ロ長調K.450》第1楽章第76小節のオリジナルの記譜からも、こうした処理が妥当であることがわかります。自筆譜のピアノ右手パートは以下のように各三連符の3番目の八分音符が正確に十六分音符の直下に書かれているのです。

■ 例3/37

同じような例は《2台ピアノのための協奏曲変ホ長調K.365》第3楽章にもあります。この楽章では、すべての付点リズムが上記のように演奏されなければなりません。

ただし「三連符と付点リズムは、常に揃えるべきだ」ということではありません。たとえば《ヴァイオリンソナタハ長調K.296》の第2楽章では、おそらくポリリズムが意図されているのでしょう。第3〜4小節に書かれているリズムが、それをはっきりと示唆しています。

■ 例3/38

ヘミオラ

　この章の最後の話題として、いわゆる「ヘミオラ」への留意点と演奏法について触れておきましょう。ヘミオラとは、拍節のアクセントをずらすことによって、3拍子の2小節構造（3+3）が、3つのアクセントを含んだワンランク上の小節秩序（2+2+2）に変化することです。

■ 例3/39

　「古典音楽でヘミオラは稀にしか見られない」という思い込みは誤りです[45]。該当する音符が赤色で示されている15世紀や16世紀の楽譜でのように簡単に見つけることはできなくとも、ルネサンス時代の合唱音楽や19世紀のピアノ音楽（シューマンやブラームス）と同じように、古典派の音楽でもヘミオラはしばしば見受けられるのです。
　「まぎれもない」ヘミオラでは、すべてのパートのアクセントが移行します。《ピアノソナタ変ロ長調K.281》第2楽章の第24〜25小節はその一例です。

■ 例3/40

あるいは《ピアノ協奏曲変ホ長調K.482》第2楽章の第58〜59小節

---

45) K.Ph. Bernet-Kempers, *Hemiolenrhythmik bei Mozart* も参照。

■ 例3/41

は、ヘミオラのように感じられます(第26〜27、30〜31小節のトゥッティも参照のこと)。

■ 例3/42

同じことが《ピアノ協奏曲変ホ長調K.449》第1楽章のカデンツァや《レクイエムK.626》における複数のパッセージ(〈Hostias〉第19〜20小節や〈Recordare〉第18〜19小節など)にも当てはまります。

しかし多くの場合、それがヘミオラか、あるいは単なるシンコペーションなのかについての明確な判断を下すのは困難です。ヘミオラとシンコペーションが混在したパッセージさえ存在します。そこでは伴奏が本来の拍節で進行するのに対し、旋律はまったく異なった小節線が必要なほどにアクセントが変動します。《交響曲ト短調K.550》のメヌエット主題はその典型でしょう。

■ 例3/43

このように明瞭なヘミオラの魅力は、ふたつの異なるリズムと拍節が同時進行するところにあります。

異なる小節区分を同時に割り振ることによって一種のヘミオラを形成するたぐいまれな例もあります。《ドン・ジョヴァンニK.527》第1幕フィナーレでは、四分の三拍子で書かれた主要オーケストラの伴奏に対して、舞台オーケストラが四分の二拍子のコントラダンスを演奏するのです（例3/8を参照）。

時としてモーツァルトはヘミオラを強調するための強弱記号も書き入れました。《ピアノソナタヘ長調K.332》の第1楽章第64小節以降にその例があります。

■ 例3/44

ヘミオラを弾く際には、小節線のずれがはっきり聴きとれるように演奏しましょう。というのも、こうしたリズムの変奏が、独特なおもしろさを演出してくれるからです。

第4章
アーティキュレーション

フレージングとアーティキュレーションは、しばしば混同される概念です。「アーティキュレーション」とは、言葉や、言葉の結びつきの意味を明確にするために必要となる伝達様式のことであり、音楽でも同じです。音楽の動機やフレーズに繊細なアクセントや強弱の陰影を付加することによって、それらの表情が細部まで明瞭になるのです。

　正しいアーティキュレーションがいかに大切かについて示すために、「私は泣きながら走る弟を追いかけた」という文を採り上げてみましょう。句読点の打ち方によって抑揚が変化すると、「私は、泣きながら走る弟を追いかけた」「私は泣きながら、走る弟を追いかけた」のように、伝わる意味が異なってしまいます。

　16世紀末以来、個々の音や動機のアーティキュレーション表記のために、多くの作曲家がさまざまな記号を用いてきました。スタッカートを示す点や線、アクセント記号、レガートスラーなどがその代表的なものです。

　一方「フレージング」と言ったときに私たちが思い浮かべるのは、独立したまとまりを持った旋律上のセクションのことでしょう。ひとつのまとまりである"主題"はその典型例です。このように、19世紀に初めて使われた"フレージング"という表現は、旋律の構築に用いられる比較的長い主題や主題音型にのみ適用されるべきです。フレージング記号としてのスラーはアーティキュレーションのために使われるスラーよりもたいてい長く、音楽的フレーズの一貫性を示しています。

　モーツァルトの楽譜にフレージング記号として使われたスラーはひとつもありません。一部の編集者がフレージングを示すスラーを多く含んだ版を出版していますが、こうしたスラーはいずれも後世になってから加筆されたものです。そもそも旋律とリズムの相関性はとても複雑でつかみどころがなく、そこにスラーをいくつか加えただけで明解になるようなものではありません。そればかりか、長いスラーはモーツァルト本来の生き生きした表現を曖昧にし、時には歪めてしまうことさえあるのです。フレージング記号としてのスラーを加えた後世の版は、こうした問題を抱えています。

　一方で「学習者には主題やフレーズがどのように構築されているかを理解するための助けが必要だ」という理由から、フレージング記号の使用（印刷）はしばしば擁護されています。これに対してはこう答えましょう。「音楽のパーツがどのようにまとめられているのかを理解できない生徒には、音楽的センスがない」。さらに言えば、知的な教師であれば必要なフレージングスラーを楽譜に鉛筆で書き込むことによって、子供たちを助けてあげられます。私どもは、ハインリヒ・シェンカーによる『フレージングスラーをやめよう』[1]という記事を一読することを、心から推奨します。

　フレーズを整える必要性は、18世紀でも明らかに認識されていました。クヴァンツは次

---

1) Heinrich Schenker, "Weg mit den Phrasierungs-Bögen," *Das Meisterwerk der Musik*, Jb. I, Vienna: 1925, pp.41-46.

のように書いています。

> 一つ以上の意味をもち、従って、分割しうる音群をつなげて演奏しない様に注意しなければならないのと同じく、つながっているフレーズをバラバラにしない様に注意しなければならない[2]。

しかし、実際どのようにすべきかに関しては、演奏者に任されていました。

モーツァルトによるアーティキュレーション記号の用法はとても豊かで多様ですが、完全ではありません。このことは「すべてレガートで（連結して）演奏する」か「すべて分離して演奏する」といった画一的なアプローチに偏りがちな現代の演奏者にとって問題となります。しかし正しいアーティキュレーションが音楽を理解するための鍵であることは、演説の場合と同じです。このことは18世紀の音楽だけに当てはまることではありません。ショパンは「ピアニストの演奏の多くは、言葉の意味を理解せずに外国語で詩を読む朗読家のデクラメーションみたいだ」と言ったと伝えられています。音楽のアーティキュレーションのルーツは、それが声楽であろうと器楽であろうと、演説にあるのです。正しい句読点は、まさにコミュニケーションの基本であり、何かを表現する前に、それを正しく発音する必要があります。同じように音楽の意味は（それが何であれ）、ピッチやリズム、長短、アクセントの有無、スラーの有無などすべてに関して文法的に正しく整えなければ伝わりません。別の表現を使えば「記譜上の記号すべてを正しく実行せよ」ということなのです。

モーツァルトは、他の多くの作曲家と同じく、アーティキュレーションを指示するために5つの方法を用いています。

1. レガートを意味するスラー。
2. ポルタート（＝保たれた）に使われる、スラーと点のコンビネーション。音と音の間はごくわずかだけ離されます。同音の反復にしばしば用いられますが、時として音階にも用いられます。
3. スタッカート（＝分離して）を意味する線や点。さまざまな度合いで音と音を離し、短くすることを要求します。
4. アクセントを意味する線やくさび。
5. アーティキュレーション記号なし。18世紀当時、何も記号が書かれていない時は通常スタッカートほど短くはならないノンレガートが意図されていました。しかし「アーティキュレーションがない」ことは「それまでのアーティキュレーションを継続

---

[2] J.J.クヴァンツ『フルート奏法試論』石原利矩・井本晌二訳、シンフォニア、1976年、74頁。第1章を参照。

する」指示ともなり得ます。たとえば同じパターンが反復され、その初回にスラーがある場合、新しい音型が始まるまではレガートが維持されます。あるいは記号がない場合、「書き込む時間がありませんでした——自分でアーティキュレーションを考えてください！」ということも考えられます。

テュルクは1789年の『クラヴィーア教本』で、関連する発言をしています。

> 自分が知らないうえに、一部に理解できないところもあるといった詩を読む人が、その詩のどの部分もみな、趣味のいい聞き手が非の打ちどころがないと考えるほど見事に朗読するなどは、ちょっと考えられないことである。これはしかし、音楽の場合にもいえることである。音楽芸術家が曲をよく知っていてはじめて、その曲のどの部分もまったく見事に、そして必要な表情をつけて演奏することができるのである[3]。

スラーや点を使用する以外にも、アーティキュレーションを指示する方法があります。ブレスを要求する休符や、音符を連結する装飾などです。また記譜の際に符尾を連桁としてグループ化することによってアーティキュレーションを表現する手法も、大切な手段のひとつです。《ピアノソナタ変ホ長調K.282》第1楽章第9小節を見てください。

■ 例4/1

ここでは最初の音を以下の音とはっきりと分離して弾くべきことは明らかです。しかし多くのピアニストたちはこの種の記譜を平気で無視し、次のように弾いてしまいます。

■ 例4/2

《ピアノソナタヘ長調K.332》第1楽章に見られる連桁の書き方も、多くを物語っています。

---

3) D.G.テュルク『クラヴィーア教本』東川清一訳、春秋社、2000年、386頁。

■ 例4/3

レガート

　モーツァルトのピアノ作品でもっとも頻繁に出現するアーティキュレーション記号は、疑う余地なくレガートのスラーです。スラー記号にはレガートとは別の機能もあります。同じ高さの2個以上の音につけられた場合は「タイ」となり、後続の音は打鍵されません。また声楽の記譜におけるスラーは、ふたつ以上の音を同じシラブルや母音で歌わなければならないことも意味します（他に二重母音も意味しますが、ここではそれ以外の意味には触れないでおきましょう）。

　レガートスラーは、2個以上の音が途切れることなく一息で連結されるべきことを意味します。この歌唱様式にふさわしいのは緩徐楽章で、それらの多くには*cantabile*と記されています。しかしモーツァルトは速い楽章にもレガートスラーを書いています。この事実からだけでも、モーツァルトのピアノ演奏が「刻まれたようなノンレガートだった」という、ベートーヴェンに由来する奇妙な誤解は否定されなければなりません。この見解はおそらくベートーヴェンの個人的な趣味から派生しているものと思われます。ベートーヴェンは古くさいノンレガートの響きを好まず、ウィーンの一般的なピアノ奏者よりはるかに頻繁にダンパー・リフティング装置[4]を使いました（モーツァルトが1774年以降にはピアノフォルテだけのために作曲していたことは、第1章で指摘した通りです）。ベートーヴェンのソナタは最初期のものでさえ強弱記号に満ちており、チェンバロではとても再現できません。それでもノンレガートは、当時もなお好まれていた音階の奏法でした。

　周知の通り、モーツァルト時代のレガートは主に「打鍵した指を上げるのを遅らせること」、つまり「次の音を打鍵するまで指を下げたままにすること」によって達成されていました。「次の音を打鍵してから前の音の指を上げる」という奏法も活用されたのです。結果として響きが重なることになりますが（つまり*legatissimo*です）、これは「打弦」による衝撃効果を減じさせ、歌うような質を高めるものとして歓迎されました。

　どちらの場合にも、指を（すばやく）上げる際の正確なコントロールが必須です。残念なことに、こうした「指によるアーティキュレーション」は、現代のピアノ演奏でもっともおろそかにされているテクニックです。というのも、今日のピアノではダンパーペダル（右のペダル）によってダンパーを操作する方式がごく当たり前になったからです。第1章

---

[4] 編者注：フォルテピアノの下部に取りつけられた膝レバーを介し、いわゆる「ペダル効果」を作るもの。第1章を参照。

で指摘したように、モーツァルトの時代のダンパー・リフティングは膝レバーを使った機構であり、それほど頻繁には使われない、いわば「特別な効果」を意識した装置でした。

　今日のピアノ奏者は、エネルギーをこめて正確に指を下ろすよう教えられますが、同じように正確にきびきびと指を上げる訓練はほとんどやりません。ピアノ奏者の多くは、指ではなく足によって響きをつなげているのです。こうした指の運動の欠陥は、モーツァルト時代のフォルテピアノを演奏しようとした時にあらわになります。フォルテピアノのアクションは現代のものよりはるかに軽く、鍵盤が指を自動的に押し上げてくれることがないため、自分の筋肉を使わなければならないのです。

　分散和音、とくに伴奏の分散和音では、ふたつ以上の音が複数の指で、重なりあって押し続けられることがあります。この種のスーパーレガートは時として「フィンガーペダル」と呼ばれます。この、指のレガートによって響きを厚くする奏法を、200年以上前にテュルクが提案しています。

　次の例のa) でのように、ゆっくりとした分散和音の上に弧線がつくと、優しい性格の曲では特に、指は別の和声が始まるまで鍵の上にのせたままにしておくのが普通である。したがってa) は、b) のように奏することができる[5]。

■ 例4/4

この奏法が歓迎されるのは《ピアノソナタ変ロ長調K.333》の冒頭です。

■ 例4/5

(括弧内の2本のスラーはウィーンで出版されたトッリチェッラ版にあるものですが、出版の際にモーツァルト自身が加筆したものに違いありません。)

　それはともかく、指のレガートだけでピアノを十分に歌わせることはできません。そこ

---

5) D.G.テュルク、411頁。

に「緊張と弛緩の感覚」――不協和な音の強調とその解決がもたらす脱力との関係を加える必要があるのです。また、声楽において高い音になると歌手の緊張が増すのと同じように、ピアノで上行するパッセージでも音量を増大させることが求められるでしょう。長い音は短い音よりも強調されます。そのうえピアノは、ヴァイオリンのように音を長く持続できません。しかし、レガートを奏する時に何よりも重要なのは、「重い―軽い」の原理です。18世紀にまとめられたほぼすべての理論書では、スラーが開始される音にはわずかにアクセントがつけられるか、圧力をかけるように説明されています。次の音で力を抜くことも、忘れてはなりません〔例4/6にある ⌣ は「アクセントをつけない」記号である〕。

■ 例4/6

レオポルト・モーツァルトは、次のように書いています。

> 例えばある楽曲で、2つ、3つ、4つ、さらにもっと多くの音符が弧線でつながれていて、作曲者の方もこれらの音符を切らずに、滑らかに歌うように演奏することを望んでいるということがわかれば、つながれた音符の最初の音をいくぶん強くして、残りの音符は滑らかに、そして次第に弱くしてひけばよいのだ[6]。

テュルクは、それほど詳しくないにせよ、簡潔にこう述べています。

> ここでもう一つ注意してほしいのは、弧線が始まる音符は、ほんの少し（ほとんど分からないほど）アクセントをつけられる、ということである[7]。

　良心的な原典版の編纂者や使用者の間でもっとも大きな論議を呼び起こしているのは、スラーの終わりに関するものです。スラー最後の音は短くするべきでしょうか、指（あるいは弓）は次の音の前に離されるべきでしょうか、あるいはスラーは次の音まで切らずに保たれるべきなのでしょうか？
　各スラーのあとに隙間を設けることは、下手をすると音楽に「しゃっくり」のような効果をもたらしかねないため、こうした隙間が必要だと信じるピアノ奏者や音楽学者は少数派でしょう。しかし反復されている2音間のスラーの2音目は、軽く切る必要があります。

---

[6] L.モーツァルト『ヴァイオリン奏法［新訳版］』久保田慶一訳、全音楽譜出版社、2017年、142頁。
[7] D.G.テュルク、411頁。

残念ながら、モーツァルトによるスラーの記譜は曖昧なことが多い上に一貫性もなく、時として誤解を招きやすいことを認めなければなりません。以下ではこのことに関して考察してみましょう。

アーティキュレーションスラーとレガートスラー

　この厄介な問題を解明し、学識者にも一般の音楽家にも受け入れられる合理的な解決策を見いだすことにしましょう。私どもはレガートスラーを、いわゆるアーティキュレーションスラーと呼ばれるものと区別しています。

　モーツァルトのスラーにはふたつの目的があると思われます。

1. かなり長い部分を包括するレガートを指示するもの。モーツァルトは通常は「レガート」という言葉を使わず、各小節単位でくり返されるスラーを使用しました。こうしたスラーは——当時の慣習どおり——小節線を超えて書かれることはありませんでした。これを私どもはレガートスラーと呼ぶことにします。
2. 2音（あるいは3音、時には4音）がグループとなり、音楽的にそのうち最後の音を（短縮することによって）次の音と分離させるべき場合、モーツァルトは、短いスラーを使用しました。このスラーはしばしばとても短い音にもつけられます。これらをアーティキュレーションスラーと呼びましょう。

　モーツァルトのレガートスラーでは、スラーごとに音楽が分断されません。スラーの切れ目が音楽の間隙を意味するのは、アーティキュレーションスラーの場合だけです。

　どちらのスラーが意図されているのかを楽譜から判断するのは、必ずしも容易ではありません。ここでは音楽の内容が決定的な要因となるのです。多くの編集者は、こうしたモーツァルトのレガート記譜を、現代風の長いスラーに置き換えようとしてきました。

■ 例4/7

　モーツァルトの楽譜に上例の右にあるような長いスラーが印刷されている場合、それらはおおむねモーツァルトが書いたものではありません（後期作品には複数の例外があります）。第三者が印刷させた「複数の小節にわたるスラー」は、モーツァルトの意図と一致することもありますが、一致しないことも同じぐらいあります。長いスラーによって、モーツァ

ルトが切ってほしいと思っていた部分が塗り込められてしまう場合があるのです。

アーティキュレーションスラー

　いわゆるアーティキュレーションスラーは、主として2音以上の音型につけられます。こうした短いスラーの奏法は明らかです。冒頭の音はわずかに強調され、後続の音は緊張をほどかれて弱めに弾かれます。最後の音は通常短めに処理され、とりわけ速いパッセージでは顕著です。例として《「ああ、お母さん、あなたに申しましょう」による変奏曲K.265》の第11変奏第14小節を参照してみましょう。

あるいは《ロンドイ短調K.511》の第4小節。

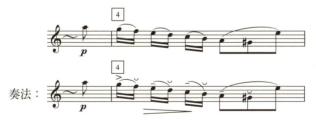

《ピアノソナタイ短調K.310》の第2楽章第9小節では最初の音がすべて小さな音符で書かれていますが、同じように処理します。

モーツァルトはアッポッジャトゥーラ（前打音）と直後の主音にかけられたスラーの記譜を省略することがありました。しかしレオポルト・モーツァルトが『ヴァイオリン奏法』（第9章第1段落）で述べているように、アッポッジャトゥーラと主音は切り離すことなく、必ず連結するのが規則です。

ポルタートが指示された反復音では2番目の音が弱めに弾かれますが、長さはほぼ同じになります。レオポルト・モーツァルトはこのような例を出し、

■ 例4/11

次のように述べています。

一般的には、分割音の後半部分が短くなりすぎなりように、前半部分と同じ長さになるように努めなくてはならない。音符の分割が不均等になると、テンポが揺らいでしまうが、これはよくある過ちである[8]。

《ピアノソナタニ長調K.311》第1楽章第40小節以降では、くり返される2音のグループをきちんと切り離さないばかりか、よもやペダルでつなげたりしないよう注意しなければなりません。そうかと思えば、各ペア2番目の八分音符をあまりに短くしすぎ、結果として旋律線がばらばらに分断されてしまうという、逆の誤りを犯す奏者もあとを絶ちません。

■ 例4/12

こうしたケースでは、アクセントの有無によってアーティキュレーションを表現する方法を推奨します。

---

8) L.モーツァルト、42頁。

■ 例4/13

私どもはテュルクがまとめた『クラヴィーア教本』にある提案〔邦訳411ページの譜例k〕に習って、例4/13に長いフレージングスラーを加筆してみました。テュルクは、反復される短いスラーの上に長いスラーを補填することによって、これらを切り刻んで弾かないよう示したのです。

■ 例4/14

現代ピアノでこのパッセージ（ソナタK.311の第1楽章第40小節以降）にペダルを使う場合には、ため息モティーフとなる2音のうち最初の音に踏んでください。弱拍となる第2、4、6、8個目の八分音符に無粋なアクセントをつけないためには、これらの音を2の指で、鍵盤を手前になでるように弾いてみてください。

■ 例4/15

例4/13と例4/15の2小節目に記載されている *poco f* は私どもが記入したもので、モーツァルトの楽譜にはありません。モーツァルトは *fp* を指示していますが、これは単なるアクセントを意味するに過ぎず、次の音をスビトピアノのように小さくすることとは違います。

スラーで連結された2個の八分音符は、しばしばモーツァルトの楽譜に出現します。こうした先取音は動機の構成に巧みに利用されているのです。一番有名な例は《交響曲ト短調K.550》の冒頭でしょう。

■ 例 4/16

同じ動機は《ピアノ協奏曲ハ長調 K.467》第 1 楽章にもあります（第 110 ～ 113 小節の弱拍）。スラーのついた音型 2 番目の音を短くすることは、重大な誤りです。歌い手なら間違いなく全体を一息で歌うに違いありません。ピアノ奏者は、d^2 音の連打を同じ指で処理し、3-2-2 の指使いで弾いてください。

　こうした先取音は《ピアノソナタ変ロ長調 K.333》冒頭のように、強拍にも現れます（括弧内のスラーは、初版に印刷されているものです）。

■ 例 4/17

次のようなレガートの弾き方が良いでしょう。

■ 例 4/18

なぜなら第 1 小節の冒頭は第 2 小節や第 3 小節の冒頭が装飾されたものだからです。

■ 例 4/19

スラーで結ばれた 2 音のうちの 2 番目を実際に短くして欲しい時には、モーツァルトは休符を記譜しています。両方の記譜が混在する好例が《ピアノソナタハ長調 K.330》終楽章の第 69 ～ 76 小節に見られます。

■ 例4/20

《ヴァイオリンソナタ変ホ長調K.481》終楽章の変奏主題にも、休符を含んだ例があります。

■ 例4/21

　アーティキュレーションスラーがスタッカートの点や線と混在して書かれている場合、スラーに包括されている音列最後尾の音は弱く、短く弾かれます。《4手のためのピアノソナタハ長調K.521》第3楽章の第7小節は、そのひとつです。ここではスラーの終わりにあるアクセントのない十六分音符g^2音とd^2音が、ソフトなスタッカートで処理されます。

■ 例4/22

　スラーにスタッカートの点が続いている場合、必ずしもすべてをアーティキュレーションスラーとしてとらえる必要はありません。《ピアノ協奏曲変ホ長調K.449》第1楽章の第100小節と第102小節のスラーは、レガートスラーとして処理すると良いでしょう。ただし、こうした例外はまれにしかありません。

■ 例4/23

　アーティキュレーションスラーによって長さの同じ2音が連結されている場合には、最初の音にアクセントをつけるべきことが示唆されます。次の2例を参照してください。

(a)《ピアノ協奏曲イ長調 K.488》第3楽章第300小節以降

■ 例 4/24

(b)《ピアノ協奏曲ハ短調 K.491》第3楽章第28小節

■ 例 4/25

　例外は反復されるスラーつき2音のペアが弱拍から開始されている場合で、《幻想曲ハ短調 K.475》の第141〜152小節はその一例です。そうしないと楽曲本来のリズムが混乱してしまうため、この場合はスラーの2番目の音にアクセントをつけるべきなのです。

■ 例 4/26

　最後に、今日の演奏家がモーツァルトのアーティキュレーションスラーを処理する際しばしば犯してしまう誤りについても触れておかなければなりません。多くの演奏家は、モーツァルトが好んだ強拍開始のスラーを弱拍開始（弱起）のスラーにすり変えてしまうことで、モーツァルトの明瞭な意図を歪めています。実例をいくつか挙げれば、それがどういうことか一目瞭然でしょう。
　《4手のためのソナタハ長調 K.521》の冒頭は、

■ 例4/27

次のように書かれていますが、

誤って次のように弾かれます。

同じように《ピアノ協奏曲ハ長調K.467》第2楽章のピアノソロ冒頭は、

■ 例4/28

このように書かれていますが、

しばしば、誤って次のように弾かれます。

そして《ソナタイ短調K.310》第1楽章の第8小節は、

■ 例4/29

このように書かれていますが、

誤って次のように弾かれます。

もしくは《ピアノ協奏曲変ロ長調K.595》第1楽章のカデンツァ第11小節以降でも同じ誤りが蔓延しています。

■ 例4/30

こう書かれていますが、

誤って次のように弾かれます。

《ピアノソナタイ長調K.331》第1楽章の変奏主題冒頭でも、誤って弱拍からスラーを始めてしまう演奏をしょっちゅう耳にします。

レガートスラー

スラーのかかった一連の音型が数小節以上にわたって書かれ、それぞれのグループがちょうどヴァイオリンのボウイングの長さと合致しており、常に小節線の前で途切れている時、このスラーはアーティキュレーションスラーではなくレガートスラーであることがわかります。例として《ピアノ協奏曲ニ長調K.451》第2楽章の主題を見てみましょう。

■ 例4/31

レガートの流れを小節線で中断するのは誤りでしょう。

カンタービレな主題に長いレガートスラーが書かれなかったことは一見不自然に思われ

ますが、古典派の音楽におけるスラーの書法がヴァイオリンのボウイングに由来している事実をふまえると、容易に説明できます。興味深いことに、モーツァルトは自分で作成した「作品主題リスト」に記載した譜例ではこの主題冒頭のスラーを分断せず、2小節以上にわたってつなげて書いています。自筆譜に基づく例4/31におけるスラーに従うと、弾き始めてから3回、弓の方向を変えることになります。よほど下手なヴァイオリン奏者でない限り、弓を変える時にそれと分かるような隙間を挟みはしないでしょう（弓が弦から離れてはいけないのです）。しかし、まったく気づかれないように変えることも不可能です。その上、アップの弓（先端から根本へ）とダウンの弓（根本から先端へ）との間には技術的な側面だけでなく、心理的な差も感じられます。だからこそモーツァルトは晩年になるにつれ、半小節以上、1小節まるまる、さらには2小節、ごくまれには数小節を包括するレガートスラーを使うようになったものと思われます。

　しかし古典派の時代、一般の作曲家たち（とりわけモーツァルト）はヴァイオリンを意識した記譜法を用いていました。長いスラーが極端に少ないのは、ヴァイオリンの弓の長さが限られていたことと明らかに関連しているのです。

　モーツァルトは《ジュピター交響曲ハ長調K.551》終楽章で、数小節にまたがる長いスラーを例外的に用いています。自筆譜によれば、多くの4小節にわたるスラーとともに6小節のスラー（第362〜367小節）まであります。別の例外的に長いスラーは《ピアノ協奏曲ヘ長調K.459》第1楽章の第200小節以降、あるいは第358小節以降に見られます。モーツァルトは第1ヴァイオリンのパートに7小節にわたるスラーを書いていますが、これは半世紀後のショパンが書いたような長いスラーを先取りしたものと言えるでしょう。

　《ピアノソナタ変ロ長調K.570》第1楽章の第101〜115小節でも、モーツァルトは長いスラーを書いています。

■ 例4/32　第104〜112小節

　よくある「1小節単位で書かれているスラー」の例として、《ピアノ協奏曲変ロ長調K.595》の第1楽章冒頭でオーケストラが奏でる第1主題を示しましょう。

■ 例4/33

　第1小節の終わりでスラーを切り離すのは、もちろん重大な誤りです。第81小節でピアノが同じ主題とともに導入されるところでは、音符によって記譜されたターンがそれぞれの二分音符につけられているところから、冒頭の2小節が連結されることは明白です。

　《ピアノソナタへ長調K.533》第1楽章冒頭、第1、3、5、6小節のスラーも、小節線を越えて次の音へつなげられるべきものでしょう。

■ 例4/34

　テュルクは、各小節の終わりでスラーが切られてしまう典型的な誤りを批判し（今日の演奏現場でもまだ時おり聴かれます）、モーツァルトの主題に似た次のような例を題材にしながら以下のように述べています。

■ 例4/35

　クラヴィーア奏者が、ペリオーデの終わりではないところで、音どうしをうまく結合しないとか、一つの楽想を切ってはならない箇所で分断したりするとすれば、ひとつの文章の途中で止まって一息入れる雄弁家とまったく変わらない誤りを犯すことになる[9]。

　先日私どもは若いピアニストがモーツァルトの《幻想曲ハ短調K.475》のニ長調部分を、まさしくテュルクが批判したやり方で演奏するのに遭遇しました。

---

9) D.G.テュルク、393頁。

■ 例4/36

本来表情豊かな旋律をこのように弾くことがモーツァルトの意図に沿った奏法だとは、到底思えません。

　むろん、レガートスラーとアーティキュレーションのためのスラーの間には、しばしば移行的な段階が存在します。私どもの見解では、《ピアノ協奏曲イ長調K.488》第1楽章の第1小節のスラーがレガートスラーであるのに対し、第2小節にある第3拍と第4拍へのスラーはアーティキュレーションのためのスラーです。しかし第2小節前半のスラーはその後のアーティキュレーションスラーへの移行を担っていると感じられるので、このスラーのあとにもごくわずかな間隙がはさまれるべきだと考えます。

■ 例4/37

　次のようなパターンはよく見られるものですが、これには2種類の奏法があります。

■ 例4/38

レガートスラーとして弾くか、

■ 例4/39

あるいはアーティキュレーションスラーとして弾くかです。

■ 例4/40

どちらのスラーがより適しているかは、そのつど判断しなくてはなりません。その判断基準は、時として個人的な好みの問題でもあるのです。

モーツァルトの作品を美しく歌うように、つまり cantabile で演奏するために一番役立つのは、声楽作品から類似したパッセージを探すことです。モーツァルトはオペラや歌曲の歌唱声部には、アーティキュレーション記号をまれにしか記譜していません。というのも、一方では歌詞の単語が、他方では伴奏声部のフレージングが、歌い手に歌唱ラインのフレージングを示してくれるからです。たとえばモーツァルトのアリアの中でももっとも美しいもののひとつ、伯爵夫人の〈来て、膝をついて Dove sono i bei momenti〉（《フィガロの結婚 K.492》第3幕第8場）では、歌い手のためのスラーは、ひとつのシラブル（音節）に2個の音が割り当てられる箇所にしか書かれていません。しかしこれらのスラー通りに音を切る歌い手はいないでしょう。sono と momenti は、それぞれひとつの単語だからです。

■ 例4/41

さらに、優秀な歌い手ならば誰でも、最初の2小節と次の2小節をそれぞれ一息で、第5〜8小節をもっと長い一息にまとめ、これらすべてをレガートで歌います。管楽器は歌い手がブレスをしているところでこれらのフレーズを連結し、旋律全体が中断なしにまとまるように配慮されていることに注目してください。優れた歌い手ならばこれら3つのフレーズの隙間を聴き手に意識させず、文章が途切れることなく話される印象をも生み出そうとするでしょう！

フィガロの有名なアリア〈もう飛ぶまいぞ、この蝶々 Non più andrai〉（第1幕の最後より）でケルビーノと同じ旋律を奏でるヴァイオリンは、前半は歌のパルランドスタイルと同じアーティキュレーション（＝デタシェ）で書かれています。しかし第5小節第4拍からは、

伴奏のオーケストラパートすべてに小節線を越えたレガートスラーがつけられます。これらのレガートスラーは、当初の語り(パルランド)から表情豊かな——ここでは皮肉な意味が込められているのですが——ベルカントスタイルに変えるよう、フィガロを誘っているのです（譜例にあるスラーはヴァイオリンパートのものです）。

■ 例4/42

これとは逆にスタッカートの伴奏は歌い手に、あたかも言葉の意味を理解していないかのように、音を短く歌わせるための仕掛けとして使われることがあります。《魔笛K.620》第2幕のフィナーレ（第624小節）の「パ・パ・パ」二重唱が好例です。ここでの弦楽器は、ほぼスタッカートの音のみで構成されています。

■ 例4/43

アーティキュレーションの問題の多くは、モーツァルトの（ほとんどが cantabile の）器楽主題を、あたかもオペラのアリアであるかのように適切な歌詞をつけて扱ってみれば解決されるでしょう。

ふたつの長い音にスラーがかけられ、そのスラーが小節線の前で終わっている場合、これをどう処理すべきかで、しばしば迷いが生じます。《ソナタへ長調K.332》の冒頭はまさに典型的な例と言えるでしょう。

■ 例4/44

これらの音符に合わせて歌えるような歌詞は、ほとんどすべての言語で見つけることができるはずです。

■ 例4/45

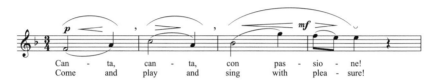

こうしてこの主題を歌ってみると、いくつかのことが明らかになります。

1. 旋律がオクターヴを越えて上行すると声帯の緊張が高まり、第3、4小節の音量がかなり増大することになります。その後は旋律に沿って緊張がわずかに解かれます。
2. 第1、2小節に記入したコンマはごく自然に生じるもので、空気の流れにごくわずかな停滞をもたらしますが、この旋律の終わりまで息つぎはされません。
3. 第3、4小節は、冒頭の2小節よりも密接に結びつき、2小節構造を形成します。g^2音とf^2音の間に位置する中断は、子音を発音することによるものです。

《ソナタ変ロ長調K.570》の冒頭は上の例とリズムはほとんど同じものの、旋律の方向が違います。モーツァルトによるアーティキュレーション記号は、この作品でも一貫していません。楽章冒頭の主題には1小節単位のスラーが3本ありますが、後になると（たとえば第101～115小節）、モーツァルトは3小節にわたる1本のスラーを書いています。さらに厄介なことに、モーツァルトは自身の作品目録で、第1～2小節に1本のスラー、そして3小節目に2本目のスラーを書いているのです。いったいどのバージョンが正しいのでしょうか？

幸運な偶然ですが、オーストリアのクリスマスキャロルにほぼ同じ形の旋律があるのです。

■ 例4/46

この揺りかごの歌[10]がもつ優しさから、モーツァルトの旋律の雰囲気も自ずと明らかになります。このメロディーを切れ切れに歌ったり、最後の音符を切り離したりする人などいないでしょう。K.570の主題にも、同じように腕の中で優しくあやすような表情を、ぜひとも与えてやらなくてはなりません。それは、より力強く生き生きとした応答（第5〜12小節）とのコントラストにも通じるのです。

　長い小節の終わりで切れているレガートが音楽的な中断を意図するか否かは、《幻想曲ハ短調K.475》の冒頭でも問題となります。

■ 例4/47

まず、第1小節と第3小節のスラーの違いは、特に意図的なものではありえません。同じようなパッセージ（第163小節）でモーツァルトは、前半はスラーを省略し、後半も冒頭とは違う形のスラーを記しています。しかし第5〜7小節で明らかになるように、この暗く不吉な動機が常にレガートで弾かれるべきことは間違いありません。問題は「第2小節にあるh音と第4小節のa音を、それぞれ直前の動機と結びつけるべきか」という点にあります。私どもの答えは、断固とした「イエス」です。その理由を述べましょう。

---

10) 編者注：歌詞の大意は「わたしのヨーゼフ（マリアの婚約者、イエスの養父）、（幼児イエスが眠る）ゆりかごを揺らすのを手伝ってちょうだい」というもの。

1. 冒頭5小節それぞれの最初の音は半音階下行を形成していますが、これは、古来より死や苦痛の象徴として使われています。そのような"半音階的ため息"は、常にレガートで弾かれるのです。

■ 例4/48

2. まったく同じような動機が、《フリーメーソン葬送行進曲ハ短調K.477》のオーケストラ版にくり返し見受けられます。第1ヴァイオリンはボウイングの都合上スラーが1小節ごとに分割されていますが、低音弦楽器や管楽器は、動機である2小節が常にスラーで連結されています。

■ 例4/49

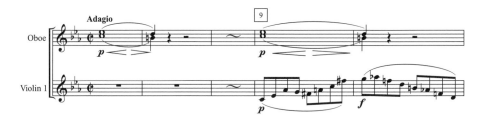

第1ヴァイオリンが弓を変えるときでもそれがあからさまに聞こえるようではいけません。《ピアノソナタニ長調K.576》第2楽章の主題では、主要なアクセントが第2小節冒頭に置かれています。「古典派の多くの主題において、主要な強調は第2小節に置かれるべきだ」という考察は必ずしも教科書に書かれているわけではありませんが、大切です。第2小節は、しばしば第1小節よりも大きな比重を必要とします。旋律にふさわしい歌詞を考える際は、このことに留意しましょう。

主題に合う言葉を考え出すことで、こうした機微はもっと容易に理解できるでしょう。深刻な主題に合う歌詞を見つけることは難しくありませんが、より軽妙な調べもこうした作業を通じて、より生き生きとしてきます。《ピアノ協奏曲ニ長調K.537「戴冠式」》の終楽章を見てみましょう。この主題にある溢れるような豊かさとアウフタクト後のごくわずかなためらいは、次のような歌詞によって一目瞭然に説明できるでしょう。

■ 例4/50

注意：冒頭のスタッカート記号は点に見えますが、のちに（第302～303小節）モーツァルトは、はっきりと線（くさび形のスタッカート）を書いています。

混合アーティキュレーション

　特殊な問題が生じるのはアーティキュレーションが混在している時――つまりレガートのあとにスタッカートの音が続いているようなケースです。一見するとモーツァルトの書法が統一されていないようでも、そこから啓発的な意図を読み取れる状況がしばしば存在するのです。

　モーツァルトは《協奏ロンドニ長調K.382》（自筆譜は現在、ポーランドのクラクフにあります）冒頭の主題（フルートとヴァイオリン）に含まれるトリルのモティーフにスラーを書きました。初回および第2変奏第41～44小節でのスラーは小節線の前で終わり、続く小節にはくさび形のスタッカートがつけられた3個の八分音符が書かれています（例4/51のa）。しかし後の部分では明らかな理由が不明なまま、スラーが小節線を越えて次の音まで延ばされています。また第54～56小節ではトリルに続く小節冒頭の八分音符へのくさび形スタッカートが省略されていますが（例4/51のb）、第97～100小節ではスラーとともにくさび形のスタッカートが表示されています（例4/51のc）。

■ 例4/51

「フルートパートには長いスラー（bバージョン）があっても、それと同時に奏されるピアノパートは短いスラー（aバージョン）になっている上に、続くくさび形のスタッカートがない」、「トゥッティの主題が3回目に現れるとき、第79～80小節の第1ヴァイオリンはaバージョンなのに、フルートにはbバージョンが適用されている」など、不統一な指示が

見受けられます。トリルの変奏においても同じような不統一が見られ、フルートはaバージョン、オーボエはbバージョンになっています（第111〜112小節）。さらには「cバージョンとなっている第13〜14小節と第15〜16小節の第1ヴァイオリンに重なっている第15〜16小節のフルートはaバージョン」といった混合も存在します。3種類の記譜すべてが同じ奏法を意図していることに、ほぼ疑いの余地はないでしょう。第6〜7小節と第7〜8小節のヴァイオリンの記譜は書き滑りに違いありませんが（aバージョンの記譜と比較してください）、現代のピアニストにとってはcバージョンの記譜法が一番しっくりくるでしょう。

　同じような記譜の不統一は《ピアノ協奏曲変ロ長調K.456》第3楽章にも現れます。第53〜56小節で、管楽器のパッセージは次のように記譜されています。

■ 例4/52

それに対して第139〜142小節のピアノは、以下の通りです。

■ 例4/53

こうした例から導き出せる結論は、スラーにスタッカート音が続く場合、スラーはそのスタッカート音まで伸びているのだということです。それゆえ、フルート、第1オーボエとファゴットのスラーも小節線を越えて奏されなくてはなりません。

　このルールは《ピアノソナタ変ロ長調K.333》第1楽章の第15、16、111、112小節にも適用できます。

■ 例4/54

当然のことながら第111小節の第3音と第112小節の最初の音はスタッカートで弾かれ、続くパッセージと分離しなければなりません。しかし、この音の手前はどうしたら良いでしょうか（同じようなアーティキュレーションは、提示部と再現部の最後から2小節目に見られます）。多くのピアノ奏者はこうした所を、以下のような怪しげな切り方で弾いています。

■ 例4/55

これではぎこちない響きになってしまいます。上記の考察からすれば、意図された演奏法は明らかに次のようなものです。

■ 例4/56

このほうがはるかに優美ですし、この楽章の優しい性格に沿ったものとなるでしょう。

ポルタート

通常、点とスラーの結合はポルタートと呼ばれます。これがもっともよく出現するのは、同音反復（たとえば《ロンドイ短調K.511》第1楽章の第15小節）、あるいは、上下に順次進行する音においてです。《幻想曲ニ短調K.397》第1楽章の第17小節、《ピアノソナタニ長調K.576》第2楽章の第16小節などにそうした例があります。

■ 例4/57

ポルタート（保たれた、carried、getragen）は「離さないこと」を意味し、スタッカートのタッチよりもレガートに近いものです。そのような音をあまりに短く弾いてしまうのはよくある誤りで、避けなければなりません。音を反復するときには指を変えず、指先を鍵盤に密着させたまま撫でるように弾くと良いですし、ペダルの使用もポルタートの効果を高める助けになるでしょう。

18世紀の理論書におけるポルタートの奏法としてはテュルクの『クラヴィーア教本』〔邦訳409～410ページ〕が参考になりますが、もっと有益なのは、レオポルト・モーツァルト『ヴァイオリン奏法』にある記述です。

> 弧線が音符の下あるいは上に引かれたとき、音符の下あるいは上に、点（訳注：スタッカート記号）がつけられている場合がしばしばある。スラーが掛けられた音は一弓でひくのだが、その場合に、各音を少しだけ切って強調して演奏することを意味している[11]。

スタッカート

スタッカートの文字どおりの意味は、「分離して」です。音楽では「長さを減じる」、「つなげない」となりますが、「ピアノを叩く」という指示ではありません。

記譜の形（くさび、線、点、あるいはそれらの中間のもの）に関する論議に入る前に、ピアノ奏者に限らずすべての演奏家に対して「スタッカートを極端に短く、打楽器的に扱わないこと」という一般的な警告を発しておきたいと思います。テュルクはスタッカートについて次のように論じています。

> スタッカートは、音符の上［…］に線または点をつけて示される。曲の全体あるいは曲の大部分が、あるいは多くの場合一つの楽想だけが、スタッカートで奏されるべきときには、曲の冒頭、あるいはスタッカートで奏されるべき箇所の上に、staccatoという言葉をつけて示される。［…］線と点の記号は、意味が同じである。しかし線によって、点よりも短いスタッカートを示そうとするむきもある。［…］スタッカートで奏すべき音では、記譜音の時価が半分程度過ぎてから、指を鍵から離して、残りの時間は休む。弱く奏すべき音もスタッカートで弾けることは、あらためて言うまでもないであろう。［…］記譜された音符の時価を考慮せずに、きまって鍵をできる限り短く打鍵するという人が多い。しかしながら指は大概、記譜音の時価が少なくとも半分程度過ぎ去るまで、鍵の上に残しておかなければならないのである。総じていえば、スタッカート音を弾く場合にも、その時の曲の性格、

---

11) L.モーツァルト、48頁。

テンポ、記譜上の強弱などを特に考慮しなければならない。曲の性格が真面目だったり、優しかったり、悲しかったりするとすれば、そのときのスタッカート音は、その性格が陽気だったり、諧謔的だったりする曲の場合ほどに短くてはならない。[…] *forte* のときには概して、*piano* のときよりも、スタッカートは短く奏することができる[12]。

テュルクのコメントは私たちにとっても有効であり、もっとよく知られ、遵守されるべきです。

易しいパッセージにおけるスタッカートの奏法については、テュルクのさらに先を行かなければなりません。「半分程度」ではなく、ちょうど半分の音価で弾くのがもっとも良いでしょう。この見解は、モーツァルト自身の記譜法によって補強されます。モーツァルトは多くの場合、ひとつの同じ楽想をスタッカートの記された四分音符か、あるいは八分音符と八分休符のセットで書いています。たとえば《ピアノ協奏曲ハ短調K.491》第3楽章でこのように書かれている動機を、

■ 例4/58

のちにモーツァルトは次のように記譜しています。

■ 例4/59

マルコム・ビルソンは私的な会話で、この例4/59のような記譜もわずかに異なるタッチ、つまり四分音符での記譜よりも軽いタッチを示していると述べています——そう、「より軽い」のであって、「より短い」のではないのです——第97、105小節の♩と、おそらくこれと同じ長さが意図されている第113、121小節の♪とを比較してみましょう。第97小節でクラリネットが入る際、モーツァルトの自筆譜には点（線ではない）のついた四分音符が書かれています。8小節あとの弦楽器でも同様です。しかし第113小節以降は同じ動機がスタッカートのない八分音符で記譜されているのです（モーツァルトは通常、ピアノパートの音符にはアーティキュレーション記号をつけませんでした）。

[12] D.G.テュルク、408〜409頁。譜例や一部の引用を省略。

モーツァルトはアーティキュレーション記号のひとつであるスタッカート記号を、その数もさることながら多様な筆跡で書き残しています。とても小さな、ほとんど識別できないような点から力強いくさび型の線に至るまで、変化に富んだ書法が採用されているのです。これらのさまざまな記号が同じ意味で使われているのか、場合によっては別の意味が意図されているのかという問題は、編纂者や音楽家の間で長らく議論されてきました。すでに示したように、テュルクはふたつの可能性に言及しています。『新モーツァルト全集』の編纂者が点と線を分類して表示したのに対し、ヘンレ社など出版社のために作業をしている編纂者は点に統一して印刷しようとしました。近年の版（ロバート・レヴィンやクリフ・アイゼン編集のブライトコプ＆ヘルテル版）は、線に統一して印刷されています。

　こうした印刷譜における表示方法の差異は、モーツァルトの時代にまで遡ります。私どもの知る限り、アルタリア社が主として点で印刷したのに対し、ホフマイスター社は線だけで印刷しました（ポルタートは例外です）。モーツァルトが出版社によって異なった2種類の方法を受け入れていたとしても、点や線の違いを気にかけていなかったことには必ずしもなりません。おそらくこれは、モーツァルトにとって二次的な問題でしかなかったのでしょう。自分の作品を五線譜に書き下ろし、それを印刷させるにあたって、彼はあまりに多くの問題を抱えていたからです。モーツァルトは、正しい音と正しいリズムが表示されることのほうに、より気を配っていたものと思われます（ただし常にそうだったわけではなさそうです――モーツァルトの初期の版には大量の音符の誤りが見られますから…）。しかし、モーツァルトのヴァイオリンソナタ集（新しいヘンレ版）を編纂したヴォルフ＝ディーター・ザイフェルトが校訂報告で指摘しているように、アルタリア社から出版されたモーツァルトの《ヴァイオリンソナタト長調K.379》の初版譜において、「ピアノパートにおけるスタッカートの点と線が、明らかに区別されている」ことは、注目に値します。

　1950年代、線と点に関する論議はある程度落ち着いていたものの[13]、『新モーツァルト全集』が完結した1990年代に再燃しました。フレデリック・ノイマンは、すぐれた論文[14]で「ふたつの記譜の違いはしばしば意図的なものだったに違いない」と結論づけています。線と点の間にはグレーゾーンがあり、モーツァルトが短い線を書いたのか、大きな点を書いたのかが定かでなかったりします。しかしこのノイマンの見解はクライヴ・ブラウンの論文[15]によって直ちに反撃されました。ブラウンは「モーツァルトの書法におけるすべての点は、縮んだ線にすぎない」と結論づけたのです。ブラウンは次のように主張しています。

　　…私は、18世紀中期、後期の作曲家がスラーのない音につけた点と線に、明らかに異なる

---

13) Ewald Zimmermann, "Das Mozart-Preisausschreiben der Ges. für Musikforschung" を参照。
14) Frederick Neumann, "Dots and Strokes in Mozart," pp. 429-435.
15) Clive Brown, "Dots and Strokes in Late 18th- and 19th-Century Music," pp. 593-610.

意味があったかどうかという深遠な問題が、実のところはニシンの燻製〔red herring——猟犬の注意を逸らしてしまうもの〕であると提案することによって、この難解な問題を片づけようと思います。

もっと説得力がある見解を、ヴォルフ＝ディーター・ザイフェルトの論文[16] が示しています。ザイフェルトは、クライヴ・ブラウンの見解よりもノイマンの見解に近づきつつ、両者の意見を和解させようとしています。ザイフェルトは、次のように書きました。

［この見解に］反して、ほかの多くの自筆譜に見られるパッセージは、点と線をとても明確に区別しているところから、この状況を単なる「書き誤り」として無視するためには、かなりの自己欺瞞が要求されます。

ザイフェルトは「線はボウイングの一種である」というレオポルト・モーツァルトの見解に立ち戻りました。ザイフェルトは、ヴォルフガングが「ポルタートはもとより、何千もの見まごうことない点を書いた」という重要な事実を指摘しています。それらは付点音符の点、あるいはモーツァルトではおなじみの pia: for: という記号に含まれている、アルファベットの省略を意味する点です。スタッカートがこれらと同じ形をしている場合、それは正真正銘の"点のスタッカート"なのです。

「モーツァルトの記号に盲目的に従うことはできない」というザイフェルトの結論に、私どもは賛同します。良質の批判版の楽譜ならば、記号の見かけだけを整えるのではなく、それらの解釈の可能性に関する配慮も必要です。「モーツァルトのスタッカート記号をどのように印刷するか」が単に編纂者だけの問題であるならば、この点と線に関する論争は一般の演奏家には無用です。しかし「それらの記号をどのように演奏するか」が大切であるからこそ、この議論を無視するわけにはいかないのです。クライヴ・ブラウンの比喩をなぞって言うと、私たちがこの問題をブラウンが言うところの"ニシンの燻製"のように扱ってしまったら、赤ん坊をお風呂の水ごと捨ててしまうような危険を冒すことになりかねません。現に私どもは上に引用した複数の論文で触れられているより多くの「点」、それも「特定の意味を持つ点」を見つけました。それはもっと短くて丸い響きのスタッカートで、ポルタートと線（くさび形）のスタッカートの中間くらいのものです[17]。

印刷されている「点」が疑いなく（そして誤解の余地なく）「短めの線」である自筆譜のパッセージを、いくつか調査してみましょう。《ピアノソナタイ短調K.310》第2楽章には、

16) Wolf-Dieter Seiffert, "Punkt und Strich bei Mozart," pp. 133-143. 引用は p.136 から。
17) だじゃれで言うこともできます。「この加熱した議論であまりに興奮すると、線によって〔from a stroke＝脳卒中で〕死んでしまうかもしれない。もっとも、点によって死ぬことはないだろうけど」。

Andante cantabile con espressione と書かれています。点が見られるのは、第15小節と第26小節です。

■ 例 4/60

■ 例 4/61

《ピアノ協奏曲イ長調 K.488》第2楽章は *Adagio* と記されており、ピアノパートにおける点は第21小節(と第23、93、95、97小節)に見られます。

■ 例 4/62

これらの例は例4/57で示したポルタートの例と似ています。モーツァルトは単にスラーを加え忘れただけなのかも知れません。

　点と線のニュアンスの差を知るのにもっとも美しい例は《協奏ロンドニ長調 K.382》に見られます。自筆譜は長らくポーランドの古文書館に埋もれていましたが、現在はクラクフで再び閲覧できるようになりました。第1〜8小節には(まれなことですが!)ホルン、トランペット、ティンパニを含むほぼすべての楽器にスタッカート線があります。いくつかの管楽器パートでは、もっと小さな点になっていることがありますが、第33小節以降の主題のくり返しの部分や第73小節以降では、明らかに線が書かれています。しかし、

第9～12小節の第1ヴァイオリンとフルートには、かすかな点しか書かれていません。

■ 例4/63

これは何を意味しているのでしょうか。エトヴィン・フィッシャーの録音によるとこれら4小節のヴァイオリンは弱音かつ *quasi portato tenuto* で演奏されていますが、これはフィッシャーの繊細さを物語るものでしょう。こうしたスタッカートの質の差はロンド主題がアレグロ変奏に現れる部分において、管楽器の第145～168小節につけられているスタッカート記号と、第169～174小節につけられているポルタート記号によって端的に表されています。

■ 例4/64

（注意すべきは——多くの同じようなフレーズと同様に——最後の音にはスタッカート記号がついていないということです。これはとても意味深い事実です。）

　舞踏主題の後半がよりソフトに演奏され得ることを示す間接的な証拠は《ピアノ協奏曲ト長調K.453》第3楽章のロンド主題にも見られます。第1ヴァイオリンとフルートには第2～3小節および第6～7小節で線のスタッカート記号がつけられていますが、第9～12小節にはスタッカート記号が一切ありません。

　18世紀後期に印刷されたほとんどの版で一般的だったスタッカート記号は「線」でした。レオポルト・モーツァルトももっぱら線だけを使っていましたし、ハイドンの自筆譜にも線が見られます（例外的に、後期作品では時おり点になっています）[18]。

　モーツァルトも頻繁に線を書きました。とりわけ単一のスタッカート記号として、自筆譜によく見られます。ハイドンの作品でもそうですが、線は必ずしも「エネルギーをより

18) Seiffert, "Punkt und Strich bei Mozart," p. 138を参照。

多く込めて弾くこと」を意味するわけではありません。この問題を決定し、演奏に影響を及ぼすのは作品の内容です。どんな音でも「長さ」「強弱」「音色」を考慮しなくてはいけません。そして同じく大切なのは楽曲の感情、つまり「アフェクト」なのです。

　モーツァルトは折に触れて、スタッカート記号をアクセント記号として使ったようです。それはおそらく、sfzやfpといった同時代のアクセント記号がモーツァルトにはあまりに強すぎると感じられた場合です。モーツァルトがもし19世紀に生きていたら、おそらく＞記号を使ったことでしょう。

　スタッカート記号における点と線とくさび形の区別を純粋に文献学的な根拠から行なうのは不可能なことが、モーツァルトの草稿を通してわかります。モーツァルトの書いた記号をその見かけと機能に基づいて体系化し区別しようとすると、モーツァルトの草稿における記号の多様性を過度に単純化することになってしまうのです。またそのような体系化はこれらの記号が持つ、互いに矛盾することさえある音楽的意味を公正に取り扱わないことにもなります。演奏者は編纂者よりもずっと気楽でしょう。演奏はその場で変えられるため、弾き方を前もって決めておく必要はありません。しかし印刷譜を準備するとなると話は違います。一度印刷物として出版されたものは容易に変更できないため、編纂者はこの種の区別を考慮に入れるか否かを事前に決定しなくてはならないのです。

　きわめて稀ではありますが、モーツァルトの線やくさびが、必然的にアクセントを指示する場合もあります。モーツァルトは《ジュピター交響曲ハ長調K.551》第3楽章のトリオで、「アクセントとしての線」を第1ヴァイオリン第68〜75小節（『モーツァルト新全集』ではトリオ第9〜17小節）の付点二分音符の上に書きました。終楽章で第1主題がフォルテで導入される所にも、同様の指示が第9〜12小節をはじめとして多くの箇所に見受けられます。

■ 例4/65

モーツァルトが意図していたのは、もちろん通常の意味でのスタッカートではなくてアクセント、それもおそらく各音の間にわずかな間隙があるようなアクセントだったのでしょう。さらに興味深いのは、次のパッセージにおけるアクセントの線です（《ジュピター交響曲》終楽章の第86〜92小節）。

■ 例 4/66

このようにスタッカートが加えられた音から次の音へスラーやタイがかかっている場合、スタッカートを短く処理する奏法は考えられません。これは、《ピアノ協奏曲イ長調 K.414》第2楽章の第26〜27小節（例4/67）と、第3楽章の第26小節（第34、36小節も）にも当てはまります。

■ 例 4/67

タイで延長されたd^2音は次の音とレガートにせず、分離されます。

19世紀や20世紀初期の編纂者が自分たち（やユーザー）が理解できない記号を無視したとしても驚くことはないものの、単純な「アクセント記号としての線」は、18世紀にも存在していました。第2章で示したように、単純なアクセント記号としての線は、すでにテーレマンの『歌唱および通奏低音の練習 Singe-Spiel-und Generalbaßübungen』（1733年）で説明されており、レオポルト・モーツァルトの『ヴァイオリン奏法』（第7章）でも同じように書かれています。レオポルトは、「強調」や「緊張」を意味する「Nachdruck」(ナッハドゥルック)という語を用いました。

ヴォルフガングの様式に特有な事象について、さらに言及しておかなくてはならないことがあります。一連のスタッカートの最後に位置する音符にはたいてい何も記されていませんが、この音は明らかにスタッカートではないのです。しかし編纂者や演奏家はしばしばこれを誤解しています。

■ 例 4/69

非常にまれなケースとして、モーツァルトが最後の音にもスタッカート記号をつけていることがありますが、これが記譜を急いだために生じた誤りであることは明らかです。複数

編者注：例4/68は原著者の指示により削除。

の編纂者は、こうしたわずかな例に見られる誤ったスタッカート記号を削除するかわりに、スタッカートのない所に（角括弧つきやサイズの小さい記号で）数え切れないほどのスタッカート記号を補充したのです。この誤った思い込みによる行為によって、演奏者までもが「こうした最後の音は切るべきだ」と誤解するようになってしまいました。

記号のついていないパッセージ

モーツァルト自身のアーティキュレーション記号と同時代の証言がともに示しているのは、演奏の際の主要なタッチがノンレガート、時としてはスタッカートだったことです。18世紀の実践によれば、アーティキュレーション記号が書かれていない場合、それは基本的にノンレガートを意味したのです。マールプルクは、次のように書いています。

> シュライフェン〔＝レガート〕ともアップシュトーセン〔＝スタッカート〕とも相違するものが本来の進行である。これは次の音符に触れる直前になって先行するキーから指を離すことを意味する。こういう本来の進行は常に前提となっているから、あらためて指示しない[19]。

（ところで、この点でベートーヴェンはまだ18世紀の作曲家でした。《ハンマークラヴィーアソナタ Op.106》を書いた1818年でも、ベートーヴェンは速いパッセージに *non legato* と指示しました。残念なことに19世紀の編集者は――善意からとは言え――それを誤って *ben legato* に変更してしまったのです）。

テュルクは、『クラヴィーア教本』の1802年版で次のように述べています（第8章第3節第442段落、p.400）[20]。

> 通常の音符――つまりノンレガートでもレガートでもないもの――を弾く時は、音符本来の音価よりも少し早めに指を鍵盤から上げる。

この事実を把握していることは、モーツァルトの演奏家にとってきわめて重要です。「モーツァルトのパッセージは常にレガートを要求する」と広く信じられていますが、誤りです。確かにモーツァルトはしばしばレガートを要求しましたが、どの楽器においても、レガートは旋律的なパッセージへの効果として留保されていたのです。それ以外ほとんどの場合、モーツァルトは技巧的なパッセージがノンレガートで弾かれるのを望んでいました。

---

19) Marpurg, W. Fr., *Anleitung zum Klavierspielen*, Berlin, 1755, p.29. F.W.マールプルク『クラヴィア奏法』井本晌二・星出雅子訳、シンフォニア、2002年、37頁。
20) 編者注：1789年の初版を原本とした邦訳には収録されていない。

技巧的なパッセージといえどもモーツァルトが長いレガートスラーを好んだケースも存在します。カデンツァでよく生じるような、速いテンポで上行する半音階のパッセージです。しかし、それ以外すべてのパッセージをノンレガートやスタッカートで弾くことは、それがヴァイオリンの作品であろうとピアノの作品であろうと、ほぼ常に正しい判断となるのです。

　18世紀のパッセージにおける主要なアーティキュレーションがノンレガートだったことに関する興味深い証拠が残っていることは幸いです。ハイアー・コレクション（現在はライプツィヒ音楽大学の楽器博物館所蔵）としてFlötenuhr（フレーテンウーア）（音楽時計）がまずまずの状態で現存していますが、この音楽時計にはモーツァルトの《アンダンテヘ長調K.616》の簡略版が18世紀に収録されたまま残っているのです。そこでは三十二分音符によるパッセージの多くが、当時の様式だったノンレガートで演奏されています。

　モーツァルトの死後、チェルニー（モーツァルトの伝統を直接伝承したひとりでしょう）は、『ピアノフォルテ教本』（1839年）にこう書きました。

　　モーツァルトの奏法：これは明晰で、際だってブリリアントで、レガートよりスタッカートを前提にしており、ウィットに富んだ生き生きとした演奏です[21]。

　この章の冒頭で述べたように、「アーティキュレーション記号がない」ということは「演奏者が適切なアーティキュレーションを補足しなければならない」ということにもなります。レオポルト・モーツァルトは、『ヴァイオリン奏法』に次のように書きました。

　　第6章と第7章で見たように、音符をレガートでひくか、アクセントをつけてひくかで、旋律に変化が出てくる。従って、前もって記載されたスラーは、正確に守らなくてはならない。また多くの楽曲ではこれがまったく記載されていないので、趣味よく、そして正しい所で、音を滑らかに、あるいは切ってひけるようにならなくてはならない[22]。

これは、息子ヴォルフガングの音楽における旋律的パッセージにも当てはまります。
　モーツァルトが書いた記号に加えて正しいアーティキュレーションを補足するのは、思ったほど難しいことではありません。モーツァルトはたくさんの手がかりを与えてくれます。ピアノ協奏曲では、オーケストラパートを丹念に研究すると良いでしょう。ピアニストは自分のソロパートを丹念に注意深く研究するだけではなく、スコア全体を研究すべき

---

21) Carl Czerny, *Vollständige theoretisch-praktische Pianoforte-Schule*, p. 72.『ツェルニー ピアノ演奏の基礎』岡田暁生訳、春秋社、2010年、143頁。
22) L.モーツァルト、252頁。

なのです。オーケストラパートには演奏指示が注意深く何回も書き込まれています。こうした指示は、ピアノパートに出てくる同じ主題や動機にアーティキュレーション記号を加えるための適切な手がかりです。例として《ピアノ協奏曲変ホ長調K.482》第2楽章の第105小節以降から引用したいと思います。

■ 例4/70

　ピアノパートの第106、108、109小節などの第3拍から次の強拍へのスラーはありませんが、第106〜107小節および第108〜109小節の伴奏ヴァイオリンには小節線を越えたスラーが書かれています（譜例では点線をつけました）。ピアノも、この雄弁な方法に従ったアーティキュレーションで弾くのが最良でしょう。これは八分音符の符尾のまとめ方からも支持されます。
　《ピアノ協奏曲変ホ長調K.449》第2楽章にある次の例でも、モーツァルトがまたもや小節線を越えたスラーを記譜するのを躊躇したことがわかります。しかし、ピアノとかけあう形で同じ動機を演奏するヴァイオリンを参照すれば、ピアノがc^2-a^1-b^1音をレガートで弾かない限り、音楽的な整合性がなくなってしまいます。

■ 例4/71

　《ピアノ協奏曲ニ長調K.451》第2楽章の第32〜33小節では、すべての管楽器が同一の旋律を演奏します。ところが、フルートのスラーが小節線のところで中断されているのに対し、オーボエとファゴットは1本のレガートスラーでまとめられています。フルートにもレガートでの演奏が意図されているのは明らかでしょう（事実、直後の反復ではそうなっています）。

■ 例4/72

　モーツァルトの自筆譜を研究することはとても大切です。几帳面に記譜されたオーケストラパートから、常に多くのことを学べるのですから。
　モーツァルトのピアノソロ作品のなかでもっとも精巧なアーティキュレーション指示は最初の4曲のピアノソナタK.279〜282および、この観点からとりわけ有名な《ロンドイ短調K.511》に見られます。さらに《ピアノソナタイ短調K.310》《同イ長調K.331》《同変ロ長調K.570》や《ロンドニ長調K.485》、そして《アダージョロ短調K.540》にも、18世紀の他の作曲家の作品にはまれにしか見られない、きわめて豊かなアーティキュレーション記号がちりばめられています。
　モーツァルトは伴奏パートにおいても、レガートとノンレガートおよびスタッカートを区別することを好みました。これらの記号に注目すると、本来あまり面白みのないアルベルティバス音型も魅力的に仕上げることができるのです。《ピアノ協奏曲変ロ長調K.595》冒頭のトゥッティ第16〜19小節に、この音型が見られます。

■ 例4/73

　このパッセージがのちにピアノパートに現れる時にも、このスタッカートを思い浮かべてください。モーツァルトは冒頭のオーケストラの伴奏パートにはレガートスラーを書きましたが、この最初のソロ（第81〜91小節）にはスラーがありません。繊細なスタッカート

で弾くと良いでしょう（ほぼすべてのピアニストが第16〜24小節と同じ主題をレガート伴奏で弾くのはなぜでしょうか。また第130〜135小節や第292〜297小節の左手もスタッカートで弾かれるべきです）。

　同じような考察は《ピアノ協奏曲ト長調K.453》の冒頭主題にも当てはまりそうです。ここでは第2ヴァイオリンとヴィオラにスタッカートがありますが、ピアノには異なった形のアルベルティバス伴奏がついており、これをどう処理するかには複数の選択肢があるでしょう。

　もうひとつ啓発的な例を挙げましょう。《ピアノソナタハ短調K.457》の第1楽章と第3楽章には、レガートとノンレガート双方の伴奏音型があります。

(a) 第1楽章、第23小節

■ 例4/74

(b) 第1楽章、第59小節

■ 例4/75

(c) 第3楽章、第74小節

■ 例4/76

ここでは補完の原理が働いています。(a) では、不規則でばらばらな旋律のアーティキュレーションと、穏やかな伴奏が対比を為しています。その一方 (b) と (c) では、旋律の規則正しいリズム音型が、ノンレガートやスタッカートの伴奏と対照的に提示されます。

　モーツァルト作品に様式的に適切なアーティキュレーションをつける際に大切なのは、「掛留音や不協和音とその解決は、いつも滑らかに連結されなければならない」という古い規則を思い出すことです。アッポッジャトゥーラ（前打音）となる長い不協和な音が小さな音符で書かれていても普通の音符で書かれていても変わりはありません。当然ながら、アクセントがあるのはいつも不協和な音のほうで、解決される音はわずかに短くなるのです。この規則については、C.P.E. バッハの『クラヴィーア奏法』でも触れられています。

　　前打音はすべて、後続音符よりも、あるいはその後続音符につけられた装飾よりも強く打鍵され、そして、それに弧線がつくかつかないかにかかわらず、その後続音符にレガートされるのである。この二つの注意は、音符どうしを結び合わせるという前打音の主目的にも適うものである[23]。

レオポルトは、『ヴァイオリン奏法』（第9章第1段落）で次のように述べています。

　　前打音は主要音（訳注：前打音が付けられ、装飾される元の音）から切り離してはならず、いつも1回の弓でひかなくてはならない。これは例外なしの規則である[24]。

この規則は、ヴォルフガングにとっても明らかなことだったので、ヴォルフガングは、アッポッジャトゥーラ（前打音）と次の主要音（協和音）を結びつけるスラーをしばしば省略しました。単純ですが基本的なこの規則を知ることによって、自筆譜が失われたために初版譜にある疑わしいパッセージのアーティキュレーション本来の姿を確認できない時でも、それらの多くを復元できます。たとえば《ピアノソナタハ短調K.457》の自筆譜は百年以上も行方不明でしたが、現在は再発見されて閲覧可能になりました。その終楽章の主題にモーツァルトが書いたのは、次のようなスラーだったのです。

---

23) C.P.E. バッハ『正しいクラヴィーア奏法 第一部』東川清一訳、全音楽譜出版社、2003年、91頁。一部編者訳。
24) L. モーツァルト、188頁。

■ 例 4/77

このように、主題は一連のため息音型から作られています。より的確に理解するためには、次のように整理してみると良いでしょう。これにルバートをつけて弾くと例4/77に似てきます。

■ 例 4/78

例外はいくつかあるものの、不協和な音は通常、それが長かろうと短かろうと次の協和音へ途切れることなく連結されます。たとえモーツァルトが必要なスラーを書いていなくても、レガートなのです。好例は《ヴァイオリンソナタイ長調K.526》第3楽章に見られます。冒頭主題がまず第1小節でピアノパートに現れるとき、スラーはありません。しかし、この主題がのちにヴァイオリンパートに現れる第175小節〜、第223小節〜、第375小節〜では、不協和音や掛留音の上にスラーが書かれています。ヴァイオリンのパート譜ではバス旋律が見えないため、モーツァルトはこれらのスラーを書いたのでしょう。それに対してピアノは、バス音と関連させて上声部にある不協和音を容易に見分けることができます。私どもの見解では、ピアノ奏者はヴァイオリニストと同じスラーを右手パートにつけた上、この主題により脈動感を与えるために、不協和となる音にわずかなアクセントをつけて弾くべきだと思います。

■ 例 4/79

演説する時に大切なことは、音楽の演奏でも大切です。これはモーツァルトだけに限ったことではありません。正しくアーティキュレートされたフレーズだけが聴き手に訴えかける力を持ち、理解され、感動を与えることにつながるのです。

第5章
装飾音

これまでおそらく誰一人として、装飾音の必要性を疑わなかった。いたるところに山ほど装飾音が用いられているのを見ても、そのことは明らかである。それがどのように役立つかをみれば、装飾音はたしかに不可欠である。装飾音は音符どうしを結びつける。音符に生気を与える。必要とあれば、音符を特別に強調し、音符に重みを与える。音符を美しくすることによって、われわれの特別な注意を喚起する。装飾音は音符の表現内容を明らかにするのに役立つ。その内容が悲しかろうと楽しかろうと、あるいはその他どんなものであろうとも、装飾音はいつでも表現内容を明らかにするのに応分の働きをするのである。装飾音はまた、真の演奏表現のために多くの機会と題材を提供する。こうして、あまり良くない曲でも装飾音によって救われることがある反面、どんなに素晴らしい旋律でも、装飾音なしには、空虚で間が抜けて聞こえ、どんなに明白な内容も、結局は不明瞭なままに終わらざるを得ないのである[1]。

モーツァルトの装飾は趣味がよく、気品があって緻密ですが決して過剰にならず、雄弁で洗練され、それでいて素朴です。モーツァルトが装飾を施すと、平凡な18世紀の慣用表現さえもが崇高なレベルに高められます。しかしモーツァルトが装飾音をできるだけ明確に記譜するよう配慮していたにもかかわらず、彼の装飾音の多くには曖昧さが残されています。その背景には「装飾音に関する限りモーツァルトが生きていた時代は過渡期であり、基本的な音楽の前提が時代とともに変化した」という状況が指摘できるでしょう。モーツァルト時代には常識的な素養だった装飾の手順や演奏法は19世紀になってから次第に曖昧になっていきましたが、今日、大多数の音楽家たちはこうした変化を見過ごしています。さらにモーツァルトは「同時代の人々の趣味や芸術的感性を信頼していたからこそ、自作の演奏の際に演奏者に一定の自由を残していた」と、私どもは確信しています。理論書には厳格で融通の利かない規則が記述されていますが、生き生きとした芸術に例外、逸脱、ヴァリアントはつきものなのです。

本書の改訂にあたって初版を再読したところ、私どもが50年前に述べたことのほとんどが今日なお妥当であることを確認でき、嬉しく思いました。半世紀の年月の間に、当時は知るよしもなかったいくつかの資料や教則本の存在が明らかになりましたが、それらは私どもが提案した解決法の妥当性をほぼ常に補強してくれました。「あらゆる装飾の目的は音楽をより美しくすることにある」というのが、今なお変わらぬ私どもの主張です。適切に弾かれたターンは、誤ったやり方で弾かれるターンよりも美しく、優雅なのです。現代の演奏家は装飾の多くをグレース・ノート grace notes と呼んでいます。グレース grace 本来の意味に思いを馳せれば、これらの音が優雅で明るい演奏を要求していることがわか

---

1) C.P.E. バッハ『正しいクラヴィーア奏法 第一部』東川清一訳、全音楽譜出版社、2000年、78頁。

ります（おそらく唯一の例外は、アクセントのある長いアッポッジャトゥーラでしょう）。

本書の初版が上梓された後にも多くのモーツァルト関連の文献が出版されましたが、その中でも以下の文献は装飾に関して重要な情報を提供してくれます。もっとも重要なのはフレデリック・ノイマンが執筆した内容豊かな著作『モーツァルトの装飾と即興 Ornamentation and Improvisation in Mozart』（1986年）です。これに並ぶもうひとつの重要な文献はサンドラ・ローゼンブルームによる『古典的ピアノ音楽の演奏実践 Performance Practices in Classic Piano Music』（1988年）で、その第7章において装飾音の演奏法が扱われています（p.216以降）。

モーツァルトの音楽一般、とりわけ装飾の適切な演奏に関する情報源は基本的に2種類あり、それらは「同時代（あるいはほぼ同時代）の理論書」および「モーツァルトの音楽そのものに内包されている証拠」です。まずは同時代の資料から見ていきましょう。

モーツァルトに関連するもっとも重要な教科書は、モーツァルトを指導した父レオポルトがまとめた『ヴァイオリン奏法』です。次点としてはダニエル・ゴットロープ・テュルクの教則本（ライプツィヒとハレで1789年に出版。改訂版は1802年）や、ヨハン・ペーター・ミルヒマイヤーの教則本（ドレスデン、1797年）、そしてムツィオ・クレメンティの『ピアノフォルテの演奏技法入門 Introduction to the Art of Playing on the Piano Forte』（ロンドン、1801年）を挙げることができるでしょう。他にもゲオルク・ジーモンの『レーライン・クラヴィーア教本 Löhlein Clavierschule』（ライプツィヒ、1764年。多くの版を重ねましたが、1784年の第4版がもっとも練られています）、ヨハン・カール・フリードリヒの『レルシュタープによるクラヴィーア奏者のための手引き Rellstabs Anleitung für Clavierspieler』（ベルリン、1790年）、あるいはヨハン・ザムエル・ペトリの『実践的音楽への手引き Anleitung zur praktischen Musik』（第2版、ライプツィヒ、1782年）といった書物が存在し、直接の関連は薄くとも参考資料としての価値が認められます。

モーツァルトの父が上梓した『ヴァイオリン奏法』はおしなべて常識的な見解を示しており、読むだけでもおもしろい本です。父モーツァルトはヴァイオリン奏者が必要に応じて装飾することを期待していましたが、どこにでも装飾を加えるばかりか長い音をそのままにしておけない奏者のことは嫌っていました。彼はアッポッジャトゥーラを拍上で演奏するよう望みましたが、ほんのわずかだけ拍の前に出したり、拍の間にいわば一種の経過音 Zwischenschläge のように弾くことも容認しています。結果として理論のつじつまが合わなくなることがあるものの、他の文献に見受けられる厳格で不変の規則より啓発的でしょう。ヴォルフガングは間違いなく父の教えに影響を受けていますが、いつも規則に固執していたわけではなく、自身のアプローチのほうがもっと現代的でした。たとえばヴォルフガングによるトリルの終結への装飾などはその一例です（後述）。

テュルクの『クラヴィーア教本』は、おそらく18世紀最後の20年間でもっとも重要な文献でしょう。たいへん徹底していて体系的であり、アッポッジャトゥーラについての章だけで初版の30ページを占めています（初版は全体で408ページ、第2版は460ページあります）。テュルクはC.P.E.バッハの『正しいクラヴィーア奏法』（2巻編成として第一部は1753年、第二部は1762年に出版されました）をくり返し称賛し、またこの著作に大きく依拠していました。従ってテュルクのアプローチには、ドイツ南部では珍しかった大きくて美しい響きのクラヴィコードをC.P.E.バッハと同じように好み、鍵盤楽器のうちでクラヴィコードをもっとも重要なものとして扱ったことが反映されています。このためモーツァルトの基準からすれば、テュルクのアプローチはやや古風です。たとえばテュルクは「アクセントのある（＝長い）アッポッジャトゥーラ」と「アクセントのない（＝短い）アッポッジャトゥーラ」を区別しています。しかしテュルクによれば、もっとも短い、アクセントのないアッポッジャトゥーラでも例外なく拍上で始めなければなりません。このアプローチは典型的なプロイセンの規則に準拠したもので、常にモーツァルトにも適用できるわけではないのです。しかし良識ある音楽家だったテュルクは「所定の規則からはずれる」ケースが存在することも認め（邦訳[2] 234ページ）、（北）ドイツの趣味から見ると良好とはいえないフランス風（ロンバルディア趣味）の経過音的なアッポッジャトゥーラがあるとも述べています（同259ページ）。これに沿って、テュルクはのちに5ページ半からなる後打音に関する章を加筆しましたが、その大部分は先取されるアッポッジャトゥーラの説明に占められています。

　ミルヒマイヤーは若い頃バイエルンに住んでおり、多くの点で「南ドイツのテュルク」と言えます。彼は1797年にドレスデンで『ピアノフォルテの真の演奏法 Die wahre Art, das Pianoforte zu spielen』という、フォルテピアノを対象にした理論書を出版しました。クラヴィコードに関しては、フォルテピアノを購入する余裕のないピアノ奏者のための代替楽器として時おり触れられているだけです（p.58）。ミルヒマイヤーによるトリルへのアプローチはおもしろいものです。記譜された音（主音）で始まるトリルがある一方、ほとんどのトリルは上方隣接音から開始されます（p.42）。しかし、ミルヒマイヤーのいちばん画期的な意見はアクセントのないアッポッジャトゥーラを支持するもので、彼によればこれは主として先取的に、つまり拍の前に弾かれなければなりません。この主張がテュルクの第2版のなかで厳しく批判されたのも[3]、もっともなことです。ふたりの著者どちらの論理もモーツァルトの装飾にそのまま無批判にあてがうことはできませんが、ミルヒマイヤーは私たちに価値あるヒントを与えてくれます。

　クレメンティの『ピアノフォルテ教本』の内容は、それほど野心的なものではありません。

---

[2] D.G.テュルク『クラヴィーア教本』東川清一訳、春秋社、2000年。
[3] D.G.テュルク『クラヴィーア教本』の原著pp.271-272を参照。邦訳には収録されていない。

ただし彼の理論書は——レオポルト・モーツァルトの著作を別にして——おそらくモーツァルトに直結する唯一のものでしょう。クレメンティはモーツァルトより4年早く生まれ、イタリアで音楽の訓練を受けました。彼もまた、ほぼ間違いなく人生の最初期からフォルテピアノを用い、のちに技巧的なピアニストとして広く旅をしました。彼は皇帝ヨーゼフ2世の招きによって1781年のクリスマスイヴにウィーンでモーツァルトに会い、2台のピアノで一緒に即興演奏を行なっています。装飾法は同じようなものだったと推測されるでしょう。クレメンティは、その後かなり長い期間ウィーンに滞在しました。装飾音の一覧（図5.1）にある譜例の一部は、トリルとプラルトリラー（「短い振動」）が主音から始まることを明瞭に示しています。彼によれば、長いトリルにはほぼ必ず終結の後打音が必要でした。一覧表に短いアッポッジャトゥーラの記載はないものの、理論書の別の場所では拍の上で弾かれています。

　装飾音に関しては、モーツァルトの音楽そのものの中にある証拠がさまざまな事実を明らかにしてくれます。とてつもなく豊かな創意に恵まれていたモーツァルトは複数の音符が連なる一定のパターンに対し、しばしば異なる書法を用いています。多くの場合、それらは同じ楽章に出現する類似パッセージとして認識できますが、時に普通サイズの音符が、別の場所では小さな音符もしくは記号によって書かれているのです。大きな音符ははっきりと読み取れるので、しばしば他の記譜を解釈する助けとして役立ちます。

　たとえばモーツァルトはターンをさまざまな形——大きな音符での ♫ や小さな音符による ♫ 、双方を組み合わせた ♪♫ 、あるいは記号 ∽ ——で書きました。ひとつの書法が別の書法の意図するところを説明してくれるわけです。

　プラルトリラーについても同様です。モーツァルトがこの装飾を ⁓ や ♪♫ のように書くのはむしろまれで、よく使われたのは tr 記号でした。しかし tr 記号の解釈に関しては、音楽の流れの中で複数の可能性が生じます。

　アッポッジャトゥーラにもさまざまな書法が見られます。たとえば《ピアノソナタハ長調 K.330》第3楽章第54小節には ♩♪ と書かれていますが、第153小節では ⌒♪ のようになっています。第1楽章の第33小節と第120小節を参照しても明らかなように、第54小節が第153小節のように弾かれるべきことにほぼ疑いはありません。しかし同じ動機に異なる書法が用いられている他の例では、別種の奏法が求められる可能性もあるでしょう。

　記号によって規定されたモーツァルトの装飾音には、主としてアッポッジャトゥーラ、アルペッジョ、ターン、トリルがあります。単音アッポッジャトゥーラを演奏するときのもっとも難しい問題の多くがアクセントに関するものであるのに対し、複音アッポッジャトゥーラの場合には、それが拍子の中のどこに置かれるか、つまり先取に関することが問

図5.1　クレメンティの装飾一覧表

題となります。ピアノ作品では声楽で一般的なアッポッジャトゥーラの処理法も使われているため、それにも触れなくてはなりません。他方、時おり見受けられる小さな音符で書かれた経過音的な装飾音（Zwischenschläge）やスケールに関しては、演奏時に問題が生じることがほとんどないため個別には扱いません。アルペッジョやターンの奏法は比較的単純ですが、トリルはしばしば解決しがたい問題を提起します。

アッポッジャトゥーラ

単音アッポッジャトゥーラ

　アッポッジャトゥーラとは本来、単なる「アクセントのある経過音」のことでした。18世紀にこの基本的概念が多少なりとも薄らいでいたのであれば、その起源を今一度胸に刻んでおくと良いでしょう。

　モーツァルトによってアッポッジャトゥーラとして書かれた音符の音価は、通常は演奏時の音価となります。♩は二分音符、♪は四分音符、♫は八分音符です。しかし八分音符の場合には例外もある上、八分音符よりも短いアッポッジャトゥーラにおいては、記譜された音符と演奏時の音価は必ずしも一致しません。三十二分音符や六十四分音符での演奏が意図されている所にも、しばしば十六分音符のアッポッジャトゥーラが書かれているのです。その一例として《ピアノ協奏曲変ホ長調K.271》第2楽章の第61小節を見てください。

■ 例5/1

次のように弾かれなければなりません：

おそらくこうではありません：

　逆に、十六分音符で書かれたアッポッジャトゥーラを、時として八分音符で弾くべき場合もあります。

　ところで、モーツァルトは（ハイドンと同じく）十六分音符の代わりに符尾に斜線がかけられた八分音符を、そして三十二分音符の代わりには二重斜線のかけられた八分音符をいつも書いていました。その音符がアッポッジャトゥーラであるかどうかとは関係ありま

せん。今日の音楽家が混乱しないよう、本書では今日の記譜実践に従った表記を選択しました。

　アッポッジャトゥーラの用法を明確に整理するために、アッポッジャトゥーラを（1）アクセントがあるかアクセントがないか、（2）拍上に弾かれるか、拍前に先取的に弾かれるか、という観点から分類しましょう。アッポッジャトゥーラの長さは、数ある問題のうちのひとつに過ぎず、長いアッポッジャトゥーラと短いアッポッジャトゥーラの違いを論じることから得られるものは、ほとんどありません。相違の本質が長さにあることはごくまれで、むしろアクセントがあるかないか、拍上に弾かれるか拍前に弾かれるかの違いに由来するのです。従って、考えられる組み合わせは次のものだけになります。

　　1. アクセントがあって、拍の上に来るもの
　　2. アクセントがなく、拍の上に来るもの
　　3. アクセントがなく、先取的なもの

4つ目の組み合わせ（アクセントがあって、先取的なもの）は、音楽的な理由から除外されます。アクセントのあるアッポッジャトゥーラは、拍の上でしか弾けません。

　レオポルト・モーツァルトが「*例外なしの規則*」であると述べている通り（第9章第1段落、邦訳143ページ）、すべてのアッポッジャトゥーラと後続の主音の間にはスラーがあり、レガートでの演奏が意図されています。スラーが明確に表記されていない場合でも、レガートであることに変わりはありません。

　モーツァルトがスラーを書いていない時にスラーを補足すべきかどうかに関し、モーツァルト作品の編纂者たちの見解は一致していません。『新モーツァルト全集』ではすべてのアッポッジャトゥーラにスラーがつけられました。私どもは「モーツァルトがスラーを書かなかったところには、音を分離させる演奏が意図されているのだ」という"ポストモダン"な意見には同意しません。もっともモーツァルトすべての作品中に、ごく少数の例外が存在するかも知れない可能性は否定しませんが…。

アクセントのある単音アッポッジャトゥーラ

　この種のアッポッジャトゥーラは、アクセントのある経過音に似ています。アッポッジャトゥーラの音価はそのあとに続く主音の音価より充当され、主音自体は柔らかく演奏されます。《ヴァイオリンソナタホ短調K.304》第2楽章冒頭の主題を参照してください。

■ 例5/2

あるいは《ピアノ協奏曲ニ短調K.466》の第1楽章第87小節（ソロパート）も同様です。

■ 例5/3

あるいは同じ協奏曲の第2楽章第35小節の第1ヴァイオリンとフルート、オーボエにも見られます。

■ 例5/4

アクセントのあるアッポッジャトゥーラの多くは、主音の2度上にあります。しかしアッポッジャトゥーラと主音の音程差がもっと大きな場合（3度から7度）もあり、《ヴァイ

オリンソナタ変ロ長調K.454》第2楽章の第104小節はその一例です。なお、モーツァルトはこの小節と第37小節にある同様のパッセージ第3拍の前に八分音符のアッポッジャトゥーラを書いていますが、表記された音価より短く処理されなくてはなりません。

■ 例5/5

このように跳躍によって解決されるアクセントつきのアッポッジャトゥーラは、モーツァルトの作品では先行音（この場合はc^3音）を連打する形でしか現れません。第3拍へのアッポッジャトゥーラg^2音の処理に関しては、さまざまな可能性があります。譜例で示したもの以外にも、拍上に弾かれるアクセントのある三十二分音符として、あるいは拍前にアクセントなしで演奏しても良いでしょう。

　八分音符よりも長いアッポッジャトゥーラ、および以下に該当するアッポッジャトゥーラには、明確なアクセントが与えられます。

■ 例5/6

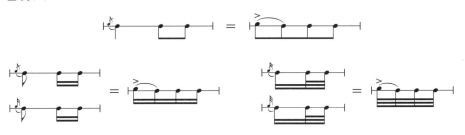

今日4個の均等な音価で演奏するこの奏法は普遍的に受け入れられており、ミルヒマイヤー、フリートリヒ・シュタルケ、モーツァルトの弟子フンメルおよびその他複数の理論書において確証されている実践です。モーツァルト自身による記譜ではアッポッジャトゥーラとして書かれたものと通常の音符で書かれたものが一貫性なく混在しており、これが逆に多くの手がかりを与えてくれます。たとえばモーツァルトは《ピアノ協奏曲ハ長調K.467》第3楽章第146小節に　　　、そして同種のパッセージ（第397小節）では

のように記譜していますが、後者も前者と同じくレガートでの演奏が期待されているように思われます。

　例5/6のルールが適用されないおそらく唯一の例は《ヴァイオリンとピアノのための変奏曲ト長調K.359》の第8変奏です。ここの基本的なリズムは であるため、変奏の冒頭でも より という短いアッポッジャトゥーラ（32分音符）のほうが適切でしょう。《交響曲イ長調K.201》第1楽章の第2主題（第41〜43小節と第147〜149小節）では、モーツァルトは と書くことによって曖昧さを回避しています。

　十六分音符や三十二分音符のアッポッジャトゥーラへのアクセントに関しては「つく」「つかない」双方の可能性があり、その判断は難しい問題です。モーツァルトには十六分音符のアッポッジャトゥーラを♪のように書く習慣がありましたが、それを長く弾いてほしいのか短く弾いてほしいのかは不明です。♪は南ドイツで用いられていた単音の十六分音符への書法ですが、モーツァルトもアッポッジャトゥーラをこのような（装飾音としての小さな音符ではない）普通サイズの音符を使用して書いています。歌曲《すみれK.476》にはそうした例が見られます。本書ではアッポッジャトゥーラという名称を、符尾に斜線があろうとなかろうと、小さな音符で書かれているものすべてに使用してきました。モーツァルトの時代には ♪と♪、また ♪と♪ はまったく同じものを意味しており、符尾に付加された斜線がもっぱら短く詰まったアッポッジャトゥーラのためだけに使われるようになったのは、19世紀に入ってからなのです。こうした十六分音符や三十二分音符のアッポッジャトゥーラは、それが明らかにアクセントのある音であるならば、常に拍上で弾かれます。《「愚かな民が思うには」による変奏曲K.455》の第4小節（初稿）の例はそのひとつです。

■ 例5/7

奏法：

しかしモーツァルトは最終稿の第4小節ならびにこれと同様の箇所で、当初十六分音符だったアッポッジャトゥーラを小さな八分音符に変更しました。

　《ピアノ協奏曲変ホ長調K.271》の第2楽章第34小節にもこうしたアッポッジャトゥーラがあります。

■ 例5/8

あるいは《2台ピアノのための協奏曲変ホ長調K.365》の第1楽章第58小節です。

■ 例5/9

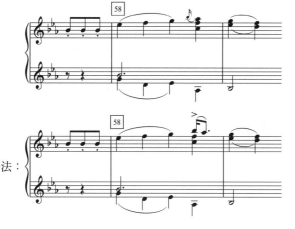

こうした典型的なパターンは《ピアノソナタイ短調K.310》の第2楽章第36小節にも見られます。

■ 例5/10

ここではa^2音、f^2音、d^2音をごくわずかだけ短縮することによって、それぞれが分離するよう弾かれます。

　アクセントのある三十二分音符のアッポッジャトゥーラは同じ楽章の第9、13、62小節にも見られます。

■ 例5/11

《2台ピアノのための協奏曲変ホ長調K.365》の第2楽章第67小節にあるアッポッジャトゥーラは、

■ 例5/12

次のように弾くことができるでしょう。

■ 例5/13

しかしC.P.E.バッハとレオポルト・モーツァルトは、この種の（下行3度を埋める）アッポッジャトゥーラを平凡に響かせないために、音価を二分割するのではない以下のような奏法を推奨しています。

■ 例5/14

とは言うものの《ピアノソナタハ長調K.330》第2楽章の第8小節と第11小節における十六分音符のアッポッジャトゥーラをそのように短く処理することは推奨できません。第15小節の十六分音符のように弾くのが良いでしょう。

■ 例5/15

モーツァルトはしばしばこれを記譜によって指示しようとし、アッポッジャトゥーラを短い音価で書きました。たとえば《ロンドニ長調K.485》の冒頭を見てください（227ページの例5/43を参照）。同じような状況は《ピアノ四重奏曲ト短調K.478》終楽章の第2主題（第50小節）にも見られます。

《ヴァイオリンソナタ変ロ長調K.454》の自筆譜からは、モーツァルトが第1楽章の導入部にあるアッポッジャトゥーラを当初は八分音符で書いたものの、後にもっと濃いインクで斜線を加えることによって十六分音符のアッポッジャトゥーラに修正したことがわかります。このことは、次のふたつのことを示しています。第一に、これまで折に触れて推測できたように、モーツァルトがアッポッジャトゥーラの長さに無関心なわけではなかったことです。そして第二には、導入部第5小節以降にあるようなパッセージにおいて、モーツァルトがイギリス人をはじめとする音楽家の間で「スコットランドの前打音 Scottish snap」として知られたリズム（「ロンバルディア・リズム」とも呼ばれます）を好んだということです（例5/12～例5/14への説明も再読してください）。

■ 例5/16

モーツァルトが当時の多くの作曲家と同じように好んだ「スコットランドの前打音」のリズムは、もともと等しい音価のペアのうち最初の音符の長さを短縮することによって作られます。

■ 例5/17

こうしたリズムを演奏する場合には、短い十六分音符に明確なアクセントをつけ、続く付点八分音符を柔らかく演奏しなければなりません。このリズムが楽譜として記されている例が《ピアノ協奏曲イ長調K.414》の冒頭主題に見られます。

■ 例5/18

モーツァルトは《ピアノソナタハ長調K.309》の冒頭で、第37〜38小節にある ♪ と第41〜42小節にある ♪ を明確に区別しています。モーツァルトは、前者をより軽く演奏するよう示したかったのでしょうか？

アクセントのあるアッポッジャトゥーラの美しい例は《ピアノソナタヘ長調K.332》第3楽章の終結部第221小節に見られます。このアッポッジャトゥーラには十六分音符分の音価がありますが、同じ動機が第230〜231小節で拡大形として再現する際には、アッポッジャトゥーラの音価も拡大されているのです。

■ 例5/19

モーツァルトの最初期の作品では「3拍子におけるアッポッジャトゥーラには、書かれている音価よりも長い音価が与えられるべきである」という古い規則が、時としてなお適用されます。《メヌエットK.4》と《メヌエットK.5》の結尾の小節における書法の違いはその好例でしょう。

■ 例5/20

■ 例5/21

アクセントのない単音アッポッジャトゥーラ

以下のようなアッポッジャトゥーラにはアクセントがつかず、短いアッポッジャトゥーラとなります（先取するかどうかの問題は、ひとまず除外しておきましょう）。

(a) ほとんどすべての上行するアッポッジャトゥーラ

たとえば《ピアノソナタハ長調K.279》の第1楽章第29小節にあるもの。

■ 例5/22

あるいは《ピアノソナタハ長調K.545》の第1楽章第22小節にあるもの。

■ 例5/23

《ピアノ協奏曲変ロ長調K.595》第1楽章第31小節の第1ヴァイオリンにおけるアッポッジャトゥーラも短くなければなりません（第311や313小節のピアノも同じです）。

■ 例5/24

《ピアノソナタイ長調K.331》第1楽章の第2変奏第5小節以降や、第6変奏第15小節も同様です。もしモーツァルトがここに長いアッポッジャトゥーラを欲していたとしたら、間違いなく《ピアノ三重奏曲ハ長調K.548》第1楽章第8小節以降のように記譜したと推測されます。この種のアッポッジャトゥーラが長い音として弾かれる場合には《ピアノ協奏曲ハ長調K.503》第1楽章第154〜155小節や第332〜333小節にもあるような、通常の音符で記譜するのがモーツァルトの習慣だったように見受けられます。

■ 例5/25

《ピアノ協奏曲変ホ長調K.482》第2楽章第205小節にも同じような書法が見られます。

■ 例5/26

しかしモーツァルトは続く第206小節にある下行するアッポッジャトゥーラは装飾音として書いています。なぜならそこには解釈が曖昧になる危険がなく、確実にアクセントがつけられるからです。

理解しがたいことに、ほとんどのピアニストが《ピアノソナタハ長調K.330》第2楽章第25小節のアッポッジャトゥーラを長いアクセントのあるものとして弾いています。

■ 例5/27

モーツァルトの記譜：

誤った奏法：

もしモーツァルトがこのような奏法を意図していたならば、小節冒頭の es^2 音や例5/25、例5/26として挙げた例と同じように大きな音符で書いたに違いありません。同じ見解はオーケストラのための《セレナータ・ノットゥルナ ニ長調K.239》の第3楽章冒頭にも当てはまります。

■ 例5/28

このようなケースは「音が反復される前のアッポッジャトゥーラは常に短い」というテュルクの規則によっても解決可能です。

(b) 主音自体がアクセントのある経過音である場合

たとえば《アダージョ ロ短調K.540》の第4小節がそれにあたります。

■ 例5/29

例5/1も参照してください。アクセントのないこの奏法は早くも1752年、クヴァンツの『フルート奏法試論』においてほぼ同等の例を通じて推奨されています[4]。

別の例が《ピアノソナタヘ長調K.332》第1楽章の第207〜212小節に現れます。

---

4) J.J.クヴァンツ『フルート奏法試論』石原利矩・井本昫二訳、シンフォニア、1976年、77頁、音型9〜10。

■ 例5/30

推奨される奏法（スタッカートは第77小節に準じたものです）：

■ 例5/31

一部のピアニストの奏法：

しかしモーツァルトが2小節後の第211小節に大きな音符で記譜していることからも、第209小節にこうした奏法が意図されていたとは思えません。

(c) 主音にスタッカート記号（点や線）がある場合

　たとえば《ピアノ協奏曲ト長調K.453》第3楽章第2～3小節（とそれ以降も）の例が、それにあたります。

■ 例5/32

《ピアノ協奏曲ハ長調K.246》第1楽章第14～15小節（第1ヴァイオリン、例5/41も参照）も同様です。

■ 例5/33

ここでもアッポッジャトゥーラにアクセントをつけない奏法が推奨されます。というのもモーツァルトのくさび形（線）のスタッカートには、私たちが使う＞と同じようなアクセントとしての機能が含まれるからです。

（d）主音に目立ったアクセントがあるとき

　この場合のアッポッジャトゥーラには常にアクセントがつきません。さもなければ主音自体に委ねられた効果がアッポッジャトゥーラのアクセントによって失われてしまうからです。そうではなく、主音はアクセントのつかないアッポッジャトゥーラによって、その効果をより高めるのです。例として《ピアノ協奏曲変ロ長調K.595》の第2楽章冒頭を見てみましょう。

■ 例5/34

《弦楽四重奏曲変ロ長調K.458「狩」》第1楽章第3小節では、アッポッジャトゥーラをアウフタクトとして弾くのがもっとも良い奏法です。

■ 例5/35

　二分音符に先行する十六分音符のアッポッジャトゥーラも、常に弱く弾かれます。例として《3台ピアノのための協奏曲ヘ長調K.242》の第1楽章第53小節以降を参照してください。

こうした奏法の差異を「ルールとして体系化する」ことは難しく、それが理に適った解決方法でもありません。また、これまで参照してきたようなパッセージやさまざまな類似音型の奏法は、楽曲の性格やテンポによってしばしば変化します。すでに触れたようにモーツァルトは同時代の記譜法だけでなく、演奏者の趣味や理解に支えられた表現を想定していたのです。

以下の、しばしば見受けられる定型は、

■ 例5/36

さまざまな奏法で処理することが可能です。

アッポッジャトゥーラのあとの十六分音符（場合によっては三十二分音符）が、その小節内のアクセントのない部分にある場合には（1）の弾き方がつねに最上です。また、モーツァルトは複数の作品において、この音型を三連符で書き込んでいます。《ヴァイオリンソナタへ長調K.377》第2楽章の第1変奏を見てみましょう。

■ 例5/37

あるいは《ロンドへ長調K.494》（《ピアノソナタへ長調K.533》の第3楽章）の第17、49、101小節にもそうした書法が存在します（第98～99と112小節はその限りではありません）。大切なのは、それぞれのケースごとに楽曲の全体的性格とのバランスを保った奏法を考えるべきだ、ということです。

《ピアノソナタへ長調K.533》冒頭第7小節のアッポッジャトゥーラは、先取される短いものとして弾くと良いでしょう。しかし演奏者の趣味もあるので強要はできません。

■ 例5/38

　《ヴァイオリンソナタハ長調K.296》第1楽章で、モーツァルトは第1〜2や5〜6小節に三連符を、第63〜66小節にはアッポッジャトゥーラを書きました。モーツァルトが2種類の書法を混在させた意図ははっきりせず、判断はここでも演奏者の趣味に委ねる以外にありません。

　《ピアノ協奏曲ヘ長調K.459》第2楽章第67小節以降（またそれに対応する第126小節以降のパッセージも）には、すべての楽器に（三十二分音符ではなく）十六分音符のアッポッジャトゥーラがつけられたパッセージがあります。このアッポッジャトゥーラも、それがアクセントなし（短いもの）なのか、アクセントあり（長いもの）なのか確定できません。私どもの好みは、より自然で強制感がない短いアッポッジャトゥーラです。もしモーツァルトが長いアッポッジャトゥーラを欲していたとしたら、当時の規則に沿って以下のように通常の音符として書くこともできたでしょう。

■ 例5/39

　しかしモーツァルトは小さなサイズの装飾音として書きました。いずれにせよ、第71小節以降ではピアノパートとの間に離齬が生じています。ピアノ右手のアクセントのある経過音に対して、弦楽器群はアクセントなしの経過音を演奏すれば、より自然に響くでしょう。またレオポルト・モーツァルトによれば（『ヴァイオリン奏法』第9章第18段落）、下行順次進行のなかで生じるアッポッジャトゥーラは短くなります。従って第71小節の第1ヴ

ァイオリン（および他の弦楽器群）には、アッポッジャトゥーラを先取する以下の奏法を提案します。

■ 例5/40

上記（a）から（d）に挙げた短いアッポッジャトゥーラの奏法は「短い、アクセントのつかないアッポッジャトゥーラは、軽くすばやく弾かれ、アクセントは常に後続の主音につけられる」という規則に集約できます。

しかし「短い、アクセントのつかないアッポッジャトゥーラが弾かれるのは拍上なのか、あるいは拍の前なのか」という問題には、議論の余地があります。モーツァルトの時代の理論家たちは、この処理に関する普遍的な解決法を提示していません。あらゆる種類の規則が推奨されており、C.P.E.バッハやテュルクによるとアクセントのない短いアッポッジャトゥーラは拍上で弾かれるべきなのですが、J.P.ミルヒマイヤーは拍の前に先取するよう述べています。レオポルト・モーツァルトの意見はそのうち中間にあり、「ほとんどの短いアッポッジャトゥーラにはアクセントがつかないが、拍上で弾かれるべきである」と主張しています。しかしレオポルトは「ある種の短いアッポッジャトゥーラは拍の前に奏されなければならない」と弁護もしています。

レオポルトによれば、アクセントのない短いアッポッジャトゥーラの奏法には2種類あります。彼は、短いアッポッジャトゥーラは「できるだけ短く」演奏されなければならず、「*前打音ではなく、主要音を強くする*」[5]と述べています。彼はまず、アクセントのない、拍上で弾かれるアッポッジャトゥーラを第9章の第9段落で扱い、のちにこの章の第16〜18段落で、アクセントのない弱拍のアッポッジャトゥーラの必要性に言及し、それらを「経過的前打音 durchgehende Vorschläge」と呼んでいます。そして最後にその使用例を第17段落で示し、アクセントのない、拍の前に先取されるアッポッジャトゥーラの奏法を説明し、さらに第18段落で「*経過的前打音は、順次上行あるいは下行する音符で使用される*」と述べ、次のような例を挙げているのです。

---

5) L.モーツァルト『ヴァイオリン奏法［新訳版］』久保田慶一訳、全音楽譜出版社、2017年、193頁。

■ 例5/41

装飾しない場合：

演奏の仕方はこのように示されるであろう：

このように演奏されるので、こう記譜することもできるだろう：

この例を適用するなら《ピアノ協奏曲ハ長調K.246》第1楽章のアッポッジャトゥーラ（第14～15小節）は確かに先取的に演奏されるべきです（例5/33を参照）。

これらの例を挙げながら、レオポルト・モーツァルトは読者に「それを記譜したいのであれば、正しく分割した音符にしなくてはならない」[6]と薦めています。

興味深いことに、ヴォルフガング・モーツァルト自身は、父が本で示したようなアッポッジャトゥーラを小節線の前に書く書法は一度も用いませんでした。それゆえ第17段落で挙げられている例（下行3度の前にあるアッポッジャトゥーラ）に固執して《ロンドニ長調K.485》冒頭のアッポッジャトゥーラを先取して弾くのは論外でしょう。これらのアッポッジャトゥーラは確実に拍の上で演奏されるべきものです。というのも、モーツァルトの音楽の特性は持続性やリズムの流れとともに、束縛されない自由にあるからです。

しかし、《ピアノソナタヘ長調K.280》第2楽章の第45小節と第49小節にあるアッポッジャトゥーラだけは、レオポルトの教え通りに拍の前に弾かれるものでしょう。しかしモーツァルトにおいて、この処理は例外的なケースです。

■ 例5/42

通常のモーツァルトの好みは「拍上にあるアッポッジャトゥーラ」です。《ロンドニ長調

---

[6] L.モーツァルト、199頁。

K.485》のアッポッジャトゥーラはこのモデルケースにあたるでしょう。

■ 例5/43

モーツァルトがこれらの音をアクセントのつかない経過音ではなく、アクセントのある経過音とみなしていたことを、このロンドの第54小節におけるヴァリアントが示しています。

■ 例5/44

コデッタ、第54〜55小節：

ケッヘルの目録では、この有名なロンド主題がヨハン・クリスティアン・バッハの旋律をモーツァルトが引用したものである、と指摘されています。『ケッヘル目録』第6版の編集者はこれがバッハのどの作品に由来するかを述べていませんが、この主題の主要動機がもともとフランスの作曲家M. アレクサンドル・ゲナンによって作曲されたことを、マルク・パンシェルルが発見しました。ゲナンは1772年に出版された《2台ヴァイオリンのための6曲の二重奏曲》にあるソナタ第4番を次のように開始しています。

■ 例5/45

ゲナンの動機は有名になったようです。彼の記譜から、モーツァルトのアッポッジャトゥーラがアクセントのある経過音を意図しており、拍上で演奏されなければならないということがきわめて明白に読み取れます。興味深いことに、ゲナンもモーツァルトと同じように後の部分でこの動機を2個の八分音符として書いています。

■ 例5/46

仮にモーツァルトが《ロンド二長調K.485》の主題において先取される短いアッポッジャトゥーラを欲していたとしたら、彼は《交響曲イ長調K.201》での例とまったく同じように、それらを普通の音符で書いたことでしょう。この交響曲でモーツァルトは普通サイズの音符で書き表された先取的アッポッジャトゥーラと、小さい音符で書かれた拍上のアッポッジャトゥーラとを明確に区別しており、第1楽章第105小節の第1ヴァイオリンは次のようになっています。

■ 例5/47

（先取される弱拍のアッポッジャトゥーラ）

それに対し、第183小節の第1ヴァイオリンは次のように書かれています。

■ 例5/48

（拍上で弾かれる十六分音符のアッポッジャトゥーラ）

レオポルト・モーツァルトに従うなら《ピアノ協奏曲ハ長調K.246》（例5/33）の例は先取して弾かれるのに対し、《ピアノソナタハ長調K.545》（例5/23）の例は拍上でアクセントなしで弾かれなければなりません。しかし《ピアノソナタハ長調K.279》（例5/22）の例では、先取音として弾く奏法が音楽的に適切かつ唯一の選択肢であるように思われます。

アクセントのない、先取されるアッポッジャトゥーラ

アクセントのない短いアッポッジャトゥーラをどのように弾くべきかに関しては、さまざまな見解が存在します。ここでの問題は、アクセントのない短いアッポッジャトゥーラを「アクセントが衰弱した経過音」、あるいはその短さから「成熟していない弱拍」とみなすべきか、というところにあります。今日に至るまで複数の理論家が、レオポルト・モーツァルトの斬新な考えに反する「アッポッジャトゥーラは常に拍の上で弾かれるべきだ」という主張を譲らないのに対し、多くの演奏家や実践的な観点を踏まえたアプローチを行なう理論家たちは「アッポッジャトゥーラのほぼすべてをいつも拍の前に弾く」という立場を守ってきました。

聴衆にとって、この種の問題は些細なことに違いありません。アッポッジャトゥーラが拍上に弾かれているか、それとも拍前なのかなどということを、ほとんどの聴衆は演奏者ほど気にしないからです。多くの教科書や指南書において、この種の問題に関する過度に集約された記述が一般的な解説として掲載されてもいます。しかし演奏者は——より高いレベルでの芸術を目指すなら——こうした小さな問題においてさえ、自分の立ち位置を明確にする必要があります。

上記の問題は、サンドラ・ローゼンブルームが指摘するように(『演奏実践 Performance Practices』pp.234～235)、J.C.F.レルシュタープによる『クラヴィーア演奏家のための手引き Anleitung für Clavierspieler』(1790年) の中で明確に述べられています。レルシュタープは、「*演奏家はしばしば、このように分解された小音符の多くを、無意識のうちに拍前で [つまり先取的に] 弾いている*」と非難していますので、レルシュタープの見解では例 (3) が正しい演奏法になるでしょう。

■ 例5/49

テュルクも『クラヴィーア教本』第2版では (1802年、pp.271～283。邦訳は1789年の版だが278～281ページを参照)、レルシュタープと同じような意見を展開しています。ここに不自然な点はありません。アッポッジャトゥーラにアクセントをつけないのなら、誰でもそれを弱拍 (アウフタクト) として演奏したくなります——そのほうがシンプルですし、演奏者はほぼ自動的にこのように弾いてしまうでしょう。次のようなアクセントのないアッ

ポッジャトゥーラを拍上で演奏すると、

■ 例5/50

聴き手は、これを拍上のアッポッジャトゥーラと認識せず、あせって早めに弾いてしまった音のように感じてしまう危険があります。期せずして、左の譜例ではなく右の譜例のように聴こえるのです。

■ 例5/51

それでもこの場合、これら北ドイツの理論家の見解や、「こうした効果が生じてしまうがゆえに短いアッポッジャトゥーラを拍上で演奏するべきではない」と述べたA. バイシュラークの意見[7]に賛同することはできません。逆に、とりわけカンタービレ楽章では、この遅れたアクセントによってより豊かな表現が生まれるのです。

　アッポッジャトゥーラはとてもすばやく弾かれるため、実際に生じる遅延はほんのわずかで、それが真のルバートを生じさせます。言うなれば、拍節を時々曖昧にすることで、拍が機械的に打たれる印象を和らげるのです。正確な拍節にこだわりすぎると、旋律に宿るメロディックな印象が薄くなってしまいます。単音であろうと複音であろうと、アクセントのないアッポッジャトゥーラすべてが先取的に弾かれると、旋律に含まれる主要なアクセントすべてが拍節と一致してしまうことになり、結果として——残念ながらとてもよく巡り会う——乾いた、表現に乏しい演奏が生まれることになるのです。

　「先取的に弾くか否か」という問題に決まった解決策はありませんし、望ましくもありません。しかし上記（a）から（d）に挙げたほとんどの例で、私どもは先取する奏法を提案します。

　次の例は、モーツァルト自身もアッポッジャトゥーラをしばしば拍の前に弾いていたことを示しているのではないでしょうか。《ピアノ協奏曲ニ短調K.466》第3楽章のアッポッジャトゥーラを、モーツァルトは普通の音符で記譜しています〔版によって小節番号が異なっている〕。

---

7) A. Beyschlag, *Die Ornamentik der Musik*, p.168.

■ 例 5/52

■ 例 5/53

ここに書かれたオクターヴのアッポッジャトゥーラは、明らかに第1楽章のソロ冒頭との主題的な関連が意識されたものに違いありません。

　先取的アッポッジャトゥーラが通常の音符で書かれている別の例は《ヴァイオリン協奏曲ト長調K.216》の第2楽章に見られます。第16小節第3拍のdis^2音の前に、モーツァルトは三十二分音符のアッポッジャトゥーラを書きました。

■ 例 5/54

ところが再現部（第39小節）では次のようになっているのです。

■ 例 5/55

このスタッカートがモーツァルトの誤りでないとすれば、例5/54の2番目のアッポッジャトゥーラは「アッポッジャトゥーラと主音は常にレガートで連結される」という規則に反する、稀少な例外のひとつとなります。

　しばしば議論の対象となるのは、《ピアノソナタイ短調K.310》冒頭のアッポッジャトゥーラです。

■ 例5/56

この主題が再現される際のアッポッジャトゥーラのdis^{2}音は、弱拍の十六分音符として書かれています。

■ 例5/57

ここには幾多の編纂者が例5/57で示されている十六分音符dis^{2}に加えて、冒頭にあるアッポッジャトゥーラdis^{2}音を表示する編集を行なってきましたが、それはモーツァルトが8小節分の音符の代わりに書いた"*Da Capo 8 mesures*"〔冒頭の8小節くり返し〕という省略指示を不用意に誤解したものでしょう。もしモーツァルトがこの8小節を省略せずに実際の音符で筆記したならば、dis^{2}音を2個並べて書かなかったはずです。

他方《弦楽四重奏曲変ロ長調K.458「狩」》第3楽章におけるモーツァルトの記譜は、アッポッジャトゥーラを拍上で弾くよう指示していると思われます。

■ 例5/58

拍上で弾くべき同様のアッポッジャトゥーラは《ピアノソナタハ短調K.457》第3楽章第29小節および類似のパッセージにも見られます。

■ 例5/59

このアッポッジャトゥーラも例5/58と同じく先行音が同じ音なので、掛留音としての性格を持っていることは明瞭です。一部のピアノ奏者は、このアッポッジャトゥーラを八分音符として弾いていますが、自筆譜でも初版でも明確な十六分音符が表示されています。

オクターヴのアッポッジャトゥーラは、しばしば先取されるものとして処理されます。次の例は《ピアノ協奏曲ハ短調K.491》第1楽章第100小節、最初のピアノソロからのものですが、次のような奏法が推奨されます。

■ 例5/60

オクターヴのアッポッジャトゥーラには決してアクセントがつきません。モーツァルトは《フィッシャーのメヌエットによる変奏曲K.179》のようなごく初期の作品でも、第10変奏における、低い音にアクセントのある分散オクターヴ（a）と、

■ 例5/61

第11変奏における、高い音（主音）にアクセントのある、オクターヴのアッポッジャトゥーラ（b）とを明確に区別しました。

■ 例5/62

　私たちは時として、アクセントのないアッポッジャトゥーラが豊かで滑らかな響きの中に溶け込むことに魅力を覚えます。たとえば《ピアノ協奏曲ニ短調K.466》の第2楽章第40小節冒頭のアッポッジャトゥーラは、拍上で軽く弾くのが良いでしょう。

■ 例5/63

　しかしここには技法上の問題も存在するのです。ほとんどのピアノ奏者にとって、拍上に親指で弾かれる音にアクセントをつけずに処理するのは簡単ではありません。2003年5月にブリュッセルで開かれたエリザベート王妃国際ピアノコンクールの審査員を務めたパウル・バドゥーラ＝スコダはこのことに気づき、共著者への手紙にこう記しています。

　残念ながら、複数の若いピアニストはアッポッジャトゥーラを次のように弾いていたんだ。

■ 例5/64

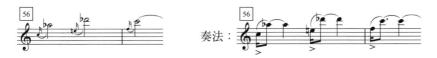

　この結果メロディーは、アッポッジャトゥーラによって台なしにされてしまう。後になって複数のレコーディングをチェックしてみたが、私も含めてほとんどすべてのピアニスト

は、これらのアッポッジャトゥーラを無意識のうちに先取して弾いているじゃないか！ 先取しているにもかかわらず、良い響きなのだよ。そこで私は《ニ短調協奏曲》の第1楽章にある上行アッポッジャトゥーラの奏法を意識的に検討してみた。

■ 例5/65

がんばって拍上で弾こうとしても「自然な」響きが得られないので、満足のいく解決法として2種類の奏法を見つけたね。それは「拍の前」に弾くか、「拍をはさんで」弾く奏法なのだよ。

■ 例5/66

これについて今のところ、誰からも批判はありません！ ここでもミルヒマイヤーの見解が正しかったということなのでしょう。彼がいかにアッポッジャトゥーラの先取を好んでいたことを示す対応表を紹介しましょう。

■ 例5/67

アクセントのあるアウフタクトとして書かれている十六分音符に対し、アクセントのない三十二分音符のアッポッジャトゥーラは、しばしばはるかに短く弾かれてしまいますが、注意が必要です。これらの装飾音は冷たく無機質に弾かず、あたかも旋律の一部であるかのように響かせるべきなのです。

「アッポッジャトゥーラの長さにまつわる問題はアクセントの有無の問題よりもはるかに小さい」ということは、すでに述べた通りです。モーツァルトはほとんどの場合、実際の音価を正確に書いているからです。それにもかかわらず――意図的かどうかの判断は困

難ながら——モーツァルトが書いたアッポッジャトゥーラの音価が不正確である場合が散見されます。八分音符で書かれたアッポッジャトゥーラの長さは、常に正確に定められているわけではなさそうです。《ヴァイオリンソナタ変ロ長調K.454》の導入部についてはすでに触れましたが〔216〜217ページ、例5/16〕、そこでモーツァルトは（初演後になってから）八分音符のアッポッジャトゥーラを十六分音符に濃い色のインクで修正しています。つまり、より正確な楽譜にしようとしたのです。また《「愚かな民が思うには」による変奏曲K.455》の初期の自筆譜の第4小節には十六分音符のアッポッジャトゥーラがありますが、のちの自筆譜（最終稿）では八分音符になっています（例5/7を参照）。

歌曲《すみれK.476》の歌唱声部の第10〜11小節には八分音符のアッポッジャトゥーラがあります。しかし本当に八分音符で良いのでしょうか。楽譜どおり歌うと、ピアノパートとの間に耐えがたい衝突が生まれてしまいます。

■ 例5/68

モーツァルトに他意はなく、おそらく単なる誤りに違いありません。アクセントのある十六分音符のアッポッジャトゥーラであれば、このパッセージははるかに自然に響きます。

■ 例5/69

しかし、この歌曲が時に（推奨できませんが）アクセントのある八分音符のアッポッジャトゥーラとともに歌われるのも、耳にしないわけではありません。

■ 例5/70

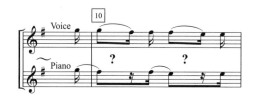

最良の、そしてモーツァルトが意図していたと思われる解決法は、アッポッジャトゥーラを例5/69のように十六分音符として歌い、休符を維持することです。モーツァルトは当初十六分音符のアッポッジャトゥーラを書くつもりではなかったのでしょう。なぜなら、そうするとピアノパートとの衝突を避けるために、このアッポッジャトゥーラを拍前に出したり、三十二分音符で歌ったりしたくなるはずだからです。ここで大切なのはアッポッジャトゥーラの長さよりも、そこにつけられるアクセントのほうなのです。

　《ピアノソナタハ長調K.279》の第2楽章を観察してみましょう。若い頃のモーツァルトは、アッポッジャトゥーラの長さの違いをあまり正確に示しませんでした。それゆえ第1小節と第43小節に書かれている八分音符のアッポッジャトゥーラは、拍上で、おそらく十六分音符の長さで弾かれるものでしょう（第1小節第2拍のアッポッジャトゥーラをモーツァルトが実際八分音符として書いたことは、『新モーツァルト全集』Serie IX/Werkgruppe 25/Klaviersonaten Band 1、XVIIIページに再現されている自筆譜のファクシミリで確認することができます。新全集7ページに印刷されている十六分音符のアッポッジャトゥーラは、校訂者によるものです）。

■ 例5/71

推奨される奏法：

第21小節にある十六分音符のアッポッジャトゥーラは十六分音符として、あるいはそれより若干短く、拍上で弾かれます。パッセージのリズムが単調になるものの、八分音符の三連符として弾いても誤りではないでしょう。

　モーツァルトは《幻想曲ハ短調K.475》で、第31と32小節を分ける小節線の直後に八分音符のアッポッジャトゥーラを書いています。自然に響かせるのは簡単ではありませんが、ここではおそらく三十二分音符での処理が期待され、ほとんどのピアニストは実際そのように弾いています。自筆譜と初版譜から再現できるモーツァルトの筆跡は次の通りですが、おそらくこれも"筆が滑った"もののひとつでしょう。

■ 例5/72

《ロンドヘ長調K.494》の第44～45小節にも同じようなパッセージがありますが、アッポッジャトゥーラは先行音と同じ音価で書かれています。

■ 例5/73

《幻想曲ハ短調K.475》のケースは本当にモーツァルトによる誤記なのでしょうか？　あるいはこのアッポッジャトゥーラを表情豊かに、長めに弾いて欲しかったのでしょうか？　いずれにせよ、額面通りの八分音符として演奏することは推奨できません。何よりも重要な「旋律の流れ」が損なわれてしまうからです。

　十六分音符で書かれたアッポッジャトゥーラが、実際にはもっと長く弾かれるという例外的なケースもあります。《ピアノ協奏曲変ロ長調K.238》の終楽章は、ほぼ間違いなくそのひとつと言えるでしょう。モーツァルトはピアノパートの第4小節と第7小節に八分音符のアッポッジャトゥーラを書きました。

■ 例5/74

しかし同一のパッセージがトゥッティで再び現れる第12小節で、モーツァルトはこのアッポッジャトゥーラを十六分音符で書いているのです。

■ 例5/75

このアレグロ楽章では八分音符が支配的であることから、モーツァルトが意図したアッポ

ッジャトゥーラも八分音符と考えるのが自然でしょう[8]）。

　書き誤りと推測される同様のケースは、《ヴァイオリン協奏曲イ長調K.219》の終楽章にも見られます。ここでモーツァルトは、ソロヴァイオリン（第3小節）とオーケストラ（第11小節）や、続くくり返しのすべての箇所に十六分音符のアッポッジャトゥーラを書きました。これらは他の作品とは異なり、ダ・カーポ記号によって記譜が省略されるのではなく、実際の音符によって筆記されています（第112小節を除き、モーツァルトはこの楽章を通してアッポッジャトゥーラと主音を連結するスラーを書きませんでした。大変に急いで書いたのでしょう。スラーの有無にかかわらずアッポッジャトゥーラと主音が連結されるのは、どの音楽家にも自明のことでした）。

■ 例5/76

　この例ではアクセントのある十六分音符として楽譜どおりに弾く可能性も除外できません。しかしほとんどのヴァイオリン奏者がここや第24、26小節、おそらく第28〜29小節や第319小節（オイレンブルク版には誤って普通サイズの十六分音符が印刷されています）のアッポッジャトゥーラを八分音符で弾くのを好むのは、彼らの直感によるものでしょう。

　私どもの見解を適切に証明できる証拠は見当たりませんが[9]、初期の《ピアノ協奏曲ニ長調K.107Ⅰ》第3楽章第3小節における同じようなパッセージに十六分音符のアッポッジャトゥーラが書かれているのに対し、8小節後（さらには第41小節）のピアノパートにあるものは八分音符になっています——おそらくこれも、モーツァルトの書き誤りの一例でしょう。

■ 例5/77

8) 中間部のトゥッティのオーケストレーションが異なるため、モーツァルトはリトルネッロの回帰を省略せずに記譜しているが、ここでも第103、106および175小節のピアノパートでは♪、第172小節では♪となっている。しかしカデンツァの後でソロ主題が最後に回帰するところ（第261小節以降）のピアノパート第264小節とヴァイオリンパート第272小節には（おそらく誤って）♪、第267小節には♪が書かれている〔第268小節以降のオーケストラトゥッティは音符でなく、反復記号（dal segno § al fine）を利用した指示となっている〕。
9) 私たちは18世紀の聴衆のためにではなく、自身とその聴き手の喜びのために演奏していることを思い起こしてほしい。ゲーテはタッソーで「好みに合うものは許される」と述べている。

(この主題はモーツァルトではなく、ヨハン・クリスティアン・バッハによるものです。バッハのop.5に含まれている3曲のピアノソナタが、K.107としてまとめられた3曲の協奏曲のモデルとなりました。)

　《ヴァイオリン協奏曲イ長調K.219》第3楽章第112小節のアッポッジャトゥーラは第265小節にある規則正しいリズムとの比較から、同じく八分音符が意図されていたと推測できます。他方、第13〜15小節と第20〜22小節、そしておそらく第32〜34小節のアッポッジャトゥーラは（第36〜37小節に記譜されている十六分音符と同じ長さにせずに）短いアッポッジャトゥーラとして弾かれるべきです。これに関しては249ページ以降にある「同音反復に先行したアッポッジャトゥーラ」の説明も参照してください。

　ヴァイオリンの第13〜15小節の楽譜は以下の通りですが、同じ音の反復である四分音符に先行するアッポッジャトゥーラは短く弾かれます。これはテュルクが述べる「*何度も繰り返される同一音高の音符の前［についた前打音］は、すべて不変的ないしは短い*」「*スタッカートで短く奏されるべき音の前〔についた前打音〕は、すべて不変的ないしは短い*」という規則[10]にも合致します。

■ 例5/78

　《ピアノソナタイ長調K.331》第1楽章第6変奏第4小節（第112小節）のアッポッジャトゥーラも同じ理由から短く弾かれます。テュルクによる「*スタッカートで短く奏されるべき音の前〔についた前打音〕は、すべて不変的ないしは短い*」という規則が適用される例は、同じ第6変奏第15〜16小節（第123〜124小節）に見受けられます。

声楽のアッポッジャトゥーラ

　アクセントのある経過音のひとつですが、特殊なパターンと言えるでしょう。しかしピアノをきちんと習った者なら、誰でも出会ったことがあるはずです。「声楽のアッポッジャトゥーラ」として知られており、書かれた音以外のピッチで歌われます。イタリアの正式な記譜習慣に準じたものですが器楽作品にも出現するため、本書でも言及しなくてはなりません。19世紀に至る伝統によれば、この種のアッポッジャトゥーラを正しく処理する

---

10) D.G.テュルク、255〜256頁。

ことは必須であり、趣味の問題として回避できることはまれです。ベルンハルト・パウムガルトナーは、次のように説明しています。

> モーツァルトの古典的なパッセージには、誤って用いると音楽の様式に対する甚だしい冒涜とみなされるに違いない多くのアッポッジャトゥーラが含まれている。モーツァルトの時代には、それ以前とそれ以後の長きにわたる時代と同じく、このアクセントのある経過音がしばしば用いられた。その頻度は、今日もっとも情熱的にアッポッジャトゥーラを推奨する人たちの推測をもはるかに越えたものだった[11]。

声楽アッポッジャトゥーラに関する包括的な議論は、最近出版されたフリードリヒ・ノイマンの『モーツァルトにおける装飾と即興 Ornamentation and Improvisation in Mozart』(p.16以降)に掲載されています。議論の余地が残されているケースもないわけではありませんが、歌手たちはノイマンの挙げた例を注意深く研究するよう、心から推奨します。

この種のアッポッジャトゥーラは、レチタティーヴォで(そしてしばしばアリアでも)とりわけフレーズ(やセクション)の末尾が同じ音程の2音となっている際に用いられます。この場合、2音のうち先行する音は、ほぼ常に譜面に書かれた音程よりも1音(もしくは半音)高く歌われるのです。《フィガロの結婚K.492》第4幕のレチタティーヴォを見てみましょう。

■ 例5/79

mo-men-toという歌詞のところをh^1音-c^2音という上行アッポッジャトゥーラで処理することも理論的には可能ですが、歌手はおおむね上からのアッポッジャトゥーラを好みます。affan-noやmi-oのところでも、上からのアッポッジャトゥーラが適切でしょう。しかし、とりわけ重要かつ説得力があるのは、＊印で示された箇所です。ここの3度跳躍は旋律的に埋められなければなりません。書かれた音符を盲信し過ぎると、歌い手にこうしたパッ

---

11) Bernhard Paumgartner, "Von der sogenannten Appoggiatur in der älteren Gesangsmusik," p.229ff. からの引用。Kurt Wichmann, Der Ziergesang und die Ausführung der Appoggiatura, pp.185-203 も参照。次の譜例はHans Joachim Moser の Musiklexikon から引用されたもので、Wichmann と Neumann も使用している。

セージを楽譜通りに歌わせてしまうことになります。

　アリアでも（レチタティーヴォよりはまれですが）この種のアッポッジャトゥーラが明らかに使われていたことを証明するために、《コシ・ファン・トゥッテ K.588》の第2幕、フィオルディリージのアリア（第25番、ロンド）の第37～39小節（Allegro moderato の第3～第5小節、およびその後の反復も）を例として採り上げましょう。自筆譜によれば、ここの第1ヴァイオリンは次のように演奏しなければなりません。

■ 例5/80

それに対して、モーツァルトは声楽パートを次のように記譜しました。

■ 例5/81

　4度の下行跳躍のあとに同一音程の音が2個ある場合、そのうち最初の音は書かれている音よりも4度高く歌われるべきでしょう。

■ 例5/82

　《コシ・ファン・トゥッテ》第1幕の三重唱（第1番）からの例（第35～36小節）を見ると、たとえ音程が（ここでの7度のように）広くても、この種のアッポッジャトゥーラが適用されるべきことがわかります。ここでのオーボエはファゴットとユニゾンで次のように演奏します。

■ 例5/83

それに対して歌唱声部は次のように書かれています。

■ 例5/84

　何とこの特別な場合に限って、私どもの亡き友人フレデリック・ノイマンの意見は、我々とは異なるものでした（装飾法の問題について1980年代に彼と交わした多くの実りある議論が、喜ばしく思い出されます）。

　即興的なものと、あらかじめ記譜されている装飾音との問題を論じた多くの出版物が、20世紀最後の数十年に出版されました。どの著作でもイタリア音楽に見られる韻律的アクセントの問題に触れられています。イタリア音楽はモーツァルトの時代の音楽環境の中で中心的な存在だったため、モーツァルトも多くの点でイタリアの習慣に従っていました。北ドイツよりもイタリア、そしてウィーンに、はるかに多くの自由や自主性が存在していたことに疑いはありません。それゆえモーツァルトの記譜習慣を調査する際にはマールプルクやシュルツといった理論家ではなく、マンチーニ、マンフレッディーニ、サリエーリ、コッリなどの理論家にアプローチすべきでしょう。

　声楽のアッポッジャトゥーラは、言葉に宿っている自然な旋律から発展しました。例5/84で扱ったO fuori la spadaを例にすると、楽譜通りに歌うことによって、-ri laのシラブルに旋律上の主要な強調を置くよりも、spada（『剣』）という語に音楽上の強調であるアクセントを与えるほうがはるかに自然です。

　もちろんレチタティーヴォで音がくり返されるたびに声楽アッポッジャトゥーラを使うのは考えものです。それによって音楽がかき乱されてしまう場合もあるし、趣味の問題としての疑問が生じる場合もあるでしょう。ただし次の例のような場合は、a^1音のアッポッジャトゥーラが音楽的な理由から必要だと思われます。

■ 例5/85

18世紀のアッポッジャトゥーラは、しばしばその他の自由な装飾と混合させて使われました。これについては第6章で論じますが、装飾されたアッポッジャトゥーラの好例がフィガロのアリア〈もう飛ぶまいぞ、この蝶々〉に見られます。

■ 例5/86

賢い歌手ならば、もちろん第1ヴァイオリンと同じように歌うでしょう。

■ 例5/87

しかし、歌手はしばしばヴァイオリンや他の楽器に対して不協和となる音も歌わなければなりません。《ドン・ジョヴァンニK.527》第1幕のドンナのアリア〈今こそおわかりでしょう〉がそれです。

■ 例5/88

モーツァルトの時代には確実に行なわれ、また十中八九モーツァルトの意図した効果でもあった小気味よいアッポッジャトゥーラを歌いたがらない歌手が存在するのは、残念でなりません。

器楽作品における声楽アッポッジャトゥーラ

声楽のアッポッジャトゥーラは声楽だけに限らず、レチタティーヴォのようなパッセージをもつ器楽作品にも適用できるでしょう。たとえば《ヴァイオリン協奏曲ト長調K.216》第1楽章第147〜152小節にモーツァルトは典型的な伴奏つきレチタティーヴォを書いていますが、このソロパートは声楽アッポッジャトゥーラとともに演奏すべきだと私どもは確信しています。モーツァルトの時代のほとんどのヴァイオリン奏者は、オペラの実践に

■ 例5/89

第152小節に不協和音が生じてしまいますが、これは次のように演奏されます（第151小節のフェルマータはもちろんわずかに装飾されます）。

■ 例5/90

残念ながらこのパッセージは今なお楽譜通りに演奏されてしまうケースがあとを絶ちません。今日の一部のヴァイオリニストはモーツァルトの時代の慣習に不案内で、テクストに忠実であろうとするからです（g^2音上のフェルマータは、最低でも次の音までの短い連結を即興的に演奏するようソリストをうながすものですが、これについては第7章で論じます）。

《ハフナー交響曲ニ長調K.385》第3楽章〈メヌエット〉の第13〜16小節の第1ヴァイオリンにも同じようなパッセージがありますが、モーツァルトはここのアッポッジャトゥーラは弾かれるべき実音で書きました。おそらく父の忠告に従ったのでしょう。父レオポルトは、すべてのオーケストラ奏者がこの種の装飾法に等しく通じているとは期待していませんでした。

■ 例5/91

　声楽アッポッジャトゥーラには別の形の記譜もあります。見分けるのが難しく、きちんと理解するのも容易ではありません。小さなサイズの音符が同じ高さ（音程）の2音前に置かれている場合、この小さな音符は続く2音のうち最初の音を吸収することがあるのです。

■ 例5/92

18世紀の音楽家にとっては、先行するアッポッジャトゥーラなしで2個のg^1音を書くほうが自然なはずです。しかしそれではモーツァルト時代の歌手はさらに別の装飾を任意に加えたかもしれません。また、この小さなフレーズをg^1音の3度上から始める可能性も排除できません。同じ高さの音符が2個ある場合に最初の音をどの音程で歌うかに関し、歌手にはある程度の自由が与えられていました。しかし小音符が書かれているこの特別な書法の場合には、1度上の音での開始に制限されるのです。

この「小さな音符が、くり返される2音のうち最初の音を"食べて"しまう」という原理を応用したものが、《コシ・ファン・トゥッテ K.588》第1幕のフィナーレに見られます。

■ 例5/94

この2番目の種類の声楽アッポッジャトゥーラのとても教訓的な例が《証聖者の盛儀晩課 K.339》の〈ラウダーテ・ドミヌム〉に見られます。ここで第1拍となるほぼすべての不協和音は小さな十六分音符で書かれています。しかし第36小節でモーツァルトは（おそらく誤って）独唱ソプラノを次のように書きました。

■ 例5/95

編者注：例5/93は編集の都合により省略。

21小節後の合唱のソプラノに同一の旋律があり、次のように記譜されています。

■ 例5/96

独唱ソプラノ、ファゴットと合唱がこのパッセージを同じように演奏することは、ほぼ間違いありません。小さな十六分音符は、十六分音符5個分の長さを引き受けるのです。このパッセージは、イタリアの合唱団のメンバーが指摘してくれたものです。彼らは次のような不安定な唱法に不満を抱いていたのです。

■ 例5/97

「長い声楽アッポッジャトゥーラを歌うスタイルが様式にかなっている」と保証され、彼らは本当に喜んでいました。

　年代的には少し後のことになりますが、こうしたアッポッジャトゥーラの奏法に関する歴史的な証言も存在します。マックス・フリートレンダー（若い音楽史家で、シューベルト歌曲の研究熱心な編纂者でした）によると[12]、シューベルトの友人で有名な歌手ミヒャエル・フォーグルやシューベルトの崇拝者サークルの別の友人たちは、シューベルトの次のような記譜は、

■ 例5/98

必ず次のような意味であり、

■ 例5/99

---

12) 編者注：フリートレンダー編の『シューベルト歌曲集第1巻』の巻末に、編者による後書きに続いて "Über die Vorschläge in Schuberts Liedern シューベルトの歌曲におけるアッポッジャトゥーラについて" という追補が掲載されている。この中で編者が1883年、シューベルトの友人だったフランツ・ラハナーより、ここで指摘されている奏法がシューベルトに準拠したものである確証を得たことを報告している。

こうではないということです。

■ 例5/100

つまり、♪♪ は（当時の音楽家たちにとっては当然のこととして）♪♪ を意味するのです。シューベルトはサリエーリに師事しており、声楽作品の記譜については古いイタリアの習慣を実践していました。

モーツァルトのピアノ作品でこの種の声楽アッポッジャトゥーラは、ごくたまにしか現れません。しかし《ピアノソナタヘ長調K.332》の終楽章第15〜18小節で、モーツァルトはこの種の奏法を意図していたと思われます。

■ 例5/101

この解釈は次の小節、つまりモーツァルトがアッポッジャトゥーラを書き込んでいる第18小節（この場合には上行して解決します）から導かれたものです。あるいは次のように演奏することも可能でしょう。

■ 例5/102

次のように弾かれる可能性はほとんどありません。

《ピアノ協奏曲ニ短調K.466》第1楽章の最初のソロ主題には声楽的に語る性格がありますが、これがもしオペラに出てきたとしたら、モーツァルトはおそらくこう書いたのではないでしょうか。

■ 例5/103

　同じく器楽作品である《ピアノ協奏曲ニ長調K.451》第2楽章でも、こうした声楽アッポッジャトゥーラが意図されていると思われます。

■ 例5/104

　第25と26小節の冒頭はレガートで、それに対して第27小節冒頭の八分音符はノンレガートであることを示すために、モーツァルトはこうした書法を採用したのでしょう。声楽アッポッジャトゥーラによって美しい響きを得られるばかりか、同音が何回も反復されることが回避されます。

■ 例5/105

　これらの例を観察すると「モーツァルトの器楽作品にある同音反復に先行したアッポッジャトゥーラは、十六分音符として書かれることが非常に多かった」という注目すべき事実が明らかになります。音楽的見地から、このアッポッジャトゥーラにモーツァルトが意図していた音価は八分音符に違いありません。《ヴァイオリンソナタト長調K.301》の第1楽章冒頭もその一例です。

■ 例5/106

　もしモーツァルトがアッポッジャトゥーラを八分音符で書いたなら、当時の多くの演奏家は、その時代の習慣に従って四分音符で演奏したでしょう〔例5/92を参照〕。

《ピアノソナタ二長調 K.284》第3楽章第11変奏の自筆譜は次のようになっています。

■ 例5/107

モーツァルトみずからの意志でトッリチェッラ社から出版された初版譜では、ほとんどのアッポッジャトゥーラが普通のサイズの音符で表示されています。

■ 例5/108

第12変奏でもアッポッジャトゥーラはアクセントのある八分音符として演奏されるに違いありません。（b）は、初版譜にあるバージョンです。

■ 例5/109

同じ理由から、《ソナタイ短調 K.310》冒頭の第2小節と第4小節のアッポッジャトゥーラは、八分音符として弾かれます。そしてまさに同じ理由から、ずっと後に作曲されたセレナーデ《アイネ・クライネ・ナハトムジーク K.525》第1楽章第12小節のアッポッジャトゥーラ

■ 例5/110

も、次のように演奏することができます。

■ 例5/111

しかし私たちの耳は、これらの小節がロンバルディア・リズムで処理される演奏に慣れ親しんでいることを告白しなければなりません。それもとても魅力的だと思います。

■ 例5/112

結局のところ「反復される四分音符の前に置かれた十六分音符のアッポッジャトゥーラをどのように弾くか」という問題を解決できる万能ルールは見つけられないのです。モーツァルトが、上方に解決するアッポッジャトゥーラを通常は装飾音としてではなく、通常の音符で書いていたことは事実です。複数のケースの検証から、その意図がしばしばスコットランド・スナップあるいはロンバルディア・リズム――つまりアクセントのある十六分音符のアッポッジャトゥーラにあることが結論づけられます。たとえば《ピアノ協奏曲ト長調K.453》の第1楽章第97小節以降には、次のように記譜されたリズムが見られます。

■ 例5/113

また《ピアノ協奏曲ハ長調K.246》の第1楽章第64小節ではこうです。

■ 例5/114

このことから《ヴァイオリン協奏曲ト長調K.216》のヴァイオリンソロ冒頭でもモーツァルトが同じリズムを求めていたと推測できるのではないでしょうか。

■ 例5/115

この第39小節の第1拍は  であって ではないのです。後者のように弾くべきなら、第40小節のように八分音符で記譜することもできたはずです。とは言うものの、あまりに細かなことにこだわり過ぎるのも考えものでしょう。作曲家たちは、同じ楽想でもそれをさまざまな書法で記譜しているからです。

複音アッポッジャトゥーラ

モーツァルトは複音アッポッジャトゥーラを、アクセントのない単音アッポッジャトゥーラと同じように扱っていました。これらが先取されるのかどうかという問題に対しては、これまた一般的な答えはありません。本書205や229ページで触れたJ.C.F.レルシュタープの記述は、18世紀後半がこの点に関しては移行期にあったことを示しています。

本章ですでに述べたように、ミルヒマイヤーの『クラヴィーア教本 Clavierschule』（1797年）は、ためらうことなく先取する奏法を推奨しています。

■ 例5/116

ミルヒマイヤーの革新的なアプローチは、テュルクが出版した1802年の『クラヴィーア教本』第2版（p.272）の中で激しく反駁されました[13]。テュルクが——ミルヒマイヤーを論破するために——ハイドンやモーツァルトのピアノ作品から例を引いているのは、とりわけ興味深いことです。テュルクは、モーツァルトの《「リゾンは眠った」による変奏曲 K.264》から第8変奏の第24小節を引用しています。

---

13) 編者注：邦訳は1789年の初版を底本としているので、該当する部分は掲載されていない。

■ 例5/117

(左手は実際より1オクターヴ高く表示)

もしこのアッポッジャトゥーラを先取すれば、aとgの間で並行8度が生じます。それゆえfis^{2}は、わずかにアクセントをつけて拍上で弾かなければなりません（テュルクの『クラヴィーア教本』第2版 p.271〜272の第281〜282段落にある、他の例もぜひ研究してください）。

　理論は実践よりも一世代遅れる傾向があるので、ミルヒマイヤーの見解はモーツァルトの音楽の多くに適用できるでしょう。しかし私どもは、一般的にはレオポルト・モーツァルトによる妥協案をお薦めしたいと思います。これは「短いアッポッジャトゥーラをアクセントなしで、しかし拍上で演奏する」というものです。これによって旋律的にも良好な効果が得られ、真のルバートが生じます。モーツァルトが意識的に古い様式で書いている際には、このような装飾の処理を特に推奨します。

　《ピアノ協奏曲ト長調K.453》第2楽章には、アンシュラーク Anschlag あるいはユーバーヴルフ Überwurf と呼ばれる装飾が見られます。モーツァルトよりも前の世代はこよなく愛用したものの、モーツァルト自身はまれにしか使わなかったパターンです。

■ 例5/118

　ここでは私どももテュルクやクレメンティと同じく、この装飾を拍上で弾くことを推奨します。

■ 例5/119

　《ピアノソナタヘ長調K.533/K.494》の第2楽章は3声ポリフォニーで書かれ、拍上の複音アッポッジャトゥーラが散見されます（第3小節や第13小節など）。ここでは主音にアクセントをつけることを特にお薦めします。そうすれば、装飾がぎこちなく響くことはあり

ません。再現部（第85小節）の初版譜で、この装飾（左手冒頭にある3音の複音アッポッジャトゥーラ）は次のような位置に印刷されています。

■ 例5/120

視覚的にとらえられるリズムは、私どもの見解を支持していると思います。さらに、c^1音への複音アッポッジャトゥーラのうちアクセントのあるh音は、拍上で弾かれたときにのみ最大限の効果を発揮するのです。同様に《ピアノ協奏曲変ロ長調K.450》の第2楽章最終小節における装飾も、間違いなく拍上で演奏されなければなりません。レオポルト・モーツァルトは、この種のすべての複音アッポッジャトゥーラ（音符の真上に書かれているターンを含めて）をモルデントと呼びました。

速くそして静かに、言わば主要音がつかみとられるや、すぐさま消える装飾音、つまり主要音をだけ強く響かせるような、2音、3音、あるいはそれ以上の短い装飾音を、モルデントと呼ぶ[14]。

しかし《ロンドイ短調K.511》冒頭にある3音の装飾は、例外としての議論が必要でしょう。

■ 例5/121

上述の規則によれば拍上で弾かれるべきなのですが、（すでに別の箇所で推奨したように）すばやく静かに（つまりアクセントなしで）処理されなければなりません。

■ 例5/122

---

14) L.モーツァルト、235頁。

しかし、ここでいくつかの問題が生じます。あまりにゆっくり弾くと、付点のついたシチリアーノのリズムが失われてしまうのです。

■ 例5/123

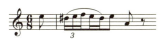

この場合には、次のようにリズムを鋭くすることを通じた調整も可能です。

■ 例5/124

しかし速いテンポで演奏しても、この形での処理は望ましくない弱拍へのアクセントを生じさせてしまいます。

■ 例5/125

楽譜の表記：

理論上は正しくとも疑問が残る処理：

このアッポッジャトゥーラは間違いなく、ミルヒマイヤー風に先取したほうがより説得力をもって響きますし、演奏も簡単です。

■ 例5/126

おそらくこの理由から、エトヴィン・フィッシャーはこの作品にあるすべての複音アッポッジャトゥーラを先取して弾いたのでしょう。結果として耳にとても心地よい演奏となりました。最良の解決法は中間の道だと思われます。つまり冒頭の主題やその再現箇所では

程度の差こそあれ拍上で処理する一方、ヘ長調の部分（第31〜54小節）では先取して演奏するというものです。

時として反行ターンと呼ばれるこの装飾（テュルクは1802年の『クラヴィーア教本』第2版で、シュライファー Schleifer あるいはクレ Coulé と呼んでいます）がフレーズの中間に現れる場合には、あたかも後打音（レオポルト・モーツァルトの著作、および1789年に刊行されたテュルクの『クラヴィーア教本』第1版ではナッハシュラーク Nachschlag と表現されています）のように先取すると良いでしょう。《2台ピアノのためのソナタ ニ長調 K.448》第2楽章冒頭に典型的な例が見られます。

■ 例5/127

（第3小節のターンも同じ位置にあることに注目してください。）

同じことは《4手のためのソナタ ヘ長調 K.497》第2楽章第21小節から始まるカンティレーナにもあてはまります。

■ 例5/128

このような場合に先取・拍上双方の可能性があることは、テュルクでさえ認めています（1802年の第2版、p.262）。

《ピアノ協奏曲 変ホ長調 K.271》第2楽章、第62、68小節には独特な装飾がつけられています。

■ 例5/129

音楽的な展開を維持するために、第62小節はおそらく次のように弾くべきでしょう。

■ 例5/130

先行する第61小節については、すでに論じたように（209ページの例5/1を参照）第3拍にあるふたつのアッポッジャトゥーラを先取すべきことに留意してください。他方で──のちに解説しますが──トリルの前にある装飾音は、ほぼ例外なくアクセントのある拍上のものとして処理されます。第61小節や第67小節のように、主音自体が不協和な音であっても同様です。

《ピアノ協奏曲変ホ長調K.482》第2楽章第8小節の装飾は、バロック時代のシュライファー（スライド）のなごりです。これも、拍上での演奏を推奨します。

■ 例5/131

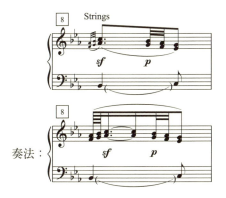

バスのB音に対する旋律のc^2音は、モーツァルトの時代としてはとても耳障りな不協和音を構成します。この装飾には、それを聴き手にとって多少なりとも緩和する意図が込められていたのでしょう。

　モーツァルトの初期作品のほとんどでは、こうした装飾を拍上で弾くのが正しい奏法となります。たとえば《ピアノソナタハ長調K.279》第2楽章、第1、11、12、13小節を参照してみましょう。テュルク（1802年の第2版、p.272）は次のような処理を推奨しています。

■ 例5/132

アルペッジョ

　ハイドンやベートーヴェンのように、モーツァルトもアルペッジョを今日一般的な波線ではなく、和音に重ねて書かれた斜線で示しました。「斜線は誤解されやすい」というもっともな理由から、斜線による表示は現代のほぼすべての印刷譜で波線に置き換えられています。斜めの線は南ドイツ、オーストリア、イタリアでは単純なアルペッジョを意味したのに対し、北ドイツではアッチャッカトゥーラを意味しました。これは、書かれた和音の構成音の間に不協和な音がすばやく挿入されるものです。たとえば例5/133では、バッハの装飾法に習熟したピアノ奏者ならばd^2音とf^2音の間にe^2音を弾くでしょう（事実、そのような誤った解釈が、ワンダ・ランドフスカによるモーツァルトの録音に見られます）。

　左手にある和音や保続音に対して右手にアルペッジョもしくはアルペッジョのような装飾がある場合、アルペッジョ和音の一番低い音は、テュルクが要求するように（1802年の第2版、第6章第4節第364段落、p.272）、左手と同時に鳴らされるべきだと私どもも思います。そうした例が《ロンドへ長調K.494》の第51、53、59小節にあります。

■ 例5/133

　モーツァルトは右手のアルペッジョを小さな三十二分音符で表記し、それらが保持されることを示唆する付点四分音符は書きませんでした（「奏法」と比較）。それに対し《ピアノソナタイ短調K.310》第1楽章第49小節では別の書法を選択しています。左手の和音の記譜については、これをアルペッジョと解釈することも可能ですが、モーツァルトがそう考えていたとは思えません。

　アルペッジョの別の例は《ピアノソナタイ長調K.331》第2楽章第1小節に見られます。

例5/134

 奏法：

私どもは同じ楽章の第11小節にも例5/134で右側に示した奏法を推奨します。

　他方、左手のアルペッジョは、同じソナタK.331の第3楽章〈ロンド・アッラ・トゥルカ〉（第25小節以降など）でのように、しばしば先取して演奏されるべきです。また《ピアノ協奏曲変ロ長調K.595》第1楽章第95小節のように両手に同時にアルペッジョがある場合にも、装飾音は先取されるべきです（ここではすべての音を指で保持するのではなく、小節冒頭でペダルを踏み、アルペッジョの頂点で手を鍵盤から離すと美しい響きが得られるでしょう。和音としての響きはペダルによって確保されます）。

　しかし、例外もいくつかあります。J.P.ミルヒマイヤーがアルペッジョを先取して弾くことを推奨したのに対し、初期の理論家の多くは拍上に弾かれるべきだと述べています。アルペッジョを先取してはいけないことを証明するために、テュルク（1802年）はモーツァルトのヴァイオリンソナタから教訓的な例を引用しました。たとえば《ヴァイオリンソナタト長調K.379》の第1楽章第19〜20小節です。

例5/135

このパッセージについて、テュルクは次のように書いています（1802年の『クラヴィーア教本』第2版、p.272）。

　さらに、ミルヒマイヤーが要求したようなやり方で弾くのが不可能なことさえある。［…］というのは、いったい誰がこの分散和音を、〔第19小節の〕残された時間内で弾けるというのだろうか。ここにつけられた f も、d^1 音が強拍に来ることを示している。

加えてテュルクは《ヴァイオリンソナタ変ロ長調K.454》の第2楽章からの例も引用して

います。

■ 例5/136

テュルクによれば、次のような演奏は誤りです：

テュルクの提案にならって、このアルペッジョを拍上で開始することをお薦めします。

ターン

音符の真上に表記されているターン

　ターンの記号が音符の上に書かれている場合、（たとえばC.P.E.バッハが表明したような）古い規則によれば、ターンは上方隣接音から開始される3音で構成され、拍上で演奏されます。《ヴァイオリンソナタ変ロ長調K.378》の終楽章冒頭を見てみましょう。

■ 例5/137

　ターンは、モーツァルトからショパンに至る音楽で好まれた装飾です。ワーグナーでさえ（〈愛の死〉で！）使いました。ターンは、音列を優美かつ表情豊かに連結する助けとなり、**いつも**上方隣接音、つまり書かれた音より1音高い音から開始されます。

■ 例5/138

ターンを主音で開始する奏法は、19世紀の終わり頃に導入されたものです。一部の音楽家はモーツァルトのターンを誤って5音で弾いていますが、奇妙です。そしてこの誤った奏法は、なんと21世紀に入っても実践されているではないですか！下記に、モーツァルト作品における典型的な例をもとに、ターンの正しい奏法と誤った奏法を示します。

1．《ヴァイオリンソナタト長調K.379》第1楽章のアレグロセクション（第50小節以降）

■ 例5/139

2．《ピアノ協奏曲ニ短調K.466》第2楽章第14小節（第1ヴァイオリン）

■ 例5/140

3．《幻想曲ハ短調K.475》第115小節

■ 例5/141

ターンが比較的速いテンポで移行する2音の間に置かれている場合、それが主音開始の装飾のように聞こえることがあります。《ピアノ協奏曲ニ短調K.466》第1楽章展開部のソロ、第194小節にその例が見られます。

■ 例5/142

これは、時として次のように聞こえることがあります。

■ 例5/143

しかし、これは演奏者の誤りだと思います。音楽的に説得力のあるやり方で弾くとすれば、ターン自体は周囲の音よりも軽く響き、ほんの少しあとで開始されます。

■ 例5/144

おおよその奏法：

（モーツァルトの自筆譜においてこのターン記号は少し左寄りに書かれており、ほぼf^2音の上にあ

ります。しかし数小節後にある同様の音型では最初の2個の音の間にターン記号が書かれていることから、すべての編纂者は第194小節のケースをモーツァルトの誤記とみなして印刷譜を整備しています。）

　モーツァルトは ∾ 記号に頼らず、より多くのケースでは音符を使ってターンを記譜することによって望ましい奏法を指示しています。彼は一回だけ19世紀の様式でターン風の装飾を書きました。それは《ピアノ協奏曲変ホ長調K.449》第2楽章第107～108小節にあります。

■ 例5/145

　おそらくモーツァルトは、頻繁にターンを反復することから生じる単調さを避けるためにこうした装飾を使ったのでしょう。レオポルト・モーツァルトは、この装飾を半トリルHalbtrillerと呼びました（『ヴァイオリン奏法』邦訳159～160ページも参照）。レオポルトによれば、これは拍の前に弾かれなければなりません。

　ハイドンのソナタに時おり見られ、テュルクやミルヒマイヤーなどが説明している当時一般的だった表記法をヴォルフガングが決して使わなかったことは、注目に値します。

■ 例5/146

《ヴァイオリンソナタイ長調K.305》第2楽章冒頭に見られるモーツァルトの記譜は全作品の中でも独特で、例外的な存在です。おそらくこの装飾はハイドン風に演奏されるよう意図されていたのでしょう。

■ 例5/147

　　　おそらくこのように弾かれます：

　モーツァルトがターン内に臨時記号を記したことはほとんどありません。しかし長調の属音や多くの中音（第3音）上にターンがつけられる場合に、装飾に含まれる下方隣接音が半音上げられる（シャープがつく）のは明らかです。短調では主音上のターンに含まれる下方隣接音が半音上げられ、下属音や属音上のターンでも同様の処理が行なわれます。

　ターンを先取して弾くほうが良い場合もあります。とりわけ主音にリズム上の明確なアクセントが必要とされる時に推奨されます。《ピアノ協奏曲変ロ長調K.450》終楽章の第113〜117小節はその一例です。

■ 例5/148

　装飾される音の上にあるスタッカート記号はモーツァルト自身が書いたもので、楽章冒頭の小節にも現れます。ターンを拍上で演奏すると

■ 例5/149

となりますが、これでは第113小節のターンと次のc^3音との間にレガートが生じてしまいます。モーツァルトは音を分離するよう指示しているのですから、ターンはわずかに先取されなければなりません。

　《ピアノ協奏曲変ホ長調K.482》第2楽章第33小節には、小さい音符で書き込まれたターンがあります。

■ 例5/150

ここでは先取することを提案します。

■ 例5/151

こうした先取的な奏法が必要となる好例は《2台ピアノのための協奏曲変ホ長調K.365》の第1楽章第247〜248小節に見られます。

■ 例5/152

しかし《ピアノ協奏曲変ホ長調K.482》第2楽章第47小節のターンは、拍上で演奏したほうが良いでしょう。

■ 例5/153

 奏法：

　最後の2例における奏法の差は、ターンが拍節内のどこに置かれているかによって生じているのです。

　3個の小音符グループが強拍の前に書かれている場合、これはしばしば2音間のターンと等しいものになります。《4手のためのピアノソナタハ長調K.521》第1楽章第92小節にあるパッセージがその例です。

■ 例5/154

《ピアノ三重奏曲ト長調K.496》終楽章の主題では、先取するほうが良さそうに感じられます。

■ 例5/155

《「女ほど素敵なものはない」による変奏曲K.613》の第8変奏にあるターンは、理論的には次のように2拍目の裏で演奏可能です。

■ 例5/156

しかし、もしモーツァルトがこのような奏法を望んでいたなら例5/157のように3個の小さな音符を書くのではなく、弾かれるべき音を例5/156のように通常サイズの音符で書き込んだか、あるいは ∞ 記号を用いただろう、というのが私どもの推察です。このターンも先取すべきケースのひとつではないでしょうか。

■ 例5/157

最後に、ターン奏法の他の可能性について考察しなくてはなりません。これはどの教科書でも触れられていない解決方法で、(ベートーヴェンの作品でも用いることのできる) とて

も上品な、先取的奏法と拍上での奏法との妥協案です。《ピアノ協奏曲変ロ長調K.595》の第3楽章、第122小節と第261小節のフルートパートにある演奏困難なターンについて、私どもが推奨する奏法がこれにあたります。メリットは明らかです。旋律は小節線を越えて滑らかに流れ、それと同時に付点リズムも維持されます。

■ 例5/158

こうした装飾では拍節の図式に合致する奏法を探究するよりも、これらにアクセントがつかないよう注意することのほうが大切です。これらの音列は、続く主音に優しく連結させなくてはなりません。

2音間のターン

ターンが音符の真上に書かれているのか、あるいは右側にずれているかを正確に判断できない場合があります。そのような場合には自らの音楽的な趣味を頼りにするしかありません。《ピアノ協奏曲変ホ長調K.482》第2楽章第154小節におけるターンはおそらく誤った場所に指示されたもので、おそらくは最初の音の後に奏されるべく意図されていたと思われます。

■ 例5/159

2音間に位置するターンは3音ではなく常に4音で構成され、多くの場合はできるだけ遅いタイミングで、前後の音よりずっと軽く弾かれます。鍵盤を底まで押し下げてしまわず、

表層から3ミリを超えない程度の深さで打鍵すれば、そのようなタッチが得られるでしょう。

■ 例5/160

ゆっくりとしたテンポで弾かれる場合：

《ピアノソナタニ長調K.576》第2楽章冒頭で、モーツァルトはこの装飾の奏法を音符で表示しています。もっと速いテンポでは次のように演奏されます。

■ 例5/161

そしてとても速いテンポではこうなります。

付点音符のあとのターン

　付点音符のあとに書かれているターンは、付点によって音価が増加する前に処理されます。

■ 例5/162

この規則は、モーツァルトがターンを小さい音符で書いた時にも当てはまります。たとえ

ば《2台ピアノのための協奏曲変ホ長調K.365》の第1楽章第61小節を参照してください。

■ 例5/163

《ピアノソナタへ長調K.332》第2楽章の冒頭にも同様のパターンがあります。

■ 例5/164

付点音符のあとに書かれているターンをこのように処理することは、ミルヒマイヤーをはじめとする同時代すべての文献に見られる規則によって支持されます。ただしターン最後の音となるd^2と、それに続くes^2音にアクセントはつきません。

　モーツァルトが好んだ定型的な語法のひとつが《幻想曲ハ短調K.475》の第58、62小節に見られます。

■ 例5/165

《ピアノ協奏曲ニ長調K.451》第2楽章第56小節や《ピアノ協奏曲ハ長調K.467》第2楽章第62小節も同様です。

　モーツァルトの初期の作品においては、しばしばターンのみを意味するトリル記号が用

いられていたことにも注目しなくてはなりません。《ピアノ協奏曲変ホ長調K.271》第3楽章第99小節を見てみましょう。

■ 例5/166

このターンは付点音符より先行して始めなくてはなりません。《「ああ、お母さん、あなたに申しましょう」による変奏曲K.265》の第2変奏冒頭でも、彼はターン記号の代わりに **tr** を書きました[15]。

　いくつかのケースでは、レオポルト・モーツァルト[16]やテュルク[17]が提案しているように、付点リズムを鋭くすることも考えられます。

■ 例5/167

こうして音を鋭くすべき好例が《4手のための変奏曲K.501》に見られます。ト短調の第4変奏の冒頭にある次のパッセージです。

■ 例5/168

　付点音符のあとに続く短い音符が1音ではなく2音の場合、ターンを拍節のどこで弾くかに関する差違が生じます。これらの短い音にアクセントがある場合（a）とない場合（b）の解決策をまとめましょう。

　（a）アクセントがある場合、ターンは短い音の直前に来ます。《ピアノソナタハ長調K.330》第3楽章第21小節にその一例があります。

---

15) 編者注：自筆譜に書かれているが、『新モーツァルト全集』ではなぜか省略されている。
16) L.モーツァルト、44～45頁。
17) D.G.テュルク、330頁。

■ 例5/169

あるいは《ピアノソナタハ短調K.457》第2楽章第47小節です。

■ 例5/170

《ピアノ協奏曲ハ長調K.503》第3楽章第171小節（オーボエ）に見られるモーツァルトの記譜も参照してください。

（b）これらの2音にアクセントがない場合には「付点音符のあとのターン」に準じる規則をあてはめれば、最良の音楽的結果がもたらされるでしょう。モーツァルト自身が《ロンドヘ長調K.494》第101小節にこれを音符で書き込んでいます。

■ 例5/171

次の書法もまったく同じことを意味します。

■ 例5/172

ここから明らかになる奏法からすれば、《ピアノソナタ変ロ長調K.333》第2楽章第50小節にあるターンも同じように滑らかに*cantabile*で処理するのが効果的でしょう。

■ 例5/173

推奨される奏法は以下の通りです。

■ 例5/174

《ピアノ協奏曲ニ長調K.451》第2楽章第56小節はこのようになっています。

■ 例5/175

モーツァルトが姉に送ったこのパッセージの装飾には、次のようなターンが含まれています。

■ 例5/176

同様の奏法は《ピアノ協奏曲変ホ長調K.449》の第2楽章でも推奨されます。

■ 例5/177

《ピアノ協奏曲ニ短調K.466》の第2楽章第4小節はこうなっています。

■ 例5/178

奏法に関しては3種類の異なる可能性があります：

これらのうちのどれが絶対に正しい、との断言はできませんが、私どもは「モーツァルトは（a）を好んだ」と推測します。なぜなら《ロンドへ長調K.494》の第101小節に、モーツァルトがこの装飾を通常の音符で表記した例があるからです（例5/171を参照）。すべてのバージョンのうち、これが落ち着いていて明瞭です。（b）は現代の演奏家が好む奏法ですが、良い響きを得られるのは、三十二分音符での装飾がその後の十六分音符よりはるかに軽く弾かれた場合のみです。最後の十六分音符が明瞭に弾かれないと、聴き手に次のような誤ったリズムの印象を与えてしまうのです。

■ 例5/179

《ソナタイ長調K.331》第1楽章の第5変奏（アダージョ）の第13小節にある、付点音符のあとのターンに手こずるピアニストが少なくありません。

■ 例5/180

しかしすでに触れたケース（例5/164として挙げた《ソナタへ長調K.332》の例を参照）と同様に、4個の小さな音符のうち最後の音（cis^2）は、疑いなく十六分音符として処理されます。

■ 例5/181

（続く第14小節では装飾の構成音が3音だけとなり、遅滞することなく次の音符へ連結されます。）

　二重付点音符のあとには次の奏法が推奨されます。《ソナタハ短調K.457》第2楽章第4小節を例として見てみましょう。

■ 例5/182

第17、20、41小節にある類似箇所で、モーツァルトが付点リズムを通常の十六分音符を伴う形で書いているのは興味深い事実です。おそらくここも二重付点で弾かれることが自明だと思っていたからでしょう。
　次の例では、ターンをどのように弾くべきかがモーツァルト自身の記譜によってはっきりとわかります（《ピアノソナタニ長調K.311》第3楽章、第159と161小節）。

■ 例5/183

モーツァルトはこの楽章の記譜を明確に表示しようと努めており、第21小節と第23小節はこう書かれています。

■ 例5/184

もっとも明瞭なのは第163小節の書法です。

■ 例5/185

これら3種類の記譜法すべてから、ほぼ同じ奏法が導かれます。

最後にあらためて「ターンは繊細かつ生き生きした表現で演奏されなければならない」というポイントを指摘しておきたいと思います。演奏者の指は稲妻のようなスピードで反応しなければなりません。繊細な装飾であっても、通常は4音のうち最初の音がわずかに強調されます。

トリル

トリルの冒頭

トリルの開始音に関しては、演奏家とその指導者たちの中に今なおふたつの異なる流派があるようです。トリルには導入音が必要だと考える流派と、不要だと考える流派です。具体的に説明すると「トリルは常に上方隣接音で始まるべきだ」と信じているグループと、「すべてのトリルはトリル記号がつけられている音、つまり主音から始まるべきである」と確信しているグループです。これら2種類のトリルはどのような形をしているのでしょうか[18]。

導入音のあるトリルを18世紀の実践に従って書けば次のようになるでしょう。

■ 例5/186

アッポッジャトゥーラの表記なし：

---

18) Paul Badura-Skoda, "Mozart's Trills"; Frederick Neumann, *Ornamentation and Improvisation in Mozart*, pp.104-135; Sandra Rosenblum, *Performance Practices*, pp.239-259 を参照。

現代の記譜法に準じた書法：

通常の奏法：

この種のトリルには、一定の鋭さと輝かしさが宿っています。アッポッジャトゥーラの連続とその解決として分析できることから、保守的な理論家たちも満足です。

■ 例5/187

デメリットは「上方隣接音（上記の例ではe^2音）にアクセントがあるため、旋律の流れを曖昧にしてしまう場合がある」という点です。とりわけ上行音階ではトリルの開始音が旋律として続く音を常に先取してしまうので、音列の方向感覚が若干曖昧になってしまうことがあります。

いっぽう、上記の例を次のように導入音なし、つまり主音開始のトリルとして奏すると、

■ 例5/188

旋律の輪郭がかなり明確になります。しかしその印象は、上方隣接音開始のトリルより明らかに鈍いものです。なぜなら、アクセントのある不協和音がもつ小気味よい鋭さが失われてしまうからです。

18世紀後半の理論的な原理をモーツァルトに無批判に適用してしまえば、トリルの始め方に関する問題は消滅します。理論家たちのほぼ全員が一致して、上方隣接音からの開始を支持しているからです。通常、学生たちは一般的な規則として「18世紀のトリルは上方

隣接音から開始する習慣があった」、そして「主音開始のトリルは19世紀に入ってから一般的になった」と教えられます。

すでに指摘したように、18世紀後半の年代には理論と実践の間に大きな溝がありました。理論家たちの主張は多くの場合において最新の実践を反映したものではなく、少なからぬ矛盾が生じていたのです。タルティーニ（1692～1770年）は生徒への有名な手紙で、トリルを主音から始めるべく推奨していますが、『アッポッジャトゥーラ論Trattato delle appoggiature』では上方隣接音を推奨しています[19]。また1736年生まれのJ.G.アルブレヒツベルガーはピアノ教本『クラヴィーア芸術の基礎Anfangsgründe der Klavierkunst』で、次のように主音から始めることを薦めています（当時としては新しい考えでした）。

■ 例5/189

アルブレヒツベルガーはオルガン奏者、作曲家、教師としてウィーンで活動し、ハイドンやモーツァルトの友人で、これ以外にも重要な慣習に言及しています。日付のない草稿で（楽友協会古文書館、VII-14372）、彼は次のように書きました。

［…］長いトリル♩あるいは♩は、そこに2個の音符が書かれているかどうかにかかわらず、ターン〔後打音〕で終結しなければならない。

これと同じ意見がG.S.レーラインの論文（第4版、1782年）やミルヒマイヤー（1797年）でも表明されています。アルブレヒツベルガーはトリルの例としてこれひとつしか挙げていませんが、例外としてではなく、一般的な規則として提示しているのです。

ウィーンのクラヴィーア教本で、主音から開始されるトリルが標準形として定められているのは、モーツァルトの弟子J.N.フンメルが1828年に出版したものです。フンメルは自

---

19) この問題については、Beyschlag, p.145 も参照。
編者注：例5/190は著者の指示により省略。

分の規則がまったく新しいものだと主張していますが、これは明らかに誇張です。1797年のミルヒマイヤー、そして1801年のクレメンティ〔本書208ページに挙げたクレメンティの装飾一覧表を参照〕も、主音から始めるトリルを支持しています[20]。

サンドラ・ローゼンブルームは「自動オルガン用のシリンダーに収録されたハイドンの諸作品では、多くのトリルが上方隣接音から開始されている」と述べています（『演奏実践 Performance Practices』p.243）。トリルを主音から始める習慣は、偉大なピアノ教師チェルニーが《クラヴィーア教本》op.500（1839年）を発表するまで広く普及していなかったように見えますが、演奏の現場ではその時点までに、すべてではなくともほとんどのピアノ奏者が——ショパンという注目に値する例外は別として——トリルを主音で始めていたと思われます。

理屈はさておき、モーツァルトの作品自体に視点を戻しましょう。私どもの見解では、トリルを主音でしか始められないパッセージがたくさん存在するのです。だからと言って「モーツァルトが自分のトリルすべてをそのように始めた」と証明されるわけでは決してなく[21]、上方隣接音から開始したほうが適切だと思われるケースが数多くあります。また、どちらの奏法も可能な中立的ケースも枚挙にいとまがありません。焦点は「どちらの奏法が標準で、どちらが例外なのか」ということですが、同時代の証拠が潤沢に発見できないため、残念ながらモーツァルト自身のトリル奏法に関する確実な解決法はないようです。

私どもはモーツァルト時代のすばらしい証言として《アンダンテヘ長調K.616》が18世紀のフルート時計Flötenuhr（自動オルガン）で演奏されるのを聴くことができました。そこでは冒頭のトリルを含め、ほとんどのトリルが主音で開始されていたのです。この楽曲がもともと自動オルガンのために作曲されたという事実から「この奏法はほぼ確実にモーツァルトの意図を反映したものである」と言えるでしょう。そこには少数ながら上方隣接音から始まるトリルもあったので、私どもの推察——この時期は移行期であって、トリルの奏法には一定の自由が許されていたという考え——は確証されたと思います。自動オルガンの製造者は明らかに生演奏を再現しようとしていたことを忘れてはなりません。そのひとつであるこのフルート時計からは、楽譜にきわめて忠実で厳格な拍子を遵守した演奏と並行して、パッセージには繊細なルバートが付加されていることも認められます。

---

20) James H. Dee, "Mozart's Trills, Some Eighteenth-Century Evidence," p.24を参照。
21) W.A.モーツァルトJr.の弟子エルンスト・パウアー（1791〜1844年）はすべてのトリルを主音から始めたと伝えられているが（Beyschlag, p.177）事実ではない。伝承の内容の真偽を問題にする場合、2世代も隔たった時間差はあまりに大き過ぎる。モーツァルトの息子でさえ父のことをほとんど知らなかったのだから！

主音開始のトリル

単に例を示すだけでなく、トリルが主音開始であることを判断するための「経験則」も紹介しましょう。

1. レガートのパッセージ内で、トリルの直前に1音高い音がある場合

《2台ピアノのための協奏曲変ホ長調K.365》第1楽章第154小節にその一例が見られます。

■ 例5/191

《「主よ、幸いあれ」による変奏曲K.398》の第5変奏、第12小節にもあります。

■ 例5/192

《デュポールのメヌエットによる変奏曲K.573》のコーダです。

■ 例5/193

あるいは《ピアノ協奏曲変ロ長調K.595》第1楽章第114小節(および第116、276、278小節)です。

■ 例5/194

2. シュライファー（スライド）のような3個の上行音あるいは下行音にトリルが続く場合

　これらの音型はバロックの装飾  から発展しました。モーツァルトがこの装飾を使っていたことが、いくつかの例からわかります。
　《ピアノソナタ変ロ長調K.333》第3楽章第198小節です。

■ 例5/195

《ロンド ニ長調K.485》第52小節（と第135小節）です。

■ 例5/196

おおよその奏法：

《「仔羊のように」による変奏曲K.460》の、アダージョ変奏（第8変奏）直前にあるカデンツァ最後の部分です。

■ 例5/197

（バスパートによる動機の模倣に書かれている旋律ラインに注目してください。）

モーツァルトは《ピアノ協奏曲変ロ長調K.450》第3楽章のカデンツァを次のようなトリルで締めくくっていますが、これも主音から始めるべきでしょう。

■ 例5/198

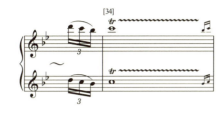

3. トリルが不協和な音の上に位置する場合

《ピアノ協奏曲変ホ長調K.482》第2楽章第167小節（および第151、173小節も）がその例です。

■ 例5/199

ここではas^2音と掛留音g^1の衝突が最優先されなくてはなりません。このトリルを上方隣接音（b^2音）から始めると、「アクセントがつけられるべき不協和な音へのアクセントがなくなってしまう」という、まさに18世紀の理論が避けようとした結果をもたらしてしまいます。

同様に《ピアノ協奏曲変ロ長調K.450》第1楽章へのモーツァルトによるカデンツァのトリルも、主音開始が推奨されます。

■ 例5/200

4. バスにつけられたトリル

トリルを上方隣接音から始めると「和声を支える」というバスの機能が損なわれてしまいます[22]。

《ピアノ協奏曲変ホ長調K.482》第2楽章第149小節(および第165、171小節も)がその例です。ここでは例5/199で紹介した不協和な音の規則も当てはまります。

■ 例5/201

《「主よ、幸いあれ」による変奏曲K.398》の第5変奏、第12〜23小節もそうですし(279ページの例5/192を参照)、《2台ピアノのためのフーガハ短調K.426》第80〜82小節も同様です。

■ 例5/202

5. 上行音階あるいは下行音階の最後にあるトリル

《2台ピアノのための協奏曲変ホ長調K.365》第1楽章、モーツァルト自身によるカデン

---

[22] J.S.バッハのオルガントッカータには、バス声部にトリルがある作品が存在するが、それらのトリルはおそらくここで挙げた理由によって主音から開始される。和声を支える機能のほうが上方隣接音開始のトリルの魅力よりも重要なのである。

ツァの冒頭です。

■ 例5/203

同じ協奏曲K.365の第3楽章第139～140小節もそのひとつです。

■ 例5/204

（指使いは著者による）

ここにはピアノ書法に関するモーツァルトのひらめきもうかがわれます。トリルを上方隣接音d^3で開始すると、ピアニスティックな華やかさが失われてしまうのです。

6. トリルがつけられる音と同じ高さの音が鋭いアウフタクトとして直前に位置する場合

　《ピアノ協奏曲ハ長調K.467》第1楽章第383小節や《ピアノ協奏曲ヘ長調K.459》第3楽章などに見られます。後者へのモーツァルトによるカデンツァ第41小節以降はこうなっています。

■ 例5/205

このトリルを上方隣接音から始めると、結果として主音開始のトリルが十六分音符分だけ早く開始されたような印象を与えてしまうでしょう。モーツァルトはこうした「鋭くアタックされる弱拍」を好みました（280ページの例5/195でもb^1音が2個並んでいます）。

　《ピアノソナタハ短調K.457》の第1楽章第2小節および第6小節などもその例です。し

かし私どもはここでは別の解決方法も存在すると考えます。

■ 例5/206

可能な奏法：

提案される奏法：

《ピアノ協奏曲変ホ長調K.449》第1楽章第63〜66小節の第1ヴァイオリンと、オリジナルカデンツァにおける同じ動機の表記（第14〜17小節）を比較すると、カデンツァにあるものはトリルのより簡単な（短い）バージョンを示しているように見えます。周知の通り、ヴァイオリン奏者はこうしたトリルを常に上方隣接音から開始します。これらの要素をハ短調ソナタのトリルにあてはめてみれば「主音から始める」か、ヴァイオリン奏者のように「上方隣接音から始める」か、あるいは上記のオリジナルカデンツァに見られるように「4音からなる装飾として弾く」かの中から、いずれかの奏法を選択できるでしょう。

■ 例5/207

第1ヴァイオリン：

ピアノ
（モーツァルトのカデンツァ）：

というわけで《ピアノソナタハ短調K.457》のトリル（例5/206）を主音から始める演奏も、問題なく許容できるものと言えるでしょう。

7. トリルの連鎖

　一例が《ピアノ協奏曲変ホ長調K.482》第2楽章の第151〜152小節と第173〜176小節に見られます。これらのトリルを上方隣接音から開始すると、第151小節ではどちらのトリルも同じ音から始まることになり、旋律の半音階的進行を曖昧にしてしまうでしょう。例5/199で触れた「不協和な音（ここではas^{2}音）に関する規則」も該当します。

■ 例5/208a

このような連鎖トリルは《ピアノ協奏曲ハ長調K.415》第2楽章第46〜48小節および第81〜84小節、そして《ロンドイ短調K.511》第134〜135小節にもあります。

■ 例5/208b

こうしたケースではそれぞれのトリルを主音で開始し、終了する奏法を推奨します。

推奨される奏法：

（これはモーツァルト以外の作曲家でも同じです。）

8. プレストあるいはアレグロで弾かれる次の定型

■ 例5/209

アレグロ・モルトやアレグロ楽章にあるこのような音形で、3個を越える音を弾くことが不可能な場合がしばしばあります。たとえば《ピアノソナタへ長調K.533》第1楽章の第2主題にあるトリルのように（第43小節以降）、続く十六分音符が拍に合わせて弾かれる場合がそれにあたります。

9. 分類の難しい特殊なケース

《2台ピアノのための協奏曲変ホ長調K.365》第2楽章第47小節以降がその例です。

■ 例5/210

この協奏曲でよく見られる「受け渡し」に関することですが、第48小節で第2ピアノが第1ピアノにas^2音を受け渡します。この際、第1ピアノがトリルを上方隣接音から始めてしまうと、ソリストのうちどちらかがミスをしたかのように不協和な音が鳴ってしまうことになるでしょう（第49小節のトリル後打音に関しては468ページを参照してください）。

以下は《「仔羊のように」による変奏曲K.460》の第7変奏第43小節（作品冒頭からは第162小節）です。

■ 例5/211

ここではトリルを上方隣接音から開始したほうが妥当だと思われそうです。しかしこのパッセージの中ほどに、音の反復（e^1音）が組み込まれています。この連打されるe^1音のうち先行するもの（分離した十六分音符として表示されているもの）とその後のdis^3音のうち付点八分音符として書かれている音に鋭いアクセントをつけ、クライマックスとしてのe^3音は次の小節にとっておく、というまとめ方がもっとも優れているでしょう[23]。

　このような例が数多く存在するところから、モーツァルトが主音開始のトリルを、少なからず好んでいたことが導き出せるでしょう。しかし早まってはいけません。《交響曲ハ長調K.128》の第2楽章冒頭や、《交響曲ト長調K.129》の第1楽章第80〜81小節、そして《交響曲イ長調K.201》の第1楽章第59小節といった極めて少数のケースで、トリルの前に短いアッポッジャトゥーラが加えられていることに注目してみましょう。なかでも《交響曲イ長調K.201》第1楽章第59小節は、示唆に富んだ例です。第1ヴァイオリンと第2ヴァイオリンはオクターヴ音程でトリルを奏します。モーツァルトは第1ヴァイオリンに短いアッポッジャトゥーラを加えていますが、第2ヴァイオリンには加えていません。その後の第1ヴァイオリンの類似パッセージにアッポッジャトゥーラはつけられていません。しかしこれらのトリルがすべて上方隣接音から開始されることは明らかです。「モーツァルトは初回のトリルでそのことを念押ししておきたかったのだろう」と考えれば、この書法を合理的に説明できるでしょう。

　見た目は同じようなパッセージでも、異なった処理となる場合があります。トリルの直前に書かれているアッポッジャトゥーラが単にトリルの開始音を示唆するのではなく、「アクセントのある経過音」である可能性について考える必要があるのです。《ピアノ協奏曲変ロ長調K.238》第1楽章第47〜48小節（および類似のパッセージ）がその例です。

23）私どもはこの変奏曲はモーツァルト自身によるオリジナル作品で、クルト・フォン・フィッシャーが主張したような偽作ではないと考えている。

■ 例5/212

《ピアノ協奏曲ハ長調K.246》第2楽章、第38小節と第104小節もそうです。

■ 例5/213

■ 例5/214

　トリルの前にあるこれらのアクセントつきアッポッジャトゥーラが、モーツァルトの初期ザルツブルク時代（1777年頃まで）の作品にしか見られないことは、注目に値します。これと関連して《ヴァイオリンソナタイ長調K.305》第2楽章（変奏形式）の主題冒頭にも興味深い例があります。古い版ではこの主題冒頭と第1変奏のトリルの前にアッポッジャトゥーラのd^2音が印刷されていますが、自筆譜では双方ともにcis^2音が書かれているのです（例5/147を参照してください）。

　19世紀に弦楽器奏者のために書かれた教則本の大多数では、導入音のないトリル〔主音開始のトリル〕の処理法に関する記述がありません。しかしピアノ奏者ほど"理論"にしばられていない優秀な弦楽器奏者の演奏に注意深く耳を傾けると、多くのことに気づかされます。たとえば、弦楽器奏者たちはたいていトリル冒頭の音となる上方隣接音にアクセントをつけず、弱拍として演奏しています。こうした弾き方はピアノよりもヴァイオリンでのほうが容易です。また《ピアノソナタイ長調K.331》第1楽章の第2変奏にあるような短いトリルがどう処理されるかを優秀なオーケストラの演奏で観察すると、弦楽器奏者たちがすばやい上方隣接音から開始するのに対して、木管楽器、たとえばクラリネットやオーボエの奏者は（18世紀の理論書では上方隣接音開始が推奨されていたにもかかわらず）主音から始めていることが少なくありません。しかしこれも良い響きがし、決して耳障りではないのです。

　フレデリック・ノイマンは、短いアッポッジャトゥーラを伴ったこの種の滑らかな処理

を「上方隣接音のグレース・ノート・トリル grace note trill」と呼びました。これはトリルの開始音処理に関するみごとな妥協案のように思われます。アクセントは主音にありますが、先行する上方隣接音によってトリルは楽に、滑らかに始めることができます。《シンフォニア・コンチェルタンテ変ホ長調K.364》終楽章の第1主題は次のように書かれていますが、

■ 例5/215a

ほとんどのオーケストラの弦楽器奏者は、これを次のように演奏しています。

■ 例5/215b

しかしピアノ奏者なら、これほど短いトリルに弦楽器奏者のようなアッポッジャトゥーラを組み込むのはほぼ不可能だと思うでしょう。ピアノという楽器の発音メカニズムは弦楽器よりずっと大きな運動を必要とするからです(《ピアノソナタハ短調K.457》第1楽章第63〜64小節におけるまったく同じ音型と比較してください)。

　トリルは時として、音をひとつ加えただけの、実際にはアッポッジャトゥーラと変わらないほど短いものにならざるを得ません。そのようなトリルは《アイネ・クライネ・ナハトムジークK.525》第1楽章第18小節に見られます。ここですべてのオーケストラ奏者はa^1音のみを弾いています。

■ 例5/216

ピアノ作品にも、同じような奏法が推奨されるパッセージがあります。たとえば《ピアノソナタニ長調K.576》第1楽章冒頭の第2〜3小節の弱拍にあるトリルは、しばしばターンとして弾かれます(300ページ以降も参照)。

　《ピアノ協奏曲イ長調K.488》第1楽章第283〜284小節の終結トリルには次の3種の奏

法が考えられますが、そのうちで好ましいのは（a）よりも（b）や（c）です。

■ 例5/217

（伴奏の十六分音符を簡略化しています。）

しかし《2台ピアノのための協奏曲変ホ長調K.365》第1楽章におけるピアノソロ冒頭のように、トリルによってパッセージが開始されるときには、主音で始めるのが最良です。

■ 例5/218

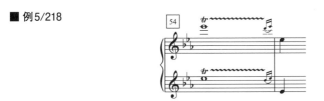

同じ原理は《ピアノソナタ変ロ長調K.281》第1楽章の冒頭にも適用されます。

上方隣接音開始のトリル

次の場合には、上方隣接音からトリルを始めることを推奨します。

1. 旋律的なパッセージ内で、トリルに先行して同じ音が書かれている場合

これを、先ほど例5/205で触れた「鋭くアタックされる弱拍」と混同してはいけません。

たとえば《ピアノ協奏曲変ホ長調K.482》第1楽章第84小節のトリルでは、先行する第83小節にそのようなパッセージが見られます。

■ 例5/219

この例で上方隣接音からトリルを始めることには「左手のh音と右手のb音の間に不協和な減8度を確保する」という別の理由もあります。

《3台ピアノのための協奏曲ヘ長調K.242》第1楽章第237小節のトリルも上方隣接音開始が適切です。

■ 例5/220

第244小節も同様です。

■ 例5/221

《ピアノ協奏曲ト長調K.453》第3楽章第169小節でも上方隣接音からのトリル開始が良好ですが、《ピアノ四重奏曲ト短調K.478》第1楽章の第4小節には推奨できません。ここでは小節線を越えて音をくり返すことに主題的な意味があるからです。さらに、トリルは不協和音程の上にあります（アクセントつきの経過音）。第8小節には現代の多くの編纂者が説明なしにトリル記号を加えていますが、モーツァルトがここにトリルを書いていないことは注目すべきです。

2．テンポの速い楽章にしばしば現れる定型で、トリルが弱拍の八分音符の上に記される場合

《3台ピアノのための協奏曲ヘ長調K.242》第1楽章第145小節以降がその例です。

■ 例5/222

ターンとしても弾くことができます：

別の奏法（あまり感心できません）：

《2台ピアノのための協奏曲変ホ長調K.365》第1楽章第64小節（および第281小節）です。

■ 例5/223

奏法：

《ピアノ協奏曲ハ長調K.467》第3楽章第120小節以降です。

■ 例5/224

　これらすべてのケースに五連符を適用するのは困難でしょう。しかし、こうした **tr** 記号が上行する順次進行の中に現れる場合は、旋律線をより明瞭にするためにむしろ主音でトリルを始めるべきでしょう。《ピアノ協奏曲変ロ長調K.456》第3楽章第77小節はその一例です。

■ 例5/225

　例5/222 〜例5/223のトリルはあたかもターンであるかのように弾かれます。実際モーツァルトの時代にこのふたつの記号は──とりわけ印刷譜では──入れ替えられてもいました。たとえば《ジュピター交響曲ハ長調K.551》の終楽章第61小節では、モーツァルトは **tr** の代わりに誤って ∽ を記譜したように見えます。同様のことは《ピアノ協奏曲ト長調K.453》第1楽章第98小節の記譜にも当てはまります。ピアノのトリルが、第1ヴァイオリン（とファゴット）と同じように奏されなくてはならないのは明らかです。

■ 例5/226

モーツァルトのトリルは通常「きらめくようにできるだけ速く」弾かれるべきでしょう。アンダンテやアダージョの楽章に見られる長いトリルに限っては表情をつけるために、時として少し遅めのスピードで開始してから次第に速くしたり、場合によっては終わりに向けて少しずつ減速することも可能です。しかしトリルにおける速度の増減は感情過多な演奏に傾きやすくもあり、大いなる節度を守って用いてください。できるだけ明瞭、そして均等に弾かなくてはならないことも、もちろんです。速さにかまけて不正確になってはいけません。父宛ての手紙（1777年10月2日）で歌手カイザー嬢について述べたモーツァルトの見解は、このことを証しています。

> 彼女はトリラーを一段とゆっくりかけるので、じつにうれしくなりました。というのは、いつかもっと速くかけようとすれば、それだけいっそう澄んではっきりしますからね。もともと速いほうがやさしいにきまっています[24]。

長いトリルを演奏する際には、パッセージの性格に応じたわずかなクレシェンドやディミヌエンドによって、デュナーミクに微妙な変化を与えることが不可欠でしょう。タッチとしては、技巧的で奮い立つようなスタッカートのトリルと、表情豊かなレガートのトリルとがあり、その間には繊細ながらも明瞭に聴きとれる差違が存在します。前者は指を第三関節から加速することで達成されますが、後者では指先が鍵盤を離れることは決してありません。現代ピアノではダブルエスケープメント機構を利用することによって、レガートの響きを達成することができるでしょう。

トリルの終わり

「トリルは後打音で終わるべきである」というアルブレヒツベルガーの理論書に見られる規則については、すでに触れた通りです。《ヴァイオリンソナタト長調K.379》第2楽章の変奏主題でモーツァルトは後打音を記譜していませんが、それでも後打音は演奏されるべきです。

■ 例5/227

---

24)『モーツァルト書簡全集』III、海老沢敏・高橋英郎編訳、白水社、1996年（第2刷）、80〜81頁。

《ピアノ協奏曲変ロ長調K.238》の草稿では、第1楽章にある数多くのトリルのいずれにも後打音が書かれていません。だからと言ってこれらすべてを後打音なしで演奏することは、トリルの様式と合致しないのです。

　モーツァルトの初期のピアノソナタやヴァイオリンソナタの自筆譜を見ると、どのカデンツァのトリルにも終結の後打音は書かれていません。しかし後の作品になるとソナタ、三重奏曲、協奏曲などのいずれにおいても、すべての長いトリルに後打音がつけられています。トリルに関する記譜法の変化が様式の変化を意味していると考えるのは大きな誤りでしょう。むしろ、初期作品ではモーツァルトが「解決（終結の後打音）のあるトリル奏法」を当然のものと考えていた可能性のほうがずっと大きそうです。こうした処理は、18世紀のどのヴァイオリンやピアノの教則本でも推奨されていました。しかしモーツァルトはある時、演奏者が皆この規則を知っているわけではないことに気づいたに違いありません。そこに後打音が書かれていようといまいとトリルに終結の後打音をつける習慣は、シューベルトやベートーヴェンを経てブラームスまで続きました。ブラームスは「後打音のないトリルは、しっぽのない犬のようなものだ」と語っているぐらいです[25]。

　しかしここでも、演奏者に与えられた芸術的自由には限度があります。とりわけテュルク（1789年、p.261-262〔邦訳304ページ〕）に見られる古い規則によれば、下行する順次進行においてだけは後打音を省略することができます。たとえば《ヴァイオリンソナタホ短調K.304》第2楽章第3小節を見てみましょう。

■ 例5/228

しかし締めの後打音をつけたほうがはるかによく響きます。

■ 例5/229

---

25) 近年、アンネ・ゾフィー・ムッターがモーツァルトの協奏曲をそのような「しっぽのない」トリルで弾くのを耳にした——これが私たちにスリルを与えることはなかったが〔trillとthrillの駄洒落〕、その他の点で彼女の演奏は非の打ちどころのないものだった。

《ピアノソナタへ長調K.533》第2楽章第4小節のトリルにも後打音を推奨します。

■ 例5/230

《2台ピアノのためのソナタニ長調K.448》第2楽章第4小節にある同じようなパッセージに、モーツァルトは後打音にあたる音を書いています（例5/127を参照）。《弦楽五重奏曲ハ長調K.515》第2楽章第4小節も同様です。

　後打音が書かれていないトリルが上行する旋律線の中に現れる場合、旋律の方向性を明瞭にするために、トリルをリズムに合わせて短縮すべきケースもあります。たとえば《ピアノ協奏曲変ホ長調K.482》第2楽章第152小節がそれにあたります。

■ 例5/231

　一部の演奏家はここに後打音を加えていますが（『旧モーツァルト全集』の編纂者が提案したものです）、この奏法にはいかなる正当な理由もありません――モーツァルトがこのようなトリルに以下のような後打音を書くことは決してありませんでした。

■ 例5/232

C.P.E.バッハは、このような場合につけられるトリル後の短い音が一種の後打音とみなされるべきかどうかはっきり規定していません（『クラヴィーア奏法第一部』第2章第3節第13段落）。こうした場合には、通常の後打音を加えるのも控えるべきでしょう。たとえば《ピアノソナタハ長調K.330》第1楽章第2小節の奏法には複数の可能性が考えられます。

■ 例5/233

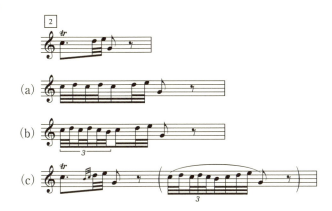

（c）の奏法はもっとも魅力に欠けるものの、完全には排除できません。しかしすでに述べた通り、モーツァルトがこのようなパターンの中に小音符を決して加えなかったことは、注目に値します。ところが複数のケースでは19世紀の楽譜編纂者によってこうした小音符が加えられてしまい、残念ながらそれらはいまだに弾きつがれているのです。

プラルトリラー

　モーツァルトの記譜では、トリルとプラルトリラーが分類されていません。⁓という記号は彼の作品では非常にまれにしか現れません。わずかな例外が、《ピアノ五重奏曲変ホ長調K.452》第1楽章（第65～67小節、第120小節）や《ピアノ協奏曲変ホ長調K.449》および《ピアノ協奏曲変ロ長調K.456》の自筆譜に見られます。

　《ピアノ五重奏曲変ホ長調K.452》の第1楽章第65小節は、

■ 例5/234

C.P.E.バッハやテュルク流に拍上のシュネッラーとして弾かれるか[26]、

---

26) テュルクに関しては邦訳292頁および315～316頁を参照。

ミルヒマイヤー流に（p.38）拍の前で弾かれます。

《ピアノソナタハ長調K.330》第1楽章第37小節のものは **tr** として表示されていますが、

〰 と同じように処理されます。

〰 が非常にまれにしか使われていないところから、同じようなパッセージにある **tr** 記号が通常のトリルなのかプラルトリラーなのかは、音楽的な背景から判断しなくてはなりません。しかし、それはそれほど難しくないでしょう。プラルトリラーはきちんとしたトリルを弾く時間がない時にだけ弾かれるべきです。これは次のように演奏されます。

■ 例5/235

（a）ゆっくりとしたテンポで弾かれる場合：

（b）速いテンポで弾かれる場合：

（208ページの図5.1にあるクレメンティの装飾一覧表も参照してください。）

プラルトリラーの頭の音には、しばしばアクセントがつけられます。《ピアノ三重奏曲ホ長調K.542》第3楽章第8小節を見てみましょう。

■ 例5/236

この奏法は正しいものに違いない、と確信します。なぜならモーツァルト自身がこの弾き方を《ピアノ協奏曲変ホ長調K.449》第3楽章第302〜303小節や第306〜307小節に音符として書き込んでいるからです。同じような三連符は《フィガロの結婚K.492》のアリア〈恋とはどんなものかしら〉(第14、16小節など)のフルートパートにも書かれています。

■ 例5/237

ところで、例5/236のようなプラルトリラーを上方隣接音から開始する、というチェンバロ奏者たちの誤った奏法を真似しているピアニストがたくさんいます。

■ 例5/238

モーツァルトがそのような奏法を指示したことは一度もありません。旋律線を破壊してしまうからです。しかしこれはレオポルト・モーツァルトの理論書には見られるもので、トリレット trilletto と呼ばれています。上方隣接音 fis^2 を2回弾くことがヴァイオリニストにとっては何でもないことでも、ピアニスティックではありません。ハンマーアクションの構造に馴染まない動きなのです。

次のような、よく見られる定型的なパターンでは、

■ 例5/239

装飾を拍の前に先取して弾くことを推奨します(テュルクはシュネッラーと呼びました)。こうした例は《2台ピアノのためのソナタニ長調K.448》の終楽章、《デュポールのメヌエットによる変奏曲K.573》のコーダ、《ピアノ協奏曲イ長調K.488》第1楽章のオリジナルカデンツァや《ピアノ協奏曲変ロ長調K.595》第1楽章第106小節などに見られます。

■ 例5/240

この装飾を別の方法で処理した場合には、

■ 例5/241

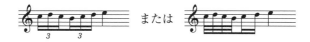

十六分音符の均等な流れが阻害されてしまいます。そのような場合にはプラルトリラーの代用として短いアッポッジャトゥーラだけを付加することもできます。

■ 例5/242

 私どもの知る限りで、今までにこのことを指摘した人は誰もいないようですが、明らかにアッポッジャトゥーラのみが意図されている場合でも、モーツァルトが *tr* を書いている例を多数提示できます。たとえば《デュポールのメヌエットによる変奏曲K.573》の第9変奏第23小節にはアッポッジャトゥーラが書かれているものの、すぐに続くコーダでは同じ動機がゼクエンツ的に展開され、*tr* 記号となっています。モーツァルトが同じパッセージを2種類の異なる方法で演奏させようとしたとは考えられません。
 《ピアノソナタイ短調K.310》第2楽章第12小節の第2拍にあるふたつの *tr* 記号は、トリルとしても、さらにはシュネッラーとしても演奏不可能です。しかしアッポッジャトゥーラとして弾くのであれば、そこにとてもモーツァルト的な旋律が生まれ、《4手のためのピアノソナタハ長調K.521》第2楽章第92小節にあるパッセージと同じものになります。この後者のパッセージで、モーツァルトはアッポッジャトゥーラを書いています。《ピアノ協奏曲変ホ長調K.482》第3楽章では第23小節に *tr*、対応する第376小節ではアッポッジャトゥーラを書きました。同じ奏法が意図されているに違いありません。このようにモーツァルト自身も *tr* をアッポッジャトゥーラで代用する奏法を公認しているのです。
 しかしピアノ奏者には――そしてピアノ奏者にのみ――プラルトリラーのもっと簡便な処理法が存在します。それは、ふたつの音を同時に弾いてしまう方法です（ぜひ試してみるべきです――この解決法はすばらしい響きがします！）。あるいは、低いほうの音をくり返さずにタイで連結してしまい（指は鍵盤を押さえたままです）、直後に上方隣接音を追加す

る方法です。これはハイドンの弟子イグナツ・プレイエルが推奨しています（1804年）。

■ 例5/243

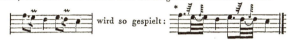

〔正確な演奏に寄与するためには、この装飾を次のように弾くべき場合もある。左の例は右のように演奏される：――プラルトリラーのこの精緻な奏法は、紙上の譜面として示すことは困難である。主音がタイで維持されなければならないことだけは覚えておくこと。〕（1804年のプレイエルと同じように、C.P.E.バッハも1753年、モルデントにおける同様の奏法を推奨していました。）

　前述のとおり、プラルトリラーが比較的短い音についているときには、ふたつの音を一緒に打鍵することができます。この特殊な奏法をうまく適用できる例が《ピアノソナタヘ長調K.332》の第1楽章第8小節に見られます。

■ 例5/244

多くのピアニストがこのトリルを先取して弾いていますが、g‐f音の間で生まれる不協和な効果が減じられてしまうため、ここでは望ましくありません。
　次の定型においても、

■ 例5/245

通常はプラルトリラーが意図されています。たとえば《ピアノ協奏曲ト長調K.453》第1楽章第1小節は、

■ 例5/246

先取することも可能ですが、拍上で弾くほどには良い響きが得られません。

■ 例5/247

しかし多くのヴァイオリン奏者は、この装飾を上方隣接音から始めています[27]。

■ 例5/248

これは直前に述べた私どもの見解と矛盾するように思われるかも知れません。これには説明が必要でしょう。この装飾法の齟齬は、「ピアノとヴァイオリンは異なる楽器である」という単純明解な事実に基づいたことなのです。ピアノ奏者の指と弦の間には比較的複雑なアクションが介在しているのに対し、ヴァイオリン奏者は指を弦に当てるだけであり、当然どんな装飾でも鍵盤楽器奏者より速く演奏することができます。だからこそレオポルト・モーツァルトのトリレット(『ヴァイオリン奏法』第2版でしか説明されていません)はピアノ奏者ではなく、ヴァイオリン奏者こそがうまく活用できる装飾なのです。

---

[27] オイレンブルク版と『旧モーツァルト全集』版によるオリジナルのカデンツァでは、誤って後打音が加えられている。私どもはこのカデンツァの自筆譜を参照し、モーツァルトが後打音を1回たりとも書いていないことを確認した。

とは言うものの、このような問題についてあまり知ったかぶりをするのは避けましょう。モーツァルト時代、果たしてすべての演奏家がこの規則を知っていたでしょうか。もしそうだとしても、音楽家たちはこれを遵守していたでしょうか。疑問が残る問題です。それゆえ、《3台ピアノのための協奏曲ヘ長調K.242》第1楽章にある愉快なパッセージをどのように演奏するかについて、3つの可能性を考えてみましょう。

■ 例5/249

一方、《ピアノソナタハ長調K.330》第2楽章第15小節では、純粋な主音のトリルが（後打音ありでもなしでも）意図されているようです。

■ 例5/250

すでに引用した《協奏曲ト長調K.453》の動機（例5/246）は《ソナタハ長調K.330》第1楽章第34小節以降の形と似ています。

■ 例5/251

19世紀に編纂された不適切な印刷譜の影響から、一部のピアニストは今もなおこのように誤った演奏をしています。

■ 例5/252

（第3楽章の第39〜41小節、第43〜45小節も同様です。）

このような「プラルトリラー」としての処理は、《2台ピアノのためのソナタニ長調 K.448》第3楽章第70〜72、78〜90、175〜179および191〜195小節でも必要です。

シチリアーノタイプの旋律ではプラルトリラーのみが候補となります。そうでないと付点リズムが台なしになってしまうからです。例として《ピアノソナタヘ長調K.280》第2楽章の冒頭を見てみましょう。

■ 例5/253

トリルの持続を示す波線がトリル記号のあとにないケースでは、長い音にプラルトリラーがつくように意図されていることもあります。これは《ピアノソナタ変ロ長調K.281》第3楽章の第18、20小節や、《ピアノ協奏曲変ホ長調K.271》第3楽章第112〜115小節、第121〜123小節、第385〜388小節、第394〜396小節に当てはまります（いずれも弦楽器。従来の版には誤って波線が印刷されています）。第120〜127小節の第1ヴァイオリンの自筆譜を見れば明らかでしょう。

■ 例5/254

　最後に、トリルを構成する2音の音程についても触れておきましょう。レオポルト・モーツァルトは、基礎にある和声を認識できない音楽家たちに厳しい言葉を発しています。

　トリラーは長短2度で演奏されることから、楽曲の調を正確に確認しておかなくてはならない。これは多くの人が侵す恥ずべき誤りであるが［…］[28]。

　《「愚かな民が思うには」による変奏曲K.455》の第6変奏や《ヴァイオリンソナタ変ロ長調K.454》第2楽章第65～66小節にはモーツァルト自身による美しい実例があります。

■ 例5/255

　和声がロ長調からハ短調の属和音に変わるのに合わせて、トリル音もcis^2音からc^2音に変える必要があります。しかし他の多くのケースにおいて、モーツァルトは臨時記号を書いていません。おそらく演奏者がトリルの正しい上方隣接音を見つけられると信頼していたのでしょう（なんと危険な！）。同じような和声進行は《ピアノ協奏曲イ長調K.414》第2楽章第71～73小節にも見られます。

---

[28] L.モーツァルト、212頁。

■ 例5/256

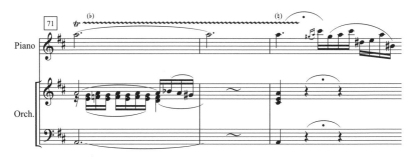

基礎となる和声がニ短調であることに気づかないピアノ奏者ならh^2音でトリルを弾いてしまいそうですが、ここで必要なのはb^2音なのです。しかし3小節目で音楽は短調からニ長調の属和音へと精妙に変化しています。それゆえ、第73小節からはh^2音を上方隣接音とすることが推奨されるのです。

《ピアノソナタイ短調K.310》第2楽章の展開部で、音楽はハ短調からト短調を経由してニ短調に転調します。一部の若いピアノ奏者はト短調であることに気づかず、そこに必要なes音の代わりに疑わしいe音でトリルを弾いています。

■ 例5/257

いったい誰がモーツァルトの《交響曲ト短調K.550》をe音で始めると言うのでしょうか。

　この章で触れた問題は、簡単に解決できることではありません。判断には多くの音楽的感性と歴史的知識が必要となります。教則本やモーツァルト作品の実践版にはしばしば「まとめ」や「規則」が掲載され、生じ得るあらゆる問題に対する"絶対確実"な答えを提供しようと努めています。すべての装飾を標準的なルールで処理できるとしたら、それは演奏者にとってどんなに便利なことでしょう。しかし残念ながら——私どもがここで示そう

としたように——それはしばしば誤っているのです。学生たちがこうした過度に単純化された規則に固執しようとも、責任ある芸術家はそれだけで充分とは思わないでしょうし、思ってもいけないのです。

第6章
即興的裝飾

C.P.E.バッハは『正しいクラヴィーア奏法』で、マニール Manier について論じています。これは当時、あらゆる装飾音と自由な修飾法を指す語でした。彼はマニールをふたつの主要なグループ、つまり「本質的なマニール wesentliche Manier」と「恣意的なマニール willkürliche Manier」に分けました。これらの語は「本質的な装飾」と「即興的な（もしくは「任意の」）装飾」と翻訳されるでしょう。バッハは第1のグループには慣習的な記号やいくつかの小音符で示されるすべての装飾音を、そして第2のグループには記号がない、多数の短い音からなる装飾音を含めています（『正しいクラヴィーア奏法第一部』第2章第1節第6段落、邦訳79ページ）。

　この区分は論理的にも歴史的にも正当なものです。楽譜上にしっかり規定された本質的マニールの記号は、その大部分がフランスのクラヴサン楽派に由来します。その一方でイタリアは、ご存知のように自由でしばしば空想的な旋律装飾の本場として自他共に認められていました。この章で論じるのはこの後者に属するマニールですが、モーツァルトの音楽を演奏する際にこれらの装飾をどの程度加えることができるか、また加えるべきかについて検討します。

　18世紀には、声楽家も器楽奏者も学習の最初期から和声進行の奥義や論理について学ばなければなりませんでした。それゆえ彼らは通常、数字つきバスの実践法や鍵盤楽器での旋律の伴奏法、幻想曲の即興法、旋律のさまざまな装飾法に関する知識を持ち合わせていたのです。こうして多くの演奏家が作曲家ともなりました。

　演奏はある意味で常に即興の要素を含んでいました。21世紀の私たちは音楽家として成長するにつれて、アクセントをつけたり、程度の差こそあれリズムを微調整したり、強弱の陰影をつけたりしますが、18世紀の聴衆はそれ以上のことを演奏者に期待していたのです。バッハやモーツァルトの時代には、ときに装飾音、あるいはもっと拡大された装飾法を演奏に加えるのが当たり前で、それは期待されてもいましたし、受け入れられてもいました。主題やパッセージが（アリアや協奏曲で）複数回現れるときや、パッセージを装飾なしでそのままくり返すと退屈になりそうな時には、しばしば旋律への自由な装飾が行なわれました。

　しかし、これらの装飾法は旋律を「装飾」しなくてはなりません——装飾する（embellish）という単語には、イタリア語の *bello* に由来する「美しくする」という意味があります。装飾法は、演奏家や作曲家の能力を示すべきものでした。それは与えられた旋律的パッセージ本来の性格を強化し、パッセージが2回3回と現れる時にそれを「さらに美しく（più bello）興味深いものにする」ためのヴァリアントを工夫する、という能力です。そのような装飾法はリズムや強弱の変更も含むもので、たいていその場限りで自由に行なわれ、才能豊かなすべての演奏者が即興的に行ないました。こうしたわけで、主題や部分を反復す

る時の装飾は、作曲家によって記譜されないのが普通でした。ただし、演奏会中にその場の即興として披露される即興演奏は、あらかじめ作曲され、演奏に先立った準備と練習が行なわれていたと思われます。

　単純な作品において演奏者がパッセージをいくつか加えたり、シンコペーションやルバート、ロンバルディア・リズム（スコットランドの前打音：本書第5章の例5/16 〜例5/17を参照）によってリズムを変更したり旋律線を装飾することは、それほど難しくなかったでしょう。イタリアの音楽家で、反復される単純な旋律に装飾を施すのをためらう人はいなかったでしょうし、また明らかに単なるスケッチに過ぎないパッセージ——古い草稿にしばしば見られるような旋律的・和声的骨格をメモ風に示しただけの音列——を演奏する際、その楽譜に固執する人もいなかったでしょう。結局のところバロック時代の通奏低音（バッソ・コンティヌオ）は音楽のスケッチを「速記」的に記譜したに過ぎず、あらゆる演奏者によって補完されるべきものだったのです。

　しかしモーツァルトの時代、作品が通常よりも複雑な場合には、ディッタースドルフのような才能のある演奏者でさえ、あらかじめ公開演奏前に効果的な装飾についてじっくり考え、聴衆を魅了するために装飾されたバージョンをコンサートに先だって作曲し、こっそり練習しておく必要があると考えました。こうした手順を自伝の中で告白したディッタースドルフですが、そこには「モーツァルトやクレメンティといった偉大な大家だけがその場で大胆に即興することができ、こうした優雅な即興によって識者全員を喜ばすことができるのだ」[1]という注意がつけ加えられています。並の才能しかない音楽家の即興演奏は人をがっかりさせるばかりか退屈で、凡庸な装飾しか披露されない、と彼は折に触れて不満を述べています。

　第二次世界大戦が終わってまもなく、私どもがこの「即興的装飾」というテーマについて初めて執筆した時、モーツァルトの時代は一般的だったこの慣習について詳細に研究する必要があるように感じました。というのも、こうした装飾についての普遍的な知識がほとんど失われてしまい、若い音楽家たちにとって未知の領域となっていたからです。

　1900年頃、モーリス・ラヴェルやフェルッチョ・ブゾーニ、とりわけグスタフ・マーラーのような作曲家や指揮者が、音楽にあまりに多くの恣意的な装飾と変更が加えられている状況に反発し、テクストへの忠実さに情熱を燃やしました。マーラーは、作曲家が書いたものに対する敬意が一般に欠けていることに対して大きな不満を表明し、自作の演奏者が楽譜に記されていない装飾音を加えたりリズムの変更を行なったりすることを厳しく禁ずるに至ったのです。古い習慣の濫用に対するマーラーの激しい反発は、当時多くのヴィルトゥオーソたちが第三者の音楽を自分用に編曲して披露していた世相を想像すれば、容

---

1) Karl von Dittersdorf, *Autobiography*, p.44ff.を参照。

易に理解できるでしょう。

　そうした演奏家たちの先輩にあたるフランツ・リストは、ベートーヴェンの《月光》ソナタに装飾を加えたことでベルリオーズに厳しく批判されましたが、後日リストは「自分が若い頃はベートーヴェンのソナタをピアニストとしてさまざまに変奏・編曲しながら演奏していた」と告白しています。「自分が行なった変更が、偉大なベートーヴェンの作品が持つ聴き手へのインパクト（効果）を高めるものではなかった」とリストが気づいたのは、ようやく後年になってからのことでした。

　ジュゼッペ・タルティーニも、かつてはひとつの旋律に対して20あまりのさまざまな装飾法の一覧を生徒のためにまとめました。しかし音楽家として年齢を重ねるとともに、優れた作曲家のアダージョ楽章を「単純」に、音を加えることなくそのまま演奏することが——実はそのほうが難しいのです——偉大な芸術であることを認めました[2]。

　このように1900年頃に修飾に関する古い演奏伝統が完全に途絶えてしまった背景には、グスタフ・マーラーがあらゆる即興的装飾を非難した影響が大きく作用していたに違いありません。それから50年も経つと、モーツァルトやベートーヴェンといった偉大な作曲家の作品に、たとえ必要であっても音を加えようとするような芸術家はほとんどいなくなりました。

　しかし1950年以降の数十年間には、また別の方向に振り子が振れたような状況も見受けられます。20世紀最後の四半世紀に、イタリアの古い演奏慣習が次第に再認識されるようになり、一部の音楽家が18世紀の音楽へ装飾を再び施し始めたのです。しかし彼らはそこそこのレベルの作曲家が創作した作品だけでなく、ハイドンやモーツァルトといった偉大な大家が注意深く記譜した音楽にも、あまりに多くの音を加えてしまいました。そのような装飾や音符の補填はしばしば非常に疑わしく、多くの場合それほど重要ではない作曲家による二流の作品や、記譜が不完全であることが明らかなモーツァルト作品においてのみ正当だと認められるべきものでしょう。これらの演奏家は、音の付加や変更が本当に作品の効果や感情の表現を高めるかどうか、たえず自問するよう忠告されてしかるべきだったのです。

　ハイドン、モーツァルト、ベートーヴェンによる、明らかに完成されたソナタの旋律的パッセージを変更しても、作品は美しくなりません。結局、それが何であっても音を変更したり加えたりするためには、「それが作品を美しくするかどうか」が不可欠な前提条件 conditio sine qua non となるのです。そうでないと加えられた音は *abbellimenti*（装飾）ではなく、あまりにしばしば *abbruttimenti*（文字どおりには「醜くすること」）、つまり完全なる存在をおとしめ、かき乱す異物となってしまいます。

---

[2] Martin Staehelin, "Giuseppe Tartini über seine künstlerische Entwicklung," p.251ff. を参照。

もっともモーツァルトの協奏曲楽章における明らかに未完成のソロパート――必要な伴奏音型が欠落していたり、音階パッセージの最後の部分だけしか書かれていなかったりする場合――をそのまま変更なしで演奏することはあり得ません。こうしたケースでは付加的な音が現実に必要であり、これらは趣味よく配されなくてはならないのです。しかしこうした補填は、もともと単純に記譜された主題やパッセージに対してモーツァルト自身が行なった装飾法と同じスタイルで、旋律の美しさと高貴さを尊重して装飾された場合のみ適切なものとなるでしょう。幸いにもモーツァルトによる魅力的な装飾法のすばらしい模範があります。これらのモデルを注意深く研究していきましょう。

装飾する箇所についての古い規則

18世紀には「装飾が要求される場所と、装飾すべきではない場所」に関する規則がありました。効果が期待される場合に以下のタイプの装飾が許されていたことが、これまでの研究から明らかになっています。

まず緩徐楽章では、トリルやターンなどあらゆる種類の小さな装飾（本質的マニール）、さらに（セクションを反復する時など一定の状況下での）自由な変奏、長めの装飾音、パッセージの変更が行なわれました。一定の範囲内での走句の付加や自由な装飾が、旋律的パッセージに適用されたのです。しかしテンポの速い楽章では――その速度ゆえの限界があったため――おおむね書かれた通りに演奏することが期待されていました。必要とされ、推奨される装飾の数は「楽章のテンポが速くなればなるほど」「声部数が増えれば増えるほど」「声部の音域が低くなればなるほど」もしくは「演奏する楽器の数が増えれば増えるほど」少なくなる、というのがこの時代の一般的なルールでした。

例外は作曲家がカデンツァやアインガング（前奏）を挿入するための合図として記譜したフェルマータです。しかしこうしたフェルマータの意味を誤解してしまう演奏家がいるのは残念です（第7章394ページ以降、および405ページ以降を参照）。このようなカデンツァやフェルマータ装飾などを別にすれば、装飾は主に緩徐楽章において歓迎されます。速いテンポ下の装飾は義務的でないばかりか、時に不可能でした。D.G.テュルクは『クラヴィーア教本』（1789年、第5章第3節第22段落）で「いつ装飾するのか」について触れ、次のように推奨しています。

アレグロなどを反復するときにも、ある箇所を時折変奏したりするとはいえ、比較的長い添加をもっとも頻繁に用いるのは […] 感じのいい曲でのこと、とりわけアダージョでの

ことなのである³⁾。

レオポルト・モーツァルトは『ヴァイオリン奏法』で、アレグロ楽章には装飾の機会がないことを遠まわしに述べています。該当する第12章第2段落はよく引用される段落ですが、目を通してみましょう。

> こうした人たちの多くは、協奏曲や独奏曲を一生懸命に練習して、相当難しいパッセージをきわめて巧みに演奏してみせるだろう。それに暗譜で演奏もできるだろう。[…] アレグロならちゃんと演奏できても、アダージョになると、すべての小節で、無知と判断の未熟さをさらけ出してしまう。[…] 装飾音も間違った場所に、しかも過剰に挿入されていて、混乱を生じているだけなのである。たいてい音楽の中身は空っぽで、明らかに演奏者は自分のしていることもわかっていない⁴⁾。

装飾は緩徐楽章でのみ適切であることを示す、別の証拠もあります。レオポルト・モーツァルトが挙げた装飾例のほとんどは、ゆっくりとしたテンポでしか満足のいく演奏ができない音型を含んでいるのです。レオポルトやヴォルフガングの同時代人も速いテンポの楽章での装飾は例外的とみなしており、モーツァルト自身の作品で装飾が施される楽章は──K.482やK.537などの協奏曲における不完全な記譜は別にして（後述）──基本的に緩徐楽章のみと考えるべきでしょう。

まずは装飾、つまり装飾による挿入（音を加えたり変更したりすること）を3種類に分類してみましょう。

1. モーツァルトの記譜が不完全、あるいは省略されているために必要となる付加。このタイプの音の補填は、さらにふたつのカテゴリーに分けられます。それらは「部分的にしか指示されていない音階や、スケッチのようにまだ記譜が不完全なパッセージを補完する場合」と、「Da capo などの指示による、モーツァルトならではの記譜省略を補完する場合」となります。
2. 必須ではないにせよ、許容できる、趣味の問題としての音の付加。
3. 趣きに乏しく表面的で様式的にも不適切な、ほとんどの場合は装飾とは逆の効果 *abbruttimenti* をもたらすような音の付加や変更。

---

3) D.G.テュルク『クラヴィーア教本』東川清一訳、春秋社、2000年、372頁。
4) L.モーツァルト『ヴァイオリン奏法［新訳版］』久保田慶一訳、全音楽譜出版社、2017年、246～247頁。

必要な音の付加

　第1のグループには、カデンツァやアインガングを要求するフェルマータ記号（四六の和音、属和音あるいは属七和音につけられるもの）によって導かれる音の挿入が含まれます。これらはもっとも広範な規模で音を加えるものですが、モーツァルト時代の習慣としてほぼ定着しており、しばしばカプリッチョと呼ばれていました。しかしこの章では詳細に立ち入らず、第7章（394〜405ページ）で個別に扱うことにします。

　次には、モーツァルトが用いたさまざまなタイプの記譜省略を補完するための音の付加があります。すでに第2章や第4章で論じた*Da capo*や数字つき／数字なしの*col basso*指示、そして明らかに欠落しているアーティキュレーションや強弱記号の追加も同様です。さらに、どう見ても完全には記譜されていないパッセージや音階も、モーツァルトの「不完全な記譜」の範疇に含まれます。

　これらのほとんどは後期のピアノ協奏曲にあるものですが、最低音と最高音しか指示されていないような極端なケース（例6/6を参照）も存在します。そうならざるを得なかったいきさつは次のように説明することができるでしょう。

　モーツァルトは、彼自身の来たるべきアカデミー（演奏会）のための新しい協奏曲楽章を作曲する際に、どんなに時間が限られていようとオーケストラパートだけはすべてきちんと記譜する必要がありました。しかし部分的には記譜を省略できる箇所（まったく同じことがくり返されるようなところ）もあった上に、自分自身が弾くソロパートに至ってはすべてを記譜する必要はありませんでした。おそらくはこうした時間的な制約のために、モーツァルトは最後の協奏曲群のソロパートをとりあえず大雑把に記譜しておき、あとでそれらを書き込む際の手がかりとなるように一部の音や記号を書き留めておいたのでしょう。

　準備時間が足りなかった一番有名なケースは、1784年にモーツァルトがブルク劇場でヴァイオリン奏者レギーナ・ストリナサッキとともに行なった演奏会の時のことです。披露されたのは新作の《ヴァイオリンソナタ変ロ長調K.454》でしたが、そこで皇帝が目にしたのは、おそらくヴァイオリンパートは書かれていたにせよ、ほとんど白紙に近い五線譜を見ながらピアノを弾いているモーツァルトの姿だったということです。

　モーツァルトは「自分の楽譜がまだ不完全であることに同時代の演奏家は気づいてくれるだろう」ということと並行して、「主題を美しく変奏する手法を自分ほど熟知している者はいない」ことも確信していたに違いありません。彼はおそらく「自分以外の音楽家の趣味は信頼しない」と心に決めていたことでしょう。それゆえいつも自作の記譜は自分で完遂しようとしたのです。

　他人が自分の作品を勝手に修飾することをモーツァルトが快く思っていなかったこと

は、彼が（おそらくすべてではないにせよ）多くの協奏曲のためにカデンツァやアインガングを作曲し、楽譜として残したことからも推察できるでしょう。モーツァルトがスコアに完全なカデンツァを書き込んだのはただ一回だけでしたが（《ピアノ協奏曲イ長調K.488》の第1楽章）、通常は必要なカデンツァを別紙に書き留めていました。今日までに複数のカデンツァが失われてしまったのは、そのためでしょう。また《ピアノ協奏曲変ホ長調K.271》終楽章では、モーツァルトはスコアに2種類の長いアインガングと、より単純なフェルマータの装飾を書き込んでいます。興味深いことに、彼は後日この協奏曲のために、さらに4種類のアインガングと4種類のカデンツァを書きました。

作品の記譜を急ぐあまり主題の反復の変奏にまで手がまわらないような時、モーツァルトはそうしたヴァリアントを出版の時点になってから考案していたと思われます。《ピアノソナタハ短調K.457》や《ピアノソナタヘ長調K.332》の第2楽章はその好例です。装飾バージョンを書くのを後回しにした別のケースとしては、《ピアノ協奏曲ニ長調K.451》第2楽章もあります。おそらく姉からの問い合わせに答え（記録がないので推測ですが）、モーツァルトは1784年6月9日に父宛てで次のように書いています。

> ニ長調協奏曲のアンダンテの、ハ長調のソロ部分にも、書き加えるべきものがあることは、まさに確かです。――できるだけ早くそれを書いて、カデンツァと一緒にお姉さんに送りましょう[5]。

以下が、この緩徐楽章の旋律の装飾されていない形です（第56小節以降）。

■ 例6/1

このパッセージの装飾バージョンは、モーツァルト一家と親交の深かったザルツブルクのザンクト・ペーター修道院に保存されています。ケッヘルの『目録』第3版（p.824）でアインシュタインはこの譜面をモーツァルトの自筆譜だと推測していますが、おそらくナンネル・モーツァルトによる筆写譜と思われます。いずれにせよモーツァルトが手紙の中で約束した、パッセージの装飾バージョンに違いありません（第60小節のプラルトリラーはおそらく筆写の際の誤りで、ターンのほうが適しているように思われます）。おそらく修道院での演奏のために、ナンネルか父がこの筆写譜を修道院に預けたのでしょう。

---

5)『モーツァルト書簡全集』V、海老沢敏・高橋英郎編訳、白水社、1995年、512頁。

単純なバージョンと装飾されたバージョンを比較すると多くのことを学べます。

■ 例6/2

たった数小節に過ぎないこのヴァリアントが発見されたことは、大きな幸運です。これは協奏曲におけるこの種の旋律に装飾が必要であることを示す、モーツァルトが残した唯一の証拠なのです。

上記パッセージを伴奏する弦楽器の第1拍と第3拍には八分休符があり、それに続けて八分音符の和音がくり返されています。

■ 例6/3

ロバート・レヴィンは著者との個人的会話の中で「この種の伴奏が緩徐楽章に現れた時には常に旋律が装飾されるべきである」という見解を述べ、例として《ピアノ協奏曲ニ短

調 K.466》第 2 楽章のメロディ（第 40 小節以降）や、《ピアノ協奏曲ニ長調 K.537「戴冠式」》第 2 楽章のメロディ（第 44 小節以降）、そして《ピアノ協奏曲変ロ長調 K.595》第 2 楽章のメロディ（第 17 小節以降と第 49 小節以降）を挙げました。しかし私どもは、こうした普遍化には少々問題があると感じます。モーツァルトはこの型の伴奏を、アリア、交響曲、セレナーデ、室内楽といった他の多くのジャンルに現れる持続音を含む旋律にも使っているからです。もしこれらの作品で複数の演奏家が自分のパートを個別に装飾したら、どうなってしまうのでしょう。さらには、《幻想曲ニ短調 K.397》の第 12 小節以降にも同じような伴奏がありますが、私どもが見るところ、このメロディに装飾を施すべきではないでしょう。

■ 例6/4

たとえば《ピアノ協奏曲変ロ長調 K.595》第 2 楽章の第 124～125 小節のように、ピアノを含む 4 つの楽器のユニゾンによって旋律が演奏される時、ピアノ奏者が自分のパートに何らかの音を加えたとしたら、それはフルート、ファゴット、ヴァイオリンのユニゾン旋律から浮いてしまって奇妙なことになるでしょう。なお、ユニゾンの響きを整えるためにピアノ奏者は第 124 小節の付点リズムを鋭くし、十六分音符を三十二分音符に変更する必要があります。

■ 例6/5

モーツァルトが出版社に作品を渡す際に、その記譜内容が完璧であるよう心を砕いていたのは当然でしょう。今日の観点からすれば、モーツァルトが整備した強弱記号やアーティキュレーション記号はまだまだ充分ではないのかもしれません。しかし完成の域に達し

た最終バージョンに対するモーツァルトの配慮と関心からは、彼が作曲上の問題に演奏者が介入することを最小限に留めるべく努力していたことがうかがわれます。ピアノソナタや変奏曲のほとんどはモーツァルトの生前に出版されましたが、こうした作品の緩徐楽章を見てください。シュテファン、ヴァンハル、コゼルフ、パガネッリ、プラッティ、ペセッティ、フォーグラー神父といった作曲家による同種の作品と比較すると、モーツァルトの楽譜は疑いを挟む余地のほとんどない毅然とした音で満たされていることがわかるでしょう。出版されたモーツァルトのソナタは充実した構成内容によって成熟しており、その記譜はどの箇所でもほぼ完璧です。必要な装飾のすべてはすでに印刷されており、不足している可能性があるのは、強弱記号やアーティキュレーションのみに過ぎないのです。音を加えなければならない状況は、めったに生じません。そのような音の付加は「不要な飾りで美を損なう」だけであり、主題やパッセージの印象や音楽的な価値が歪んだり減少しかねません。

　モーツァルトと同時代人たちとの記譜に関する意識の差は、ヨハン・ゼバスティアン・バッハとその同僚音楽家たちとの間に存在した差に匹敵しました。ほとんどのバッハの同時代人（ヘンデルを含む）は、演奏者の装飾に関する才能に多くを依存していたのです。バッハが《イタリア協奏曲BWV971》の緩徐楽章で行なったように、あるいはモーツァルトが出版されたピアノソナタ、オペラ、交響曲で行なったように、楽譜にすべての装飾を書き込んだのは、当時の作曲家の中でもごくわずかな人に限られていました。結果としてモーツァルトは、バッハとほぼ同じ批判を受けました。「作品が煩雑すぎ、あまりに多くの音が書かれている」というのです。「音があまりに多すぎる、親愛なるモーツァルト君」とヨーゼフ皇帝が言ったとされます。モーツァルトは「必要とされる以上には書いていません」と答えたそうです。ただし、特定の箇所では記譜された音が少なすぎるため、これを補わなくてはなりませんが、このことに関してはのちに詳しく論じることにしましょう。

　今日ではピアノ独奏作品のくり返し、とりわけソナタの緩徐楽章の再現部を装飾し、モーツァルトの楽譜とは異なるヴァリアントを演奏するのがお洒落だと思われているふしがうかがえます。ああ、この実践にはいかなる確証も、議論を始めるための足がかりさえも見つかっていないのです。レオポルト・モーツァルトは「くり返し記号は"単なる反復"を意味するに過ぎない」と述べ、同時代の多くの理論家の見解も同じです。モーツァルトが（ハイドンも同じですが）独奏ソナタのくり返し部分に珍しく変更を欲する場合は、通常そのくり返し部分を記譜しています。「文字どおりの反復」は芸術表現の基本的な形として美しい城に左右等しく築かれた翼壁にも似たシンメトリーの感覚を生み出し、聴き手が主題を認識し、記憶に留める助けとなります。

即興的装飾を数多く施すことを提唱するロバート・レヴィンや（レヴィンほど欲求の度合いは高くないものの）マルコム・ビルソンといった演奏家たちは、「"くり返しのたびに装飾すべし"という18世紀の装飾法は、モーツァルトの作品にも当てはめられなければならない」と主張しています。モーツァルト時代の一部の音楽家が、モーツァルトのソナタの再現部を含めて「くり返しを装飾する」というこの古いバロック時代の習慣をなおも有用と感じていたことは、私どもも否定しません。しかし18世紀後半には時代が変わりました。1770年代や1780年代の古典主義時代には「旋律をくり返す時に求められる変更はごくわずかでしかない」とモーツァルトが考えていたことを示唆する、さまざまなヒントが存在します。聴き手の記憶に旋律を刻み込んで親しませるために、変奏せずにくり返すことによって旋律を「耳に残る調べ（耳の寄生虫 Ohrwürmer）」になるようアピールしたのです。芸術においても自然においてもふたつの誘導的な形成原理、つまり「反復」と「変奏」が存在することを思い出しましょう。そして、より頻繁に現れる形態は反復のほうなのです。

18世紀に演奏された音楽のほとんどがアンサンブル音楽だったことを考えると、くり返しの際の変奏は重大な問題を生じさせることがあります。シュポーアは自伝で、「ローマでオーケストラを指揮した時、木管楽器奏者の一部が旋律を装飾し始めてしまい、ほどなく音楽がカオスに陥ってしまった」と、その時の衝撃を報告しています。

モーツァルトの作品を表面的に観察しただけでも、初回と同じ形の反復に溢れていることが分かります。どこでも見られる4小節楽節や8小節楽節について考えてみるだけで充分でしょう。モーツァルトの独奏ソナタで装飾された再現部をもつごくわずかな例は《ピアノソナタハ長調K.309》の第2楽章です。《ピアノソナタニ長調K.284》第3楽章のアダージョ変奏（332ページの例6/18を参照）は、モーツァルトが「変奏的再現reprise varié」を求めたところから生まれた、別の例です。しかし出版に向けて準備を整えていた他のピアノソナタでは——《ソナタ変ロ長調K.333》の第2楽章でも確認できるように——緩徐楽章のくり返しは変更されていません。

C.P.E.バッハは「変奏された再現部つきのソナタ Sonaten mit veränderten Reprisen」を出版していますが、これは「再現部の変奏」という特別な目的のために作曲されたもので、一般の音楽愛好家たちがテンポの遅い他のソナタ楽章でもそうするよう求めたものではないものと思われます。『正しいクラヴィーア奏法』第3章第31段落で、C.P.E.バッハは次のように書いています。

プローベシュテュックＰ15ヘ長調は、2つの反復部をもつアレグロを、繰り返しのときに変奏するという、今日一般的におこなわれている演奏慣習の概要である。この考えは非常に素晴らしいが、それがひどく乱用されているのも事実である。これにたいする私の考えは

次の通りである。全部が全部変奏してはならない。さもないと新しい曲になってしまうからである。1曲の多くの箇所、とりわけ情動的であるとか、語りふうの個所などは、変奏しないほうがよい。ギャラント様式の曲のなかの、ある種の新しい表現なり言い回しのために、一度聞いただけでは良くは分からないといった部分なども、変奏しないほうがよい。変奏はすべて、その曲のアフェクトに沿ったものでなければならない。変奏はすべて、そのオリジナルよりすぐれているとまではいかなくても、少なくともオリジナルに匹敵するほどのものでなければならない。【注：なぜなら、作曲家は曲を作曲する場合に、他のいくつもの楽想のなかから、彼が楽譜に書き付けたものを意図的に選んでいるのであり、したがって最良のものとみなしているのであるが、それにもかかわらず、多くの奏者がその楽想を変奏し、それによってその曲に多くの名誉をもたらしていると思い込んでいるその変奏形も実は、その作曲家がそれを作曲したときからすでに、頭に思い描いていたのだからである。】[6]

　モーツァルトは、たとえば《ピアノソナタイ短調K.310》第1楽章の再現部冒頭に"Da capo 8 mesures"、また第2楽章の再現部冒頭に"Da capo 7 mesures"と書いているように、ソナタや交響曲の楽章でフレーズ全体が同じ形で反復されるところを、しばしば言葉や記号によって指示しています。また短いくり返しの場合には、bis（2回）という単語や反復記号を使いました。モーツァルトにとっては、当初 Da capo 指示などによって省略した部分を、のちに装飾されたくり返し（上記で触れた第2の形成原理「変奏」に関連する装飾）として変更する場合、これを自筆譜上でどう示すかが問題でした。結局は別の五線紙に追加部分をまとめて筆記し、それを初版譜に挿入するよう指示したのです。こうした変更は緩徐楽章やロンド形式の楽章にしか行なわれておらず、それもごく限られた数しか存在しません。それらは《ピアノソナタへ長調K.332》や《ピアノソナタハ短調K.457》の第2楽章に見られ、自筆譜では Da capo 記号によって省略されていた部分が、のちに変奏されたくり返しに差し替えられています。

　リトルネッロが変奏されて回帰する典型的なロンドとしては《ロンドヘ長調K.494》や《ロンドイ短調K.511》が挙げられるでしょう。これらのロンド楽章における主題が回帰する際のヴァリアントはモーツァルトが最初に記譜した時から書き込まれたもので、後の時点での思いつきではない事実は、注目に値します。

　近年、モーツァルトが緩徐楽章やロンドにおいて Da capo 指示を行ないながら、そこで弾くべき変奏ヴァリアントが提供されていない場合、これらをどう扱うべきかに関する熱い議論が交わされました。問題は「1：モーツァルトは反復部分（再現部）を変奏したくな

---

[6] C.P.E. バッハ『正しいクラヴィーア奏法第一部』東川清一訳、全音楽譜出版社、2000年、194〜195頁。【　】内は1787年の第3版にて増補された部分。邦訳書に掲載されている。

かったのか」、「2：いくつかのケースでは演奏者に変奏を即興するよう期待していたのか」、「3：くり返すたびごとに変奏を求めていたのか」です。3番目の可能性について私どもは強い「否！」で即答したいと思います。すべてのくり返しを変奏するのは、決してモーツァルトの意図ではないはずです。となると、選択肢はふたつに絞られます。変奏しないか、いくつかのケースでは変奏するか──この間で振り子は揺れるのです。百年前の一般的な見解は「モーツァルトが指示していない場合は変奏しない」というものでしたが、1980年代や1990年代以降には「ほとんどすべての回帰で変奏する」という別の極に振り子が振れました。

　私どもは現代のこの傾向を受け入れつつも、やり過ぎに対しては警告が必要だと感じています。この警告はモーツァルト自身の手法に基づいたものです。くり返しにおける変奏はごくわずかの例しかないものの、生前に出版された作品で実際の楽譜として整えられています。たとえば上述のK.332やK.457のピアノソナタにおける第2楽章がそれにあたります。しかし《ピアノソナタハ長調K.330》の第2楽章第40小節以降は、楽章冒頭20小節をくり返すためにモーツァルトが指示した「くり返しなしで長調〔部分〕をダ・カーポ Da capo maggiore senza repliche」という指示に従って、装飾なしで印刷されています。この初版譜がモーツァルトによって準備され、確認されたものであることはほぼ間違いありません。なぜなら、この印刷譜にはもともとの自筆譜には含まれていなかった4小節のエピローグが印刷されているからです。

　モーツァルトの生前に出版された、そのような「文字どおりのくり返し」が見られる作品には、他に《4手のためのソナタハ長調K.521》の第2楽章と第3楽章、《ピアノ四重奏曲ト短調K.478》の終楽章などがあります。生前に出版されなかった他の多くの作品で、くり返しの変奏をモーツァルトが望んでいたとは想像できません。加えて、そのような装飾は多くのオーケストラ作品では考えられないことです。たとえば《交響曲変ホ長調K.543》や《協奏ロンドイ長調K.386》、そして《ヴァイオリン協奏曲イ長調K.219》のロンド楽章（第3楽章）において、他の音楽家が加えた装飾をモーツァルトが容認する可能性はほとんどなかったでしょう。とりわけ《ヴァイオリン協奏曲K.219》でモーツァルトは、変奏されないリトルネッロの回帰を省略記号を使うことなく毎回書き込む労さえ執っています。これによって彼が何を避けようとしたのかは、おのずから見えてくるでしょう。

　モーツァルトはすべての音を記譜しようという意欲を抱いていたものの、その例外となるのが後期のピアノ協奏曲です。そこには音が加えられる、また加えられなければならないパッセージがきわめて多く含まれていますが、それはおそらく（のちに彼が手紙で父に述べたように）ライバルのピアニストへの対策ではなく、自分が使うために何年間かは楽譜を管理しておこうと思ったからに違いありません。また後期ウィーン時代のモーツァルト

は極端に忙しく、協奏曲をとても急いで書いていた事実も、理由のひとつとして挙げられるでしょう。1784年以降に作曲されたピアノ協奏曲には時としてスケッチされているだけのような、明らかに不完全なパッセージが見受けられます。そうした箇所では、反復を修飾したり不完全なパッセージの隙間を補填できるでしょう。アインシュタインは、モーツァルトに関する本（1946年、p.313）で次のように書いています。

さてわれわれは、彼のどのコンチェルトについても、彼がそれをどのように演奏したか正確には知らないのである――生前には4曲だけしか公にされず、自筆譜を見ると、オーケストラは非常に入念に書きこまれているが、独奏パートはいつもそうとは限らない――むしろ不誠実な写譜家を誘惑しないために、独奏パートをまったく記入しない方が彼にとって有利だったのかもしれない。自分の弾くべきものは自分自身が知っていたのだ。われわれの眼前にある独奏パートは、いかなる場合にも実際の演奏のための示唆に過ぎず、「作品に生命の息吹を吹き込む」ように独奏者を絶えずいざなうものなのである[7]。

後期以外のピアノ協奏曲では、モーツァルトの楽譜に音を加える必要はほとんどありません。これはザルツブルク時代に父から与えられたと思われる「すべてをただちに記譜しなさい」という教えに関連しているのかも知れません。ウィーン時代の最初の数年、モーツァルトはこの習慣を守っていました。また初期のピアノ協奏曲のうち複数の作品は他の人や生徒の演奏用に書かれています。

《ピアノ協奏曲ニ長調K.537「戴冠式」》の自筆譜ピアノパートには左手の伴奏がほとんど書かれていません。しかし、モーツァルトは「右手のための協奏曲」を創作したかったのではないはずです。この作品のオーケストラのスコアとピアノパート大譜表上段の大部分は実に丁寧に記譜されているにもかかわらず、ピアノパートの大譜表下段の大部分は空白のままになっています。ただし左手による技巧的なパッセージや、左手に独自の動機や反進行的な対位法的旋律線が現れるわずかな箇所だけは、左手のパートも念入りに記譜されているのです。

当然のことながら、欠けている伴奏は補われなければならず、出版されたほとんどの版にはヨハン・アンドレーによるピアノパートの補完案が提示されています。アンドレーはこの協奏曲の初版をモーツァルトの死後まもなく出版した人物です。全般的に見てアンドレーによる尽力は一定の称賛に値しますが、時としてオーケストラパートとの整合性に明白な不手際があり、ピアノパートとオーケストラのバスが衝突する結果を招いています。これらを緩和することもできますが、さまざまな箇所では別の伴奏を考案することも可能

---

[7] A.アインシュタイン『モーツァルト　その人間と作品』浅井真男訳、白水社、1961年、425頁。一部編者訳。

でしょう。

　『新モーツァルト全集』は、こうしたモーツァルト自身に準拠しない部分を小さなサイズの音符で再現した最初の版であり、自筆譜では空白だった箇所が確認できるようになっています。加えて編集者ヴォルフガング・プラートとヴォルフガング・レームは、アンドレーが犯した声部進行上とりわけ耳障りな間違いをいくつか訂正しています（たとえば第2楽章の第45〜46小節や第50〜51小節）。

　第1楽章の第265小節以降、第263〜264小節の動機をゼクエンツとしてくり返す右手において、モーツァルトはわずかに修飾されたヴァリアントを意図していた可能性があります[8]。事実、第271〜272小節と第275〜276小節には現にそのようなヴァリアントが提示されているからです。もしモーツァルトにこの協奏曲を見直して完成させる時間があれば、第2楽章第49〜53小節と第57〜67小節にも装飾されたバージョンをあてがったかもしれません。

　このような状況から、共著者パウル・バドゥーラ＝スコダによってK.537のピアノパートに様式的に適切な補完が施された、より興味深い新たなバージョンの楽譜が出版されました[9]。ここでは左手のパートに欠けている音を埋めるために、モーツァルトによる他の協奏曲にある複数の伴奏パッセージがモデルとして使われています。

　他にも多くの音の追加がどうしても必要になる場合があります。たとえばピアノパートによく見られる動きがこれといった理由もなくアレグロ楽章の途中で不意に中断している時、そうしたパッセージはできる限りモーツァルトらしい響きがするように補完されなくてはなりません。このような「推敲」の評価は、「それがモーツァルト以外の人によるものであることが聴衆に悟られなかったか」が基準になります。では、音の追加が必須となるわずかなケースにおいていかなる修飾が行なわれるべきかに関し、いくつかのヒントを提示しましょう。

　モーツァルトは《ピアノ協奏曲変ホ長調K.482》第3楽章で第147小節から17小節に渡って十六分音符のパッセージを書き込んだ後、付点二分音符だけの小節をさらに9小節（第164〜172小節）書いています。この大きなブロックは音楽の枠組みを示しているに過ぎず、スケッチの段階と言えるでしょう。

---

[8] Carl Reinecke, *Zur Wiederbelebung der Mozart'schen Clavier-Concerte* はこれらの小節とそれ以降の小節を装飾するための良い提案をしている。
[9] *Mozart Piano Concerto No.26, K.537 "Coronation Concerto,"* Schirmer's Library of Musical Classics, Vol. 2045, G. Schirmer Inc.（ニューヨーク、2004年）。

■ 例6/6

これらの小節をそのまま弾いてしまったのでは、大きな違和感が残ります。ここでは次のように弾くのが良いでしょう。

■ 例6/7

　この楽章では他にも第226〜252小節ならびに第346〜347小節、第353〜356小節に補充すべきパッセージが存在します。アンダンティーノ・カンタービレ部分で第1ヴァイオリンと同じ音をなぞっているだけのピアノパートは（第249小節を除いて）、まだ不完全なものだと判断できるでしょう。これらを――ほとんどの演奏がそうであるように――そのまま弾くこともできますが、それがモーツァルトの最終的な意図だったとは思えません。ピアノ協奏曲でソロ楽器が第1ヴァイオリンやほかの旋律楽器とユニゾンで奏するのは、ほとんど見られない現象です（ヴァイオリンソナタでは《ソナタ ホ長調 K.377》の第3楽章をはじめ、そのような部分は多々あります）。

　同じフレーズがくり返される際に、先行するフレーズより音符や表現の密度が減少するのは、モーツァルトの協奏曲の様式に合致しません。また第238〜239小節では第1ファゴットによる八分音符音型で旋律の間隙が埋められているのに対し、第246〜247小節や第250〜251小節ではこうした八分音符が欠落しています。これらは譜面どおりに演奏するのではなく、補充してしかるべきなのです。

　このように、「何かが欠けているパッセージ」を見つけ出すことが最初の課題です。「そ

こに何が欠けているのか」を探究するのが次の課題であり、それに答えるのはずっと困難です。しかしここでも《ピアノ協奏曲変ホ長調K.482》第3楽章のアンダンティーノ・カンタービレ部分〔第218小節以降〕と《ピアノ協奏曲ハ短調K.491》第2楽章の変イ長調部分〔第43小節以降〕を比較することによって、とても有益なアイデアが得られるでしょう。構成がとてもよく似ているからです。どちらのケースでも、変イ長調のクラリネットの旋律をピアノがくり返し、これを弦楽器が伴奏します。K.491の第2楽章では、ソロピアノによって主題が反復される時に控えめな装飾が施されていますが、そこに注目してみましょう。

ピアノがメロディをくり返す際、冒頭の2小節を変奏することは——その例がまったくないわけではありませんが——モーツァルトの好みではないように見受けられます。K.482のアンダンティーノ・カンタービレ冒頭の数小節においても、第3小節よりも前に装飾を開始してしまうと、ここに溢れている喜びに満ちた表現を高めるより、むしろ減じてしまうように思われるのです。50年前のパウル・バドゥーラ＝スコダがK.482の第3楽章第226小節以降に施した豊富な装飾は以下の通りです。

■ 例6/8

「これでは音がいささか多すぎる」というのが現在の私どもの考えです。モーツァルト自身による装飾では最小限の音で最大の効果を得られている一方（例6/14〜例6/18を参照）、例6/8はJ.B.クラーマー、J.Ph.ホーフマン、J.N.フンメルなどによる音にあふれたバージョンとよく似ています。今日の私どもはあまり騒々しくなく、より優美であろう次の解決法を提唱します。

■ 例6/9

さらに慎重を期すのであれば、上声の装飾の彫琢を5小節目（第230小節）以降から開始するのも良いでしょう。

■ 例6/10

モーツァルトの後期ピアノ協奏曲といえども、《協奏曲ニ長調K.537「戴冠式」》の各楽章やここで扱った《協奏曲ホ長調K.482》第3楽章ほど旋律の彫琢が要求される楽章は、他にほとんどありません。しかし「何が欠けているのか」「モーツァルトはこのパッセージをどのように弾いたのだろう」という意識を常に維持することは、6曲の後期協奏曲ほぼすべてにおいて大切です。たとえば変奏された再現部、とりわけ《ピアノ協奏曲ハ長調K.415》の第2楽章と第3楽章の再現部は、モーツァルトの装飾技法に興味深い光を投げかけてくれます。すでに豊富に装飾されている第3楽章の最初のアダージョ（第49～64小節）と、さらに豊かに装飾された2番目のアダージョ（第216～231小節）を比較する作業は、とても啓発的です。同じように《ヴァイオリンソナタ変ロ長調K.454》第2楽章の変奏された再現部（第73小節以降）も研究すべきでしょう。モーツァルトが出版を計画していたすべての作品は、彼が自分の作品の効果を高めるために施した、小さくとも素晴らしく、この上なく有効な推敲手法を私たちに教えてくれます。

今日ふり返ると、以前に私どもが提案した装飾には「できるだけ豊かに装飾しよう」という傾向が強く感じられます。それらが誤りだとすれば、その原因は「音があまりに多すぎる」ところにあります。《ピアノ協奏曲変ホ長調K.482》第3楽章の美しいアンダンティーノ・カンタービレや《ピアノ協奏曲ハ短調K.491》のラルゲット（第2楽章）がたたえる平穏な性格を危険にさらしてはなりません。

　《ピアノ協奏曲変ホ長調K.482》は、装飾について考える多くの機会を与えてくれます。終楽章第246小節以降に見られる和声と拍節の構成からは、実際に豊かに装飾されている《2台ピアノのための協奏曲変ホ長調K.365》の第2楽章（第89〜94小節や第99〜101小節）が思い出されます。もし第242〜245小節でヴァイオリンと同じ音をなぞるのを好まないなら、この協奏曲第2楽章のピアノソロ冒頭にあるようなトリルを加えたり、《協奏ロンドニ長調K.382》第97小節以降を参考にしたトリルを弾いても構わないでしょう。

■ 例6/11

冒頭4小節のように左手でオーケストラと同じ旋律を重奏するのはかなり思い切った奏法のようにも見えますが、この種の重複は《協奏ロンドニ長調K.382》第97～120小節をはじめ、モーツァルトの協奏曲ではしばしば見受けられる手法です。

　《ピアノ協奏曲変ホ長調K.482》第3楽章第346～347小節にも補充が必要です。『新モーツァルト全集』で提案されている形以外に、次のような解決法もあるでしょう。

■ 例6/12

同じく第353～356小節も、複数の出版譜や『新モーツァルト全集』で提案されているように弾くので問題ありません。

■ 例6/13

　ただしフルートとホルンのユニゾンによって提示されるロンド主題回帰の最終回（第387小節以降）において、ピアノパートの修飾は不要です。この種の"別れの挨拶"はモーツァルトの後期作品によく見られるパターンです。たとえば《ピアノ協奏曲ハ短調K.491》第2楽章第74小節以降や《ピアノ協奏曲変ロ長調K.595》第2楽章第103小節以降などでは、すでに楽器法や和声の変化を通じた補強が施されているのです。

　あるリズム動機が複数回くり返される場合にも、装飾が歓迎されます。《ピアノ協奏曲ハ短調K.503》第1楽章にこの種の装飾の興味深い例があります。〔第91小節からの導入を経て〕第96小節で本格的にスタートする最初のソロのところで、モーツァルトは当初の着想を月並みすぎると思って破棄し、新しく作り直したのです。そのスケッチ[10]はその後モーツァルトによってフルスコアに注意深く転記されました。この最終バージョンは当初のものよりも6小節長くなっています。自筆譜の該当部分は以下の通りです。

---

10) Ulrich Konrad, *Mozarts Schaffensweise*, p.175参照。このスケッチは Georg Schünemann, *Musikhandschriften von J. S. Bach bis Schumann*, plate 42 において初めてファクシミリとして復刻された。Gerstenberg, "Zum Autograph des Klavierkonzerts C-Dur KV 503," p.38ff. も参照。

■ 例6/14

これを浄書するとこうなります。

これに飽き足らずにモーツァルトが準備した装飾のための最初のスケッチはこうです。

■ 例6/15

当初のバージョンが修正された最終稿では細部に装飾が施され、アーティキュレーション記号も書かれた完全なものになっています。

■ 例6/16

動機に装飾を肉付けする作曲家自身の手順を追えるこの例は、モーツァルトの様式で装飾しようとしている私たちにとってかけがえのない手本となります。このように、最高度に彫琢された例を目のあたりにできるのはモーツァルトのピアノ独奏作品においてなのです。

モーツァルトによる各種の装飾モデル

　幸いなことに、モーツァルト自身の装飾法のルールやスタイルがどのようなものだったかをうかがえる貴重な作品が数多く存在します。様式にかなった装飾を実践したいと願うなら、これらの作品をきわめて丹念に研究しなくてはなりません。たとえば《ピアノソナタへ長調K.332》の自筆譜と、モーツァルトが関わった初版譜に印刷されている装飾後のテクストを比較すれば、多くを学べるでしょう。第2楽章（アダージョ）の再現部で、自筆譜のバージョンにモーツァルトが追加した音や変更は、それほど多くありません。これは《ピアノソナタニ長調K.284》の終楽章に含まれているアダージョの変奏（変奏XI）にも当てはまります。ヘンレ版や『新モーツァルト全集』など多くの版がこれらを比較しやすくするために双方のバージョンを並べて印刷していますが、実際に演奏すべきものが——ヘンレ版のレイアウトからも明らかなように——初版譜のバージョンであることは明らかです。

　モーツァルトが出版のために準備した「最終稿」に敬意を払い、そのように弾くべきことは言うまでもありませんが、これは必要とされる部分に様式にかなった装飾を実行する際のモデルとなるべきものでもあります。《ピアノソナタへ長調K.332》の第2楽章第23〜26小節を見てみましょう。

■ 例6/17

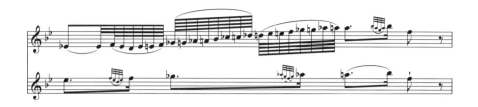

第26小節にある速い半音階は例外としても、実行されている装飾はおしなべて節度のあるもので、それがモーツァルトらしさであるようにも思われます。モーツァルトは音をあまりに多く変更したり追加したりすることを控えています。音域が1オクターヴ分拡張されて多くの音が並ぶ半音階にせよ、本来の着想だった上昇する旋律の方向性と輪郭は保たれるのです。

　モーツァルトがどのような装飾を加えたかを示してくれる別の例は《ピアノソナタニ長調K.284》の第3楽章、第11変奏に見られます。

■ 例6/18

　もっとも興味深いのは、モーツァルトが出版用の最終稿を準備する際にも、当初の旋律の輪郭をいかに大切に保っていたかという点です。強弱記号は追加されていますが、この変奏の第19小節（ヘンレ版では第206小節）を除けば音符の数はさほど増えていません。モーツァルトの節度は驚くべきものです。モーツァルトによる装飾は、音符を加えることよりももっぱら強弱記号やアーティキュレーションによって整えられていることが見て取れるでしょう（自筆譜にある強弱記号は、変奏の冒頭にある *p* 1個だけです）。過度なフィギュレーション（音符を増やして飾り立てること）が要求されることは一度もありません。つまり当初のバージョンにある簡素な構成は、それが装飾されてもはっきりと維持されているのです——これは現代の演奏家が他の緩徐楽章を装飾しようとする際に留意すべき、重要なポイントでしょう。

　こうした比較から導き出されることは、「モーツァルトの装飾がいかに抑制され、装飾後も旋律本来の輪郭がいかに強く保たれているか」ということです。この点でモーツァルトの装飾と、フレーズ全体を逆転させ、旋律の上行下行を気ままに変更してはばからなかったフンメルの装飾との間には明白な違いがあるのです。

　近年に開催されたモーツァルトに関する学会では、一部の若い音楽学者たちが「当時の音楽家たちと同じことを、今日の音楽家もモーツァルトの作品に対して行なうべきである」と主張しています。しかしモーツァルトの時代も、その前後の時代でも、音楽家がみな同じように優秀だったわけではなく、凡庸な音楽家も数多くいました。モーツァルトの時代に行なわれていたことすべてが洗練され、モーツァルトを喜ばせたわけではありません。またモーツァルト自身も「この協奏曲を弾くときはいつでも、そのとき感じたことを弾く」と述べているところから（363ページを参照）、「五線譜に書かれた音符にとらわれない装飾

を自由に演奏することもあった」との推測は、おそらく正しいものでしょう。

しかし「モーツァルトのお墨付きだから今日の音楽家も同じことができるし、しなければならない」「モーツァルトのピアノ作品の楽譜は——それが彼の監督のもと出版されたものであろうとなかろうと——決して拘束力のある最終稿とみなしてはいけない」という同僚たちの考えは、危険を伴う見解です。同時代の演奏家が悪趣味で不要な装飾を加えたがることに不平を述べていたのは、レオポルト・モーツァルトだけではありませんでした。あまりに多くの音を加えることに異議を唱える作曲家は他にもいたのです。

出版のために完成させた楽譜とは異なった手法でモーツァルトが自作を装飾したかどうかは、これと別の問題です。もしモーツァルトが実際にそうしたとすれば（証拠はありません）、そうした変更はおそらく「改良」とはほど遠い、単なる「別種の装飾」に過ぎなかったに違いありません。いずれにせよ、それは真にモーツァルト的な装飾であったはずです。モーツァルトによって完成された楽譜を今日私たちが変更した場合、それが改良となることはまず保証できませんし、このような変更は義務的なものではありません。

「すでに完成された作品をさらに変更することを、モーツァルトは望んでいたか」という大きな疑問に、確証をもって答えることはできません。モーツァルトの時代に活動していた一部のうぬぼれの強い音楽家がモーツァルトのソナタの装飾を一部変更して演奏したとしても、それをモーツァルトが容認したことになるわけではないのです！

そのことを示唆するヒントがいくつかあります。たとえばフォーグラー牧師の演奏に対する、モーツァルトの反応を思い出してください（1778年にフォーグラー牧師はモーツァルトのソナタを演奏しましたが、それについての見解がモーツァルトの手紙に書かれています。360ページを参照）。また、自身も経験豊富な作曲家だったレオポルト・モーツァルトは、息子の《ピアノ協奏曲ニ長調K.451》の第2楽章に装飾が必要なパッセージがあると気づいたとき、「どう装飾すべきかをヴォルフガングに確認する必要がある」と考えたことでしょう。レオポルトは、息子が自分の作品にあるすべての音に責任を負いたいと思っていることを承知していたからです。だからこそレオポルトは息子に「欠けている音」の補填を求め、ヴォルフガングはそれに即応し、楽譜を送ったのだとしか説明がつきません。

このように「モーツァルトはK.332やK.309のピアノソナタ第2楽章に書かれている装飾が他人によって変更されたり——なお悪いことには——すでに書かれている装飾がさらに装飾されることを嫌がっていた」という私どもの確信には、もっともな理由があるのです。「モーツァルトの時代の慣習」と「彼がそれを自作に対しても容認したか」は区別されなければなりません。同時代の演奏家の一部は、与えられたあらゆる楽譜を——それがモーツァルトの作品であろうとフォーグラー牧師の作品であろうと——自由に変更できる、と考えていましたが、モーツァルトはそれを認めなかったはずです。モーツァルトは

自作が出版される際に、彼が適切だとみなした装飾をすべて表示するための労力を惜しみませんでした。このことは「作品をこれ以上変更しないで演奏してほしい」という彼の意志を証明している、と私どもは考えています。それゆえ、出版譜として整えられたモーツァルトの楽譜に掲載されている装飾は単なる可能性のひとつを示したものではなく、後世に対する彼の最終的な意図である、と理解すべきなのです。

一方、「指導者が生徒にうながさない限り、装飾を自分で工夫する習慣は復活しない」という意見があります。生徒たちには「装飾する訓練」が必要だからです。また、「生徒が考えた装飾がたとえ不満足なものでも、ないよりはましだろう」という意見もあります。私どもはこうした見解への対応策として、マイナーな作曲家のあまり重要ではない作品を装飾の練習に利用するよう、指導者たちに提案したいと思います。古典派時代には、まだ不慣れな生徒でも美しく装飾できる余地の残されている二流の作品が数多く存在します。

《ピアノソナタハ短調K.457》第2楽章は、主題やすべての旋律的パッセージの輪郭を維持しつつ、それに丁寧な装飾を施すモーツァルトの技法が見て取れる、すばらしいモデルです。これらの装飾は長い間モーツァルト以外の手による筆写譜を通じてのみ、知られていました。その資料では提示部には装飾が書き込まれているものの、再現部は変更されない形となっています。この作品の自筆譜はようやく1989年になって発見され、印刷譜にあるものが実際にモーツァルト自身による装飾であることが明らかになりました。モーツァルトがみずから出版を準備していた、という推測が確定されたのです。

モーツァルトによる未装飾バージョンと、その後の装飾バージョン（再発見された自筆譜、筆写譜および初版譜にあるもの）の比較は多くを語ってくれるもので、おおいに研究すべきでしょう。

■ 例6/19

　モーツァルトが主題に施した装飾のうちもっとも洗練された例は、おそらく《ロンドイ短調K.511》の自筆譜に丹念に書き込まれたものでしょう。10回くり返される主題が、そのつど変奏されています。注目すべきは、ある変奏では最初の5小節にはまったく装飾が追加されていなかったり、別の変奏では第4小節になってようやく装飾が開始されている、といった状況です。

　父レオポルトの著作『ヴァイオリン奏法』の内容はモーツァルト自身の装飾技法と直結するものではありませんが、それでも研究に値する装飾例が複数掲載されています（第11章第19段落にあるふたつめの例〔譜例の第3段〜4段〕）や、第20段落のふたつめと3つめ、およ

び最後の例〔譜例第3段～6段および第9段～10段〕を参照してください）。

　本書の比重はもっぱらモーツァルトのピアノ音楽における装飾技法に置かれていますが、声楽のモデルにも触れておきたいと思います。コンサートアリア《私は知らぬ K.294》はモーツァルトが最愛の生徒アロイジア・ヴェーバーのためにクリスティアン・バッハの作品に装飾を施し、記譜したものですが、ここから装飾に関するモーツァルトの好みがよく見て取れます（この作品は第2次世界大戦後にようやく発見されたものです）[11]。モーツァルトの様式研究のためのもうひとつの恰好の題材は、同じくクリスティアン・バッハのオペラ《シリアのアドリアーノ》からのアリア〈いとしのやさしい焔よ Cara, la dolce fiamma〉が装飾されたバージョン K.293e でしょう。これもおそらくアロイジア・ヴェーバーのために書かれたものと思われます。これらの例すべてにおいて、モーツァルトが装飾を用いる際の誇り高き抑制が表れています。

　協奏曲の緩徐楽章に出現する弦楽器や管楽器の旋律がピアノで引き継がれる際にモーツァルトが施している装飾は、情報の宝庫です。それと同時に、逆の状況——ピアノのために書かれた簡素な旋律が、その後別の楽器によって控えめに装飾されるケース——も研究されなくてはなりません。その例は複数のヴァイオリンソナタや《ピアノ協奏曲ハ長調 K.503》第3楽章——ピアノパート第163～170小節に出現する主題と、第171～175小節で施されたオーボエによるその装飾——に見受けられます。ある旋律が別の楽器によって反復される際の装飾が抑制されている事実は、様式的なものとも受け取れるでしょう。しかし他楽器の旋律をフォルテピアノがくり返す場合には、持続音の長さが充分でなかったフォルテピアノで長い音を保つために装飾が有用だったこと、またそれ以上に「聴衆にとって魅力的な音楽を提供したい」という意図があったに違いありません。《ピアノ協奏曲変ホ長調 K.449》第2楽章冒頭のオーケストラとその後のピアノソロを比較してください。オーケストラの楽想をくり返すピアノパートが明らかに貧弱に書かれている場合には、そこに「書き加えるべきものがある」[12]と推測できるのです。

趣味の問題としての音の付加

　レオポルト・モーツァルトが娘宛てに書いた手紙から、モーツァルトはまさにコンサート直前に《ピアノ協奏曲ニ短調 K.466》の記譜を完了し、演奏会当日になってもコピストがオーケストラパートの写譜を行なっていたことがうかがえます。このことから、ソロパートにくり返し出現する主題の変奏を書き込む時間が、他の場合より限られていたことは

---

11) *Acta Mozartiana* IV/1957, p.66ff. における注釈を参照。

12) 編者注：モーツァルトが1784年6月9日に父に宛てた書簡より。本章注5を参照。

容易に想像できるでしょう。モーツァルトが主題のヴァリアントを即興で演奏したことは、ほぼ間違いありません。とりわけ第2楽章（ロマンス）の冒頭動機は、計13回も登場します。注目に値するのは、ピアノパートでは一度も変更されていませんが、これがオーケストラパートに登場する時にわずかずつ変奏されていることです。旋律が2回目に登場する際にはファゴットが旋律をオクターヴ低い音域で並奏します。3回目では、ホルンに新しい対主題が現れ、その後第1ヴァイオリンがわずかな装飾を提示します。4回目の登場では、最後の小節のリズムがこのように変奏されています。

■ 例6/20

才能のあるピアニストがこの楽章を演奏する際、反復される主題にいくつかの音を慎重に追加するのは自然な行為です。たとえば第119小節以降の右手を次のように弾くこともできるでしょう。

■ 例6/21

《ピアノ協奏曲ニ短調K.466》ほど状況は明らかではないにせよ、《ピアノ協奏曲ハ短調K.491》が急いで書かれたことも間違いありません。自筆譜には急いだための訂正がいたるところにあり、判読が不可能な箇所さえも存在します。したがってこの作品にあるパッセージの一部が、まだモーツァルトによるスケッチの域を出ていないとしても、驚くことはありません。たとえば第3楽章の自筆譜第141〜146小節は、次のように書かれています。

■ 例6/22

　第142〜144小節にある左手の四分音符が音階として書かれるべきものであることは明らかです。事実、この協奏曲の最良の版(『新モーツァルト全集』、ペータース版、シュタイングレーバー版、オイレンブルク版など)ではそのように修正されています[13]。しかしこの修正を一貫させるなら、第145小節の左手の八分音符も、次のような十六分音符に分解されなければなりません。これは《ピアノ協奏曲ヘ長調K.459》第3楽章第242〜243小節からヒントを得たものです。

---

13) この《ピアノ協奏曲ハ短調K.491》のブージー&ホークス版では、H.F.レートリヒが「草稿に見られる譜面に盲目的に従うべきであり、このパッセージの記譜はモーツァルトの省略ではない」という、まったく理解できない見解を提示している。継続している十六分音符の動きを不意に中断するのは、モーツァルトに関してはまったく論外である。さらに言えば、これはひとつの変奏が行なわれているまっただ中なのだ! 上声部にある新しい動機の導入(第141小節)に合わせてモーツァルトがそれを行なったのなら、この説明も可能だろう。しかし、モーツァルトが動機の連鎖となる2小節目(第142小節)でそれまでの動きを緩慢にしたかったとは考えられない。レートリヒは「第145小節に見られる"主題の合理的な縮小"が、モーツァルトが先行小節に四分音符を望んだことを示している」と断じている。しかしこれは誤った論理である。第145小節にあるのはカデンツ音型であって、そこでは右手が、先行する4小節を通して持続されたフレーズを終結させているからだ。さらにはオーケストラパートのリズムも変化している。

■ 例6/23

　急いで書き下ろされた《ピアノ協奏曲ハ短調K.491》においてモーツァルトはこうした省略記譜を多用していますが、これらは単純な音階を省略するものであって「順次進行の音階を望まなかった箇所には必ず十六分音符を書き込んだ」と結論づけられるでしょう。第3楽章第155〜163小節でも省略が見受けられます。

■ 例6/24

　当然のことながら、こうしたパッセージは適切な方法で補完されなければなりません。今日のほとんどの印刷譜に表示されているように、第156小節にある2個の四分音符（G-g音）は、十六分音符の音階として弾かれるべきです。未解決の問題は、第157小節の八分音符をどうするかです。選択肢は「第145小節で推奨したように装飾する」か（例6/23を参照）、「楽譜通りに弾く」のどちらかとなります。

　この協奏曲の第1楽章第467〜470小節にも、同じようなケースが存在します。そこでも流れるようなパッセージワークが――《ピアノ協奏曲変ホ長調K.482》第3楽章の第164小節以降〔例6/6を参照〕に比肩し得る根拠のない大跳躍によって――不意に中断されているのです。モーツァルトがスケッチ風に書いた通りに弾くだけでは、不自然なリズム構造が生じてしまうでしょう。

■ 例6/25

第467〜470小節の跳躍の補完案は『新モーツァルト全集』に印刷されています。最初の6小節における規則的な伴奏（木管楽器のため息動機、ピアノパート左手の持続音、および弦楽器による四分音符の刻み）は、右手のパッセージが第467〜468小節でもそれまでと同じ形が継続されるべきことを示唆しています。たとえばこのような形です。

■ 例6/26

続く第469〜470小節の跳躍には決然とした感情があるべきで、装飾は必要ありません。エトヴィン・フィッシャーも言っているように、先行するパッセージワークと対比させる

ことによって感情を高揚させるのです。どんな形にせよ、第469小節以降で変化するオーケストラ伴奏に合わせて、そこまでとは異なる形での演奏が望まれます。

　最良の解決法と思われるのは下記のものです。『新モーツァルト全集』にある提案も推奨に値しますが、それとはわずかに異なる形にまとめてあります。

■ 例6/27

　第1楽章第261〜262小節に見られるパッセージも補完する必要があります。ロバート・レヴィンによる装飾例を紹介しましょう。

■ 例6/28

《ピアノ協奏曲ハ短調K.491》の演奏に関するその他の詳しいコメントは第12章にまとめてありますので、そちらも参照してください。
　《ピアノ協奏曲ト長調K.453》第2楽章第39〜40小節には——必須ではないものの——次のような装飾を施すことができるでしょう。

■ 例6/29

しかしモーツァルトが書いた大きな跳躍すべてが音符で補完されるわけではなく、やりすぎは禁物です。モーツァルトは高い音域の音と低い音域の音とを並置するのが好きでした。こうした大きな跳躍は、彼の音楽にしばしば比類ない息づかいを与えてくれる、様式的な特徴なのです。主題の音程が2オクターヴにまたがる《ハフナー交響曲K.385》の冒頭や、《ピアノ協奏曲ハ長調K.467》第2楽章第8小節以降における第1ヴァイオリンの跳躍はその好例でしょう。

■ 例6/30

ところでモーツァルトのもっとも大胆で大きな跳躍は《ピアノソナタハ短調K.457》第3楽章の第301小節以降にある跳躍です。この跳躍を埋めるのは無意味な行為でしかありません。

■ 例6/31

この譜例は自筆譜にあるバージョンですが（初版譜では第304〜308小節のバス音が1オクターヴ高い音に変更されています）、ピアノの最高音域と最低音域の対比がこれほど表情豊かに使用された例は、その後ベートーヴェンの後期作品に至るまで見当たりません。

《ピアノ協奏曲イ長調K.488》第2楽章はシチリアーノのリズムを基調とした嬰ヘ短調の美しいアダージョですが、ここでも「何かが欠けている」と感じられる多くのパッセージに遭遇します。第80小節周辺のパッセージを観察してみましょう。第76小節以降のピアノ独奏は、先行するオーケストラの旋律をより高密度にした変奏であることがわかります。しかしオーケストラでの旋律的クライマックスに相当する第81小節以降では、2小節間ピアノパートの動きが途絶え、通常はバス進行以外にはほとんど出現しないような4度と5度の跳躍のみが書かれています。

■ 例6/32

オーケストラでは特徴的だった内声の八分音符の動きも第80小節で不意に停止し、ピアノの左手とファゴットとの新たな対話に道を譲ります。

それに加えて第80〜82小節では各小節後半のピアノの音とクラリネットの音が重なっています。モーツァルト時代のピアノは現代の楽器よりはるかに小さな音量しか出せなかったため、譜面どおりにパッセージを弾いたのでは、各小節後半の音はクラリネットに覆われてまったく聞こえなくなるでしょう。この協奏曲をフォルテピアノで演奏する場合には――好みの問題ではありますが――ここにいくつか音を加えて演奏するのが適切であるように思われます。

実はこのパッセージを補完するためのモデルを、モーツァルト自身の作品の中から見つけることができるのです。《ピアノ協奏曲ハ長調K.467》第2楽章第12小節以降の第1ヴァイオリンには、K.488と同じように下行していく4度と5度の音程が組み合わされた音列があります。

■ 例6/33

のちに独奏ピアノに出現する装飾されたバージョンは、4度の上行跳躍を次のような音階で埋めています。

■ 例6/34

このモデルをK.488第2楽章のパッセージ（例6/32）にあてはめてみましょう。

■ 例6/35

しかしこれではK.467の第2楽章にあるパッセージが機械的にあてはめられただけです。前後の音楽の流れの中にあるリズムの多様性に鑑みて、もう少し自由な装飾を提案しましょう。

■ 例6/36a

今日ならば次のように演奏します。

■ 例6/36b

先行するセクションのオーケストレーションを参考にしながら、第81小節以降を2声部の旋律として構築することも、理論的には可能です。

■ 例6/37

しかしこうした特別な場合には、モーツァルトみずからがヴァリアントを書いたものと推測されます。

第85小節以降のパッセージ

■ 例6/38a

も、今日ではしばしば装飾とともに演奏されます。しかしこのパッセージはこのままでも充分な美、そして深く真摯な感情を備え持っており、今日では記譜された通りに弾く（装飾するにしても、ごく限られた音のみで）のが最良だと私どもは確信するようになりました。このパッセージからは《魔笛K.620》におけるパミーナのアリア〈ああ、私にはわかっています。愛の幸せは永遠に消えてしまったのです〉の「私は死んで安らぎを求めるしかありません So wird Ruh' im Tode sein」という言葉が淡く脳裏に浮かんできます。第89小節以降はフルートとの対話を意識しながら次のように装飾することも考えられるでしょう。

■ 例6/38b

《ピアノ協奏曲ハ長調K.503》第2楽章第35〜42小節にも、ピアニストが音をいくつか加えたくなるようなパッセージがあります[14]。

■ 例6/39

---

[14]『新モーツァルト全集』では第36小節第3拍目にあるa^1音が誤って省略されているが、この音は自筆譜（ベルリンのプロイセン文化財団）に明確に記されている。

さらに切迫した必要が感じられるのは、同じ楽章の第59～62小節にある大きな跳躍です。ここにモーツァルトはK.482終楽章の跳躍と同様の省略書法を用いています。

■ 例6/40

これらの音を印刷された通りに弾いても、ほとんど意味を為しません。それゆえ次のような解釈を提案します。譜例の上段には私どもが考案した装飾を掲載しました。

■ 例6/41

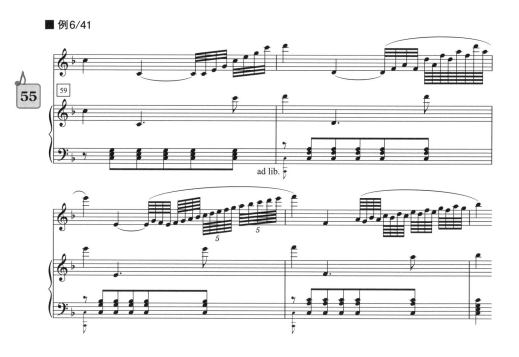

第84～85小節に見られるパッセージをさらに輝かしくすることも可能ですが、趣味の問題もあるでしょう。

■ 例6/42

　この協奏曲の終楽章で音を追加するかどうかも、これまた趣味の問題です。モーツァルトによって第112小節のオーケストラパートに書き込まれたフェルマータ記号は、モーツァルトが記譜したものよりも凝ったアインガングをソロパートに欲していたことを示唆しているように思えます。それはおそらく次のようなものではないでしょうか。

■ 例6/43

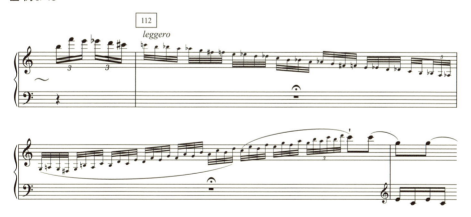

　最後に《ピアノ協奏曲変ロ長調K.595》第1楽章にある、注目すべきパッセージにも触れておきましょう。第168～169小節のソロパートです。それ以外の箇所ではモーツァルトはきわめて詳細に書き込んでいるため、この2小節の間隙は奇妙に見えます。加えて、この作品は生前に出版されているのです。まず思い浮かぶのは「ここには何かが加えられなくてはならない」ということでしょう。第164小節から始まる間断のない音価のディミニューション（縮小）に注意を向けてください。まずオーケストラに全音符があり、第

165小節では二分音符になって、その後四分音符、八分音符となり、第168〜169小節（旧い楽譜では第161〜162小節）および第329〜330小節（同、第322〜323小節）で突然2小節分が空白になるのです。2オクターヴ以上隔たっている2音を連結するレガートスラーはあるものの、これは演奏不可能です！

　この謎に対する唯一のもっともらしい説明は「モーツァルトは演奏者が単一のバージョンに拘束されるのを望まなかった」というものです。確かにこのパッセージを埋める良好な解決法には数多くの可能性があります。たとえばこのK.595の第1楽章第168小節以降に対し、『新モーツァルト全集』は次のような奏法を提案しています。

■ 例6/44

以下のどちらかに準じた処理も可能でしょう。

■ 例6/45

　他方、第2楽章の主題はコラール風にまとめられています。のちに主題が反復される際に、平和に満たされ安定したコラール風の進行を装飾したならば、楽章の性格は損なわれてしまいます。この楽章はモーツァルトの協奏曲楽章の中でも独特で、類似の書法で書かれた楽章はベートーヴェンの《ピアノ協奏曲第5番「皇帝」》第2楽章に至るまで出現しません。いかなる装飾も、ここに湛えられている美を壊してしまうでしょう。装飾としての音の付加を過剰かつ無責任に行なうことは何としても避けなければならず、この楽章はそれを改めて思い起こさせてくれます。音を加えて良いのは本章で示してきたような、明らかにスケッチ風のパッセージのみであり、それも注意深く判断されなくてはなりません。

様式になじまない音の付加

即興で装飾を演奏するヴィルトゥオーソの慣習は、A.E.ミュラー、P.C.ホフマン、J.N.フンメルといった作曲家が編纂したモーツァルトの協奏曲の印刷譜（こうしたものを私どもは「編曲」と呼びたいと思います）からわかるように、モーツァルト以降の世代に受け継がれていました。フンメル版の楽譜とモーツァルトによる主題の装飾法とを比較してみれば、フンメルの装飾のほうがモーツァルトのものよりはるかに凝ったものであることがわかります。モーツァルトの作品目録作成者としてケッヘルの先駆的存在であったアロイス・フックスでさえ、モーツァルトの主題を多くの音で飾ることに何の異議も表明しませんでした。当時の著名な演奏家たちの間では常に装飾過多に対する警告が発せられていたにもかかわらず、多くの音を加える装飾が行なわれていたのです。

　レオポルト・モーツァルトは自分勝手な装飾をたくさんつけてはばからない音楽家について、くり返し不満を述べています。『ヴァイオリン奏法』に見られる装飾に関連する数多くの叙述の中に、次のような箇所があります（第1章第3節、脚注におけるカンタービレの議論）。

> アダージョ・カンタービレにおいて音符を存分に装飾して、ひとつの音符を10いくつもの音で装飾すれば、最も美しい音楽ができあがると多くの人が思っている。しかしこのような音符殺しは、自分の拙い判断を晒すようなもので、長い音符を延ばしたり、いくつかの音を歌うように演奏しなくてはならないときには、身も震える思いをするだろう。というのも、いつものばかげた笑止千万のその場しのぎしかできないからである[15]。

ヴォルフガングもあまりに多くの装飾を加える歌手を批判しました。彼は1778年6月16日付でパリから出した父宛ての手紙で、有名なカストラートのラーフをとりあえずは褒めているものの、そのあと「カンタービレで彼はあまりにも*誇張しすぎます*」[16]と不満を述べています。この言葉から、モーツァルトは不必要に加えられた装飾には同意していなかったことがわかります。

　同じような不満がディッタースドルフの自伝（自伝p.214を参照）やC.P.E.バッハの『正しいクラヴィーア奏法』にも表明されています。こうした不満のさらに上をいったのは、

---

[15] L.モーツァルト、60頁。
[16] 『モーツァルト書簡全集』IV、海老沢敏・高橋英郎編訳、白水社、1992年（第2刷）、110頁。

演奏者が自分の作品に勝手に加えた変更に大反対を唱えたベートーヴェンです[17]。この古典派の偉大な作曲家は、自分の作品に未知の要素がもち込まれるのを明らかに嫌がっていました。そして次のロマン派の世代になると作品の様式とともに演奏の様式も変化し、オリジナルの作品からますます乖離した変更が加えられ、疑わしい編曲がでっち上げられてしまうことも日常茶飯事となったのです。

フンメルの装飾

　フンメルがモーツァルトの協奏曲を装飾する際には、アレグロ楽章でさえも実質的にすべてのパッセージを変更することをためらいませんでした。くどさの点では、P.C.ホフマンの装飾がフンメルの装飾を凌駕しています（今日そのフンメルを凌駕するのは、ジャズを背景にした演奏家の一部が試みる装飾ではないでしょうか。彼らはモーツァルトの作品に未知の要素を挿入せずにはいられないのです）。現代のごく少数の演奏家にとっては、フンメルの装飾も興味深いヒントとなるでしょう。フンメルは8歳から9歳の頃にモーツァルトの弟子だったからです。しかし10歳になったフンメルは父によって演奏旅行に連れていかれ、彼が再びモーツァルトに会うことはありませんでした。長じて成熟したフンメルは、まごう事なきロマン派の作曲家になっていました。フンメルが出版を容認した自分の装飾が反映されたモーツァルトの協奏曲の中には、素敵な楽想がいくつか含まれています。たとえば《ピアノ協奏曲ニ短調K.466》第2楽章の装飾（第40〜67小節や第127〜134小節）は魅力的ですが、モーツァルトの様式ではありません。

　私どもの見解ではフンメルの装飾も、またフンメルより年上の世代の音楽家による装飾も、様式的に適切な音の付加を保証してくれるものではありません。そしてこの《ピアノ協奏曲ニ短調K.466》第1楽章のためにベートーヴェンが創作し今日しばしば演奏されるカデンツァは――それ自体は確かに美しいものの――モーツァルトの様式には適わず（モーツァルトのピアノの音域を越えていることもそのひとつです）、作品自体との統一感にも不満が残ります。

　要するに、フンメルの様式はモーツァルトよりもベートーヴェンやシューベルトの様式として把握されるべきものなのです。彼が提案した装飾すべてをそのままモーツァルトの作品に組み込むことは、断固として拒絶されなければなりません。なぜならそれらはモーツァルトの音楽にとっては妨げとなる異質な要素であり、モーツァルト本来の作品を真の

17）だからといって、ベートーヴェンがモーツァルト作品に装飾を加えることを考えなかったわけではない。エルウッド・デルEllwood Derr（1992年）は、近年ベートーヴェンのスケッチのなかに、《協奏曲変ホ長調K.271》のパッセージをヴィルトゥオーゾ風に装飾したものを発見した。しかし私どもの見解では、これらは様式に適っておらず、それゆえ推奨できる装飾と呼べるものではない。

意味で装飾しない——美しさの増強に寄与しない——からです。たとえば《ピアノ協奏曲ニ短調K.466》第2楽章でフンメルは次のような装飾を提案しました。

■ 例6/46

第40〜52小節でフンメルが念頭に置いていたテンポは、おそらくモーツァルトの *alla breve*（二分の二拍子）よりも遅いテンポだったと推察されます。私どもは♩=86を提案しますが、そのテンポで弾くとフンメルの第50小節の三十二分音符は、過度にせわしくなってしまうでしょう。

　同じ楽章の第128小節以降にもフンメルによって音や記号が付加されていますが、これでは旋律本来の輪郭が失われてしまいます。

■ 例6/47

　《ピアノ協奏曲ハ短調K.491》第2楽章では楽章冒頭で主題が初めて提示される際、フンメルは早くもその後半部分を装飾しています。伴奏はもちろんアンドレーによるテクストの補完とは関係なく新しく丹念に仕上げられたものですが、モーツァルトの様式からはかけ離れています。

■ 例6/48

《ピアノ協奏曲ニ長調K.537「戴冠式」》の第2楽章にフンメルが施した装飾も魅力的ではあるものの、オクターヴの採用や音域の逸脱はモーツァルトの様式を越えています。

■ 例6/49

　1790年10月、レオポルト2世のドイツ皇帝としての戴冠式がフランクフルト・アム・マインで行なわれました。宮廷作曲家だったモーツァルトは、お祝いのためにフランクフルトを訪れるべきだと感じ、自費で旅行しました。この時に彼が開催できた演奏会には、当時まだ未出版だった2作のピアノ協奏曲（K.459とK.537に違いありません）が含まれていました。マインツ出身のふたりの若い崇拝者——兄弟だったハインリヒ・ホフマンとフィリップ・カール・ホフマン——がこの演奏会を訪れ、後日彼らは「モーツァルトがこれらの協奏曲の緩徐楽章を装飾したのを聴いた」と主張したのです。12年後、フィリップ・カール・ホフマンは《モーツァルトの6作の協奏曲のためのカデンツァと装飾》を出版し、こ

の楽譜は1981年にライプツィヒのC.F.ペータース社より再版されました。

　この版がモーツァルト自身の装飾を反映していると推測するのは誤りでしょう。モーツァルトが2作の協奏曲を弾くのを聴いたのは事実だとしても、それがホフマンに及ぼした影響はほとんどなさそうに思えるからです。ホフマンのカデンツァは信じられないほど長大になっているのに加え（K.503の第1楽章へのカデンツァは100小節、K.491の第1楽章へのカデンツァは133小節もありますが、モーツァルト自身のカデンツァは通常30小節を越えません）、主要主題に対する装飾もあまりに凝りすぎています。モーツァルト自身が《ピアノ協奏曲ニ長調K.451》のパッセージ（例6/2を参照）に施した装飾と《ピアノ協奏曲ハ長調K.467》第2楽章のパッセージ（第62小節）を比較するだけでわかるでしょう。後者は装飾前のK.451のパッセージと偶然にも同じ形をしています。モーツァルトがたったひとつの音しか加えていない箇所に、ホフマンは23個もの音符を加えているのです！[18] この種の「やたらと装飾音を加える」行為は、モーツァルトが念頭に置いていたものではないはずです（K.467に装飾がつけられていないのも、モーツァルトが望まなかったからかも知れません）。

結論

　「モーツァルト自身が自作の緩徐楽章を弾く際に、時として装飾していた」という当時の報告は、考慮しなければなりません。しかしフンメルもホフマンもモーツァルトのスタイルを逸脱しないように音の付加を制限したり「モーツァルト様式を模倣する」といった興味は持ち合わせていませんでした。

　装飾がモーツァルトの時代やモーツァルトに続く世代でどの程度用いられていたかを知るのは、今日では容易ではありません。この章で紹介したレオポルトの『ヴァイオリン奏法』からの引用は、演奏者が装飾を加える際の一般的な前提を明瞭に指摘しています。第一に、「作曲家が演奏者の想像力をあてにして、必要な音を加えるためにあえて空白にしたのではないかと推察される箇所（314ページで論じた第1の型に相当します）」、そして第二には、「少なくとも趣味として許された装飾（第2の型）」、つまり装飾なしでは退屈な響きがするくり返し部分や、テクスチュアがあまりに薄いパッセージがそれにあたります。しかし演奏者たちは、不必要で音楽を阻害するような装飾も加えていたのです。

　ディッタースドルフは『自伝』（p.44）で、「モーツァルトやクレメンティのような大家だけでなく、あまり才能のない多くの演奏者までもが大胆に装飾を即興演奏していることを遺

---

18) これらの小節はA. Hyatt Kingの『モーツァルト追想Mozart in Retrospect』のp.80に再現されている。Paul Badura-Skoda, "Philipp Karl Hoffmanns Kadenzen und Auszierungen zu 6 Klavierkonzerten von Mozart," pp.658-660を参照。モーツァルトの協奏曲におけるJ.N.フンメルの編曲はリトルフ Litolff版（plate 2842）のpp.97, 98, 100, 103, 140, 153, 157, 159などを参照。

感に思う」と述べています。その装飾たるや「コンサートにおいて、あらゆる種類のよじれや回転やターンなしにピアノの響きを聴くことなどないだろう」というほどのものだったようです。

　このように、ディッタースドルフとレオポルト・モーツァルトは当時の演奏者が装飾のための変更や音の付加を過度に行なっていたことに不満を述べています。しかし適切かつ必要な場所であってもそこに音を加える勇気のない今日の一部の演奏家がやるような「意図的に何もしない演奏」や「過度に注意深い演奏」にも、満足することはなかったでしょう。C.P.E.バッハの著述には「音に生命をもたらすために音をつなげなければ、どんなに素晴らしい旋律でも空虚で間が抜けて聞こえてしまう」といった意味のことが書かれています（『正しいクラヴィーア奏法第一部』第1章第2節〔邦訳78ページ〕）。まれとは言え、これはモーツァルトの音楽にも当てはまります。しかしこの章の背後にある「どこに、いかなる装飾を加える必要があり、推奨されるか」という問題は、研ぎ澄まされた能力を演奏者に要求するのです。そしてその際には《ピアノソナタハ短調K.457》第2楽章にあるような（例6/19を参照）モーツァルトの装飾手法──過度への抑制と注意深さ──が求められます。

　残念ながら私たちが折に触れて耳にするものは、選び抜かれた音の付加や思慮深い変更とはかけ離れた、ディッタースドルフの嘆きを彷彿とさせるものです。付加される音の数があまりに多すぎて様式を逸脱し、表面的で悪趣味な結果に陥ってしまいます。モーツァルトの旋律は、簡素でありながらもモーツァルトそのものです。旋律に音を加えたり控えめに変更する基盤となるのは、彼の様式に関するたゆみない研究と知識でなくてはなりません。それにはモーツァルトの音楽に対する敬意と共感が必須であり、楽章や楽曲のアフェクト（感情）について常に熟考し、かつその効果を高めなければならないのです。

　モーツァルト的な装飾モデルとして、ピアノ協奏曲だけでなくピアノソナタからもたくさんの例を紹介してきました。モーツァルトの死後になってから出版されたために強弱記号やアーティキュレーション記号が自筆譜の状態のままとなってしまった最後のピアノソナタK.570やK.576は例外としても、すべてのピアノ曲とピアノソナタは完成された傑作であるように思えます。強弱記号やアーティキュレーション記号が随所でまだ不足していること以外に、何かを付加する必要はまずありません。事実、これら多くの独奏ピアノ作品群において「何かを変える」ことは危険なことです。たとえば《ピアノソナタハ長調K.330》第2楽章のように動きのある楽曲では、そこに複数の音を加えたとしても美しくなりません。たとえ次のように秀逸な装飾を行なったとしても、です。

■ 例6/50

このような音を付加して演奏してもモーツァルトのパッセージにもともと備わっている高貴さが増幅されるわけではないことに、多くのモーツァルト愛好家が同意してくれるでしょう。

　休符の代わりに音をたったひとつ加えただけでも、モーツァルトの主題は簡単に損なわれてしまいます！《交響曲ト短調K.550》に以下のような音を加えたとしたら、モーツァルトはどう思ったでしょうか。

■ 例6/51

「趣味」とは今も昔も変わらず議論の余地のある問題です。フンメルのような優秀な作曲家でさえ「音は多いほうが良い」と考えて、もともとの完璧な作品に音を加える誤りを犯してしまうことを、私たちはまのあたりにしてきました。

　1800年頃にドナウエッシンゲンで《魔笛K.620》の上演が行なわれ、その際の演奏に使われたパート譜が保存されています。第1幕のタミーノの有名なアリア〈何と美しい絵姿〉には、次のような装飾があります。

■ 例6/52

これはもっとも疑わしい"美化"であって、決してまねてはなりません。

　モーツァルトの書簡には、彼が書いた楽譜から逸脱するような演奏をモーツァルトが容認したような示唆は、微塵も存在しません。まったく逆なのです。この章の冒頭で引用した《ピアノ協奏曲ニ長調 K.451》第2楽章に欠けている音に関する手紙が示しているのは「装飾の必要なパッセージを自分が満足のいくように装飾するためには、モーツァルトは自分の父さえ信用しなかった」ということなのです。そして誤ったテンポだけでなく、書かれた楽譜への変更に対するモーツァルトの憤りには、フォーグラー牧師が演奏したモーツァルトの協奏曲に関する父宛ての手紙（1778年1月17日にマンハイムで書かれたもの）で触れることができます。

　　ただし、食事の前に、彼［フォーグラー］はぼくの協奏曲（その家のお嬢さんが弾いている、例のリュッツォウのための曲）［K.246］を、初見で──弾きまくりました。第1楽章はプレスティッシモで飛ばし、アンダンテはアレグロ、そしてロンドはまさにプレスティッシッシモです。低音部はたいてい書かれたものとは違って弾き、まったく異なった和声やメロディさえも弾いていました。あの速さでは、そうするよりほか仕方がないでしょう。目が譜面を見ることもできないし、手が捉えることもできません。でも、それがなんだというのでしょう？──初見で弾くなんて、ぼくにとってはウンコをするのと同じことです。聴き手たち（その名に値する人たちのことを言っているのですが）音楽とクラヴィーア演奏を──見にきたと言うよりほかありません。彼らはその間、彼と同様に、ほとんど聴くことも、考えることも──また感じることもできません。とてもがまんできる代物でなかったことは、容易におわかりでしょう。ぼくは、「あまりにも速すぎる！」と彼に言う気にさえなれなかったのですから。それに、ゆっくりと弾くよりも速く弾くほうがずっと楽です。パッサージュのなかのいくつかの音符を見落としたって、誰も気づきません。でも、それが美しいでしょうか？──そして、初見で読むという技術は、いったいなにから成り立っているのでしょうか？　要するに、<u>その作品をしかるべき正しいテンポで演奏するということです。すべての音符、前打音などを、それにふさわしい表情と様式感で表現して、演奏者自身がそれを作曲したかのように思わせることです</u>[19]。（下線は著者による）

　今日のピアニストがモーツァルトの協奏曲を聴衆の前でオーケストラとのリハーサルなしで、それも初見で弾くようなことはおそらくないでしょう。しかし私たちは皆、下線を引いた文をいつも心に留めておくべきでしょう。

---

19)『モーツァルト書簡全集』III、海老沢敏・高橋英郎編訳、白水社、1996年（第2刷）、427〜428頁。

第7章
カデンツァと
アインガング

自由即興と自由ファンタジーの技法は、18世紀にその隆盛を極めました。音楽創造がとりわけ活発だった時代だからこその開花であり、聴き手の芸術的な期待を満足させるために、ヴィルトゥオーソたちはこれらの技術を習得しておく必要がありました。即興は演奏家にとってひとつの「権利」であるばかりでなく、時には他の作曲家の作品を演奏する際に果たさなければならない、芸術家としての「義務」でもあったのです。

　当時の器楽協奏曲では、オーケストラに演奏を中断させ、ソリストが技巧的能力を披露して自らのファンタジーに耽溺するための機会を与えるのが、作曲家のあいだで慣習となっていました。一部のピアノソナタをはじめとした他の作品群でも、演奏者は特別なフェルマータのところでカデンツァやカプリッチョ——そうした即興は時にこう呼ばれました——を挿入するよう求められていたはずです。

　協奏曲ではこのような箇所に必ずフェルマータ記号があり、今日の演奏家にカデンツァやアインガングを即興演奏するよう誘っています。カデンツァは、モーツァルト時代の協奏曲形式には欠かすことのできないセクションでした。モーツァルトの協奏曲で主調の四六和音上にフェルマータが置かれていたら、ソリストはカデンツァを弾くべきなのです。属和音上の半終止（まれには他の和声上でも）にフェルマータがある場合には、次の部分に接続するためのアインガングを挿入できるのです。

　カデンツァはアインガングよりもはるかに長くまた精巧で、モーツァルト自身が創作したカデンツァでは、ほとんど例外なく該当する協奏曲楽章からの主題や動機が展開されています。他方、アインガングはずっと短く、多くの場合主題とは無関係です。その楽章に出てきた動機と関連しているアインガングは、たとえば《ピアノ協奏曲ヘ長調K.459》第3楽章にあるものをはじめとした、ごくわずかな数しか存在しません。アインガングの長さはさまざまですが、時として単なる音階だけだったり、声楽作品では一息で歌えるフレーズのみで構成されたりします。アインガングは原則として単一和声内で処理される一方（例外もあり、《ピアノ協奏曲変ロ長調K.595》第3楽章のアインガングはそのひとつです）、カデンツァは通常もっと広がりのある和声展開をその特徴とします。

　モーツァルトは——当時一般的だった慣習にはいくぶん反するものの——協奏曲のカデンツァや、時にはアインガングをも楽譜に書き込むことを好みました。モーツァルトのカデンツァの多くが今日まで保存されていますが、散逸してしまったものも少なくないに違いありません。《ハ長調K.246》、《イ長調K.414》、《ト長調K.453》、《変ロ長調K.456》のように、同一の協奏曲のために複数のカデンツァが残されているケースもあります。明らかに生徒のために書かれたに違いないカデンツァがある一方、モーツァルト自身が使うために記譜したと思われるものも複数存在します。いずれにせよ、カデンツァの和声構造におけるモーツァルトの手法を解明するためのまたとない材料が、私たちの手中にあるのです。

モーツァルトがカデンツァを記譜したのは、カデンツァといえどもバランスのとれた作品であるべきこと、それも楽章全体との統一感が保たれた完璧なものを求めてのことでしょう。また、自分の作品を他人が演奏する際に創案されるカデンツァを信頼していなかったためだとも思われます。自分の協奏曲のカデンツァを作曲するにあたって、モーツァルトは父さえも信頼していませんでした。そのことは1783年2月15日、モーツァルトが父宛てに書いた手紙における以下の一節からわかります。

この手紙に同封して、お姉さんに『ニ長調協奏曲』のための三つのカデンツァと——『変ホ長調協奏曲』のための二つのアインガングをお送りします[1]。

ここで言及されている協奏曲は、ナンネルルが演奏したがった《ニ長調K.175》と《変ホ長調K.271》に違いありません。これらの作品を弾く際に必要となるカデンツァの準備を経験豊富な作曲家だった父にさえも任せなかったのはきわめて興味深く、注目に値します。さらにモーツァルトは——以前の章で見てきたように——適切な装飾の付加についても父を信用しなかったのです。

他方、もっと短いアインガングに関しては、モーツァルトは演奏中に思い浮かぶ瞬間的なインスピレーションに従っていたようです。父宛ての別の手紙（1783年1月22日）で次のように書いているからです。

お姉さんに機会があり次第、カデンツァとアインガングを送ります。——ロンドー［《K.271》第3楽章］のアインガングは、まだ書き直していません。だって、ぼくはこの協奏曲を弾くときはいつでも、そのとき感じたことを弾くからです[2]。

声楽のアインガングに関しては、幸いにも保存されているオリジナル例がいくつかあります。モーツァルトは特定の歌手、主として彼が愛したアロイジア・ヴェーバーのためにそれを記譜しました（《K.293e》を参照〔詳細337ページ〕）。

カデンツァは即興なのか、それとも事前に作曲されたものなのか

この見出しは誤解を招きかねません。なぜなら即興も「創作されたもの」だからです。即興とは単に「その場で」生まれた創作物というだけですから。ただし、この見解でさえ

---

1) 『モーツァルト書簡全集』V、海老沢敏・高橋英郎編訳、白水社、1995年、341頁。
2) 同、330頁。

問題をはらんでいます。なぜなら即興は、ある程度まで準備されたモデルにその場で自発的な変更を加えたものとしても成立するからです。

　モーツァルトのように創造的な即興演奏家ならば、協奏曲を演奏しながら短いアインガングはもちろんのこと、長いカデンツァもその場で作り出すことができたでしょう。しかしアインガングとは異なって規模の大きいカデンツァは、少なくとも一部はあらかじめ考案されているか、あるいは事前に作曲されたものであって、その場の即興によって披露されたものではなかったと私どもは推測しています。少なくともモーツァルトの手による楽譜として残っているカデンツァに関しては、それが言えるでしょう。このことは、現存するカデンツァの多くが完璧なバランスを保ち、細部まで注意深く作曲されていることから示唆されます。《ピアノ協奏曲変ホ長調K.271》では第1楽章と第2楽章に比較的短いふたつのカデンツァが存在します。マリウス・フロトゥイスは「これらのカデンツァは完全に作曲されたものではなく、最終的な形態である華麗なカデンツァのための最初の草稿だろう」と指摘していますが、私どももこの見解に賛同します。

　まだ若かったモーツァルトが自分の協奏曲のカデンツァや、ときには他の作曲家による協奏曲のカデンツァも書き記していたことはよく知られています。しかし1784年以降、モーツァルトによるカデンツァは、《イ長調K.488》のスコアに書き込まれたカデンツァひとつと、最後の《変ロ長調K.595》用のカデンツァふたつを例外として、著しくその数が減少します。モーツァルトのカデンツァがほぼ必ず別の譜面に書かれていたところから、こうした楽譜がいとも簡単に廃棄されてしまった可能性も否定できません。近年ようやく今まで知られていなかった相当数のカデンツァ——たとえば《ハ長調K.246》のカデンツァ——が発見されたため、カデンツァの楽譜が今後さらに発見されるかもしれない、という希望が見えてきました。《イ長調K.488》のカデンツァが、ベートーヴェンの《ピアノ協奏曲第5番「皇帝」》やシューマンの《ピアノ協奏曲イ短調作品54》のカデンツァのようにスコアの一部として書き込まれているのは幸運なことです。K.488以外にオリジナルのカデンツァが残っている後期協奏曲は《変ロ長調K.595》のみです。おそらくこの協奏曲がモーツァルトの存命中に出版されたからでしょう。しかし、残念なことにモーツァルトの後期協奏曲《ニ短調K.466》、《ハ長調K.467》、《変ホ長調K.482》、《ハ短調K.491》、《ハ長K.503》と《ニ長調K.537》のためのオリジナルカデンツァは見つかっていないのです！

　「これらの後期協奏曲を自演したモーツァルトはカデンツァも即興演奏し、他のピアニストへの便宜などは考えてもみなかったのだろう」と思いたくなってしまいます。この見解はもっともらしくはあるものの、歴史的な根拠はありません。モーツァルトは、自分が創作したものを隠したがるような秘密主義の作曲家ではありませんでした。まったく逆であり、モーツァルトは人前に登場するのが大好きで、聴衆に自らを披露し、作品を公衆

の前で上演することに情熱を燃やしていたのです。あらかじめ効果を計算していた作品の中のパッセージが意図どおりの熱狂を呼び起こした時には、モーツァルトはそれを誇りに思いました。「モーツァルトは自筆のスコアを永久に秘蔵しておきたかったわけではなく、不正に複写されるのを防ぐために当座は手元に保管していただけに違いない」と私どもは推察しています。彼は後日自作を出版し、その際に細部を補完しようと考えていたに違いありません。

　《ニ短調K.466》と《ハ長調K.467》用のカデンツァがかつて楽譜の形で存在していたことは確実です。というのも、ウィーンにいたモーツァルトの父が1785年4月8日付けでナンネルに宛てた手紙の追伸に、次のように書かれているからです。

私は2曲の新作の協奏曲［《K.466》、《K.467》］、それにカデンツァを全部、そしていろいろな変奏曲を持って行くことでしょう。全部もう手に入れています[3]。

現存するカデンツァの多くが、モーツァルトの生徒や協奏曲を委嘱したパトロンのために作曲されたものであることは間違いありません。しかしモーツァルトがカデンツァを自分のためだけに記譜したケースもかなりあります。私どもの知る限り、ピアノ協奏曲のうち《変ロ長調K.450》、《ニ長調K.451》、《ヘ長調K.459》、《イ長調K.488》、《変ロ長調K.595》ではモーツァルトのみが唯一の演奏者だったからです。同じ状況は、レオポルト・モーツァルトが1785年にウィーンで聴いた新しい2作の協奏曲《ニ短調K.466》と《ハ長調K.467》にも当てはまると思われます。一方、モーツァルトは最後の協奏曲となった《変ロ長調K.595》のためにカデンツァふたつと一風変わったアインガング（下記で考察します）を作曲していますが、それらが自分だけではなく、他の演奏者や印刷譜の購入者を意識して書かれたものであることは確実です。

　となると、モーツァルトがカデンツァを記譜する労をとった作品が存在する一方、たとえば《変ホ長調K.482》や《ハ短調K.491》ではなぜそうしなかったのか、という疑問が生じます。これに対しては複数の答えが考えられますが、「すべての後期協奏曲のためにカデンツァが書かれていた」という可能性もあるのです。ウィーン時代に創作した多くのすばらしい協奏曲に対して、モーツァルトがカデンツァを記譜せずに済ませたとは、私どもには思えません。現代の研究者の多くも「これらのカデンツァは散逸してしまったのだろう」という見解で、私どもと一致しています。

　しかし「モーツァルトは何も書かなかった」と信じる専門家も存在します。彼らは「モーツァルトは自分が演奏するために後期協奏曲をとっておき、さらにモーツァルトはたぐ

---

[3] 『モーツァルト書簡全集』VI、海老沢敏・高橋英郎編訳、白水社、2001年、81頁。

いまれな即興演奏家だったのだから、カデンツァをあらかじめ創案したり、それを記譜する必要がなかった」ということを、疑う余地のない事実として主張するのです。

いずれにせよ、古典的な協奏曲形式の構造はカデンツァなしでは成立しません。これら6曲の後期協奏曲については、モーツァルト以外の誰かが作曲した優良なカデンツァを探すか（たいていは徒労に終わります）、自分でカデンツァを創案する、という困難な課題に直面せざるを得ないことになります。

カデンツァと自由な即興における構造上の差違

これまで「モーツァルトが行なった自由な即興とはどんなものだったか」という疑問に対する答えは「彼が書いたピアノのための変奏曲から得られる」と考えられてきました。おそらくこのジャンルが即興の様式にもっとも近いに違いありません。多くの場合、幻想曲よりさらに即興的です。そして変奏曲のほうがカデンツァよりもはるかに長くて自由気ままです。モーツァルトが変奏を扱う手順は――その場で即興するにしても、あらかじめ準備するにしても――カデンツァの構造を理解する助けになることでしょう。

モーツァルトの手紙から、彼がグルックやサルティ、デュポールの前で、彼らが作曲した主題をもとにした変奏を即興演奏し、同僚作曲家たちを喜ばせたことがわかります。モーツァルトは1784年6月9日〜12日に書いたサルティに関する父宛ての手紙の中で、「*彼に喜ばれ*」[4]るために変奏曲を演奏したと述べています。そしていつもやっているように、モーツァルトはこれらの即興変奏曲をのちに楽譜として書き下ろし、必要に応じてきちんとした作品として整備したのでしょう。モーツァルトの記憶力はずば抜けたものだったのです。

ところで《グルックの「愚かな民が思うには」による変奏曲K.455》と《サルティの「仔羊のように」による変奏曲K.460》には、2種類のバージョンが存在します。《グルックの主題による変奏曲K.455》では最初の草稿と、グルックの前で演奏した半年後に書き下ろされた清書バージョンのふたつが知られています。この清書譜が初版譜（トッリチェッラ社が1785年、アルタリア社が1786年に出版）の基盤となりました。

一方《サルティの主題による変奏曲K.460》のケースは少々複雑です。まず24小節の長さの主題と変奏をふたつだけ含む、計56小節からなる未完の断片（自筆譜）が存在します。それ以外に、モーツァルトが同じアリア《仔羊のごとく》に含まれているもっと簡素な部分（長さは16小節）を用いた9つの（8つではありません！）変奏からなる完全な変奏曲のセットが存在します。この主題は、モーツァルトがオペラ《ドン・ジョヴァンニK.527》の

---

[4] 『モーツァルト書簡全集』V、513頁。

晩餐会の場面で引用したものと同じです。ここにモーツァルトはさらにカデンツァを挿入しましたが、ほとんど同じ終結部を持ったカデンツァは《パイジェッロの「主よ、幸いあれ」による変奏曲K.398》にも用いられています[5]。

　モーツァルトの手紙に書かれているようにサルティが「非常に喜」[6]んだのは、自分の主題に基づくたったふたつの変奏を聴いた結果だとはとうてい思えません。この謎をまがりなりにも解き明かすとすれば「モーツァルトがサルティの前で演奏するために、まず長い主題を採用してみたものの最終的にはそれを破棄、その後16小節からなる簡素な主題を選びなおした上で変奏した」ということになるでしょう。モーツァルトがこの変奏曲を楽譜に書いたのがサルティに会う前だったのか会った後だったのかはわかりません。その後モーツァルトは晩餐会の場面を作曲している最中に、この主題を思い出したのです。

　《デュポールのメヌエットによる変奏曲K.573》の創作経緯についてはほとんど知られていません。モーツァルトは、デュポール作の《2台のチェロのための6曲のソナタ》から〈メヌエット〉を拝借したのです。モーツァルトの自筆譜は散逸してしまいました[7]。興味深いことに、モーツァルトは自分の作品目録に6つの変奏しか掲載していませんが、アルタリア社から出版された最終バージョンには9つの変奏とエピローグが含まれています。《ベネディクト・シャックのジングシュピール「愚かな庭師」の中の歌「女ほど素敵なものはない」による変奏曲K.613》にあるさまざまなアインガングに関しては、後ほど考察します。

　モーツァルトの幻想曲には——それが完結している、していないにかかわらず——音符として記譜された装飾の前か後ろ（あるいはその両方）にフェルマータが散見されます。それらはたとえば《幻想曲ニ短調K.397》では第11、28、34、43、53、54、86小節、《幻想曲ハ短調K.475》では第35、82、85、160小節に見られます。通常こうしたフェルマータはモーツァルトによって完璧に記譜されたアインガングや、技巧的でテンポの速いパッセージの始まりや終わりを示しているのです。従って、これらの場所にさらに装飾を加えたり、すでにモーツァルトによって指定されている装飾を別の装飾に置き換えたりするのは馬鹿げたことでしかありません。そしてこれらフェルマータによって示されている装飾を研究することは、オリジナルが消失した協奏曲楽章のために自分でカデンツァやアインガングを作曲する際の助けになるのです。

---

5) ほかの多くの変奏曲と同じように、9つの変奏からなるこのセットは、アルタリア社の印刷譜を通してのみ知られている。自筆譜は散逸してしまった。モーツァルトのピアノ変奏曲のすべての版がこれらの9つの変奏を印刷しているが、長い主題に基づくふたつの変奏が印刷されている場合もある。唯一『新モーツァルト全集』のみ、9つの変奏からなるこのセットを印刷していない。編纂者のクルト・フォン・フィッシャーが、作曲者がモーツァルトであることを疑問視しているためである。
6)『モーツァルト書簡全集』V、513頁。
7) K.573のオリジナル楽譜を再構築したものはパウル・バドゥーラ＝スコダが編纂し、2007年にアルフレッド社Alfred Publicationsから出版されている。

モーツァルトの協奏曲のカデンツァを創作する

　まず「私たちがこれから作ろうとしているカデンツァの性格は、個々の協奏曲に見られる様式的な特徴によって決定されなければならない」ということを確認しておきましょう。モーツァルトに比肩するカデンツァを創作しようという野望は僭越としても、彼の様式と音楽の内容に肉薄すべく努めなくてはなりません。「モーツァルトの協奏曲のカデンツァはあたかもモーツァルト自身のもののように響くべきだ」という前提で出発したいのです。しかしこの見解は普遍的に共有されているわけではなく、モーツァルトの様式からかけ離れたカデンツァも数多く存在します。しかし私どもは、それらがたとえベートーヴェン、ブラームス、ブリテンやフランク・マルタンのように偉大な作曲家によるものであっても、モーツァルトとは異なる様式で作られたカデンツァは、程度の差こそあれモーツァルトの音楽に対する異質な障害物だと思うのです。

　様式に適したカデンツァを書くためにはその協奏曲の構造、とりわけ和声進行の機微に通暁していなければなりません。モーツァルトが全音階的な進行を利用して展開するパッセージを模倣するほうが、しばしば見られる複雑な半音階的進行や異名同音を介した変化を模倣するよりはるかに簡単です。様式を守りつつ半音階的進行を模倣することは、思ったよりずっと困難な作業なのです。なぜなら極めて大胆な半音階的進行であっても、モーツァルトの手法はモーツァルト自身の限界を越えることはありません。その限界は時として定め難いものとは言え、彼のカデンツァは一定の節度を越えないよう抑制されているのです。

　モーツァルトは主調から遠く逸れることがなく、本気で別の調に転調し、その調を新しい基盤として音楽を展開させることは決してありませんでした。和声の複雑な変更も、まれにしか行なわれていません。カデンツァが際立った転調をしたように見えたとしても、数小節後には主調や近親調に戻り、短い休止に続いてゼクエンツや模索するかのような和声進行があらたに開始されます。モーツァルトのこの上なく大胆な和声の転換も、長三和音や短三和音、長七和音や短七和音、属七和音、減三和音、そして減七和音のさまざまな転回形を介してのみ遂行されているのです。増三和音がそのままの形で使われることはほとんどなく、経過的和声や掛留音としてのみ現れます。

　モーツァルトの和声の大胆さは、通常は相いれないような和声同士を予想だにしない手法で並列してしまうところにあります。言い換えれば、モーツァルトの和声進行は音楽の流れに沿った「水平的」なものであって、流れを「垂直的」に区切るものではないのです。こうしてモーツァルトが達成する印象的な効果は、まさに驚異的と言えるでしょう。

　この点で彼のたぐいまれな技法を示す有名な例は《幻想曲ハ短調 K.475》の第11小節以

降にあります。ここでモーツァルトは、半音階で下行するバスの上に通常の属七和音と短三和音の第1転回形を接続し、半音階的変化をいっさい加えることなく息をのむような展開を実現したのです。このようなことは誰にも真似できません。しかしカデンツァには技巧的要素も期待されているところから、K.475のような"モーツァルト風の幻想曲"を創案するよりは"モーツァルト風のカデンツァ"を作曲するほうが、少しだけ気が楽でしょう！

　カデンツァを創案する際にはまず作曲家を取り囲む一定の境界、つまりモーツァルトの想像力がくまなく機能する自由の限界を見極めなければなりません。そうしないと想像力は方向感覚を失ってしまうのです。モーツァルトの様式からかけ離れた構造や和声が使われているカデンツァは、モーツァルトのものには遠く及ばないにせよ様式的には適っているカデンツァと比較すると、はるかにやっかいな異物となります。ロマン主義、印象主義や無調といった後世になってからの様式はカデンツァ創案の助けにならないばかりでなく、作風を損なってしまうのです。

　ソリストはカデンツァを弾きながら、楽曲にあるもろもろの主題に適切な手法によって新しい光を投げかけます。ソリストは、すでに存在する音楽の内容をみずからのアプローチによってさらに拡張しなくてはなりませんが、やりすぎはいけません。あまりに過剰な表現には協奏曲の外的・内的統一性を歪めてしまう危険性があるからです。モーツァルトはカデンツァを協奏曲の構造上二次的な位置にあるものとして扱い、最後のトゥッティの出現を遅らせるとともにより効果的にアピールするために利用しています。つまりカデンツァはいつも「つなぎの性格」を担っているべきなのです。

　カデンツァが作品のバランスを崩すようではいけない、という点も重要でしょう。様式的に不適切、あるいは冗長なカデンツァは、体内に生じた腫瘍を連想させます。それさえなければ身体は完全で健康なのです。ダニエル・シューバルトからの引用からうかがえるのは、モーツァルトの同時代人が、様式統一の必要性に対して研ぎ澄まされた感覚を持ち合わせていたことです。

> バッハ［C.P.E.バッハ］のソナタを演奏する場合、私は、この偉大な人間の精神に自分自身を完全に没入させることで自分の自我 Ichheit が消えさり、自我がバッハの語法となるようにしなければならない[8]。

　モーツァルトのテンポの速い協奏曲楽章は、いくつかのカテゴリーに分類できます。「カンタービレなアレグロ楽章」「祝祭的なアレグロ・マエストーソ楽章」「アレグレット・グラツィオーソのフィナーレ楽章」あるいは「優雅な八分の六拍子によるフィナーレのロン

---

8) Schubart, "Ideen zu einer Ästhetik der Tonkunst〔音芸術の美学の構想〕" p.295.

ド」です。ほぼすべてのタイプに対し、それぞれにふさわしいオリジナルのカデンツァが現存します。これらはカデンツァを自作するためのモデルとなるでしょう。

　カデンツァを作曲する際にまずやるべきことは、その楽章から慣習的なカデンツァ展開にふさわしい動機やパッセージすべてを選び出すことです。これらの動機やパッセージを記譜しておけば、それらを新しく結合させるアイデアをずっと容易に発見できます。作成中のカデンツァに、既成のモーツァルトのカデンツァからのパッセージをまるごと（必要なら移調して）組み込んでも、誰も反対しません。たとえば《ピアノ協奏曲変ロ長調K.595》第3楽章のカデンツァのうち第23〜30小節は非主題的な部分であるところから、さしたる苦労もなく《変ホ長調K.482》第3楽章のカデンツァに流用できます。モーツァルト自身も自作のカデンツァで、一定のパッセージをくり返し使っています。たとえば《イ長調K.414》の2番目のカデンツァ第23〜24小節と《イ長調K.488》のカデンツァを、あるいは《変ホ長調K.449》のカデンツァ最後のパッセージと《ト長調K.453》のカデンツァの対応部分を比較してみてください。また《イ長調K.414》第1楽章の長い（2番目の）カデンツァ冒頭12小節をニ長調に移調すれば、《協奏曲ニ長調K.537「戴冠式」》第1楽章のカデンツァ冒頭として流用することが可能です。

　モーツァルトの協奏曲のために古今の演奏者によって作られたカデンツァの最たる欠点は「長すぎる」ことです。とりわけヴァイオリニストたちは、しばしば常軌を逸する長さのカデンツァを弾きたがります。これらのカデンツァは印刷譜としても入手可能ですが、様式的に受け入れられないだけにとどまらず、音楽的な独創性においてもしばしば問題を抱えています。一方エドゥアルト・メルクス、マリウス・フロトゥイス、ロバート・レヴィンが作曲したカデンツァも市販されていますが、これらは心から推奨できる仕上がりになっています。テュルクは『クラヴィーア教本』で、過度に長いカデンツァに対して特別な警告を記しています。

> 私がここで、この装飾カデンツがおそろしく濫用されていることにたいして反対の意を表明するにしても、決して新しいことを言っているのではなくて、すでにこれまで何度となく言われてきた苦言を繰り返しているにすぎない。というのは、協奏曲がカデンツのためにだけ演奏されるかのように思われる場合も稀ではないからである。演奏者はその場合、適切な長さという観点からいって度を超すばかりか、その曲のそれまでの部分とはまったく何の関係もないありとあらゆる楽想をカデンツにもち込み、それによって、ひょっとしたらその曲がそれまでのあいだに聴衆に与えていたかもしれないよい印象も、*wegkadenzieren*——帳消しに——してしまうからである[9]。

---

9) D.G.テュルク『クラヴィーア教本』東川清一訳、春秋社、2000年、357頁。

モーツァルトが八分の六拍子の楽章のために書いたカデンツァのうちもっとも長いものは39小節（《変ロ長調K.595》の第3楽章）あり、四分の二拍子のフィナーレのためのもっとも長いカデンツァは53小節です（《ヘ長調K.459》）。四分の三拍子のもっとも長いカデンツァ（32小節）は、《ヘ長調K.413》第1楽章のものです。他のカデンツァはもっと小規模で、一部のものはかなり短くまとめられています。たとえばモーツァルトがかつて《ハ長調K.246》第1楽章のために作曲したカデンツァはわずか5小節でしたが、後になってから同じ楽章のためにもっと長いカデンツァを作り直しました。また、近年発見された《変ロ長調K.238》第1楽章のカデンツァには、いくつかのパッセージと最後のトリルしかありません。コンサート会場で披露されるのがいつもこのように短いカデンツァならば、楽章のまとまりがもっと安定するでしょう！

　テュルクは、カデンツァやアインガングを構成する規則を定めた数少ない理論家のひとりでした。これらの規則はモーツァルトのカデンツァにも有効なので、以下に引用します[10]。

> **第1則**　私の思い違いでなければ、カデンツはなによりも、その曲がそれまで与えてきた印象をこのうえなく鮮やかに増幅し、そして曲全体の最も重要な部分部分を要約した形で、あるいは極度に切り詰めた抜粋の形で提示しなければならない。

さらに第1則の注として、テュルクは次のように補足しています。

> この考えが正しいとすれば、そこから自然と導きだされるのは、今挙げた要請に応えるカデンツを生むには多くの才能、洞察、判断力などがなければならない、ということである。〔…〕

> **第2則**　カデンツは、すべての恣意的装飾と同様、意図的にもち込まれた難しさよりはむしろ、曲の主要な性格に最もふさわしい楽想から成らなければならない。〔…〕

> **第3則**　カデンツは、悲しい性格の曲では特に、長すぎてはいけない。〔…〕数分間も続くような、恐ろしく長いカデンツなど、決して許されるものではない。

> **第4則**　〔…〕作曲者がその曲自体において転調していない調などには、決して転調してはならない。私の考えでは、この規則は、周知のように、すべての芸術作品において守られ

---

10) D.G.テュルク、358〜361頁。

なければならない統一性の原則に基づくことである[11]。〔…〕

そして最後にはこう書かれています。

第10則〔…〕ひょっとしたら非常な苦労のすえに暗記したカデンツとか、前もって楽譜に記していたかもしれないカデンツでも、奏者は、それがまるで、まったく偶然に、意識的な選択なしにふと流れだした楽想なり、今思いついたばかりの楽想ででもあるかのように弾かなければならない〔…〕[12]。

最後に、モーツァルトのカデンツァに見られるふたつの特徴に触れておきましょう。

1. モーツァルトは、たとえばポプリ〔主題を寄せ集めたメドレー〕に見られるような、何の明確な区分もなしに、ある動機や主題に続けて別の動機や主題を導入するのを避けています。
2. モーツァルトは、カデンツァの終結部が最後のソロの終結部と決して同じにならないよう工夫しています。とりわけカデンツァ終結部の左手には保続和音が必要です。その際の右手はオーケストラの入りやすいトリルで締めくくられるのが一般的です。

さて、モーツァルト作曲のカデンツァが現存しない協奏曲へのカデンツァの作り方、またそのカデンツァをモーツァルトの様式に可能な限り近づける方法について、いくつかアイデアを提供しましょう。当然ながら、モーツァルトが他の曲のために作成したカデンツァが理想的なモデルとなります。モーツァルトのカデンツァの形式はきわめて多岐に渡っていますが、参考するのにもっとも適しているのは、第1楽章のカデンツァでしょう。モーツァルトが作成した他楽章へのカデンツァは、もっと自由な形式で構想されていることが多いのです。さらに後期協奏曲《イ長調K.488》、《ハ短調K.491》、《ハ長調K.503》、《ニ長調K.537》に関しては、モーツァルトは第1楽章にしかカデンツァを要求していません。

モーツァルトのカデンツァのほぼすべては、明確に3つの部分に分けられます。

（1）冒頭：楽章中のいずれかの主題、もしくはヴィルトゥオーソ的なパッセージワークで開始されます。それは新しい着想だったり、すでに使われたパッセージだったりしますが、いずれの場合にもその後、中間部へ進展します。

---

11) D.G.テュルク、358〜359頁。
12) 同、361頁。1801年の第2版では第9則として掲載されている。

（2）中間部：ほとんどの場合、その楽章の重要な主題や動機がゼクエンツ的に展開され、多くの場合は属和音や四六の保続和音、ときには低音域の長い音へと導かれます。これがヴィルトゥオーソ的な走句やアルペッジョなどを展開する起点となり、終結部分へと続きます。
（3）終結部：これは——《ピアノ協奏曲ハ短調K.491》第1楽章のカデンツァを例外として——いつもトリルで終わります。この「お決まりのトリル」による終結によって、オーケストラはリハーサルなしでもどのタイミングで入るべきかがわかるのです。

カデンツァの冒頭部分

まず、カデンツァを始めるふたつの方法から見ていきましょう。

主題を使った冒頭

モーツァルトのカデンツァが主題で始まる場合には、その楽章の第1主題が使われる傾向があります。たとえば《ピアノ協奏曲ト長調K.453》の第1楽章がそうですが、和声は別の構成になっています。同じようにロンド楽章のカデンツァも、多くが第1主題で開始されています。

フェルマータの直前にオーケストラで提示された動機が利用されることもあります。このようなタイプは《ピアノ協奏曲変ホ長調K.271》第1楽章や、《協奏ロンドニ長調K.382》、《ピアノ協奏曲ハ長調K.415》、《変ホ長調K.449》、《変ロ長調K.450》などのカデンツァに見られます。このパターンでは「それまでオーケストラパートのみにあった動機をここで初めてピアノで披露する」という手法もしばしば使われます。作品に使われた素材の新たな側面をアピールするには、とても効果的でしょう。

モーツァルトのカデンツァの冒頭に楽章中間部の主題が使われることはほとんどなく、数少ない例外は《ピアノ協奏曲イ長調K.414》第1楽章の最初のカデンツァと《ヘ長調K.459》終楽章のものだけです。

緩徐楽章でモーツァルトは、時に新しい主題を導入しています。たとえば《ピアノ協奏曲ト長調K.453》第2楽章の最初のカデンツァや《変ロ長調K.238》第2楽章のカデンツァです。しかしこれはモーツァルトだけに許された自由であり、私たちがここまで大胆になることは慎むべきでしょう。

このように活用される主題ですが、主題としての形が完全に引用されることはほとんどなく、また和声も変更されつつ、程なくパッセージワークへと移行します。このヴィルトゥオーソ的なセクションに使われる部品も、しばしばその楽章にある動機から採られてい

ます。たとえば《ピアノ協奏曲変ロ長調K.450》第1楽章のカデンツァでは冒頭の8小節に続いて、この楽章の第119小節以降にある一連のパッセージが弾かれます。

■ 例7/1

これが、カデンツァ第9小節以降で次のように変容します。

■ 例7/2

この直後に第2主題が提示され、カデンツァの中間部分へと移行します。

　こうしたヴィルトゥオーソ的なセクションが短い休止点（多くは属七和音上）で区切られ、そこからさらに自由なパッセージワークによって中間部へ移行が行なわれるのも、よく見られるパターンです。《ピアノ協奏曲変ロ長調K.595》第1楽章のカデンツァ、第9～12小節はその一例です。

■ 例7/3

《ピアノ協奏曲変ホ長調K.271》第1楽章のふたつ目のカデンツァ第12～16小節にも同じような例が見られます。

　この規則の例外は、《ピアノ協奏曲変ロ長調K.456》第1楽章のために追加されたふたつのカデンツァのうち最初のカデンツァ（K.624［626a］, no.26）です。中間部直前の小節には2回（スケールの前と後）フェルマータが書かれています。

■ 例7/4

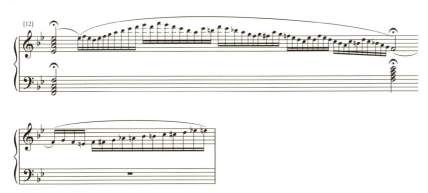

この拡張とのバランスをとるために、フェルマータに続く中間部分と終結部分は極端に短縮されています。

ヴィルトゥオーソ的な冒頭

　この種の開始の場合にも程度の差こそあれ、カデンツァに先行する部分から動機がとられます。《ピアノ協奏曲ヘ長調K.459》、《イ長調K.488》、《変ロ長調K.595》第1楽章のカデンツァなどを参照してください。完全に自由な発想が使われるケースは《変ロ長調K.456》第1楽章の第2カデンツァなど、ごくまれにしか見られません。なお、このカデンツァが本当にモーツァルト自身の手によるものかどうかは疑問視されています。

　和声的には、主題を使った冒頭、ヴィルトゥオーソ的な冒頭の両タイプとも、フェルマータで四六の和音に到達し、この和音はその後主和音上で提示される動機や主題へ連結しやすくする機能を担います。しかもこの推移は、できる限り聴衆の興味を引くようなものでなくてはなりません。このように大部分のカデンツァの冒頭は、属音上で展開されるパッセージとして構成されているのです。

■ 例7/5

　注目すべきことは、冒頭に主題が使われている場合、その主題は主調で提示され、多くは主和音の第2転回形の上で弾かれることでしょう。しかし主題が初めて中間部で登場する場合には、主題本来の和声で提示されます。

　この規則に対する明らかな例外は《ピアノ協奏曲イ長調K.488》第1楽章のカデンツァです。このカデンツァでは副次的な動機が驚くべきロ短調で出現し、その2小節後にイ短調（主調であるイ長調の同主調）に達します。このカデンツァ冒頭14小節の和声骨格は、次のようになります。

■ 例7/6

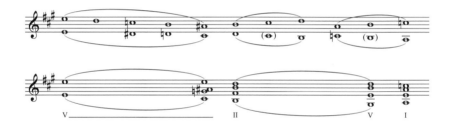

　このロ短調にはサブドミナントとしての機能があるのです。

　たとえばベートーヴェンのカデンツァが非常に広範囲にわたって転調するのに対して、モーツァルトのカデンツァはその楽章の調に反発するのではなく、むしろ確定する方向に向かって組み立てられています。残念ながら、モーツァルトの協奏曲のために新しいカデンツァを作曲するほとんどの演奏者が、この重要な原理を見逃しています。モーツァルトのカデンツァは転調しないのです。

　和声を観察すると、モーツァルトは通常トゥッティで弾かれた和音の中でカデンツァを開始しています。第1楽章の主題が主和音上で引用されることはめったになく、ほとんどの場合が四六の和音上に置かれ、多くの場合冒頭の2小節にはバスがありません。一瞬だけですが「潜在的に和声を感じる」状態になるのです。たとえば《ピアノ協奏曲ト長調K.453》第1楽章がそのように作られています。そして冒頭の主題は第311小節以降のフルートパートに由来する別の動機を用いることによって、自由に展開されるのです。

■ 例7/7

以上の考察はロバート・レヴィンによるものです。
　楽章からの動機を利用した同じような例が《ピアノ協奏曲変ロ長調K.450》第1楽章のカデンツァに見られます。

■ 例7/8

しかしこのカデンツァでは、規則的な8小節の楽節（ペリオーデ）によって主題が始まります。これは「通常カデンツァは完全な楽節をもたない」という規則に対する珍しい例外です。普通は主題は完全な形で最後まで引用されず、途中から自由に、しばしばゼクエンツを介して進展していくのです。
　モーツァルトがカデンツァ冒頭に好んで使用した和声進行のひとつに「下行するバスライン上に和声を築く」というものがあります。《ピアノ協奏曲変ホ長調K.449》第1楽章へのカデンツァを見てみましょう。

■ 例7/9

《変ホ長調K.271》第1楽章や《イ長調K.414》第2楽章（第1カデンツァ）のカデンツァも、同じ和声骨格のもとに組み立てられています。また《ヘ長調K.413》や《ヘ長調K.459》の第1楽章、そして《協奏ロンドニ長調K.382》のカデンツァのように、開始直後にオルゲルプンクトが登場するカデンツァも数多くあります。

　《2台ピアノのための協奏曲変ホ長調K.365》第1楽章のカデンツァは、四六の和音で上行する走句が導かれたあと、主和音上で開始されます。

■ 例7/10

《ピアノ協奏曲変ロ長調K.595》第1楽章のカデンツァの和声も、この楽章からとられた動機とあわせて、とても興味深いものです。

■ 例7/11

基礎となる和声の骨格は、次のようになります。

■ 例7/12

カデンツァの第6小節以降、和声はさらに以下のように展開されます。

■ 例7/13

バスラインは3度の音程で4回下行したあと、あたかも和声的アッチェレランドのように5度ずつ3回下行するのです。それと相対する上声部は、半音階進行を交えながら4度ずつ3回上行しています。

　モーツァルトのカデンツァのうちもっとも洗練されたもののひとつが、《ピアノ協奏曲ヘ長調K.459》第1楽章のカデンツァです。モーツァルトは、まずオルゲルプンクト上でパッセージを展開し（カデンツァの第3～4小節では半音階的な進行も使われています）、その後モーツァルトの用法としては例外的な和声——下行するバス進行に合わせて属七和音の

第3転回形が置かれている——で第1主題が導入されます。

■ 例7/14

続けて第18小節で導入される第2主題が四六の和音上にあることも、モーツァルトとしては異例です。このことから、モーツァルトが多様性（と、時には規則に縛られない例外）を好んでいたことがわかるでしょう。

　ところでモーツァルトが協奏曲だけでなく、ピアノソナタでも記譜されたカデンツァを挿入していることに触れておきましょう。そうしたカデンツァの中には、カデンツァ冒頭で同主調（短調）が導入されるものがありますが、この和声進行は興味深いものです。長調から短調への突然の変化は「陰」のように知覚され、特殊な情感的効果を生み出します。その後の短調から長調への復調はまるで「差し込む陽光」のようです。こうした効果はモーツァルトの作品だけに見られるものではなく、前古典期から古典期におけるウィーンで活躍していた多くの作曲家に典型的な特色で、ヴァーゲンザイルからシューベルトに至るまで活用されています。この効果を使った例は《ピアノソナタ変ロ長調K.333》の終楽章

に見られます。

■ 例7/15

協奏曲のカデンツァを作曲する場合でもこの長調から短調への変化、あるいは短調から長調への変化を用いることが推奨されます。

　カデンツァの冒頭の長さに決まりがあるわけではありませんが、モーツァルトの場合に6小節より短かったり、12小節より長かったりすることはまれだ、という事実は覚えておきましょう。今日、あまりに多くの芸術家たちがこの長さを逸脱しています。

カデンツァの中間部分

　このようにモーツァルトのカデンツァ冒頭では「主調で主題が始まる」、あるいは「導入的な走句や音型のあとに主題が引用される」という手法が活用されています。カデンツァの中間部におけるモーツァルトの好みは「カンタービレな主題の導入」で、しばしば第2主題が使われています。《ピアノ協奏曲変ホ長調K.271》（第2カデンツァ）、《ハ長調K.415》、《変ロ長調K.450》、《ト長調K.453》、《変ロ長調K.456》、《変ロ長調K.595》第1楽章のカデンツァがその例です。他方《イ長調K.414》の2番目のカデンツァ中間部では、導入パッセージで回避されていた第1主題が続きます。例外は《変ロ長調K.450》終楽章のカデンツァに見られ、同じカデンツァのなかに第1主題が2回——1回目は冒頭の上声部、2回目は第20小節以降のバスに下属調で——登場しています。

　《ピアノ協奏曲変ロ長調K.595》第3楽章のカデンツァでは動機がとりわけ巧みに、印象深く扱われています。この大規模なカデンツァの第1部分では、第1主題の冒頭小節だけが2回のうねりに分けて（第1～10小節と第11～27小節）展開されています。そのあと中

間部では第1主題の第5〜6小節が、一種の新主題として扱われます（第31〜39小節）。このカデンツァも、モーツァルトの生き生きとした展開手法を研究する上での魅力的なサンプルと言えるでしょう。

　モーツァルトが《ピアノ協奏曲変ホ長調K.449》第1楽章のカデンツァで、主題をどのように扱ったかを分析してみるのも有意義です。この楽章の提示部を閉じるトリルに続く第169〜176小節では、冒頭のトゥッティ（第63小節以降）で出現したエネルギッシュな動機が提示されます。しかしこの特徴ある動機は再現部では使われていません。モーツァルトはこの楽節を再現部で使うより、カデンツァにおける第2主題として登場させるほうがずっと効果的だと考えたのです。

　《ピアノ協奏曲イ長調K.488》第1楽章のカデンツァは特殊なケースです。ここにモーツァルトは、まったく新しい動機を導入しました。通常モーツァルトによるこのようなアプローチは、緩徐楽章のカデンツァでしか行なわれていません（たとえば《変ロ長調K.238》や《ト長調K.453》）。

　カデンツァの中間部で主題を引用する際に、モーツァルトは概して一定の和声展開手法を踏襲しています。楽章の中でこれらの主題は楽節の最終小節にある終止形によってひとつのまとまりを得るわけですが、モーツァルトがこうした主題をカデンツァの中で扱う際には、「持続的な展開（紡ぎ出しFortspinnung）」とも言うべき手法が利用されています[13]。まず主題が示され、その主題の一部から派生した動機が——しばしばリズムを縮小された上で——突然ゼクエンツとして出現します。そしてその動機はほぼ常にオルゲルプンクトあるいはそれに準じる固定された和音に支えられ、終結へと導かれます。この部分は、たとえば《ピアノ協奏曲ト長調K.453》のカデンツァのように上主音（音階の第2音）の属和音へ導かれることもあるものの、属調の属和音に行くことがもっとも多く、そこから属和音や主和音の第2転回形に戻ります。こうした例は《ピアノ協奏曲変ホ長調K.449》、《変ロ長調K.456》、《ヘ長調K.459》、《変ロ長調K.595》の第1楽章のカデンツァに見られます。

　このような流れを特徴とするモーツァルトの中間部の例を4種類見てみましょう。いずれの場合もまず楽章本体に現れる主題を引用し、続けてカデンツァにおける同じ主題の状況を掲載しました。

---

[13] 紡ぎ出し（持続的な展開）という用語は、ここでの話題と深いかかわりをもつきわめて重要な概念であり、W.フィッシャーの「ウィーン古典派様式の発展の歴史について Zur Entwicklungsgeschichte des Wiener Klassischen Stils」という論文において初めて使われた。F. Blume, "Fortspinnung und Entwicklung," p.51ff. も参照。

1.《ピアノ協奏曲変ホ長調 K.271》第1楽章、第225 〜 232小節
■ 例7/16

同第2カデンツァ、第17 〜 29小節
■ 例7/17

2．《ピアノ協奏曲変ホ長調 K.449》第1楽章、第63～70小節（オーケストラ）
■ 例7/18

同カデンツァ、第14～25小節
■ 例7/19

3. 《ピアノ協奏曲ト長調 K.453》第1楽章、第290〜297小節
■ 例7/20

同カデンツァ、第18〜25小節
■ 例7/21

第1転回形と第3転回形が続き、さらに半音階的に下行するバス上にアクセントのある経過音を連続して配置した結果、大胆な和声が生じています。この主題はもともとは全音階

的に下行するバスの上に築かれ、それぞれの動機は先行するものより5度ずつ低くなっています。一方カデンツァでは、バスラインの全音階的な動きは下中音（音階の第6音）に達したところで停滞し（第20～21小節）、その後不意に半音階下行が始まるのです。

半音階を軸にした手法は以下の例にも見られます。

4．《ピアノ協奏曲変ロ長調K.456》第1楽章、第299～302小節
■ 例7/22

同第2カデンツァ（K.624［626a］, no.26）、第13～16小節
■ 例7/23

もうひとつ興味深い処理が《ピアノ協奏曲変ロ長調K.595》第1楽章のカデンツァに現れます。そこではゼクエンツの扱いが保続音ではなく、第21小節の二分休符で区切りを迎えます。このようにして、モーツァルトは楽章本体とカデンツァでの主題の扱い方を明確に区別しているのです。楽章の中の主題はきわめて柔軟に、シームレスに編まれていきますが、カデンツァではこうした主題同士の連携がいとも簡単に分断されてしまうことを、モーツァルトは懸念していたのです。

ベートーヴェンはまったく異なるカデンツァ構成の理念を持っていました。ベートーヴェンのカデンツァは、それ自体が物語として独立するように形成されており、劇的クオリティの点でも楽章の主要部に匹敵するか、あるいは優ってさえいました。《ピアノ協奏曲変ロ長調作品19》第1楽章のカデンツァ（協奏曲自体よりずっとあとになってから作曲されました）はそれを示す一例です。このカデンツァは何と《ピアノソナタ作品106「ハンマークラヴィーア」》にあるようなフガートで始まるのです。

カデンツァの終結部分

　モーツァルトが何にも束縛されることなく自由な想像力を楽しんだのは、カデンツァの終結部分です。ここには数多くのパッセージが含まれ、そのうち複数のものは小さな音符で書かれていますが、こうした書法はピアノ協奏曲のカデンツァに限らず、他のピアノ作品のカデンツァ風パッセージにも頻繁に登場します。例としては《ピアノソナタ変ロ長調K.333》の終楽章や、《ピアノソナタへ長調K.533》の終楽章として使われている《ロンドへ長調K.494》、そして多くの変奏曲などが挙げられるでしょう。これらの後期作品にあるカデンツァの多くは"非主題的"ですが、それはそれ以前に主題が十分に展開され、変奏されてきたからに違いありません。これらが非主題的であるがため、多くの部分を自作の協奏曲カデンツァに応用できますし、またここからたくさんのヒントを得られるのです。

　《ピアノ協奏曲変ホ長調K.271》のようなザルツブルク時代の協奏曲におけるカデンツァの終結部分は短くまとめられていますが、後のモーツァルトはこの部分を拡大し、主題的素材を使って美しく装飾するようになります。中間部の続きが属調へと導かれ、終結部分では音階的パッセージに引き続いてほぼ例外なく動機が主調で登場、その後は多くの場合半音上げられた4度（ドッペルドミナント）を踏み台にして再び四六の和音に達します。《ピアノ協奏曲ト長調K.453》第1楽章の最初のカデンツァの第25小節以降を参照してみましょう。

■ 例7/24

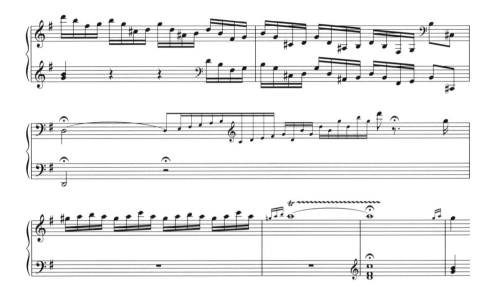

＊印がつけられている左手の動機は、この楽章の第275小節以降に由来します（第27～28小節の動機は、この協奏曲以外にも《ピアノソナタト長調K.283》第1楽章で使われています）。

カデンツァの終結を先送りするためには、次のようにサブドミナントへの和声的な方向転換も可能です。

■ 例7/25

（《ピアノ協奏曲変ロ長調K.595》第1楽章のカデンツァ、第25～31小節も参照してください。）

　《ピアノ協奏曲変ロ長調K.456》第1楽章の第1カデンツァ終結部にはこの楽章の第136小節以降と第95小節以降の動機が見られます。《ピアノ協奏曲変ロ長調K.595》では、まず冒頭トゥッティ第5～6小節の「呼びかけの動機」が興味深い和声づけを伴って聴かれ、その後いくつかのパッセージとアルペッジョを経て、第33小節以降ではわずかに変形された第1主題（176ページの例4/33を参照）がカノンで扱われます。

■ 例7/26

　これらの終結部に見られる和声的特徴として、モーツァルトはしばしば2度の和音や下属調を導入しています。副次的な属調Zwischendominantを使うこともあり、それによってカデンツァが最終的な終止形に達する感覚をより強固なものにしているのです。
　最後のトリルは、通常とても単純です。

■ 例7/27

　3度や6度での二重トリル（あるいは三重トリル）はごくまれに、2台ピアノや3台ピアノのための協奏曲に見られるのみです。しかし数に限りがあるとは言えモーツァルトは現にこうしたトリルを書いているのですから、彼がこのようなトリルを演奏可能と考え、音楽的にも受容していたと言えるでしょう。《ピアノ協奏曲ニ長調K.451》第1楽章の第166～168小節では3度を重ねた三連符の音階を書き、それをアルベルティバス上で弾かれるトリルへと導いています。後の時代であれば片手で弾く3度のトリルを使用する可能性も考えられますが、モーツァルトは使いませんでした。また《協奏ロンドニ長調K.382》第106と114小節においてもモーツァルトは当初3度の音階を導入しましたが（第2拍の裏）、その後通常の音階に修正しています。ベートーヴェンやショパンで訓練している現代のピアノ奏者たちであれば、これらのパッセージをそれほど難しいとは感じないでしょう。ことさら二重トリルにこだわるわけではありませんが、時には自作のカデンツァにも利用できるのではないでしょうか。なお《4手のためのソナタニ長調K.381》第1楽章のセカンドパート第8と59小節にも3度音程での速い動きが見受けられます。
　すでに指摘したように、《ピアノ協奏曲へ長調K.459》第3楽章のカデンツァはきわめて独創的なものとなっています。モーツァルトは、このカデンツァの最後で、主要主題からふたつの冒頭動機を取り出し、それらを入れ替えることによって新たな素材を作り出しているのです。

■ 例7/28

バスの動きは先行小節の上声部にある旋律をカノン風に模倣しています（5度下のカノン）。そしてカデンツァを閉じる前に導入される長いトリルへの対旋律としてこの楽章の主要動機を配置することによって、快活なベートーヴェン的効果をも得られています。

■ 例7/29

　モーツァルトのカデンツァの構造は通常ホモフォニックです。しかし、熟練の域に達したポリフォニーによる短いパッセージも複数存在します。モーツァルトの主題のほとんどはポリフォニック的な変奏処理にあまり適さないのですが、実際の処理はとても興味深いものです。《2台ピアノのための協奏曲変ホ長調K.365》のオリジナルのカデンツァが第1次世界大戦後に再発見されたのは、音楽界にとって大きな幸いでした。第3楽章のためのカデンツァは、この種の処理が施されている好例です。

　モーツァルトは《ピアノソナタヘ長調K.533》の美しいふたつの楽章に、《ロンドヘ長調K.494》に27小節加筆したものを終楽章として加えました。加筆された小節はカデンツァ的な性格をもっています。主要主題の大きな特徴である3度音程は4度ないし5度に変更

されていますが、それは明らかに主題の模倣をより円滑に行なうためでした。その後モーツァルトは主要主題2小節目冒頭の八分音符と先行する音とをタイで結んでいます（第152小節以降）。つまり、

■ 例7/30

は次のように変更されたのです。

　協奏曲楽章のために書かれたカデンツァに話を戻しましょう。モーツァルトは《ピアノ協奏曲ニ長調K.451》第3楽章のカデンツァの第23小節から始まる快活なフガートの主題として第2主題をそのままの形で流用しました。ストレットで開始されます。

■ 例7/31

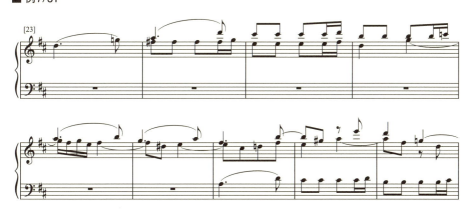

　この協奏曲第1楽章のカデンツァも4度下のカノンとともにポリフォニックに始まりますが、これはすでに楽章の途中で出現していたものでもあり、カデンツァに登場しても特別新鮮には感じられません。この種のパッセージのうちもっとも興味深いものは《ピアノ五重奏曲変ホ長調K.452》終楽章の「カデンツァ・イン・テンポ Cadenza in tempo」で、こ

れは4声のフガート・ストレット（密接進行のフガート）で始まります[14]。

　様式的に適切なカデンツァを作曲するためには、モーツァルトが用いた和声進行に通暁していなければなりません。いわゆる「ドイツの六の和音」への変化は、モーツァルトのカデンツァでは使ってはならないものです。なぜならモーツァルト自身がこれをカデンツァで用いていないからです。カデンツァ以外の場所でこの和声はよく見られ、通常は5度音が付加された増六和音の形で現れます。後期作品ではこの和音内でのエンハーモニックな読み替えもしばしば行なわれています。最終的に解決させるために、属七和音としての読み替えが行なわれるのです。《ピアノ協奏曲ハ短調K.491》第3楽章にこうした例があります。モーツァルトの作品には増六和音がよく見られるものの、これが減3度の和音となる転回形で使われることを、モーツァルトは明らかに回避しています。この点でモーツァルトは、20世紀に至る多くの和声論にまで引き継がれた「減3度という不協和音は耳に快くないために禁止される」という立場を踏襲しているのです。モーツァルトはこの音程を短3度に置き換え、あたかも転回したかのように使っています。

■ 例7/32

以上の考察から導き出されるのは「様式に適った自作のカデンツァを作ろうとする際に、できる限り例7/33で＊印をつけたような和声は避けるべきだ」ということです。

■ 例7/33

　モーツァルトにとって減七の和音の響きは不協和なものでしたが、ベートーヴェン時代になるとこの効果は薄まりました。モーツァルトの減七和音は多くの半音階的和声進行で利用されています[15]。

　たぐいまれな創作能力を備えていたモーツァルトは、和声的緊張を生み出すために経過音、掛留音、オルゲルプンクトを活用しました。モーツァルトは、属七和音と減七和音に

---

14) モーツァルトは《ミサハ短調K.427》のアリア〈エト・インカルナートゥス・エスト〉のカデンツァ・イン・テンポ *Cadenza in tempo* でも同じ手法を用いている（ロバート・レヴィン）。
15) 《幻想曲ハ短調K.394》の第46小節に典型的な例があり、そこでは減七和音が6回続いている。これは、モーツァルトの時代ではおそらく先例のない大胆な着想だったに違いない。

対してアクセントのある倚音をいくつも用いていますが、それによって達成された特別な効果がどんなものであるか、《アダージョ ロ短調 K.540》の第31小節以降を例に見てみましょう。

■ 例7/34

和声の経過は以下のようになります。

■ 例7/35

分析はこれで十分でしょう。

パウル・バドゥーラ＝スコダが作曲したモーツァルトの協奏曲のためのカデンツァでもこうした着想や手法が応用されています。そのうちのひとつに《ピアノ協奏曲変ホ長調 K.482》第1楽章のためのカデンツァ[16]がありますが、終結部を修正することによって、このカデンツァはモーツァルトのスタイルを厳格に踏襲するものとなりました。終結部分は以下の通りです。

---

[16] 《ハ短調 K.491》および《ハ長調 K.503》のカデンツァとともに、2008年にドブリンガー社から出版されている（Doblinger 01279）。その修正（改良？）バージョンについては、Paul Badura-Skoda, *Kadenzen, Eingänge und Auszierungen zu den Klavierkonzerten von W.A. Mozart*, BVK, 1967を参照。

■ 例7/36

アインガングとフェルマータ上の装飾

　すでに述べたように、アインガングはカデンツァとは違って楽章本体との動機的関連を示すことはまれで（《ピアノ協奏曲ハ長調K.415》、《変ロ長調K.450》、《変ロ長調K.595》にあるアインガングはこの法則に対する例外です）、むしろ音階、跳躍、装飾、そしてさまざまな種類のパッセージワークがその骨格になっています。多くのものは異なる性格をもったふたつのセクションが連続するところに挿入され、これらが短いソロによって連結されるのです。アインガングは経過的な性格のセクションと位置づけられますが、先行する部分が思い起こされることはまれなので、やはり「前置き」であり、文字どおり「導入部分」と考えるのが最良でしょう。モーツァルトのピアノ協奏曲でアインガングが要求されるところには属七和音上にフェルマータがつけられており、ほぼ常に後続部分の属和音上で構築されます。しかし《ピアノ協奏曲変ロ長調K.238》第3楽章にあるような例外も存在します。ロバート・レヴィンが指摘するように、この楽章ではロンド主題が主調である変ロ長調で回帰する前にニ短調の完全終止が到来し、この完全終止のあとにアインガングのひとつが登場するのです。こうした手法は複数のヴァイオリン協奏曲にも見受けられます。

　アインガングはカデンツァよりもずっと短いものでなくてはなりません。《ヴァイオリン協奏曲ト長調K.216》第3楽章第217小節のように、平行短調の属和音上に半終止が設定される場合もあります。そのような場合には後続部分に適切に連結するため、アインガングには少なくともふたつの異なる和声が含まれていなくてはなりません。

■ 例7/37

　しかし一般的なアインガングは《ピアノ協奏曲変ロ長調K.450》終楽章にある16小節にわたるアインガングに見られるように、ひとつの和声上に留まります。しかし次のようなヴァリアントを挿入することも可能です。《ピアノ協奏曲変ホ長調K.271》第3楽章のアインガングに見られる和声の移行を観察してみましょう。

■ 例7/38

次のように演奏されます（アインガングの基本的な和声図）。

■ 例7/39

または次のようにも演奏されます。

■ 例7/40

あるいは、ドッペルドミナントへの迂回もあり得ます。例として《ピアノ協奏曲変ロ長調K.595》第3楽章のアインガングの和声骨格を見てみましょう。

■ 例7/41

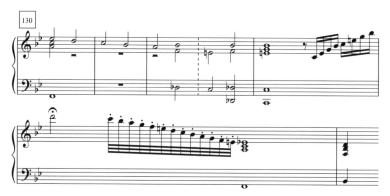

しかしこの構成は、モーツァルトの最後のピアノ協奏曲のアインガングにしか見られません。

当然のことながら、アインガングの途中で主音上の三和音を先取してはなりません。上記の例7/39で次のようにバスを弾くのは誤りです（上声パートは同じままです）。

■ 例7/42

モーツァルトが作曲した模範的なアインガングの好例は、とりわけ《ピアノ協奏曲変ホ長調K.271》第3楽章（異なるものが3種類提供されています）、《ハ長調K.415》、《変ロ長調K.450》、《変ロ長調K.595》に見られます。緩徐楽章のアインガングについては《ピアノ協奏曲イ長調K.414》にモーツァルトの作例がふたつあるので、そこから学ぶと良いでしょう。

しかし、モーツァルトの作ったアインガングでもっとも啓発的な例は、《「女ほど素敵なものはない」による変奏曲K.613》に見られます。この作品では、そもそも記譜されたオリジナルのアインガングが主題に含まれており、モーツァルトは各変奏の中でこのアインガングをさまざまなバージョンに変化させたのです。アインガングの「古典的実例 locus classicus」と言えるでしょう。これを通じてモーツァルトが変奏ごとにどのようにアインガングの新しいバージョンを作ったかに関する大変に有益な情報を得ることができるため、研究に値するものとしてとりわけ推奨される作品です。

主題に見られる移行的なパッセージは、第1変奏（例7/44）で上声部における八分音符の動きとなり、第2変奏（例7/45）では低音部がアインガングを受け持ちます。第3変奏では三連符、そして第5変奏（例7/46）では十六分音符の動きになります。最後の第8変奏（例7/48）ではアレグロ主題に拡大されたアインガングが続き、これがこの変奏曲に出現するフェルマータに施された一番長い装飾となっています。
　変奏主題の第32小節にあるアインガングは、比較的短いものです。

■ 例7/43

第1変奏

■ 例7/44

第2変奏

■ 例7/45

第5変奏

■ 例7/46

第7変奏

■ 例7/47

第8変奏

■ 例7/48

フェルマータ装飾の適切な場所

　アインガングはどんな時に必要で、どのような場合には不要なのでしょうか。当然のことながらすべてのフェルマータがアインガングの挿入に結びつくわけではありませんが、ピアノ協奏曲におけるフェルマータには、通常そこにアインガングが挿入されることが意図されています。

　これと関連して、共著者でピアニストのパウル・バドゥーラ＝スコダの若い頃の体験を紹介しましょう。彼は《ピアノ協奏曲ヘ長調K.459》終楽章第254小節にあるフェルマータにはアインガングが必要だと感じ、1956年にカール・ベーム指揮で行なわれた演奏会のリハーサルで自作のアインガング（例7/49）を弾きました。しかし、これはオーケストラ

団員をおおいに驚かせたばかりか、指揮者にも反対されました。ベームはモーツァルトの指揮者として有名でしたが、依然としてモーツァルトの作品に未知の音を加えることに消極的でした（マーラーの見解でもあります）。ベームはこのフェルマータを装飾するのは適切ではないと考え、演奏会ではこのフェルマータを装飾しないよう、若い芸術家バドゥーラ＝スコダに要求したのです。

　しかしこれより少しあとになって、まさにこの箇所のための以前は知られていなかったアインガングの自筆譜が、ヘルムート・フェーダーホーファーによって発見されたのです。このフェルマータに「何かが欠けていた」ことが判明したわけです。モーツァルトによるオリジナルのアインガング（かつてモーツァルトの弟子のひとりが所有していた協奏曲の筆写譜の間にはさまっていました）は、現在『新モーツァルト全集』（XV/5, p.217）に印刷されています。この発見によって、モーツァルトがこうしたロンド楽章にあるフェルマータにアインガングの挿入を期待していることが明らかになりました。さらに喜ばしいことには、バドゥーラ＝スコダによるアインガング（例7/49）はモーツァルトのアインガングに酷似していたのです。

■ 例7/49

　モーツァルト自身が書いたさらなるカデンツァやアインガングは、散逸してしまったのでしょう。現存している資料の背景には、ウィーンのアルタリア社がもたらした大きな幸運があります。アルタリア社は1801年に、モーツァルトが自作のピアノ協奏曲のために書いたカデンツァとアインガング集の出版を決定したのです。複数のケースでは、この楽譜がモーツァルト自作のカデンツァとアインガングに関する唯一の資料となっています。ケッヘルはアルタリア社が集めたすべてのカデンツァを、モーツァルト自身が書いたほかのカデンツァとアインガングと一緒に集約し、K.626aという番号を与えています。

　モーツァルトは、セレナーデやさまざまな室内楽作品でもたくさんのアインガングとカデンツァを創作しています。つまりアインガングやフェルマータ上の短い装飾は、協奏曲、アリア、変奏曲やソナタだけに特有のものではないのです。オリジナルのものが残っていない時は演奏者が自ら創案しなければなりません。そうしたアインガングが必要と思われる典型的な箇所は《ピアノ四重奏曲ト短調K.478》終楽章の半終止です。この作品のピアノパートにはコンチェルタンテ（協奏風）な性格があります。第135小節にはたとえば以下のような生き生きとした導入を入れてから主要主題に戻ると良いでしょう。

■ 例7/50

　このフェルマータにおけるアインガングの別の可能性として、以下のものも推奨されるでしょう。これは『新モーツァルト全集』の該当する巻でヘルムート・フェーダーホーファーが提案したものと似ています。

■ 例7/51

「フェルマータ上の装飾は通常別紙に記譜していた」というモーツァルトの習慣が、オリジナルのアインガングの多くが消失してしまった理由でしょう。《ピアノ協奏曲イ長調K.414》第1楽章第195小節におけるオリジナルのフェルマータ装飾も、おそらくこうした背景から失われてしまったに違いありません。しかし『新モーツァルト全集』該当巻の校訂者は、この失われたアインガングに関する指摘を失念しています。

この第195小節のフェルマータに対しては次のような装飾を提案します。

■ 例7/52

おそらく《ピアノソナタ変ロ長調K.281》第3楽章の第70小節でも、アインガングが意図されています。次のようなアインガングが良いのではないでしょうか。

■ 例7/53

《ピアノ協奏曲ト長調K.453》第2楽章の第33～34小節のピアノパートには、第4小節のトゥッティにはなかったフェルマータがつけられています。

■ 例7/54

フェルマータをそのままにしておいても構いませんが、次のように凝った装飾を施すこともできるでしょう。

■ 例7/55

同じ楽章の第93小節も装飾できるでしょう。

■ 例7/56

また、この協奏曲第3楽章の第169～170小節にあるフェルマータも、おそらく単なる休止ではなく、次のような装飾を弾かせるためのものと考えられます（この場合はアインガングではありません）。

■ 例7/57

四六の和音や属七和音上の半終止につけられたフェルマータは、つねに装飾、アインガング、あるいはカデンツァを弾くことを公然と推奨するものです。たとえば《ピアノ協奏曲ヘ長調K.459》第3楽章の第254小節にあるフェルマータがそれにあたります。

■ 例7/58

　ときにモーツァルトは通常のフェルマータとは違う記号で装飾を求めることもあり、そうした例は《ピアノ協奏曲イ長調K.414》第2楽章の第73小節に見られます。

■ 例7/59

　このフェルマータに対し、モーツァルトは続く小節に2種類の異なるアインガングを書いています。
　まったく同じ記譜が《ヴァイオリン協奏曲イ長調K.219》の第1楽章第45小節に見られるのは興味深いことです。しかし私どもが今まで耳にしたどのヴァイオリン奏者もここに装飾を加えることなく、トリルを書かれた通りに弾いていました。このピアニスト向けの本の読者の中にひょっとしてヴァイオリニストがおられることを想定し、K.414でモーツァルト自身が記譜した装飾に基づいたヴァイオリン用の装飾をここに提案しておきたいと思います。

■ 例7/60

　「複縦線のあとに新しいテンポが導入されるため、2番目のフェルマータ後のアインガングは不要である」という意見もあるでしょう。もっともではあるものの、このフェルマータ

への装飾も説得力のある表現として機能する、と私どもは感じています。

　くり返します。カデンツァには協奏曲楽章においてはっきりそれとわかる定位置が準備されているのに対し、アインガングがどこに加えられる、あるいは加えられるべきではないかを決定するのは、簡単ではありません。モーツァルトのエキスパートとして知られた音楽家でさえ、誤った判断を下してしまうことがあります。アインガングの場所や様式の問題に対する正答を得るのは、しばしば困難な課題となるのです。これらの問題は、未知の資料が発見されることでしか、最終的に解決することはできません。

　幸いにも、こうした資料が今もなお折に触れて発見されています。上述のようにアルタリア社がカデンツァやアインガングをコレクションとして出版してくれたおかげで、1801年以降《ピアノ協奏曲変ロ長調K.595》第1楽章と終楽章のカデンツァの存在が知られるようになりました。これらにはK.626aのうち34、35、36の番号がつけられています。『新モーツァルト全集』の該当する巻（XV/8）に印刷された2種類のカデンツァがアルタリア版に基づいているのに対し、第3楽章第130小節に挿入されるべきアインガング（35番）は、この『新モーツァルト全集』の巻には掲載されていません。なぜなら（校訂者が序で説明しているように）編集委員会とアドバイザーのエルンスト・ヘスが「この特殊なアインガングには、モーツァルト作であることを否定する理由となる疑わしい転調がある」と考えたからです。パウル・バドゥーラ＝スコダは、『モーツァルト年鑑Mozart Jahrbuch』（1971年）の論文で「この創意に富む独特な長いフェルマータ装飾はモーツァルト自身のものである」と擁護しました[17]。幸いなことに15年後の1986年、モーツァルトの自筆譜が他のカデンツァの自筆譜とともにロシア（エストニア）で発見されたのです。編纂者が不当な疑念を抱いたため、この美しいアインガングは『新モーツァルト全集』では補巻（X/31/3, p.112）でしか閲覧することができません。

フェルマータ装飾が疑われる箇所およびアインガングを演奏すべきではない箇所

　「フェルマータには常に必ずカデンツァや短いアインガングを加えるべき」というわけではありません。一般的には「楽章内に同じテンポで連続するふたつの部分があり、これらの部分を短い移行部で連結させたほうが良いと思われる箇所」でアインガングが弾かれます。また、属和音上のフェルマータもアインガングを加えるべきことを示唆します。こうした短い間奏は部分同士を結びつける自然な方法であり、「アインガングの出番」とも言える場所でしょう。

　このことによって、なぜ私どもが「アレグロ楽章の前に置かれたゆっくりとしたテンポ

---

17) Paul Badura-Skoda, "Ein authentischer Eingang zum Klavierkonzert in B Dur KV 595?" p.76ff.

の導入部と、その後のアレグロ部分との間に弾かれるアインガングは場違いな装飾である」と考えるかも説明できます。私どもの見解は「装飾によって、テンポの変化を通じて得られる驚きの効果が薄まってしまうから」というものです。このようなことは、すでに述べた通り《ピアノ五重奏曲変ホ長調K.452》第1楽章や《4手のためのピアノソナタヘ長調K.497》、さらには《ヴァイオリンソナタ変ロ長調K.454》にも当てはまります。

《ピアノソナタハ短調K.457》終楽章の終結部に向かう第230〜242小節にある延長フェルマータも、装飾してはなりません。ここには明らかに劇的な機能が意図されているからです。このソナタでモーツァルトは、第2楽章への装飾バージョンを記譜する労力を惜しみませんでした。仮にここに装飾を欲していたのだとしたら、この特別なソナタのこの箇所にモーツァルトが音符を書かなかったはずがありません。その上、ここには半終止も見当たらないのです。

「このフェルマータに託されている意味は何か」を考える際に思い起こされるのは、若者たちが試験でよく直面する選択式の設問です。問題の内容によっては、常に「100％正しい解答」が得られるわけではありません。『新モーツァルト全集』など最新の出版物を参照しても明らかなように、「フェルマータが装飾されるべきか否か」という問題はいまだ明確に解決されていないのです。

他方、「このフェルマータは装飾しなければならない」と感じるケースもあります。様式的に正しい洞察によって、次の部分への移行部として機能する短いアインガングの必要性が無視できなくなるのです。モーツァルトの器楽曲でこの種のフェルマータが見られるのは、もっぱら協奏曲楽章のみです。

理論的には、独奏ピアノ作品の楽章におけるフェルマータの装飾も考えられるでしょう。しかし、このような装飾を実践できるのはごくまれです。というのもモーツァルトは、ピアノソナタや幻想曲を、当時としては異常なほどの綿密さで記譜し(作品の出版を自ら決意して行動を起こした時は、特にその傾向が強くなります)、意図されるアインガングのほとんどを自分で書き記しているからです(ちなみにモーツァルトの声楽曲では、歌手自身がアインガングを加えようと感じる箇所よりずっと多くの箇所にアインガングが意図されています)。

「アインガングは協奏曲(やアリア)だけのものだ」ということを示す証拠は存在しません。しかし、モーツァルトがピアノ協奏曲用の多くのアインガングを別の五線譜に書いていたのに対し、独奏ピアノ作品のアインガングが別の紙に書かれた例はひとつとして知られていません。教師としてのモーツァルトは、教材として協奏曲よりもピアノソナタのほうを頻繁に使ったでしょうから、この事実には一考の余地があります。モーツァルトは「ここにアインガングが必要だ」と感じたら、それを(おそらく作曲の才能に乏しかった)生徒のために書いてあげたに違いありません。

モーツァルトの室内楽作品でも、フェルマータの装飾としてアインガングを加えることが可能、または必要であることはほとんどありません。少なくとも私どもの脳裏には、これらの作品のなかでアインガングが歓迎されるべきパッセージがほとんど思い浮かんできません。例外は《ピアノ三重奏曲ト長調 K.496》第3楽章、アダージョ変奏の最後、第6変奏 *Primo tempo* の前〔2番括弧の第4小節〕にあるフェルマータでしょう。また《ヴァイオリンソナタヘ長調 K.377》第3楽章第108と109小節の間にあるフェルマータや、《4手のためのピアノソナタハ長調 K.521》第3楽章の第69小節や第203小節にあるフェルマータも装飾できるかもしれません。さらには例 7/50 ですでに示したように《ピアノ四重奏曲ト短調 K.478》第3楽章第135小節にもアインガングが適していると思われます。

アインガングを加えることができるのは、それがその作品内で形式的にも構造的にもふさわしいことが、モーツァルト自身によるアインガングと比較して正当化できる場合だけです。それを私たちのルールとして厳守する必要があります。モーツァルトによるオリジナルアインガングに合致したスタイルを示せないものを導入するのは誤りです。私どもの調査では、モーツァルトが交響曲においてアレグロ楽章に先行するゆっくりとした導入部の末尾にあるフェルマータを装飾することはなかったことがわかっています。たとえば《交響曲ハ長調 K.504「プラハ」》第1楽章にあるアダージョの短い導入部の終わりにフルートの技巧的パッセージを加えてアレグロの効果を先取りするのは、音楽的理由から適切ではないでしょう。同じことは《交響曲ニ長調 K.425「リンツ」》第1楽章の導入部末尾にあるフェルマータや《管楽セレナーデ変ロ長調 K.361》のフェルマータにもあてはまります。これらのフェルマータに装飾を施すことが場違いだと感じるなら、形式構造上同じような箇所に見られるその他のフェルマータも、装飾すべきではないのです。

フェルマータ記号のさまざまな意味

当然のことながら、モーツァルトの作品に見られるすべてのフェルマータを装飾する必要はありません。フェルマータの基本的な機能は "テヌート"──一時的に滞留・休止する──という指示にあります。むしろ、演奏者に装飾音を入れさせようとするフェルマータのほうが例外なのです。

よく知られている ⌢ ですが、その意味するところは他の音楽記号のように明確ではなく、状況によって変化します。音楽用語のほとんどはイタリア語のまま使われ、それが国際的にも受け入れられていますが、「フェルマータ（英語で "休止 pause" の意）」という語はヨーロッパ言語によって違うのです。たとえばフランス語では *point d'orgue*、スペイン語の *calderón*、もともとイタリア語ですがドイツで今も使われている *Corona*、そしてドイツ

語のFermate。現代イタリア語でfermataと言えば「バス停」を意味します。また近年、フェルマータの意味は実際にバス停にたとえて説明されてきました。

「止まれ!」というこれらの指示には、カデンツァやアインガングを要求する以外にもさまざまな目的があります。これに関しては次章でも扱いますが、以下の例ではフェルマータが"カプリッチョ(即興)"による中断以外の意味をもつことを示してくれるでしょう。

⌢のもっともありふれた意味は、音の延長もしくは休止です。しかし次の疑問は「どれぐらいの長さか」というものでしょう。テュルクがすばらしい説明をしています。

> フェルマータのところでどれだけ長く滞留(中断)すべきか、それは正確にいえることではない。それには、そのときどきの事情に左右される面が多いからである。たとえば自分一人で演奏しているのか、それとも何人かと一緒に演奏しているのか、その曲の性格が陽気なのか、それとも悄然としているのか、あるいはフェルマータを装飾(つまり恣意的なつけ加えによって美化)するのかしないのか、等に大きく左右されるからである。しかし、もしそのような偶然的な情況を考慮しないとすれば、私としては、テンポがゆっくりとしているときには、フェルマータがつけられた音符のところで、その音符の本来の時価のほぼ2倍程度のあいだ滞留するよう勧めたい。したがって、4分音符にフェルマータがついているときには、2分音符に相当する分だけ滞留するよう勧めることになる。テンポが速いとなると、2倍の滞留では短すぎるであろうから、その場合には4分音符1つのところでは、その4つぶん程度待つことができよう[18]。

私どもの経験では、4倍の滞留はしばしばあまりに長すぎます。また、1.5倍の音価で十分な場合もあるでしょう。

ただしカデンツァの終わりにある以下の定型では、

■ 例7/61

正確に2倍の音価が必要となります。

---

[18] D.G.テュルク、149頁。

■ 例7/62

　オーケストラ奏者たちは、たとえリハーサルをしなくても「どのタイミングでカデンツァ後のトゥッティに入るべきか」を知っています。この規則は一般的に共有されており、たとえフェルマータ記号が書かれていなくても（モーツァルトによるオリジナルカデンツァでも、フェルマータ記号が欠落しているものがあります）、最後のトリルの音価は2倍にしなければなりません。

　かつて《2台ピアノのための協奏曲変ホ長調K.365》の演奏中に、私と共演者が第1カデンツァ最後のトリルを楽譜通りに（フェルマータなしで）1小節の長さで処理したところ、オーケストラの入りが一瞬遅れてしまったことがありました。しかし「楽譜通りでは長すぎる」という不具合も起こり得ます。《3台ピアノのための協奏曲ヘ長調K.242》第1楽章のカデンツァで、モーツァルトは例7/62のような2小節のトリルを記譜した上に、フェルマータ記号を加えています。しかしこの場合、またその後の第2楽章でも、トリルをまるまる2小節保持するのは長すぎます。

　緩徐楽章にある休符の上につけられたフェルマータ記号は、時にきわめて短い滞留を意味しますが、無視して構わない場合もあります。私どもの友人マリウス・フロトゥイス Marius Flothuis の指摘によれば、たとえば《幻想曲ニ短調K.397》の第11小節と第28小節での休止を正確に保つと、音楽の流れ（緊張感）il filo condutture が中断されてしまうことになりかねません。ここでの休止は縮められるべきでしょう[19]。

　フェルマータが、単にフレーズ間に入れるべき息継ぎ Luftpause のタイミングを示す場合もあり、《ピアノ協奏曲イ長調K.414》第3楽章のカデンツァにはそのような例が見られます（モーツァルトが書いたふたつのカデンツァのうち、短いほうを引用します）。

■ 例7/63

---

19) パウル・バドゥーラ＝スコダが編集したK.397の楽譜（Leduc社、パリ、1995年）には、このアドバイスが掲載されている。

この場合、フェルマータのたびに音を延長すると、およそ8分の5拍子のような効果が生まれてしまいます。これはモーツァルトの時代に普遍的だった拍子ではないものの、まったくありえないわけでもなさそうです。

　フェルマータが、楽章あるいは楽曲の終わりを示すこともあります。テュルクは、作曲家は楽曲の終わりを示すフェルマータの下に *fine* という語を書くよう忠告しています[20]。なぜなら、あまり見識のない音楽家がフェルマータを別の意味に誤解してしまうかもしれないからです。ダ・カーポ指示のある楽曲や有節歌曲で終わりを示すフェルマータは、最後の回帰においてのみ有効です。ダ・カーポ付きのメヌエットで複縦線の前に音がある場合、それはトリオに移行するためであり、メヌエットが最後に回帰した時に弾いてはいけません。

　これは《ピアノソナタ変ホ長調K.282》のメヌエットに当てはまります。自筆譜には第1メヌエットの最後の小節にフェルマータ記号がふたつあります。

■ 例7/64

（自筆譜において複縦線の上に書かれたフェルマータは誤りです。）

このメヌエット楽章の最後では、左手第2拍にあるＢ音はおそらく第1拍で弾かれ、第2拍は休符になると思われます（フェルマータを4つとも削除した現代版もあります）。しかし、交響曲やセレナーデによく見られる「1拍目にフェルマータが記譜されていない時」にもこの規則が適用されるかどうかという問題は、未解決のままです。

■ 例7/65

---

20) D.G.テュルク、151頁。

なお初期の《メヌエットヘ長調K.2》では、右手に3拍目でようやく解決される不協和音があるため、メヌエットの結尾でも左手の3音はすべて弾かれます。

■ 例7/66

《管楽器のためのディヴェルティメント変ロ長調K.186》の第1メヌエットでは、モーツァルト自身がこの問題に答えています。メヌエット前半最後（第8小節）でファゴットが吹くバス音はf-F音の跳躍なのに対して後半最後（第24小節）に書かれているのはB音1個だけです（トリオも同じ形に整えられています）。

まさにこの理由から、《アイネ・クライネ・ナハトムジークK.525》のメヌエット（第3楽章）の終わりでも、バス音は1音だけにするのが正しいと思われます。

■ 例7/67

注目すべきことに、テュルクは「終止記号 ◠ は〔…〕拍節の滞留ではない」[21] と述べています。

モーツァルトの《「ああ、お母さん、あなたに申しましょう」による変奏曲K.265》では、主題と、ほぼすべての変奏の終わりで冒頭の8小節がくり返されますが、この反復は自筆譜に実際には書き込まれておらず、第16小節のあとに書かれたダ・カーポ記号によって省略されています。多くの変奏で、最後の8小節は記譜されていないのです。その際にくり返されるべき小節がきちんとわかるよう、モーツァルトは第8小節の終わりにフェルマータ記号を書きました。今日の楽譜ではこれらの省略記号を使うことなくすべてが完全に印刷されており、このフェルマータ記号は大多数の楽譜に印刷されていません。

ほとんどの理論書で「フェルマータは深い息つぎの長さぶん滞留することだけを意味する」と説明されています（たとえばプロテスタント聖歌のフェルマータのように）。しかし、異なる用法について論じた理論書も存在します。たとえばレオポルト・モーツァルトは自

---

21) D.G.テュルク、151頁。

著『ヴァイオリン奏法』で次のように述べています。

> ひとつの音符の上に点と半円が書いてあると、その音を延ばすという意味の記号である。[…] どの程度延ばすかは自由だが、短すぎても長すぎてもだめで、それをしっかりと判断しなくてはならない。[…] 演奏を再び始めるまでに、楽器の音を次第に弱くして消しておくことには、特に注意が必要である[22]。

フェルマータのさまざまな意味は、ザムエル・ペトリの『実践的音楽への手引き Anleitung zur praktischen Musik』（1782年）でも指摘されています。しかし残念なことにモーツァルト時代の理論書には、どのフェルマータが装飾され、どのフェルマータが装飾されないのかに関する具体的な記述がありません。しかしズルツァー編纂の『一般芸術理論 Allgemeine Theorie der schönen Künste』（第2巻、p.226）にはフェルマータのためにまるまる1章が割かれており、装飾されるべきではないフェルマータに関しても述べられています。

> フェルマータは、最高点に登りつめて辿り着いた箇所、あるいは叫び声や驚きといった箇所で、力強いアフェクトの表現を強めてくれる。フェルマータは、歌をしばし中断するが、それは、強いアフェクトのうちにあって叫びだした人間が、再びさらに激しく続けるために言葉を途切れさせるのと同じである[23]。

モーツァルトの《幻想曲ハ短調 K.475》第35小節のフェルマータは、そのようなフェルマータにあたるでしょう。これは、トレモロの分散和音ともに続くフォルテの爆発によって生まれる驚きの効果の一部として記譜されているのです。この幻想曲のフェルマータはズルツァーらが触れた「ドラマティックな目的」のために使われており、そのようなフェルマータを装飾してはなりません。さらには《ピアノソナタハ短調 K.457》第3楽章のような楽章に見られるフェルマータの多くも、ズルツァーが指摘するところの「ドラマ」を表現するものであり、決して装飾されてはならないのです。

---

22) L. モーツァルト『ヴァイオリン奏法［新訳版］』久保田慶一訳、全音楽譜出版社、2017年、50頁。
23) Johann Georg Sulzer, *Allgemeine Theorie der schönen Künste*, Berlin: 1792-99; Repr. Hildesheim: G. Olms, 1967, vol.2, p.335ff., "Fermata".

第8章
「表現と趣味」

レオポルト・モーツァルトは息子ヴォルフガングとの間でしばしば "Expression und Gusto" を話題にしていました。日本語ならば「表現と趣味」と訳せるでしょう。しかし18世紀における *espressione* および *gusto* というふたつのイタリア語は今日よりはるかに広い意味を持っており、より多くのイメージが託されていました。フランス語で趣味を意味する *goût* についてルソーが述べたように、音楽における「趣味」とは、名人の演奏様式のみならず、その人個人の装飾法の様式をも意味していたのです。

「音楽は何かを表現するものである」「音楽はきわめて固有の言語であって、感情と概念を伝える洗練された言語なのだ」という前提を、18世紀のあらゆる音楽家は受け入れていたに違いありません。「音楽の演奏は演説と多くを共有している」という考えはきわめて古くからあるとらえ方でしたが、バロック時代になって再認識されるようになりました。クヴァンツの有名なフルート教則本で、「声楽及び器楽における良い演奏法について」と題された第11章は次のような見解で始まります。

> 第1節：音楽の演奏は演説と比較することができる。演説家と音楽家とは、語ったり演奏したりすることを練り上げるという点から見ても演奏又は語ること自体から見ても共通な目的を持っている。その目的は、即ち、人々の心を自分のものとすること、情熱をかき立てたり鎮めたりすること、即ち、聴衆を時に応じて様々の情緒の中に置くこと等にある。両者［演説家と演奏家］がそれぞれ相手のなすべき事を知れば、互に有益である。

> 第2節：演説の場合、よい話し方が聴衆の感情にどのような効果を表すかということについては、よく知られている。又、これ以上ないほど美しい修辞も、話し方が悪ければ効果をあらわさないということも、よく知られている。更に、幾人かが全く同じ言葉を用いて演説をしたとしても、常に、ある人の演説が他の人の演説より熱心に聞かれたり、聞かれなかったりするということも少なからず知られている。曲を歌ったり演奏したりする場合にも事情は同じである[1]。

後半で述べられていることは、クヴァンツの時代に限らず広く当てはまるでしょう。しかし、「適切な表現と趣味をもって演奏する」とは一体どういうことか、という問題は音楽家個人のあいだで常に大きく異なりますし、それは当時も今も変わりません。18世紀前半の頃、修辞学はいまだ中世以来の「三科（trivium）」の義務的な一要素であり、「フマニオーラ」と呼ばれる人文学の研究は、あらゆるラテン語学校および大学で教えられてい

---

1) J.J.クヴァンツ『フルート奏法試論』石原利矩・井本晌二訳、シンフォニア、1976年、98頁。

ました。古典古代の、なかでもクィンティリアヌスの著作[2]を引用する形でマッテゾンは1732年に『完全なる楽長』を上梓し、組織化された論理的な作曲プランを展開しました。その基になったのは、修辞学理論でいわれる、論題の創案と提示に関する諸セクションであり、それは次のようなものでした。*inventio*（アイディアを創案すること）、*dispositio*（そのアイディアを演説のそれぞれのパートへ配列すること）、*decoratio*（アイディアを彫琢ないし装飾することで、*elaboratio* あるいは *elocutio* と呼ぶ理論家もいました）、*pronunciatio*（演説を実際に行なうこと）。

同じ頃、ゼバスティアン・バッハよりやや若いものの、同時代を生きたヨハン・クリストフ・ゴットシェート（1700～66年）による修辞学に関する何冊かの著作がすでにドイツに知れわたっていましたが、それらの著作がクヴァンツやレオポルト・モーツァルトに影響を与えたことは間違いありません。レオポルトはある時アウグスブルクの出版社に、入手可能なゴットシェートの本をすべて送ってくれるよう依頼しています。レオポルトが、作曲や演奏の際には一般的な修辞学の規則を守るよう息子に指示していたことを示唆する証拠もあります。修辞学に通じていることが音楽家にとって有益であるというクヴァンツの意見を、レオポルトもおそらく共有していたに違いありません。先ほど引用した章の第7節で、クヴァンツはこう書いています。

ところで、音楽というものは、自分の音楽上の考えを聴衆に理解させるための芸術的な言葉に他ならない。もし、聴衆に理解できず又どのような感情も起こさせないような曖昧で変わった方法でこの音楽上の考えを表現しようとするならば、修練を積んだと考えてもらうために長いこと続けてきた努力は一体何の役に立つのであろうか[3]。

すべての詩的なテクストに音楽を適合させられるわけではないにせよ、声楽のなかで歌われる歌詞の内容は、音楽的な表現を介することによってより理解しやすいものとなっていました。「器楽においては多くの情感や概念が声楽と同じように明晰には表現され得ない」という認識——まさにそれゆえに、哲学者や理論家たちは長らく、器楽に対する声楽の優位を主張してきました。しかし18世紀も終わりに近づくと、啓蒙主義の流れおよび美学態度の変化を受けて、この考え方は説得力を減じていったのです。たとえばロマン主義では、むしろ喚起される情感が曖昧であるがゆえに器楽を好みました。

---

2) 修辞学に関するクィンティリアヌスの著作が18世紀の作曲家にとっていかに重要であったかを、私たちの時代に初めて十全に認識したのは、アーシュラ・カーケンデイルである。彼女はJ.S.バッハ《音楽の捧げもの》の楽曲配列がクィンティリアヌスの規則にもとづいていることを証明した。Ursula Kirkendale, "Bach's 'Musical Offering': *The Institutio Oratoria of Quintilian*," *Journal of the American Musicological Society* 33 (1980), pp. 88-141参照。
3) J.J.クヴァンツ、99頁。

「良い演奏」について論じた同じ章で、クヴァンツは「良い演奏家」であるために必要な性質を挙げています。

> 第10節：良い演奏というものは、先ず、正確で聴き取りやすくなければならない。聴衆にすべて分かるように一つ一つの音を聞かせるばかりでなく、それを正しい音程〔抑揚？〕で行わなければならない。[…]音はできるだけ美しく響かせる様努めなければならない[4]。

　18世紀半ばのベルリンには、器楽作品を支配する雰囲気ないし感情（ドイツ語で言う「アフェクト」）は基本的にひとつであるべきだと要求する、保守的な理論家たちがいました。この要求は舞曲との関連では理にかなっているものの、それ以外のジャンルでは成立しないことが、クヴァンツやバッハの息子たちといった作曲家によって指摘されるようになったのです。ハイドンも言うに及びません。ハイドンにとって理論的な規則などは明らかに興味の範疇外の概念でした。

　一般的に18世紀の情念論（Affektenlehre）は、北ドイツおよび中部ドイツの作曲家にとっては非常に強い影響力があったと思われるものの、カトリック圏である南ドイツやイタリアにおいてはそれほどでもなかったのです。ザクセン=ヴァイマール公の宮廷楽長だったエルンスト・ヴィルヘルム・ヴォルフは1785年になお《クラヴィーアのためのアフェクトに富む4つのソナタ》を出版しています。この時点でこのようなタイトルを鍵盤作品につけることは、ドナウ川の南方ではほとんど行なわれていませんでした。南ヨーロッパにおける音楽でアフェクトの機能が発揮され、心理学的にも説得力を持っていたのは、主にオペラ・ブッファやオペラ・セミセリアだったのです。

　18世紀後半の作曲家と演奏家は自分たちの創造性にもっと素直に対峙するようになり、ひとつの楽曲の中に対立する複数の感情がより強力に組み入れられるようになっていきます。フリードリヒ2世の良き相談相手だったクヴァンツはすでに1752年の理論書で、そのような変化を注意深く観察するよう演奏家に求めています。

> ある曲の演奏者は、自らが表現しなければならない主要な感情と副次的な感情とを混合しなければならない。又、大部分の曲に於いては、一つの感情は他の感情と混在しているので、演奏者は各メロディーごとに自分がどのような感情を抱くかを判断し、絶えず自分の演奏をそれに合わせなければならない[5]。

---

4) J.J.クヴァンツ、100頁。〔邦訳では原著にある reinen Intonation が「正しい音程」と訳されているが、Intonation には「抑揚」という意味もある。〕
5) 同、102頁。

モーツァルトは当初、驚くべき天才児として栄誉と名声を獲得しましたが、のちには卓越したピアニスト、そして作曲家として多大な成功をおさめました。ピアノにおける比類なき演奏表現が称賛されたのです。彼は若くしてすでにあらゆる技術的な課題を克服していましたから、演奏表現の問題にすべての力を注ぐことができました。他のピアニストの演奏を聴くとき、モーツァルトはしばしば、この能力が欠けていることを惜しんでいます。1784年4月28日に父に宛てた手紙を紹介しましょう。

　［オランダのピアニスト、ゲオルク・フリードリヒ・］リヒターの演奏に関して言えば、彼は大いに弾きまくります。──しかし──お聴きになれば分かりますが──あまりにも粗く──しんどくて──およそ表現にも趣味にも［Expression und Gusto］欠けています。──それでいて、世にもお人よしで──いささかも高慢なところはありません。──ぼくが弾いてみせると、彼はぼくの指をじっと見つめていて──いつもこう言っていました。「なんてことだ！──ぼくは汗をかくほど努力しなくてはだめだ。──それでいてまったく拍手が来ない。──ところがあなたときたら、ただ遊んでいるだけだ。」──そこで、ぼくは言ってやりました。「そう、ぼくだって努力を必要としましたとも。いまやこれ以上努力しないですむようにね。」[6]

　モーツァルトの手紙には表現（Expression）と趣味（Gusto）の語が続けて用いられる箇所が数多く見られますが、この引用もそうした例のひとつです。この語を彼は1784年4月24日の手紙でも用いており、そこではイタリアのヴァイオリニストであるレギーナ・ストリナサッキを「非常に優秀なヴァイオリン奏者です。彼女の演奏には、とても豊かな趣味と表現があります」[7]と褒めています。
　また、1777年11月13日の父宛ての手紙で、モーツァルトは姉にこんなアドバイスをしています。

　ぼくの考えでは、お姉さんが弾くなら（お姉さんにくれぐれもよろしく）表情たっぷりに、うんと趣味よく、情熱をこめて弾くといいと思います。それに暗譜でね。これらのソナタは誰にでも気に入られるにちがいないし、暗譜しやすいし、適当な正確さで弾けば、注目を惹くでしょう[8]。

　クレメンティに対するモーツァルトの意見があまり好意的でない（そしておそらくは不公

---

[6]『モーツァルト書簡全集』V、海老沢敏・高橋英郎編訳、白水社、1995年、501-502頁。一部編者訳。
[7] 同、500頁。一部編者訳。
[8]『モーツァルト書簡全集』III、海老沢敏・高橋英郎編訳、白水社、2006年（第4刷）、246頁。

平でもある）ものだったことを思い出しましょう。モーツァルトは1781年12月24日に皇帝の前でクレメンティと競わなくてはなりませんでしたが、のちに彼は1783年6月7日の手紙で、父に宛ててこう書いています。

> クレメンティは、すべてのイタリア人と同様、いかさま師です。［…］彼が本当に見事に弾くのは、三度のパッサージュです。――でも、これを弾くために、彼は日夜ロンドンで汗水たらしたんです。――それ以外に、彼は何も――まったく何もできません[9]。

同日に書かれた別の手紙にも、同様の評価が綴られています。
　他方クレメンティはモーツァルトを「このような精神と優雅さをもって演奏する人を、私はかつて聴いたことがない」[10] とたいそう称賛していました。
　モーツァルトの演奏に対するクレメンティの称賛は、他の同時代人たちの意見とも一致します。ディッタースドルフは自伝のなかで、皇帝との次のような会話を報告しています。

> 皇帝：モーツァルトの演奏を聴いたことはあるか？
> ディッタースドルフ：すでに3回聴きました。
> 皇帝：気に入ったか？
> ディッタースドルフ：はい、音楽家なら皆、気に入ります。
> 皇帝：クレメンティも聴いたことはあるか？
> ディッタースドルフ：はい。
> 皇帝：モーツァルトよりもクレメンティを好む者もおり、グレイビヒなどはその最たる者だ。そなたはどう思う？ 言ってみよ！
> ディッタースドルフ：クレメンティの演奏は技巧的ですが、モーツァルトは技巧と趣味とを結びつけています。
> 皇帝：私も同感だ[11]。

　レオポルト・モーツァルトは自著の中で、ルバートは「書くよりも実際にやって見せるほうが簡単だ」と述べていますが、このことは、表現（Ausdruck）あるいは感情に関しても同様（あるいはより切実）です。こうした概念は合理的な定式化に馴染まないのです。それでも、表現に富む演奏について若干の考察を試みたいと思います。それは、モーツァルトが最高度に備えていたに違いない技術なのですから。

---

9)『モーツァルト書簡全集』V、376頁。
10) E. Mueller von Asow, *Briefe*, vol. 2, p.152参照。
11) Dittersdorf, *Autobiography*, p.251.

強弱のニュアンスを活用した表現

　すでにくり返し触れてきた通り、モーツァルトの楽譜に掲載されているのは「音楽がどのように演奏されるべきか」に関する示唆に過ぎません。たとえば強弱記号は一般的な指示の範疇でしか示されていないのです。フォルテがどのくらいパワフルで、ピアノがどのくらいソフトであるべきかを判断するには、思考と感覚とを駆使する必要があります。しかし音量自体はさほど重要なことではなく、それよりずっと大切なのは旋律に対する感受性や緊張と解放に対する感覚です。旋律が描く稜線の中、一音たりともぎこちなかったり、硬かったり、生命の宿らない音があってはなりません——すべての音符が、全体との正しいバランスを保つように判断しなければならないのです。すべての音符はシームレスな強弱の流れの中に組み込まれており、音符の強さはそれぞれ異なります。

　この強弱の振動をグラフにしてみましょう。やや大胆な試みですが、あらゆる旋律の表現にとって重要なものです。《ピアノ協奏曲ハ短調K.491》第1楽章の最初のソロ冒頭を例に、解析してみます。

例8/1

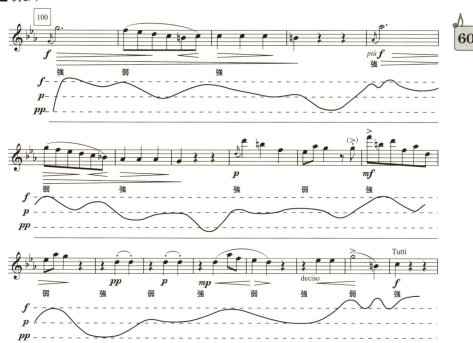

和声とリズムと旋律のアクセントすべてが強調されると、拍節が過度に目立ってしまう危険があります。何小節かのグループが次のグループに、あるいはひとつの小節から次の小節へ、という継ぎ目が目立ちすぎてしまうのです。これは絶対に避けなくてはなりません。偉大な作曲家はみな「旋律のアクセントを、和声およびリズムのアクセントから巧妙にずらしながら整えていく」技法に習熟していました。合理的に説明することが難しい、感性に依存する面が大きい技法です。和声の教則本はもちろんのこと、リズムに関する論文も数知れず存在しますが、こと旋律に関する優れた教本はあまりありません。旋律の創造や、その再現に何よりも求められるのは、芸術的な直感だからです。合理的に説明できる少数の規則──「掛留音にはアクセントがつき、その解決にはつかない」といったもの──も、旋律の原則だけで決定されるのではなく、和声やリズムの原理にも依拠しているのです。

以下に挙げる《ロンドニ長調K.485》の主題は8小節からなり、ふたつの楽節があります。

■ 例8/2

リズムと拍節の観点からは第1、3、5小節が強く、第2、4、6小節が弱いのは明白です。和声のアナリーゼからも同様の図式が得られます。

■ 例8/3

しかし拍節的に強いからと言って第1、3小節を旋律的に強調して弾くと、むしろ野暮ったい印象になってしまいます。ここで私たちの芸術的直感が要求するのは「第2小節と、とりわけ第4小節は弱くせず、逆に、わずかに強めに弾くべきだ」ということなのです。

■ 例8/4

拍節的に強い場所（第1、3小節）を強調すると、ありきたりのものとしてこの主題の魅力は霧散してしまいます。しかし、和声的な考察から「ドミナント和声には"支配的(domineering)"なエネルギーがある」と解釈することによって、第2、3小節を強勢の小節として扱うことができるでしょう。第5小節以降は、旋律の緊張感と和声および拍節の図式は一致します。旋律的に強勢なふたつの小節（第4、5小節）は連結されるのです。

「旋律の緊張が第2、4小節で増加する」という傾向は、モーツァルトのカンタービレ主題に共通しています。この原理に基づいて作られた主題は《ピアノ協奏曲ト長調K.453》第1楽章の第1主題および第2主題、《ピアノ協奏曲ヘ長調K.459》第1楽章の第1主題、《ピアノ協奏曲ハ長調K.467》の全主題、《ピアノ協奏曲変ホ長調K.482》第1楽章の全主題などに見られます。これは当時の多くの作曲家たちに共通する様式的な原理と呼んでも差し支えないでしょう。

旋律に対する直感的な感覚と意識的なアナリーゼの結果は、常に一致するわけではありません。しかしこのギャップを埋めようとする試みを経て、最終的には満足のいく結果が得られることもしばしばです。18世紀の教則本は旋律表現にも特別な関心を寄せており、旋律線を整えるための若干の規則が（多くは初歩的なものですが）含まれています。たとえばクヴァンツはチェンバロ奏者に、「伴奏者は強調しなければならない様々な音符をより生き生きと強く打鍵し、そうでない他の音符と区別できなければならない。そういう音符の中には速い音符の中に混ざっている長い音符、さらには主要主題が始まる音符、不協和音も含

まれる」[12]と要求しています。

またレオポルト・モーツァルトは『ヴァイオリン奏法』でこう述べています。

> 作曲者が特別の［たとえばシンコペーションのような］表現を求めていなければ、表現のためのアクセントつまり、音の強調はたいてい、イタリア人が「ノータ・ブオーナ Nota buona」と呼ぶ強拍の音符に付けられる。［…］軽快な楽曲ではたいてい、演奏を快活にするために、最高音にアクセントをつける。特に楽曲がアウフタクトで始まる場合、4分の4拍子では2拍めと4拍めの最後の音符を、4分の2では2拍めの最後を強くすることも行われる。

■ 例8/5

しかしゆっくりとした悲しげな楽曲では、このようなことはしない。アウフタクトの音は強くひかずに、保って歌うように演奏されなくてはならない[13]。

モーツァルトの作品ではアクセントのついた経過音や掛留音がたくさん出てきます。これら不協和な音の解決は歌う、もしくは柔らかく弾くという原則は、厳格に守らなくてはなりません。こうした音が正しく強調されるよう、モーツァルトはしばしば強弱記号を補足しました。《ピアノ三重奏曲変ロ長調K.502》第1楽章、第52〜53小節を見てみましょう。

■ 例8/6

良識ある音楽家ならば、たとえ強弱記号が書かれていなくても、スラーで連結されている八分音符にうっかりアクセントをつけて乱暴に短縮してしまうような過ちは犯さないでしょう。

---

12) J.J.クヴァンツ、219頁。
13) L.モーツァルト『ヴァイオリン奏法［新訳版］』久保田慶一訳、全音楽譜出版社、2017年、251, 253頁。一部改変。

こうした掛留音の解決における抑揚は、修辞学の基本的な規則のひとつでもあるのです。英語やドイツ語、イタリア語といった言語において、2音節からなる単語のアクセントは通常冒頭の音節につけられ（móther, Mútter, mádreといったように）、2番目の音節は軽く、短く発音されるのです。音楽でも同じです。つまり、緊張（不協和音）と弛緩（協和音）の規則が求めているのは、不協和音はアクセントによって強調され、その解決には「アクセントと反対のもの」がつけられるのです。この「アクセントと反対のもの」を表示するために、韻律法では ⌣ の記号が使われます。残念なことに音楽の記号としては用いられていませんが、「その音節を弱く」ということを指示するにはとても使い勝手の良い記号です。

しかしこの規則にも例外があり、そのひとつは《ピアノ協奏曲ニ短調K.466》終楽章、第103小節にあります。

■ 例8/7

第103小節の四分音符e^1音はf^1音から導かれる解決音ですが、アクセントをつけるべきなのです。長く保持されていた経過音f^1に正しく連結しただけでは、ほとんど聞こえないでしょう。

アーティキュレーションを使った表現

2個の音符がスラーでつながれている場合、一般的な規則では最初の音がより強く弾かれます。アクセントがつけられるべき不協和音や掛留音ではない音でも、この規則は有効です（187ページの例4/58を参照）。しかし、「音程が3度以上となる上行跳躍では、2番目の音のほうが、最初の音よりもしばしば強く弾かれる場合がある」といった例外も存在します。《ピアノ協奏曲変ホ長調K.482》第3楽章、2番目のトゥッティにそうした例があります。

■ 例8/8

最高音となるes^3音に軽いアクセントをつけないと、このパッセージはどんよりと単調に響いてしまいます。

主題のアーティキュレーションを的確に把握するためには歌詞、それもできればその音楽の感情に沿っていると思われるような歌詞をつけてみる、という簡便な方法があります〔180ページの例4/45を参照〕。演説者が言葉の抑揚を重んじて適切な表現を作るように、主題を形づくる各音符も、それぞれが常に正しい修辞学的関係を保たねばならないのです。例として《ピアノソナタイ長調K.331》の第1楽章（アンダンテ・グラツィオーソ）を観察してみましょう。初版譜における主題のアーティキュレーションは一貫しておらず（初期楽譜では多くのものが2音のスラーとして表示されています）、モーツァルトがつけたスラーが果たして最初の2音、あるいは3音へのものなのかは不明です[14]。この旋律への歌詞例としては、以下のようなものが考えられるでしょう。

■ 例8/9

〔親しげなメロディを奏でましょう、楽しくモーツァルトを歌いましょう！〕

この場合、スラーがかかるのは最初の2音符となります。《ロンドイ短調K.511》第89小節以降にある同じような音型にモーツァルトがつけたスラーも、2音符へのものです。スラーを3音符にしてしまうと、そこへ自然な歌詞をつけるのは困難で、多くの人は断念してしまうでしょう。歌詞をつけることによって多くの大切なポイントが明らかになり、そうして得られた感覚を演奏に当てはめると、良好な効果を得られるのです。最初の4小節はひとまとまりであり、第3拍および第6拍にある八分音符は強拍よりもかなり軽く弾かれるべきなのです。そして第4小節（特にMozartと歌われるところ）は、明らかにフレーズの頂点となることもわかるでしょう。多くのピアニストの演奏に見られるように、このフレーズの（女性）終止にアクセントをつけるべきではないことも、明白です。旋律に歌詞を考案することには、正しい演奏のための有益な指標としての価値があるのです。

すでに亡くなって久しいピアニスト、ディヌ・リパッティは若い同僚に宛てた手紙の中に、「小節内にある強拍の音には強拍という存在意義があり、特にそれ以上気遣ってやる

---

14) 2014年に自筆譜の一部（第1楽章と第2楽章の部分を含む4ページ）がハンガリー国立セーチェーニ図書館で再発見されたが、第1楽章冒頭はいまだ行方不明のままである。

必要はない。繊細な音楽家にとって必要なのは、弱拍の音を大切にすることだ」という説得力のあるアドバイスを書いています[15]。弱拍に特別な表情が求められる場合、これらの音符が適切に強調されるよう、多くの作曲家がアクセント記号を用いてきました。モーツァルトもしばしば、弱拍の音符に表現力あるアクセントを書いています。前出の《ピアノソナタイ長調K.331》第1楽章、第7小節もそのひとつです。

■ 例8/10

あるいは《幻想曲ハ短調K.475》の第153〜156（エディションによっては158〜161）小節にも見られます。

興味深いアクセントは《ピアノ協奏曲変ロ長調K.456》第2楽章第25〜26小節の弱拍にあるものです。モーツァルトによって筆写譜に追記されたこれらの記号を確認できる資料は、第二次世界大戦がもたらした混乱の影響によって、現在はモスクワの図書館に所蔵されています。

■ 例8/11

しかしモーツァルトによる弱拍上のアクセントが書かれなかった場合でも、演奏者が強調すべき音符も存在します。たとえば《ピアノ協奏曲イ長調K.488》終楽章、第129小節以降の右手や151〜156小節の左手は、そうした例にあたるでしょう。

15) *Hommage à Dinu Lipatti*, Geneva, 1950に収録。

■ 例8/12

速いテンポで弾かれるこのような短い音符には、ぜひともアクセントをつけるようにしてください。そうしないとまったく聴きとれなくなる恐れがあるのです。

　はっきりと聞こえるべき弱拍がある、ということも忘れないでください。《ピアノ協奏曲変ホ長調K.482》第1楽章の第2主題にある八分音符はしばしば「飲み込まれて」しまい、はっきり聴きとることができません。

■ 例8/13

《ピアノ協奏曲ハ短調K.491》第3楽章に見られる付点のリズムも同様です。

■ 例8/14

第107小節以降の十六分音符は、本来は不協和な音が解決される弱めの音なのですが、はっきりと聞こえるように弾くためにはわずかな強調を必要とします。同じ楽章の第21、29小節にあるヴィオラその他のパートに書かれているリズムにも、同じことが当てはまります。

■ 例8/15

アクセントは付点四分音符ではなく八分音符につけられるのです。すでに例8/2として紹介した《ロンドニ長調K.485》の主題でも、八分音符を「飲み込んで」しまってはいけません。

　モーツァルトの音楽では反復音がしばしば活用されていますが、これらの音符が無表情に弾かれてしまうことがあります。大切なのは、そこにどのようなアフェクトが宿ってい

るかを把握することです。カンタービレのパッセージでは「同じ高さで連続する2音符を均等に弾いてはならない」という原則に従うべきです。例として《ピアノ協奏曲ニ長調K.537「戴冠式」》第2楽章の主題に強弱記号をつけてみました。

■ 例8/16

この場合、同音の反復には特別な表現上の目的があり、それぞれの音符は語るように弾かれなくてはなりません。音量の変化を利用した抑揚をつけて弾くことはもちろんですが、大切なのは「音を短くしすぎてはならない」ということです。最初の音符を p とすると、2番目はより静かに、3番目は2番目よりは大きくするものの1番目よりは小さく、そして4番目は1番目と同じくらい強く、5番目はいくらか大きく――いずれも大切に扱ってください。それに対し《ピアノ協奏曲ニ短調K.466》第1楽章第85～86小節のピアノソロに見られる反復音には激しい表情があり、この緊張感を表現するためにはわずかなクレッシェンドをつけることもできるでしょう。

　反復される音を短くしすぎるのもよくある誤りで、とりわけピアニストにこうした傾向が見られます。《幻想曲とフーガハ長調K.394》の〈幻想曲〉にあるドラマティックなパッセージは、次のように弾かれるべきです。

■ 例8/17

19世紀に編纂されたモーツァルトの校訂譜にしばしば掲載されているような「右手のオクターヴ連打にスタッカート、左手はレガート」という解釈は、誤りなのです。

■ 例8/18

こうではありません：

このような表情豊かな音の反復とはまったく異なり、リズムその他の要因による強弱の変化を完全に排除した均質さが魅力となっているケースも存在します。こうした例のひとつは《魔笛K.620》序曲のアレグロの主題です。また《ピアノソナタ変ロ長調K.570》第3楽章の第2エピソード冒頭（第45～46小節）もそれにあたります。こうした音符は短く素早く、かなりの内的緊張をもって弾かれるのです。

■ 例8/19

　また《協奏ロンドニ長調K.382》の冒頭8小節や（183ページの例4/51を参照）、《ピアノ三重奏曲ハ長調K.548》の第1楽章第5小節以降も同様です。

■ 例8/20

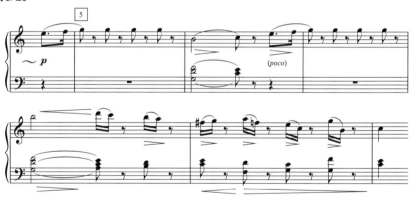

　しかしこの主題の魅力は特徴的な反復音だけにあるのではなく、ある特別な旋律的要素にも依存しています。演奏者は全部の音符を完全に拍節に当てはめて弾くのではなく、柔軟なリズムの変化をともなった表現を目指すべきなのです。各楽節の後半（第6小節の強拍である二分音符およびそのアウフタクト）は、おじぎや敬礼、それも少々はすに構えた儀礼のような雰囲気を秘めていて、あたかも《フィガロの結婚K.492》の世界に連れてこられたかのようです。ここでくり返し提示されるg^2音の表情をじっくりと味わいましょう。間に置かれている休符はきわめて重要であり、決して短くしてはいけません。モーツァルト

の音楽すべてにおいて、休符を絶対に軽視してはなりません！ 実際の奏法としては、このパッセージのユーモアを強調するためこれらのg^2音を表記上より短くした上で、第6、8小節に入る前にほんの少し間を置くと良いでしょう。

■ 例8/21

ただしこうした間合いはあくまでも短いもので、拍節の均一な流れを停滞させてはなりません。こうしたわずかなためらいや息つぎのための休止は、声楽の書法から強く影響を受けているもので、モーツァルトの音楽全般において非常に重要なものです。

「いかに表現すべきか」という感覚は旋律への表情づけだけで成立するものではなく、リズムと和声にもそれぞれ表現上の役割があります。モーツァルトの作品では、旋律と和声とリズムが独創的なバランスで相互浸透しているのです。

リズムの表現力

　表情づけに寄与するブレスの間隙やわずかな区切り（ツェズーラ caesura）は、しばしば新しい主題が提示される直前に置かれます。たとえば《ピアノ協奏曲変ホ長調K.482》の第2楽章では第124小節で導入されるフルートの動機の前にこうした caesura を置くと良いでしょう。さもなければここから開始されるハ長調の部分に必要な平静さの感覚が、その冒頭から乱されてしまいます。

　しかしこの種の caesura をカンタービレな主題の途中で用いるのは大きな誤りです。ひとつのまとまりとしてゆったりとしたカーブを描くべき旋律を、中断してしまうことになるからです。古今の偉大な演奏家たちは、なめらかに弧を描くひと続きの糸をいかに紡ぐか、音楽の緊張と解放の交替をいかに形づくるかを熟知していました。こうしてそれぞれのセクションに、充実したまとまりとしての十分な効果を与えることができたのです。そうしたまとまりに不用意にリタルダンドを付加してしまうのは、"良い趣味"の対極にある行為でしかありません。かつて私どもは、ある著名なヴァイオリニストが《ヴァイオリン協奏曲ト長調K.216》第2楽章におけるソロパート冒頭をこのように弾くのを聴いたことがあります。

■ 例8/22

モーツァルトはもちろん、こんな場違いなフェルマータを書こうなどと考えていませんでした！ ところがこのヴァイオリニストは一度のみならず、主題が現れるたびにこのfis³音で停止したのです！ このフレーズに合致する歌詞を、たとえば「私の安らぎ、私の宝（My comfort and my treasure）」としてみましょう。くだんのフレージングに沿った歌い方は「私の安らぎ、わぁぁぁぁぁたしぃの宝（My comfort and maaaaaa...ii treasure）」となります。村のオペレッタのテノール歌手でさえ、そんな歌い方をするはずはありません。

音楽の健全な感受性と趣味に対するこのような反則を、聴衆も批評家もめったに指摘しないのは残念なことです。モーツァルトだったらこの演奏家のことを「趣味も感情も、爪の垢ほども持ち合わせていない」とこき下ろしたに違いありません。しかし新聞評ではほぼ一致して、このヴァイオリニストの表情豊かな演奏が褒め称えられていました。すでに述べたように、旋律に対する健全で自然な感覚は、緊張の流れが分かりにくい部分に適切な歌詞を考えてみることによって、大きく補強されるのです。

和声の表現力

和声の表現に関しても考えてみましょう。大胆な和声進行やロマンティックなパッセージが、モーツァルトでは——とりわけピアノ協奏曲に——散見されます。そこでは、個々の旋律線よりもむしろ和声によって、つまりそれぞれのパートの響きが融合することによって表現力に富んだ効果がもたらされるのです。たとえば《ピアノ協奏曲ト長調K.453》第1楽章の第57小節（最初のトゥッティの終わり）と第328小節以降にあるコデッタ（エピローグ）の部分がそれにあたります。

■ 例8/23

最初は誰しも第58小節のgis¹音を、異名同音のas¹音として聴くでしょう。そして次のような和声進行を期待するはずです。

■ 例8/24

ところがas¹音と信じていた音が実はgis¹音であって、思いもかけずa¹音に解決するのを聴いて驚くのです。続く部分（第62小節）では、管楽器群が吹くナチュラルのf音によってこの効果がさらに強化されています。

　同じ協奏曲の第2楽章では前例がないほど広範囲に及ぶ転調が行なわれますが、ここでもまた思いがけない和声転換が行なわれています。とりわけ第86小節から始まる、わずか4小節のあいだに嬰ト長調（嬰ハ短調の属調）からハ長調に戻る進行は、モーツァルトがそれまでに考案した転調の中でももっとも大胆かつ見事な転調パッセージに数えられます。ここのハ長調には、あたかも「光あれ」といった、真の啓示をもたらすような効果が宿っているのです。この進行を演奏で際立たせるためにも、ここではテンポをゆるやかにして和声の高まりを十分に強調すると良いでしょう。

■ 例8/25

《ピアノ協奏曲ハ短調K.491》第3楽章でもモーツァルトは、異名同音のねじれを利用し

て鮮やかな和声効果を創出しています。

■ 例8/26

弦楽奏者なら誰しも第234小節の左手にあるfis^1音の音程を、先行する小節のges^1音より少し高めにとることでしょう。もちろんこのような方法による強調は、ピアニストにとって実現不可能です。「fis^1音には続くg^1音への導音という機能がある」と感じながらfis^1音にアクセントをつけることによって満足するしかありません。

《ピアノ協奏曲イ長調K.488》第2楽章第6小節の右手を見ると、cis^2音の前にhis^1音がアクセントのある不協和音として出てきます。この音も最初は異名同音のc^2音（a音上の短三和音）と混同されるかも知れません。この耳の錯覚を完全に防ぐことはできませんが、his^1音をきちんと強調することによって是正することができるでしょう。注意深い聴き手なら、不協和音が解決された瞬間にわが耳の錯覚を取り消せるに違いありません。

表現力を支える適切な伴奏

伴奏もまた表現上の機能を担います。たとえば《ピアノソナタイ短調K.310》第1楽章第1主題の伴奏として使われている和音の連打は、主題に激した性格を与えるものであり、きわめて重要です。これらの和音は揺らぐことなく均等に、確固としたリズムとデュナーミクをもって連打されますが、最初の和音はとりわけ強めに弾かれます。

モーツァルトはいわゆる"アルベルティ音型"による伴奏を好んで使用しました。しばしば和声が細かく変化しますが主題の抒情的な性格を強調し、多くの場合レガートないしレガーティッシモでの演奏が要求されます。《ソナタハ長調K.545》の第2楽章冒頭はその典型例でしょう。

■ 例8/27

あるいは《ピアノソナタハ長調K.279》の第2楽章冒頭も同様です。

■ 例8/28

《ピアノ協奏曲イ長調K.488》第1楽章の最初のソロでも、旋律の抒情的な性格からして伴奏のアルベルティ音型はおだやかに、レガートで演奏されるべきでしょう。

■ 例8/29

しかしアルベルティ・バスは一方で、華やかにきらめくピアノの特質を独特な仕方で引き出し、聴き手を楽しませることもできます。《ソナタハ長調K.545》第1楽章にそのような例があります。

■ 例8/30

この例でのアルベルティ音型には輝かしい推進力が感じられるため、むしろノンレガートかスタッカートでの演奏が推奨されます。

モーツァルトに典型的な特徴が《ピアノ協奏曲変ホ長調K.271》第1楽章の第2主題に見られます。ここではピアノの右手がオーボエによるメロディを伴奏します。この生き生き

とした音型にはスタッカートのタッチが最適でしょう。

■ 例8/31

　レガートで弾かれる抒情的な主題を伴奏するアルベルティ・バス音型の第1音は、しばしば鍵盤を押さえたまま長めに保持されます。音型のそれぞれ最初の音符は、譜面上に書かれているよりも長く弾かれるのです。《ピアノ協奏曲変ロ長調K.595》第1楽章の第86〜87小節ではこうした処理が推奨されます。

■ 例8/32

　《ピアノソナタハ長調K.545》第1楽章の冒頭も同じです。こうした奏法はテュルクも推奨しているもので、モーツァルトの音楽にも適合します。ピアノを含む室内楽やピアノ協奏曲では、こうしたアルベルティ・バス音型がほかの楽器の保続和音によって支えられているケースも多く見られます。こうした相互補完は《ピアノソナタイ短調K.310》第3楽章の場合にも考慮されなくてはなりません。モーツァルトは第21小節以降の伴奏をこのよ

うに記譜しています。

■ 例8/33

　ピアノ作品に出現する伴奏型の多くは弦楽四重奏的な発想の中から編み出されたものと言えるでしょう。チェロが最初のバス音を、ヴィオラと第2ヴァイオリンが残りの2音あるいは3音を奏でることによって成立するのです。
　ピアノ協奏曲のオーケストラパートを分析したり、交響曲やセレナーデでの和声の用法を研究してみると、第1楽章ではノンレガート、あるいはさまざまなアーティキュレーションの組み合わせによって構成されている伴奏音型が多いのに対し、緩徐楽章ではレガートの伴奏が支配的であることに気づきます。
　ピアノソナタにおけるほとんどシンフォニックとも言えるレガート伴奏の美しい実例が《ソナタへ長調K.332》第2楽章に見られます。とりわけ第5小節以降のバス音はレガーティッシモでつなげ、あたかもチェリストが弾く八分音符か四分音符のように演奏すべきです。第7小節冒頭の *sf* がつけられたヘ短調属九和音のクライマックスに向かって、第6小節では際立ったクレシェンドが必要となります。

■ 例8/35

《ピアノソナタイ長調K.331》第1楽章の変奏曲の主題にあるように伴奏が穏やかな和音で書かれている場合、伴奏は旋律線よりも明らかに弱く弾かれなくてはなりません。全体

編者注：例8/34は原著者の指示により削除。

的な音量の印象は、各声部の音量バランスに影響されます。バスラインは必要に応じてわずかに強調すべきなのに対し、内声部はあくまで背景に退いていなくてはなりません。

　ピアノが歌っているように響かせるコツは「旋律がほかの声部よりも常にワンランク大きな音量で演奏される」ところにあります。旋律が *p* なら伴奏はワンランク下げて *pp* に、*mf* の旋律に対しては *p* に、といった具合です。もちろん聴きとれないほど伴奏を小さくしてはいけません。

　18世紀中ごろ以降のイタリアで創作された鍵盤音楽の多くはホモフォニックな構成で、カンタービレな旋律としての上声と、アルベルティ・バス音型あるいはムルキー・バス（交互に分散されて弾かれるオクターヴ）による伴奏が使われています。ミルヒマイヤーは『クラヴィーア教本 Klavierschule』（1797年、p.4）で、イタリア人が「"もっとも高貴な声部"である旋律はいかなる時も際立って聴こえるべきだ」と主張したことに賛同しています。

　　それは旋律の真の魅力を示すためである。ここでこそ私は、若干の言葉をもって、バス声部と歌の声部の関係について述べようと思う。すなわち、あらゆる楽曲には歌の声部（Singstimme）と伴奏声部があるということを、いかなる時も忘れてはならない。歌の声部は主人、伴奏は従者であるとしよう。主人は前景にあって目立ち、従者は背景にとどまって主人に従う存在であるべきことは周知の事実で異論もなかろうが、これは音楽でも該当すべきことである。したがって演奏されるすべての楽曲において、歌の声部は支配的な高位になくてはならず、他方伴奏は、あらゆる技術を駆使して歌の声部が脚光を浴びるよう配慮しなくてはならない。

　もちろん、音楽は絶対的な形式に縛られるものではありません。しかし適切な表現のための規則や忠告は役立ちますし、必要なものでもあります。さらに充足した音楽的な演奏のためにはもっと多くのことが要求されます。演奏では、人として経験するすべての世界を表現しなくてはなりません。モーツァルトがとりわけオペラと声楽において、こうした経験に関心を寄せていたことを、書簡にしたためています。パリからアロイジア・ヴェーバーに宛てた手紙（1778年7月30日）より抜粋で紹介しましょう。

　　ことに表現の点でお勧めしますが――歌詞の意味と力とを細心に考え――アンドロメーダの境遇と立場に真剣にわが身を置いてみてください！――そして、その人物そのものであると想像することです。――このように続けてゆけば、（あなたのすばらしい声と、見事な唱法で）またたくまに間違いなく優れた歌手となるでしょう[16]。

---

16)『モーツァルト書簡全集』IV、海老沢敏・高橋英郎編訳、白水社、2002年（第4刷）、186頁。

喜劇的な雰囲気と悲劇的な雰囲気の表現

　モーツァルトにとって大切だったのは歌の旋律線だけではありません。器楽による伴奏にも音楽の内容を補強する役割が与えられていました。このことは、1781年9月26日の父宛ての手紙に書かれています。

　　さて、ベルモントのイ長調のアリア「ああ、なんと不安な、ああ、なんと燃え上がるような」
　　〔《後宮からの誘拐》より〕がどんな風に表現されたか、御存知ですね。──愛に溢れた胸のと
　　きめきも──オクターヴの二つのヴァイオリンで示されています。──これは、聴いた人
　　みんなのお気に入りのアリアで──ぼくも気に入っています。──そしてこれはダーダム
　　ベルガーの声にぴったり合うように書かれています。──震え──おののくさまが分かり
　　ます。──高鳴る胸の鼓動が──これはクレッシェンドによって表現されています。──囁
　　きと溜息が聞こえます。──これは弱音器つきの第一ヴァイオリンと一本のフルートのユニ
　　ゾンで表されています。──[17]

　このような例はモーツァルトのオペラの中に、数え切れないほど存在します。ヴァイオリンが穏やかな波のうねりを巧みに描写する《コシ・ファン・トゥッテK.588》第1幕の三重唱〈風よ、穏やかなれSoave sia il vento〉を思い出してみましょう。
　モーツァルトのピアノ音楽でこうした表現技法が使われているかどうかは、あまり明白ではありません。しかしモーツァルトのオペラを研究することによって、ピアノ音楽の中でも、オペラで使用されている動機や音型によって特定の雰囲気が象徴されているケースを複数確認することができます。《イドメネオK.366》の作曲と指揮に没頭していた1780年9月から翌年1月にミュンヘンから、また《後宮からの誘拐K.384》作曲中（1781年9月／10月から1783年6月21日）にウィーンから送られた父宛ての手紙の中で、モーツァルトは「オペラは自分の創作活動のまさに中心に位置している」と明言しています。たとえば《幻想曲ハ短調K.475》の第43小節以降にある躍動感のある音型は、

■ 例8/36

17)『モーツァルト書簡全集』V、144頁。

ほとんどそのままの形で《コシ・ファン・トゥッテ K.588》、具体的にはフェランドのレチタティーヴォ（第2幕、26番）に出てきます。

■ 例8/37

オーケストラはフェランドの「なんと恐ろしい苦悩、なんと酷い苦境にあるのか、私の心と魂は（In quel fiero contrasto, in qual disordine di pensieri, e di affeti io mi ritrovo!）」という言葉にあわせてこの動機を奏します。《幻想曲ハ短調 K.475》にある動機にも、おそらく同じ表情が意図されているでしょう。それは、予期しない運命の回帰に直面した人間が感じる、救いのない絶望です。

モーツァルトの声楽と器楽のあいだに見られる並行関係は、他にも数え切れないほど存在します。モーツァルトが使用していた感情にまつわる数多くの象徴が、バロック音楽からそのまま引き継がれたものであることは興味深い事実であり、そのもっともよく知られた実例は《魔笛 K.620》第2幕の甲冑をまとった男たち（Geharnischte Männer）の歌に違いありません。モーツァルトはこの音楽をバッハの手法に――単なる技法としてではなく、精神面の観点から――倣って書きました。そこに託された精神は、バッハの数々のコラール前奏曲に見受けられるものと似ています。

古いフランス風序曲の付点リズムが17世紀に持っていた意味をモーツァルトが常に意識していたことは、今日ほとんど評価されていません。その意味とは威厳や荘厳さであり、《ハ短調ミサ曲 K.427》の〈Qui tollis〉や《レクイエム K.626》の〈Rex tremendae〉、《魔笛 K.620》序曲の冒頭和音などに現れています[18]。

また、フリギア終止はモーツァルトのはるか以前から、もっとも深い悲劇の表現の象徴とみなされてきました。

---

18) この種の付点リズムは、《魔笛 K.620》第2幕の冒頭、僧侶の行進のあとにも現れる。ここでのアウフタクトの十六分音符は、残念なことにほとんどいつも、あまりに遅く重たく演奏されてしまう。テンポはアダージョ・アッラ・ブレーヴェで、その意味するところは「アダージョほど遅くなく」となる。基礎となるリズムを落ち着いて前進する二分音符として感じ、アウフタクトが長くならないように留意すべきだろう。

■ 例8/38

この和音もモーツァルトによってしばしば用いられ、悲劇的な効果を高めるために6度音程が半音広げられる（増六和音にする）こともありました。《魔笛K.620》のアリア〈愛の喜びは露と消え Ach, ich fühl's, es ist verschwunden〉を参照してみましょう。ここでは「愛の喜びは永遠に過ぎ去ってしまった」という歌詞にこの和声が2度配置されていますが、2回目は4度音〔ヴィオラによるa^1音〕が加えられた増六和音になっています。

■ 例8/39

増六和音は器楽曲にも頻繁に現れ、同様の悲劇的な衝撃を表現します。《ピアノ協奏曲変ホ長調K.482》第1楽章の第138〜139小節を見てみましょう。

■ 例8/40

《ピアノ協奏曲ハ短調K.491》の終楽章第219小節にも同じような例が見られます。デリック・クックの『音楽の言語』は、こうした定型パターンが示す意味を徹底的に追求した価値の高い著書ですが、そこではこの和声の機能が見事に論じられています[19]。

---

19) Deryck Cook, *The Language of Music*, London: Oxford University Press, 1959.

複数の意味を持つ象徴も数多く存在します。たとえば三和音のファンファーレは、「生の喜び Joie de vivre」の象徴であると同時に、英雄と勝利の象徴でもあります。フィガロのアリア〈もう飛ぶまいぞ、この蝶々〉では、これらすべての意味が組み合わされています。同じような雰囲気は《2台ピアノのためのソナタニ長調K.448》や《ピアノ協奏曲ハ長調K.503》のそれぞれ第1楽章の第1主題でも表現されていますが、《ピアノ協奏曲ニ長調K.451》での表現はさらに顕著に感じられることでしょう。

すべての偉大な創造者と同様、モーツァルトは「表現」のために、その時代に利用可能なあらゆる手段を徹底的に追求しました。しかしモーツァルト時代の聴衆における感情表現の度合いは、今日と違っていたことでしょう。当時のスマートな拍手は、今日の怒濤の大喝采と同じ意味を持っていたかも知れません。あるいは、ある世代が感涙にむせんだほどの表現も、次の世代にとってはそれを認めて微笑みを浮かべる程度に過ぎず、第3の世代はこう言うかも知れません──「少々わざとっぽく感じないかい？」

パリから父宛てに書いた手紙（1778年7月3日）にあるように、すべての聴き手を夢中にさせるほどモーツァルトが「効果をあげる」ことのできたパッセージがありました。

> ちょうど第1楽章アレグロの真ん中に、たぶん受けるにちがいないとわかっていたパッサージュがありました。そこで聴衆はみんな夢中になって──たいへんな拍手喝采でした。──でも、ぼくはそれを書いているとき、どんな効果が生まれるか心得ていたので、最後にもう一度それを出しておきました。──そこでダ・カーポでした[20]。

今日同様の手法を使っても当時の熱狂は望むべくもなく、私たちの心中にはもっと冷めた反応しか生じないことがしばしばあります。今日の常識では楽章間で拍手することさえも厳しく制限されており、わざわざ楽章の途中で拍手しようとする人などいないでしょう。なぜでしょうか？ それは、習慣が変わったからです。半音階的な減七和音の下行、増六和音、そして数々の大胆な転調といった、モーツァルトらしい天才的な和声の着想は、トリスタン和音やトーンクラスターなどに慣れ親しんだ私たちの耳にとっては、もはや大した刺激にはならないのです。人々は今日《ピアノ協奏曲ハ短調K.491》や《弦楽四重奏曲ハ長調K.465「不協和音」》のような、粗野でぞっとする作品を聴いたあとでさえ、モーツァルトの美しい和声について語って何の違和感も覚えません。

しかし、同時代の作曲家たちにとってこれらの作品の和声はあまりに大胆にして尋常からかけ離れており、難解かつドラマティックだったのです。モーツァルトの時代、概してイタリアの作曲家たちはこの独創的な《ピアノ協奏曲ハ短調K.491》や、《弦楽四重奏曲

---

20)『モーツァルト書簡全集』Ⅳ、133～134頁。

K.465「不協和音」》を聴いて衝撃を受けていました。それは多くの人々の理解の範疇を超える「誤り」であり、モーツァルトによる「完全なる失敗」だとみなされたのです（他のイタリア人作曲家による称賛に対し、サルティは公然とそう発言しました）。しかし時代を下ると、シューマンが《交響曲ト短調K.550》から感じられる「浮遊するギリシャ的優美」について語るなど、その評価が変わっていきました。

　公衆の美的感覚の変化は、当然のことながらモーツァルト作品の演奏スタイルにも影響を及ぼします。ちょっとやそっとのことでは驚かなくなった現代の聴衆にもわかるような方法で感情的な効果を表現し、とりわけシリアスで自己告白的な作品に組み込まれている重要な心理学的アウトラインは、太い筆致で描かれなくてはなりません。その際、演奏者はどこまで踏み込むべき、あるいは踏み込むことが許されているのでしょうか？

　この問いは、個人の問題であると同時に趣味の問題でもあります。モーツァルトの音楽がモーツァルトとしての許容範囲内にとどまり、その明澄さと美、たぐいまれな構築力、そして何よりもその道徳的水準が尊重される限り、モーツァルトの音楽は力強く演奏されるべきでしょう。モーツァルトは偉大な作曲家なのですから、それにふさわしい大きなスケールで演奏することを恐れてはなりません。モーツァルトをロココの人形劇に出てくる「優しい小男」のように紹介するのは時の流れの中で生じた誤謬であって、モーツァルトに対する不当な評価です。後の世代が彼に対して抱いた単純さは、単なる誤解でしかありません。アルタリアのような出版社や、ディッタースドルフのような友好的な同時代の作曲家たちは、モーツァルトの音楽が単純だなどとは考えておらず、逆にきわめて複雑かつ豊かで多様なものとして理解していました。ディッタースドルフは自伝にこう書いています。

> 彼がもっとも偉大な独創的天才であるのは疑いのないことであって、これほど驚くべき豊かな楽想をもった作曲家に、私は今まで出会ったことがない。それらの豊かな楽想をあんなに無駄遣いしなければいいのに、と願うことさえあった。彼は聴き手に息をつかせないのである。目前の美しい楽想もたちまち別の魅力的な楽想に取って代わられ、最初の楽想の印象を記憶に留めていることがむずかしい。そうこうしているうち、最後にはこうした数々の美しい旋律のうちひとつたりとも覚えていないのに気づくのである[21]。

さらに1788年8月18日に書かれたアルタリア社宛ての手紙で、ディッタースドルフはある約束をしています。ハイドンに捧げられたモーツァルトの6曲の弦楽四重奏曲を出版することでアルタリアが失った金を、自分が——もし自分の6曲の弦楽四重奏曲が出版され

---

21) K. v. Dittersdorf, *Autobiography*, 1896. Reprint, translated by A. D. Coleridge. London: Bentley, 1970, p. 251.

れば——残らず取り返してみせる、というのです。

　これらの作品［モーツァルトの6曲の弦楽四重奏曲］は私、またもっと偉大な理論家によっても高く評価されており、あらゆる賛美に値するものです。しかしそれらの芸術性があまりに高度であるところから、平均的な購買者への商品としては価値がありません[22]。

　ディッタースドルフが、モーツァルトの作品があまり売れないことを知っていたのは明らかです。また先例のないほど大胆な作品を発表していたモーツァルトの、聴衆に対する配慮も不充分でした。ロホリッツがライプツィヒの『一般音楽新聞』（1798年11月）で述べた逸話はよく引き合いに出されます。それによると、《ドン・ジョヴァンニ K.527》のウィーン初演後ほどなくして、「音楽識者たちの協会」つまり帝都の音楽識者たち（Musikkenner der Kaiserstadt）はこの作品を「中身が詰め込まれすぎていて混乱しており、非旋律的だと評価した」というのです。さらに、スイスの作曲家で音楽批評家のハンス＝ゲオルク・ネーゲリは、モーツァルトのもっとも天才的で豊かな作品には「様式の欠如という忌むべき特徴（Züge einer widerwärtigen Styllosigkeit）」があると書きました。

　感情の英雄であるのと同じほどにファンタジーの英雄であり、渇望と力に満ちた彼［モーツァルト］は、その多くの作品において——比喩的にいえば——牧童であるのと同時に戦士として、またお世辞屋であるのと同時に猛り狂う者として現れる。やさしい旋律はしばしば、鋭利で切り裂くような音調と交替し、動きの優美さはしばしば激烈さに取って替わられる。その天性は偉大だったが、コントラストによって効果をあげようとする天才の過ちも、同様に大きなものだった。カンタービレの様式を自由な発想の中でもてあそぼうとする過ちはなおさらである[23]。

　演奏家はこぢんまりとした解釈や、ある種のロココ的軽快さの中に安住すべきでない、ということはすでに述べた通りですが、そのことを冷淡さや柔軟性の欠如と混同してはいけません。こうした演奏上の問題点はモーツァルトの音楽においてこそ、もっともよく見られる現象です。

　モーツァルトの音楽は、他の誰の音楽よりも優美で自然な魅力を備えています。八方ふさがりの状況にあっても「涙を見せつつ笑う」ことができる才能が、モーツァルトの複数の作品に反映されています。言葉によるコミュニケーションやパトス〔苦痛、悲哀〕の安

---

22) E. Badura-Skoda, "Dittersdorf über Mozarts und Haydns Quartette," p. 48 より引用。
23) Marie-Agnes Dittrich, "Die Klaviermusik," In *Mozart Handbuch* (Kassel: Bärenreiter, 2005), p. 484ff. から引用。

易な表現とは違う、モーツァルトならではの才能と言えるでしょう。モーツァルトの個性のある一面を象徴する逸話から、彼が日々の心配事や抑圧からどのように自分を解放し、作曲に集中したかをうかがい知ることができます。生活費の逼迫や借金の重圧に、モーツァルトは押しつぶされなかったのです。

　　モーツァルトと妻は部屋で精力的に踊っていました。「奥方に踊りを教えているのですか」とダイナーが尋ねると、モーツァルトは笑って答えました。「僕たちはただ暖をとっているだけです。寒さで凍えそうなのに薪を買うことができないもので」と。ダイナーはすぐに出ていき、自分の薪をいくらか分けてあげました。モーツァルトはそれを受け取り、「金が入ったらきっと支払います」と約束したのです[24]。

《ピアノ協奏曲ハ短調 K.491》やふたつの《交響曲ト短調》（K.183 と K.550）にはディヴェルティメント《アイネ・クライネ・ナハトムジーク K.525》や《協奏ロンドニ長調 K.382》に託されているほどの優美さやエレガンスはないかも知れません。しかしこうした悲劇的あるいはある面憂鬱な作品でも、エレガンスを欠いた演奏をしてはいけません。あらゆるモーツァルト作品には優美さと活発さがあり、「チャーミングであること」は絶対条件のひとつなのです。こうした作品では「チャーミングであるかどうか」が演奏のかなめとなるでしょう。

　優美さ、エレガンス、優雅さといったファクターも他の要素と同じく、正しく理解され、分別をもって表現された時に初めてその効果を発揮します。芸術家の良し悪しのひとつは、「過多」と「過少」に偏らないバランス感覚を持ち合わせているかにあります。生まれながらにして節度をわきまえていたモーツァルトは、形式と表現を初めとしたすべての点にわたって並ぶ者のないほどのバランス能力を持ち合わせていました。つまり、モーツァルトの作品を演奏することは、趣味の良し悪しを判定される厳しい試練なのです。

　シューマンやリストらの作品を主要レパートリーとする演奏家たちにとって、モーツァルトの音楽言語は単純であるにもかかわらず、その演奏はかくも多くの困難をもたらすものとなります。その主な理由のひとつが、この「バランス」にあります。モーツァルトは「自然であること」に対する鋭敏な感覚をもっていました。彼はあらゆるおおげさなものを拒絶しましたが、そこから同時にアイロニーに富んだ多くの楽しみも得ていたのです。

　こうした内面性が、モーツァルトと、より合理化された今日の人間性との間に存在する共通項となるのでしょう。豪華なカーテンで覆われ、気取り、そしてしばしば虚ろな情熱の愛に満ちた19世紀で、モーツァルトの直截さと自然さは好意的な評価の対象とはなり

---

24) O. E. Deutsch, *Mozart, Die Dokumente seines Lebens*, p. 478 より引用〔この部分は邦訳には収録されていない〕。

ませんでした。下品な歌詞でカノンを作るモーツァルトのユーモアは卑下され、若い従姉妹ベーズレに宛てた何通ものふしだらな手紙を、人々は本気で葬り去ろうとしたのです。実はモーツァルトの時代にあって、こうした手紙は後の時代、すなわち1900年頃に比べると、さほどショッキングなものではありませんでした。

　音楽の偉大さは、二重の普遍性を持っています。ひとつは時空を超えて理解される、趣味の良い表現においてであり、もうひとつはどんな場所でも理解され、かつてハイドンが「世界あまねく」と表現した、技術的に洗練された音楽言語としてです。モーツァルトの音楽をどのように認知して受容するかは、時代ごとに異なるでしょう。非常に劇的で印象的な作曲家として賛美されたり、エレガント、愉快で無害なエンターテイナーとみなされたり、その評価は世代によって推移していきます。彼のオペラを最高水準に到達した芸術として楽しむ世代があれば、器楽の協奏曲や室内楽や交響曲をもっと重要な作品とみなす世代もあります。

　シェイクスピアやミケランジェロ、バッハ、モーツァルトといった偉大な人物たちにおいて驚嘆に値する点は、「彼らの作品があらゆる世代と年代に対して意味をもっている」という事実です。また、鑑賞者が齢を重ねる中で、これらの天才たちのさまざまな側面が見えてきます。《ドン・ジョヴァンニK.527》や《フィガロの結婚K.492》のようなオペラは、10回あるいは20回聴いたあとでさえ、それまで気づかなかった美しさをそこから発見することができるのです。ある和声進行であれ、特定のパッセージであれ、こうした傑作は何度聴いても飽きるということがありません。そこには発見されるべき何かが常に存在します。

　モーツァルト自身、自分の音楽が「理解できるもの」であるよう配慮していました。父に宛てた手紙（1777年11月22日）の中で彼は、不必要な複雑さと、これ見よがしなエネルギーの浪費に対する不快感を表明しています。

> *御存知の通り、ぼくはむつかしい技巧を特に好む者ではありません。ところが彼［＝マンハイムの宮廷楽団のヴァイオリニスト、フレンツル］はむつかしいものを弾くのですが、それがむつかしい曲だという印象を与えません。自分でもすぐに真似られると人は思うのです。そしてこれこそが本物です*[25]。

自分の作品に平易な印象を与えることに成功すると、モーツァルトはそれを誇りに感じました。

---

25) 『モーツァルト書簡全集』III、275頁。

これらの協奏曲はむつかしすぎず、易しすぎず、ちょうどその中間です。——とても輝いていて——耳に快く——自然で、空虚なところがありません。——あちこちに——音楽通だけが満足を得られるようなパッサージュがありますが——それでも——音楽に通じていない人でも、なぜかしらうれしくならずにはいられないように書かれています[26]。

同じ手紙で、音楽につける歌詞を選ぶ際、自分がいかに平易さと自然さを尊重しているか説明しています。

　この頌歌（オード）は、崇高で、美しく、なんとでもほめられますが——ただ——ぼくの繊細な耳にはあまりにも不自然で誇張したものに聞こえます[27]。

　また、ナネッテ・シュタインの気取った演奏に対してモーツァルトが表明した愉快なコメントはよく知られています。モーツァルトの目からは、彼女は極端に顔をこわばらせ、あまりに多くの不要な動作をしているように見えたのでした。
　モーツァルトはとりわけ、誇張して不自然に声を震わせることを嫌いました。1778年6月12日の父宛ての手紙で彼はこう書いています。

　マイスナーは、御存知の通り、よく、わざと声を震わせる悪い癖があります。——4分音符はもとより——そう、ときには8分音符でさえも長引かせて奮わせるので——ぼくはとてもがまんできませんでした。それは実にまったく嫌らしいものです。自然にまったく反した歌い方です。人間の声にはそれ自身すでにヴィブラートがあります。——でもそれは、美しいという範囲においてで——それこそ声の天性です。たんに管楽器ばかりでなく、弦楽器も——いやクラヴィーアでさえもそれを模倣するくらいです。——でも、その限度を超えるとたちまちもう美しくなくなります。——それが自然に反するからです。それはまるで、送風器（ふいご）がノッキングしたときのオルガンのような感じです。——[28]

　「自然な歌い方」はモーツァルトが演奏家に対して要求したもっとも大切な要素のひとつであり、彼はそのことをくり返し書いています。それは、本当の意味で自然でわざとらしくない様式で歌い、奏することでした。
　レオポルト・モーツァルトは『ヴァイオリン奏法』でこう述べています。

26）『モーツァルト書簡全集』V、313頁。
27）同、314頁。
28）『モーツァルト書簡全集』IV、111頁。

> あらゆる楽曲においてできる限り、自然な表現に近づかなくてはならないのであるから、すべての器楽奏者は常に声楽に注目していなくてはならないことなど、誰でも知っているだろう[29]。

ヴォルフガングも、1778年2月7日にマンハイムから父に宛てた手紙の中で書いています。

> 前便で、ヴェーバー嬢の最大の長所を書き忘れていました。それは、彼女がすばらしいカンタービレ歌いであるということです[30]。

この発言は、その音楽が本質的に歌にあるような偉大な作曲家から出た言葉として、少しも不自然ではありません。彼にとって「旋律は音楽のエッセンス」なのです。

エトヴィン・フィッシャーはモーツァルトに関するエッセイで、次のようなメッセージを書いています。「諸君は一音一音を丁寧にひびかせるよう心がけねばならない。そして、文字であらわされてはいなくても、真の音楽家のなかにはかならず活きているあの法則の枠内で自由にふるまっていただきたいのである」[31]。機械的で生命を欠いた奏法に断固として反対する点でフィッシャーは、モーツァルトの同時代人クリスティアン・ダニエル・シューバルトとも意見を同じくしています。シューバルトは『音芸術の美学の構想 Ideen zu einer Ästhetik der Tonkunst』（p.295）でこう書いています。

> 耳、翼のようにひらめく肘、機敏な指、安定したリズム、楽器に対する感覚、譜読み、それ以外もろもろの事柄といったすべての機械的な能力はさておき、いかなるソリストも、創造者の力〔Schöpferkraft〕を身につけることなしには、音符をそれと同じほど多くの炎の切片へと変える術を知らずしては、聴き手と同じく自分の伴奏者たちをも感動させることができずしては、さらには——ああ、十指すべてで燃え立つよう精神に命ずることができずしては、公の場に敢えて出てゆくべきではない。

笑顔を絶やさずに！

悲しい報せを伝えなくてはならない時に、人の表情はおのずと悲しいものになるでしょう。そして良い報せの時、あなたは微笑みます。モーツァルトの音楽は良い報せ、それもきわめて良い報せであり、幸せの源泉です。その多くの作品で表現されているのは喜びの感情、幸福、そして愛です。舞台上の演者は、せりふの詩的な雰囲気とともに、そこに秘

---

29) L. モーツァルト、116頁。
30) 『モーツァルト書簡全集』III、498頁。
31) エトヴィン・フィッシャー『音楽観想』佐野利勝訳、みすず書房、1999年、44頁。

められた真意をボディ・ランゲージや、とりわけ表情によって追求しなければなりません（この点でローレンス・オリヴィエ〔イギリスの俳優、1907～1989年〕は独特でした）。しかし音楽家はどうでしょう？ 多くのピアニストはこの原則を無視しているようです。幸福に満ちた静穏な作品を演奏しているときでさえ、彼らは救い難いほど真面目くさった顔をしています。

　これは、ピアノコンペティションやコンサートのステージで実に多く見受けられる現実です！ 共著者パウル・バドゥーラ＝スコダは、ブリュッセルのエリーザベト王妃国際音楽コンクールの審査に携わりましたが、100人の志願者の中でモーツァルトを笑顔で演奏したのはたったひとり、インドの若い女性だけだったそうです。彼女の笑顔は審査員の日々を明るくしてくれましたし、この女性は——テクニックはおそらく他の参加者ほど洗練されてはいなかったものの——一次予選を通過しました。

　演奏中あまりに真面目な表情になってしまう理由のひとつは、がんばりと集中度の表現にあります。がんばりを人に見せることそれ自体は、悪いことではありません。しかしモーツァルトの《ソナタ・ファチレ》や《トルコ行進曲》を凍りついた表情で演奏するのは、葬送行進曲を笑顔で演奏するのと同じです。芸術における最高の達成とは、さまざまな複雑なテクニックの課題を克服する労苦を、聴衆に一切感じさせないことにあるのではないでしょうか。モーツァルトは「創作」においてこの域に到達しましたが、おそらく演奏もそうだったに違いありません。本章ですでに引用したオランダのピアニスト、リヒターに対するモーツァルトの答え[32]が思い出されます。一所懸命に努力しなくてはならないことに不平を述べるリヒターに対するモーツァルトの揶揄は絶妙です。

　現代の社会における究極の表情のコントロールは、中国のサーカスに出演している達人たちの演技で実感できるでしょう。彼らは最大の集中力とバランスを必要とする、ふつうの人間には不可能に見える曲芸をあたかも子供の遊戯のように演じ、なおかつそのフィニッシュを心からの笑顔とともに決めてしまいます。そう、芸術家の笑顔は心からのものでなくてはなりません。ただし保険会社の受付嬢が浮かべるような一種わざとらしい笑顔[33]は、必死の奮闘をさらけ出すよりも歓迎されません。

　もちろんモーツァルトにも悲しみ、悲哀、不安の瞬間が表現されている深い情緒を湛えている作品があり、そうした場面での笑顔は場違いです。後期の作品には初期作品よりもメランコリックな瞬間が数多く見られますが、そうしたところに笑顔は似合いません。そ

---

32) 本章417ページの注6を参照。
33) ロシアの忘れがたいピアニスト、スヴャトスラフ・リヒテルの笑顔もまさしくそれに該当する。彼は人生で幾度も苦しみを味わったが、その多大な参与（エンゲージメント）、努力や労苦を隠そうとはせず、それは彼がモーツァルトを弾いている時でさえ変わらなかった（リヒテルがモーツァルトを弾くことはまれだった。私どもはリヒテルを大いに尊敬するものの、彼は真のモーツァルティアンではなかった）。

のような後期作品の一例として《ピアノソナタヘ長調K.533》第1楽章、とりわけ第35〜41小節のパッセージが挙げられます。

■ 例8/41

あるいは《ピアノ協奏曲変ロ長調K.595》第1楽章、第107〜120小節もそのひとつです。

■ 例8/42

音楽にふさわしい表情に関する私どもの考察は、特に新しいものではありません。テュルクは『クラヴィーア教本』で、まるまる1節（第6章第4節、§52〜§59）を割いて「良い演奏表現のために必要とされる手段の適切な使用」について論じています。

第 8 章 「表現と趣味」 449

　美しい音の必要性を述べるためにふたつのパラグラフを提示したあと、彼はこう書いています。

　美しい音は**明確**、**ふくよか**、**しなやか**、そして**明るく**なければならないが、しかし、なによりも**快適**でなければならない[34]。

　さらに、自由で気取らない演奏法についてもテュルクは詳細に論じています（§56）。

　いかに美しいパッセージでも、奏者の素振によって「これから難所と取り組むが、うまく弾けないかもしれない」と私たちが気づいてしまうとすれば、それよりいくらか劣るパッセージでも、それがもし落ち着いて容易そうに弾かれるなら、奏者に共感しながら聴いている聴衆を喜ばせることになるだろう[35]。

　次のパラグラフ（§57）で、しかめっ面を作ることに注意を発したあと、テュルクはこう続けます。

　その顔つきが曲の性格にきちんと適切な仕方で（auf anständige Art）合致し、奏者がその時どきのアフェクトにすっかり満たされているように見えるとすれば、それはそれで、よい演奏表現にとって、少なくとも不利なことではない。［…］奏者が活発なアフェクトのときには明るい身振り、優しいアフェクトのときには感じのよい身振り、真剣なアフェクトのときには落ち着いた身振り——つまり奏者がアフェクトに共感的な（teilnehmend）身振りを示したときに——それに反対すべきどんな理由があるのか、私には分からない[36]。

　続けて、小さな字体でテュルクはこう結論しています。

　とはいっても、難しい箇所では不機嫌な身振りをするとか、音符を一つ弾くたびに口を動かすというのはいけない[37]。

34）D.G.テュルク『クラヴィーア教本』東川清一訳、春秋社、2000年、423頁。
35）同、423〜424頁。邦訳は若干修正。
36）同、424頁。邦訳は若干修正。
37）同、424〜425頁。

くり返しは必ずしなくてはならないのか？

「パッセージやフレーズのくり返しは音楽言語の一部として、欠いてはならないパートであることが多い」と、これまで何度か述べてきました。小さな花や巨大な大聖堂など、自然の中にも芸術の中にも、シンメトリーは見いだされます。シンメトリー、つまり同じパターンのくり返しは、生命の本質をなしています。芸術や詩や、とりわけ音楽においてシンメトリーがいたるところに見いだされるのも、驚くにはおよびません。それは有機的生命の反映なのです。動機、パターン、フレーズ、さらにはセクションの反復がない楽曲は、ほとんど存在しません。

さまざまな長さの動機やフレーズがくり返されるべきことを疑う人はいないでしょう。音楽からこの種のシンメトリーを奪うことは、生物から目や手を奪うことに等しいのです。他の偉大な作曲家と同じく、モーツァルトもパッセージを2回（あるいは3回）書いたり、あるいはその作業を簡略化するための省略指示をさまざまな言葉や記号によって表示しました。もっとも頻繁に使われた言葉は、*bis*（2回）や*Da capo*（最初から）です。また、ひとつのセクションを2回くり返すことを要求するよく知られた記号は :‖ です。

第2章「デュナーミク」でエコーの効果について述べた箇所で挙げたふたつの例（例2/27と例2/28）で、モーツァルトは省略記号を用いずにパッセージを音符で書いて（あるいは印刷して）います。これらのケースでは、もちろん書かれた通りに（つまり2回）弾かなくてはなりません。大切なのは「これらのパッセージを省略してはならない」ということで、2回目で強弱や表情を変えるかどうかはまた別の問題です。

セクション全体をくり返すか否かという問題が生ずるのは、反復記号 :‖ が用いられている時だけです。《幻想曲ハ短調K.475》のニ短調セクションがその一例です。ここでモーツァルトは、反復記号を使って第26〜29小節と第30〜33小節のくり返しを指示しています。しかし今日の多くのエディションは第26〜29小節のみで反復記号を使い、第30〜33小節には反復記号を使わず、同じことを2回表示する方法を選択しています（たとえばヘンレ版）。この作品の第30〜33小節を反復して演奏することは自明のこととされているので、この処置自体には何の差し支えもありません。唯一の問題は小節数の計算をめぐるものです。くだんの4小節をモーツァルトが書いた通りのくり返し記号で指示しているエディション（『新モーツァルト全集』など）では、全体の小節数が4小節少なくなってしまいますが、演奏時間に変わりはありません。

小節数に関するこの混乱は些細なものです。もっと大きな問題は、ソナタや交響曲における長いセクションのくり返しです。伝統的に「くり返し記号を遵守するか否か」の選択は演奏者に委ねられています。すべてをくり返す奏者もいれば、あるものはくり返し、他

は無視する奏者もいます。ソナタのくり返しをするかしないかを決定するには、いくつかの要因が考えられるでしょう。コンサート後の列車に何としても間に合わなくてはならない場合や、終演後のレセプションのほうが大切な場合には、くり返しが省かれるかも知れません——冗談はさておき、現実にどうすべきなのでしょうか。くり返しのセクションを捨て去ることは歴史的に正当化されるのか？ モーツァルト時代にはそうされていたのか？——それに対する答えは明らかな「イエス」であり、くり返しは必須ではないのです。

ハインリヒ・クリストフ・コッホは『作曲試論 Versuch einer Anleitung in die Komposition』の第2巻（ライプツィヒ、1787年）でこう書いています（pp.101, 102, 108）。

[…] 交響曲の第1楽章アレグロには […] ふたつのセクションがあり、これはくり返して演奏しても、くり返さなくても良い[38]。

なお、舞曲では、くり返すべき妥当な理由があります——なぜなら舞曲にはある程度の長さが必要だからです！ 一方、アンドレ・グレトリ André Grétry はため息交じりにこう表明しています。

ほとんどすべての器楽曲が、際限なくくり返される退屈な形式から逃れられなくなっていくのだ[39]。

18世紀中ごろにドイツであった〔オーストリア〕継承戦争のさなかにフランスで生きたドイツ人作曲家のニコラ・ジョゼフ・ユルマンデル Nicolas-Joseph Hüllmandel は、その簡潔な記譜法によって有名になりました。

〔彼は〕ソナタのふたつの部分を関連づけ、それぞれが隷属的にくり返されることのないようにした最初の人物であった。[…] 自分の演説をふたつに切り分け、それぞれをくり返すような人間を、私たちはどう思うだろうか？[40]

クレメンティも、19世紀になってすぐ出版された『ピアノフォルテ奏法入門 Introduction to the Art of Playing on the Piano Forte』（1801年）でこう書いています（p.8）。

点のある小節線 ‖ は、先行および後続の一節のくり返しを意味する。ただし、**点**がある場

---

38) John Irving, *Mozart's Piano Sonatas*, p. 100 より引用。
39) Rosenblum, *Performance Practices*, p. 72 より引用。
40) Ibid.

合も、第2部分が非常に長ければ、めったにくり返されることはない。

　興味深いのは、モーツァルトの《ピアノソナタニ長調K.576》の冒頭アレグロの展開部以降にくり返し記号がないことです。他のソナタでは、私たちはくり返しの有無を自由に選択できます。

　音楽を鑑賞する時の状況や習慣は、モーツァルト時代から大きく変わりました。モーツァルト時代の聴き手にとって、ある交響曲やセレナーデを聴く機会は多くの場合、生涯に一度しかありませんでした。そのため、新しい作品を披露する際にはくり返しを設けることによって、聴き手が主題の展開を楽しんだり、作品の感情的および形式的な性質を味わえる機会を提供することが、きわめて重要だったのです。

　一方、コンサートやさまざまな録音媒体によって同じ作品を何回も聴ける可能性を手中にした私たちの時代にあって、人々はモーツァルトのソナタや交響曲を知悉し、記憶していることが当たり前になりました。また今日の聴衆は、作品の構造よりも演奏や録音の質により多くの興味を持っています。こうしたことから、くり返しは扱いにくく、時には人を煩わせもする問題になってしまったのです。

　18世紀において2回、時にはそれ以上の回数演奏されることもあった唯一の作品は、オペラです。典型的なソナタ形式で構成されている《魔笛K.620》序曲にくり返し記号がないのも、興味深いことですね。

　くり返しに関する議論は、楽しい逸話で締めくくることにしましょう。フランツ・リストの弟子であり、エトヴィン・フィッシャーの師となったマルティン・クラウゼは、若きエトヴィンにこんなアドバイスを与えました。

　もしあなたがソナタの提示部を無事に通過できたら、神に感謝して先に行きなさい！（Wenn Sie durch den ersten Teil ohne Schwierigkeiten gekommen sind, danken Sie Gott und spielen Sie weiter！）

第9章
最良のテクストを求めて

第二次世界大戦後から20世紀後半に至る数十年の間に、ヨーロッパ大陸に存在する偉大な音楽遺産に対する意識がヨーロッパ中で高まりました。戦争によって図書館や博物館といった文化機関も破壊され、そのために貴重な自筆譜の多くも失われました。永遠に失われてしまったもの、あるいは単に行方不明になったものなど、その状況はさまざまです。このような経験を通じて、資料を撮影された映像として後世のために保存し、この上なく貴重な自筆譜はファクシミリ版として出版したい、という願望が芽生えたのです。

　それだけにとどまらず「作曲家自身に由来する資料のみで構成される印刷楽譜を作成しよう」という気運から、「原典版 Urtext editions」と呼ばれる新しいタイプの楽譜がもてはやされるようになりました。原典版の楽譜からは後世の（作曲家以外の第三者による）加筆が一掃されています。ドイツやオーストリア、イギリスやアメリカの優良な音楽出版社は、こぞってこうした楽譜の出版を開始しました。

　作曲家の作品を「作曲家が意図した最終的な形で表そう」という努力のなか、「原典」として扱われる資料は単に一番古いもの——多くの場合は自筆譜——を指すだけでなく、作曲家の意図にもっとも近い情報（テクスト）を供給してくれるであろう、作曲家が関わった資料も含まれます。たとえばベートーヴェンの自筆譜には書き滑りが散見され、ベートーヴェンの真意を反映しているとは言い難いことがしばしばあります。優秀な校訂者にとっては、初版譜をはじめとした自筆譜以降の資料も調査する作業は自明のことでしょう。それらには作曲家自身による変更や出版社宛ての手紙を通じて行なわれた修正が含まれているため、時として自筆譜以上の価値を持つのです。「校訂者はこうした資料を決して混同せず、最良のテクストと思われるものを選択すべきである」という（ドイツ文学を出版する文献学者も主張した）原則は、作曲家の意図を確実に反映する上で申し分ないように思われます。

　しかしこと音楽では、自筆譜であろうと、作者自身の修正や加筆のある筆写譜、あるいはオーセンティックな印刷譜であろうと、限定された最良の資料ひとつだけを選択できるとは限りません。『新シューベルト全集 Neue Schubert Ausgabe』の編集主幹ヴァルター・デュルは、これらの問題を論じ、「シューベルトは作品が出版される際のゲラ刷りを受けとらず、読みも、校正もしなかった」という伝統的な見解が誤りである、という確信に至りました[1]。

　モーツァルトの場合でも初版テクストへの懐疑的な態度は珍しくなく、モーツァルト作品の初版譜とオーセンティックな筆写譜は今日に至ってもなお「現存する自筆譜に対して二次的な価値しかない」としばしば考えられています。校訂者たちには「モーツァルトは加筆や変更への関心を持ち合わせ、アルタリアやトッリチェッラといったウィーンの出版社から出版する際にゲラ刷りをチェックするために時間を割いていた」と思えなかったか

---

1) W. Dürr, "Autograph – autorisierte Abschrift — Originalausgabe," in *Festschrift for G.v. Dadelsen* (Stuttgart 1978). p.93にはこう述べられている。「*シューベルト作品の初版は、たいてい懐疑的にしか参照されてこなかった。出版社は内容や調の選択、さらにはしばしば音符の細かいことをも恣意的に決定していた、と推測された。*」

らです。モーツァルトがゲラ刷りを受け取っていたかどうかは確かに不明ですが、だからといってモーツァルトがソナタの筆写譜や印刷譜の校正に無関心だったという推測が成り立つわけではありません。本章では、この伝統的な見解に挑んでいきます。

　1956年以降のモーツァルト研究で、エディションの分野ほど画期的な進歩が見られた領域はありません。第二次世界大戦以前は、モーツァルトに由来しない多くの煩わしい付加が排除された、信頼するに足るテクストが提示されたエディションは、ごくわずかしかありませんでした。しかし今日では複数の原典版が提供されるようになったのです。そのうちでも良質のエディションでは、モーツァルトが書き込んだものとそうでないものがわかるよう区別して表示されています。このように運指法、必要な注釈、モーツァルトの記譜にはない強弱記号その他の指示を加える場合、それらが作曲家自身のテクストと混同されないように編集することが、精度の高いエディションでは求められているのです。なおモーツァルトの場合、作曲者自身が指番号を指定することは一度もなかったので、印刷されている運指はすべて例外なく校訂者によるものとなります。
　それまで何の疑いも抱かずに受け入れていたエディションの内容に関する不安——アーティキュレーション記号が不自然に思われたり、弱音で演奏すべきだと感じるパッセージにフォルテが指示されていたりなど——が生じると、それが校訂者による付加なのか、あるいは単なるミスプリントなのかが心配になるでしょう。
　問題解決への最初のステップは、他のエディションを参照することです。しかし、この希望が失望に転じてしまうことも少なくありません。通常のエディションはもとより、実は原典版でさえ、楽譜上の重要な問題に関する処理に差が生じている場合があるのです。解釈の問題に深く分け入るためには、議論の余地のない音楽テクストの存在が欠かせません。こうしたステップは誰にとっても「必然の道」であり、避ける術はありません。
　比較したエディションの間に見つけた不一致を解決するために、私たちは作曲家のテクストを誠実に再現することを前提としている原典版に、多くを期待します。原典版によって、それまでは不自然に思われた多くのパッセージがあたかも魔法をかけられたように、自然な姿を現すのです。こうした作業をくり返していると、偉大な作曲家は印刷譜の校訂者ほど饒舌ではなく、ともすると演奏指示を省略する傾向があるにもかかわらず、作曲家本人による書き込みのほうが校訂者によって補填された指示よりはるかに自然で、作品が生き生きと感じられることを実感します。
　今日、優良な出版社は最良のモーツァルトエディション、それも誰にとっても入手しやすい楽譜を提供しようと競い合っています。なかでも序言と校訂報告つきのエディションは誠実なモーツァルト演奏家すべてにとって有意義であり、そこに提供されている情報を

通じてエディション間に存在する不一致の理由を考え、校訂上の問題点を理解した上で自分なりの選択をする機会が与えられるのです。

校訂者はみな、次の3つの疑問をめぐって自問自答しています。

1. 「作曲家は、何を書いたか」（資料の批判）
2. 「作曲家は、何を書こうとしたか」（テクストの批判）
3. 「作曲家は、今日の演奏家のためには、どう記譜しただろうか」（テクストへの注釈）

これらのうち3番目の疑問に対する答えは難しくありません。入手可能なさまざまなエディション（その一部に原典版も含まれます）の間に見られる違いの多くは、強弱記号、アーティキュレーションの指示、装飾の表示方法や運指法などをはじめとする加筆や挿入の量でしょう。実践的な音楽家（いわゆる一般ユーザー）のためのエディションでは──学究目的のためのエディションとは逆に──こうした加筆や注釈が積極的に提供されますが、この点に関して良心的な校訂者たちは共通のルールを守っています。それは「作曲家に由来する原典資料に基づいた楽譜と、校訂者による加筆をきちんと区別できるように表示する」というものです。

資料批判とテクスト批判は、校訂者にとってより負担の大きい問題です。専門的な領域における研究が不可欠となり、容易に判断できないことが少なくありません。というのも各作曲家にはそれぞれ固有の書法習慣があり、それによって書かれた作品それぞれに個別の問題が含まれているからなのです。

新モーツァルト全集 (Neue Mozart Ausgabe)

モーツァルトエディションの領域における第二次世界大戦後でもっとも重要な出来事は、『新モーツァルト全集』（NMA）主要部分の準備と完成でした。この新しい全集は、ベーレンライター社（カッセル）から出版されています。ザルツブルクの国際モーツァルテウム財団の援助を受け、名だたるモーツァルト研究者や音楽学者たちが、120巻以上の規模となるこの記念碑的な事業で協力しました。印刷レイアウトにおける統一性を確保するためには、個々の巻を担当する校訂者たちがみな一定の規則を遵守しなければなりません。このために高度な責任感を持つ誠実な編集部による調整が行なわれましたが、それぞれの校訂者には自由裁量の余地も与えられました。

各巻の序言で述べられているように、この偉大な事業の目的は、演奏家にも役立つ学究的かつ実践的なエディションを作ることであり、『新モーツァルト全集』の目的は、それ

までに出版されたどんなエディションよりも、モーツァルトの音楽テクストと音楽的意図に近づくことでした。編集部は勤勉で、この新しい全集版のためのあらゆる資料を集める作業にあたって、大きな成果を残しました。最大の問題は、以前はプロイセン国立図書館が所蔵し、第二次大戦中にシュレージエンに運ばれたモーツァルトの自筆譜の存在が、それ以来不明になってしまったことでした。計り知れない価値をもったこの音楽遺産に何が起きたかについては、約30年にわたって闇に閉ざされていたのです。『新モーツァルト全集』の校訂者たちは、これらのもっとも価値ある資料を調査する機会に恵まれないまま作品と向き合わなければならない事態をしばしば余儀なくされました——それは多くの校訂者にとっての大きなハンディキャップを意味します。

　幸いなことに、その後これら行方不明だったモーツァルトの自筆譜や元プロイセン国立図書館が所蔵していた他の価値ある自筆譜のほぼすべてが発見されました。ポーランドのクラクフにあるヤギェウォ図書館にあったのです。そして1980年以降、それらの資料は真摯なモーツァルト研究者や関心のある音楽家たちに公開され、閲覧して調査することができるようになりました。いくつのケースで『新モーツァルト全集』のテクストを批判する理由があるとすれば、それは主として1945年から1980年の間には閲覧できなかったモーツァルトの自筆譜からの情報に由来するものです。

　モーツァルトとその時代の記譜の習慣で、今日一般的には知られていないものがありますが、『新モーツァルト全集』ではこうした書法が現代の演奏家にもわかるよう、ある程度編集されています。その詳細は全集の序言や、各巻の種々の校訂報告で説明されているので参照してください。各巻の冒頭にはモーツァルトの自筆譜のファクシミリが掲載されており、これによって解読困難な部分や複数の興味深いパッセージを確認することができます。各巻の有益な序言では、その巻に含まれている作品に関する情報が掲載されています。問題をはらんだパッセージすべてに言及されており、その議論が各作品の創造や作曲の過程に光を投げかけるのです。

　モーツァルト愛好家全員にとってもっとも喜ばしいのは、個々の楽章やパッセージのスケッチや、未完の、のちに破棄された草稿が（多くのものは史上初めて）印刷され、各巻の補遺として掲載されていることです。モーツァルトの協奏曲における装飾にとどまらず、時には自由な装飾やアインガングの提案を行なっている校訂者もいます。最後に——この事実はとりわけ重要なことですが——初版譜が出版されて以来150年あまりの時が経過して以来初めて、モーツァルトのピアノ協奏曲のほとんどのトゥッティ部分におけるピアノの通奏低音の指示が、自筆譜や初版に示されている書法で印刷されたのです[2]。別冊として

---

[2] 近年刊行されたベートーヴェンのピアノ協奏曲の全集版において、19世紀の実践に従ってベートーヴェンが書いた通奏低音の記譜が省かれた上に、それに関する説明が不充分なのは非常に遺憾である。

出版されている各巻の校訂報告には、オーセンティックな筆写譜、初版印刷といったさまざまな資料に見られる不一致に関する詳しい情報が含まれているとともに、校訂者が下した判断に至る経緯についての説明が掲載されています。

このような巨大な事業に少々の誤りが生じてしまうのは避けられません。しかしベーレンライター社は、将来の再版時にそれらを訂正する計画を立てています。いくつかのケースは、クラクフで再発見された自筆譜の情報を参照したことによるものですが、それ以外の疑わしい解釈や少数のミスプリントは、『新モーツァルト全集』の今後の再版過程で訂正されていくことでしょう。

その他の推奨されるエディション

他の出版社から出版されている近年のモーツァルトエディションのうち複数のものは『新モーツァルト全集』の刊行後に上梓されており、「クラクフで再発見されたモーツァルトの自筆譜を資料として採用する」アドバンテージを得ることができました。推奨に値する良質なエディションとしてG.ヘンレ社によるピアノ独奏作品やピアノを含む室内楽の楽譜や『ウィーン原典版』（ウニヴェルザール社とショット社）シリーズのピアノソナタ全集とピアノ小品集、さらにはピアノ協奏曲を収めたオイレンブルク社の黄色い小型のポケットスコアがあります。これらとともに、シオドール・プレッサー Theodore Presser 社のやや古いエディションにも言及しておきましょう。これは亡きナタン・ブローダーによって入念に校訂された楽譜です。

ごく近年のものでは、ブライトコプフ＆ヘルテル社（ヴィースバーデン）が、モーツァルトの《ピアノ協奏曲変ホ長調K.271》を出版しました。クリフ・アイゼンとロバート・レヴィンによるすばらしい校訂で、詳細はこの章の最後で論じたいと思います。

当然のことながら、誤りや問題含みのパッセージすべてを羅列することはできません。このようなパッセージは、現代の版にまだ残されている場合もありますが、主として古いエディションに見られるものです。入手可能な良質のエディションを比較すると、誰もが多くの不一致に直面するでしょう。以下に、私どもの見解からは「モーツァルトの最終的な意図が反映されていない」と思われる例をいくつか選びました。そうしたパッセージに対して私どもが提案する解決に反論の余地がない、とは主張しません。主としてピアノソナタやピアノ協奏曲に見られるさまざまな問題についての議論を通じて、モーツァルトへの理解がより深くなるよう願っています。

ピアノソナタにおけるテクスト問題

《ピアノソナタニ長調K.284》

　このソナタは、モーツァルトの初期ソナタのうち生前に——ただし創作から9年も後に——出版された唯一のもので1784年8月にウィーンのトッリチェッラ社から、《ピアノソナタ変ロ長調K.333》、そして《ヴァイオリンソナタ変ロ長調K.454》と一緒に出版されました。モーツァルトは、これを契機に《ピアノソナタニ長調K.284》を改訂し、終楽章の11番目のアダージョ変奏を新しく推敲したバージョンに差し替えたのです。現代の校訂者はみな上述の「モーツァルト作品の初版譜とオーセンティックな筆写譜は自筆譜に対して二次的な価値しかない」という伝統的な、しかし理解しがたい信念に基づいて初期の自筆譜バージョンを優先し、トッリチェッラ社からの初版譜のためにモーツァルトが行なった最終的な改訂に見られる変更点を、小さなサイズで印刷するか、もしくは削除してしまいました。『新モーツァルト全集』の優秀な校訂者ヴォルフガング・プラートやヴォルフガング・レームでさえこの誤りを犯したのです。彼らは小さな字体で複数のヴァリアントを加えているものの、この方法は混乱を招きます。たとえば第2楽章の第67小節では、*p*が五線譜中央に印刷され、譜表の上下にふたつの小さな*pp*が並行表示されています。いったいどちらが遵守されるべきなのでしょうか。さらに不幸なことには、第3楽章第7変奏の第13～14小節（ヘンレ版では、変奏楽章全体を通して小節番号が振ってあるので、第131～132小節）では、次のように、同じ音の下に*f*が、上に小さな*p*が印刷されているのです。

■ 例9/1

他にも触れておくべき問題が散見されます。

第1楽章：アレグロ

　第23小節と、再現部の第94小節で、モーツァルトは、最初の十六分音符（第3拍）の上に*tr*記号を書きました。

■ 例9/2

　モーツァルトは、第94小節に書いた **tr** をアッポッジャトゥーラに変更しましたが、その際にもともとあったトリル記号を取り消し忘れたと思われます。現代の校訂者は例外なく、トリルとアッポッジャトゥーラ双方を表示させています。もしこれに従えば、トリルを最短にまとめたとしてもなお4音を瞬時に弾く、という不合理なことになります！初版では、どちらの箇所ともトリルはなく、第94小節だけにアッポッジャトゥーラが印刷されています。この第94小節にあるパターンこそが本来モーツァルトの望んだ形であって、単なる修正漏れと考えられる第23小節にも追補されるべきなのです。

第2楽章：ロンドー・アン・ポロネーズ、アンダンテ

　校訂者がメインテクストに最終バージョンだけを提示し（強弱記号は大きな字体で印刷します）、自筆譜にある初期バージョンについては脚注か校訂報告に掲載していれば、混乱は避けられたでしょう。ベートーヴェンやブラームスといったのちの作曲家の作品ではこのような手順が一般的です。

　このロンドの初版譜最後のページを参照してみましょう。ここには現代のエディションでは見られない、テクストの微妙な違いが含まれています。たとえば右手第74小節のターンの位置〔譜例4小節目〕、そして左手第90小節〔譜例最終段冒頭〕におけるa音の反復や異なる強弱記号です。

■ 例9/3

第3楽章：主題と12の変奏

　もっとも多くの修正が見受けられるのは、この終楽章においてです。重大なものをいくつか選んで挙げておきましょう。

- 第1変奏：第3小節と第10小節右手のアーティキュレーションは自筆譜と異なり ♩♩♩♩ が4回くり返されます。第7小節と第16小節の第2拍以降も同じです。
- 第2変奏：初版譜での左手の3連符は八分音符6個（あるいは5個）が1本のスラーでまとめられています。
- 第4変奏：第3小節と第7小節では両手の十六分音符の最初と3番目のグループに ♩♩♩♩ というアーティキュレーションが指示されています。第16小節では4番目のグループも同じ処理になっていますが、スタッカートは左手だけで、右手にはありません。
- 第5変奏：第5小節に *cresc.* が、第7小節に f があります。
- 第6変奏：第7小節第4拍の十六分音符はh-e^1-hです。第16小節を参照してください。
- 第7変奏：第6小節にあるトリルのあとの最初の十六分音符c^2には、モーツァルトにはあまり見られないダブルシャープがつけられています。第12小節では p の代わりに f があり、第13〜14小節では p 、第14小節には *cresc.*、第15小節は f 、第16小節の2拍目の両手に sf があり、p が続きます。このように初版譜の強弱記号は自筆譜よりずっと綿密に考えられたものとなっています。
- 第8変奏：第1〜3小節の右手オクターヴ（第2小節後半のg^1-g^2音3個は例外）にスタッカートがつけられています。
- 第9変奏：第4〜6小節は f で前進します。すべてのオクターヴにスタッカートがあります。第7小節と第16小節の右手の四分音符にはレガートがつけられています。
- 第10変奏：第11小節冒頭の p と第12小節の pp は削除され、第12小節からの *decresc.* によって第13小節冒頭が p となります。
- 第11変奏：ヘンレ版の校訂者はモーツァルトの初版譜バージョンを主要テクストとし

て提示する、という正しい処理を行ないました（しかしなぜここだけなのでしょうか？）。しかし、『新モーツァルト全集』や『ウィーン原典版』の校訂者は、自筆譜バージョンを通常サイズで、その上に初版譜バージョンを小さなサイズで表示させています。第30小節（ヘンレ版では第217小節）の右手第3拍冒頭の最高音e^3音につけられた**tr**は彫版師の誤りと思われます。トリルによって弾かれることになるfis^3音はモーツァルトの楽器にはない音だったからです。

第12変奏：第1、5、22小節（ヘンレ版では第212、216、243小節）のアッポッジャトゥーラ 〔譜例〕 は初版譜において 〔譜例〕 に置き換えられています。ヘンレ版の脚注にある譜例ではスラーが抜けています。また第7小節と第30小節のスラーは初版譜にはありません。おそらくモーツァルトの書き誤りだったからでしょう。

《ピアノソナタハ長調K.309》

第1楽章と第3楽章に問題はありません。

第2楽章：アンダンテ・ウン・ポコ・アダージョ

楽章の終結部、第78小節第2拍のバス音は、レオポルト・モーツァルトが作成した筆写譜によれば$A_{-1}A$音のオクターヴです（例9/4を参照）。しかし、1年後に書かれた《2台ピアノのための協奏曲変ホ長調K.365》第2楽章終結部にあるほぼ同一のパッセージで、この2拍目のバス音にはサブドミナント音が用いられています。これを参考にすれば《ピアノソナタハ長調K.309》で該当する音は$B_{-1}B$音のオクターヴとなりますが、こちらのほうがより説得力のある響きでしょう。

■ 例9/4

次の譜例は本来変ロ長調で書かれている《2台ピアノのための協奏曲K.365》第2楽章を《ピアノソナタK.309》の調であるヘ長調に移調したものです。

■ 例9/5

《ピアノソナタK.309》の自筆譜が散逸してしまい、モーツァルト自身の筆跡を確認できないのはとても残念です！

《ソナタ変ロ長調K.333》

第1楽章：アレグロ

　問題は楽章冒頭のアウフタクトが、♫（＝♬♬）なのか♫（＝♬♬♬）なのか、ということです。初版では第64小節と第66小節へのアウフタクトのみに四分音符全体へのスラーがつけられていますが、どちらが良いかの判断は困難です。『新モーツァルト全集』（ベーレンライター版）の第1、2、5小節などに見られる破線のスラーは、初版に見られるものです。初版譜の第5、29、98小節の上声部に表示されているスラーは自筆譜にあるものより1音分だけ長くなっていますが（自筆譜では第2拍と第4拍の八分音符にはスラーが届いていません。ただし第121と125小節では自筆譜においても初版にあるような長いスラーが表示されています）、これはモーツァルトが出版にあたって行なった修正として言及に値するものと思われます。

　第150小節のトリル記号は、ターンを意味しているのかも知れません。*tr* 記号はしばしばターンやプラルトリラーの記号としても使われるのです。ここの *tr* をプラルトリラーとして処理することも、十分考えられます。このように複数の可能性を含む *tr* 記号の例として《ピアノ協奏曲変ロ長調K.456》第1楽章のカデンツァ冒頭のものを挙げておきましょう。ここに *tr* 記号がつけられた動機は、オーケストラパートではターンとして演奏されています。

カデンツァ冒頭：♪♪ *tr*　　　　オーケストラパート：♪♫

第2楽章：アンダンテ・カンタービレ

第21、25、71、75小節の左手にある *sf* は、第2章ですでに述べたように *rinforzando* を意味しているものと思われます（例2/19を参照）。

第3楽章：アレグレット・グラツィオーソ

第6小節の左手c^1–es^1音につけられているスラーはおそらくモーツァルトの誤記であり、初版に従って削除されるべきです。現代の校訂者たちはこの小節を規範に第2、42、46小節などにスラーを補充していますが、無意味な行為でしょう。

第197小節にあるリズムは以下の形が正しく（付点十六分音符に2個の六十四分音符が続く）、十六分音符に2個の三十二分音符が組み合わされたものではありません。

第203～204小節における左手パートの最終的なアーティキュレーションが複数の原典版で無視されている状況は、理解に苦しみます。第199小節以降をファクシミリ版で見てみましょう。

■ 例9/6

第201小節（譜例の3小節目）の左手最初の四分音符はes^1音になっていますが（＊印がつけられている音符）、正しくはd^1音でしょう。典型的なミスプリントです。

《ピアノソナタハ短調K.457》

第1楽章：モルト・アレグロ

第36、40、131、135小節の右手につけられたスラーは第3拍の四分音符までです。

第2楽章：アダージョ

第28小節の *p* は様式的な観点から、おそらく小節冒頭につけられるべきものと推察されます。

第48小節後半にある2個の *fp* は拍上（左手）ではなく、直後の右手の三十二分音符g^2

音およびes²音につけられます。

　第51小節の左手第3拍最後の十六分音符は当初As音が書かれましたが、その後出版にあたってモーツァルトが作成した装飾一覧のページではF音になっています。どちらが正しいかの判断は困難です。

第3楽章：アレグロ・アッサイ（モルト・アレグロ）
トラットナー夫人に献呈されたモーツァルトの自筆譜第211小節に f、第213小節に p が書かれています。

《ピアノソナタ変ロ長調 K.570》
第1楽章：アレグロ
　第57、59小節（および再現部の第187、189小節）で、右手パートの9番目の音に若干の問題があります。

■ 例9/7

モーツァルト没後に出版された初版譜はモーツァルトの記譜を勝手に修正し、a¹音（とd¹音）をそれぞれb¹音（とes¹音）に置き換えています。しかし第57、59小節のパターンは3拍目にa¹音を伴った第49、51小節の左右の手が入れ替えられた変奏が意図されているため（同様に、第187、189小節は、第179、181小節の上下パートの入れ替えです）、疑いなく自筆譜は正しいのです。

第2楽章：アダージョ
　最後のふたつの楽章の自筆譜は、残念ながら失われてしまいました。初期のエディションにありそうな誤りのいくつかを推量することしかできません。
　第3〜4小節の中声部にあるes²音にはタイがつけられるべきでしょう。続くすべての類似箇所も同じです。また、第16小節第3拍の中声部も、上声部を模倣して1音早くg¹音で始められるべきでしょう。

■ 例9/8

初版譜は臨時記号の有無に関するチェックがあまり精密ではありません。たとえば第3楽章の第74小節第3拍をcis^2音にするシャープ記号が抜け落ちています。同じように、おそらく第2楽章第40小節第4拍にあるg^1音の前にもフラット記号が抜けていると考えられます。

次の譜例は初版譜の第39小節後半からです。

■ 例9/9

第40小節の最後の拍（＊印）でges^1音が弾かれて変ホ短調に転調する和声進行は、《ピアノ協奏曲ハ短調K.491》第2楽章第59～60小節に見られる転調と同一のものとなります。《ソナタK.570》のアダージョ楽章全体の形式が《協奏曲ハ短調》の第2楽章ラルゲットと共通している点も、言及に値するでしょう。

《4手のためのソナタヘ長調K.497》

この章の冒頭で述べたように、現代の校訂者がモーツァルト作品の資料を評価する際に、自筆譜が現存する限りそれを優先してきたことは遺憾です。この慣習が災いして、モーツァルトの存命中にウィーンで出版された初版譜に見られる、より良いヴァリアントがしばしば退けられてしまったのです。とりわけ次に紹介するケースは、ほぼ犯罪にも等しい決定に思われます。

《4手のためのソナタヘ長調K.497》第3楽章の終結部、第315～317小節の上声部の模倣が、初版譜においてバス声部を含む完全な4声カノンに変更されました。このすばらしいカノンの着想はモーツァルトにのみ可能であり、まさに天才のみに可能な修正と言えるでしょう！ しかし、事もあろうか『新モーツァルト全集』の校訂者でさえ自筆譜に盲目的に従ってしまった結果、初版譜にあるバージョンは、原典版の世代として一番新しいウィーン原典版（ウルリヒ・ライジンガーが校訂し、ロバート・レヴィンによる演奏への序言がつけられたもの）にしか掲載されていません。該当する部分を以下に挙げておきましょう。

■ 例9/10

この例は今後《ヘ長調K.332》《ハ短調K.457》《ニ長調K.284》のピアノソナタを校訂する者への警鐘となるでしょう。どのソナタでもゆっくりな部分（緩徐楽章やアダージョの変奏）におけるモーツァルト自身による最終的な装飾は、初版譜で初めて反映されるからです。校訂者はこの初版譜バージョンをモーツァルトによる最終稿として尊重し、主要テクストとして採用しなければなりません。オッシアバージョンとして印刷されるのは、初版譜の前段階である自筆譜のバージョンのほうであって、その逆ではないのです。

《4手のための変奏曲ト長調K.501》

　ヘンレ版とウィーン原典版を推奨しますが、ともに以下の誤りが含まれています。
- 〈第1変奏〉Secondo：自筆譜第11小節のアッポッジャトゥーラにつけられている臨時記号は♯ではなく♮です。
- 〈第3変奏〉PrimoおよびSecondo：ここでは例外的に初版譜のバージョンより自筆譜のバージョンのほうが優れています。第1、2、5、6、8、9、12〜16小節後半にあるスラー（ウィーン原典版では括弧つき）を削除してください。

ピアノ協奏曲におけるテクスト問題

　『新モーツァルト全集』を含むほとんどすべてのエディションには、その真偽が確認されないまま残されている誤りが残存しています。その背景には複数の自筆譜が最近まで閲覧できなかった状況がありますが、現在はポーランドのクラクフにあり、研究者の手に届くようになりました。こうした未調査の誤りのうち、ここでは『新モーツァルト全集』に

見られる問題に絞った上で、そこからいくつかを紹介しましょう。

《2台ピアノのための協奏曲変ホ長調K.365》

　『新モーツァルト全集』の第1、3楽章（フルスコア）に印刷されているクラリネット、トランペットおよびティンパニのパートは1870年頃に出版されたオーケストラ用パート譜に準拠したものです。真正でない上に稚拙な仕上がりなので、これらの演奏は控えてください。

第1楽章：アレグロ

- 第104、108、112、114、233、237、241、243小節：右手のスラーは、小節冒頭の八分音符から始まらなければなりません。
- 第116〜119小節：ここのスラーも上記と同じように冒頭の八分音符から開始され、6個目の音（第2拍2個目の八分音符）までとなります。
- 第219小節：小節冒頭の左手の上声部はc^2音ではなく、ces^2音です（c^2音につけられるべき♭が本来必要のない下声部のa^1音に誤ってつけられてしまいました）。

第2楽章：アンダンテ

- 第24、26、78、80小節：右手のパッセージ最後の八分音符につけられているスタッカートは不要です。
- 第38小節：小節冒頭のトリル記号は不要です。
- 第49小節：『新モーツァルト全集』に掲載されているトリルの後打音は誤りです。正しくは$f^2 - e♮^2 - f^2 - g^2$となります。
- 第87小節：　　誤：　　　　　　　　　　正：

（正しいバージョンは、自筆譜にあるものです。）

　この作品においてはオイレンブルク版のスコア（No.741）のほうがより信頼できる内容となっています。しかしそこでも『新モーツァルト全集』同様に、以下の誤りが看過されています。なお、『新モーツァルト全集』に準拠したものとして近年ベーレンライター社から刊行された3台ピアノ用の楽譜（オーケストラパートがピアノ用に編曲されたもの）では、私どもが校訂者に送った指摘に沿った修正が（すべてではありませんが）反映されています。

- 第52小節：左手の第5音（第2拍）でモーツァルトが書いたバスはf音ではなくg音です。第56小節にある類似の進行（バス音は es – f – f）を参照してください。

第3楽章：アレグロ
- 付点リズム音型 ♩♫ は3連符として演奏されます。付点リズムに含まれる十六分音符は左手の八分音符〔3連符最後の音〕の位置に合わせて表示すべきでしょう。
- カデンツァ第17小節：後打音a^2音の前にナチュラル記号が抜けています。
- カデンツァ第44小節：第1ピアノの左手の最低音は、Es音ではなくG音でなければなりません。モーツァルトの書いた和音は第1転回形です。

《ピアノ協奏曲イ長調K.414》

第1楽章：アレグロ
- 第19、23小節のヴィオラ：二分音符h^1はフォルテで弾かれ、***p*** は次の小節から始まります。
- 第162小節のヴィオラ：小節冒頭のa音は自筆譜においてfis音に訂正されています。
- 第195小節：この小節にはアインガングが挿入されなければなりません。少なくとも脚注においてアインガングが必要なことが指摘されるべきです。こうしたフェルマータの装飾に関しては、第7章で提案されています。
- 第249〜250小節：小節最後のdis^2音と続く小節冒頭のe^2音はスラーによって連結されています。

第2楽章：アンダンテ
- 第17、52、54、102小節：これらすべての小節第1拍につけられている長いスラー（アッポッジャトゥーラに付随する短いスラーではありません）は削除してください。
- 第23小節：右手和音の下声部e^1 − d^1音は削除してください。ただし、第74〜77小節の右手下声部は楽譜通りに弾かれます。
- 第60小節：左手上声部4個目の八分音符はh音ではなくfis音となります。
- 第64小節：左手上声部4個目の八分音符はfis音ではなくcis音となります。
- 第87〜88小節：小節線の前後にあるa^2音は第42〜43小節のようにタイで連結されます。

　モーツァルトはこの協奏曲における ♪♫ を常にスラーなしで表示しています。近年のペータース原典版（ツァハリアスとヴォルフによる校訂）が『新モーツァルト全集』と同じように、モーツァルト自身のものではないスラーを印刷しているのはなぜなのでしょうか。そればかりか『新モーツァルト全集』と同様に、第21〜24小節に第74〜77小節のバージョンを何の注釈もなしに流用していることも、理解に苦しむ編集です。

第3楽章：ロンドー：アレグレット
・第18、209小節の第1オーボエ：小節冒頭のa^2音は八分音符で、付点四分音符のe^2音が続きます。
・第113小節の右手：2個目の八分音符は、fis^2音ではなくd^2音です。
・第123小節の左手：最後から2個目の音は、g^1音ではなくe^1音です。
・第129小節の左手：二分音符A音を削除し、自筆譜にある通り休符にしてください。
・第193小節の右手：モーツァルトによる最初の記譜では最後の2個の十六分音符が$b^1 - a^1$音として書かれています。しかし彼はこのパッセージを2回書いており、2回目のものは『新モーツァルト全集』に印刷されている通りです。
・第196～197小節の左手：自筆譜スコアではオクターヴ音$f - f^1$と$e - e^1$が、『新モーツァルト全集』の表示より1オクターヴ低く書かれています。しかし第197小節に始まるオーセンティックなアインガングの最初のオクターヴ$e - e^1$音を参照する限り、『新モーツァルト全集』にあるバージョンは受け入れ可能なものとして評価できるでしょう。

《ピアノ協奏曲ニ長調K.451》
第2楽章：アンダンテ ₵
・第11小節の右手：小節後半の上声部（第5音～第7音）にもスラーがかけられます。
・第17～18小節の左手：和音に含まれているcis^1音は削除してください。
・第29小節の左手：小節冒頭の和音上声部d^1音をe^1音に変えてください。
・第31小節の右手：冒頭の2個の十六分音符のスラーの下にスタッカート点を加え、ポルタートに変更してください。
・第32～33小節と第34小節：2個の八分音符d^2はタイで連結されていませんが、第92～94小節でモーツァルトは$g^1 - g^1$音にタイを書いています。
・第52小節の右手：小節全体にスラーをつけてください。
・第65小節の左手：fis^1音を削除してください。
・第98小節の右手：3連符につけられているスタッカートを削除してください。

《ピアノ協奏曲イ長調K.488》
第1楽章：アレグロ
・第38小節：第1ヴァイオリンと第2ヴァイオリンともに、同じ$a - gis^1$音が書かれています。これはもちろん誤りであり、第1ヴァイオリンは3度高い$cis^2 - h^1$音を弾かなければなりません。

この推測はソロパートにおける主題の再現（第236小節）に基づいたものです。モーツァルトの最初の草稿ではa^1 – gis^1音が第1ヴァイオリンに書かれ、バスを除くすべてのパートは省略されています。この初期バージョンでは第1ヴァイオリンより6度低いcis^1 – hが第2ヴァイオリンに想定されていたのでしょう。他の作曲家に比べると、自筆譜におけるモーツァルトの書き誤りは少ないほうですが、皆無ではありません。

《ピアノ協奏曲ハ短調K.491》

モーツァルトがこの協奏曲をとても急いで書いたことは有名です。この作品は性格のみならず楽譜の見かけもベートーヴェン的で、モーツァルトとしては他に類がないほど乱雑です。3種類、ある時には4種類もの異なるバージョンが書き重ねられていることによって判読不可能となってしまったパッセージも複数見受けられます。この協奏曲にモーツァルトのどの作品よりも問題を含んだパッセージが多いのは当然でしょう。時にはモーツァルトの誤記に帰するミスも存在するに違いありません。

たとえば第2楽章（ラルゲット）の第40小節では、2種類の異なる和声的着想が期せずして衝突しています。しかしこの箇所は、不思議なことに私どもが出会ったどのエディションでも修正されていないばかりか、そこに問題が生じている事実さえ指摘されてきませんでした。

ここには管楽器群にとても美しい和声的ヴァリアントがあてがわれていますが、その着想は、ピアノパートが——明らかに管楽器以前に——書かれた時点ではまだ得られていなかったものなのです。

■ 例9/11

誤りはファゴットのパートから解明できます。ファゴットの音列を独立した旋律（テノールパート）として位置づけるには無理があります。もしそう考えれば、ピアノパートに委

ねられていることになるバスラインの第2音と第3音との間に、平行4度が生まれてしまうからです。ファゴットパートは明らかにバスラインとして意図されているのです。このパッセージを額面どおりに受け取ると、そこにはまったくモーツァルトらしくない声部書法が浮かび上がってきます。たとえばピアノパート左手の八分音符 f – g 音とファゴットの h – c^1 音との間に生じる平行4度の響きが美しくありませんし、ピアノの右手下声部との間に生じる平行7度も不自然でしょう。このピアノパートは、オーケストラパートに沿うように修正されなければなりません。第40小節のピアノパートの適切な構成は、以下のようになるでしょう。

■ 例9/12

第1楽章：アレグロ

第1楽章の第319小節第3拍のピアノパートには des^1 音があります。自筆譜にある第2オーボエは d^2 音になっていますが、♭を補充してください。3小節後、第322小節にある a^2 音（ピアノとオーボエ）には♮が必要です。オーボエパートへの臨時記号は第三者（アンドレー）が自筆譜に赤インクで加えたものですが、ピアノパートへの追記は行なわれていません[3]。

この楽章には、他にも問題を含んだパッセージが存在します。モーツァルトは第332小節のトランペットとティンパニにG音を書いていますが、この音は楽譜を解読する際の誤解によってすべてのエディションに反映されていません。モーツァルトはこの小節以降のピアノパートに最初の草案（アルペッジョのパッセージ）を書き込みました。この草案はその後モーツァルトによって修正されたのですが、この決定稿を書き込むスペースはすでにピアノパートの五線譜上に残っておらず、ピアノパートの上部に残っているトランペットとティンパニの五線譜に書くしかなかったのです。これらのパートには本来の楽器のためのG音が書かれていました。ソロピアノはこのG音を弾くべきではないので、モーツァルトは消去しました。しかしこの削除が有効なのはピアノパートに対してであって、トランペットとティンパニのG音は残されるべきなのです。それまでの経過から見てもここでG音が奏されるべき音楽的な必然性がありますし、この音はトランペットとティンパニ奏者

---

3) これらの修正については50年前に、本書の第1版で触れた。近年ロバート・レヴィンも「細部に宿る悪魔 The Davil's in the Details」という論文のp.41で同じ結論に達している。

によって演奏されるべきものでしょう（以上の考察は、卓越したモーツァルト指揮者、オットー・ヴェルナー・ミュラーに負ったものです）[4]。以下がこのページのファクシミリです。

■ 例9/13

自筆譜の第334〜336小節でトランペットとティンパニが沈黙しているのも奇妙です。明らかに、これもモーツァルトの書き誤りでしょう。

第3楽章：アレグレット

　第3楽章第44小節にある『新モーツァルト全集』の校訂者のささやかな見落としにも言及しておきましょう〔最新の版ではすでに訂正されています〕。第3拍の4個の十六分音符は $g^2 - fis^2 - e^2 - d^2$ なのです。ここにある fis^2 音であるべき十六分音符の直前に赤いインクでナチュラル記号を書きこんだのはモーツァルトではなく、後世の校訂者です。しかし、たとえ赤で書かれていてもモノクロで表示される通常の複写では黒く表示されてしまうため、これがモーツァルトによる訂正だと誤解されたのでしょう。

[4] このページのファクシミリ（誤って上下が逆に印刷されている）は、パウル・バドゥーラ＝スコダの論文 "Problematische Textstellen in Mozarts Klavierwerken und ihre fragwürdige Übertragung in die Neue Mozart Ausgabe," p.128にて参照できる。

モーツァルトによる他の明らかな誤りはすでに1887年、ハンス・ビショフ校訂の秀逸なエディションにて看破されていますが (Steingraeber No.563)、その後のエディションも同等の精度で編集されているわけではありません。この楽章の終わりから5小節目にあたる第283小節では、第1ファゴットの最初の2音はD–d音ではなく、3度高いF–f音でなければなりません。

ロバート・レヴィンは、「細部に宿る悪魔 The Davil's in the Details」という論文で、この協奏曲の構造を充実させるための興味深い提案を行ないました。私どもが同意できないのは2箇所だけです。第1楽章の第175〜177小節で、レヴィンは「第1ファゴットはピアニストの左手の親指とユニゾンになるように演奏すべきである」と考えています。しかし私どもの見解は「ピアノと低音弦楽器どちらもがファゴットからバスラインを引き継ぐところに天才の筆致がある」というものです。あるいは、モーツァルトは単に第174小節に続くファゴットのパートに col basso と書き忘れただけなのかも知れません。その場合には、第1ファゴットはコントラバスよりもチェロとユニゾンで演奏するべき可能性が高いように思えます。

私どもが同意できないもうひとつの例は、第3楽章にあります。レヴィンは「第245〜247小節および第262〜264小節の左手にある3度の和音は、先行する小節と同様の分散和音にすべきである」と提案しています。しかし先行する第241〜244小節におけるハ短調のトレモロ風のフィギュレーションには特に技術的な問題がないのに対し、レヴィンが提案した上行しつつ交替する3度の音型は、技術的にずっと困難です。モーツァルトの他の作品には見られないような、ほとんどリスト的な技巧要素がこの協奏曲に加わってしまうことになるのです。

■ 例9/14

第245小節からの上行する半音階的和音によって「動揺（アジテーション）」という新しい要素がこの作品に持ち込まれるわけですが、モーツァルトが書いたままの形でも十分な効果が期待できるでしょう。

《ピアノ協奏曲ハ長調K.503》

《ピアノ協奏曲ハ短調K.491》の第2楽章について触れた誤りと同じタイプの問題が、《ピアノ協奏曲ハ長調K.503》の終楽章に見られます。自筆譜を見ると、この第3楽章第60小節には異なる2種類の和声が混在しています。その原因は、モーツァルトが後に行なった

修正にあるのです。

　最初にピアノパートを書いた時、モーツァルトは右手の三連符への伴奏としてト長調の属和音を配置しました（例9/15上段）。しかしその後オーケストレーションを施した際、モーツァルトは弦楽器群に上主和音（super tonic）を導入することで和声進行を変更し、Ⅱ－Ⅴ－Ⅰ度として進行する完全なカデンツを整えたのです。それが反映されないままのピアノパートとの間に生じる奇妙な和声は"マイスタージンガー和音（長音階のすべての音が共に鳴ること）の大胆な先駆者"などではなく、モーツァルトの単なる見落としでしかないことを最初に指摘したのは、ジョージ・セルでした。

■ 例9/15

この誤りは、ヴァルター・ゲルステンベルクの古い論文でも触れられています[5]。左手のパートが以下のように修正されなければならないことに、疑いの余地はないでしょう。

■ 例9/16

5) W. Gerstenberg, "Zum Autograph des Klavierkonzerts KV 503 (C-Dur)," p.38ffを参照。

誤った声部進行を避けるために、この2小節前にあたる第58小節では、ピアノパート左手の最低音gを削除してください。

　ピアノとオーケストラの間に見られる和声の不一致は第2楽章にも存在します。それは今まで気づかれなかったものですが、近年ロバート・レヴィンが指摘しました。第41小節のピアノパート左手には$a - c^1 - d^1 - fis^1$音の和音があるのに対し、伴奏弦楽器に配置されているのはイ短調の和音で、第1ヴァイオリンには二分音符のe^1音が書かれています。すべてのエディションがこの二分音符e^1音をd^1音に——ほとんどの場合注釈なしに——変更しています。しかし、はるかに適切なのは逆の手順でしょう。協奏曲を創作する際、モーツァルトはまずピアノパートを、それからオーケストラパートを書きましたが、この時点でより推敲された興味深い和声が導入されたのです。それゆえ、修正すべきなのはピアノパートの和音なのです。

■ 例9/17

　第3楽章の声部進行にある別の誤謬は、残念ながら今日までほとんど気づかれずにきました。第247〜248小節では、ピアノと第2ファゴットの間に平行5度が5箇所もあります。これは本当にモーツァルトが意図したものでしょうか？　自筆譜のバージョンは以下の通りです。

■ 例9/18

　『新モーツァルト全集』の校訂報告には、メルク修道院が所有している古いパート譜に関する言及があります。これは私どもの見解ではモーツァルト自身にまで遡れるものとして

評価できる修正バージョンであり、以下のように表示されています。

■ 例9/19

この協奏曲第2楽章の第36小節で『新モーツァルト全集』が犯した小さな誤りにも言及しておきましょう。第3拍の旋律音は、a^1音であってfis^1音ではありません。ヘンレ版でも誤って$fis^1 - a^1$の和音が印刷されていますが、自筆譜を再調査することによって私どもが検証した事実です。

《ピアノ協奏曲変ロ長調K.595》

第1楽章：アレグロ

　共著者のパウル・バドゥーラ゠スコダは、1991年にライプツィヒで開催されたモーツァルト記念祭会議にて、モーツァルトが犯したと思われる数少ない作曲上の誤りのひとつについて発表しました。モーツァルト最後のピアノ協奏曲の第1楽章第212～213小節で、ピアノとオーボエの間に平行5度が生じている問題です。さらにはピアノとフルートの間に6箇所の平行2度があり、ほとんどバルトーク的な響きがします。その直後、第214小節ではピアノと第1ファゴットの間に平行5度が3箇所も見られるのです。

　ライプツィヒでの意見交換後、作曲家マリウス・フロトゥイスはこれらの問題に言及し、たとえ不協和音があってもこれらのパッセージはそのまま演奏するよう訴えました。そうしないと、あまりに多くの変更が必要となるからです。優れたモーツァルト研究者であるフロトゥイスに対する敬意に変わりはないものの、パッセージを滑らかにするためには、やはり何らかの方策が不可欠だという立場を、私どもは今なお変えていません。たとえば第212～213小節のフルートとオーボエに含まれる数音を1度高くし、第214小節のピアノをわずかに変更すると、平行5度を心地よい響きの6度に変えることができるのです。次

の例は、第214小節に平行5度が含まれる、オリジナルバージョンです。

■ 例9/20

とりわけ問題なのは、第214小節の平行5度です。

■ 例9/21a

ここではピアノパートを次のように修正することを提案します。

■ 例9/21b

第211〜214小節のフルートとオーボエは次のように変更すると美しい響きになります。

■ 例9/22

第3楽章：アレグロ

　他方、第3楽章カデンツァの第28〜29小節のe音の前に♮が書かれていないのは単なる見落としではなく、モーツァルトが意図したものだと思われます。

■ 例9/23

　短3度へのこのようなわずかな変更は、似たようなパッセージの多くに見られます。これらの例は、モーツァルトが減3度の音程を好んでいなかったことを示しています（『新モーツァルト全集』のスコアではcis−esと表示されていますが、私どもからの指摘によって2台ピアノ用楽譜では修正されていいます）。しかし、そのような短3度の別の例が《ピアノ協奏曲ハ長調K.467》第1楽章の第190〜191小節や《ピアノ協奏曲変ホ長調K.482》第1楽章第92小節の右手12個目のa^2音、第192小節の右手4個目のe^3音に見られます。同様のケースは《「愚かな民が思うには」による変奏曲K.455》第10変奏の第52〜53小節（ヘンレ版では第262〜263小節）にも見られます。これらすべてにおいて、現代の校訂者は「追加者」として、モーツァルトのあずかり知らぬフラット記号やナチュラル記号を加筆しているのです。

　真の芸術家は、単に聴衆のためだけに演奏するのではありません。今日の聴衆の理解が演奏のこの上ないディテールにまで及ぶことはまれで、通常は何が正しく、何がそうではないのかを直感的に感じているに過ぎません。しかしモーツァルトのような偉大な大家の

作品を校訂し、良心的に研究している音楽学者や校訂者は、モーツァルトの意図をきわめて微細な細部に至るまで追求しなくてはなりません。演奏者は作曲家と私たちの音楽文化全体に対する責任を感じ、作曲家が創作したテクストを究極の精密さをもって観察するよう、求められています。誰かに褒めてもらうためにやるのではありません。この責任感こそが、「真の芸術家」と「単なる成功を求めるだけのエンタテイナー」とを区別するものです。

上述のように細部に問題が残っているとはいえ、モーツァルト作品の校訂報告つきの『新モーツァルト全集』の刊行が記念碑的な事業であることに変わりはありません。この先何年にもわたって、すべての献身的なモーツァルト演奏家が参照すべきエディションなのです。

『新モーツァルト全集』のあとに来るのは？

価値のある『新モーツァルト全集』が刊行されてなお、モーツァルトのピアノ作品の新しいエディションは必要でしょうか？ 私どもは何の躊躇もなく「イエス！」と即答します。たとえば『新モーツァルト全集』を校訂した研究者は、演奏者に対して運指に関する助言は行なっていません。またモーツァルトが演奏者にとって必要な詳しい指示を記載しなかった作品では、そこにあるべき強弱記号、アーティキュレーション記号やテンポ指示などに関する十分な校訂情報が不足しています。

将来のモーツァルトエディションとして、2種類の構想を提案できるでしょう。

1. 経験の浅い演奏家のために、専門家による演奏の提案が提示されているエディション。その際、専門家のアドバイスとモーツァルト自身のテクストが明瞭に判別できるように印刷されていることが重要です。この種のものとしては私どもが校訂した《幻想曲ニ短調K.397》(Leduc, Paris, 1987, Nº. AL 27300) や、《ピアノ協奏曲ニ長調K.537「戴冠式」》(G. Schirmer, New York, 2005, Nº. 2045) のエディションがあります。これらのエディションでは、演奏スタイルの提案が青色もしくはグレーで印刷され、作曲家自身のテクストと簡単に区別できるよう配慮されています。
2. 『新モーツァルト全集』よりもさらに学究的なエディション。モーツァルトのテクストを可能な限り忠実に再現し、校訂上の加筆を極力控えます（ただし、ファクシミリ版よりも判読しやすいテクストに編集します）。今日、手軽に入手できるファクシミリ版がどんどん増加していることを踏まえ、こうした新しいタイプのエディションは賢明な音楽家が作曲家の創造過程を解明する際に必要な洞察力を補完し、もっとも信頼できるテクストを確定するための資料として役立つでしょう。

これら2種類のカテゴリーの間に位置するエディションもあります。ヴォルフガング・ザイフェルトが校訂したモーツァルトのヴァイオリンソナタの新版(ヘンレ社)です。基本的にはモーツァルトのテクストに忠実に従った原典版ですが、ピアノやヴァイオリンのパートに指使いを加えたり、ヴァイオリン奏者にボウイングの提案を行なったりしています。

 また本書の邦訳と監修を担当した、私どもの長年のパートナーである今井顕が2013年に音楽之友社より刊行したソナタアルバム(全6巻)にも興味深いアイデアが多数盛り込まれています。このアルバムは初版譜からの情報を優先して編集されているばかりか、《ピアノソナタイ長調K.331》第1楽章では第84小節(第4変奏第12小節)にある左手3個目の和音をa-fisにするなど、まだ他のエディションでは反映されていない最新情報も盛り込まれています。モーツァルトのアーティキュレーションの理解を助けるためにグレー色で「こぶつき」のスラーが補完され、旋律の抑揚が初心者にもわかりやすく提示されたほか、必要と思われる最小限の強弱記号もグレー色で印刷されています。またピアニストとしての考察を踏まえた運指(より自然に抑揚がつくよう工夫されている)など、教材としても価値のあるアルバムでしょう。

 以下では推奨に値するこうしたエディションのうち、とりわけブライトコプフ&ヘルテル社から出版された《ピアノ協奏曲変ホ長調K.271》の楽譜について、もう少し詳しく論じたいと思います。

《ピアノ協奏曲変ホ長調K.271》の最新版(ブライトコプフ&ヘルテル社[6])

 クリフ・アイゼンとロバート・レヴィンによるこの優れた楽譜は、主としてこの協奏曲のモーツァルトによる自筆譜(現在はクラクフにあります)を基本資料にして編集されました。この資料は『新モーツァルト全集』の校訂当時には使えなかったものです。このエディションは未来の楽譜のモデルとなり得る、特筆に値するものでしょう。『新モーツァルト全集』の第3楽章にあるきわめて悩ましい3箇所の誤りも、ここではすべて訂正されています。

1. 第3楽章第142小節の第2オーボエの最初の音は、es^2音ではなくd^2音です。この誤りはすでに『旧モーツァルト全集』(AMA)において生じていますが、その後のエディション(オイレンブルク版スコアno.742や『新モーツァルト全集』など)にそのまま伝承されてしまいました。アイゼンとレヴィンがようやく正しいd^2音を表示してくれたことに対し、賛辞を送ります!
2. 同じく『旧モーツァルト全集』や『新モーツァルト全集』で放置されていた問題あ

---

6) フルスコアの楽譜はNr.5300、2台ピアノ用に編集されたものはNr.8640として出版されている。

る誤りが、ようやくこのエディションで訂正されました。第3楽章の終わり間近、第464、465小節にあるピアノ左手パートと第2ヴァイオリンの3番目の八分音符は、as音ではなくg音でなければなりません。旧来のエディションのうち正しい音符を表示しているのは、フィッシャー＝ゾルダン校訂のペータース版だけでした。
3. 同じ楽章のメヌエット・カンタービレ部分にも誤りがあります。『新モーツァルト全集』の第253小節にあるアッポッジャトゥーラas^1音は誤りと思われます。おそらくはc^2音が正しく、先行する第252小節にある最後の音がくり返されるのです[7]。

これらの修正は作品に寄与するものです。しかしブライトコプフ＆ヘルテル版の校訂報告に該当する記述はなく、校訂者たちによる「とりわけ、内外でその価値が認められている『新モーツァルト全集』との差違に関しては詳細に提示する所存である」(p.96 ／ p.94[8]) という宣言と矛盾しています。

このように優れたエディションにも、いくつかの誤りが含まれています。それらを以下に列挙しますが、これはあら捜し的な攻撃を意図したものではありません。さらに良い楽譜となるように、との願いを込めた批判であり[9]、誤りは再版時に除去されるに違いありません。人間である限り、誰も完全ではないのは当然です。

このエディションにおけるアイゼンとレヴィンの校訂方針は、よく練られた序言および校訂報告の前書きで説明されています。序言にはこうあります。

モーツァルト的な実践に沿ってできるだけ明瞭な指示を与えるために、オーセンティックな資料上に見られる特徴的な記譜法――それは、現代の記譜法が抱える規範的限界よりも作品の本質に近いものである――は、原則としてそのまま再現した。モーツァルトの独自な記譜法が演奏上の示唆を含むのは、とりわけ次のような場合である。

- *オーケストラパートの分奏を示すだけでなく、複数のピアノパートにおけるポリフォニックな意図も示す二重符尾。*
- *モーツァルトによる連桁の表示。個々の音符に個別につけられた符尾は、しばしばフレーズ構造を明確するためのアクセントやアーティキュレーションへの示唆として受け取*

---

[7] ショパンの《ピアノ協奏曲第1番作品11》第2楽章第54小節にも、類似した誤りが見受けられる。初版譜に表示されているアッポッジャトゥーラは、より自然に思われるh^1音の代わりにgis^1音となっており、1オクターヴ上の主音gis^2に連結されている。なおショパンの自筆譜は散逸しており、このgis^1音の正誤は確定できない。

[8] 編者注：ページ数が二種列記されている場合は、最初のものがフルスコア版、続くものが2台ピアノ版の楽譜における表示となる。

[9] 以下に列挙したものとは別に、ブライトコプフ＆ヘルテル版の第2楽章に挿入されているモーツァルトによるふたつ目のカデンツ第23小節第3拍に含まれる三十二分音符のパッセージうち3個目の音は、b^2であってh^2ではない。

ることができる。
　・タイとスラーのコンビネーション。長いスラーでまとめられた音列内にあるタイはスラーに包括される場合がある。

装飾音と主音を連結するスラーは、常に表示されているわけではない。しかしそのようなスラーの一般的な演奏法はレオポルト・モーツァルトが規定しており、たとえ記譜されていない場合でも遵守される。しかしヴォルフガングの自筆譜や演奏パート譜、さらに音楽上のコンテクストが示唆しているものは、ヴォルフガングにとって——少なくとも1770年代以降は——それが常に当てはまるわけではなかったことである。

序言にはさらにこう書かれています。

自筆譜に施された大量の修正のうち、いくつかは率直な改良として理解されるが、他の多くは単なるオルタナティヴを提供するものであって、なかには技術的に単純化したものも含まれている。そうしたケースでは双方のバージョンを提示し、演奏家が選択できるよう配慮した。

校訂報告はこうまとめられています（p.99／p.95）。

このエディションの目的は、創造や演奏の歴史を踏まえながら、作品をさまざまな角度から観察できるようにすることである。私たちは、資料と周知の出版譜双方の読みを説明しながらそれらを評価し、理知的にも実践的にも自ら判断することができるよう、利用者にそのツールを提供したいのである。

残念ながらこの楽譜に「双方のバージョンを提示し、演奏家が選択できるよう配慮」された箇所はひとつも発見できませんでした。後日校訂者より「このアイデアは他のモーツァルトの協奏曲《変ホ長調K.449》《変ロ長調K.450》《ニ長調K.451》を意図したものである」と聞いたものの、最終的には実現されないままとなったことが残念です。
　以下に、実際に行なわれた編集をいくつか紹介しましょう。

省略と記号

　まずはピアノの左手パートに関してです。モーツァルトがオーケストラのトゥッティ部

分に対応するピアノパートに書き込んだ通奏低音のバス音は、大きな符頭で印刷されています。しかし *Col B (Col Basso)* という省略記号が書かれているところは、小さな音符で印刷されました。たとえば第1楽章の第9〜54小節を参照してください。この区別から「小さな音はあまり重要ではない」という印象が生まれるとすれば、それは誤解です。フルスコアの楽譜ではオーケストラパートにある省略記号（*col B* もしくは *unis. B* など）はそのままの形で提示され、これらを音符として可視化することは行なわれていません。さもなければスコアは小さな音符でいっぱいになってしまうでしょう。

アイゼン＝レヴィン版は、モーツァルトのアルペッジョ記号をオリジナルの形、つまり和音に斜めに線を引く形で再現した唯一の現代版です。最初に（第1楽章の第80小節）出現する際には、脚注で序言への参照指示があるものの、説明はこの協奏曲の2台ピアノ版No.8640にしか掲載されていません。ハイドンやベートーヴェンの作品にも見られるこのようなアルペッジョの記譜法は「見た目は北ドイツのアッチャッカトゥーラ *acciaccatura* の記号と同一だ」という問題があります。アッチャッカトゥーラは、分散される音符の間に非和声音を挟み込むアルペッジョです。ハ長調のトニカ和音であれば、その転回形に応じてD、F、A音および／あるいはH音が追加されます。ヴァンダ・ランドフスカのような博識の音楽家でさえモーツァルトによるアルペッジョの記譜を誤解し、アッチャッカトゥーラとして弾いている録音があるぐらいですから、この記号が北ドイツと南ドイツで異なった意味を持っていたことに関する説明は必須です。

アーティキュレーション

第2楽章第12小節では、チェロとコントラバスのパートでf音が3回くり返されますが、最初の音にはスタッカート、第2、3音にはポルタートという、不自然なアーティキュレーションがつけられています。おそらくはモーツァルトの単純な書き滑りでしょう。ザルツブルクの筆写譜（資料B）には、3音すべてにポルタートがあり、この書法は弦楽器で反復される他の八分音符のほとんどと一致します。校訂者たちは、なぜか第110小節に見られる同様の箇所にも括弧つきで同じ不自然なアーティキュレーションを補足しています。3音すべてがポルタートでなくて良いのでしょうか。

また第31小節のピアノパートでは、自筆譜にははっきりと見られる中声部 $es^1 - d^1$ 音間のスラーが欠けています（校訂報告でもこれに関する記述はありません）。さらに私どもの見解では、第2楽章の第128小節（No.8640の楽譜では129小節と読めますが、下段の大譜表冒頭の小節番号が誤って127となっているためです）で、校訂者たちは、モーツァルトが書いた順番を勘違いしています。モーツァルトはまず、第2、3番目の音 $f^2 - es^2$ 音にスラーを書き、

そのあとでアーティキュレーションを次のように変更したのです。

■ 例9/24

当初のスラーは第128小節第1拍裏の音型（付点の部分）にかけられていました。モーツァルトは修正後もこのスラーを消さなかったため、自筆譜にも残されています。

■ 例9/25
第126～130小節

第128～130小節における縦線のスタッカートがアクセントを意味するとは考えられませんし、第128小節のf^2音でスタッカートとレガートを同時には弾くことは不可能で、第128小節の2番目のスラーをモーツァルトが消し忘れたことは明らかでしょう。

デュナーミク

　第1楽章の第115小節に、校訂者たちは括弧つきで f を補完しています。この f は、確かに自筆譜にはないものの、モーツァルトの姉が作成した『ザルツブルクの筆写譜』には見られます。ところが、この筆写譜にしか見られない縦線のスタッカート（終楽章の第325～326小節や第333～338小節）は、同じような校訂状況であるにもかかわらず括弧なしで印刷されています。これは矛盾した校訂であり、次のような訂正を提案します。「第1楽章の第115小節の f は括弧なし、類似する第244小節のパッセージにある f は括弧つき（どの資料にも f はありません）」、あるいは「終楽章のスタッカートに括弧をつける」のどちらかです。

　第2楽章、カデンツァ直後の第123小節でアイゼン＝レヴィン版は、右手の4番目の音（第2拍の裏）の直下に p を印刷しています。モーツァルトがいつもより右側に強弱記号を書いたことは確かですが、音楽的な考察からこの p は2番目の音（第1拍裏のh^2音）につけ

られるべきです。モーツァルトの姉（そしてその他すべての校訂者）がh^2音の下に𝒑を提示していることも、見過ごすべきではないでしょう。

　誤った校訂上の括弧がつけられてしまった別の例は、第3楽章第149小節（フルスコア、2台ピアノ版ともにp.68）の最初のアインガングに見られます。終わりに近いプレスト冒頭にモーツァルトは（左手の譜表だけですが）はっきり𝒇と書いており、フルスコア版にある左手への𝒇につけられた括弧は誤りです（2台ピアノ版では正しく表示されています）。

装飾

　校訂者たちは、波線のあるトリル記号とないトリル記号というモーツァルトの区別に——その違いが演奏上において何を意味するのかはさておき——従おうとしました。現実には波線の有無に意味はほとんどありません。波線が書かれていないトリルが長いか短いかの判断は、音楽のコンテクストに委ねられるからです。なお、以下のふたつのケースには問題があります。第1楽章の第102小節と第231小節との記譜が一貫しておらず、また第2楽章の第115小節に校訂者たちが付加した波線は、モーツァルトによるものではありません。

　『新モーツァルト全集』とは異なり、アイゼン＝レヴィン版では基本的に装飾音の奏法に関する提案は行なわれていませんが、ひとつだけ例外があります。第1楽章第181小節の第1ヴァイオリンへの注釈です。第2楽章でも少なくとも第62小節と第68小節に、想定される演奏法に関する助言があればなお良かったでしょう。この箇所でモーツァルトは、この作品では他のどこにも見られない「複合アッポッジャトゥーラ」を書いているからです（奏法に関しては256〜257ページの例5/129と例5/130を参照してください）。

　同じ第2楽章の第67小節にある括弧は明らかな誤りです。これではアッポッジャトゥーラのg^1音が校訂上の加筆であるかのような印象を与えてしまいます。校訂報告での説明はありませんが、このアッポッジャトゥーラは主要な資料A、Bともに見られるものです。

　「このエディションは実践的な使用のために構想された」と序言に宣言されているくらいですから、少なくとも当時のリズムの慣習についての助言も、望まれるところです。第1楽章の第24小節でモーツァルトは、複付点のリズムを正確に記譜しようと努めています。しかし、同じ動機が第86小節と第215小節のソロパートに再び現れるときには、そうした書法は放棄され、最後の音が十六分音符になっていません。モーツァルトはおそらく18世紀における一般的な実践習慣を期待していたのでしょう。今日、経験豊富なピアノ奏者でさえこのことを見逃しており「ここでも二重付点が念頭に置かれている」というアドバイスが必要です。表記どおりの単純付点ではトゥッティでのパッセージのように生き生きとした響きが得られません。なお、モーツァルトの作品において必要な、あるいは起こり得る複

付点の別の例は、第3章「テンポとリズムの問題」の147ページ以降に挙げられています。

校訂報告

　校訂者たちはフルスコア版の楽譜（Nr.5300）の99ページにある「個々の読み」という小見出しに続く段落の終わりで、次のように述べています。「とりわけ重要な観察、なかでも演奏実践に関連する問題は、*太字で印刷される*」。すばらしい考えです！　しかし、第1楽章の第70〜71小節、第163〜164小節のオーボエについての観察がこの扱いに値するとは思えません。第72〜75小節、第165〜168、187〜190小節とは違って、ここの第1オーボエには次の小節に続くスラーが欠落しています。しかし、同じ動機が何度も反復されている中でのスラーの欠落は、意図的ではないでしょう。またたとえ文字どおりに演奏されたとしても、ピアノパートで同じ音が弾かれているため、聴き手にはオーボエにおける差違が聞こえません。校訂報告は細部まで几帳面に編成されていますが、これとはもっと別の問題を指摘することもできたはずです。

　まとめましょう。上記で論じた不正確さや非一貫性があるとはいえ、新しいブライトコプフ＆ヘルテル版は、現在入手可能なエディションの中では最良で、記譜の変遷への興味と学究的関心をもつ音楽家には理想的な楽譜と考えられます。この種のエディションは『新モーツァルト全集』のオルタナティヴとして、モーツァルトの意図にできるだけ近づこうとする未来のエディションのモデルとして評価されなければなりません。なおレヴィン教授は、上記で示した不正確な点すべてを、次回の増刷の際に訂正すると私どもに確約してくれました。

ウィーン原典版の新訂版[10]

　カール・ハインツ・フュッスルの校訂によって刊行されていた良質の原典版に代わるものとして近年発行されたウルリヒ・ライジンガーとロバート・レヴィンが校訂した楽譜は、高く評価される内容に仕上がっています。新訂版が旧版よりまさる点は、その校訂に以前はまだ知られていなかった新資料を活用しているところです。ただ自筆譜にはないものの初版譜において表示されている多くの演奏指示が括弧つきで指示されており、この手法では「括弧つきのものは括弧なしのものに比べて重要度が低い」と誤解されてしまう恐

---

10) 編者注：ウィーン原典版新訂版に関するセクションは原著に含まれていないが、2012年2月に執筆され、日本版のために寄稿されたものである。

れがあります。括弧つきの指示もモーツァルト自身に由来しており、ないものと同等に扱われなければいけないのです。その意味で《ピアノソナタヘ長調K.332》第2楽章において、まず初版譜のバージョンを括弧なしの状態で表示し、その後に出版用の最終的な姿にはまだ整えられていない自筆譜（こちらには音楽学的な価値があります）を別途掲載したライジンガーの編集は画期的です。

校訂者による綿密な作業を経たにもかかわらず、いくつかの誤りが残っています。これは校訂者が音楽的な観点よりも文献学的な観点に比重を置いたことに由来するのかも知れません。また同じ研究分野において達成された他の研究者たちによる成果の反映にも、不満が残ります。たとえば『新モーツァルト全集』における重要な成果が無視されていることは残念です。また、いくつかの楽譜上の問題点に関しては、同じ街ウィーンの住民で、モーツァルト研究の経験もあるバドゥーラ＝スコダの見解を聞くこともできたでしょう。

賞賛に値するのはロバート・レヴィンが執筆した《演奏への序言》の内容であり、私どももレヴィンの見解を支持します。しかし、〈反復〉に関する序言の中で述べられている「単なる反復は聴き手を退屈させる」という見解、および「作曲家たちは自分が書き入れたすべての反復が演奏されることを期待していたことを示す明らかな証拠があり、演奏者は反復の際にデュナーミクやタッチによる音色の変化、装飾等々を活用すべきである」という点に関し、私どもは友人ロバートの意見に同意できません。私どもはモーツァルト以前も以後も、そしてモーツァルト自身も含め、大作曲家たちはそれぞれの作品における反復を「同じ形での反復」「違う形での反復」として記譜していると考えます。モーツァルトの主題が初回とまったく同じ姿で提示されるように初版譜が整えられている場合（たとえば《ピアノソナタハ長調K.330》第2楽章[11]）、これを自由に変形して構わない、ということにはならないのです。モーツァルト自身が演奏した時に即興的な演奏が行なわれたことはあったでしょうが、それを生徒や他のピアニストに要求した形跡はどこにも残されていません[12]。それどころか、モーツァルトは手紙の中でしばしば「ピアニストや歌手たちは、自分の作品を自由に扱いすぎて台なしにしてしまう」と嘆いているのです[13]。

〈装飾音と装飾法〉の記述の中でレヴィンは「短い音符につけられたトリル記号は、ほとんどの場合主音開始のプラルトリラーとして処理される」という大切なポイントを積み残しています。また、長いトリルにつけられる後打音は単なる「慣習」を越えた、義務に近いものなのです。

---

[11] 自筆譜には「長調の部分を冒頭から反復なしで *Da capo maggiore senza replice*」との指示があり、実際の音符は書き込まれていない。

[12] 18世紀の音楽の基本がアンサンブルにあったことを忘れてはならない。弦楽四重奏曲の反復部分でチェリストが自分のパートに即興を付加するようなことは考えられないだろう。

[13] 「ジュピターには許されても、牛には禁じられている *Quod licet Iovis non licet bovis*」という格言がある。

第9章　最良のテクストを求めて　489

以下に、演奏される頻度の多い作品に関して、いくつかの問題点を指摘しておきましょう。

《ピアノソナタニ長調、K.284（205b）》
　この作品は1775年にミュンヘンで作曲されたものですが、その後9年の年月を経た1784年、ようやくウィーンで作品7として出版されたものです。このソナタの自筆譜と初版譜の内容は多くの部分で異なっており、初版譜の印刷用にモーツァルトが別途（その後散逸してしまった）自筆譜を準備した可能性が考えられます。こうした状況から、複数の明らかなミスプリントが含まれているものの、初版譜は自筆譜よりも優位にある資料だと言えるでしょう。以下にそうした事例をいくつか挙げましょう。
　第1楽章の第94小節第3拍において、モーツァルトは当初書かれていた *tr* 記号のかわりに十六分音符a^1の前にアッポッジャトゥーラh^1音を書いたのです。現代の印刷譜ではアッポッジャトゥーラに加えて *tr* 記号も印刷されていますが、まったく馬鹿げています。
　初版譜における第2楽章はほぼ自筆譜通りの音符で構成されていますが、強弱記号に変更があります。アーティキュレーションに関してですが、自筆譜にある第47小節冒頭のfis^1音と直前のアウフタクトeis^1音を連結するレガートが、初版譜では誤って反映されていません。校訂報告で指摘するだけでなく、楽譜にも印刷すべきでしょう。
　第3楽章では第1変奏のみならず、他の変奏でも自筆譜と初版譜の差違が顕著です。目立つところを挙げてみましょう。第1変奏第3（ヘンレ版では20）、7（同24）、16（同33）小節右手のアーティキュレーションはよりモーツァルトらしく変更されています。第4変奏第3（同71）、7（同75）、16（同84）小節のスラーはそれぞれ第1音から第3音（十六分音符）になっています。第7変奏第12（同131）小節後半の初版譜における強弱は *f* です（ウィーン原典版ではこの強弱記号が印刷されていません）。第11変奏第30（217）の初版譜バージョンの右手第3拍e^3音につけられている *tr* を演奏するために必要となるfis^3音はモーツァルトのピアノにはなかったことから、初版譜における誤植に違いありません。第12変奏にある十六分音符のアッポッジャトゥーラは、モーツァルトの指示で（出版社の独断ではないことは明らかです）初版譜において普通の八分音符に変更されました。十六分音符のままでは奏法も不明確ですし、この変更は脚注ではなく、メインテクストとして表示されるべきでしょう。

《ピアノソナタイ短調K.310》
　パリで出版された第1楽章の初版譜にある強弱記号は《演奏への序言》の〈デュナーミク〉にもある通りモーツァルト自身によるものですが、第46小節第3拍に印刷されている *f* に関しては何も触れられていません。また、校訂者によって提案されている第35および第116小節の *f* には疑問の余地が残ります。私どもは第47および126小節へ *f* の補填

を推奨します。第80小節においてライジンガーは他の原典版に追従せず、直前の小節の最後の音としてすでに弾かれているdis^2を小節冒頭のアッポッジャトゥーラとして再表示しています。「第74〜75小節を反復」と省略記号で指示されているところから、本来はe^2音として編集されることが多い第76小節右手冒頭の音を第78小節冒頭に準じてgis^1音に変更する柔軟性を持ち合わせているのなら、第3小節や第82小節に準じて第80小節冒頭のdis^2音を省略する素地は十分にあったと思われます。

『新モーツァルト全集』や以前のウィーン原典版(カール・ハインツ・フュッスルとハインツ・ショルツによって校訂されたもの。1973年に出版)とは異なり、ライジンガーは∾への臨時記号をすべて括弧なしで表示しています。これでは「これらの臨時記号はモーツァルト自身に由来する」という誤解を招いてしまいます。モーツァルトがターンにはひとつも臨時記号を書かなかったのであればまだしも、モーツァルト自身によるものも存在するのです。それらはたとえば《ピアノソナタハ短調K.457》第2楽章の第17、47、48および53小節、《ロンドイ短調K.511》の複数の箇所などに指示されています。ライジンガーが加筆した臨時記号のうち多くのものは問題ありませんが、第2楽章第25小節の右手第1拍と左手第2拍につけられた∾への♮は良いにしても、右手第2拍の♯、左手第3拍への♭そして第80小節にある2個の♯は不要です。それに対し、第39小節*tr*記号には括弧をつけた♭を補充すべきでしょう。ここの調性はト短調であり、d^1音につけられる隣接音はes^1となります。モーツァルトが書かなかった臨時記号の追加に関し、『新モーツァルト全集』の校訂者たちはライジンガーより控えめな対応をとり、追加が有効と思われる場合には旧来のウィーン原典版と同じく、括弧つきの表示にとどめています。

《ピアノソナタイ長調K.331》

第1楽章第26小節(第1変奏)の右手3個目の和音に含まれるe^1音は初版における誤りと思われます。第48小節(第2変奏)左手第4拍は声部進行の観点からe音を加えたオクターヴにすべきでしょう。主題第12小節や第1変奏第30小節を参照してください。第97小節(第5変奏)右手後半のアーティキュレーションに関する初版譜の表示は誤りで、第105小節に準じて修正されるべきでしょう。初版譜第106小節の強弱記号のうち*f*は左手第3拍の八分音符(2個目の和音)につけられており、第4拍で*p*になっています。*fp*の形で表示するのであれば括弧をつけるべきでしょう。第116小節(第6変奏)左手最後の和音も誤りである可能性があります。モーツァルトの場合、このような和音は通常4声で書かれるからです。興味深いのはアンドレー社から出版された初版譜の楽章最後、第132〜134小節における強弱記号です。この資料では第132小節と第133小節の最後6個の十六分音符は*p*、続く第133小節と第134小節の第2拍に*f*が印刷されています。

第2楽章第3および33小節のスラーは誤りです。先行する小節のように短く表示されるべきでしょう。

《ピアノソナタヘ長調K.332》

不思議なことに、第1楽章の初版譜第138小節と第140小節にあるモーツァルトならではの*sfp*が、それに対応する提示部の第6、第8小節に印刷されていないことに、どの校訂者も気づかないまま今日に至っています。モーツァルトがソナタ形式で整えた第1楽章の提示部と再現部はいつも同じであり、これらの小節には括弧に入れた*sfp*を補充すべきです。

初版譜のバージョンが第2楽章のメインテクストとして採用されたことは賞賛に値します。ただ、残念なことに第24小節において、校訂者の見逃しが残ってしまいました。この楽章の初版譜第10小節以降ではすべての*sfp*が1音右にずれて表示されているのです。他の場所ではすべて正しく修正されていますが、第24小節だけは初版譜通りの誤りが再現されています。ここでも冒頭の音にアクセントがつけられるべきであることは、第4小節を参照すれば明らかでしょう。

《ピアノソナタ変ロ長調K.333》

第1楽章には多くの賞賛すべき編集が施されていますが、第35小節でライジンガーが行なったアッポッジャトゥーラの音価の変更(十六分音符を八分音符に変更)には同意できません。

第2楽章第64小節右手のスラーは第16小節と同じように1音分短くあるべきと思われます。第64小節ではモーツァルトの手が滑ったのでしょう。

第3楽章もとてもよくまとめられています。初版譜の第48小節や第119小節にあるスタッカートは、第8小節にもつけられるべきでしょう。第37〜39小節と第108〜110小節左手のスラーは、長めのものであるべきだと推測されます。

《幻想曲ハ短調K.475》

とても良い編集が行なわれています。

《ピアノソナタハ短調K.457》

第1楽章第68小節と第70小節の左手第4拍の和音は、自筆譜のバージョンを表示すべきです。またここに印刷されている和音自体も初版譜のバージョン(d^1-f^1-as^1)にあるものと異なっています。モーツァルトは和音の中の2度音程を縦に揃えて書く癖があり、これが初版譜作成の際に誤って読まれてしまったのです。第178小節第4拍と続く小節冒頭に校

訂者によって指示された $\boldsymbol{f}$ と $\boldsymbol{p}$ は、残念ながら音楽的にも許容できないものです。

第2楽章第12小節で、初版譜にだけある ∞ が表示されたのは、賞賛に値します。一方、第13～14小節の強弱記号は第54～55小節のように処理すべきでしょう。第28小節の $\boldsymbol{p}$ は小節冒頭につけられるべきです。第24～25、31～32、32～33、33～34小節などにある類似した箇所を参照してください。第51小節の左手第3拍の十六分音符は $_1$As-C-As と思われます。モーツァルトが装飾音を示すために追加した自筆譜にある $_1$As-C-F は不注意による書き誤りではないかと推測されます。

モーツァルトがトラットナー夫人に献呈した自筆譜の第3楽章冒頭に書いた *agitato* は、メインテキストに表示されるべきでしょう。それと並行して記入された楽章冒頭の $\boldsymbol{p}$ も括弧なしで表示すべきです。第90小節右手につけられたスラーは第2音からです。第287、289小節などを参照してください。上述の献呈譜の第211小節冒頭には $\boldsymbol{f}$、第213小節第2拍に $\boldsymbol{p}$ が書かれています。第230小節に表示されている *a piacere* は、その意味するところに鑑みて1小節前に移動されるべきでしょう。第244小節にある *in tempo* は自筆譜にもあるもので、括弧は不要です。

以上の問題点が増刷の際に修正されるのであれば、喜ばしく思います。同じスタッフによって編集された『ピアノ小品集』も推奨に値する高い完成度を誇った楽譜に仕上がっています。同じウィーン原典版でもハンス・クリスティアン・ミュラーとカール・ゼーマンの編集による旧来の『変奏曲集』は情報も古く、推薦できません。新しく編集し直された楽譜の出版が待ち望まれます。

ピアノ4手のための作品集

この楽譜はモーツァルトの連弾作品の楽譜としては数少ない、大譜表2段のレイアウトで表示されているものです。パートナーがどんな音を弾いているのかが一目瞭然なのが最大のメリットですが、自分のパート譜がまとめて目前にない、ということを不便に感じる人がいるかも知れません。

この楽譜でも多くの賞賛すべき編集が行なわれています。《4手のためのソナタヘ長調K.497》終楽章終結部第313～317小節に初版譜のバージョンが──メインテキストではなく小さい音符で処理されたことは惜しまれるものの──印刷されたことは、そのひとつです。この部分は第313小節のプリモから開始される完璧な4声のカノンであり、自筆譜に記載されている自由なカノン風3声部を改訂したのがモーツァルト自身であることは明らかです。他にも第159～160小節や第184～191小節は、より弾きやすい形に修正されています。

《4手のためのソナタハ長調K.521》の仕上がりも上々です。モーツァルトは、省略記号

によって指示した第3楽章第70～96小節および第143～169小節のリトルネッロ（ロンド主題の回帰）における反復をどうすべきか――「反復なし」「前半のみ反復」「前半も後半も反復」――の判断で躊躇していましたが、初版譜は「反復なし」で印刷されることになりました。私どももこの形を最良の形として歓迎します。

ロバート・レヴィンが提案したこれらのリトルネッロへ接続するためのアインガングや、《4手のためのソナタト長調K.357》の未完部分への補充、そして2曲の《自動オルガンのための幻想曲ヘ短調》（K.594とK.608）の編曲はとても良い仕上がりになっています。これはパウル・バドゥーラ＝スコダによる編曲[14]に匹敵するものですが、バドゥーラ＝スコダのもののほうが細部の和声感や4手としての音響において、よりモーツァルトらしく仕上がっているでしょう。

賞賛すべきはケッヘルの作品目録では「贋作」とされている、まだ9歳のモーツァルトが作曲した魅力的な《4手のためのソナタハ長調K.19d》がこの楽譜に含まれていることです。この作品が若いモーツァルトのものでないとしたら、終楽章のロンドはいったい誰が作曲したというのでしょう。

本書でくり返して述べてきたように、私どもの立場は「今日一般的な編集方針とは異なって、モーツァルトの生前に出版された初版譜のバージョンを自筆譜より優先すべきである」というものですが、例外があります。それはモーツァルト時代の作曲家フランツ・アントン・ホフマイスターが関与して出版された初版譜です。この楽譜にはモーツァルトのあずかり知らぬ変更が各所に施されているため、注意が必要です。

こうしたケースのひとつに《4手のための変奏曲ト長調K.501》があります。この作品の自筆譜は20世紀後半になって参照できるようになり、クリスタ・ランドンの功績によって公開されました[15]。ランドンのコメントは以下の通りです。

初版譜はモーツァルトと友好関係のあったフランツ・アントン・ホフマイスターが経営するウィーンの出版社から出版された。この初版譜と自筆譜の間にある追加や変更などの相違はモーツァルトに由来するものではなく、当時作曲家として名声を博していたホフマイスターに帰するものである。変更には声部進行やアーティキュレーションの変更のみならず、多数の、恣意的につけられたスタッカート記号や強弱記号、連桁の追加などが含まれる。

ランドンの見解に私どもも100パーセント同意します。ホフマイスターによる変更がモーツァルトに由来しないものであることは、冒頭の第2および第3小節のプリモ上声部に

---

14) Mozart, Fantasy for Mechanical Organ, K.608, Piano, Four Hands or Two Pianos (Badura-Skoda), Schirmer's Library of Musical Classics, Vol. 1893, New York, London, 1974. インターネット上でしか入手できない。

15) 1962, Universal Edition, Wien, Nr.13304.

印刷されたくさび形のスタッカートからも明らかです。この偽のスタッカートに気づかない現代の校訂者もさることながら、第3変奏においてクリスタ・ランドンが削除したスラーを再現したライジンガーの真意は測りかねます。括弧がつけられているとは言うものの、演奏者がこのスラーを用いて演奏してしまうことは、避けられないでしょう。またなぜこのスラーが再登場したかに関する説明も掲載されていません。以下に「弾くべきではない偽のスラー」を列挙しておきましょう。これらは小節後半のアッポッジャトゥーラつきの4個の十六分音符のグループにつけられています：プリモの第1、5、6、9、13、15、16小節、セコンドの第2、4、10、12、14、16小節。これらの括弧つきのスラーは無効です！ クリスタ・ランドンや私と同じ考えのモーツァルト研究家ヴォルフ＝ディーター・ザイフェルトも、ヘンレ版として提供されている《ヴァイオリンソナタ変ホ長調 K.481》の編集おいて、ホフマイスターによる変更（主に強弱記号）を排除しています。

楽譜の綴じ方について

　どんなに良い内容のエディションであっても、ピアノ奏者がそれを読めなくては役に立ちません。現代の本や楽譜の一部には、背面の糊付け（無線綴じ）の影響からか、ページを開いた状態に保つのが困難なものが見受けられます。開いたはずの本が自然に閉じたり、めくったはずのページが何もしないのに戻ってしまう、という状況がしばしば生じるのです。小説や楽譜を単に読むだけなら、手を使って押さえられますが、楽譜が譜面台に置かれている時には、一体どうすれば良いのでしょう…。ピアノ奏者の両手は楽譜を押さえるためではなく、演奏に必要なのです。そして、弾きながら注釈や指使いも紙面に書き込みたいのです！ 究極の解決策は、スコアの背の部分を裁断し、スパイラルリングで綴じなおすことでしょう。腹立たしい楽譜の現状に直面してみれば、多くの音楽家がコピー譜での演奏を好むのも、不思議なことではありません！ 19世紀や20世紀初頭の楽譜にこのような問題はありませんでした。近年の技術をもってしてのこの不具合は、なぜなのでしょうか。使う人の立場に立った製本が望まれます。

章の最後に

　私どもは上記で「完全な者など誰もいない」という有名な格言を引用しました。モーツァルトでさえ、いくつかの書き誤りを避けられませんでした（驚嘆すべきは、それが本当に「ほんの少し」であることです）。人間のすることであれば、そこに何か不具合が紛れ込むことは避けられないでしょう。しかし、望むらくは、それがあまり多すぎないように！

第10章
オーケストラとの共奏

ピアノは、モーツァルトの時代から音色の点でも音量の点でも大きく変わりました。それだけでなく、弦楽器の響き——とりわけヴァイオリンの響き——も、ホルンや木管楽器と並んで大きな変化を遂げました。この2世紀間のオーケストラはどんどん規模を増し、音も大きくなりました。モーツァルト時代におけるウィーンのオーケストラと比べると、現代のオーケストラでは弦楽器が支配的になり、木管楽器（ホルンを含む）は、弦楽器に対抗できる響きのボリュームを得ることが難しくなっています。

木管楽器の響きは18世紀の南ドイツで愛され、モーツァルトも好んで使用していました。明瞭でよどみない響きが大切にされ、当時の人々を惹きつけたのです。今日こうした明瞭さは、古い楽器を用いたピリオド・オーケストラにおいて控えめな数の弦楽器で演奏することによって得られます。オーケストラの規模を決める時には演奏する作品の性格とともに会場の音響も考慮しなくてはなりませんが、小規模なオーケストラを大きなホールで聴くこともまた魅力的です。

ところでモーツァルトは実際に大規模なオーケストラにも出会っていたことが知られています。モーツァルトは1781年3月24日に書いた父宛ての手紙で、ウィーン音芸術家協会Tonkünstlersozietätのオーケストラについて「オーケストラは、180人もいます」[1]と伝えていますし、1781年4月11日には父にこう報告しています。

> このあいだ書き忘れていましたが、そのシンフォニー［おそらくK.338］はすばらしく行って、大成功でした。——ヴァイオリンを40人が弾き、管はすべて2倍の編成です。——ヴィオラは10人、コントラバス10人、チェロ8人、それとファゴット6人でした[2]。

しかし、当時そのような巨大な部隊はまったくの例外だったようです。ニール・ザスローはヨーロッパの音楽の中心地におけるオーケストラの規模を調べ、同じ結論に達しています[3]。モーツァルトが通常想定していたのは6＋6挺のヴァイオリン、ヴィオラ4挺、チェロ3挺、コントラバス3挺のみでの編成でした[4]。

モーツァルトの理想は、マンハイムのオーケストラの規模だったようです。父宛ての1777年11月4日の手紙には次のように書かれています。

> さて、当地の音楽についてお話ししなくてはなりません。［…］オーケストラは実にすばら

---

1) 『モーツァルト書簡全集』V、海老沢敏・高橋英郎編訳、白水社、1995年、19頁。
2) 同、35頁。
3) Neal Zaslaw, *Mozart's Symphonies: Context, Performance Practice, Reception*, p.451ff. を参照。
4) 以下のふたつの研究で、ヨーロッパのさまざまな都市におけるモーツァルトの時代のオーケストラ構成が詳しく一覧できる。Robert Haas, "Aufführungspraxis der Musik," p.217ff.; Neal Zaslaw, *Mozart's Symphonies*, p.449ff.

しく、強力です。左右両側にヴァイオリン10ないし11、ヴィオラ4、オーボエ2、フルート2にクラリネット2、ホルン2、チェロ4、ファゴット4にコントラバス4、それにトランペットとティンパニです。それで快い音楽をやります [...] [5]。

ヴィオラが驚くほど少なく思われますが、18世紀の標準的なオーケストラでは普通でした。ハイドンはこれについてよく不平を述べていましたし、モーツァルトもしばしばヴィオラパートを分割して書いており、自作を演奏する際にはもっと多くのヴィオラを欲していたに違いありません。

ピアノ奏者は、ピアノ協奏曲をどのように演奏すべきか

できるだけ完全な演奏を目指すためには、まずソロパートを丹念に研究すべきことは言うまでもないでしょう。くり返し指摘してきたように、音を美しく、技巧的パッセージを滑らかに弾くだけでは足りないのです。動機の一貫性やフレーズの意味を──それが晴朗なものであろうと深刻なものであろうと──コンテクストに応じて理解し、率直に表現しましょう。多くの独奏作品と異なり、協奏曲のソロパートに強弱記号やアーティキュレーション記号がわずかしか書かれていないことは、よく知られています。なぜなら、ほとんどの場合ではモーツァルト自らが弾き手であり、アーティキュレーションの指示など不要だったからです。

23曲あるモーツァルトの協奏曲のうち、生前に出版されたのは6曲（K.175+K.382、K.413〜415、K.453、K.595）だけです。他の協奏曲は、自分自身で使うために敢えて出版社に送りませんでした。モーツァルトは1784年5月15日の父宛ての手紙でこう報告しています。

4曲の協奏曲［K.449、K.450、K.451、K.453］を一緒に、きょう郵便馬車で送りました。──シンフォニーについては気むずかしく考えていませんが、4曲の協奏曲については（家で、あなたのそばで写譜してもらうよう）お願いします。ザルツブルクの写譜屋は、ヴィーンよりも信用できませんからね。──ホーフシュテッターがハイドンの音楽を2部ずつ写譜したのを、ぼくはまったく確かな筋から知っています。[...] ──それで、この変ロ長調とニ長調の新しい協奏曲は、ぼく以外だれも持っていないわけですし──変ホ長調とト長調は、ぼくとフォン・プロイヤー嬢（この二曲は彼女のために書かれたものですが）、この2人以外持っていません。ですから、これらの曲は、そのような不正な手段によってしか他人の

---

5)『モーツァルト書簡全集』III、海老沢敏・高橋英郎編訳、白水社、1996年（第2刷）、213頁。

手に渡るはずはありません[6]。

11日後、モーツァルトは、父にこう書いています。

> いま届いた手紙で、ぼくの手紙と楽譜を確かに受け取ったとの知らせをいただきました。[…] それらの楽譜が再びぼくの手に戻るまで、喜んで我慢しましょう。——ただ、誰の手にも渡さないでくださいね。——いますぐにも、1曲24ドゥカーテンで売れたでしょうから。——でも、ぼくとしては、あと2, 3年も手もとに持っていて、それから印刷させて広めれば、もっと有利になると思います[7]。

こうした経緯から、モーツァルトは自分の作品を最初から細部まできちんと仕上げるのではなく、後日の課題として先延ばしにしていたことがわかります。この習慣のため、モーツァルトにとっては記譜する必要性のなかったアーティキュレーション記号や強弱記号を補足する必要が、私たちに生じるのです。その際、モーツァルトによるアーティキュレーションや表現記号が数多く書かれている初期の《ピアノソナタ変ロ長調K.281》や後期の《ロンドイ短調K.511》は、良き規範となるでしょう。

しかし、良い独奏者が求めるのはそれだけではありません。モーツァルトの協奏曲は、ソロ楽器とオーケストラ楽器との対話にあふれています。疑問と応答、先行するフレーズとそれを追いかけるフレーズを見つけるのです。ほとんどの場合は独奏ピアノが主人公 primus inter pares ですが、役割が入れ替わってピアノがオーケストラの主要声部を精妙に伴奏するフレーズもあります。《ピアノ協奏曲変ホ長調K.271》の第1楽章、第104〜107小節（と第233〜236小節）を見てみましょう。

■ 例10/1

---

6) 『モーツァルト書簡全集』V、504〜505頁。
7) 同、507〜508頁。

ピアノが伴奏楽器として登場するパターンはのちのピアノ協奏曲、とりわけK.449以降の作品にさらに多く見られます。

　モーツァルトの協奏曲をくまなく理解するためには、トゥッティ部分の丹念な研究がとても大切です。とりわけ冒頭と終結のトゥッティと、真ん中にあるオーケストラのリトルネッロを詳細に観察してください。共著者パウル・バドゥーラ＝スコダは子供の頃から、ほかの生徒が協奏曲を弾くときに、ピアノ用に編曲されたオーケストラパートを弾いて伴奏するよう教師から求められていました。こうして彼は、どんな協奏曲でもシューマンの《オーケストラのない協奏曲 Concert sans Orchestre作品14（ピアノソナタ第3番）》やショパンの《コンサート用アレグロ イ長調作品46》――これは、もともとショパンの3番目のピアノ協奏曲として構想された作品です――のように、通常のソロ作品と変わらない形で通奏する技術を身につけたのです。

　トゥッティ部分に出現するソロピアノと同じ動機にどのようなアーティキュレーションや強弱記号が施されているのかを観察することによって、独奏パートをどのように演奏すべきかに関する大きな示唆を得られるでしょう。たとえばモーツァルトの最後の《ピアノ協奏曲変ロ長調K.595》冒頭では、第1主題が第2ヴァイオリンとヴィオラにレガートで伴奏されますが、第16小節からは第2ヴァイオリンの伴奏音型（八分音符）にスタッカートがつけられています。この情報は、同じ独奏パッセージ（第292～297小節）を弾くときの助けになります。ここの左手には何のアーティキュレーション記号もついていないため、多くのピアニストがこれらのアルベルティ音型をレガートで弾いていますが、もっと注意力のある弾き手であれば、モーツァルトの意図を正しくうかがい知ることができるでしょう。

　オーケストラの編曲（2台ピアノ版の第2ピアノパート）を巧みに弾くためには、編曲の余地が残された、あまり精密ではない版を使うべきです。その目的にかなった良きオーケストラ編曲のモデルは、クルト・ゾルダンが編集した古いペータース版（1935年頃）です。現代の楽譜に掲載されているオーケストラパートのピアノ編曲にはあまりに多くのものが圧縮され過ぎていて、読むのも弾くのも困難です。《ピアノ協奏曲ニ短調K.466》の第1楽章、第285～287小節を比較してみましょう。これらの小節は、ペータース版では以下のよう

にまとめられています。

■ 例10/2

いっぽう、ベーレンライター社から出版された2台ピアノ版は、これらの小節にリズムの多様性をも押し込もうとしています。

■ 例10/3

初見で伴奏しなければならない時など、ベーレンライター版のバージョンから直感で音楽の内容を把握することは、とても困難です。

　過去の偉大なモーツァルト奏者たち、エトヴィン・フィッシャー、ヴィルヘルム・ケンプ、アルトゥール・シュナーベル、ルドルフ・ゼルキンなどは、いつもフルスコアで協奏曲を研究しました。すべてのパートを俯瞰し、正しく理解することによってこそ、作曲家が構想した音楽を学ぶことができるのです。モーツァルトやベートーヴェンがソロを演奏しながら指揮をした時も、自筆のフルスコアを使ったに違いありません。2台ピアノ版のスコアが一般的になったのは、ずっと後になってからなのです。

　現代のモーツァルトのピアノ協奏曲の演奏では、残念ながら独奏者とオーケストラの協調がまだまだ不足している箇所が散見されます。音楽家が身につけているべきモーツァルト様式に対する感覚がまだ充分ではないことが、その理由のひとつでしょう。

　また別の理由として、楽譜に対する両者の取り組みにしばしば差が見られることも指摘できます。経済的な理由から、多くのオーケストラが今もなお、100年以上前にブライトコプフ&ヘルテル社から出版された古色蒼然としたパート譜（アメリカ合衆国では、カルム

ス社によるパート譜のリプリント)で演奏していますが、これらのパート譜には不詳の編纂者による無意味なフレージングや表現記号が数え切れないほど加筆されているのです。『新モーツァルト全集』のスコアだけでなく、ベーレンライター社から出版されたパート譜や、もっと最近になって印刷されたブライトコプフ&ヘルテル社のパート譜のほうが推奨に値し、オリジナルのテキストにずっと近いものです。残念ながら多くの指揮者はスコアと古いパート譜との間にある不一致に関してストイックなほど無関心ですが、実はオーケストラパートの驚くほど多くの小節に、不正確な点がいくつも含まれているのです。《ピアノ協奏曲ニ短調K.466》の終楽章には特に極端な例があります。第19小節(オイレンブルク版では第20小節)以降ではオリジナルのアーティキュレーションが、編集者によって勝手に変更されています。モーツァルトの自筆譜でのアーティキュレーションはこうです。

■ 例10/4

しかし、古いブライトコプフ&ヘルテル版(そしてカルムス版)では、以下のようになっています。

■ 例10/5

一貫性にこだわるあまり、編纂者は第20小節の低弦パートに合わせて(オクターヴ跳躍はありますが、和声的な変化はありません)、他のアクセントのある第1音とその解決音を分離したのです。
　他の協奏曲のパート譜にも同じような状況が見られます。ピアニストが満足のいく伴奏を望むなら、訂正済みのパート譜を持参するのでなければ、譜面台に置かれたパート譜を赤鉛筆で訂正してまわる以外、対処方法はほとんど見当たりません。

しかし、オーケストラと独奏者がなかなかうまく共演できない理由は、使用されるパート譜が信用できないことだけではありません。何世代にもわたる悪習慣がくり返された結果、多くの欠陥が生じているのです。モーツァルトが使っていた楽器についての単純きわまる事実にさえ、現代の指揮者とオーケストラ奏者は目を向けようとしません。

たとえば、「B管ホルン」が現代の名称でいう「B管アルト・ホルン」のことだったということさえ、知られていないことがしばしばです。「モーツァルトが協奏曲ではいつもアルト・ホルンよりも1オクターヴ低いB管バッソ・ホルンを使っていた」という証拠は、存在しないのです。《管楽セレナーデ変ロ長調K.361》[8]では、実にまれなことにB管バッソ・ホルンが指定されています。モーツァルトはこの作品で、F管ホルンの下の段にそれを書きましたが、B管バッソとは書いていません。スコア上の位置からして当然だったからでしょう。

初期の作品では（ハイドンのように）ホルンで高い替管（変調管）が使われるのが当たり前で、それゆえモーツァルトは特に「アルト」とは特定しませんでした[9]。《ピアノ協奏曲ニ短調K.466》の第2楽章でも、ホルンが1オクターヴ低いと聴き心地が悪いように思われます。

モーツァルトのスコアにおけるチェロとコントラバスの分奏では、もちろん上声パートがコントラバスで演奏されます。書かれている音符よりも常に1オクターヴ低い音を奏でるからです。これは《ピアノ協奏曲変ホ長調K.482》第2楽章におけるように、しばしば誤解を招きます。

モーツァルトの協奏曲を伴奏するとき、記譜にはスタッカートとノンスタッカートに明瞭な区別があるにもかかわらず、多くのオーケストラには「伴奏を過度にスタッカートにしてしまう」という悪い慣習がはびこっています。《ピアノ協奏曲ニ短調K.466》の第2楽章を参照してみましょう。

■ 例10/6

8) 実際の演奏ではコントラバスの代わりにコントラファゴットが使われるのが一般的である。
9) H.C.Robbins Landon, *The Symphonies of Joseph Haydn*, p.125を参照。この問題については大いに論争の余地がある。Hans Pizka, "Das hohe Horn bei Mozart-oder die Situation des hohen Horns zu Mozarts Zeit," in *Mozart-Jahrbuch* (1987/88): 139-146 も参照。

第1ヴァイオリンが、第2ヴァイオリンやヴィオラのように短い八分音符で弾いてしまうのは正しくありません。

モーツァルトの伴奏にはいつも主張があり、ただの1音でさえ空虚に、無表情に響いてはいけません。同じ協奏曲の第1楽章第348〜349小節では、弦楽器の和音に丁寧に重みをつけ、ノンスタッカートで弾くことがとても重要です。

■ 例10/7

同じことは、この楽章の第104〜105小節にも当てはまります。そして第323〜326小節にある八分音符も同じように扱われます。『新モーツァルト全集』に印刷されているスタッカートは正しくありません。概して、モーツァルトはよく次のように記譜しました。

■ 例10/8

今日、これは通常の短いスタッカートと混同され、充分なニュアンスを与えずに演奏されてしまいます。実はこれは四分音符の柔らかいスタッカートを書くための、もうひとつの書法なのです。

■ 例10/9

八分音符の和音をくり返す伴奏がこの協奏曲第2楽章の第40〜60小節に見られますが、時としてスピッカートで演奏されます。結果として、不幸にも弓が40回も弦を打つ音が聞こえてくるだけで、音符が鳴ってくれません…。

第36〜38や63〜65小節のような単純な伴奏音型でも「歌わせること」が大切で、不当に短くしてはならないのです。

■ 例10/10

次の例は《ピアノ協奏曲変ロ長調K.595》第1楽章第225小節以降に見られる、第1主題の対位法的ヴァリアントです。

■ 例10/11

音をあまりに短くし過ぎないよう注意すべきなのは八分音符に限らず、四分音符にも当てはまります。とりわけフレーズの最後に位置する単独の四分音符には注意が必要です。たとえば《ピアノ協奏曲ニ短調K.466》第1楽章第112〜114小節で、オーケストラ奏者が四分音符を短く弾き飛ばさないよう注意しなくてはなりません。なかでも最後の四分音符は、きちんと保持（テヌート）されなくてはいけないのです。

■ 例10/12

今日スタッカートが過剰に使われる背景には、伴奏楽器がしばしば独奏楽器をかき消すほど分厚く響いてしまうことがあるのでしょう（この気づき自体は称賛に値します）。確かに伴奏が分厚くなり過ぎることには常に注意を払うべきですが、だからと言ってスタッカートにしてしまうのは正しい解決方法ではありません。

モーツァルト自身は、はるかに自然なやり方を選択しました。ピアノを伴奏する部分では弦楽器奏者の数を減じ、弦楽五重奏あるいは四重奏として伴奏するのです。これは、かつては普通に行なわれていた処置です。モーツァルトのフォルテピアノは、私たちのコンサート用グランドピアノと比べると非常に小さな音しか出せませんでした。管楽器によるソロも、時として弦楽器の各パートひとりずつの編成で伴奏されました。《ピアノ協奏曲

変ロ長調K.595》の第1楽章第205〜207小節[10]がその例です。モーツァルトは当初すべての弦楽器に*Solo*という指示を書きましたが、後になってバスパートへの指示を抹消し、ヴァイオリンとヴィオラだけに残しました。モーツァルトによる*Solo*の指示が伴奏楽器へのものであることは明らかで、ここの伴奏は各1挺の楽器で演奏されるべきなのです。

1783年4月26日、モーツァルトはパリの出版社ジーバーに宛てた手紙で《ピアノ協奏曲ヘ長調K.413》、《イ長調K.414》、《ハ長調K.415》を出版のために提供する旨と共に、次のような注意を添えています。

> そこでこの手紙でお知らせする次第ですが、私は3つのクラヴィーア協奏曲を完成しております。これはフル・オーケストラで演奏できますし、オーボエ、ホルンをつけても——あるいはたんに四重奏(ア・クワトロ)でも演奏可能です[11]。

モーツァルトは《ピアノ協奏曲変ホ長調K.449》でも「*a quattro*、つまりピアノ五重奏としても演奏できる」と再び強調しています(*a quattro*というフレーズはモーツァルトが自分で管理していた主題カタログでも、また父に宛てた1785年5月15日の手紙でも使われています)。現代ではピアノの音量が増加し、コンサートホールも大きくなったため、弦楽器の各パートひとりずつの編成で伴奏するのはあまりに極端だとしても、指揮者は第1ヴァイオリンを2席、4席(最大でも5席)にするかを判断し、他の弦楽器もそれに合わせる必要があります。ニューヨークのカーネギーホールでも、その人数で充分です。ピアノで歌い上げるメロディの伴奏に50人以上の奏者が和音を反復するのは馬鹿げています。滑らかで心地よい柔らかな音を出せる弦楽器奏者を数人で伴奏すれば充分なのです。その効果は絶大で、比較にならないほど自然な響きが得られることでしょう。

他方、現代のピアノの音量が大きくなったことは、現代のオーケストラとの協奏という点からは極めて大きな利点と言えるでしょう。モーツァルト時代のフォルテピアノにおけるフォルテの響きは、伴奏オーケストラがピアノで演奏すれば聞こえる程度の大きさでしかなく、フォルティッシモは、おおよそ現代ピアノのメゾフォルテにあたります。

このことから、モーツァルトがなぜ、フォルテの性格を持つパッセージでも伴奏オーケストラに*p*と記したかが説明できます。モーツァルトの表現記号をむやみに変更するのは避けるべきですが、こうしたケースではそこの音楽の内容に準じてオーケストラを*f*(あるいは*poco f*)にすることは、理に適ったことでしょう。今日ではもはやソロ楽器が伴奏にかき消される危険は存在しないのです。

---

[10] 古い版では、第198〜200小節(モーツァルトがのちに書き加えた7小節が抜けているため)。
[11] 『モーツァルト書簡全集』V、363頁。

もちろんこの種の変更に関しては慎重であるべきですし、音楽の性格が本当に保たれる限りにおいてしか、p を f へ安易に変更してはいけません。こうした例は、祝祭的な性格を持つ《ピアノ協奏曲ハ長調K.503》の第1楽章に当てはまります。第1小節は言うまでもなく、第9小節で入るオーケストラのトゥッティも明らかに f を要求しており、モーツァルトがここに書いたのも f です。しかし、第9小節に対応する第120小節や第298小節ではオーケストラに p が指定されています。独奏者に配慮しての措置なのです。この p を文字どおり演奏したのでは、現代ピアノの力強い和音に対しオーケストラが弱々しく響いてしまいます。《ピアノ協奏曲ニ短調K.466》の第1楽章（第110〜111小節、第169〜171小節、第283〜284小節）や、《変ホ長調K.482》の第1楽章（第348〜349小節）[12]、《変ロ長調K.595》の第1楽章（第218〜231小節）など、この種のパッセージはたくさん見受けられます。このようなところにあるオーケストラの p は少なくとも mf 程度にかさ上げして演奏しなければなりません。こうした所にモーツァルトが書いた p の指示は、ヴィヴァルディ時代の協奏曲様式の名残でもあるのです。当時、ソロが入る時のオーケストラは必ず p で演奏していました。

　特別な場合には、スコアにわずかな変更を加えることも可能です。モーツァルトの楽器法は熟練の域に達しているものの、時として特定の楽器——とりわけフルートとファゴット——にあまりに多くを要求し過ぎるきらいがあります。さらに、私たちの時代のオーケストラの音量がはるかに大きくなったことによって、ソロとしての管楽器がよく聞こえないパッセージが生じてしまうようになりました。

　《ピアノ協奏曲変ホ長調K.482》第1楽章の第365〜367小節[13]（と先行するアウフタクト）では、フルートがフルオーケストラに対して重要な対旋律を奏しなければなりませんが、現代のほとんどの演奏では、この旋律がうまく聞こえてきません。最良の解決策はフルートの数を倍にすることですが、ほとんどのオーケストラにはこのエキストラ奏者を調達する余裕がありません。その場合はフルートよりもはるかに力強い音を出すことができる第1クラリネットがフルートのパートを、フルートは本来第1クラリネットに割り振られていた音を吹く、という方法があります。この解決法を実際に試してみたところ、充分に満足のいく結果をもたらしてくれました。同様の問題は《ピアノ協奏曲イ長調K.488》にも存在し、第1楽章の第19〜20、83、214〜215、310小節でフルートがよく聞こえたためしがないものの、この楽章では第310小節を除いて変更することはできません（詳細は第12章を参照）。

12）この小節に p の指示はないものの、第322小節に書かれた p が有効である。
13）古い楽譜では第363〜365小節と先行するアウフタクト。1959年に明らかになった第282〜283小節の存在によって、以降の小節番号に変更が生じた。*Mozart-Jahrbuch* (1959): 202-205 を参照。

優秀な指揮者であれば、こうしたケースにおいて「楽譜にそうあるから」と言ってオーケストラに無表情で単調な p でソロの伴奏をさせることを避けるでしょう。こうした配慮と芸術的なパートナーシップによって、作品にとってより良い結果が得られるのです。

オーケストラの規模とリピエーノ・パート

　モーツァルトの時代には、協奏曲は大きなホールに限らず、私的な邸宅や比較的小さな部屋でも演奏されました。モーツァルトが所有していたアントン・ヴァルターのフォルテピアノは比較的大きな音が出せたようですが、シュタインや他の製作者による楽器の音はさほど大きくありませんでした。そのため協奏曲を伴奏する時には、同じコンサートで演奏する交響曲より少ない人数にオーケストラを縮小したのです。すでに述べたように、モーツァルトがソロピアノの独奏パッセージを伴奏するオーケストラパートにほとんどの場合 p もしくは pp を指示したのも、ピアノの音量のためだと考えられてきました。こうしなければ独奏者が奏でる表情豊かな強弱の陰影がきちんと聞きとれないからです。オーケストラパートに主導的旋律があっても、モーツァルトはごくまれにしか mf もしくは f を用いていません。また、当時の弦楽オーケストラには独奏者〔＝主席奏者〕とリピエーノ奏者〔＝トゥッティ奏者〕を区別する慣習がありました。協奏曲において、ピアニストのソロパッセージの伴奏は弦楽器奏者全員で行なうのではなく、一部の奏者のみが分担したのです。

　メルク修道院にあるモーツァルトの協奏曲の草稿写譜の一部に、伴奏する弦楽器奏者を室内楽の規模に減じるべきことが書かれています。私どもはこのことを、『新モーツァルト全集』（V/15/5）の序言で指摘しました。クリフ・アイゼンはこの慣習を裏づけるさらなる証拠をザルツブルクのザンクト・ペーター修道院古文書館で発見し（今日この古文書館にはかつてレオポルト・モーツァルトとナンネル・モーツァルトが所有していた手書きのパート譜が保存されています）、《ピアノ協奏曲ニ短調K.466》のパート譜に関して報告しました[14]。

> モーツァルト自身に由来するザルツブルクの筆写譜は、［…］モーツァルトがオーケストラの規模を減じていたことに関する明白な証拠である。自作の協奏曲のモーツァルトに由来する筆写譜には、第1、第2リピエーノ・ヴァイオリン（*Violino Primo Rip.^{no}* と *Violino Secondo Rip.^{no}*）のためのパート譜が追加されているのである。

　トゥッティとソロの内訳は（アイゼンによれば）以下のようになっています。

---

14) Cliff Eisen, "The Mozart's Salzburg Copyists," p.297ff. を参照。

《第1楽章》
- 第1〜77小節　　　　　フルオーケストラ（リトルネッロ）
- 第78〜111小節　　　　縮小オーケストラ（ソロの始まり）
- 第112〜114小節　　　フルオーケストラ（ドミナント上のカデンツ）
- 第115〜172小節　　　縮小オーケストラ（ソロ）
- 第173〜192小節　　　フルオーケストラ（中間リトルネッロ）
- 第193〜253小節　　　縮小オーケストラ（展開部）
- 第254〜287小節　　　フルオーケストラ（再現部の始まり）
- 第288〜355小節　　　縮小オーケストラ（中心となる素材の再現）
- 第356小節から最後　　フルオーケストラ（最後のリトルネッロ）

《第2楽章》
- 第1〜39小節　　　　　フルオーケストラ（リトルネッロ）
- 第40〜75小節　　　　縮小オーケストラ（ソロ）
- 第76〜83小節　　　　フルオーケストラ（リトルネッロ）
- 第84〜134小節　　　　縮小オーケストラ（中心のエピソード、および主要主題の回帰）
- 第135〜141小節　　　フルオーケストラ（リトルネッロ、第25小節を参照）
- 第142小節から最後　　縮小オーケストラ（中心となる素材の再現）

《第3楽章》
- 第1〜62小節　　　　　フルオーケストラ（リトルネッロ）
- 第63〜179小節　　　　縮小オーケストラ（ソロ。ロンド主題の回帰を含む）
- 第180〜195小節　　　フルオーケストラ（リトルネッロ、第13小節を参照）
- 第196〜336小節　　　縮小オーケストラ（ソロ）
- 第337〜388小節　　　フルオーケストラ（リトルネッロ。カデンツァとニ長調コーダを含む）
- 第389〜411小節　　　縮小オーケストラ（中間フレーズでの開始）
- 第412小節から最後　　フルオーケストラ（中間フレーズでの開始）

コンティヌオの演奏

　モーツァルトが自作のピアノ協奏曲を演奏する時に、ピアノをコンティヌオ楽器としても用いたことに疑いをもつ人は、今日ほとんどいません。モーツァルトはトゥッティ部分のピアノパートにバス音を丹念に書き込んだり、ページごとに *col basso* と記しているから

です。しかしこの *col basso* 記号だけでは、モーツァルトが完全なバッソ・コンティヌオ・パートの演奏を望んでいたこと、つまり和声を補充するためにピアノで和音を弾くべきだと考えていたことの証明にはなりません。なぜなら、モーツァルトは *col basso* という省略記号をヴィオラやファゴットなど、他の楽器のためにも数多く使っているからです。これらの楽器は当然のことながら鍵盤楽器のように完全な和音をコンティヌオパートとして演奏することはできません。また、モーツァルトはソロを弾きながら片手でオーケストラを指揮しなくてはならなかったことも想像されます。とはいえ——《協奏曲ハ長調K.415》を含む、少なくとも1783年までの初期の協奏曲では——モーツァルトがトゥッティ部分でコンティヌオパートの演奏を期待していたことを示す一連の証拠があります。以下にそれを示しましょう。

1. 4曲の初期のピアノ協奏曲《ヘ長調K.37》、《変ロ長調K.39》、《ニ長調K.40》、《ト長調K.41》には、モーツァルト自身がコンティヌオと書き込んだ多くのパッセージが見られます。これを足がかりにして、これらの協奏曲を作曲する間にモーツァルトによるコンティヌオの記譜法がどのように発展したかを研究することは、とても興味深いことです。最初の協奏曲《ヘ長調K.37》の第1楽章では、ピアノパートにオーケストラのバスパートが小さな音符で注意深く書かれている上に、和声を指示する詳細な数字が添えられています。第2楽章のピアノパートにもそうした数字があるばかりでなく、トゥッティが休止する前に弾かれるべき和音が指示されてさえいます。しかしモーツァルトは終楽章後半では後の協奏曲と同じく *col basso* という指示を導入し、音符での書き込みを省いています。続く3曲の協奏曲ではモーツァルトはしばしば *col basso* と書き、音符での書き込みは補助的なものに変化しています。

2. 3曲の協奏曲《変ロ長調K.238》、《ハ長調K.246》、《変ホ長調K.271》の自筆譜は様式的にひとつのグループを形づくっており（なかでも《変ホ長調K.271》は、きわめて特別なものになりましたが）、バスには全体を通じて注意深く数字がつけられています。しかしこれらの数字付きバスはモーツァルト自身によるものではありません。レオポルト・モーツァルトの所作だろうとの推測が有力ですが、それが誰の手によるものであってもこうした数字や多くの *tasto solo* 記号の書き込みは、専門家のみに可能な作業だったことは確かです。

私どもは《変ロ長調K.238》、《ハ長調K.246》、《変ホ長調K.271》におけるすべての数字を実際に調査することができました（《K.271》にある数字は、ペータース社から出版された楽譜に再現されています）。これら3曲の協奏曲に丹念に書き込まれた数

字は、モーツァルトが協奏曲をパリで出版しようと試みた事実と関係があるようです。1778年9月11日の父宛ての手紙には「これら3曲の協奏曲を、ソナタ集を版刻してくれたひとに現金で売り渡すでしょう」と書かれていますが、結局この出版は行なわれませんでした。

3．3曲の協奏曲《ヘ長調K.413》、《イ長調K.414》、《ハ長調K.415》は1785年にウィーンのアルタリア社から出版されましたが、これらの初版譜にも丹念に数字がつけられています。モーツァルトがこの出版を監督していた可能性は大きいでしょう。なぜこの時期の協奏曲が常に数字付きバスとともに出版されたのか——その理由は、楽譜がスコアではなく、パート譜の形で出版された事実と関連しているに違いありません。数字なしでは独奏のピアノパート譜からオーケストラの和声が想像できないからです。

4．モーツァルトのコンティヌオ演奏に関するもっとも重要で直接的な情報を得られるのは、《ピアノ協奏曲ハ長調K.246》のザルツブルクの筆写譜からです。この筆写譜の存在は長い間知られておらず、1920年頃にやっと再発見されましたが、すべてのトゥッティ部分に完全なコンティヌオパートが整備され、右手の和音はモーツァルト自身の手で書かれています。この筆写譜は、モーツァルトがコンティヌオパートを弾いていた事実だけでなく、どのように演奏していたかも示してくれる価値ある資料なのです。

《ハ長調K.415》以降のピアノ協奏曲におけるコンティヌオ演奏に光をあてる資料はあまりありません。おそらくモーツァルトの後の協奏曲のほぼすべてが自分用に意図されていたため出版されず、それゆえバスに数字を加える必要もなかった、ということなのでしょう。レオポルト・モーツァルトが娘に宛てた1786年1月4日の手紙には、こう書かれています。

> 私が別の協奏曲［K.467］を送ったら、この曲［K.466］はまた私に送り返してください。そうすれば、楽譜に数字を書くことができます[15]。

ナンネルルがソリストとしてザルツブルクで演奏する時には数字付きバスが必要だ、とレオポルトは確信していたのです。しかしトゥッティで和音を重奏しないのであれば無用の長物です。また作曲した本人であるモーツァルト自身にとっては何の役にも立たない数字でした。

通奏低音の演奏法について論じた古典派時代の数多くの理論書では「独奏者はオーケス

---

15)『モーツァルト書簡全集』VI、海老沢敏・高橋英郎編訳、白水社、2001年、224頁。

トラ楽器によって弾かれる旋律線を重奏してはいけない」とたびたび強調されています。この規則はモーツァルトも基本的に遵守していましたが、《ピアノ協奏曲ハ長調K.246》のバッソ・コンティヌオには例外があります。第2楽章の第7〜12小節では、2本のオーボエによる短い動機が3回（第7小節では前半のみ、第9〜12小節ではすべて）ピアノパートに転記されているのです。

■ 例10/13

なぜモーツァルトは、ここでだけ規則を守らなかったのかに関しては、さまざまな説明がなされてきました。この箇所に最初に言及したチャールズ・ローゼンは、「モーツァルトはこの作品を、フルオーケストラとの合奏を想定した自分自身の演奏のために準備していたのではなく、弦楽器だけの伴奏で弾こうとしていた身近なサークルのメンバー（ナンネルや生徒、あるいは友人）のために準備していたのだ」と結論づけました。この見解に対して、フェイェ・ファーガソンは、正しくも次のように反論しました。「ローゼンが提示した、弦楽器だけの伴奏による演奏というモデルが正しいとすれば、もっと目立つ管楽器パートにおいても同様の措置が行なわれていなければならない。しかし現実にはそうなっていない」[16]。ファーガソンが提案したのは「モーツァルトは何か別のことを、おそらく2台ピアノ用の楽譜（オーケストラパートをピアノにアレンジしたもの）について考案していた可能性がある」という考えでした。しかし2台ピアノへの編曲は19世紀になってから流行し始めたことですから、これはなおさらあり得ません。

ピアノ協奏曲におけるバッソ・コンティヌオ演奏の慣習について、少しのちの時期に書かれた記録があります。1791年になって、ボスラー Bossler 社（シュパイヤー、ドイツ）が、《ピアノ協奏曲ニ長調K.451》を出版しました（明らかにモーツァルト自身には由来しない、1785年頃パリで出版された版の写しです）。このパート譜版（いつものようにスコアはありません）を、同じくボスラー社が出版していた雑誌『ドイツ・フィルハーモニー協会音楽通信』（1792年5月16日）がこう評しています。

---

[16] Charles Rosen, *The Classical Style: Haydn, Mozart, Beethoven*, p.191; Faye Ferguson, "Mozart's Keyboard Concertos: Tutti Notations and Performance Models," p.32ff.; P. Badura-Skoda, "Über das Generalbass-Spiel in den Klavierkonzerten Mozarts," p.99ff.

> モーツァルト的ミューズのすべての友人および崇拝者にとって、この作品は […] きわめて貴重なものである。作品の独創的な様式は見まがうべくもないもので、和声の完全さ、フレーズの魅力あふれる展開、洗練された陰影の配分、ほかにも多くのすぐれた性質、そのすべてがモーツァルトの存在、彼の時代の模範を私たちにきわめて深く感じさせてくれる。批評の対象であるこの協奏曲はニ長調で、リトルネッロにおいてもソロにおいても、この大家から私たちに与えられたもっとも美しい、もっとも輝かしい作品のひとつである。冒頭のアレグロは、［ピアノパート譜の］最初の12ページを占め、トゥッティに通奏低音の数字がないほかは、そこに欠けているものは何もない[17]。

1799年にロホリッツは、『一般音楽新聞』（ライプツィヒ）第2巻の論文で、モーツァルトの交響曲におけるコンティヌオ楽器の必要性を強調し、さらに、チェンバロではなくピアノフォルテを使ったほうが良いだろうと述べました。この見解は協奏曲でバッソ・コンティヌオを演奏することと直接の関係があるわけではないにせよ「コンティヌオ演奏にはピアノフォルテの音のほうがオーケストラの響きとよく馴染む」と考えられていたことを支持しています。

これと関連して注目すべき3つ目のドキュメントは、協奏曲におけるトゥッティ部分の演奏に関係します。これは、『フォルテピアノの演奏、調律、適切な管理』と題されたナンネッテ・シュタイン＝シュトライヒャーによる冊子（1801年）に端を発します。彼女はここで、悪い演奏家について嘲るようにこう述べています。

> すでに最初の和音からして、演奏家の耳が聞こえないか、あるいは聴衆の耳が聞こえないと思っているのではないかと問いたくなるような力で演奏される。自分の身体、腕、手の動きを通して演奏者は、自分がとても厄介で難しい作品を演奏していることを私たちに示したがっているかのようだ。やがて演奏者は情熱的になり、残酷な怒りをもって時間をかけて殺戮せんとする大敵であるかのように楽器を扱う。［…］演奏者はここでは、オーケストラの伴奏とともに弾き、最も音量の大きなトゥッティにおいてさえ、ほかの楽器を圧倒しようとあらゆる努力を払うのである。

ナンネッテ・シュライヒャーは明らかに、協奏曲のオーケストラによるトゥッティの間も独奏者が弾き続けることを当然だと考えていたのです。

《ピアノ協奏曲ニ短調K.466》以降の後期協奏曲では、自身がほぼ唯一の演奏者だったことから、ピアノパートが不完全なままでもモーツァルトは満足していました（《ピアノ協奏

---

[17] モーツァルトの《ピアノ協奏曲ニ長調K.451》のCD（DGG）付属のブックレットのなかでザスローが引用している。

曲ニ長調K.537「戴冠式」ではそれがとりわけ顕著です）。これらの後期作品のうち最後の《ピアノ協奏曲変ロ長調K.595》だけが、モーツァルトの生前（没年）に出版されました。この協奏曲の初版譜各ページには*col basso*と印刷されていますが、数字はありません。しかし、この協奏曲に数字がないことだけで「後期協奏曲におけるコンティヌオ演奏に対するモーツァルトの考えが推察できる」と結論づけてしまうのは、あまりに早計でしょう。この作品が印刷にまわされていた1791年夏、モーツァルトは《皇帝ティートの慈悲》、《魔笛》、《レクイエム》の作曲にかかりっきりであり、この協奏曲の出版にまで気を配る余裕がなかったと考えるほうが、より真実に近いに違いありません。もしモーツァルトにもっと時間があれば、第1楽章に残されている明らかに不完全なパッセージ（第168〜169小節と第329〜330小節[18]、350ページの例6/44を参照）も補完していたに違いありません。他の多くの作品では、自筆譜には見られない加筆が初版譜において多数追加されており、この作品でも同じことが可能だったはずです。モーツァルトの没後まもなく出版されたこれらの協奏曲の初期楽譜のピアノパートには、やはり数字がつけられています。なお、この《ピアノ協奏曲変ロ長調K.595》だけはオーケストラの和声が常に緻密に構成されており、ソロピアノによって和声を支える必要はないことを強調しておきましょう。チェロのパートに沿って演奏するだけで充分で、和音をいくつか加える必要があるのは、たとえば第3楽章の最初のトゥッティなど、ごく限られた部分だけにとどまります。

　コンティヌオ演奏は1600年頃から用いられ始めました。その背景には、17世紀と初期18世紀の楽譜に中声部が書かれていなかったことがあります。演奏される楽曲に和声的に充実した響きを補完するために、これらの中声部は室内オルガン、チェンバロ、テオルボ（リュート）などのバス楽器で即興演奏されたのです。推測できない複雑な和声をもつ作品では、作曲家は音程を数字で示すことで（数字付きバスとして知られるシステムです）望まれる響きを指示しました。とても実践的な"速記法"と言えるでしょう。また、コンティヌオ楽器は和声を補完するだけにとどまらず、音色にも彩りを与えました。こうした素養はロマン派時代に至っても、たとえばリヒャルト・シュトラウスの《ツァラトゥストラはかく語りき》などのようなオーケストラ作品におけるハープやオルガンに受け継がれていったのです。

　その後、前古典派や古典派時代に内声パートの記譜が発展したのに伴って——とりわけヴィオラが弦楽四重奏やオーケストラ楽曲において単にバスラインをなぞるのではなく、独自の主張をする楽器になったことによって——鍵盤楽器を通じて和声を供給する必要がなくなりました。バッソ・コンティヌオはその存在理由(レゾン・デートル)を失ったのです。

　しかしよく知られているように、バッソ・コンティヌオはさらに数十年、生き続けまし

---

[18] 古い版では第161〜162、322〜323小節。

た。この理由のひとつに、鍵盤楽器を弾きながらオーケストラを指揮する際に「音色を豊かにすることを目的としてコンティヌオを演奏する」という伝統があったのです。モーツァルトがこれを好んでいたことは（とりわけウィーンに移住する以前がそうでした）、1778年9月11日に父に宛てた手紙からはっきりとわかります。

> ただ、ザルツブルクでひとつお願いしたいのは、つまり、ぼくが以前のように、ヴァイオリンを弾かないということです。――ぼくはもうヴァイオリン弾きはごめんです。クラヴィーアを弾きながら指揮をし――アリアの伴奏をしたいのです[19]。

ロンドンでは、ハイドンでさえチェンバロあるいはフォルテピアノを弾きながら交響曲を指揮しました。ハイドンのオーケストラの和声は決して不完全ではなく、そこに鍵盤楽器による音響の補充は不要だったにもかかわらず、です。19世紀初期になるとコンティヌオ演奏の実践は消滅し、残念なことに『旧モーツァルト全集』はモーツァルトの協奏曲を出版する際にすべてのコンティヌオ指示を省いてしまいました。これは、大きな痛手でした。ロマン派時代の協奏曲においてさえ、バッソ・コンティヌオの伝統の継承としてピアノパートに書かれた和音が散見されます。有名なチャイコフスキーのピアノ協奏曲第1番の冒頭で披露されるピアノの華やかな和音は、楽譜に書き込まれたコンティヌオが拡張されたものにほかなりません。

モーツァルトやベートーヴェンの協奏曲でオーケストラのトゥッティが演奏されている時に、ほぼすべてのピアニストが静かに座してまったく音を出さない現代の常識は、驚くべきことです。私どもは1950年代からモーツァルトのピアノ協奏曲におけるバッソ・コンティヌオ演奏を擁護し始めましたが、当時トゥッティに合わせて和音を弾いたり、ときには対位法的ラインを弾いたりしてオーケストラに音色を加えようとするピアノ奏者は、ごくわずかしかいませんでした。他のすべてのピアニストは19世紀後期の伝統で演奏していたのです。多くのピアニストは、コンティヌオのパートと*col basso*の指示が省略されたスコアを使っていたのでしょう。あるいは、かつて高名だったピアニストたちが守っていた19世紀の慣習にとらわれていただけなのでしょうか。おそらく、即興で正しい和声を弾く自信がないためにこの歴史的に誤ったアプローチが習慣化し、今日に至っているものと思われます。

しかし、コンティヌオあるいは*col basso*演奏は、常時行なわれるものとは限りません。バスラインが弦楽器のバス（チェロやコントラバス）ではなくヴィオラや木管楽器に委ねられている時は、コンティヌオは弾きません。それ以外での適切なコンティヌオ演奏は、ご

---

19)『モーツァルト書簡全集』IV、海老沢敏・高橋英郎編訳、白水社、1992年（第2刷）、274頁。

く単純です。2台ピアノ用に編曲された楽譜があれば正しい和声は一目瞭然で、第1ヴァイオリンの旋律を重ねないように（なぜなら「補完する」ということは「欠けているものを補うこと」だからです！）弾けば良いのです。コンティヌオ演奏がたびたび回避されてきた背景には、現代のピアノ教育において「和声の補填を教える」という創造的観点を見落としてきた点があるでしょう。多くの若いピアニストたちは、和声を即興することを単に恐れているだけなのです。

　こうしたわだかまりは学生たちの間でよく見られますが、これを克服する手立てとして、巻末の「付録3」（653ページ）に《ピアノ協奏曲イ長調K.414》の第1楽章の冒頭、第1〜64小節のコンティヌオの演奏モデルを掲載しておきました。モーツァルト自身によるモデルに基づいて、私どもが考案したものです。

　コンティヌオ演奏が19世紀初期から徐々に廃れていった理由にはもうひとつ、ヴィルトゥオーソ・ピアニストたちの関心がもっぱら「指を速く動かすこと」に移行していった事実が挙げられるかもしれません。演奏技巧の練習のために、様式の伝統を音楽的な観点から理解する研究にあてる時間が犠牲にされたのです。加えて、規模が大きくなったオーケストラは、もはや音響へのサポートを必要としなくなりました。

　現代のピアノをコンティヌオ楽器として使うことに対する反対意見もあります。オーケストラの編成は充実し、ピアノによる支えは不要となったのです。繊細な聴き手の中には、ピアノの平均律と、しばしば純正律で響くオーケストラとの間の不協和を嫌がる人もいるでしょう。現代ピアノの音響は濃厚になり、スリムで透明な音色をもつモーツァルトのピアノほどにはオーケストラと溶け合うことができません。大規模な現代のオーケストラは（いわゆるピリオド・オーケストラでさえ）180年前のオーケストラよりも響きが厚く、現代のピアノでコンティヌオパートを加えることによってこの響きをさらに密にすることを、ほとんどの音楽家が嫌がるのも理解できます。

　ただし「モーツァルトの協奏曲ではオーケストラの和声が常に明確に響いており、ピアノによるコンティヌオ演奏は作曲家にとって必須ではなかっただろう」という理由からコンティヌオに反対するのは、誤りです。和声が等しく明確に朗々としているバッハやヘンデルのオーケストラ作品がたくさんありますが、こうした作品を演奏する際にバッソ・コンティヌオ演奏が欠かせないことは誰もが納得している通りで、モーツァルトも同じなのです。

　モーツァルトの協奏曲におけるコンティヌオ演奏には反対意見もあるものの、協奏曲には音の薄いパッセージ——旋律とバスの2パートだけで構成されているものなど——がたくさん存在します。こうしたケースにおいてピアノで控えめに和声を補充することは可能なばかりでなく、望ましくもあります。いくつか例を挙げましょう。まず《ピアノ協奏曲変ロ長調K.456》第2楽章、第196小節以降のパッセージです。

■ 例 10/14

このパッセージは、以下のように演奏可能です。

■ 例 10/15

また《ピアノ協奏曲イ長調 K.488》の第3楽章第50〜52小節では、最初のトゥッティにコンティヌオ演奏を入れてテクスチュアを豊かにすることが許されるでしょう。

■ 例 10/16

コンティヌオパートはこうなります。

■ 例 10/17

楽章の最後にある類似箇所（第506～507小節）でモーツァルトが装飾的なピアノパートを通じて和声を埋めていた事実からも、モーツァルトがこのパッセージで、単に2パートだけの空虚なオーケストラを望んでいたのではなかったことがわかるでしょう。確かに「これらの簡素な小節によって、続くトゥッティの爆発にふさわしい、強いコントラストが形成される」と言えるかもしれませんが、あまり説得力のある意見ではなさそうです。というのも第52小節では、とても重要な属七の7度音h^1を演奏する楽器が第2クラリネットだけだからです。ピアノは、この和声を補強しなければなりません。第210～229小節でも、ピアノは少なくともバスラインだけでも演奏すべきでしょう。

　《ピアノ協奏曲変ロ長調K.450》第1楽章第26小節以降のパッセージにも、問題のあるケースとして言及しておきたいと思います。以前私どもは、このパッセージにおけるオーケストラの編成があまりに薄いと感じました。管楽器もなく、弦楽器だけが弾かれます。

■ 例10/18

ふたつのパートのみ（弦楽器は4パートですが、2パートずつのユニゾンになっています）で構成されているこうした貧弱なパッセージは、モーツァルトの初期の協奏曲にはほとんど見られません。貧弱に感じられる主な理由は、その著しくホモフォニックな特徴にあるのです。たとえば《ピアノ協奏曲変ホ長調K.449》終楽章の冒頭に見られるような対位法的なパッセージの中にたまたま2声部書法が出現するのであれば、少なくとも不自然には響きません。《変ロ長調K.450》の場合にはコンティヌオパートの和声を加えることによって、その印象は改善されるでしょう。

■ 例 10/19

しかし今日私どもは、ここの2声部書法はモーツァルトに意図あってのことで（並行箇所である第249小節以降も同じコンセプトで作られています）、コンティヌオによる自由な即興を加えて良いわけではない、と確信しています。

　バッソ・コンティヌオの必要性に関してもっとも説得力のあるケースは《ピアノ協奏曲イ長調K.414》にある不完全な和声でしょう。第1楽章の第31〜32小節と第151〜152小節には、裸の5度音程E−H音しか含まれないホ長調の半終止があります。ルネサンス時代までは空虚な完全5度が神聖な完全さの象徴として用いられ、主要な終止音程だったことはよく知られています。しかしバロック時代に入るとその役割は完全三和音に委ねられ、古典派とロマン派の時代には和声に3度の音を含めずに書くのは誤りだと考えられるようになりました。唯一の例外は、作曲家が純粋な古様式によって、音楽における超自然的あるいは精神的な領域を喚起しようとする場合です。これはたとえばモーツァルトの《レクイエムK.626》の〈キリエ〉の終わりに、とても魅力的な手法で使われています。

　しかし《イ長調K.414》の優雅なパッセージの中に、超自然的なものは見いだせません。

■ 例10/20

バッソ・コンティヌオ・オブリガートをオーケストラとともに演奏するピアニストは、欠けている gis¹ 音を補って次のように演奏すべきことに、ほぼ疑いの余地はないでしょう。

■ 例10/21

しかし、この和声を適切に補った演奏をいまだかつて聴いたことがないのはなぜでしょうか…。

　必要なバッソ・コンティヌオを常に演奏している数少ない芸術家のひとりに、ロバート・レヴィンがいます。彼はカデンツァを作曲したり、即興のカデンツァを披露するのが大好きです（私どもの趣味からすると、あまりに気前よく装飾し過ぎることがありますが…）。マルコム・ビルソンも、モーツァルトの協奏曲でバッソ・コンティヌオを演奏しています。しかし、これらの協奏曲をピリオド楽器で録音したときも（DGG、Archiv production）いつものように彼はバッソ・コンティヌオを演奏したのですが、実際には聞こえてきませんでした。ビルソンと指揮者ジョン・E. ガーディナーはレコーディングセッション後にブースで試聴し、「目立ちすぎるため少し音量を下げる」編集を決断したからです。結果としてトゥッティでのピアノの音量は縮小され過ぎ、CDではほぼ聴きとることができません。なぜこの編集に同意したかという問いに、ビルソンは手紙でこう答えました。

　私にとってコンティヌオの演奏は、音響的な問題というより、はるかに心理的な事象なのです。皆が一緒に演奏し、そしてソロパートが始まります。
　また、モーツァルトの楽器の音量はあまり大きくなかったため、モーツァルトは大きな音量を必要とするパートはすべてトゥッティに委ねた、という事とも関連しています。コンティヌオ〔の演奏〕がモーツァルトやベートーヴェンのピアノ協奏曲において〔鍵盤奏者が〕

欠かすことのできない行動の一部であることに疑問はありません。確かに、コンティヌオ演奏が廃れるのと時を同じくして（1820〜30年頃）、長いリトルネッロは書かれなくなっていきました。私は公共の演奏会ではいつもコンティヌオをしっかりとした音量で弾いていますが、マイクが聴き手よりもずっと近い録音では、むしろ静かに演奏しました。フォルテピアノの響きは、オーケストラの響きといつも融合しなければならず、トゥッティの中で目立ってはいけないのです。

　これは「なぜコンティヌオ演奏のほとんどが聞こえなかったか」という私どもの疑問に対する、納得できる説明と思われます。

　オーケストラの響きが潤沢になればなるほど、コンティヌオの演奏は不要になります。パウル・バドゥーラ＝スコダは異なるアプローチをとり、コンティヌオ演奏の問題について多くの実践的な実験を行ないました。コンティヌオありの演奏、なしの演奏、などさまざまなパターンを試したのです。こうした数多くの経験から、バドゥーラ＝スコダは「トゥッティ演奏の間、控えめながらも常に聞こえるようにコンティヌオ演奏を加える」形態を支持します。しかしすでに指摘したように、協奏曲の最初の音から最後の音まで継続して演奏すべきではないでしょう。

　当時、オーケストラは第1ヴァイオリンの首席奏者か独奏ピアノ奏者――この場合はモーツァルト――のどちらかに指揮されていました。モーツァルトは1778年9月11日付けの手紙に「クラヴィーアを弾きながら指揮をしたいのです」[20]と書いています。しかし彼でさえ、コンティヌオのパートを常に演奏できたわけではありません。モーツァルトの手は、しばしば指揮する動作で文字通り手一杯であったに違いないからです。1796年のシェーンフェルトの『音芸術年鑑』（p.175）には、次のように書かれています。

　　ピアノに座っている指揮者は、（オーケストラを指揮するヴァイオリンのリーダーよりも）さらにエネルギー溢れる動きを示す必要がある。そのために指揮者は、テンポや拍を示すためにしばしば頭、手、足を使って指揮しなければならない。空気を両腕で切るために、ピアノパートの演奏を完全に中断しなければならなくなることも往々にしてある。

　モーツァルトは共演するオーケストラの大きさによって、どの程度のコンティヌオ演奏が必要か判断したことでしょう。編成が小さい場合には、ピアノによるより多くの和声的なサポートが必要だったに違いありません。そのためにピアノを弾き続けながらも、オーケストラは頭の動きによってコントロールできたはずです。

20)『モーツァルト書簡全集』IV、274頁。

今日ではモーツァルト時代と異なり、バスラインの補強が必要になることは通常あまりありません。純粋な伴奏でバスパートを強化する必要はなく、多くの場合、可能でもありません（たとえば《ピアノ協奏曲ニ短調K.466》終楽章の最初のトゥッティ第40小節以降にある八分音符の反復音）。バスをオクターヴで重ねることが許されるのは、たとえば《ピアノ協奏曲ハ短調K.491》第1楽章第302〜305や362〜365小節におけるような、♩の入りにおいてだけです。

モーツァルトの協奏曲には、コンティヌオ演奏への熱烈な賛同者をさえ困惑させるようなパッセージが数多く存在します。音楽の内容に適した右手の和音が見つからないようなパッセージがあるのです。《ピアノ協奏曲ニ短調K.466》冒頭のトゥッティはこのタイプの好例でしょう。第1拍で和音を演奏すると、大切な弦楽器のシンコペーションを台なしにしてしまいますし、シンコペーションの和音をまねて弾くことなどは論外です。そんなことをすれば、この個性的な協奏曲楽章にとってもっとも重要なソロとトゥッティのコントラストが不明瞭になってしまうからです。

別の例は《ピアノ協奏曲イ長調K.488》の冒頭にあります。ここは極めて室内楽的なところで、どんなコンティヌオパートもぎこちなく響いてしまうでしょう。そして第4小節第2拍のバスd音上に弾ける和音を見つけるのは不可能です。同じことは、この楽章の第3主題にも当てはまります。オーケストラに掛留音がある時は、それがいかなる場所であっても（たとえば第2楽章第14〜19や第51〜52小節）、単に重奏する以外にピアノ奏者が右手でできることはありません。モーツァルトはそのようなパッセージではおそらくバスラインを左手だけで演奏し、右手は指揮のために使っていたと思われます。今日ではチェロやコントラバスの数は多くなり、ピアニストは指揮のみに専念できるでしょう。

《ピアノ協奏曲変ホ長調K.449》の第2楽章は、弦楽器による5度音程で始まり、すぐに第2ヴァイオリンが弾く3度音が続きます。ここでは——のちにこの主題が再現されるときと同じように——冒頭からピアノで弱く3度音を含めた和音を弾くことができます。しかし、続く8小節ではこうした和声の補填は必要ありません。第10小節以降は第89小節からのパッセージを参照してコンティヌオを再開してください（ここに書かれている数字はモーツァルト自身によるものではなく、父レオポルトが加筆したものです）。モーツァルト自身が書いた和音は次の通りです。

■ 例10/22

《ピアノ協奏曲へ長調K.459》第1楽章冒頭では、のちの第9小節の第1ホルンと第1ファゴットにある和声の3度音をピアノで加えても構わないでしょう。しかし第9小節の1拍目で完全な主和音をコンティヌオとして演奏するのはお勧めしません。この小節では後半になって出現する3度の響きによって実に喜ばしい効果が生まれるため、それを先取りしないほうが良いのです。一方、展開部やカデンツァの直前などでは、ピアノによる音響の補完は不可欠です。第196小節以降では木管楽器と弦楽器が、下行5度で移行するバスに対応した和音を交替で奏します。木管楽器の和音が完全であるのに対し、弦楽器の和音はヴァイオリン2パートしかありません。バスを強化するためにモーツァルトがヴィオラを使ったからです。従って、バッソ・コンティヌオの右手は以下のような方法でヴァイオリンの和声を補完すべきことに、ほぼ疑いはないでしょう。

■ 例10/23

同様の補完は《ピアノ協奏曲変ホ長調K.482》第3楽章第246〜248小節でも必要です。弦楽パートに不足している和声音を補うために、モーツァルト自身も続く第249小節のピアノパートに5声の和音を2個書き入れています。

管楽器だけが演奏しているところでは、ピアノはバッソ・コンティヌオを決して演奏してはなりません。2曲の短調のピアノ協奏曲や他のいくつかの協奏曲でも、ピアノとオーケストラの関係は際立って二元的に構築されています。そして管楽器だけの部分と、弦楽器群あるいはフルオーケストラの部分との間にも強い対照が存在するのです。例として《ピアノ協奏曲ハ短調K.491》第1楽章展開部からの次の例を見てください。ここでピアノもオーケストラと一緒に演奏する場合には、オーケストラのトゥッティとうまく溶け合うように弾き、聴衆がピアノを独立した要素として認識しないよう留意する必要があります。

■ 例10/24

　《ピアノ協奏曲変ホ長調K.449》の第1楽章第188〜203小節における同じようなパッセージ（第188〜190、192〜194、196〜198、200〜202小節）でモーツァルトは、オーケストラが鳴っている間のピアノパート両手ともに休符を書き入れました[21]。それゆえ私どもは《変ホ長調K.449》第329〜343小節のパッセージにも同じような〔バッソ・コンティヌオを弾かない〕解決を推奨します。

　このように、モーツァルトのピアノ協奏曲におけるピアノには、ふたつのまったく異なる対照的な役割――コンツェルタンテ風にオーケストラに相対する独奏楽器としての役割と、あちらこちらでテクスチュアや響きを豊かにするための、融通の利くオーケストラ楽器としての役割――が与えられているのです。

　コンティヌオ演奏においては「最低声部の弦楽器〔チェロとコントラバス〕がバスラインを演奏している時のみ、ピアノも参加する」という、モーツァルトならではの規則があります。ヴィオラ（あるいは木管楽器のパッセージではファゴット）がバスラインを担っている時には、コンティヌオとしてのサポートは行なわれません。しかし《ピアノ協奏曲変ロ長調K.456》第1楽章の第129〜131小節や、《変ロ長調K.595》第2楽章第127〜129小節のように、低声部の弦楽器がバスを弾いているにもかかわらず、ピアノの左手にはっきりと休符が書かれているような小節もあります。《変ホ長調K.271》第3楽章第79〜82小節と第352〜355小節の左手も、モーツァルトによれば休符です（冒頭の4分音符は除く）。

　《ピアノ協奏曲ヘ長調K.459》の第1楽章第188小節以降でモーツァルトは、トリルに引き続きピアノでもオーケストラのバスを継続して演奏するよう楽譜を整えています。自筆譜は次の通りです。

■ 例10/25

　《ピアノ協奏曲イ長調K.488》第1楽章第143〜148小節にあるような弦楽器のポリフォニックなパッセージではバッソ・コンティヌオを演奏してはいけません。弦楽器の響きの魅力を妨げるだけだからです。コンティヌオに関しては「やり過ぎ」より「やらなさ過ぎ」

---

21)『新モーツァルト全集』第188〜201小節に印刷されているコンティヌオの指示は誤りで、休符が表示されるべきである。

のほうが安全です。《ピアノ協奏曲変ホ長調K.482》の第2楽章第185小節以降や、《ハ短調K.491》のように（例10/24）、単にオクターヴでバスを重ねるだけに留めたほうが良好なケースも複数存在します。和音を演奏する時は常にその響きを明るく、スリムにするよう心がけなくてはなりません。たとえば《ピアノ協奏曲イ長調K.488》の第3楽章第210〜229小節では、一切ペダルを使わずにスタッカートで弾くと良いでしょう（第229小節の和音は先行するものより少し長めに弾かれます）。

■ 例10/26

最後のアドバイスになりますが、コンティヌオの和声を演奏する際にオーケストラのパート、とりわけ木管楽器のパートをそのまま模倣することは避けたほうが無難です。オーケストラの和声を豊かにすることは大切ですが、不必要に音を重複させることによって、響きをむやみに厚くしてはいけません。

技巧的な独奏パッセージが進行しているところにもモーツァルトは和音を加え、コンティヌオ風な和声の充填を行なっています。《ピアノ協奏曲ニ短調K.466》の第1楽章第88〜90小節を見てみましょう。

■ 例10/27

ここに書かれているバス音は、通常のピアノでは演奏できません。ここは明らかにペダル鍵盤の使用を意図して書かれており（第1章、60ページ以降を参照）、そうすれば十六分音符のパッセージは右手、その下の和音は左手で弾くことができます。私たちが演奏する際にはバス音もしくは和音のどちらかを省かなくてはなりません。モーツァルトが所有していたようなペダル鍵盤つきピアノのレプリカを準備することは極めて困難で、今日これらのとても重要な音を省略せざるを得ないことは残念でなりません。聴衆には音しか聞こえない放送やスタジオでの録音では、これらの大切な音をピアノのすぐ横に座っているヴァイオリニストに弾いてもらうこともできるでしょう。

　モーツァルトの協奏曲におけるコンティヌオ演奏について、もうひとつ重要な指針があります。モーツァルトは2作の協奏曲（《イ長調K.414》と《変ホ長調K.449》）で、管楽器のパートに *ad libitum* と書き、これらの協奏曲を弦楽器だけでも（あるいはピアノ五重奏としてさえも）伴奏できることを示しました。このように管楽器なしで演奏される場合には管楽器のパートの多くを「楽譜に書き込まれたコンティヌオ」と解釈し、管楽器が受け持っていた和声音をピアノによって補填しなければならない、と考えて差し支えありません。これらの作品における管楽器の使用が控えめで、かつ各管楽器の書法がとても技巧に富んでいる事実は、必要となる和声の充填がそれほど頻繁には生じない、ということを示しています。これらの協奏曲が管楽器付きで演奏される場合にピアノがさらに和声を加える必要があるとすれば、それは「仮にもっと編成の大きなオーケストラを使えるのであったらモーツァルトはもう少し管楽器の動きを工夫しただろう」と思われる箇所だけです。たとえば《ピアノ協奏曲変ホ長調K.449》の第1楽章第16小節以降がそれにあたります。ここはオーボエのリズムに合わせて以下のように演奏したら良いでしょう。

■ 例10/28

　明瞭なコンツェルタンテ的様式で構想されている2曲の《ピアノ四重奏曲》（K.478、K.493）や、《ピアノ五重奏曲K.452》を研究すると、協奏曲とよく似た指針の原理を導き出すことができます。ピアノ四重奏曲では弦楽器がいわば「ミニチュアのオーケストラ」を担っていて、モーツァルトが弦のパートに *f* と書いているところではほぼいつもピアノも一緒に弾かれ、弦のパートに *p* が要求されているところではピアノは演奏しません。

《ピアノ四重奏曲ト短調K.478》の冒頭の掛け合いでは、ピアノがオーケストラ、ソロ双方に参加している点が際だっています。このことから、モーツァルトが《ピアノ協奏曲変ホ長調K.271》の冒頭でもピアノに演奏させたがっていたとは推測できないでしょうか。どちらもまったく同じ着想で作られているからです。さらに、モーツァルトがこの四重奏曲の賑々（にぎにぎ）しい最終の「トゥッティ」でピアノにも演奏させていることから、協奏曲の終結パッセージでも似たような構成を欲していたのかも知れません。

《ピアノ協奏曲変ロ長調K.238》と《変ホ長調K.271》の数字付き低音は、モーツァルトが控えめにしかコンティヌオを欲しておらず、しばしば *tasto solo*（チェロパートをなぞるだけ）の演奏を想定していたことをよく示しています。

そしてモーツァルトによるオリジナルのカデンツァからも、いくつかの結論を導き出すことができます。モーツァルトは時としてカデンツァに先行するフェルマータ付きの導入小節に、右手で弾くべきコンティヌオ和音を書き込んでいるからです。《ピアノ協奏曲変ロ長調K.456》第1楽章にモーツァルト自身が書いたカデンツァを見てみましょう。自筆譜の第348小節は完全な四六の和音を示しているものの、ピアノパートには二分音符のd^1音がありません。

■ 例10/29

ここでは、先行する第347小節からピアニストが第1ヴァイオリンと第2ヴァイオリンのオクターヴ下の音を弾くべきことが推測できます。

■ 例10/30

モーツァルトはカデンツァが導入される部分で、しばしば四六の和音ではなく、バス音のオクターヴを用いていました（たとえば《協奏ロンドニ長調K.382》、《ピアノ協奏曲イ長調

K.414》、《ピアノ協奏曲イ長調K.488》など)。この事実もやはり、モーツァルトは先行するトゥッティでのコンティヌオの大部分はバス音を重ねるだけにとどめ、たくさんの和音は弾かなかったことを示唆しています。《ピアノ協奏曲イ長調K.488》第1楽章のカデンツァ前の2小節を演奏する一番自然なやり方は、次の通りです。

■ 例10/31

もうひとつ、特別なケースが残っています。1拍目にバス音があり、そのあとに伴奏和音のくり返しが（多くの場合は）八分音符で続くパッセージがたくさんあります。そのようなパッセージがソロ、オーケストラのどちらにあるにせよ、ピアニストは第1拍のバス音を補強して和音にすべきではありません。そうすると響きが不必要に厚くなってしまい、酒場のピアノで演奏されるワルツに似たような効果が生まれてしまうでしょう。

■ 例10/32

独奏パッセージに和音を加えて和声を拡充することは、ほとんど不要です。モーツァルトは独奏パッセージの和声的支えをオーケストラに一任していたのですから、それ以上の補充はいりません。《ピアノ協奏曲変ホ長調K.482》の最初のソロの第85～87小節は、しばしば以下のように補強されますが（追加される音は小さな音符で示してあります）、これは推奨される補完ではありません。こうした付加音は、パッセージから明るさと快活さを奪ってしまいます。

■ 例10/33

最後に《ピアノ協奏曲ハ長調K.246》の楽譜にモーツァルト自身が記したコンティヌオを手引きとして、モーツァルトの協奏曲におけるバッソ・コンティヌオ演奏のための一般的なルールを整理したいと思います。

1. モーツァルトが左手のパートに休みを記入したところでは、いかなるコンティヌオ演奏も行ないません。ただし、右手の休符に関してはその限りではありません。楽章冒頭の右手パートにある休符は、単なる慣習として書かれていたものです。モーツァルトは《ハ長調K.246》の第2楽章で、写譜家が加えた休符を無視して次のようなコンティヌオ指示を書き込んでいます。

■例10/34

2. 室内楽や対位法的な特徴のあるパッセージでは、*tasto solo*（バス音をなぞって弾く）で演奏しなければなりません。
3. オーケストラパートで、アクセントのある単一の不協和な音や掛留音に *f* が記されている場合は、音を重ねないほうが良いでしょう（たとえば《ハ長調K.246》の第1楽章第7小節第3拍で、ピアノは解決和音のみを演奏します）。しかし、アクセントのある複数の不協和な音や掛留音が連鎖している箇所で、とりわけ *p* と記されている場合には、*tasto solo* で演奏するべきです。《ハ長調K.246》第2楽章第1～2小節のようにオクターヴのユニゾンで音が重ねられる場合もありますし、この種の掛留音は《変ホ長調K.449》第2楽章冒頭にも見受けられます。
4. 主旋律（上声部）のパートにある音は、できるだけ重ねないようにしましょう。中声部も、短い間しか音を重ねてはいけません。モーツァルトがコンティヌオのための新しい中声部パートを考案している《ハ長調K.246》第2楽章第17小節は、この点でとても興味深い小節です。
5. コンティヌオは3声か4声に限定すべきです。装飾したり主題の一部を引用したりしてはいけません（バスにおける主題や装飾音型は、唯一の例外です）。
6. オーケストラがユニゾンで動いているパッセージでは、右手で和音を演奏してはな

らず、そもそも演奏する場合にはバスを重ねなければなりません（《ハ長調K.246》第1楽章第36小節を参照）。この規則は《変ホ長調K.449》冒頭のように、管楽器が保持されたオルゲルプンクトを吹いている時にも当てはまります。

7. フルオーケストラで演奏される f のパッセージにおいてコンティヌオが必要となるのは、重要な和声音がとても低い場所にあるか、あるいは希薄に書かれているときだけです。この原理を実践的に応用すると、《イ長調K.488》終楽章の第52小節に和音を加えて良いことになります。ここで重要な属七和音の第7音を演奏するのは唯一、第2クラリネットのみだからです。

8. コンティヌオによる独奏パッセージの充填は、原則として行ないません。モーツァルトが独奏パッセージで和音を加えた形跡はまったく存在しないのです（旋律の装飾と混同しないこと。第6章で指摘したように、緩徐楽章におけるソロは装飾に適した素材です）。

9. モーツァルトのコンティヌオは、バロック的な意味で"厳格"なものではありません。たとえば《ハ長調K.246》第2楽章冒頭のコンティヌオ第3小節では強拍（第1拍）にバス音が書かれているにもかかわらず、対応する右手は休符になっています。もっとも、コンティヌオに習熟した奏者なら誰でもこのように弾くでしょう。

■ 例10/35

10. 《変ホ長調K.449》より後に作曲された協奏曲では、コンティヌオ和音を導入すべき機会が徐々に減ってきます。これらの後期協奏曲でこうした和音を加える際は控えめにし、注意深い配慮が必要です。ただしそれは、単に *col basso* での演奏を意味するのではありません。

11. オーケストラのバス声部がチェロ又はコントラバスではなく、ヴィオラあるいはファゴットに委ねられている場合にコンティヌオによるサポートは行ないません。

すでに述べたように、巻末の「付録3」として、《ピアノ協奏曲イ長調K.414》第1楽章の冒頭トゥッティにおいてバッソ・コンティヌオをどのように演奏できるかの例を示しました。参考にしてください。

良い演奏家は、C.P.E.バッハが『正しいクラヴィーア奏法』の「伴奏に関する若干の注意事項」で述べているように、「*注意深く伴奏*」するのです[22]。これはモーツァルトの協奏

---

22) C.P.E.バッハ『正しいクラヴィーア奏法 第二部』東川清一訳、全音楽譜出版社、2003年、331～334頁。

曲のコンティヌオ演奏にも当てはまります。あまりに頻繁に、大きな音量の音を加えることは、極力避けなければなりません。響きを大きな音量で厚くしまうくらいなら、コンティヌオ演奏はしないほうがましです。

レオポルト・モーツァルトは『ヴァイオリン奏法』(第12章第17段落) で次のように書き、

いつもフォルテが記載されている場合でも、強さは控えめにして、特に協奏曲の伴奏をするときには、決して狂ったようにかき鳴らしてはいけない。多くの人はそのようなことはしないのだが、万が一そうしたとしたら、誇張するためだろう[23]。

「楽曲はもとより主題や部分のアフェクトを見逃してはいけない」という注意も加えています。

オーケストラとともに演奏する協奏曲楽章の最後の和音

モーツァルトはすべてのピアノ協奏曲で、オーケストラを締めくくるバス音をピアノパートにも書きました。ピアニストの右手も和音を弾くことを当然と考えていたことは明らかです。19世紀後期から20世紀初期にかけて出版されたすべての版では、これらのバス音が──コンティヌオとして書かれている、という理由から──削除されています。これによって「ピアニストは協奏曲の最後の5秒か10秒のあいだ沈黙していなければならない」というばつの悪い印象が生み出されてしまったのです。モーツァルト自身がコンティヌオの奏法を書き込んだ《変ホ長調K.271》と《変ロ長調K.456》および《ハ長調K.246》の3曲のピアノ協奏曲のピアノパートにも、完全な和音が書かれています。これらの協奏曲は、こうした数字付きバスの扱いにまだ慣れていなかったピアニストたちのために書かれたのです。とりわけ《変ロ長調K.456》では、第3楽章最後の和音を記譜しなければならない、例外的な理由がありました──第1ヴァイオリンよりも高い音が必要だったのです。協奏曲の形式にとても似ている《ト短調K.478》と《変ホ長調K.493》のピアノ四重奏曲や《ピアノ五重奏曲変ホ長調K.452》で、ピアノが他楽器と一緒に最終和音を弾くように書かれていることも、注目に値するでしょう。

このような慣習に沿って《ピアノ協奏曲ハ短調K.491》の一番最後を弾くとどうなるかの例を示しておきましょう。

---

23) L.モーツァルト『ヴァイオリン奏法［新訳版］』久保田慶一訳、全音楽譜出版社、2017年、254頁。

■ 例10/36

「協奏曲の最後でピアノもオーケストラと一緒に弾く」実践は、19世紀に至るまで継承されていました。なかでもショパン、モシェレス、リストの協奏曲では、オーケストラとともに独奏ピアノもまた最後の和音を演奏するべきであることに、疑念の余地はほとんどありません。ブラームスの《ピアノ協奏曲第1番作品15》においてさえ、ブラームスと同時代の音楽家として生まれたエトヴィン・フィッシャーは最後の和音を演奏し、きわめて説得力ある効果をあげています。ブラームス自身、《ピアノ協奏曲第2番作品83》ではこれらの和音をピアノパートに書き込むことによって、生じ得るすべての疑いに対する明解な答えを提示したのです。

第11章
ピアノ作品における技術的問題

「モーツァルトを演奏していると、指も音楽を楽しんでいるようで、わくわくとした快感を覚えます」と、ある有名なピアニストが言っていました。これは偶然ではありません。モーツァルトは生まれながらのピアニストであり、ピアノのための作曲家でした。その作品は指によくなじみます。"技巧のための技巧"に傾倒せず、不要な難しい技術を避ける傾向がありました。彼はクレメンティの、当時はめったに使われなかった演奏困難な3度音程のパッセージワークを皮肉って（418ページ参照）「でも、彼〔クレメンティ〕は日夜ロンドンで汗水たらしたんです」[1]と書いています。

　モーツァルトのピアノ作品に3度のトリルはありませんが、クレメンティのパッセージとはまた違った種類ながら同程度に演奏困難なパッセージがあることも事実です。例としては《「主よ、幸いあれ」による変奏曲K.398》の第6変奏が挙げられます。しかしより多くの問題は、ピアノ書法における歌唱的旋律にしばしば見られる「偉大なる単純さ（または単純なる偉大さ）」に起因しているように見受けられます。こうした単純さが、この上なく偉大なピアニストさえも凌駕してしまうことがよくあります。「一番難しいのは単純でありながら、意味深いこと」と芸術家たちの間ではよく言われますが、これが一番わかるのがモーツァルトの音楽なのです。

　モーツァルトの単純な旋律線をカンタービレで表情豊かに弾き、レガートのパッセージワークに"油のように"まったくむらのない流れを与えたいのであれば、ピアニストは落ち着いて指への指示を出さなければなりません。たとえば《ピアノソナタ変ロ長調K.281》や《ピアノソナタへ長調K.533》、あるいは《ピアノ協奏曲イ長調K.414》のそれぞれ第1楽章がそれにあたります。アウグスブルクから父宛てに書いた1777年10月23〜25日付けの手紙で、モーツァルトはシュタインの8歳になる娘のピアノ演奏について、どちらかというと皮肉を込めて次のように描写しています。

　　でも、いちばん傑作なのは、あるパッセージで（油のようになめらかに流れなくてはいけないところで）、どうしても指を変えなくてはならないのに、そんなことにはとんとおかまいなく [...][2]

　ある種のフレーズはスピーディーに、わくわくさせるコン・ブリオの旋律線のように響かなくてはなりません。ノンレガートのパッセージはかなり頻繁に見られますが、指をできるだけ丸めましょう。ピアニストのタッチは明瞭で、きらきら（jeu perlé）と輝かなくてはならないのです。このタッチを得るためには、指が小さなハンマーのように軽く鍵盤

---

[1]『モーツァルト書簡全集』V、海老沢敏・高橋英郎編訳、白水社、2006年（第3刷）、376頁。
[2]『モーツァルト書簡全集』III、海老沢敏・高橋英郎編訳、白水社、1996年（第2刷）、174頁。

を叩き、その後指先をわずかに手前に引きこむと良いでしょう。手首はいつもしなやかにしておきます。ヴァイオリンの弓の動きと同じように、フレーズを歌う際に手首を自由に使えるようにしてください。とりわけ身体全体が緊張から放たれてリラックスし、肩を柔らかく、首の筋肉を弛緩させることが大切です。

モーツァルトはどんなものにも「自然であること」を大切にしており、そのように洗練された感覚から演奏家の姿勢をよく批判しました。1777年10月16日付けの父宛ての手紙で、モーツァルトはミュンヘンの若い婦人について次のように書いています。

> 陸軍秘書官ハム氏の娘さんについて書けることは、ただ、彼女が間違いなく音楽に対する才能をもっているにちがいないということです。彼女はほんの三年間学んだだけなのに、たくさんの曲を見事に弾きます。でも、演奏しているときどんな印象か、はっきりと言い表すことはできません。——ぼくには妙に力んでいるように思えます——長い骨ばった指が、鍵盤の上をじつに奇妙に進んでゆくのです[3]。

その1週間後、ナンネッテ・シュタインの演奏について書いた、皮肉を込めた以下の報告で、モーツァルトは演奏の不自然さをさらに鋭く批判しています。

> 彼女が弾くのを見たり聴いたりして笑わずにいられるひとは、彼女の親爺さんと同じく《石》で出来ているにちがいありません。この娘はけっしてクラヴィーアの中央部にではなくて、まったく高音部に向かって坐るのです。そうすれば、からだを動かしたり、しかめっ面をしたりする機会が増えます。目をむき出したり、にやにや笑ったりします。ひとつの主題が繰り返されるとき、二度目に彼女はゆっくりと弾きます。三度目には、さらにもっとゆっくりです。パッサージュを弾くときは、腕を高く上げます。そしてパッサージュを際立たせるときは、指ではなくて、腕を高々と上げなくてはなりません。しかもまったく苦労して重々しく、不器用にやるのです。[…] むしろ時には中断して、手を上げ、それからまた実に気持ちよさそうに始めます。その弾き方だとミス・タッチがいっそう増えるのですが、それがしばしば奇妙な効果をあげます。[…] 彼女はものになるかもしれません。才能をもっていますから。でも、こんな弾き方では伸びないでしょう。けっして速く弾けるようにはなりません。つとめて手を重くするようにしているのですから[4]。

柔軟さがなければ、音は響きません。のびのびと歌うような音だけが聴き手の心に届くの

---

3) 『モーツァルト書簡全集』III、141頁。
4) 同、174頁。

です。

　軽いタッチはとても重要です。とりわけ現代のピアノの響きは、モーツァルトの音楽を演奏するのにあまりに豊かすぎるからです。モーツァルトのピアノで表現されるクリアなレガートを現代の楽器で再現するためには、多くの場合——とりわけ低音域では——ノンレガートで演奏しなければなりません。古いフォルテピアノのノンレガートは、現代楽器では時として（大ホールの残響効果も考慮して）スタッカートで演奏されます。

　ちなみに、スタッカートのタッチには無限のニュアンスづけが可能です。アーティキュレーションのない連続音を静かに切り離したり

■ 例11/1

短く切ってとても鋭いアタックを表出したり、などさまざまな度合いがあります。たとえば《ピアノ協奏曲イ長調K.488》の第2楽章第10小節と第21小節では、とても柔らかいスタッカートが適しています。

　また、明るい響きを得ようとするばかりに、硬く無表情な演奏に陥らないようにしましょう。硬いタッチは確かにモダンピアノの音を明るくさせますが（倍音が豊かになります）、あるレベル以上になると不協和な倍音が多く生じるため、響きがきたなくなります。物理学的な説明はさておき、過度に硬いタッチはモーツァルトにとって不適切な、野蛮な印象をもたらしてしまうのです。

　もちろん、さまざまな種類のタッチを別個に練習しなければなりません。アルフレッド・コルトーの『ピアノ技術の合理的原理 Principes rationnels de la Technique pianistique』[5]と『学習版 Editions de Travail』にあるような練習は、大いに推奨されます。指導者の監督のもとでこれらを使えば、その効果は絶大でしょう。

　ピアノのテクニックは、フィンガーアクション（スタッカートやレガート）、親指のくぐり、トリル、オクターヴ、和音など、限られた数の原理に支えられています。これらに対し、いくつかのヒントを示しましょう。

フィンガーアクション

　既述の通り、きらめくようなノンレガートのタッチのためには、指はできるだけ丸まっ

---

[5] アルフレッド・コルトー『コルトーのピアノ・メトード』八田惇訳・校閲、全音楽譜出版社、1994年。

た状態（指先は鍵盤に対して垂直に保ちます）でなければなりません。さらに精密なコントロールを得るための最良の練習は、音をくり返して弾くことです（使わない指は鍵盤上に静止させておきましょう）。

■ 例11/2

左手も同様に練習し、スピードを徐々に上げていきます。これらの練習では手首の力が抜けていることが大切です。この種の指の練習をしていると、無意識のうちに手首を固めてしまいやすいため、気をつけてください。そのためには滑らかな波を描くように手首を上下させながら練習すると良いでしょう。

　スタッカートのタッチでは「指先による敏捷なアタック」が基本になりますが、レガートの場合は「指先で鍵盤に伝える圧力」がポイントです。レガートでは指を平たく、伸ばすような感じで弾いてみると、より簡単に実現できる場合がよくあります。指先の肉の部分で打鍵するのです。しかし、伸ばした指での打鍵で生じやすい不均衡さを回避するのは簡単ではありません。そんな時にはタイで音をつなぐ奏法が役に立ちます。最初の音を次の音が打たれるまで離さず（と言うよりは、むしろ圧力をかけるようにして保ちます。豊かなピアノの響きはアタックからではなく、圧力によって作られるからです）、長めに保持するのです。楽譜に表すと以下のようになります。

■ 例11/3

休符のところではそれぞれの指を伸ばすのではなく、そのままの形を保ちながら第3指関節を使って引き上げてください。

図11.1

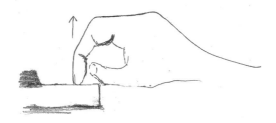

画：パウル・バドゥーラ＝スコダ

正しい指の上げ方

図11.2

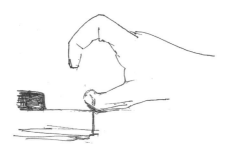

画：パウル・バドゥーラ＝スコダ

このように指を伸ばして上げるのは、あまりよくありません。

図11.3

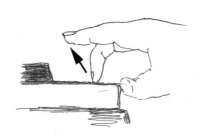

画：パウル・バドゥーラ＝スコダ

高速のレガートパッセージでは3音を重ねることもできます。

■ 例11/4

究極のレガート演奏に必要なのはこの例で紹介したようなタイだけでなく、意識的につけられた強弱のグラデーションによる支えです。例として《ピアノ協奏曲変ロ長調K.595》の第1楽章第81小節以降の主題を見てみましょう。

■ 例11/5

第82小節と第83小節にある十六分音符を滑らかに、しかしあまり速すぎないように弾くことがとても大切です。

どんなところでも声楽と同じように、長い音により多くの圧力（＝表情）をかけて演奏する必要があります。それに対し、速い音は軽く流れるように演奏されます。すべての音が強調されるわけではありません。ピアニストにとって歌唱はいつも、適切な表現を見つけるための助けになります。《ピアノ協奏曲変ロ長調K.595》の同じ楽章の第107～109小節にも、こうした配慮が推奨されます。

■ 例11/6

下行する4度それぞれに含まれる第2音（g^2、e^2、h^1など）がほかの音よりも明らかに柔らかく演奏された場合のみ、レガートの印象が生まれるのです。美しいレガート演奏のため

には、生み出されるべき響きを的確に想像できる能力が必要です。そうしたセンスを持ち合わせた演奏家ならば、レガート演奏を単なる物理的処理としか考えない演奏家よりも、より美しいレガートを作ることができるでしょう。

音階とアルペッジョ

"でこぼこ"になることなく音階とアルペッジョを演奏するためには、手首を柔軟にすることと、親指を電光石火のごとくくぐらせることが大事です。音階を弾く際は、前腕を床に対して水平か肘が少し高くなるぐらいに保ち、第3指は他の指先との位置が揃うように少し手前に引き、肘のほうが指より先行して移動します。これは拡張されたアルペッジョにも当てはまります。

以下のような練習が、すばやく次の音に移行するために有用とされてきました。

■ 例11/7

親指のための練習もあります。

■ 例11/8

両手で音階を練習する時には、強弱のグラデーションをつけてみましょう。

■ 例11/9

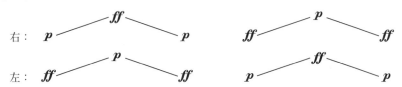

モーツァルトの場合、運指は重要な課題です。弱い第4指（薬指）と第5指（小指）の使用を可能な限り避けてください。

■ 例11/10

モーツァルトを演奏する際に「親指と第5指で黒鍵を弾くのを避ける」という古い教則に捕らわれてはいけません。普通ではない運指法を使うことによってのみ、不均等にならずに演奏できるパッセージがたくさん存在します。《ピアノ協奏曲変ホ長調K.482》第1楽章第176小節にその例があります（現代の指使いが五線譜の上に、伝統的な指使いが五線譜の下に書かれています）。

■ 例11/11

第258小節も同様です。

■ 例11/12

伝統的な指使いでは親指のくぐりが多いため、手が不安定になります。

《ピアノ協奏曲イ長調K.488》第1楽章第281小節以降には、次のような指使いを提案します。

■ 例11/13

第3楽章第151小節以降はこうです。

■ 例11/14

トリル

生まれつきトリルが得意なピアニストも一部に存在するようですが、それ以外のピアニストはきちんとトリルを弾けるようになるまで長年にわたり練習を積まなければなりません。そのようなピアニストには以下のヒントが役立つでしょう。

何よりも、トリルは均等でなければなりません。好ましいのは「速くても不均等にでこぼこしたトリル」ではなく「ゆっくりでも安定したトリル」なのです。

正しく行なえば効果的であることが証明されている練習がたくさんあります。

■ 例11/15（アクセントをつけず均等に弾くこと）

■ 例11/16（こちらはアクセントをつけて）

こうした練習によってトリルを磨いてください。モーツァルト作品のトリルには、1-2、1-3、2-3、2-4、3-5といった指の組み合わせが推奨されます。ただし、個人の好みに応じ

た選択の余地も充分にあるでしょう。

　望まれるスピードでトリルを"震動させる"ためには、すばやい指の動きに加えて前腕全体を左右に軽く回転させると良いのです。また、腕の重みはフォルテのトリルに力を与える助けとなるでしょう。

オクターヴ

　いわゆる「分散オクターヴ」が、モーツァルトの作品にしばしば見られます。

■ 例11/17

これは肘、またはしばしば肩からの回転を使って弾くのです。指のポジションは固定され、ほとんど動きません（多くの教師がこの動きにほとんど注意を払わないのは残念です）。
　次のような練習がとても役に立ちます。

■ 例11/18

休符のところでは腕を高く（少なくとも鍵盤より20センチ）上げてください。手首からは力を抜き、手は前腕と一緒に左右に回転させます。練習は7度音程でも可能です。

■ 例11/19

これらの練習を難なくこなせるようになるまでは、オクターヴ音程では練習しないようにしましょう。
　よく見られるのは、下の音と上の音がくっついてしまう誤りですが、次のような練習をすればそれを防げます。

■ 例11/20

モーツァルトの作品にはしばしばレガートのオクターヴも見られますが、これらはたいへん厄介です。《ピアノソナタイ長調K.331》第1楽章の第3変奏にその例があります。

■ 例11/21

上のパートを滑らかに演奏するだけでは不充分です。下パートを担う親指も滑らかに演奏しなければ、真のレガートの響きにはならないでしょう。親指をつなげて弾くためには、指がしなやかでなければなりません。親指の付け根を柔軟に動かすことが肝要です。親指は鍵盤をできる限り長く保持し、最後の瞬間に次の鍵に移行します。この時にアクセントがつかないように気をつけます。このように、音と音の間をできるだけ短くするのです。この旋律全体を親指だけで練習してみましょう！

きわめて例外的ながら、二重グリッサンドもモーツァルトに見られることに触れておきましょう。なぜならモーツァルトは通常この種の技巧をほとんど用いなかったからです。《「リゾンは眠った」による変奏曲K.264》第9変奏のカデンツァに6度音程のグリッサンド、および《ピアノ協奏曲ト長調K.453》第2楽章のおそらくモーツァルトの手による第2のカデンツァにおけるオクターヴ音程のグリッサンドがそれにあたります。

すでに第1章で指摘したように、モーツァルトの作品ではしばしばピアノの低音域に音程の密度が厚い和音が書かれています。モーツァルトのピアノで演奏すれば豊かに丸く響くものの、現代の楽器では明らかに不快な響きになってしまいます。現代のコンサート用グランドや、あるいはもっと小型のピアノでそのような和音やパッセージを演奏する際には、状況によって和音の密度を調整することを推奨します。《ピアノソナタハ短調K.457》第2楽章第52小節では、響きを整えるために左手で弾かれる属七和音の第5音を省略しても良いでしょう。

■ 例11/22

さらに、D（第3音）音は他の音よりも小さく弾かれるべきです。もっと良いのは第3音を省略することで、そうすればさらに感じの良い響きになるでしょう。

■ 例11/23

《ピアノソナタイ短調K.310》第2楽章の展開部冒頭（第32小節以降）には、次のような伴奏和音が見られます。

■ 例11/24

モーツァルトのイメージは（低弦の響きのような）豊かで暖かい伴奏の響きであることは明らかです。しかし現代のピアノでこのパッセージを弾くと、多くの場合豊かというよりむしろ厚ぼったく響いてしまいます。

　1950年代以降のピアノはこの点でそれ以前の楽器とは違う、より固いハンマーが装着されるようになりました。そのため、近年製作されたベーゼンドルファーで例11/24を楽譜通りに演奏しても、それなりに良い響きがします。しかし最初の小節で第3音をオクターヴ上に移動して弾くと、モーツァルトが意図した響きにはるかに近くなるでしょう。しかしこの場合、右手で10度を押さえなければならないことになります。

■ 例11/25

楽譜通りのバージョンは、とりわけ明るくはっきりとした音が出るように調整されたコンサート用グランドピアノでしか良い響きとなりません。《幻想曲ハ短調K.475》冒頭にあるようなユニゾンのパッセージは、現代のピアノではあまりに厚く響いてしまいます。そんな時には左手を右手よりもずっと小さく弾くことによって響きを改善できるでしょう。《ピアノソナタハ短調K.457》冒頭では右手を力強いフォルテ、左手をメゾピアノで弾くことをお薦めします。

ソフトペダル（ウナ・コルダ）をあまり頻繁に使ってはいけません。弱音のパッセージでこのペダルを自動的に踏む、という悪習が蔓延し過ぎています。ソフトペダルは音量を弱めると同時に音色をも変えてしまうので、美しい音を響かせる妨げになってしまうのが常です。優れたピアニストならば、*ppp*でさえソフトペダルを使わずに演奏できるでしょう。

ダンパー・リフティング・ペダル（膝レバー）を使う際の技術的問題

第1章で「モーツァルトは古いピアノに装備されていた、いわゆるフォルテストップの価値を認めていただけでなく、それを使用していた」と述べました。彼が所有していたヴァルター製ピアノには、ピアノの下部に装着された2本の膝レバーと連動する、2種類のダンパー操作の可能性（左のレバーはすべてのダンパー、右のレバーは高音部ダンパーのリフティング。モデラートアは鍵盤上部中央のつまみを引くことによって作動します）が提供されていました。モーツァルトは、これらの膝レバーを使用すれば正しく演奏できるような複数のパッセージを記譜しています。これらの装置は現代のピアノの右ペダルと同じ機能を持っているので、以降はこの「膝レバー」に対して「ペダル」という語を使うことにします。

モーツァルト時代、モデラートア（ソルディーノ）が手で作動するストップの場合、両手で演奏している間はこの装置を使うことができませんでした。手動レバーを作動させたり止めたりするためには、少なくとも片手は休んでいる必要があります。モデラートアを使用すると現代のアップライトピアノと同じようにハンマーと弦との間にフェルトの布が差し入れられ、音色が柔らかく変化します。モーツァルトのピアノ（39、59ページ参照）では鍵盤上部の中央に操作用のレバーが取り付けられています。手動レバー付きの楽器で弾かなければならない場合、おそらく演奏者は《ピアノソナタハ短調K.457》第2楽章の第1〜7小節におけるようなソット・ヴォーチェのパッセージにこのレバーを使ったのでしょう[6]。

「モーツァルトの作品にはペダルをどのぐらい使っていいのか」という疑問は、しばしば問題になります。私どもは「モーツァルトは、たとえばベートーヴェンほどダンパー・

---

6) パウル・バドゥーラ＝スコダはこれらの小節、第17〜23小節、また状況によっては第3楽章第40〜45小節も「異なった音色（レジスター）で」という考えからフォルテの部分も手動レバー（モデラートア）を使用したままで演奏している。

リフティング装置を使わなかった」と信じており、「右ペダルを使うか使わないかは歴史的な問題であるだけでなく、趣味や美的外観の問題でもある」と考えています。

　第1章で言及したわずかな例外はありますが、モーツァルトのソナタをペダルなしで弾くことは可能です。偉大なピアニスト、ヴァルター・ギーゼキングは、モーツァルトが創作したピアノのためのソロ作品全曲を現代のピアノで録音した際に、ペダルをまったく使用しませんでした。彼の意見では、ペダルはピアノの音を厚くし、モーツァルトのテクスチュアの明瞭なラインをぼかしてしまうからです。ギーゼキングの敏感で歌うようなタッチや軽やかな指があったからこそ、あの美しい響きを生み出せたのです。ギーゼキングが「ペダルなし」を選択したことが彼にとって何らかの足かせになっているとは、ほとんど感じられませんし、聴衆もペダルのない響きに何ら不自然さを感じることはありません。

　ペダルに関する私どもの意見は、ギーゼキングとは異なります。ペダルを慎み深く、そして趣味よく使えば、アルペッジョだけでなくカンタービレのパッセージでもピアノの響きをより美しくすることができます。しかし、モーツァルトの作品を練習する際には、ギーゼキングの考えに同意します。指だけで美しい響きを生み出せるようになってからペダルを控えめに使い始め、ピアノの音をさらに美しく色彩豊かにしましょう。単音でもペダルを使って弾けば、ほかの弦との共振によってヴァイオリン奏者のヴィブラートに比肩し得るような響きが生まれます。

　モーツァルトの演奏では頻繁にペダルの問題が生じます。ペダルを控えめに趣味よく使うことは、ひとつの芸術と言えるでしょう。カンタービレのパッセージでのペダリングに関して触れておきたいと思います。そのようなパッセージの良い例が《幻想曲ハ短調 K.475》の第29〜30小節に見られます。

■ 例11/26

　第29小節（2番括弧）最後のa^1音から次の小節のg^2音をレガートで歌いたくても第30小節冒頭に弾かれる左手のa^1音のため、ペダルの助けなしにはレガートにできません。

　なお、ペダルは響きを厚くするので、そうした厚みを意図する時以外には避けるべきでしょう。ペダルの使いすぎはアーティキュレーションの妨げにもなります。とりわけ旋律

の途中での休符をペダルで覆い隠してしまうようなことは、あってはなりません。これはしばしば遭遇する誤りなので、特に警告を発しておきたいと思います。次のようなアルペッジョでペダルを使うとすれば、以下のような踏み方が正しい用法です。

■例11/27

こうではありません。

■例11/28

このように踏んでしまうと、すべての音があたかも"テヌート"と指示されているかのように響いてしまいます。

　《デュポールの主題による変奏曲K.573》第8小節のような典型的なメヌエットの終止に、ペダルは必要ありません。ただし古い世代のピアニストたちは、次のような短めのペダルを使うこともありました。

■例11/29

　原則的にスタッカートやノンレガートのパッセージでのペダルは不要です。たとえば《ピアノソナタハ短調K.457》の冒頭主題やスタッカートがつけられている八分音符をペダルでにじませることは厳禁です。

第11章　ピアノ作品における技術的問題　549

　ペダリングに関する興味深い問題は、モーツァルト作品でおなじみのアルペッジョにもあります。すべてのアルペッジョをペダルつきで演奏するのは完全に誤りです。多くの場合、響きがあまりに厚くなってしまうからです。しかしモーツァルトの作品にもピアノが「爆発」し、極限の音量で弾くことが許されるようなフォルテのパッセージがあります。このような箇所では明らかにペダルが必要でしょう。《ピアノ協奏曲ハ短調K.491》第1楽章で、ピアノがオーケストラ全体を相手にする劇的なクライマックス（第332小節以降）がその例にあたります。他には《幻想曲ハ長調K.394》の嵐のようなアルペッジョ（49ページの例1/9を参照）がありますが、これはモダン楽器よりもモーツァルトのフォルテピアノで演奏したほうが、はるかに刺激的な響きがします。《幻想曲ハ短調K.475》にあるアルペッジョ（第82小節）では、宇宙に向けて発射されたロケットのようにモーツァルトのピアノの最低音から最高音域までが一気に鳴り響きます。

■ 例11/30

　その4小節前（第78～79小節）では、小節ごとに4回ずつペダルを替えればアーティキュレーションがぼやけることはありません。

■ 例11/31

　しかしここにどうしてもペダルが必要なわけではありません。ペダルなしでも充分に演奏できるでしょう。
　ごくまれに、ペダルを変えずにさまざまな和声が弾かれることがあります。ハイドンは《ピアノソナタハ長調Hob.XVI/50》で、この種のペダリングに対して"オープン・ペダル *open pedal*"という語を用いました。ピリオド楽器で演奏する際、ロバート・レヴィンやマルコム・ビルソンは《ピアノ協奏曲ハ短調K.491》第1楽章のコーダをこの手法で演奏しています。エトヴィン・フィッシャーは逆に、このコーダを弾くときにまったくペダルを用いませんでした。双方とも理にかなっており、印象的な結果をもたらします。これは

趣味の問題なのです。

　アルペッジョを弾く時の主目的は、心地よい響きを生み出すことです。たとえば《ピアノ協奏曲変ホ長調K.449》の第2楽章第103小節以降です。

■ 例11/32

この種のパッセージをスタッカートあるいはノンレガートのタッチで弾き、そこにペダルを加えると、魔法のような音の効果が生まれます。その際ペダルを頻繁に変えると、響きがあまりに厚くならずにすむでしょう。

　モーツァルトが疑いなく意図していたとても心地よいペダル効果を、他のところにも導入できます。たとえば《ピアノ協奏曲イ長調K.488》第1楽章、モーツァルトによるオリジナルのカデンツァの終わりです。

■ 例11/33

　しかし、ペダルを使わないほうが美しく響くアルペッジョもたくさんあります。ほっそりとした響きがもっとも適しているパッセージのひとつにアルペッジョがあるからです。そのようなパッセージの例は、《協奏ロンドニ長調K.382》の第41〜56小節に見られます（自筆譜を見ると、かつての多くの版がここにモーツァルトに由来しないレガートスラーを印刷していたことがわかります）。

■ 例11/34

あるいは《ピアノソナタへ長調 K.533/494》第1楽章のコデッタです。

■ 例11/35

こうした音型がもつ火花の散るような音質はペダルなしで弾かれてこそ、初めて適切に引き出されるのです。響きがあまりに厚くならないよう、左手は右手よりもずっと弱く弾いてください。さらに、この例のすぐ後に各パートの美しいかけあいが続きますが、そこでもペダルは不要です。

■ 例11/36

モーツァルトを演奏する時には、精密かつ頻繁なペダリング技術が要求されます。その一番の目的である「音の繊細さ」を確保するためには、ペダルは多過ぎるより少な過ぎるほうが良いでしょう。モーツァルトの演奏ではとりわけ明瞭さ、透明感、そして演奏の均一さを損なうものを回避しなければなりません。これは美学において「音楽言語の明晰さ」と呼ばれるものです。

最後にダニエル・シューバルトの『音楽美学の構想 Ideen zu einer Ästhetik der Tonkunst』 (p.373)から引用して、本章を終えましょう。

　良い音楽演奏の第2の質は「明晰さ」である。理解できないものは心に届かない。このように、あらゆる音楽上の読点（コンマ）に、そればかりかすべての音に、くっきりとした輪郭を与えなければならない。音の切り方（スタッカートの演奏より明晰なものはない）を練習しなさい。発言すべきところで口ごもらぬこと。そして演奏において丸みのある音を得られるよう、たえず努力するように。

第12章
いくつかのピアノ作品の演奏解釈

偉大な作品を解釈し、演奏するにあたっては、常に客観的妥当性への配慮を忘れてはなりません。私どもはこのことをたえず強調してきました。

　もちろん「客観的に正しい解決とはどうあるべきか」を整理して提示する際には個別の問題がたくさん生じます。本書の主要な目的はそれを指摘することです。他方、あるひとつの問題を徹底的に分析し、より詳細な解釈を行なう際には、しばしば主観的でしかありえない考察が必要となります。しかし、こうしたプロセスの多くは入念な研究に基づいており、これによって導き出された結果は論理的にも納得できるもので、一般的にも支持され得るものと信じています。

　以下の分析はオーケストラも指揮できる程度のピアニストを念頭に置いてまとめたもので、私どもの主観的な要素も多々含まれています。「どの作品をとりあげるか」という選択自体も「まことに主観的である」ということになりますが、ここで私どもは、モーツァルトのもっとも有名なピアノ協奏曲を3曲選びました。しかし「それ以外の協奏曲はそれに劣るものである」と私どもが感じているのではないことは、言うまでもありません。それほど有名ではない協奏曲の中にも、有名な作品にまったくひけをとらないものが複数存在します。1773年にザルツブルクで最初に作曲された魅惑的な《ピアノ協奏曲ニ長調K.175》はそのひとつです。また、1782年からこの作品の新たな終楽章として加わった《協奏ロンドニ長調K.382》の存在も忘れてはなりません。モーツァルトは音楽家としての成熟期にあってなおこの協奏曲を演奏し、大きな成功を収めました。モーツァルトはある演奏会の後、1783年3月12日の手紙で父に宛てて誇らしげに書いています。

　ぼくが舞台から去ったあとも——聴衆の拍手が鳴りやまないので——ぼくはもう一度ロンドーを弾かなくてはなりませんでした。——すると、まさに嵐のような拍手です[1]。

　もっと注目に値するピアノ協奏曲もあります。シューベルト的な親密さと優雅な対位法的終楽章を有するすばらしい作品《ピアノ協奏曲変ホ長調K.449》、輝かしい《変ロ長調K.450》、優しく内省的で、ロマン派的な和声の大胆な変化に満ちた《ト長調K.453》、その秀逸さではひけをとらない《ヘ長調K.459》、第1楽章がベートーヴェンの協奏曲《皇帝》に比肩し得るほどの劇的な力をもつ壮大で高貴な《ハ長調K.503》、そしてとりわけ美しい《変ホ長調K.482》がそれです。卓越したピアノ協奏曲として《イ長調K.414》、《ニ長調K.451》、《変ロ長調K.456》、《ハ長調K.467》もまた、限りない称賛に値します。「あまり耳にする機会のない協奏曲を演奏してほしい」との要望に応えるためには、一般に"今ひとつ迫力に欠ける"と思われている作品を選ぶのが得策です。しかし、まだ若きモーツ

---

[1]『モーツァルト書簡全集』V、海老沢敏・高橋英郎編訳、白水社、1995年、346頁。

ァルトが他の作曲家の作品を模範として創作した4曲の協奏曲《K.37、39～41》は別にしても、「この1曲」を探し出すのは至難の業以外の何ものでもありません。

　モーツァルトは当時の古い伝統に従い、第1ページの最初の連結括弧の前に、協奏曲の独奏パートの楽器名として「チェンバロ」と記しました。例外は、最後のふたつの協奏曲《ニ長調K.537》と《変ロ長調K.595》のみです。しかし少年時代に書かれたいくつかの作品はともかく、モーツァルトのピアノ協奏曲がモーツァルトの他のあらゆる鍵盤作品と同じように、フォルテピアノのために作曲されたことには微塵の疑いもありません（第1章を参照）。

　解釈と演奏をめぐる問題に言及する以下の分析は、それ以外の作品を研究する際にも参考にできる示唆となるようにまとめました。参考音源を試聴するよう指示されていない限りは、私どもの提案をおおらかに受けとってください。というのも、テンポ、強弱、タッチといった繊細な音楽的ニュアンスを言葉で伝えようとしても限界があり、おおよその描写しかできないからです。

《ピアノ協奏曲ニ短調K.466》

推奨される楽譜
- 『新モーツァルト全集』V/15/6（ハンス・エンゲル、ホルスト・ホイスナー編）
- オイレンブルクのスコア721（パウル・バドゥーラ＝スコダ編）
- 2台ピアノのためのリダクション：ペータース版（クルト・ゾルダンとエトヴィン・フィッシャー編）
- シュタイングレーバー版（2台ピアノ用、F. クーラック編、絶版）、ニューヨークのシャーマー社から再版

カデンツァ
　モーツァルトがカデンツァを作曲したのは明らかですが（365ページを参照）、オリジナルは残っていません。他の作曲家による一番よく知られたカデンツァはベートーヴェンによるもので、ウィーンのドブリンガー社からピース版として出版され、クーラック・エディション（シュタイングレーバー社、シャーマー社）にも掲載されています。また『ベートーヴェン作品全集 Complete Edition of Beethoven's Works』シリーズ9、No.70Aにも所収。同じく推薦されるのが、アルフレート・ブレンデルやパウル・バドゥーラ＝スコダによるカデンツァで、双方ともウィーンのドブリンガー社から出版されています。

基本的なテンポの提案

- 第1楽章：アレグロ 𝄵 ♩≒138〜144
- 第2楽章：ロマンツェ 𝄵 ♩≒84〜88、ト短調の中間部はやや速く ♩≒96程度。（𝄵の表記を鑑みれば ♩≒42〜44とするほうがより適切かもしれません。なお、これほどゆっくりとした速度の場合、昔ながらのメトロノームでは不正確に刻まれることがあるので注意してください）。
- 第3楽章：プレスト 𝄵 ♩≒144

　短調の作品からはモーツァルトのもっとも深く、私的な深層心理を感じ取ることができます。それらの作品では、モーツァルトが落胆や苦悩を受け入れるさまが表現されているのです。パリへの演奏旅行の失敗、母の死、アロイジア・ヴェーバーに愛を拒絶されたこと（「いままでどうしてもお手紙が書けませんでした。［…］きょうはただ泣きたいだけです」[2]）、そして4人の子供の死、晩年の財政的困窮、最後には、レクイエムの完成は望めないと悟った時に流した死の床での涙。モーツァルトの短調の作品はすべて「熱のこもった反抗」と「最終的なあきらめと憔悴」の間にある幅広い領域をめぐります。そして最後にはあきらめがモーツァルトを支配するのです。最晩年の作品では微笑みが戻ってきます。しかしそれは切なく物憂げな笑みであり、絶望の克服、もはや喜びからも悲しみからも解き放たれた精神領域から生じており[3]、「無重力状態」に似た落ち着きに過ぎません。残された唯一の願いは究極の安息であり、いつかは死に至るすべての命あるものからの解放であり、1791年7月7日に妻に宛てて書いた手紙の中でモーツァルトが表現した感情なのです。

第1楽章：アレグロ

　しかしこの協奏曲におけるモーツァルトの居場所はまだこの神々しいあきらめからは程遠く、楽章冒頭から暗鬱とした悲劇的な深淵が広がります。

■ 例12/1

---

[2] 1778年12月29日付けのモーツァルトから父宛ての手紙。『モーツァルト書簡全集』IV、海老沢敏・高橋英郎編訳、白水社、1976年、372頁。

[3] 1790年9月30日付けのモーツァルトから妻宛ての手紙、また1787年4月4日付けの父宛ての手紙に関するアルフレート・アインシュタインの記述も参照のこと。A.アインシュタイン『モーツァルト——その人間と作品』、浅井真男訳、白水社、1972年、119頁〜。

この作品を演奏するときに生じるさまざまな問題に対する解決案を提示してみましょう。

第1楽章の雰囲気を、開始と同時に的確に把握するのは容易ではありません。ここでシンコペーションが強調され過ぎると機械的に反復されるリズムだけが前面に出てしまい、ニ短調の和声に託された「持続的でありながら激した雰囲気」を表出することができないのです。シンコペーション和音はできるかぎり分離せずに奏されなくてはなりません。そのためには、各シンコペーションを角張らせず、均一なアクセントをつけながら演奏するのが最善でしょう。シンコペーションであることによって喚起されてしまいがちな強いアクセントは禁物です。

また、冒頭の p 記号を見落とさないでください。厚みのある mp で冒頭部分を演奏したのでは、暗鬱な雰囲気は霧散してしまいます。バスの上行動機には神秘的な予感があり、人の心を動揺させます。あまりに速く演奏してはいけませんし、最後の音に向けてのクレシェンドもつけません。むしろ逆の強弱をつけるように意識したほうが三連符の動きが明瞭になり、より良い結果をもたらすでしょう。第3小節まではヴァイオリンの旋律線の表現もセーブし、暗鬱とした p の枠内に留めます。第9小節からは不安な切迫感が高まりますが、f の直前、その緊張は静まります。

その後に爆発する f ではホルンに注目してください。弱拍のa音ははっきりと強調して演奏されます。他方、第1ヴァイオリンの第18小節と第20小節冒頭にある最高音があまりに短く、鋭く弾かれるとともに、続く3音の四分音符につけられるアクセントが曖昧になってしまう演奏をしばしば耳にします。

また第32小節の半終止は多くの場合、あまりに唐突に中断されてしまいます。この小節にある休止は、少し引き延ばしても悪くないでしょう。と言うのも、続く小節で奏でられるヘ長調はあたかも別世界からの調べのように、木管楽器によってとても柔らかく、極めて自然に話しかけるかのように響くべきだからです。その後第44小節から始まる新たな f の爆発では、その後さらにクレシェンドするための余地を残しておかなくてはなりません。この小節の2番目の音を mf で始め、以後は音列の上下に強弱レベルを合わせていくのが良いでしょう。

■ 例12/2

弦楽器群は小節線の直前で意図的にディミヌエンドしなくてはいけません。そうしない

と、木管楽器の第1拍につけられた *sf* とあいまって小節の区切りが過度に強調されてしまうことになり、より大きなまとまりが不明瞭になってしまうからです。同じことは第58小節以降のチェロとコントラバスにも当てはまります。

　第66～67小節で、オーケストラはけっして音を弱めてはいけません。それに対する第68小節はまったく異なった感情が交錯するところで、とても内省的に演奏されなければなりません。なお、続く2小節でもあまり気を楽にしてしまわず、ていねいに扱ってください。

　コデッタではヴァイオリン（とヴィオラ）の二分音符のみに、表現豊かなアクセントを控えめにつけましょう。

■ 例12/3

このパッセージは情熱的な抗議のあとの精神の虚脱を語っているのです。大きな音にしてしまわず、内面的な演奏を心がけてください。

　モーツァルトは、ほとんどの協奏曲の最初のソロを一種の自由なイントラーダ（アインガング）で導入するか（《変ロ長調K.450》、《ハ長調K.467》、《変ホ長調K.482》、《ハ長調K.503》）、直接第1主題で開始しています（《変ホ長調K.449》、《ト長調K.453》、《変ロ長調K.456》、《イ長調K.488》、《変ロ長調K.595》）。それに対して短調による2曲の協奏曲——《ニ短調K.466》と《ハ短調K.491》——でモーツァルトはピアノに独自の導入的かつ作品の本質を語るようなパッセージを設定しています。その確固とした性格は、オーケストラが第1主題として奏でる世界とはっきりと一線を画した対照的な存在として表現されています。「この独奏主題がその後のオーケストラでは決して出現せず、またオーケストラの主題もピアノでは扱われない」という事実は、これらの対比が強く意識されていることを示唆しているのです。

　《ニ短調K.466》の表情豊かな独奏主題にはレチタティーヴォのような性格があります。基本となるテンポ（♩=132）よりもわずかにゆっくりと弾くと良いでしょう。この部分を演奏するには深い愛情と純真さが欠かせませんが、それは言葉で表現できないほど困難で、教わってできるものではありません。旋律は歌うべきです。従ってあまりに弱々しい *p* は不適切でしょう。第78小節の右手はわずかにディミヌエンドすべきですが、左手——表情豊かな *pp* で弾きましょう——はわずかにクレシェンドしてください。二分音符は先行する八分音符からほんの少しだけ分離させ、わずかにアクセントを与えます。

■ 例12/4

　オーケストラによって第1主題が奏される第91小節に至るピアノパート最後の3小節では、指揮者（と言うよりも、独奏者自身）は目立たぬよう徐々にこの楽章の基本テンポに戻します。この3小節間でピアノの動きに変化が現れること、また異例の楽器法（トランペットとティンパニがバス声部を担う！）を利用すれば簡単です。この十六分音符の動きは練習曲のように扱わず、先行する旋律からそのまま歌い続けるように弾かなくてはいけません。

■ 例12/5

　次の独奏セクションでは、第99小節から息の長いクレシェンドを築かなくてはなりません。最初は2小節ごとのペアを単位に盛り上がり（アウフタクトを含む第99〜100小節、第101〜102小節）、その後第108小節で到達するフォルテまでの長い道のりです。このクレシェンドはオーケストラによってもサポートされます。弦楽器パートはそれまでのシンコペーションの四分音符からスラーのつけられたよりメロディックな八分音符へと変化し、第104小節ではコントラバスが加わります。
　ピアノのパッセージ全体はノンレガートで演奏されます。手の小さい人には次の指使いを推奨します。

■ 例12/6

　ピリオド楽器を使用した演奏でない限り、第110〜111小節の木管楽器にはモダンピアノのたっぷりとした音量とのバランスをとるために、**mf** 以上の音量が必要でしょう。

　第121〜123小節の弦楽器の音量は、大きすぎるのが常です。その原因は、ほとんどのオーケストラがこのパッセージを（おそらくモーツァルトが欲したに違いない）やさしく繊細なアーティキュレーションではなく、大らかなレガートで演奏してしまうことにあります。また、第124〜127小節や、第129〜135小節のスコットランド風のはつらつとした音型でも、弦楽器の伴奏は重くなりがちです。第131小節冒頭と第135小節の最後の四分音符にアクセントをつけないように留意してください。

　第2主題に含まれる十六分音符は引きずることなく、美しく弾かなくてはいけません。アッポッジャトゥーラのc^2音は拍の前に弾くと、もっとも良い響きになるでしょう。

■ 例12/7

　ちなみに第146〜147小節について、モーツァルト自身のアーティキュレーションを再現した版は古いオイレンブルク版とペータース版ですが（第147小節の右手冒頭のスラーが第146小節の最後の八分音符e^3音より開始されています）、『新モーツァルト全集』での読みに対しても、音楽的に異議はありません。

　第153小節のあとは音楽の密度が濃くなるところであり、第174小節のトゥッティまでの緊張をよく保ってください。第153小節以降や第159小節以降の右手にある分散形での和音進行は大きな興奮の表現であり、強弱によるニュアンスを充分に与えるようにしてください。

　第162〜164小節では、**f** と **p** の対照を明瞭に。これらの小節の前半にディミヌエンドはありません。

　ヘ長調のトゥッティのあとでソロピアノによる主題が3回導入されますが、それぞれの性格を特徴づけ、対比させなくてはなりません。第192小節からのヘ長調は、初回（第77

小節以降）のニ短調よりも少し優しく演奏し、第206小節のト短調はより劇的に表現します。装飾のターンは単独の四分音符よりも柔らかく響くように処理されなければなりません。

　第213～214小節ではクレシェンド、第215小節はディミヌエンドとなります。第227～228小節でもクレシェンドしますが、これは第229小節でフォルテに到達します。

　続く展開部は「押し寄せる3つの波（トリプル・ウェイヴ）」として形作ることができます。第230小節からの変ホ長調セクション（第230小節冒頭のバスには、モーツァルトの楽器にはなかったオクターヴ下の ₁Es音を加えても良いでしょう。第234小節を参照してください）は mp（$subito$）程度の強弱レベル、第234小節のヘ短調は mf もしくは f、そして最後、第238小節のト短調は f もしくは ff で開始するのです。オーケストラもこれら3段階からなる強弱のグラデーションを守りつつ、全体としては一定の音量内（おそらく p から mf の間）に留めます。

　第234小節と第238小節では123-5212-312といった現代的な指使いを推奨します。

　展開部は第242小節の属和音の到来によってクライマックスに達します。第249小節近辺からは、第252小節冒頭の四分音符が mf 程度におさまるよう、わずかにディミヌエンドしていきます。第250～251小節の左手にあるオクターヴのトレモロは遠くから聞こえてくる雷鳴の暗示のようです。これに続く移行的な2小節では、p と f の対照がより際立つよう、八分休符を少し長めに保つようにしてください。これらの2小節を急いではいけません。a音からd音への半音階的上行はレガートで弾きます。

　第261小節以降の右手に現れるオクターヴのトレモロには、不穏な表情があります。ここでは（提示部とは対照的に）トゥッティへ接続させるためのクレシェンドは不要です。第278～280小節は、オーケストラで奏される動機に合わせてノンレガートで演奏されなければなりません。第281小節はスビトフォルテで開始されます。

　モーツァルトは再現部の第302小節以降に出てくる第2主題を、とても意表を突いた方法で扱いました。第307小節で提示されるオクターヴの上行跳躍（期待される6度の跳躍ではありません）は驚きです。ナポリの六の和音もまた予期されないものだけに、その効果はいっそう強烈です。この第2主題の再現はきわめて静かに弾きはじめ、1オクターヴ跳躍するb^2音には際だったアクセントを与えてください。このようなコントラストが再現部の表現力を高めるのです。

　第323小節以降の左手にある八分音符は、ノンレガートで弾かれるべきです。第327～328小節の木管楽器の和音はしっかりとテヌートで保ち、可能であればそれぞれの二分音符にはわずかにクレシェンドをつけると良いでしょう。第333～335小節はスタッカートで演奏し、2番目と10番目の十六分音符にほんのわずかなアクセントをつけます。最後の

クレッシェンドはできるだけ劇的に演出してください。第343小節の最後の八分音符への強弱指示は *p* となっていますが、和声の変化を強調するため、ほんの少し強めに弾きましょう。第344〜347小節で弦楽器と木管楽器によって弾かれる和音には *fp* で明瞭なアクセントをつけ、テヌートで奏します。これらの小節では第348小節のクライマックスに向かってクレッシェンドするための余地が必要です。第348〜349小節のピアノ左手のバス（オクターヴで弾かれるG音とGis音）はたっぷりと大きな音で響かせてください！

さて、カデンツァに到達しました。この楽章のためにベートーヴェンが書いたカデンツァは美しく詩的ではあるものの、モーツァルト的ではないところがたくさんあります。その例としてはニ短調から距離のあるロ長調への転調、その中でくり返されるマルテラートのfis^2音、さらには例12/8のようなゼクエンツでの反復、

■ 例12/8

またカデンツァ終結部にあるような、怒りにも似た表情のバス動機などを指摘できるでしょう。主要主題への三連符による伴奏やそこからの展開（天才的な着想です）は、「まさしくベートーヴェン」です。このような欠点はあるものの、この楽章にふさわしい「簡潔さ」を持ち合わせたカデンツァです。

カデンツァに続くオーケストラの後奏は、比類なく美しいものです。楽章の最後にリタルダンドをつけるべきでないことは、言うまでもありません。アルフレート・アインシュタインの言葉を借りれば「この楽章がピアニッシモで消えてゆくときは、まるで*復讐の女神*たちがすっかり疲れ果て、しかもなお、たえず恨みの叫びをあげ、いつでも立ちあがれる用意をしながら休息につくよう」[4] なのです。

第2楽章：ロマンツェ

たぐいまれなロマンツェである第2楽章は、一般的なヘ長調（ニ短調の平行調）ではなく、より落ち着いた変ロ長調の響きで創作されています。この楽章のホルンには、是が非でもB管バッソではなく、B管アルトを使用しなくてはなりません。特に指示しなくてもアルトホルンを使うことがモーツァルトの習慣だったことを知らない指揮者もいますが[5]、この

---

[4] A.アインシュタイン『モーツァルト その人間と作品』浅井真男訳、白水社、1961年、417頁。
[5] Hans Pizka, "Das hohe Horn bei Mozart – oder die Situation des hohen Horns zu Mozarts Zeit", p.139ff. を参照。

楽章でアルトホルンを使うことは不可欠です。

　主題の性格は温かく親密で、雰囲気は明るく優雅です。正しい形で表現するのは本当はとても困難なのですが、聴衆にこの難しさを悟られてはなりません。そのためにも、この楽章をあまりゆっくり弾いてはいけないのです（私どもも検証した通り、モーツァルトの草稿にははっきりと ¢ が記されています）。もしテンポが遅すぎると、漂うようがごとく恍惚のうちに流れる旋律のラインが損なわれてしまいます。

■ 例12/9

どの音も大切です。バスを担う5個の四分音符b音はホルンを想起させますが、できるだけレガートにすべきでしょう。打鍵を鍵盤の中で処理する──つまりグランドピアノのアクションに装備されているダブル・エスケープメント機構を活用すると、良い結果を得られます。

　第8小節最後の3個の八分音符（オクターヴの装飾音を含む）には、トゥッティにうまく連結するためのクレシェンドをつけましょう。しかし、ここから開始されるクレシェンドを意識するあまり、直前のトニカの和音（第8小節冒頭の不協和音を解決する和音）に不注意にアクセントを与えてしまわないよう気をつけてください。主題の後半部分（第17小節以降）での課題は、十六分音符の三連符を明瞭かつ明るく均一な音で展開させることです。第17小節から第19小節の最後の3音（八分音符）にかかったスラーは、小節線を越えて次の音に連結されなければなりません。

■ 例12/10

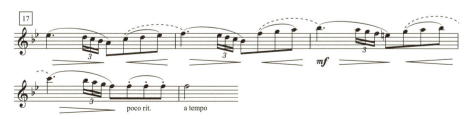

第25小節以降のトゥッティとの類比から、第18小節後半から第19小節にかけてのソロは *più p* で弾いても良いでしょう。何回もある主題の反復が単調にならないよう、オーケストラと同じ形にしてしまうのは避けるべきなのです。第20小節を締めくくる最後の3個の八分音符 f^2 にはディミヌエンド、クレシェンドのどちらもつけられますが（おそらくクレシェンドのほうが良いでしょう）、冒頭動機への回帰を表情豊かに表現するものでなくてはいけません。ペダルを踏む方法もあるでしょう。

　第40小節以降のパッセージでモーツァルトが示したのは、ピアノがすばらしく旋律的な楽器になり得るということです。ここでは心から歌わなくてはいけません（エトヴィン・フィッシャーが同様のパッセージについて生徒に言った「心の扉を広々と開きなさい」という言葉が思い出されます）。表情豊かなこのカンティレーナのテンポを、冒頭よりもほんの少し速めに設定することもできます。こうすれば、ピアニスト（と聴き手）は4小節単位で進行するフレーズをより認識しやすくなるでしょう。

　第56小節以降はより劇的な展開（*mf* もしくは *f*）になりますが、第60小節のアウフタクトからまた落ち着いた終結に至るフレーズが回帰します。こうした旋律は常に豊かに歌われなければならず、単調な表現に陥ってはなりません。第5章で触れたように、すべての上行するアッポジャトゥーラにはアクセントがなく、先取音のように扱います。長い音を魅力的に響かせるには、打鍵の時に腕と肘が柔らかく脱力していることが大切です。打鍵後は鍵盤から手をすぐに離し、響きをペダルに委ねてください。指揮者は第60〜62小節における美しいヴィオラの動きを見過ごしてはなりません。第67小節にモーツァルトが音符で書き記したアインガングでは、ある程度の自由が許容されるでしょう。高い es^3 音は *sf* で強調し、その後はディミヌエンド、そしてポーコ・リテヌートを意識すると良いでしょう。

　主要主題の回帰では、その一部を控えめに変奏しても構いません（《ピアノソナタハ短調K.457》の第2楽章で主題が再現される箇所を参照してください）。この主題がのちに登場する時、おそらくモーツァルト自身も4小節目や6小節目で装飾を加えただろうと推測するのには、もっともな理由があります。それはレオポルト・モーツァルトのナンネルルへの報告からうかがえるのですが、モーツァルトはこの協奏曲（K.466）のパート譜を、演奏のまさに直前にようやく書き終えたようなのです。それほど時間に追われていた中でさまざまな変奏までを書き記すことは、おそらく不可能だったに違いありません。以下のような変奏は、理にかなったスタイルではないでしょうか。

■ 例 12/11

第76〜83小節のトゥッティは、最初に現れたときよりも豊かにオーケストレーションされています。ホルンの効果をたっぷり堪能できるように配慮すべきでしょう。

　ト短調の部分では、再び第1楽章の興奮が盛り上がり、第87小節ではシンコペーションが出現します。ほとんどの奏者はこの短調のセクションをやや速く演奏しますが、まったく新しいテンポに変化してしまわないよう注意すべきです。右手に見られる十六分音符の三連符は、第84〜85小節のように旋律的要素を含む場合にはレガートで演奏し、第86〜90小節前半のような単なる継続音型の場合にはスタッカートで処理します。

　第92小節上段に書かれた和音は、左手で弾いてしまえば厄介な跳躍を回避できます。第93〜94小節のges^2音とGes音は p が支配的な中で、わずかに強調されます。続く数小節では、ピアノの最低音域に向けて自動的にクレシェンドしてしまわないよう、タッチをコントロールしてください。

■ 例 12/12

　この中間部に登場するフルートは常に（とりわけ第99小節では）表情豊かに演奏されなければなりません。他方、第86小節、第93〜98小節、第102小節の管楽器の持続和音は、あまり厚い響きにならないようにします。

　強弱のクライマックスは第111〜114小節にあります。モーツァルトはここの弦楽器と管楽器に p と記していますが、その理由は明らかでしょう——当時のフォルテピアノの音は弱かったため、そうしなければ聴きとれなかったからです。もちろんこれらの和音は、

先行する小節で指示されている *f* よりも小さな音でなくてはなりませんが、現代のピアノを用いる場合のオーケストラは、理にかなった *mf* で演奏するのが最良でしょう。第113～114小節でのペダルは踏んだままにしておき、続く小節では踏み変えながらディミヌエンドしてください。再現部に戻る直前の小節ではぜひともリタルダンドして、美しくまとめてください。モーツァルトはこの接続部分を、じつに自然で有機的に形作っています。

嵐に続く主題の回帰はとても単純に、きわめて優しい *pp* で弾きましょう。そこには喜ばしい解放感が宿っているのです。ピアノは提示部でのようにオーケストラと張り合うことはせず、モーツァルトがたったひとつの装飾音しか書かなかったことによっても、この静寂の効果は高められます。

第135小節でオーケストラが再び導入される時にも、幸せな雰囲気はそのまま維持されなくてはなりません。現代オーケストラの編成や音量が増大したことを考えると、モーツァルトが書いた *f* や *p* を文字通りに再現するよりは慎重な *mf* や *pp* としてとらえたほうが、よりモーツァルトの意図に近い響きとなるでしょう。

なお、ブライトコプフ＆ヘルテル社によるオーケストラパート譜の第142～144小節にはモーツァルトのものではない *crescendo* と *f* が印刷されていますが、これらはもちろん無視してください。ここの雰囲気は依然としてまだ夢見がちで、霧がかかっているかのようなのです。オーケストラがクレシェンドしてしまうと、ピアニストは優しく宙を舞うようなアルペッジョを力づくで弾かされる羽目に陥ります。まったく無用なことでしょう。

第145小節のアーティキュレーションの繊細さも見落としてはなりません。モーツァルトは、この小節前半のスラーを省略していますが、これは間違いなく熟考された意図的なものと思われます。

コーダ――とりわけ第148小節と第152小節――は親密に、しかし情熱的に演奏されなければならず、第152小節にはリテヌートさえ伴います。また第154～157小節のスタッカートが曖昧にならないよう、ペダルに注意してください。最後から2小節目では、シンコペーションの繊細な効果を守るため、*pochissimo ritardando*（少しだけリタルダンド）以上のことをしてはいけません。この繊細なシンコペーションによって、第2楽章は浮遊したまま消え去るのです。

第3楽章：ロンド　アレグロ・アッサイ（あるいはプレスト）

モーツァルトは終楽章に何のテンポ指示も書きませんでした。さまざまな校訂者は *Allegro assai*、*Presto*、あるいは *Prestissimo* とさえ書きましたが、そのどれに従おうともこの楽章はモーツァルトが書いた中でもっとも荒々しく原初的で、《交響曲ト短調K.550》の

終楽章しか並ぶものがないような楽曲です。

　最初の5個の八分音符は、ソリストやすべてのオーケストラ奏者の悩みの種です。物事を簡略化することを否定はしませんが、ここでこの音型を両手に分割してはいけません。そうするとこのアウフタクトのフレーズがあまりにイージーで、弾きやす過ぎると思われるからです。これらの八分音符を片手だけで弾くことによって、腕と全身を動機と共鳴させるような動きが生まれ、この独特な勢いを強調できるのです。エトヴィン・フィッシャーが提案した指使いが、多くの可能性の中で最良のものだと思われます。

■ 例12/13

　この大規模なアウフタクトを聴き手が五連符と誤解しないよう、最初の音をアウフタクトのアウフタクトとして感じ、そのように弾かなければなりません。もうひとつ肝要な点は、リズムの精密なコントロールです。ピアノから弦楽器に主題が受け渡される時に生じる差違を、タッチとアタックの工夫によって調整する必要があるのです。そもそもピアノをはじめとした鍵盤楽器では高音域に向かうに従って弦が短くなり、対応する響板の面積も小さくなるため、音量が減衰します。ヴァイオリンの音響バランスは正反対で、華々しいE弦と比較すると、低音域の響きはあまりパワフルではないのです。ピアノはこの上行パッセージにクレシェンドをつけないとバランスが整いませんが、ヴァイオリニストが同じように弾くと、最初の3音は柔らかく、不明瞭になってしまいます。これはフルートや、他のほとんどのオーケストラ楽器にも当てはまります。それゆえヴァイオリニストは、この主題をピアニストのようにはっきりと聴かせるためには、ある意味不自然なバランスで弾かなくてはなりません。

■ 例12/14

　このように弾けば、聴き手にとってはクレシェンドをしているような印象になるのみならず、同時に低い音も明瞭に聴きとれるでしょう。

古いオイレンブルク版のスコアや『旧全集』版の第3小節と第170小節（旧全集では冒頭のアウフタクト小節を第1小節として数えているので第4および第171小節と表示されています）では、左手の二分音符gis¹の前に臨時記号がありません。これはミスプリントで、『新全集』や新しいオイレンブルク版スコアでは修正されています。対応する類似箇所（第76、209、349小節）にある増6度の和音は自筆譜と同じように正しく表示されています。
　この主題はできる限りエネルギッシュ（*molto energicamente*）に演奏されますが、それを支える左手は表情豊かにレガートで弾かれます。第8小節と第11小節のスラーは

■ 例12/15

上の音（二分音符）に情熱のこもったアクセントをつけることで強調され、第9小節のアーティキュレーションもはっきりと聴こえるように弾いてください。

■ 例12/16

　トゥッティは一貫して嵐のように弾かれます。第30〜31小節や第40〜41小節でも、音楽の強度を決して縮小させてはなりません。第52、54、56小節では第1ヴァイオリンの低い音にアクセントをつけます（高い音は何もしなくてもよく聴こえます）。第52や54小節では最後の八分音符es¹にもアクセントをつけてはっきりと聴かせることが必要です。

■ 例12/17

　第63小節以降のソロはこのトゥッティのあとで陥没してしまわないよう、大きな情熱を込めて弾くべきです。ここの主題と第1楽章のソロ主題との関連性は、しばしば議論の題材になりました。第1楽章の主題が抒情的に表現豊かであるのに対し、第3楽章の主題はそれを攻撃的かつエネルギッシュに変容させたものです。残念ながらこの主題の休符の長さが正確に守られることはめったにありませんし、第70小節も正しいリズムで演奏されることは稀です。しかし、これらの小節にある極めて短い十六分音符のアウフタクトは

特別な意識と緊張感をもって弾いてください。第65小節の三連符はとても速く、しかし明瞭に弾かれなければなりません。第83小節以降のパッセージでは、すべての八分音符をノンレガートもしくはスタッカートで弾いてください。

　第92小節以降でヘ短調の第2主題が導入されても、緊張感が解けることはありません。15世紀と16世紀初期のいわゆるネーデルラント楽派以来、5度と短6度を並置する音型（この場合はオクターヴの$c^2 - c^3$音に続くオクターヴの$des^2 - des^3$音）にはとりわけ痛切な感情表現が委ねられているのです。残念ながらこのパッセージは、優しい感傷もしくは涙ぐんだような表情で演奏されるのが常ですが、そうした解釈は間違いなく誤りです。この音型はそもそも雄弁であり、それがオクターヴによって強調され、さらにエネルギッシュで太鼓のような伴奏までを伴っているではないですか！

■ 例12/18

このオクターヴはレガートですが、第93小節のdes音は続くc音よりも強く弾かれます。

　第98小節からは、フルートがとても表情豊かに演奏します。第103小節の音型に含まれるe^2音は

■ 例12/19

少し強調しないと聴こえません。

　第108小節で生じる短調から長調への変化には深い感性をもって対処してください。ピアニストはこの変化に、闇に差し込む一条の光のような表現を与えるのです。第111小節以降で伴奏する弦楽器群はデタシェで弾かれますが、スタッカートにはならないよう注意してください。第130小節以降のフルートは、ペダルを使用して弾かれるピアノの音の渦に埋没してしまわないようフォルテでしっかりと吹きます。

　第139小節以降のコデッタ主題はとても明るいダンスのようですが、ドラマティックな楽章の統一性を損なうものではありません。この主題は登場するたびに異なる表情を提示します。はじめは雲に隠れたほのかな希望の兆しのようです。その明るいヘ長調は次第に消滅し、第160〜166小節における3回にわたる大胆な転調を経た末に、ニ短調に戻るのです。

第166小節の属和音上に集約された緊張は、短いアインガングのような形で解放してやる必要があります。何もせずにニ短調の主題を続けてしまうと、これほど大きな緊迫感をはらんだ劇的な属和音があまりに性急に解決されることになり、唐突な印象を与えます。その後第271小節で導入されるニ短調の前に、モーツァルトがどれほど長く属和音にとどまっているかにも注目してください。2小節にわたる休止とそこにつけられた2個のフェルマータ（『新全集』ではひとつのフェルマータに集約されています）は、ここでアインガングが必要であることの、さらなる証拠です。単なるゲネラルパウゼだけで足りるのであれば、フェルマータは1個で十分だったでしょう。

　どのようなアインガングを演奏すべきかという問いへの答えは簡単です。ひとつの可能性は《幻想曲ニ短調K.397》の第2アインガング（第44小節）を流用することです。そのままの形で弾くことができ、最後は単純にe^2音で締めくくれるでしょう。

　あるいは次のようなアインガングを入れることもできます。同じく《幻想曲ニ短調K.397》からインスピレーションを得たもので、「属和音の緊張を解消する」という点で同じ機能を備えた幻想曲第34小節からの引用も含まれています。

■ 例12/20

　続くロンド主題によって、モーツァルトにしては異例に長い展開部が開始されます。ここでは主要主題があたかも幽霊になったような展開がくり広げられるのです。第211小節以降、モーツァルトは主題の最後3個の四分音符にスラーを加えました——これはピアノ、

フルート、ファゴットの間で行なわれる動機的な対話をよりはっきりと目立たせるための軽微なヴァリアントです。第230小節で再び登場するソロ主題は、初回（第63小節以降）でのようにエネルギッシュに爆発させず、静かに悲しげに弾かれます。この表情は、「情熱的で荒々しいものを故意に避ける」という展開部の性格にも合致するように思います。

全楽器が正しいテンポをきちんと保ちさえすれば、第246小節以降の"手ごわい"パッセージを演奏するのは（アウフタクトの八分音符をあまりにゆっくり弾いたりしなければ）それほど難しくありません。八分音符の動きはひとつの楽器から別の楽器に「無窮動的に perpetuum mobile」受け渡されるのです。

モーツァルトは再現部で主要主題を使わず、その最初の舞い上がるようなアウフタクトのフレーズを2回引用するだけで（第268小節以降）満足しています。第258小節からわずかにクレシェンドしていけば、雰囲気の変化をうまく表現できるでしょう。

コデッタ主題は提示部よりほんの少し早く現れ、その後に登場するコーダまではかなりの距離があります。モーツァルトはこの主題の明るい雰囲気から冒頭の荒々しい雰囲気へ回帰するために、時間を必要としたのです。ここでもモーツァルトは長調和声と短調和声の間をせわしなく行き来していますが、天才的なひらめきが感じられます。短3度のf^2音は直後の小節でfis^2音に置き換わり、その次の小節では長6度のh^2音が導かれます（第303～305小節）。これによってモーツァルトはニ長調での終止を暗示しているのです。第1楽章再現部で提示された絶望的な第2主題と比較して、なんと見事な対比でしょうか。第1楽章の再現部にある当該箇所では、コーダで起こる崩壊がすでに現れ始めていました。またベートーヴェンが短調で書いたほとんどの楽章に配置されている明るい第2主題（その性格は再現部でも変わらずに保たれます）とも、鮮やかな対比をなしています。このような玉虫色で繊細なグラデーションは、モーツァルトのもっとも私的で内面的な世界であり、これに匹敵する感性を持った他の偉大な作曲家は、シューベルトだけでした。

トゥッティへの回帰に至るパッセージ（第329小節以降）は、とても洗練されています。第332～334小節の大きな跳躍は、冒頭小節について述べたのと同じ理由から、両手に分割してはいけません。ヴァイオリン協奏曲でそのようなパッセージを2棹のヴァイオリンで分奏したと想像してください。そこに何のメリットももたらされないことは明らかでしょう。「生気のない正確さよりも、熱狂的なニアミスを！」とはエトヴィン・フィッシャーのアドバイスです（ただし、両手で「安全に弾くこと」自体は決して大罪にはあたりません）。

トゥッティのあと、モーツァルトはカデンツァを要求しています。ベートーヴェンが創作したカデンツァがよく演奏されますが、簡潔さにおいて難があり、決してベートーヴェン最高の着想とは言えないでしょう。あまりに多くのシーンとその切り口にこだわりすぎ、

蓄積された緊張を一気に解消すべき箇所でもたつきが生じています。また、早くも第4小節でヘ長調へ移行する意味が不明です。モーツァルト自身のカデンツァでは（残念ながら散逸しましたが）おそらくニ短調から離脱することはなかったでしょうし、楽章のまさに頂点であるこの箇所で、単なる技巧的な効果やトリルの連鎖に紙面を割くこともなかったに違いありません。終結部の処理にも疑問が浮かびます。ここは長調、それとも短調なのでしょうか？ モーツァルトならおそらく、この短い劇的なカデンツァを利用して短調の感覚を確実なものにしていたことでしょう。そうすれば、この後に続く長調がずっと輝かしいものとして感じられるからです。

パウル・バドゥーラ＝スコダは「モーツァルトが望んだであろう」と想定されるカデンツァを作曲してみました。これは1967年にベーレンライター社から出版され（現在も入手可能）、2008年以降はウィーンのドブリンガー社刊の楽譜としても購入できます（第7章393ページの脚注を参照）。

第353小節では特に長い全休止が欠かせない、と私どもは強く確信しています。モーツァルトは休符上にフェルマータを書きませんでした。同時代の実践に従うと、フェルマータのところにアインガングが挿入されてしまうかもしれないからでしょう。しかしアインガングの是非はともかく、主題を減七和音上で中断したままイン・テンポでニ長調のコーダに飛び込む演奏は論外でしょう。長く雄弁な沈黙が絶対に不可欠なのです。この沈黙にあいだに、振り子が短調から長調へと振れるのであり、その変位によって音楽は神々しい頂点へと動き始めるのです。

この長調は、ベートーヴェンの第5交響曲のようにトランペットや太鼓とともに華々しく始まるわけではありません。第354小節の中立的属和音によってその道程が準備されたあと、まずためらうかのようにオーボエが登場します。このオーボエはできる限り優しく導入されなくてはなりません。険しさの痕跡が少しでも残っていると、全体の雰囲気が損なわれてしまうでしょう。しかしその後、主題はすばやく確固たる輪郭を得て、第358小節ではもうほとんど歓喜の渦中にあります（自筆譜を見ると、最後の四分音符には太い縦線のスタッカートがつけられています）。ピアノが主題を引き継ぎ、第370小節以降までにはすべての楽器が歓喜します。第30小節以降で登場した荒々しい動機と関連しながらも、今や完璧な長調として鳴り響く主題となって聴く人を圧倒するのです。ここでのピアノはソロ楽器として音楽を支配するのではなく、全体の歓喜の一部を担います。モーツァルトによる *col basso* の指示（第10章508ページ以降を参照）にもかかわらず休符を印刷している多くの版にとらわれず、ピアニストは休符になっている小節でも演奏に加わるべきです。さまざまな音色すべてが混在する第370小節以降や第382小節以降のトゥッティで、ピアノは主要な旋律線を重奏することができます（もちろん大きすぎない音で）。とりわけオーボエ

にある八分音符のアウフタクトを補強すると良いでしょう。そうしなければ聴こえないからです。

■ 例12/21

第372、374、384、386小節ではヴァイオリンの高音d^3にアクセントを意識してつけてください。これらが上声部のクライマックスだからです。第379小節や第391小節では、フルートとファゴットがオーボエとホルンからの旋律を表情豊かに引き継ぎます。そしてまったく新しい動機——管楽器によるオスティナート——が第401小節で加わります。これは第409小節以降において全体の響きの中に極めて芸術的に編み込まれていきます。あまりに楽々と行なわれているため、そのたぐいまれな技巧に気づかないぐらいです。第412〜413小節や第416〜417小節の弦楽器和音は、ピアノのバッソ・コンティヌオ演奏によってうまく補強すると良いでしょう。

このコーダ全体は"静かな切迫感"とともに演奏されなければなりません。とりわけ第395小節からは、解放をもたらす長調のストレットとして緊張が高められます。ただしこの雰囲気も、誇張し過ぎるのは禁物です。第417小節以降のオスティナート音型によるカノン風ストレットは、ピアノの裏に隠れてはいけません。ピアノのパートは透明なノンレガートで弾かれ、ほとんどクレシェンドなしで演奏されるべきです。そうすれば、ヴァイオリンの最後のパッセージが作品の輝かしい締めくくりとして感じられるでしょう。

《ピアノ協奏曲イ長調K.488》

推奨される楽譜
- 『新モーツァルト全集』V/15/7（ヘルマン・ベック編）
- ヘンレ版（エルンスト＝ギュンター・ハイネマン編）
- ペータース版（クリストフ・ヴォルフとクリスティアン・ツァハリアス編）
- オイレンブルク・スコア（フリートリヒ・ブルーメ編）
- ペータース版（エトヴィン・フィッシャーとクルト・ゾルダン編）

カデンツァ

モーツァルトによるオリジナルのカデンツァはスコアに書き込まれており、推奨するすべてのエディションに掲載されています。

推奨されるテンポ

- ・第1楽章：アレグロ ₵ ♩≒132
- ・第2楽章：アダージョ 6/8 ♪≒96〜102
- ・第3楽章：アレグロ・アッサイ ₵ ♩≒138〜144

この協奏曲は、その豊かな主題と楽想によって皆に愛されています。モーツァルトの協奏曲の中では群を抜いた繊細さと内省的な親密さをもつところから、その解釈と演奏は他に類がないほど、演奏者の感性に依存します。

第1楽章：アレグロ

第1楽章の演奏にはいかなる荒さ、そして硬さのかけらさえも含まれていてはなりません。この楽章は「あらゆるカンタービレのアレグロ楽章の中でも、もっともカンタービレ」なのです。冒頭トゥッティでのオーケストラによるフォルテは芳醇かつ高貴でなくてはならず、決して力づくで弾いてはなりません。オーケストラの力量を見極める良い方法は、第19〜20小節のフルートに耳を澄ますことです。ヴァイオリンとの間にある対位法が明瞭に聴きとれなければなりません。第50、57、59および60小節で、第1・第2ヴァイオリンはd^3音にアクセントをつけてh^2音までレガートで弾きますが、続くgis^2音は分離させます（自筆譜のスラーは明瞭にh^2音までとなっています）。

モーツァルトは折に触れ、主題にある拍節上のアクセントと旋律上のアクセントを競合させることによって流れの緊張を変化させていることを、私どもはすでに第3章と第8章で論じてきました。この協奏曲の第1主題と第2主題にも同じような特徴が認められます。第1主題はこうです。

■ 例12/22

この旋律では何よりも、真のカンタービレを目指さなくてはなりません。それは指先に大

きな圧力をかけることによって実現できます。左手の伴奏はきわめて柔らかに弾きましょう。第2主題はこうです。

■ 例12/23

第99、101、103および104小節の第2拍に含まれる付点リズムの十六分音符は、はっきりと聴きとれなくてはなりません。旋律上の自然な高揚は第100と102小節にありますが、こうした強弱は、決して誇張し過ぎないでください。

この主題に見られる自由な動機の縮小は、きわめて魅力的です。第103および104小節は、第99〜102小節と正確に対応しています。第99〜102小節で、緊張はそれぞれ1小節ごとの周期で流れていますが、第103と104小節でそれは半小節の周期となっています。このことはアーティキュレーションの表示からも見てとれるでしょう。音符数の減少は、上行する音程によってもたらされる緊張の増大によって補われています（4度上行に対する6度上行）。第105と106小節は小節全体の枠組みを整え、主題を締めくくります。和声的な緊張も旋律的な緊張とある程度重なっており、これらは音楽的な創造性がもたらした奇跡としか言いようがありません。

■ 例12/24

和声的な緊張がもっとも増大するのは、この譜例の3小節目（第101小節）に位置するドッペルドミナントにおいてです。

モーツァルトの音楽に単に指を動かすだけの空虚なパッセージは存在しませんが、とり

わけこの作品では十六分音符のパッセージをカンタービレに処理し、旋律の輪郭をくっきり浮かび上がらせることがとても大切です。第87〜88小節以降はこう弾いてください(すでに何度も述べてきたように、ノンレガートのタッチは旋律をきわだたせるにあたって決して妨げになるものではありません。モーツァルトのパッセージの基本的な奏法はノンレガートであることを、再確認しておきたいと思います)。

■ 例12/25

　第93〜94小節は、おそらく軽いタッチの *p* で弾かれます。第95〜96小節の左手のオクターヴは力強いフォルテで弾き、木管楽器は少なくとも *mf* にしないと聴こえません。休符で始まるピアノの十六分音符群は、決して急がないように。それぞれのグループの第2音にわずかなアクセントをつければ、急がずに弾けるでしょう。

　第103〜104小節のピアノのバス声部に見られる4度跳躍は、注意深くはっきりと分離させ、中声部はレガートで弾きましょう。このパッセージが最初に出てくる第35〜36小節では弦楽のバス声部に四分音符と休符が書かれていますが、こちらの表記が本来のものなのです。

　短調と長調の対比(第114〜116小節と117小節以降)は導入のトゥッティと同様に、*p* と *f* のニュアンスを使って強調しましょう。第120小節のオーケストラは、第49〜56小節の間に見られる精妙な強弱のグラデーションとの類比から、*subito pp* で演奏することを推奨します。続く数小節では、哀願するような動機が3回くり返されます。ソリストはこのパッセージを、きわめて表情豊かに弾かなければなりません(ただし *p* で。また三連符であるかのような印象を与えないためにも、アクセントは十六分音符のa^2音ではなくその直前の四分音符gis^2音につけましょう)。

　第143小節に現れるような形で第3主題が導入されるのは稀です。モーツァルトの初期作品では、しばしば新たな動機をめぐるヴィルトゥオーソなパッセージの掛け合いが本来の展開部に代えられていました。この手法によってソナタ形式と3部分のリート形式(A-B-A)のきわめて個性的な統合が成し遂げられたのです。しかしそのモーツァルトでさえ、それまでの音楽の流れの中からこれほど独創的な、新しい主題を出現させることに

はほとんど成功していません。この第3主題はきわめて自然な必然性をもっており、これがまったく新しい主題とは思えないほどの一体感が感じられます。初期作品における展開とは異なって、この動機にはそれ自体で構成的にも重要な意味が委ねられていることがわかります。というのもこの楽章の終わり近くなって、この主題がピアノとクラリネットのカノンとして戻ってくるからです（私どもの知る限り、似たような事例は《ヴァイオリンソナタ変ホ長調K.481》にしかありません）。直前の二分休符を使った移行も音楽を中断させるのではなく、むしろ次への接続としての効果を持っており、他のどんな着想より印象的です。

第149小節以降でピアノによってこの新主題がヴァリアントとして引き継がれ、協奏曲のクライマックスのひとつに到達します。心身ともにリラックスしていなければ、このパッセージを適切に演奏することはできません。十六分音符のパッセージは先を急がず、和音の流れが感じられるように弾かなければならず、二分音符のような長い音符はわずかにアクセントをつけて響かせます。そしてこうした配慮の数々は、決して作為的に聴こえてはならないのです。

これに続く展開部は短調へと傾きがちで、一貫して哀愁に満ちた性格でまとめられています。ウィーン時代のモーツァルトが書いたあらゆる作品には断続的に短調の翳りが感じられますが、それら短調のパッセージは、すべての楽しさと明るさを妨げようとする内的な苦悩を象徴しているのです。自筆譜につけられているスラーは一貫しておらず、モーツァルトの意図は確定できません。しかし、第1ファゴットと第2クラリネットのスラーが、どちらも第157小節の2拍目から始まっているため、おそらく好ましいバージョンは、フリードリヒ・ブルーメが校訂した古いオイレンブルクのスコア（絶版）ではなく、フィッシャーとゾルダンによるペータース版の読みのほうでしょう。つまり、アウフタクトで開始されるモティーフが上行している時はアウフタクトを分離して弾き、フレーズの残りはレガートで弾くということです。第164〜169小節にある5度音程が下行する時はレガートになり、第169小節にある十六分音符は、先行する付点八分音符から分離されます。なお、第167小節のアーティキュレーションも同じように弾いてください。

■ 例12/26

第170小節以降のピアノパートは、主題をめぐるめくように装飾する旋律として、水晶のようにキラキラと輝く美しさを維持してください。バスのオクターヴは音楽全体のポリフォニックなテクスチュアの支えとなっているため、しっかりと響かせてください。こう

したパッセージはいつも次のようにアーティキュレートされます。

■ 例12/27

2番目と10番目の音符はつねに軽く強調される一方、1番目と9番目の音符にはアクセントがつきません。こうすることによって、しばしば耳障りな結果をもたらす「小節線が不必要に強調される」という音楽的な不備を防止することができます。

　展開部の終わりに向かってクレシェンドしてください。第188から189小節に至る部分はすべての楽器が鳴り響くところであることに加え、力のこもった導音を含むf^2-dis^3の和音が弾かれます。この過程においてピアノは間違いなく***ff***で弾かれるべきでしょう。続いて展開される長めのアインガングは、情熱を込めて弾いてください。波瀾万丈だった展開部の締めくくりとして、ここでようやくドミナント和音に到達します。これによってある種の安定感がもたらされますが、楽章冒頭の穏やかな雰囲気が予感される第197小節までは緊張感を手放してはなりません。自筆譜に従って、この最後の小節はレガートで弾きましょう。

　再現部のソロの入りは楽章冒頭より明るく、力強く弾かれます。再現部では第259小節でピアノの左手がヴァイオリンの動きと重なる時点まで、とりたてて新しいことは起こりません。第260小節の最終音に向かってのクレシェンドが突然せき止められた直後の休符（第261小節）は、内的な緊張に応じて長めにしても構いません。不意に行き先を失ったような緊張感を大切にしてください。その後（第261小節第3拍）の和音には、まるで別世界からのような静かでリラックスした響きを与えてください（ペータース版では第262〜263小節のバスにつくべきタイが欠落しています）。主題のアーティキュレーションは第143小節以降で弦楽器によって弾かれたものと同一であるべきです。

　展開部にあるモティーフがきっかけとして使われているモーツァルトのカデンツァは、あまり力強く弾かないほうが良いでしょう。ゼクエンツとともに下行するに従って、音色も暗くなります。主題が豊富な楽章であるにもかかわらず、第10小節以降にある不安げに問いかけるような性格の新しい動機を敢えて導入するアイデアは、モーツァルトのみに可能なものと言えるでしょう。この動機の存在はトゥッティの終結楽想（第63小節以降）

とのリズム上の結びつきによって正当化されます[6]。問いかけるかのようなこれらのフレーズに、雷鳴のようなバスの音が応答しますが、これはモーツァルトの使ったピアノで弾くととても効果的に響きます。モーツァルトはおそらく膝レバーと足鍵盤（ペダル鍵盤付きフォルテピアノ。第1章参照）を使って、最低音オクターヴを加えた深い音を鳴らしたことでしょう。広い音域を持つ現代のピアノでは、次のように弾くことによって、まさにモーツァルトが意図したものと同じ効果を得られます。

■ 例12/28

第23小節の高いd^3音と、2小節後に開始されるトリルとの間でくり返される分散音は、ペダルを踏む（あるいは膝レバーを押し上げる）ことで、初めてその魔法のような効果を実感できるでしょう！

　カデンツァ後の終結トゥッティには問題があります。というのも、第309小節のフルートの音が弱すぎるのが常であり、小節の後半になってやっとフォルテが始まったような印象を与えてしまうからです。私どもは、小節冒頭のa^2音をクラリネットで補強するか（第2クラリネットにはその余裕があります）、フルートがクラリネットの中声部を、そしてクラリネットが本来のフルートの旋律を吹くよう書き換えることもできるでしょう。あるいは、ピアノが第309〜310小節のフルートパートを*mp*で重奏する（第309小節は1オクターヴ高くします）方法も、大胆なようですがとても自然に響きます。究極の解決法は、モダンフルートの広い音域を利用して、続く小節に対応するように各声部を書き換えることです。

■ 例12/29

*p*で弾かれるべき楽章最後の2小節のオーケストレーションは厚くなっています。この楽章が鈍重で生ぬるい*mf*で終わってしまわないよう、オーケストラ全体が柔らかな*p*で

---

[6] カデンツァの第12、14小節冒頭の十六分音符上には、モーツァルトによって（判読困難ながら）トリルが書かれている。これらはそれぞれe^2音、d^2音の単音アッポッジャトゥーラとして処理することを推奨する。

注意深く演奏しなければなりません。

第2楽章：アダージョ

　緩徐楽章には、言葉では到底表現できないような悲しみが湛えられています。自筆譜にはアダージョと記されていますが、のちのほとんどの版ではアンダンテに変更されています（ただし『新モーツァルト全集』はアダージョのままです）。おそらくモーツァルトは、この楽章をあまりに軽快で流暢に、あたかもナポリのシチリアーノであるかのように演奏すべきでないことを示すために、アダージョの表示を選択したものと思います。もし仮に、後世で自分の緩徐楽章のテンポが感傷的にひきずられる傾向にあることを知っていたら、モーツァルトはアンダンテの指示に賛同したことでしょう。

　ソロ冒頭（とりわけ最初の2小節）ではすべての八分音符を大切に感じなければならないのは言うまでもありませんが、楽章の大半は半小節単位で脈打つリズムで流れており、1小節が2拍としてとらえられます。このため、最初のトゥッティ以降はそれまでより少し流暢なテンポを導入して良いでしょう（アンダンテ、♪106～110。ただし通常のモーツァルトの作品では、それとわかるほどのテンポ変化は推奨できません）。この処置によって、6分割からとても安らかな2分割のリズムへの移行が行なわれます。もし冒頭のテンポ（♪≒96～104くらい）を堅持した場合、聴いている人は第12小節以降で「テンポが遅くなった」と感じるに違いありません。トゥッティでの八分音符には、ソロにおけるほどの表現上の重みがないからです。

　「第1主題冒頭の3音符にスラーはかかっていない」、ということに注意しましょう。そうすれば、ベルカント風のメロディとして扱うよりずっと悲しげに、ためらいがちに響きます。第2小節左手の低い Eis 音は、単なるバス音ではありません——ここで旋律は、まるで黄泉の国に沈むかのように感じられます。

■ 例12/30

　もしモーツァルトがこのパッセージを別の感覚でとらえていたとしたら、この Eis 音はその他の拍上にあるバス音と同じく、四分音符で書かれていたことでしょう。ここに挿入さ

れている八分休符は、決してペダルで覆い隠してはなりません。第4小節の第3～4拍は──簡単ではないものの──ひと息で繊細に弾かなくてはなりません。この楽章は、演奏家の極限まで研ぎ澄まされた直感が演奏を彫琢していくパーソナルなメッセージです。第7小節に湛えられた深い感情、第9小節に響くナポリの六の和音の淡いわびしさ、第10小節の表情豊かな八分音符群（涙がゆっくりと滴り落ちる光景が目に浮かびます）に委ねられた感情は、いったいどのような言葉で表現したら良いのでしょうか…。

第20小節から始まる第2のソロは、3回目の試行でやっと最終的なメロディの流れに到達します。第1楽章の主要主題と関連づけられた旋律が現れる第35小節以降で、初めて束の間の安らぎが訪れます。第39～40小節左手にある三連符の伴奏には木管の音色が託されており（第35～36小節の第2クラリネットを参照）、ペダルなしのノンレガートでかなり明瞭に弾いてください。これらの三連符は単にピアノの右手だけでなく、オーケストラの管楽器全体も伴奏しているからです。

第51～52小節を通じて冒頭の雰囲気への簡潔な回帰が行なわれますが、ふたつの点に着目してください。ひとつはイ長調から嬰ヘ短調への転調、そしてもうひとつはフルートに導入されるアウフタクトの三十二分音符とクラリネット声部の書法（第52小節）を通じて達成される、1小節2拍から6拍となる脈動の回帰です。こうして個々の八分音符が重みを増し、わずかなリタルダンドと、それに応じたわずかなデクレシェンドがほぼ自然発生的に生じるのです。

第1ソロが回帰する際のナポリの六の和音は、冒頭のものよりも工夫されています。第61小節は必ず *pp* で弾き、第63小節では次の小節にある偽終止に向けてクレシェンドをつけましょう。偽終止には、はっきりとしたアクセントがつけられます。ここに加わる管楽器には、この予想外の和声を強調するためのわずかな *fp* が必要です。続く2小節で、旋律はほとんど痛ましいまでにグロテスクな性格を帯びます。右手の低いg音はヴァイオリンのG線の開放弦の響きを示唆し、その後の孤立した高いd^3音は、痛みを伴う絶望的な叫びのようです。

この第66小節の旋律には特別な配慮が必要です。右手のg音は、音を出さないように気をつけながら左手に持ちかえてください。そして次のd^3音（右手）にレガートで受け渡します。こうして旋律の連続性をきわだたせるのが最上の奏法です。ただしバスの和音は正確に四分音符の長さを守り、（ペダルによっても）引き延ばしてはなりません。この幅広い旋律跳躍を分散和音で満たすアイデアには賛同できませんが、ト長調の迅速な音階を入れることは許容できるでしょう。緊張は最後の小節でようやくほぐれ、旋律のfis^1音からa^1音への3度跳躍は、直前にもたらされた大きな跳躍による極度の興奮のあとのまったき消耗という印象を与えます。

続いてオーケストラが悲しい物語を引き継ぎますが、きわめて穏やかに奏でられなくてはなりません。ピアノは第76小節で、それまではオーケストラにのみ現れていたすばらしい旋律を受け継ぎます。第77小節にあるアーティキュレートされたスラーは、旋律線の流れを分断するものではありません。個々のスラーの第2音は切り離さず、次のように次の音符にレガートでつなげてください。第1、3、5番目の十六分音符にかける圧力をわずかに少なくすることで、適切に表現するのです。

■ 例12/31

第80小節以降で何らかの装飾が必要なことは、すでに論じた通りです（344ページ参照）。ここではピアノの左手と第1ファゴットが、まるで室内楽のようなアンサンブルとなるのが良いでしょう。

第84小節からは『新モーツァルト全集』が正しい読みを示しているものの、注意が必要です（第84小節のピアノ右手の第1音はもちろんfis^{2}です——古いオイレンブルク版のd^{2}音は誤植です）。自筆譜におけるモーツァルトの指示は非常にはっきりとしており、ピッツィカート指示が書かれているのはヴィオラとチェロとコントラバスのみであり、第1と第2ヴァイオリンにはつけられていません。『新モーツァルト全集』の第1刷では正しく表示されていたのですが、第2刷が準備された際、校訂者が何の根拠もないまま勝手に第84小節に *pizzicati* と第92〜93小節に *coll'arco* の指示を追加してしまいました。イタリック（斜体）で印刷されているので「校訂者による追補である」ことは明らかですが、誤解を招く恐れのあるおせっかいであることに変わりはありません。第84小節からの第1と第2ヴァイオリンへのピッツィカート指示はモーツァルトに由来したものではなく、アルコで弾くべきなのです。

第92小節以降のコーダではもの悲しいオーケストラ主題によって、死が訪れる前の最後の輝きが表現されます。それは3度くり返され、楽器法と和声はそのつど濃密さを増していくのです。ソロによって挿入される声部はいたいけな単純さを湛えており、きわめて感動的です。

第3楽章：アレグロ・アッサイ

第2楽章に続く花火を散らすようなフィナーレの冒頭は、まるでオペラの場面転換のように開始され、華やかな祝典のまっただ中に居合わせているかのような感覚を覚えます。

この楽章が《フィガロの結婚K.492》——当時、明けても暮れてもモーツァルトの心を占有していたオペラ——に影響を受けていることは疑いありません。第2小節での高いa^2音への跳躍は、満ち溢れる自信を示しています。続く第3小節には、のちのトゥッティにつけられているアーティキュレーションを適用しましょう。

■ 例12/32

モーツァルトはこのアーティキュレーションを第3小節冒頭の2個の八分音符へのスラー、および第7小節にあるふたつの同じようなスラーによって指示しています。第3小節で欠けている2番目のスラーは、トゥッティの第11小節に書かれています。左手の伴奏も祝祭の雰囲気にあやかり、輝かしく弾かれます。この冒頭主題はくり返されるに従って、どんどん活気を増していくべきでしょう。これは、出現する回を追ってエネルギッシュさを増すソロの最終小節によって示唆されています。続くトゥッティでは通奏低音を弾くことが強く推奨されます。

第16～20および24～28小節では、弦楽声部に揺れ動くダンスのような表現がありますが、スラーのかかったアウフタクトの四分音符にわずかなアクセントをつけることによってこの雰囲気を強調してください。第52小節にある嬰ヘ短調への偽終止は、第2楽章での嬰ヘ短調を回顧すると同時に、その雰囲気をエネルギッシュに否定するものでもあります。続くソロ（第62小節以降）では、eis^2音に少しだけアクセントをつけ、次の小節につながるふくらみが聴き手に感じられるようにしましょう。第74小節の高いe^3音は少し強調し、残りの八分音符群はスタッカートで弾いてください。第98小節以降（左手）、またその後の第129小節以降（右手）と第151小節以降（左手）でアウフタクトとして弾かれる八分音符には、鋭いアクセントが必要です。肘から先をしなやかに使うことによって、望ましい表現が得られるでしょう。

ホ短調の第2主題によって、雰囲気はやや暗転します。暗さが一番濃厚なのは主題の3小節目（第108小節）です。この小節にある十六分音符およびのちに第158小節以降で出現する三連符は、モーツァルトがこの楽章をあまり速く演奏してほしくなかったことを示しています。多くのエディションがこの楽章に掲げている「プレスト」では、これらの音符は演奏不可能です。なお第113小節には、自筆譜の再現部第337小節にあるスラーを参考に、レガートスラーを追記してください。第121小節でのハ長調への転調がもたらす大きな高揚（パトス）はオペラ・セリアで歌われるアリアを彷彿とさせるもので、適切な強弱によ

って強調すると良いでしょう。続くパッセージ（第129小節以降）はついにホ長調に到達できた喜びに満ち溢れ、自信たっぷりに下行するバスに乗って陽気な和声が奏でられます。

　第151小節からの弦楽器と管楽器は、自分たちが力強い和声の流れの一部として存在していることをよく意識しなくてはなりません。とりわけ管楽器は——とりわけ副次的なパートを担う第157小節以降では——あまり弱く演奏しないほうが良いでしょう。第135と157小節でのソリストは、管楽器を前景へ導き入れると同時にさらなるクレシェンドの余地を与えるためにも、音量を *subito* $\boldsymbol{p}$ に落として開始すべきです。この箇所で見られるようなバス音型では、つねに弱拍（小節2個目と4個目の四分音符）にアクセントをつけましょう。

■ 例12/33

第163小節からの右手にある音型でも同様に、それぞれのペアの2番目の音符を強調することによって、陽気なエネルギーの感覚がさらに強められます。

■ 例12/34

しかし、歓喜が到来するのは湧き立つようなコデッタにおいてです。ここにはピアノと管楽器のあいだで交わされるカノンが導入されます。のちのエディションの多くの編纂者と違って、モーツァルトはこの主題にひとつのスラーもつけませんでしたし（古いオイレンブルク版は誤って、第177小節にレガートスラーを1本印刷しています）、一貫したノンレガートで演奏されることによって、主題はより熱烈で生命力にあふれたものになるのです。

■ 例12/35

第189小節からわずかなディミヌエンドをつける、あるいは第196小節のアウトタクトから *subito p* で弾くのも効果的です。それによって第202小節でのピアノによる第1主題の再開に向けてクレシェンドで盛り上げる余地が生まれます。続くトゥッティは、力強いクレシェンドによって盛り上がります。ピアノも通奏低音として複数の和音を弾いてオーケストラの転調を支えることができるでしょう。

　自筆譜によれば、第230小節および第246小節の右手の和音は、『新モーツァルト全集』以外のすべてのエディションに誤って印刷されている3音ではなく、cis^2-fis^2-a^2-cis^3 の4音であるべきです。この和音によって音楽は非常にエネルギッシュで荒々しくさえある嬰へ短調へと移行し、時おり管楽器の悲しげな旋律を伴いながら展開していきます。続いてモーツァルトは、すでに旋律が比類なく豊かだったこの楽章に、さらに別の主題をニ長調で導入します。

　第236〜237小節と第252〜253小節の左手は、オーケストラのバス声部を参照して、同様のレガートで弾きましょう。バス声部のアーティキュレーションは、第267小節第4拍〜268小節および429〜430小節の一部でもオーケストラと同じ表現になります。第288小節に見受けられる半小節単位のスラーと、第291小節の四分音符にかけられたスラーは、注意深くそのように弾かなくてはなりません。第298小節での高い c^3 音へのうねりは第1主題を彷彿とさせるもので、可能なかぎり力強く提示してください。

　モーツァルトのロンドでは「再現部が第1主題から始まらず、ただちにソロ主題が導入される」というパターンが数多く見受けられます。第1主題の勝利に満ちた再導入は、コーダのためにとっておかれるのです。異なった転調プランをたどりながらも再現部は提示部と同じような経過で進行していきます。しかしそこにはいくつか重要な変更も加えられているのです。たとえば第330小節で出現する第2主題は驚くべきことに長調で提示され、本来の短調のバージョンはようやく8小節後にピアノによって弾かれます。また「イ短調からへ長調を介してイ長調へ」という独創的な転調は、提示部のパッセージに使われた時よりも拡大されています。これは天才的な発想であり、協奏曲の中の思いもかけないところでモーツァルトの感情の深淵をまのあたりにさせてくれるのです。

　第346小節からのパッセージは、次のように弾いたら良いでしょう。

■ 例12/36

　コデッタのあと華やかなクレシェンド（第437〜440小節）が第1主題の回帰をうながし、楽章冒頭（第17小節以降）で提示されたスイングするような動機も、ピアノも参加しつつ戻ってきます。この時のアウフタクト（小節後半）は、その後の四分音符よりいくらか強めに弾いてください。第468〜471小節では、第28〜31小節で登場したファゴットのソロをピアニストの左手が愉しげに模倣しますが、ファゴットをまねたスタッカートで弾けば、そのユーモアをより強調できるでしょう。

　いまや最後を締めくくる輝かしいクレシェンドが期待されつつも、卓越した形式の操作によってこの到来はさらに引き延ばされます。今にも拍手せんと待ち構える聴衆を、モーツァルトが演奏しながらからかっているかのようです。その後に来るのも予期された終止形ではなく愉快な第3主題の再来ですが、サブドミナント（ニ長調）の引き延ばしによって、これが束の間の延長にすぎず、協奏曲はもう終わりに近いことが告げられます。そしてとうとう、長いあいだ引き延ばされてきたことによって期待が最高潮に達した最後のカデン

ツが、ピアノの技巧的なフィギュレーションを伴って現れます。そしてオーケストラが協奏曲を締めくくる5小節も前にソリストの出番が終了してしまうようモーツァルトが考えていたとは、とても思えません。モーツァルトによるバッソ・コンティヌオの指示も、この見方を支持します。したがって第520〜522小節ではピアニストは力強い和音を、また最後の3音は弦楽器群のパートをユニゾンで弾いてください。

《ピアノ協奏曲ハ短調K.491》

推奨される楽譜
- オイレンブルク・スコア（フリートリヒ・ブルーメ編）
- 『新モーツァルト全集』V/15/7（ヘルマン・ベック編）
- ペータース版（エトヴィン・フィッシャーとクルト・ゾルダン編）
- シュタイングレーバー版（ハンス・ビショップ編、絶版）。ニューヨーク、シャーマー社より再版。

カデンツァ

カデンツァもアインガングも、モーツァルトのオリジナルは残されていません。サン＝サーンスとブラームスのカデンツァは、あまりにかけ離れた様式であるため推奨できません。相対的に判断すると、モーツァルトのお気に入りの弟子であったJ.N.フンメルのものが、いまだに過去の最良のカデンツァということになります。これはシュタイングレーバー（シャーマー）社から再版されています。パウル・バドゥーラ＝スコダによるカデンツァがウィーンのドブリンガー社から（1956年、新版2003年）、わずかに変更された別バージョンがベーレンライター社から出版されています。また、さらに大胆な新バージョンも存在します（ドブリンガー、2007年）。

推奨されるテンポ

- 第1楽章：アレグロ 3/4 ♩=144（第165〜199小節のようなソロでは、また第330〜361小節のような激しいパッセージでは♩=152）
- 第2楽章：ラルゲット ¢ ♩=54〜56
- 第3楽章：アレグレット ¢ ♩=80〜84、時おり、やや遅く（♩=76）

短調で書かれたモーツァルトの2曲のピアノ協奏曲を比較したくなるのは、自然ななりゆきでしょう。作曲時期は13か月半しか離れていませんが、ふたつの世界は異なってい

ます。《ピアノ協奏曲ニ短調K.466》におけるモーツァルトは、まだしっかりと苦難に直面しています。闘争の意欲に満ちており、勝利をもたらすニ長調での終結は、きわめてベートーヴェン的な「悲劇の超克」です。一方、《ピアノ協奏曲ハ短調K.491》はまったく違うのです。この作品からも熱情的な反抗と穏やかな慰めのパッセージが聴こえてきますが、その終結は超克ではなく、死と絶望の舞踏なのです。今でも「ハ短調の協奏曲がニ短調協奏曲ほどの人気を獲得していない」という事実も不思議ではありません。音楽にも映画のようなハッピーエンドを求める平均的な聴衆にとって、この作品はあまりに複雑かつ沈鬱なのです。

両作品の違いは、きわめて微小な細部においても明らかです。《協奏曲ニ短調》における沈着さは、明瞭な全音階的和声にあらわれています。悲劇的な性質であるとはいえ、主要な主題群はトニックとドミナントのカデンツ進行を基盤としており、それが主題群に内的な力強さと確信を与えるのです。このことは《協奏曲ハ短調》においてはほとんど見てとれません。冒頭主題は、最初の短い湧き上がりののち、底なしの深みに沈んでいこうとします[7]。この効果を補強するのが、大胆な半音階的和声です。

■ 例12/37

これは、5度音をめぐる半音階の動き（fis-g-as）と、非常に大胆な半音階による下行ゼクエンツが見られる《幻想曲ハ短調K.475》の第1主題と明らかな関連を持っています。

反対のポジティブな方向へ音楽を引っ張っていくような、肯定的かつ反復されるエネルギッシュな動機が《協奏曲ハ短調》の第1楽章にまったくないわけではありません。そういう動機は実際たびたび聴こえてくるのですが、音楽――とりわけ展開部および楽章の終わりに向かっていく箇所――を明確に支配しているのは、暗く陰鬱な力です。《協奏曲ニ短調》の第1楽章は行進曲風の4/4拍子で、オーケストラ全体の休止もしばしばありましたが、《協奏曲ハ短調》の第1楽章は流れるような3/4拍子で書かれています。この拍子には、すべてのものを結び合わせる傾向があるのです。《協奏曲ニ短調》の最初のソロ主題がまさに最初の小節でトニック和音上に、そして第3小節でサブドミナント和音上にしっ

---

7) とりわけ、この主要主題とそれに基づく一連の反復進行について、Eva Badura-Skoda, "W. A. Mozart. Klavierkonzert c-moll KV 491," pp. 15-16 の議論を参照。

かり着地していたのに対し、《協奏曲ハ短調》のソロ主題は第4小節でトニックから減七度和音へとなだれていきます。一連の流れを聴いていると、トニックは少なくとも、主題の5小節目（第104小節）から始まる第2フレーズで確定されそうに思われます（凡庸な作曲家ならやりそうです）。

■ 例12/38

しかし期待に反して、このフレーズは最初よりもさらに低く沈んでゆきます。トニックは続く4小節で"触れられる"に過ぎません。第112小節以降も主題は優柔不断なままに不安定な和音──2度音上の7の和音の転回形──上にぐずついています。4小節にわたるd²音上でのぐずつきを打開する主題の最終的なカデンツは、気を取り直そうとする決然とした努力のように思えます。

双方の緩徐楽章を比べてみても、《ニ短調》のほうが力強く明るくまとめられています。《ハ短調》の第2楽章ラルゲットの柔らかさを秘めた主題は、《ニ短調》の第2楽章ロマンスよりもよりメランコリックに響きます。《ニ短調》における嵐のような中間部に代えて、《ハ短調》にはふたつの素晴らしく抒情的なエピソード──オーボエによるハ短調の悲しげで哀愁を帯びた旋律と、クラリネットの支配する祝福的で恍惚とするような変イ長調のセクション──が挿入されています。しかし両者の違いは、何よりも終楽章においてもっとも明らかになるのです。《協奏曲ニ短調》の華々しいロンド主題に代えて《ハ短調》で聴かれるのは心の支えを失ってうなだれるような旋律であり、これが一連の変奏曲の基礎を形成します。

■ 例12/39

第1楽章に見られた半音階下行は、第3楽章の第10〜12小節でも姿を現します。

第1楽章：アレグロ

この協奏曲の第1楽章はその形式において、あらゆる音楽のなかでもっとも偉大な傑作のひとつです。第1主題の支配的な力はすぐさま明らかになります。この主題はオーケストラのコデッタで回帰する以外にもソロの提示部で何度か回帰しますが、それだけではありません。主題を構成する各動機は「ある時は2小節の連なりで、またある時は1小節で」のようにきわめて多様な形で出現し、これらは楽章のいたるところに浸透しています。副

次的な主題はどれもが心の琴線に触れる簡素な間奏のように聴こえますが、運命的な主要主題の呪縛から逃れることは決してできません。

　また、主要主題の重要性は次の事実によっても推し量ることができます。つまり、モーツァルトの典型的な主題は通常ある一定の音域内で提示されるのに対し、この主題はところ構わず——ある時はバス音域、またある時は旋律楽器の最高音域に——出現するのです。そこには何らかの不気味で超自然的な力か、死の予兆のようなものがまとわりつく感覚があります。それは「主要主題には支配されない諸動機」と思われるようないくつかのパッセージにさえ潜んでいるのです。

　モーツァルトがこの楽章で披露した作曲技法は、驚くべきことに《チェンバロ協奏曲ニ短調BWV1052》のような作品においてJ.S.バッハが見せた協奏曲形式の扱いを思わせます。このバッハの作品でも主要主題がさまざまな調で、まるでロンドのリトルネッロのように回帰します。主要主題は完全な形でも、その冒頭のみを利用して回帰することもあり、伴奏パートは主要主題を構成する諸動機を利用した反復進行によって組み立てられます。これは、バッハと同時代を生きていた多くの人にはほとんど知られていなかった交響的な思考です。

　モーツァルトの第1主題もまたバッハを思わせる、多くの古典派の主題に見られるような対照的ではなく、継続的に発展する（Fortspinnung）タイプとなっています。冒頭はくっきりと明瞭に形作られており、反復進行によって継続していきます。あらゆる蓋然性から察するに、モーツァルトはおそらくゼバスティアン・バッハの協奏曲を知らなかったと思われます。モーツァルトは、このユニークな形式を独自に作り出したと言えるのです。

　第1主題は、一見すると単純で自己充足的な性質でありながら、先例のないほど複雑な構造を備えています。モーツァルトはこの主題から、楽章全体を基礎づける豊かなリズム的および旋律的な音型を引き出します。

■例12/40

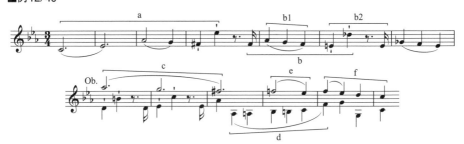

楽章全体を通して動機（b）はしばしばふたつに分けて用いられます。（c）は（a）の後半の拡大で、（d）は（c）の反行および縮小、また（f）は（b）の前半と旋律的に関連して

います。楽章が進むにつれてモーツァルトはこれらの動機の旋律な順次進行および跳躍進行を自由に変え、そのアーティキュレーションも変更して用いていますが、いずれの場合でも、それが第1主題に由来することは明らかです。主題の冒頭はフォルテで、かつ音をつなげない、つまりスラーを伴わずに現れることが多く、(b1) はしばしばノンレガートあるいはスタッカートで現れます。

この523小節におよぶ楽章全体をどのように「ひとつのまとまり」として理解すべきかの答えを、形式の分析によって得ることはできません。それは直観として把握するしかないのです。私たちにとってこの楽章は、畏敬の念をもって立ち尽くすしかない、永遠の驚異なのです。

楽章全体は、ソロとトゥッティとの張りつめた内的な衝突の上に築かれています。最初のトゥッティの主題は、人間（ソリスト）が直面せざるを得ない大きな宿命への怒りを込めた抵抗に始まり、やがて消耗し、あきらめへと至るような苦しみと嘆きを象徴しているように思われます。そう考えると、第1主題冒頭の厳かな4小節が一度たりともピアノのソロに与えられることはなく、また個性的なソロ主題（第100小節以降）が楽章を通じてピアノだけに用いられている事実も、きわめて自然に思えます。

とはいえ、このような比喩は単なる図式でしかありません。オーケストラが表現する「人知を超越した運命の力」も人間的な側面を持っていますし、人間（ピアノ）もまた「無力な存在」ではなく、オーケストラとの対話へと誘われます。とりわけ長調で奏でられる暖かな雰囲気の副次主題では、ピアノ対別のひとつの楽器、あるいはピアノ対楽器群全体との親密な対話が構成されますが、このような受け渡しはモーツァルトによる他の協奏曲では見られないものです。第1楽章展開部の終わりに近づくと、唯一の真の衝突が訪れます。興奮したピアノのアルペッジョがトゥッティと交互に入れ替わりつつ、驚くべきエネルギーが（それがフォルテ・ピアノであっても）創出されるのです。しかしこれに続くのはあきらめで、再現部ではあらゆる主題が短調で演奏されることになります。

協奏曲全体を通して、オーケストラにはまた別種の対比が生じています。1パートで複数の奏者が合奏する弦楽器群は、とらえようによっては非個人的な「集団」ですが、ソロの管楽器たちはそれぞれ主観的な意志を持ち、両者はしばしば対立します。こうして管楽器はソロ、またトゥッティ双方の役割を担うのです。とりわけ第2、3楽章での管楽器はコンチェルト・グロッソ形式に見られる「第2のコンチェルティーノ」と呼び得るほど、きわめて独立的に扱われています。

協奏曲の幕を開けるトゥッティは、運命的で陰鬱な雰囲気を呼び起こさなくてはなりません。暖かみをもって奏するのは誤りです。最初の3小節はきわめてレガートで、第2〜3小節の間の弓変えも、できるだけ気づかれないように演奏してください。弦楽奏者を2

グループに分け、半分の奏者には第1小節の後で弓を変えさせるやり方も推奨されます。

■ 例12/41

　人間的な感情から隔離された雰囲気を作るために、強弱のニュアンスは最小限に抑えてください。たとえば第4小節の2個の四分音符は極力冷淡に演奏します。第3小節に向けては、レガートを強調するためにわずかなクレシェンドを入れましょう。第3小節3拍目のg音は短すぎてはいけません。多くの演奏者が、最初の12小節を、基本テンポよりもわずかに遅く、♩≒138（それよりももう少し遅め）に弾いています（419ページの〈強弱のニュアンスを活用した表現〉も参照してください）。こうすることによって「嵐の前の静けさ」のように不気味な感覚が強まります。短いアウフタクトと内的な緊張を伴うリズムを忠実に守ることによって、第13小節における感情の噴出にいっそう力強いコントラストをつけることができるのです。

　第27小節のトランペットはマルカートで演奏すべきです。続く第28〜33小節の弦楽パートは、オリジナルのアーティキュレーションを忠実に守らなくてはなりません。第34小節、ホルンの3音符はまだ *f* のままです。続くおだやかな *p* のパッセージに出てくるアウフタクトは八分音符として吹かないようにしましょう。第40小節以降のフルートは少なくとも *mf* で演奏すべきです。というのも、これはオーボエよりひきつがれた旋律で、音量が減少してはならないからです。第59小節以降のフルートとファゴットは、各小節第3拍の四分音符に向けてわずかにクレシェンドすると良いでしょう。第74小節以降、第1ヴァイオリンは *p* の範囲内できわめて表情豊かに、カンタービレで演奏すべきです。非常に重要な経過音であるe^1音とfis^1音（第2ヴァイオリン、第77小節と第79小節）には、はっきりとしたアクセントをつけてください。第89小節以降に第1ヴァイオリンに現れる十六分音符はきわめてリズミカルに弾きましょう。これ以外にも第271小節以降の第2ヴァイオリンにも現れるような十六分音符を含んだ音型、そして第2主題群の冒頭に見られるテーマ的音型（第147小節以降）は、なぜ私どもがこの楽章に速めのアレグロのテンポを推奨しないかの根拠となるものです。第97小節で挿入される突然の *p* は、先行する *f* から明確に区別されなくてはなりません。直前の休符をきちんと確保しましょう。

　最初のソロ主題は厳格なテンポで弾いてください。このような楽章において、テンポを感傷的に揺らすことは避けるべきです。最初の音符が充分な長さを維持していない演奏があまりに多いばかりでなく、2小節目の八分音符群にもむらがあって速すぎます。この雄弁で主観的なソロ主題でさえ、全体的な枠組みの中に組み込む必要があるのです。この楽

章は確かに長いものですが、テンポの変化が必要となる場所はほとんどありません。楽曲の形式は、脈動の厳格さを縦軸として適切に浮き彫りにされるのです。

楽章全体にわたって言えることですが、とりわけ第123小節以降では、アウフタクトの十六分音符は歯切れよく、スタッカートで演奏すべきです。それに対してスラーのかけられた3個の四分音符はきわめて表情豊かに響かなくてはなりません。跳躍は音を切って（ペダルなしで）弾かれますが、上の音を短くしないように。第134小節の第2ヴァイオリン、および続く数小節のヴィオラパートに現れる対位法的な旋律は、わずかに強調して（エスプレッシーヴォで）弾きましょう。第135小節以降のピアノのパッセージは（ノンレガートで弾きますが）極めて旋律的に演奏してください。ここにつけられる強弱は、旋律の方向（上行と下行）と正確に合致させます。

第147小節以降の新主題（第2主題）はそれまでの流れから有機的に、モーツァルト特有の手法によって連結されています。第147小節に至る前に自然なリタルダンドを加え、続く第2主題を基本テンポよりわずかに遅く設定しても良いでしょう（この例外は、この楽章が——モーツァルトのほとんどの協奏曲楽章と同じく——厳格に正しいテンポで演奏されなくてはならないという原則を否定するものではありません）。新主題へ流れ込むパッセージの最後の小節に（そしてここだけに）スラーを書き入れるモーツァルトの典型的な手法の価値は、いまだ十分に評価されていません。同じような例は《ピアノ協奏曲イ長調K.488》第1楽章第197小節、《ピアノ協奏曲ハ短調K.491》第2楽章第38小節、《ピアノ協奏曲変ホ長調K.482》第1楽章第246〜267小節などにもあります。先行するパッセージもレガートで弾いてしまうと、こうしたスラーの存在意義がなくなってしまうのは明らかです。従って第143〜145小節は音を分離し、可能であればヴィブラートペダルを利用しながら（小節ごとに3〜6回のペダル踏み替えを行なう）演奏すべきです。

第2主題の弦楽伴奏は、あまり柔らかくしてはなりません。第149小節と151小節の四分音符のみ、わずかにエスプレッシーヴォで弾くことが許されます。高いb^2音に向けて少しクレシェンドできるよう、第148小節と第150小節はアウフタクトのように感じてください。第153小節のh^1音は、小節線を越えて次の音までレガートに弾かれます。第154小節にはごくわずかなエコー効果をつけられますが、つけたとしてもすぐ次の小節の終止形で通常の音量に戻します。

第165小節以降のソロは再び冒頭の基本テンポで弾いてください。ここでファゴットがみごとな副次パートを奏でますが（第165、167小節におけるアクセントつきの経過音としての属9和音）ピアノのパートが前面に出てしまうため、残念ながらほとんど聴こえてこないのが常です。そのため、このファゴットパートはfで、また必要に応じて2本重ねて演奏させても良いでしょう。その後第170〜174小節のフルートとオーボエは声楽的な旋律線

で歌い交わしますが、急いではいけません。第175〜177小節は **f** で弾きますが、第178小節では **p** に落とし、その後3回くり返されるモティーフにふさわしいクレシェンドができる余地を確保するようにしましょう。弦楽器の対位法的な旋律には、はっきりしたアーティキュレーションをつけてください。

■ 例12/42

第190小節以降に聴かれるピアノとチェロ、コントラバスとの間で織りなされるオクターヴ動機の模倣進行は、はっきりと強調しましょう。

■ 例12/43

第201小節で、多様な木管楽器に割り振られつつ、第2主題群の第2テーマが導入されます。この慰めに満ちた主題は、支配的な地下世界の力によって引きずり下ろされるように見えますが、上方へ舞い上がっていくようなオーボエとホルンによる対位旋律が、数少ない一条の光をこの陰鬱な楽章に投げかけています。

■ 例12/44

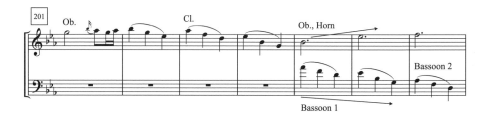

この主題は弦楽に引き継がれ、ピアノはそれを旋律的に装飾します。モーツァルトの数多いカンタービレ主題に見られるように、最初の小節（第201小節）は（構造上の観点からは強い小節ですが）次の小節へのアウフタクトのように感じられなくてはなりません。アウフタクトの感覚は、このパッセージのリズム構造と、その中で主題冒頭が占める位置を考慮することによってきちんと理解することができます。

■ 例12/45

＊印がつけられた小節（第200小節）は、弱勢の小節がふたつ続くことを意味しますが、聴き手がこれに気づくのは後になってからです。

　第211小節第3拍にあるピアノの繊細なフィギュレーションは、第212小節に向けてわずかにクレシェンドすると良いでしょう。その後の変ホ長調による温和な雰囲気は、デモーニッシュな第1主題が変ホ短調（ハ短調の平行調の同主短調）で回帰することによって打ち壊されます。このような遠隔調の選択は、モーツァルトにあってはきわめて異例と言えるでしょう。しかしモーツァルトのアイデアはさらに広がります。この主題の半ばに嬰ヘ長調の主和音の第1転回形を用いることによって、音楽は嬰ヘ長調（変ト長調）で停止してしまうのです（第228小節以降）。

　興味深いことに弦楽器は嬰ヘ長調で、しかし（フルートを除く）管楽器は変ト長調で記譜されています。これはおそらく、弦楽奏者の利便性を考えての判断と思われます。しかしこうした記譜からは、モーツァルトが平均律の音調を好み、オーケストラ奏者にも彼らの耳が許容できる限りの平均律で演奏させようとしていたことが証明されるでしょう（《幻

想曲ハ短調K.475》の第10小節でもモーツァルトは、同じく平均律での調律を要求するロ長調の和声を書いています——もしピアノがキルンベルガー第2法や第3法で調律されていたら、ここは聴くに堪えない響きになってしまいます！）。

第220〜238小節は「バス声部がヘ音記号のEs音からオクターヴ下の₁Es音まで徐々に下行する」ことによってひとつのまとまりを構成しています。第228〜231小節で嬰ヘ長調へ転調している、と解釈するのは難しいでしょう。嬰ヘ長調は経過的であり、声部書法の結果として生じる和声だからです。嬰ヘ長調を確定するカデンツもありませんし、オクターヴをたどる段階的な下行を分解させてしまうことになるので、それはふさわしくもないはずです。さらに、嬰ヘ（変ト）長調の和音は第1転回形をとっています。全体構造を維持するためには、この和音の基本形は場違いだったに違いなく、第1転回形の選択は絶対不可欠です（この観点は、学術的な和声の教科書において、またリーマンの機能和声においても見過ごされています）。

オクターヴは、音階の第5音であるB（Ais）音の強調によって、自然にふたつに分割されています。オクターヴの4度下（EsからBへ）と5度下（BからEsへ）への分割——どちらの音程も順次進行で満たされます——を明瞭にするため、モーツァルトは第228〜232小節にわたってB（Ais）音にとどまるのみならず、まさにこのB音の後、低音域の鍵盤が足りないためやむを得ず再度オクターヴ上げる決断もしています。この明らかな分割は、ピアノのフィギュレーションによっても促進されます。つまりピアノの音型はバスのオクターヴ下行が終わるまで変わることがなく、初めて変化を見せるのは平行調である変ホ長調を導くカデンツに到達する第239小節以降となります[8]。

第1主題の入り（第220小節）以降のスコアには何の強弱指示も書かれていません。ここではピアノパートのテクスチュアがとても厚く書かれており、フルートは *f* かつ表情豊かに、興奮した弦楽器群を *mp* で演奏すべきです。第228小節からは第1ファゴットを少し目立たせてください。嬰ヘ長調で弾かれる2回の音階は、それぞれ表情を変えて（レガートとスタッカートを交替させたり、エコー効果をかけたり、あるいは両者を組み合わせたり）弾くことができます。第232小節からの弦楽と管楽による一連の和音は、明確に主題的な性格を担っているので、第125小節より継続して保持されてきた *p* にはこだわらず、柔らかすぎないように処理してください。第239小節で初めて変ホ長調のカデンツが訪れ、その後はこの平行調が何に妨げられることもなく自由に展開されていきます。2個の付点二分音符（第261〜262小節）を装飾すべきか否かについては、長年にわたって議論が交わされてきました。パウル・バドゥーラ＝スコダは楽譜通りに演奏してきましたが、近年では次

---

[8] このパッセージについての指摘およびシェンカーに沿った和声分析に関し、ヘルムート・フェーダーホーファー教授に感謝する。

のうちいずれかのパターンで演奏しています。

■ 例12/46

この判断の背後にはふたつの理由があります。(1) モーツァルト自身のためではなく弟子のバルバラ・プロイヤーのために書かれた《ピアノ協奏曲変ホ長調K.449》第1楽章において、第168、319小節のトリルの直前に速いパッセージが書かれています。(2) ソロパートの記譜に多くの省略が見られる《ピアノ協奏曲変ホ長調K.482》第1楽章のトリル（第357〜358小節）に先立つホルンのパッセージと並行するピアノパートの八分音符のパッセージ（第355〜356小節）には、《ハ短調K.491》の第261〜262小節と類似した様相が見受けられます。これについては、第467〜470小節に関する341ページの記述（例6/25）も参照してください。

第261〜262小節のホルンは第265小節のトゥッティ開始と同じく、勝ち誇ったように響かなくてはなりません。このトゥッティの第1ヴァイオリンにおける低音域の音量をどうするかという問題は、管楽器群の長い持続音をヴァイオリンの四分音符よりも小さな音量にすることによって初めて解決されます。第280小節の p の前にある2個の四分音符と劇的な休止は、いくぶん広めに演奏できます（第96、506小節も同様）。

続くソロの入りとともに雰囲気は激変します。変ホ長調は、直前のトゥッティでは勝ち誇った性質をもっていましたが、ここでは悲しくメランコリックな性格を帯びています。しかしここもまだカンタービレで演奏されなくてはなりません。メランコリー〔憂鬱〕とむせび泣きは同じではないのです。とりわけ旋律冒頭の付点二分音符は十全に、堅固に響かなくてはなりません。第289小節の3音を、管楽器のように各音の後にわずかな区切りを入れつつ均等に弾くのは簡単ではありません。第288小節最後の d^2 音から次の小節の ces^2 音への単純な旋律線はきわだった印象をもたらし、先行していた確固とした長調の感覚は一撃で消滅してしまいます。管楽器による挿入句（第291〜292小節）は表情豊かに表現し、急いではいけません。第295と299小節の右手に託されている対位旋律は、左手の

主題からできる限り独立して響かせましょう。右手は少しクレシェンドを効かせながらレガートで、左手はディミヌエントを伴ったスタッカートで弾いてください。ペダルは使いません。第300小節の中声部のe^2音は、上声部のc^3音よりも大きく弾かれなくてはなりません。そうしないとc^3音のほうが続く旋律の開始音のように聞こえてしまうからです。この小節は徹底して練習する必要がありますが、ここに一見無害な動機が現れます。

■ 例12/47

これはモーツァルトのあらゆるピアノ協奏曲のなかでもっとも荒々しい、激情が噴出する箇所（第330小節以降）の核となるものなのです。したがって第300小節でのこの動機は、あたかも何か特別な意味が託され、のちに弦楽パートであらわになるものが予感されるかのようなアーティキュレーションで処理する必要があります。

■ 例12/48

展開部では第1主題が f で現れたのち、レガートと p が反復的に変化しながら継続されます。対位主題はまったく新しいものに聞こえますが、これは第59〜62小節のオーボエパートに由来しています。続いて起こるのは、いくつもの動機的音型に基づく幽霊のような動きです。これらの動機は時に結合され、またある時はとげとげしい響きが交錯します。第319〜320小節に現れるブラームス風の6度は、声部書法の衝突から生じるきわめて異例な展開であり、モーツァルトの作品では他のどこにも見られないものです。

■ 例12/49

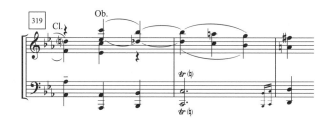

このセクション（第302～329小節）全体を通して、ピアノはパッセージの網を表情豊かに織りなしていきますが、目立ちすぎてはいけません。オーケストラでの諸動機の交錯は徐々に消えうせますが、第325小節からの5小節におよぶソロ（ここにはクレシェンドをつけるべきでしょう）の後で、すでに言及した荒々しい激情が再来します。こうした極度の興奮を伴うセクションでテンポが速くならないピアニストはほとんどいないでしょう。人間の感情が高まると心臓の鼓動が速くなるように、音楽における感情の高まりを速めのテンポで表現するのは、自然ななりゆきでもあるのです。ただし、ここでテンポを速くするとしても、極端な変化は控えてください。リミットは♩=152を超えない程度でしょう。しかしこうしたアゴーギク変動の度合いを客観的に示すのは不可能です。このセクションにおける音響の密度は極度に高まりますが、ピアニストは自分の音を誇示してはいけません。ここでのピアノに必要なのは、ブラームスのような重苦しい圧力とは違った力強さです。（これら十六分音符で上下するパッセージには控えめなペダルも必要でしょう。また第337、341、345小節では、パッセージの最高音を左手でとると技術的にもいくらか楽になります）。

　このパッセージの興奮は第346小節以降にも影響を及ぼしており、最終的な沈静までには時間がかかります。第346～353小節のピアノパートにおける書法は、明瞭に f を示唆しています。この箇所に聴かれる左手のフレーズは、第1主題を自由に縮小したものです。

■ 例12/50

左手のアーティキュレーションはファゴットと同じになります（第346～347小節はレガート、第348～349小節はスタッカート、等々）。

　第354～361小節のオルゲルプンクト上でくり広げられる管楽器による動機的な対話は、鋭く明瞭でなくてはなりません。なかでもアウフタクトの十六分音符には、最大限の柔軟性が要求されます。ピアノパートの音階はモーツァルトの自筆譜ではある程度簡略化されていますが、『新モーツァルト全集』とオイレンブルクのスコア、それにペータース版に提示されているバージョンがもっとも妥当だと思われます。『新モーツァルト全集』第355小節の右手4個目の十六分音符の前には♮がつけられていますが、モーツァルトの意図はおそらく as^2 だと思われます。第360小節では、上記3種のエディションが示している読みが、唯一妥当なものです。

■ 例12/51

上下の両端をなすふたつの音であるas^2とhは、ともにハ短調を導く音として機能しています。もし最高音がナチュラル付きのa^2だった場合、聴き苦しい減5度（aとesのトリトヌス）が音階内に生じるばかりか、両端の2音が意味をなさない音程になってしまいます。

■ 例12/52

したがって、g-a-h-cという4度上行の一部として弾かれるオーケストラのa音と同じく、ピアノが弾くas^2音は、声部書法の論理的な帰結なのです（ブージー＆ホークス版の編纂者が提案する読みは、受け入れることができません。彼は和声的な構造との関わりにおけるこの音階の旋律的な独自性をほとんど尊重していないからです。またこの編纂者は、明らかに真正なものである第354小節のfis^2音に対しても疑念を呈しています）。

　トリトヌスを避けるために敢えて非和声音を選択する手法はモーツァルトがハイドンから学び、他の作品においても頻繁に用いたものです。《ピアノ協奏曲変ホ長調K.449》の第308小節はその一例です。

■ 例12/53

　第361小節まで保持されているオルゲルプンクトは、もちろんゆるやかなディミヌエンドで奏されるべきで、トゥッティ直前の小節でもクレシェンドしません。第362小節で、第1主題は突然のfで提示され、それまで鬱積していたかすみを一瞬にして吹き飛ばします。

第390小節にわずかなリタルダンドをかけると、移行の感覚を強調できるでしょう。第400小節3拍目（四分音符）のリズムは、気づかれない程度に広げると良いでしょう。というのも、これ以降のすべての小節において和声はそれぞれ1種類しか用いられませんが、第400小節はふたつの主要な和声を含む、きわめて重要な小節だからです。第401小節以降のヴァイオリンは本当の *p* を演奏しなくてはなりません。そうでないとピアノの音がかすんでしまいます。

ただちに第2主題群のもうひとつの主要テーマが続きます。モーツァルトは、考えられる3種類のバージョンをどれもしりぞけ、

■ 例12/54

このかたちを選択しました。

■ 例12/55

これは短調の感覚をあざやかに表出するのみならず、オクターヴ跳躍を6度跳躍に狭めることによって、再現部の重苦しい性格を強調しています。提示部ではこのテーマによって慰めがもたらされましたが、ここではすべてが、心が引き裂かれるような嘆きに変わっています。以前はクラリネットが奏でた快活な三連符の伴奏（第156〜160小節）も、ここでは第1ファゴットによる深刻なレガートの八分音符に変わっています。第410小節以降のパッセージは、その深い表情を大切にして提示部での出現よりもさらに繊細に演奏されてしかるべきです。またこのテーマ最後の小節を弾く際には、提示部とは逆の効果をあげなくてはなりません。第417小節では音量を強くするのではなく、弱めます。そして最終小節は、力尽きたかのように消えゆくのです。

第428小節の予期せぬ減七和音には、どこか鋭利で痛切なものがあります。それまでの嘆きは、第1主題の回帰によって不意に絶たれてしまいます。そこまでの第2主題を少し遅めに演奏してきたのであれば、ここで基本テンポに戻すのが最良です。第428〜431小節で特徴的な管楽器のシンコペーションには主題的な性格が感じられ、ある程度強調する必要があります。提示部で聴かれた別の主題的音型が回帰することで、いまや円環は閉じ

られるのです。最後のトリル（第471〜472小節）を前にして、提示部第261〜262小節にあった勝ち誇ったホルンの呼びかけはもはや聴こえてきません。これは単にナチュラルホルンの音域の問題だけではありません。というのも、モーツァルトは他の複数の作品で行なったように、ホルンの音型をファゴットにあてがうこともできたはずだからです。それよりむしろ、直前の第463〜468小節で、オーボエとフルートが別の新たな嘆きの音型を奏している事実が重要です（ピアノのフィギュレーションは第261〜262小節と同じように第467〜468小節、さらに第469〜470小節でも継続してください。後者ではエネルギッシュなパッセージが必要となります）。この音型は必然的に第1主題に接続され、それはカデンツを導く慣習的な四六和音の上で劇的に停止します。第480〜486小節のホルンは鮮やかに、また四六和音へ至る過程はクレシェンドとリタルダンドによって準備してください。

この楽章に満足のいくカデンツァを書ける人が誰もいなかったという事実は少なからず意外です。モーツァルトの作品においては異例とも言えるでしょう。カデンツァはいったいどのような形をとりえたのでしょうか？ どの主題も、どの雰囲気も、すでに最大限に展開されていますし、すでに経験された雰囲気や感情をもう一度くり返すのは、その効果を弱めるだけです。そう考えると、この協奏曲を弾いた時のモーツァルトは（初期の多くの協奏曲でそうしたように）「まったく新しい主題を導入し、それを劇的に展開させた」ということも、ありえないことではないでしょう。カデンツァ後に続くトゥッティの冒頭3小節が、この考えを支持します。この部分はまったく新しく、楽章の他の部分の動機と何のかかわりも持っていません。おそらく、モーツァルト自身によるカデンツァの動機と関連しているのでしょう。

70 参考音源のNo.70で、パウル・バドゥーラ＝スコダが好んで演奏する自作のカデンツァ（楽譜はドブリンガー社刊）を聴くことができます。

それにしても、モーツァルト以外のいったい誰が、この楽章に敢えて新しい主題を作ることができるでしょうか？ なお、以下の2点が明らかだと言えます。

1. モーツァルトは自身のカデンツァで、おそらくシャープ系の調へは転調しなかったと思われます。というのも、この協奏曲全体がフラット系の調に支配されているからです。第228小節の嬰ヘ長調は、その前後の調性——第221小節からの変ホ短調と第233小節の変ニ長調——からすると、変ト長調を異名同音で読み替えたものとみなすべきでしょう。モーツァルトは基本調の引力への感覚を持っていたため、この作品のどの箇所にあっても、カデンツァにおいてさえも、暗い短調の境界を踏み越えることは、おそらくなかったでしょう。

2. カデンツァはきわめて劇的である一方、あまり長くなかったに違いありません。長すぎては楽章のバランスが損なわれてしまいます。この楽章は、これほど広大でありながら、きわめて凝縮されているのです。

フンメルによるカデンツァは——モーツァルトの使用していた鍵盤の音域を1オクターヴほど越えているとはいえ——このふたつの条件を満たしています。たとえば最初の小節は水際立っています。また中間部で増してゆく昂揚もすばらしいものです。ここでは第1主題からとられたいくつかの動機が上行する反復進行によって処理されており、この動機に新たな光が当てられています。さらにはその後、縮小された第1主題が出現します。

■ 例 12/56

しかし、第18小節からの反復進行と、カデンツァ中央の長いトリル連鎖は今ひとつです。トリルからは、むしろ表面的な効果が生じてしまいそうです。先行する小節をこのように変えれば、容易にトリルを省略できるでしょう。

■ 例 12/57

フンメルのカデンツァでもうひとつ妨げとなるのは、終結近くでいつまでも続く最高音域（モーツァルトの時代には存在しなかった音域）でのパッセージです。特に現代のピアノで演奏する時が問題です。これは、他所に見られる高い音域での旋律的な効果を減じてしまうばかりか、他に何の音楽的なメリットももたらしません。私どもは、左手はそのままにして右手をオクターヴ低くし、トリル連鎖を2小節短縮することを推奨します。

■ 例12/58

　マルコム・ビルソンと違って、エトヴィン・フィッシャーはカデンツァ後のコーダ（第509小節以降）をペダルなしで、静かに、ガラスのように弾いていました。そのように弾かれたパッセージは、とても神秘的に響いたものです。彼はまた左手を1オクターヴ低く、**pp**で弾きましたが、それはまるで非常に柔らかなパイプオルガンの低音のようでした。しかし、最後の3小節では両手でユニゾンのパッセージを弾かなければならないため、この低音を最後まで続けるのはあきらめざるを得ません。その点、モーツァルトはフィッシャーより恵まれていました。彼はペダル鍵盤を使って次のように弾いたに違いありません。

■ 例 12/59

（第1章で論じたように、ペダル鍵盤とはモーツァルト以外ほとんど誰も所有していなかった、独立した楽器です。一般的な楽器ではなかったため、彼はそのためのパートをわざわざ書かなかったとしても当然でしょう。）

　カデンツァの後には、孤独で嘆くようなフルートが、コーダの陰鬱な波の上をさまよいます。このフルートはソロパートとして扱われるべきでしょう。楽章の終わりはあきらめに満ちた *pp* の内に消え去っていきます。この終結はリタルダンドせず、厳格に正しいテンポで演奏されなくてはなりません——最終カデンツの余韻が無限の時空へ溶け込んでいくかのように。

第2楽章：ラルゲット

　モーツァルトの過ちについて語るのは、きわめて大胆な行ないのように思えます。しかしこの協奏曲の第2楽章に記入されたアッラ・ブレーヴェ（₵）は、彼が犯した誤りに違いありません。約50年前に提起されたこの意見に、マックス・ルドルフやジョージ・セルといった複数のすぐれたモーツァルト演奏家たちは異論を唱えました。今日、私どもは冒頭主題がアッラ・ブレーヴェ（二分の二拍子）で演奏されることには同意します。しかし、ハ短調（第20～38小節）と変イ長調（第43～62小節）のふたつのエピソードおよびコーダは明らかに四分の四拍子であって二分の二拍子ではありません。私どもは本書でくり返し「モーツァルトのアッラ・ブレーヴェ指示は尊重しなければならない」と主張してきました。しかしこの楽章を、《ニ短調K.466》や《ニ長調K.537》や《変ロ長調K.595》といったピアノ協奏曲における他の——私どもの認識では——真正なアッラ・ブレーヴェの楽章と比べてみると、「このラルゲットは四分の四拍子と感じて演奏すべきだ」と結論せざるを得ません。

　この確信の裏にはさまざまな理由があります。確かに楽章冒頭ではアッラ・ブレーヴェの律動を想像できます。しかしこの楽章の中でもっとも短い音価（三十二分音符）の動きに出会うと、これらをアッラ・ブレーヴェの拍子で感じるのは困難です。第24～25小節のようなフィギュレーション

■ 例12/60

は、先ほど挙げた協奏曲の緩徐楽章には決して現れませんし、これを ₵ で思い描くこともできません。この楽章の音価はアッラ・ブレーヴェの動きの2倍に対応しているのです。これは、類似した次のふたつのシンコペーションリズムを比較してみれば明らかでしょう。

■ 例12/61

《ハ短調K.491》のラルゲット楽章、第48小節　　《変ロ長調K.595》のラルゲット楽章、第71小節

　この理由から《ハ短調K.491》のラルゲットの冒頭は《ピアノ協奏曲ニ長調K.537「戴冠式」》第2楽章（例8/16参照）のように8小節ではなく、わずか4小節の長さになっています。また他のどのアッラ・ブレーヴェ楽章にも、《ハ短調K.491》のラルゲットの第2小節（および第6小節）で見受けられるような速度での和声進行は現れません。八分音符ごとに和声が変化するような展開は、モーツァルトにおいては他のどこにも見られないのです。

　モーツァルトがなぜこの間違いを犯したのか、想像するのは簡単です。モーツァルトがこの楽章をアッラ・ブレーヴェで書いた理由はおそらく、小節ごとに2回だけの強拍で進行する第9〜12小節、そして主要主題のたび重なる反復にあります。この楽章を書き始めた時、モーツァルトの頭には違うアイデアがあったのでしょう。しかしその後三十二分音符の動機が導入されたものの――拍子を変更するのを忘れたのです。これほど大がかりな作品を手がける作曲家が音楽を書きおろしていく際に、拍子の微妙な区別にまで配慮している余裕はほとんどないでしょう。それでも驚かされるのは、モーツァルトがテンポと拍子を指示する際に誤りを犯すことがほぼ皆無だったという事実です。この協奏曲の自筆譜には、他のどんな作品より多くの修正が施されています。彼は特別な緊張感を抱いていたに違いありません。

　第2楽章の簡素ながらも雄弁な主題では、すべての音符が語らなくてはなりません。付点八分音符の後の十六分音符も、短すぎてはいけません。

■ 例12/62

第4小節の5個の音符はとても均一で静かに、クレシェンドもディミヌエンドもせずに弾いてください。

　この簡素な主題を心を込めて演奏すると、聴く人が涙するほどの感動を呼び起こします。この主題を作るのに、モーツァルトはどれほど苦労したことでしょう！ くり返されるごとに和声およびリズムの変化が加えられ、演奏者の暗譜力が試されます。第9小節以降のパッセージの表現力は、各小節にある八分音符の扱いにかかっているのです。叩くのではなく、均等かつ持続する音で演奏しましょう。第14小節では少し音量を落とし、その後フェルマータに向かってしっかりクレシェンドを意識して弾いてください（クラリネットとファゴットがこのクレシェンドに加わります）。しばしば見過ごされますが、フェルマータで音が引き延ばされるのは弦楽器のみで、管楽器の音は四分音符となっています。

　ここにアインガングを入れるべきことは、明らかです。属七和音で宙吊りになったまま放棄してしまうのは（残念なことにしばしば耳にしますが）、様式に反する行為です。フンメルによるアインガングは非常に洗練されており、推奨に値します。

■ 例12/63

さらにお薦めなのは《ピアノ協奏曲ニ短調K.466》の第2楽章第67小節にある類似のパッセージを移調して用いることです。

■ 例12/64

あるいは《ピアノ協奏曲ニ長調K.537「戴冠式」》の第2楽章第90小節も参考にできます。

■ 例12/65

他方、第73小節におけるフェルマータにおいて、私どもはフンメルのアインガングを弾くことに断固として反対します。そのヴィルトゥオーゾ的性格は、この楽章の抒情的な性質に著しく反しています。主題に戻るための旋律的移行を自然に仕上げるには、さまざまな方法があるでしょう。たとえば、

■ 例12/66

あるいは：

エトヴィン・フィッシャーはかつてこのような、ファゴットパートを引き継いだアインガングを披露したことがあります。

■ 例12/67

　5つの部分からなるリート形式（ABA'CA"＋コーダ）というモーツァルトの選択もまた独特で、この楽章のバランスに大きく寄与しています。もし中間部がハ短調のみで構成されていたら、この楽章の暗い側面が強調され過ぎて、前後の楽章との対比があまりに小さくなっていたでしょう。逆に長調の中間部のみならば退屈でもあり、第1楽章との均衡をなすべき重みを欠いてしまったに違いありません。

　木管による第20〜23小節のフレーズは、きわめて表情豊かに演奏してください。フルートとファゴットが奏でる三十二分音符の音型は不安定で重く、不均一になってしまいがちです。「そんなに緊張しないで」と言いたいところですが、「言うは易し」ですね。第20小節ではこのような演奏を奨めます。

■ 例12/68

　des^1音（＊印）は、オーボエの動機の反行形でもあり、きわめて表情豊かに演奏してください。
　第23小節のピアノはオーケストラとの継ぎ目を作らないように接続し、わずかにクレシェンドしてください。第24小節以降の弦楽は表情豊かに弾きますが、柔らかく、音があまり太くならないように注意すること。すでに第10章で論じましたが、ここでも弦楽奏者は2列あるいは3列のみに限定すると良いでしょう（507ページ参照）。もしこの弦楽パートを（決して珍しいことではなく）16人の第1ヴァイオリンと14人の第2ヴァイオリンで演奏するとしたら、弦楽奏者たちは各人ほとんど無表情と言えるほど極限の弱音で弾かなければピアノの音が霞んでしまいます。ここでピアノが——短い音価の音符が多用されていますが——しっとりと歌うべきなのは、言うまでもありません。第24小節でas^2音まで昇るアルペッジョは、とても表情豊かに演奏してください。自筆譜の第25小節のターンは次のように書かれています。

■ 例12/69

奏法：

『旧モーツァルト全集』をはじめとする多くのエディションでは、最後の2音が十六分音符になっていますが、誤りです。

■ 例12/70

この主題においても、すべての音が大切です。たとえば、第26小節へのアウフタクトとなる3個の十六分音符に正しい重さを与え、第26小節の三十二分音符群を旋律としての効果を保ちつつ軽快かつ繊細に表現するのは、なんと難しいことでしょうか！ 第27小節のfis¹音は直前のd²音とわずかに分離させて弾いてください。第32～33小節の第1ヴァイオリンは歌わせなくてはなりませんが、ピアノパート冒頭の音よりも3度高いため、非常に柔らかな音で弾く必要があります。

　主要主題の1回目の再現の前に、短い推移部（主部へ戻るための結尾）が挿入されています。第37小節の三十二分音符群も均等かつカンタービレに弾きましょう。この小節冒頭の休符をしっかりと意識することが大切です。冒頭のas²音は高いc³音へのアウフタクトとして、アクセントをつけずに弾かなくてはなりません。そうしないと、小節全体にわたって聴き手に混乱した印象を与えてしまうでしょう。第38小節前半はノンレガートで、小節中央に向けてわずかなクレシェンドをつけながら演奏してください。そうすることによって主要主題へと流れる残りの音がわずかなリタルダンドとともに、心地よい落ち着きを得られるでしょう。その後では主要主題の4小節のみが引用されています。ここに2種類の異なった和声づけを並行して施してしまったモーツァルトの明らかなミスについてはすでに471ページ、例9/11で言及してありますので、そちらを参照してください。

　ただちに続くのが、変イ長調によるふたつ目のエピソードです。モーツァルトはこの調をまれにしか使いませんでした。この調が使われる時にはいつもひそかな恍惚感が漂っています（たとえば《弦楽四重奏曲変ホ長調K.428》の緩徐楽章）。第1ファゴットによるf¹-fes¹-es¹の動き（第43～44小節、および第47～48小節のヴィオラ）を見過ごしてはなりません。クラリネットの芳醇な響きは、先行するエピソードでオーボエが鳴らしたシャルマイ風の牧歌的な旋律とすばらしい対照をなしています。第45小節で2本のクラリネットが織りあわされ、続く小節では暖かな音の輝きの中、すべての楽器が溶け合います。

第46小節以降のピアノソロにおける弦楽の伴奏は **pp** で、ごくささやかな息づきを表現します。しかし第49小節の第1と第2ヴァイオリンが交互に弾き交わされるところで（数小節前にはクラリネットにも同じような対話がありました）、旋律はピアノから弦楽パートへと引き継がれます。第48小節前半にあるピアノのシンコペーションはペダルを使いながらすべて同じ指で弾くと、いっそう効果的です。こうすれば自ずと腕を使うことになり、鐘の音にも似た響きを作れるのです。

　その後、管楽器群が主題に戻ってきます。第59小節の低弦楽器はエピソード主題に由来し、スラーつきの2音ずつに分割されている動機を弾きますが、旋律線としてあまり途切れさせ過ぎないよう気をつけてください。

■ 例12/71

　チェロとコントラバスのオーケストラ用パート譜で、c^1音の前のフラットが欠落しているエディションが多くありますが、その場合には補填が必要です。第62小節ではすべての奏者がきわだったディミヌエンドをして **pp** にまで落とすと同時に、わずかなリタルダンドによって主題への移行部をなだらかにまとめてください。

　エトヴィン・フィッシャーが弾いた第63小節以降のソロは、楽章冒頭よりも静かで素朴でした。ここでの主題が一番シンプルな形で提示されていることを認識していたからでしょう。1小節目と3小節目の第2拍には付点リズムがありませんし、2小節目と4小節目も管楽器なしです。フィッシャーは第64小節の十六分音符をとりわけ安らかに扱い、旋律の後半を穏やかに内省的に弾き、**f** へと導かれるクレシェンドはフェルマータの直前からでした。最後の旋律リフレインでは管楽器が幸せそうに加わりますが、ピアニストは柔らかでたっぷりした音を響かせなければなりません。

　コーダは至福に満ちた変ホ長調にとどまります。ピアノとフルートの奏でる音階は、もちろんノンレガートです。第83小節を第82小節のエコーとして柔らかく演奏するのも、決して悪いアイデアではありません。結尾の数小節（第85小節以降）を限りなく透明な響きでまとめるのは容易ではありません。最良の方法は、この部分をピアノと第1ファゴットのデュエットとしてとらえ、残りの楽器は伴奏にまわることです。第86〜87小節ではピアノとクラリネットのあいだに、大胆な和声の衝突が見られます。

■ 例12/72

　この楽章も第1楽章と同じく、静かに、消え去るように幕を閉じます。そこには第1楽章とは違う、光と安らぎで満たされた、夢見るような感覚が漂っています。単なる「楽章の終止」とは異なった世界であり、末尾でリタルダンドするのは場違いです。

第3楽章：アレグレット
　第3楽章で、また作品冒頭のハ短調へ戻ります。しかし和声の色彩は第1楽章よりも豊かです。というのも、この楽章で初めてモーツァルトはナポリの六の和音を用いているからです（根音は、ハ短調ではDes音、属調のト短調ではAs音をとります）。ナポリの六の和音は、この楽章のために取っておかれたように思われます。それも以下のような通常のかたち（第1転回形）ではなく

■ 例12/73

もっと痛切な印象を与える第2転回形で使われているのです。

■ 例12/74

これによって楽章全体に陰鬱な性質が投影されます。
　終楽章を変奏曲形式にする選択も、また異例です。モーツァルトによるその他の変奏楽

章と異なり、ここには陽気な感じがまったくありません。この楽章は無情な行進曲のリズムに支配され、どの変奏も途切れることなく次の変奏につながり、慣習的なアダージョによる変奏も欠いています。8小節ごとの楽節構造が冷酷に連鎖していく構成は、無限に続く絶望の円環という印象を与えます。それぞれがきわめて多様な性格を持つ変奏をまとめあげる基本リズムを把握するのは簡単ではありません。冒頭の小節から正確なテンポをしっかり掌握していないと、その後の展開が不安定になってしまいます。

　楽章全体が薄いヴェールに覆われているような印象がありますが、このヴェールは2回だけ――第72小節から始まるフォルテの変奏と、最後の3小節において――払拭されます。そのことを考えると、冒頭から主題をあまりに表情豊かに弾くのは避けたほうが良いでしょう。第5～8小節の動機は楽章を通じて何度もくり返されますが、これは陰鬱なリフレインのようなもので、シューベルトの《辻音楽師》と似た雰囲気を醸し出しています。この動機にクレシェンドやロマン派のソナタで使われるような豊かな表現をあてがうのは誤りでしょう。

　表情がわずかながら高揚するのは第11小節の半音階和声だけで、ここではアウフタクトの音符が強調されるべきです。しかし主題の残りの部分は、意図的にほぼ無表情に演奏するのです。もちろんアーティキュレーションの指示は、可能な限りすべて正確に守らなくてはなりませんし、木管とティンパニは、最初の2小節で鉄壁の行進曲リズムを確立しなくてはなりませんし、第2小節冒頭の四分音符は短すぎても長すぎてもいけません。最初のふたつの変奏における反復部分をより弱い音で弾くこともできますが、必須ではありません。

　多くの編纂者が第16小節（2番括弧）で導入されるピアノソロの第1音に不可解なターンを印刷していますが、シュタイングレーバー版に掲載されているビショップの解説の通り、テクストの誤解によってひき起こされた誤りです。この右手の音型がg^1音をめぐって半音階的に旋回しているのも、第1楽章の第1主題を想起させます。第1変奏は、そこに宿る中空に漂うような性質に影響され、しばしば主題よりも明らかに速いテンポで演奏されています。しかしモーツァルトの意志を尊重するならば、聴いてわかるほどのテンポ変化は慎むべきでしょう（メトロノームの目盛りひとつ～ふたつ分、つまり♩=80～84くらいであれば加速は感知されず、許容範囲です）。

　第1ヴァイオリンに聴かれる繊細な副次パート（第22小節）は、先行する第21小節のヴィオラのパートにおけるリズム

■ 例12/75

と同じく、大切に弾かれなければなりません。d^3音まで上行するピアノの音階（第26小節）には、続くピアノによる変奏（第41小節）と同じ「真珠のようなタッチ」を意識してください。

　木管楽器による第2変奏は先行するピアノの変奏とともに一種の二重変奏をかたちづくっています。ソロピアノのパッセージの表情を大切にし、フィギュレーションの上行と下行には動きに沿った強弱をつけるように努めてください。第59小節の中声部（右手親指で弾くg^1-fis^1-f^1音）は、次小節の上声部（e^2-es^2音）と同じく、少し強調してください。第65小節からの第3変奏はアウフタクトから*subito f*で、最大のエネルギーをもって演奏しなくてはなりません。特に第70と71小節では、付点八分音符のあとの十六分音符をマルカートで弾くことが大切です。第72小節最後の5音は、より力強く響かせるために右手で弾くと良いでしょう。

　続くオーケストラのエントリーも、きわめてエネルギッシュ――真にデモーニッシュな噴出――で、第2ヴァイオリンの音階はさながら燃えさかる炎のようにはっきりと弾かれます。このトゥッティの噴出に続く第80小節のピアノの入りもそれまでにふさわしい、力強い表現で弾いてください。第84小節の左手の音量は大きく変化します。この小節最後の八分音符は*meno f*に抑え、変奏の最後に向けてふたたび大きなクレシェンドを入れられる余地を残しておきましょう。

　変イ長調になる第97小節からの第4変奏は、ためらうことなくそのまま同じテンポで続けます。アクセントをつけて弾かれる二分音符が書かれている小節（ピアノパート第106、108、110小節。第98、100小節を参照してください）では、最後の音符を柔らかく切り、以下の付点リズムが明瞭に響くように留意してください。

■ 例12/76

　なおブライトコプフ＆ヘルテル版、第125小節のオーケストラパート譜には誤りがあります。第2ヴァイオリンおよびチェロ／コントラバスの第1音はd音ではなくdes音です。

　この変奏は第2楽章の変イ長調セクションとまったく同じ楽器編成で書かれていますが、少し落ち着いたテンポにすることもできるでしょう。ただし意図的な変化として聴衆に悟られてはなりません。ここでテンポを落とす理由は、第129小節から始まる表情豊かでポリフォニックな第5変奏にあります。この変奏を嵐のような変奏と同じテンポ（♩≒78～82）で演奏するのは、まず不可能だからです。この第5変奏では各パートが繊細に結びつ

いており、たびたび使用されている半音階のメリスマは、わずかにテンポを落とすことによって初めて鮮やかに、美しく響くでしょう。ただし、決して♩=72〜76より遅くならないようにしてください。あくまで支配的な基本テンポの感覚が維持されなくてはなりません。このことは、会話に夢中になって歩いている人たちを想像してみるとよく分かります。議論がはずんでくれば少し速く歩き始めるでしょうし、その逆も同じです——でも本人たちはそれに気づいていません。この第5変奏は、きわめて注意深く演奏する必要があります。最初の作業は適切な指使いを定めることです。運指と並び、演奏に役立ついくつかのポイントを、以下に提案しておきましょう。

■ 例12/77

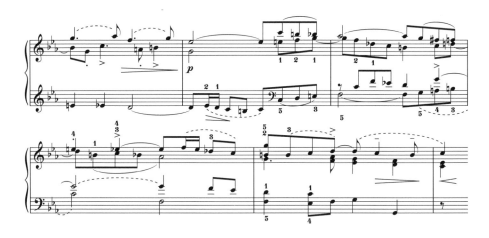

　これも二重変奏として構成されています。前半の（ポリフォニックな）セクションをカンタービレな p で演奏しなくてはならないのは明白ですが、後半のセクション（第137～146および155～164小節）にふさわしい強弱を決めるのは困難です。確かにこの種のリズムとバス声部における音階は、モーツァルトの音楽において f となるのが普通です。以前に聴かれた第65小節からの変奏ともきわめて似ています。第65小節からの f による噴出を、ここに至ってモーツァルトがより穏やかな表現を用いて再現しようとしたと考えることは困難でしょう。それでもこの部分の正しい性格に関しては、再考する必要がありそうです。

　私どもの知る限り、フォルテのパッセージの伴奏をここにあるような持続する弦楽器の和音にしている箇所はありません。こうした伴奏はむしろ典型的に、柔らかなパッセージで見られるものです（第1楽章の第147小節以降を参照してください）。そのため私どもはこのセクション（第137～146と155～164小節）を、先行する熱情的な噴出の陰鬱な回想ととらえる解釈は決して不当ではないと思うのです。それぞれの導入となる第136と154小節もまた、この部分を p とみなす考えを支持します。これらの小節は、先行する音楽の流れに自然に受け継がれているからです。

　第128小節にあるアウフタクトと同じ様相を呈しているこれらのアウフタクト

■ 例12/78

の代わりに、モーツァルトが次のように強烈なアウフタクトを書いていれば、

■ 例12/79

以下をフォルテで弾く可能性はずっと強くなっていたはずです。

　これらの考察から私どもは、この変奏を*mezza voce*のうつろな響きでリズミックに演奏し、最後の4小節では少しクレッシェンドすることを推奨します。このセクションの後半の楽節が4小節から6小節に拡張されているのも、興味深いことです。

　さて、この偉大な協奏曲における最後のすばらしいハ長調の変奏に到達します。ここはもっとも輝かしい光で満たされています。ここで確保されるハ長調は作品中ここのみに出現するもので、その合理性はまさに天才的な手腕としか言いようがありません。これが自由な変奏なのか、それとも新たなエピソードなのかという問題には敢えて触れません。このセクションは「変奏とは逆のものanti-variation」と解することもできるでしょう。転調のステップこそ変奏主題と同じですが、それ以外はすべてが異なっているからです。下行ラインが支配的な主題冒頭の動機に代わり、ここに1オクターヴを越えて上昇する素晴らしいフレーズが出現します。

■ 例12/80

これは第1楽章第205小節に出現する、きわめて類似した旋律的フレーズと関連しています。

■ 例12/81

この類似はおそらく偶然ではありません。さらに、変奏主題の行進曲のような四分音符リズムに代えて、ここに見られるのは繊細優美な八分音符と十六分音符のフィギュレーションです。また変奏主題の各所（第2、4、8、10、12、16小節など）に配置された四分音符単音での終止形が第168、172小節では女性終止になり、第11小節の半音階が第183小節では全音階となっている点などにも留意してください。

この最後の変奏が正しい速度で演奏されれば（遅すぎないこと。♩=74以下になってはなりません）、何かこの世を超越した非現実的な感覚を覚えるでしょう。そのためにも、変奏全体を特別な繊細さをもって演奏しなくてはなりません。第171小節の最初の四分音符はスタッカートではなく、音の長さをきちんと保ってください。第173〜176小節の弦楽はとても柔らかく伴奏しますが、第176小節後半からは表に出なくてはなりません。ソロピアノも穏やかに表情豊かに演奏し、第177〜179小節できらめくようなパッセージへと昇華されます。最後の4小節が第197〜200小節でくり返される際には弦楽パートが管楽パートに移行された上に増強されているため、ピアノも少しはっきりと主張すると良いでしょう。

ここに至って、再現部かと思わせるようなハ短調が、主題と密接に結びついた変奏として陰鬱な回帰を遂げます。もしハ長調の変奏を基本テンポよりも若干遅く演奏した場合には、当然ここで冒頭のテンポに戻す必要がありますが、段差を感じるような変化にしてはなりません。第201小節で唐突に戻すのではなく、4小節ほどかけて加速する、きわめて微細なアッチェレランドを利用するほうが良いでしょう。

この変奏に演奏上の問題は特にありません。その後3小節の短い高まりを経て、第219小節の痛烈な増6和音とともについに休止の瞬間が訪れます。これらの小節では管楽器群が、鋭い不協和音を含む複合的な導音を鳴らします。第217小節ではb音、h音、c音が衝突していますし、第218小節におけるブラームス風の和声は、モーツァルト時代には常軌を逸する大胆な試みだったにちがいありません。

■ 例12/82

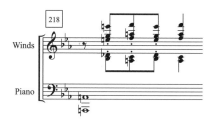

第219小節と220小節にあるフェルマータはそれぞれアインガングを指示しています。第219小節のためにフンメルが書いたアインガングは優れているものの、モーツァルトの楽器の最高音より1オクターヴほども高いes^4音で始めなければならない理由は何もありません。私どもは、フンメルのアインガング冒頭の最高音を省くことを推奨します。

■ 例12/83

　しかしフンメルが第220小節のために書いた空虚なパッセージは、満足のいくものではありません。第219小節の複雑なパッセージのあとは、おそらくシンプルなアルペッジョのほうが適しているでしょう。

■ 例12/84

　この後に最終セクションへと進むか、あるいはもうひとつ短いアインガングを第220小節に入れるかの判断を、演奏者は下さなくてはなりません。
　続く最後のセクションには尋常でない陰鬱さが宿っています。主題が八分の六拍子で変奏されますが、そこではナポリの六の和音がエンハーモニックの読み替え（異名同音）によってさらに豊かにされています（アーティキュレーションが正しく印刷されているのは『新モーツァルト全集』のみです）。

■ 例12/85

　ges^1音とfis^1音の違いを演奏に反映させるためにピアニストができるのは、fis^1音にアクセントをつけることだけです。モーツァルトの時代におけるこのような用法は、弦楽器にとってもおそらく些細なことではなかったに違いありません。

第236小節の後半からエコー効果を演出することもできます。すでに述べたことですが、この結尾となる第221小節以降のアレグロ全体は（モーツァルトはこの楽章に何のテンポ指示も残していませんが、アレグレットではなくアレグロでしょう）きわめてリズミカルに演奏されなくてはならず、次の音型には細心の注意を払わなくてはなりません。

■ 例12/86

最初の付点音符はじゅうぶんに延ばし、十六分音符は前後の音符と分離したスタッカートで弾きましょう。そうしないとこの十六分音符に明瞭な響きを与えられません。

　第241小節からのコーダの特徴は、陰鬱な半音階の雰囲気にあります。第1楽章の第1主題は属音を中心に半音階的に動いていましたが、ここでは主音を中心にした半音階の動きが見られます。コーダの音量を ƒ にするか p で弾くかは大きな難問です。p のほうが不気味な、死の舞踏を思わせる雰囲気に合っているようにも思われますが、ƒ で演奏すべきさまざまな理由も存在します。たとえば第240小節の身を焦がすような上行音階、その後の左手のトレモロ、第250小節の広範なアルペッジョなどは、ƒ での演奏を正当化するでしょう。いずれにしても半音階の旋律（第241小節以降）は絶対に、最大密度の表現力と興奮をもって演奏しなくてはなりません。

　コーダの終わり近くで音楽は、ナポリの六の和音上に永遠にとどまるかのように思えてきます（第253〜255小節および第270〜276小節）。バスのオクターヴ音（As）の音量は、この和声が現れるたびごとに増加させてください。最後となる第278小節以降のパッセージは、一切クレシェンドなしで弾かれる深淵への最後の下降です。これはフルオーケストラによる雷鳴によって断ち切られ、この比類なき傑作の悲劇的な終結へと導かれるのです。

《ピアノソナタイ短調K.310》

　モーツァルトの交響曲、ピアノ協奏曲、ピアノソナタでは、どのジャンルにも2曲だけ短調作品が含まれており、どれにも激しい個性的な表情が委ねられています。これらの作品はただちに注目されるようになりました。ロマン派時代の始まりとともに、それらはモーツァルトの多くの長調作品よりも好まれ、頻繁に演奏されていったのです。

　モーツァルトのはるか以前から、「長調＝晴れやかで幸福」、「短調＝悲しく悲劇的」という等式が成立していました（例外があることはもちろんです）。ベートーヴェンに至るまでの長調の優勢は、18世紀の美学によって基礎づけられました。音楽の主要な役割は「聴

き手の魂を喜ばせ、精神を生き生きとさせることにある」と考えられていたのです。加えて長調は自然倍音に基づいているので、より自然だとされていました。したがって当時の美学に対応し、さらにはモーツァルトの「生の喜び joie de vivre」といった根本的に楽天的な性格にも由来して、モーツァルトが自作品の大部分を長調で書いたのも、驚くことではありません。しかし、彼のスケッチや未完成作品の中に、完成された作品よりも頻繁に短調が現れている事実には興味をそそられます。また長調で書かれたモーツァルト作品がこの上なく静穏なものであっても、暗く陰鬱なエピソードを含まないものはほとんどありません。この種のエピソードが、同時代のあまり深みのない作品とモーツァルトの作品とを隔てており、モーツァルトの底知れぬ深淵を際立たせているのです。

　深刻で生命を脅かすような体験と悲劇的な内容をもつ作品の創作は、必然的、また自動的に結びついているわけではありません。ある作曲家なり詩人なりが、自身の悲劇的な体験を芸術作品へ注ぎ込めるようになるまでには何年もかかるでしょう。しかし1778年夏に創作されたこのイ短調ソナタが「母の突然の死」という衝撃の影響下にあることに疑いを差し挟む余地はほとんどありません。当時モーツァルトは母と二人で、父と妹のいるザルツブルクから遠く離れたパリにいたのです。母が他界した1778年7月3日にブリンガー神父に宛てて書かれた深い心痛に満ちた手紙は、モーツァルトがこの悲劇的な出来事にどれだけ深く衝撃を受けたかを伝えています。「友よ、ぼくとともに悲しんでくれ！――今日は、ぼくの生涯で最も悲しい日だった」[9]。

　アレグロ・マエストーソの指示が付された第1楽章における情け容赦ない行進曲リズムは、峻厳なる死の威容を象徴します。第2楽章――アンダンテ・カンタービレ・コン・エスプレッシオーネ――の親密な歌と優美さは、アレグロ・マエストーソの不安からの慰めと休息を示唆しています。しかし第2楽章の中間部分に聴かれる暴力的なパッセージがこの安寧に満ちた空気を霧散させ、痛切な不協和音は第1楽章の展開部を想起させます。嵐はやがておさまり、平和な諦観のうちにアンダンテは閉じられます。続く第3楽章のプレストは大きな対照をなしています。この忘れ難い音楽は、モーツァルトが二度と書くことがなかった類のものです（シューベルトは何度も書いています）。途中で幸福な夢のように繊細なイ長調のエピソードが不意に蜃気楼のように現れます。ソナタ全体の中でこの調が現れる唯一の箇所ですが、それも容赦ない現実によって即座に打ち砕かれ、冒頭主題の暗い雰囲気が回帰し、暴力的な反抗の表現とともにソナタは結末へと向かいます。

　現代のエディションはすべて、モーツァルトの自筆譜に従っています。第二次世界大戦後ほどなく、自筆譜がベルリンのドイツ国立図書館から盗まれてしまいましたが、幸いにも後日ニューヨークのピアポント・モーガン図書館へ戻ってきました。この美しい自筆譜

---

9)『モーツァルト書簡全集』IV、137頁。

のファクシミリは、「ウィーン原典版＋ファクシミリ」シリーズの1冊として出版されています（UT 51010）。重要な資料価値はないものの、当時の初版譜はアイナ（またはエナ）Heina社から出版されています（パリ、1782年頃）。明らかな誤植が複数あるものの、ここには自筆譜に欠けている若干の強弱記号が印刷されています。第46小節半ばの f と、第49および133小節におけるふたつの f 指示（すべて第1楽章）がそれですが、フランスの出版社のために筆写譜を準備する際に、モーツァルトがこれらの記号を書き加えた可能性もあるのです。この初版譜と現代のエディションとの大きな差は第1楽章、第76小節の第1音にあります。モーツァルトは第74〜75小節の上部にbisという反復指示を書き、音符による第76〜77小節の記譜は省略しました。『新モーツァルト全集』とウィーン原典版はこの箇所に、第78小節冒頭と同じの gis^1 音を印刷しており、これは直前の a^1 音からの継続として理にかなっています。これに対してヘンレ版は、第74小節をそのままくり返し、第1音として e^2 音を採用しています。私どもは双方のバージョンを試しましたが、 gis^1 音のほうが説得力あると思います。

第1楽章：アレグロ・マエストーソ
（提案するテンポは ♩=126〜130）

冒頭 d^2 音のアッポッジャトゥーラは数々の議論の対象になってきました。まさに楽曲の幕開けですから（そして同音連打が続くわけですから）、この音はきわめて短く、アクセントがあってはなりません。私どもは第79小節の終わりに実際に書かれた dis^2 音と同じように、拍の前に出して弾くほうが良いと思います。一方、第2小節の a^2 音のアッポッジャトゥーラは八分音符として演奏し、あまりに短く、あるいはスラブ的にならないようにしましょう（第5章250ページを参照）。属和音であり不協和音を含んでいるため、第2小節のアッポッジャトゥーラは第1小節よりも重みがあってしかるべきです。

冒頭主題はモーツァルトお気に入りの行進曲リズムで始まります。整然とした揺らぎないリズムがぜひとも必要で、整った響きにまとめなければなりません。2拍目に含まれる十六分音符は軽く、音を分離させて弾きましょう。左手の伴奏和音の音量はコンパクトにまとめ、指を固めて弾いてください。エトヴィン・フィッシャーとヴラディーミル・ホロヴィッツは、控えめなペダル使用を推奨していました。伴奏和音の第1音（第1〜5小節）には若干のアクセントをつけるべきでしょう。そうすることで、主題を支配する決然とした行進曲リズムがより明瞭になります。

第6〜7小節の左右のパートともに、ゆらぐような溜息モティーフがあります。注意すべきは右手における3度音程の解決（第2拍）が左手による（アクセントつきの）不協和音の導入と重なっていることです。左手につられて右手の解決音にアクセントをつけてはい

けません[10]。

■ 例12/87

第8小節のアーティキュレーションは無視されることが多く、誤って次のように演奏されるのをしばしば耳にします。

■ 例12/88

正しくはこうです。

■ 例12/89

第9小節からは冒頭の動機が第10、12小節の新たな和声に補強されて回帰します。冒頭では使われなかった左手のf^1音（テノール声部）とg音（バス声部）をそれぞれ際立たせましょう。第16小節で右手のフレーズは柔らかに閉じられますが、左手はfです。両手の強弱は別々にコントロールされなければなりません！　第18小節ではモーツァルトにおいてきわめて稀なエコー効果が要求されていますが、だからといって第76～77小節にまでエコー効果を適用するのは避けてください！

第22小節では思いがけない場面転換が生じます。不安から（見せかけの）静穏さへの、一種のどんでん返しです。最後のバスであるG音と、右手にある3個の八分音符によるアウフタクトの間には、何としても短いブレスが必要です。ここを切れ目なしで——あたか

10) モーツァルトの自筆譜には左手へのスラーが1本しか書かれていないが、スラーはすべての声部にかけられるべきである。左手の上声部につけられるべき弧線はd^1-d^1音（第7小節ではc^1-c^1音）へのタイとなる。モーツァルトはこのソナタの複数の箇所で、必要なタイを記譜するのを忘れている。第1楽章第67、69小節の上声部、第2楽章第6小節の左手d^1-d^1音、第14小節のc-c音、第31小節のc-c音、第67小節のc^1-c^1音などはその例である。

も何も起きなかったかのように——続けてしまうと、「音楽言語の根本のひとつでもある"ソナタ形式における主題の対立"という原則を理解できないピアニスト」との烙印を押されかねません。

第2主題に宿る軽快さは十六分音符の連続的な流れの中、無重力的な感覚、あるいは苦しみから一時的に解放されるような、ある種の非現実的な感覚を喚起します。本来ならばこの主題は、荒涼とした冒頭主題に対する、歌うような（カンタービレの）コントラストをもたらすべきものなのです。しかしこのソナタにおいて、そうしたものはまったく見られません。そればかりかソナタ楽章において第2主題とエピローグ主題のどちらもが無窮動な楽句で提示されるのは、とてもユニークです。

これにはもちろん深い意味が隠されています。この楽章を支配する悲劇において、リリシズムに満ちた美しい音調への解放は存在しないのです。明るさあふれるハ長調の性格にもかかわらず、過酷な現実から目をそむけようとし、安息からはほど遠い焦燥感が感じられます。もしこの主題の背後にカンタービレの性質が託されていなかったら、モーツァルトではなくなってしまうでしょう。私どもは連なる十六分音符に秘められた旋律を次のようなアーティキュレーションで表現することを提案します（最初の3音のアウフタクトにつけられたスタッカートだけが、モーツァルト自身によるものです）。

■ 例12/90

レガートスラーが第28〜29小節にのみに表示されているのは偶然ではありません（このスラーはおそらくその後も継続されるべきでしょう）。4個ずつからなる十六分音符群の冒頭音が不協和音であり、わずかな強調が求められていることに注目してください。これに先行する5小節がノンレガートで弾かれることを、モーツァルトは明らかに意図していました。この点において19世紀の楽譜編纂者たちはモーツァルトとその時代の音楽全般を完全に誤解していたのです。彼らは深い思慮なく「十六分音符で書かれているパッセージすべてはレガートであるべきだ」と宣言したのです。さらに驚くべきことに、このレガートへの嗜好が今日に至ってもまだ存続しているとは！

第36、41小節（および第117、122小節）の記譜に注目してください。モーツァルトはこの記譜（符桁を分割したこと）によって、最初と2番目の十六分音符のあいだにわずかな息継ぎを入れるべきことを、指示しているのです。

■ 例12/91

ここを厳格に *in tempo* で続けるのは誤りです。

　モーツァルトのソナタとしては珍しいことに、第24〜53小節では30小節もの間にわたって強弱の指示がまったくありません。楽章冒頭で見受けられる精密な強弱指定をふり返ると、これは驚くべきことで注目に値します。モーツァルトは「強弱の高揚と鎮静に関しては賢明な演奏者の判断に委ねる」と考えたのでしょう。ここで私どもが想定する強弱を押しつけるつもりはありませんが、第38、42〜43小節にはおそらくクレシェンドが意図されていること、そして提示部の終わりに向けて（楽章の終結部でも同様に）厚みを増していく右手の和音は、3ないし5小節にわたる大規模なクレシェンドを示唆していることを指摘しておきましょう。

　なお、展開部でデモーニッシュな第1主題が回帰する第50小節は p ではなく、冒頭と同じ f で弾かれなくてはならないことは、私どもの確固たる確信です（この指示は19世紀に出版された複数のエディションにも掲載されています）。理由は簡単です。ソナタであれ交響曲であれ、新しいセクション冒頭で回帰する主題には、常にその主題本来の性格による提示が想定されるからです。たとえば《ピアノソナタハ短調K.457》での主題の回帰は力強く、《ピアノソナタ変ロ長調K.333》では甘美になるでしょう。第50小節の主題は非常に力強いものであり、第54、55小節に見られる f と p の指示は、このことと矛盾しません。この指示は「それぞれの小節の第1拍にアクセントをつけ、その後に（おそらく2個目の八分音符よりも後に）小さく弾かれる音符が続く」ことを意味します（展開部冒頭に f 記号がなければ、第50小節冒頭から p で弾くものと誤解する奏者が出現しないとも限りません）。そしてこの f は、モーツァルトのあらゆるソナタにおける最大級の噴出である第58小節のフォルティッシモへ至るのです。

　このフォルティッシモは破壊的とも言えるクライマックスであり、これを上回るものはモーツァルトの作品に存在しません。このクライマックスは、意表を突くピアニッシモの4小節が挿入されることによってさらに強化され、ドラマティックに仕立て上げられているのです。ほぼ限界と言えるほどダイナミックなこのコントラストは、ペトラルカのソネットを思い出させます。この偉大なイタリアの詩人は「火と氷」について、あるいは「戦争と平和」について語りました（リストも作品の題材としたソネット第104番その他を参照）。

　このクライマックスを正しく演奏するには、ふたつの考察が大切です。第一に、行進曲の冒頭動機が現れるすべての箇所で、1小節目よりも、半音によって生じる痛切な不協和

音を伴う2小節目のほうが、力のある重厚なアクセントを必要とすること。第59小節は第58小節よりも強く弾かなくてはならないのです。第二に、ほぼ全小節にわたって上声部の音符にタイがつけられていることを考えれば、これらのタイを3拍目で安易に休符にしてしまうのは避けるべき誤りだということです。

■ 例12/92

ff と **pp** との途方もない（ベートーヴェンを彷彿とさせる）強弱の対比は、ピアニストに多大な技術的な難問を課すことになります。大音量に隣接する突然のピアニッシモを本当に小さく弾くためには、ピアニッシモ直前にきわめて短い間が必要です。制御されたピアニッシモを実現する最良の方法は、指はしっかり鋼鉄のように固め、浅いタッチ（鍵盤を2〜3ミリしか押し下げない）で弾くことです。こうすれば上昇するハンマーが受け止めるのは最初の弱い衝撃のみとなり、打弦のエネルギーをそぐことができます。もちろん左手は一貫して右手よりも小さく弾かれなければなりません。そうでないと、右手における声部の対話が損なわれてしまいます。第70小節以降も激した表情が続きますが、それまでよりはおそらく弱まっているでしょう。パウル・バドゥーラ＝スコダは両手のトリルを主音から開始しています。こうすると上声のトリルは和声のバス音（それぞれの小節最後から3個前の十六分音符 g, f, e）に対して不協和な響きとなる上に、左手のトリルでは根音バスとしての響きを確保できるからです。第70〜72小節左手と第74〜77小節右手の十六分音符は、主題的な四分音符よりもいくぶん軽く弾いてください。

　第79小節の半音階は弱めに（*mp*程度）開始し、再現部の開始に向けてクレシェンドすることを推奨します。モーツァルトは再現部冒頭の8小節（第80〜87小節）に「8小節ダ・カーポ（*Da capo 8 mesur[es]*）」と言葉で書き、音符での記譜を省略しています（最後の2文字はおそらく楽譜を綴じる際に切り取られてしまったものと想像されます）。多くの編纂者は「この反復指示に楽章冒頭にある dis^2 音のアッポッジャトゥーラは含まれない」とみなしていますが、私どもも同意見です。この音は、直前のパッセージの最終音としてすでに使われているからです。

　再現部における新しい着想は、右手がヴァイオリンのトレモロのような音型を輝かしく

奏する一方、左手が主要主題を表情豊かに奏でる箇所（第88小節以降）です。第88～93（94）小節では上声部の最高音が旋律的に下行していきますが、第1拍が不協和音としてのアクセントを必要としている点も、注目すべき表情のひとつでしょう。

　提示部では活気に満ちたハ長調だった第2主題を楽章本来のイ短調で回帰させることによって、音楽の性格を静穏から悲劇へと劇的に転じているのは、まったく驚くべき手法です。第119小節から次の小節冒頭にある最高音のe^3音に向けた右手の上昇には大きなクレシェンドが必要であり、その後また音量が減じられることに、疑いの余地はありません。第120小節のトリルは先行する四六和音を解決するものであり、主音のh^1音から開始してください。第126～128小節で提示されるのはまったく新しい、ドラマティックな要素で、激しい嵐を切り裂く突然の稲妻のようにフォルテ、あるいはフォルティッシモで弾いても良いでしょう。

第2楽章：アンダンテ・カンタービレ・コン・エスプレッシオーネ

（提案するテンポは♩＝44～48）

　「歌うように、表情を込めて」——歌うようなタッチが意味するのは、強弱による繊細な抑揚だけではありません。4小節、そしてそれ以上のフレーズを、一息の流れにまとめるように弾くことも含まれます。流暢な、それでいて穏やかな速度[11]が望まれます。すでに述べた通りここでの表現は平和の夢、そして苦しみからの救いであり、あたかも絶望した魂に慰めをもたらす母の手のように柔らかです。

　第1楽章と異なり、この楽章（ソナタ形式でまとめられている点は同じです）には強弱記号が豊富につけられています。まるで私たちが歌うような抑揚をよく理解して演奏できるよう、モーツァルトが手助けをしてくれるかのようです。頻繁に使用されている*fp*の指示は一律の強調にせず、それが書かれている音符に適した表情で扱われるよう、留意してください。たとえば基本的な強弱が*p*のところでの*fp*にはしばしば中庸な強調が意図されていることが多く、真のフォルテと急激なピアノのコントラストが求められるわけではないのです。

　今日の記譜法を用いれば、冒頭の旋律はこのようになるでしょう。

■ 例12/93

11）このテンポ設定に関する機微を、ドビュッシーの《前奏曲集第1集》の第1曲〈デルフィの舞姫〉と比較したい。ドビュッシーはこの曲を、自身のメトロノーム指示よりもかなり流暢に弾いている。

c^2音のアッポッジャトゥーラは和声的な役割をもった音であるため、譜例では意図的に省いてあります。歌手がこの旋律を歌う際にこの音が歌われることはまずないでしょう。第1小節に *fp* のアクセントがつけられていますが、フレーズ全体を俯瞰すると、強調はむしろ第2、4小節の第1音に置かれています。こうした機微は言葉では説明しきれない、繊細な表情です。主題の第3、6小節も不協和音で始まっているところから、若干のアクセントを必要とします。第7小節のトリルに先立つ小音符は八分音符で、アクセントつきの長いアッポッジャトゥーラとして扱われるべきでしょう。

■ 例12/94

第8小節からは雰囲気がより軽くなります。第8小節の十六分音符にあるトリル記号はグルッペット、つまりg^1音から始まる4音のターンを意味します。第9、13小節に見られる三十二分音符のアッポッジャトゥーラはアクセントつきの経過音なので、拍上で演奏してください。第8、10小節にクレシェンドは書かれていませんが、上行する音列は、声で歌う時のような自然な音量の増加を要求しています。ただし第9、12、13小節よりは控えめの増加にとどめてください。第11小節にある弱拍へのアクセントは——しばしば見過ごされますが——おそらくルバートによるわずかな音の延長を意図したものと思われます。

第12小節の2番目と3番目のトリルは、きわめて短いアッポッジャトゥーラとして演奏すべきでしょう。《4手のためのソナタハ長調K.521》の第2楽章第92小節にある同様のパッセージではまさにこの奏法を指示するために、トリルではなく小音符で記譜されています。

■ 例12/95

この楽章の第2主題は、優雅に弾かなくてはなりません。自筆譜を見ると、第15小節の同音反復（十六分音符）に点のスタッカートがつけられています。その後には一切つけられておらず、再現部の第68、69小節にもありませんが、スタッカート記号は必要でしょう。

こうした同音反復を指のかわりに手首で処理すると、あまりに重くなってしまいます。中指か人差し指で、指を交替させることなく（同じ指で）鍵盤をやさしく撫でるように弾くとうまくいくでしょう。同じような動機が《交響曲イ長調K.201》第2楽章（アンダンテ）の冒頭第5～6小節にありますが、ここが弱音器つきの第1ヴァイオリンによって演奏されているのも、示唆的に感じられます。

■ 例12/96

モーツァルトは伴奏の八分音符には通常のスタッカートの記譜である短い縦線を書いています。しかしこれによって「上声部よりも強く、あるいはマルカートで弾かれる」わけではありません。当然のことながら八分音符は十六分音符の2倍の長さの音符です。そしてスタッカートは「半分の長さで」を意味するのが普通ですから、この場合はおよそ次のような奏法になるでしょう。

■ 例12/97

第22、23、25小節には弱拍にアクセントがつけられていますが、誇張し過ぎてはなりません。確かにアクセントではあるものの、その直後の高音もそれぞれのまとまりの中の最高音として、ある程度の重みを必要とします。

第27小節の和音の記譜法には、ほぼ確実に素早いアルペッジョ奏法が意図されています。最高音であるg^2音に自然なアクセントがつくように弾いてください。続く第28小節のトリルには、ショパン風の奏法を推奨します。

■ 例12/98

おそらくモーツァルトは、ここに f を書くのを忘れたと推測されます（対応する第83小節には f が書かれています）。第30小節に記された曖昧な装飾記号は、f^1 音から始まるプラルトリラーとして処理することを推奨します。

波乱に満ちた展開部は、冒頭動機の自由な変奏によって始まります。これを支える低音の荘厳な和音は、弦が細くて共鳴板も薄いフォルテピアノで演奏したほうが、現代のグランドピアノよりも明瞭に響きます。

静穏な雰囲気は短調の和声によってしだいに翳りを帯び、やがて第43〜49小節で、第1楽章中間部のクライマックスを思わせる動揺と不安の噴出に至ります。迫りくる嵐の感じを生かすため、第38、40、42小節の f 記号は段階を追って強くします。そのため、初回の f は単なる mf くらいにしておきましょう。第39小節のトリルつきの音符は、伴奏のト短調の短6度音として、（e^1 音ではなく）es^1 音を弾いてください。しかしこの後、支配的な和声は e♮ を伴うニ短調に移ります（第41小節ではニ短調VI度の和声がサブメディアントとして、第42小節ではさらに増6度音を伴って出現しています）。第41小節冒頭のトリルは別にして、第41小節のふたつめ、そして第42小節におけるトリルには、ニ短調の和声に沿った後打音（cis^2-d^2）をつけるべきです。

エトヴィン・フィッシャーは第37〜43小節にかけてテンポを巻き上げ、第43小節で *più mosso* となるクライマックスを導き、第50小節の *calando* の入りにいたるまでこのテンポを維持しました。フィッシャーは *calando* を、今日の感覚でいう「ディミヌエンドにラレンタンドを加えたもの」と解釈したわけですが、きわめて説得力がありました。

このクライマックスにおける不協和の長2度と短2度は痛みを表現しており、強調しなければなりません。さらに、それに続く上方オクターヴ音は稲光を彷彿とさせる響きであり、やはりアクセントをつけて弾いてください。この激したパッセージに託された感情的な意図は明らかです。安らぎ、安らぎへの葛藤、冒頭楽章の激動のあとに待ち望まれた平和への希望は満たされず、作品全体をつらぬく悲劇的な背景がその他の点では静穏なこの緩徐楽章の中間部分においてさえ出現するのです。

冒頭主題の繊細な回帰はそうした騒乱すべてのあと、ある種の"埋め合わせ効果"をもたらします。再現部は、細部での若干の変更を伴いつつも提示部の筋書きと内容に従ってお

り、この偉大な楽章を平穏な終結へと導くのです。

第3楽章：プレスト

(提案するテンポは♩=96～104)

　これはある種、不気味な楽曲です。エトヴィン・フィッシャーはその感覚を「息詰まる不安」と表現しました。絶えずつきまとってくるこの不安を表現するために推奨されるのは、主題につけられたスラーが指示するアーティキュレーションを大切にし、2番目の音を分離して弾くことです。

■ 例12/99

　この楽章では *p* と *f*、つまり「寒と熱」のコントラストがしばしば対置され、第1楽章の表情を思い出させます。その多くは、短いつなぎのパッセージをなす3個の八分音符に媒介されています。たとえば第16～17小節と第20～21小節がそうです。このように演奏すると良いでしょう。

■ 例12/100

　こうした移行がない場合もあります（第37、72、199、211、233、237、239、243小節）。これらの場所では、第1楽章での強弱変化と似た技術上の難問が演奏者に課されます。

　付点を伴う主要主題がフォルテで現れる時には（右手では第37や45小節以降など、左手では第72や80小節以降など）レガートスラーがつけられていません。これは明らかに意図的です。音を分離すべきことを明示するため、モーツァルトはフォルテで弾かれる第17小節以降に縦線のスタッカートを書いています。ここでは、最初の付点四分音符は額面通りの長さではなく、四分音符と八分休符として処理することを推奨します。なお、第43～44小節に見られる右手のアーティキュレーションに注意しましょう！

このように弾きます。
■ 例12/101

こうではありません。
■ 例12/102

　符鉤のまとめ方によってアーティキュレーションを指示する手法はベートーヴェンやシューベルトの作品でもしばしば見受けられますが、学習者はこれらを見過ごしてしまいがちです。

　第64〜71小節の左手にはレガートスラーが書かれていません。しかし第203〜210小節の類似パッセージから推測するに、ここでもほぼ間違いなくレガートでの演奏が意図されているでしょう。

　第72〜75小節その他に見られる右手の大跳躍は、このソナタのなかでもっとも弾きにくい箇所です。これは、すでに第37〜40や45〜48小節の左手に見られた類似の跳躍よりも、数段困難です。練習の際には小節冒頭の跳躍以上に、小節線をまたぐ——多くはオクターヴ＋5度（12度）におよぶ——下方への跳躍に集中してください。

　上声の長い音符（第87〜94小節）はテヌートで、おそらく連結して弾かれるべきです。下声よりも5の指に圧力をかけるべきことは言うまでもありません。フォルテの音量は第105小節に至るまで維持しましょう。なお、ディミヌエンドを6小節はやく開始することも可能です。

　演奏者にとっての真の難問は第143〜174小節、それまでの性格と対照的なイ長調のエピソードの部分です。作品の主調であるイ短調の同主長調が聴こえてくるのは、ソナタ全体の中で唯一ここのみです。この素晴らしいエピソードは「暗く荒れ果てた夜のしじまにふと現れる幸せな夢」といった印象を醸し出しています。避けがたい結果が到来する直前に幸せな結末への渇望が訪れるのは悲劇における典型的な一側面ですが、それはここでも徒労に終わります（さもなければロメオとジュリエットはめでたく結婚して幸せに暮らしたことでしょう）。このイ長調の夢は、最大限の繊細さと優しさをもって演奏されなくてはなりません。と同時に「この箇所を他の部分よりも遅めに演奏したい」という誘惑にも負けてはなりません。そうしないと夢のような明るさが損なわれてしまうのです。もっとも妥当なフレージングはこうです。

■ 例 12/103

3度のペアをすべてレガートで弾くピアニストもいます——そう、それもまた妥当な選択肢のひとつに違いありません。

第157小節のトリルには、以下の奏法を提案します。

■ 例 12/104

このように、不協和なe^2音を、その解決であるdis^2音とつなげるのです。

2声で構成されている伴奏には注意が必要です。バスの a 音は陽気なバグパイプ風の印象を作るよう意図されたものであり、短くしてはなりません。第163小節では2番目のcis^2音を意識すること。ともすればこの音は聴こえなくなってしまうからです。第1音の上のプラルトリラーには2通りの奏法が考えられます。

■ 例 12/105

その後、束の間の夢のようなイ長調のエピソードは、出現した時と同じようにふと消え失せ、呵責のない絶望がふたたび際立ってきます。到来する絶望に抗いつつ、音楽はクライマックスに達します。現代のピアノで弾く場合、第249～250小節の左手オクターヴは不釣り合いに大音量になりがちです——そうならないよう充分意識してください！

この楽章には、その容赦なく悲劇的な性質に見合った終末が必要です。まさに最後の一音まで一切リタルダンドすることなく——ごくわずかでも入れてはなりません——弾かれるのです！

《ピアノソナタイ長調K.331》

　このソナタは《やさしいソナタハ長調K.545》と並んで、モーツァルトのピアノソナタの中でもおそらくもっともよく知られた、人気の高い作品でしょう。6歳から96歳の子供（いつまでも純真な大人でいたいものです！）まで、だれもがどこでも演奏します。技術的にもさほど難しくありませんし、穏やかな雰囲気もユーモアもわかりやすく書かれています。しかしその滑らかな表面の下には、深遠な神秘が息づいているのです。弾く時によって、あるパッセージが純粋な喜びを生み出すこともあれば、冴えない響きのまま終わってしまうことがあるのは一体どうしてでしょう？　確たる回答は見出せませんが、美への共感と愛をもって（*con amore*）弾かれたならば、このソナタは奏者に対しても聴き手に対しても魅惑的な効果を与えてくれるに違いない、と私どもは信じています。こうした魔術的な演奏へのキーポイントのひとつは、音楽の意味を直観的に理解することです。多くの子供は、このことを純粋に理解します。大人は知性を使わなくてはならないかも知れません。いずれにせよ、真正な感覚を知性で覆い隠してしまうようなピアニストは、なんと悲しい存在でしょう！

　すでに大人になってしまった今、私たちは理知的なアプローチを捨てられなくなってしまいました。教養が邪魔をするのです。《ピアノソナタイ長調K.331》にはソナタ形式で構成されている楽章がひとつも含まれないばかりか、3つの楽章すべてがイ長調あるいはイ短調という同じ調性に基づいて創作されている、きわめて例外的な存在です。ソナタというより、むしろバロック時代の組曲あるいはディヴェルティメントに似ているのです。しかし慣習的なソナタ形式としての論理と合致していなくとも、3つの楽章間に見られる並外れた動機的・心理的な関連は、その不合理を補ってなお余りあります。

　少しだけ例を挙げましょう。冒頭主題の最後の2小節は、メヌエットの末尾と旋律的に同一です。第4変奏における手の交差は、メヌエットのトリオでふたたび現れます。第1、2楽章に見られるイ短調のセクションは、「トルコ風行進曲」の幕開けを準備しています。またこの行進曲における高らかな軍楽のセクションは、冒頭楽章の第6変奏において予告されているのです。

　モーツァルトの作品の中では比較的まれな調であるイ長調は、高揚した心の状態を表現します。オペラでのイ長調は誘惑と関連しています（《ドン・ジョヴァンニK.527》の〈お手をどうぞ La ci darem la mano〉あるいは《コシ・ファン・トゥッテK.588》の〈愛のそよ風 Un'aura amorosa〉）。第1楽章のアンダンテ・グラツィオーソという非常に珍しいテンポ指示は、これと同じ傾向を示しています。グラツィオーソ *grazioso* とは、優美な状態そのものをも示すため、単に「優美さ grace をもって」という以上の意味になるのです。しかし

ここではむしろ「魅惑された感情の状態」をあらわしており、初期の《ピアノソナタ変ロ長調 K.281》第2楽章におけるアンダンテ・アモローソとも異なっています。これが、先述の「深遠な神秘」のひとつです。正しいテンポと適切なアーティキュレーションで弾くだけでは、まだ十分ではありません——身体と心が一体となって静穏な感情の状態を表現しなくてはならないのです。極度に深刻な表情よりも、優美な微笑みのほうが似合っている——そんな感情です。

初版の出版はおそらくモーツァルトの監督のもとで行なわれたと思われますが、明らかな誤りと思われるものが複数含まれています（これらの誤りについては、後述します）[12]。2014年にブダペストでこのソナタの自筆譜のうち4ページ（第1楽章と第2楽章の一部）が発見されるまで、自筆譜は終楽章最後の1ページしか知られていませんでした[13]。そのため今までの編纂者たちは初版譜に依拠した編集を行なわざるを得なかったのです。しかし新しく発見された自筆譜には初版譜と同じ誤りが含まれています。仮にこの自筆譜が真正のものとするならば、モーツァルトは相当数の書き誤りを犯した、ということにならざるを得ません。

一方、以前から知られていた自筆譜の最後のページは、私たちにとって計り知れない価値をもたらしてくれました。透かし模様、紙の原産地、モーツァルトの書法などが、アラン・タイソンやヴォルフガング・プラートといった卓越した学者によって精査された結果、蓋然的にもっとも妥当な作曲年代が確証されたのです。1783年——それまで考えられてきたよりもかなり遅い年代です。またこの年代は、トルコ軍による最後のウィーン包囲（いわゆる第二次ウィーン包囲）のちょうど100年後にあたります。この時ウィーンを包囲していたトルコ軍はついに解放軍の抗戦に敗れ、この敗北を端緒にトルコ帝国は徐々に崩壊へと向かったのでした。

その記念祝典は華やかでした。祝祭年の数年前からトルコを主題とした台本を書くことが流行し（とりわけグルック、ハイドン、モーツァルト）、ヨーロッパのほぼ全域でトルコから訪れる色とりどりに着飾った親善使節団による、トルコの音楽家と楽器による軍楽隊の演奏が披露されたのです。この100周年記念祭が、ソナタの最終楽章としてトルコ行進曲を書くべくモーツァルトを奮起させた可能性も否定できません。確かに終楽章は、このソナタの人気に貢献しています。数々の打楽器を伴うトルコの皇帝親衛隊（イェニチェリ）による刺激的な行進曲は、フォルテピアノにつけられたいわゆるトルコ音楽ストップの源泉でもあったと想像されます。

変奏の数に関してモーツァルトは「アダージョを含む6つの変奏」という一般的な慣習にならいました。ミルヒマイヤーの『クラヴィーア教本 Klavierschule』（1797年）から引

---

12) Paul Badura-Skoda, "Neue Erkenntnisse zum Text der Klaviersonate A-Dur KV 331 von Wolfgang Amadé Mozart," *Mozart Jahrbuch 2012*, pp.3-19を参照。
13) 新しい情報を反映した原典版楽譜（HN1300）が2015年にヘンレ社から出版された。

用しましょう。

> 変奏を伴う楽曲はつねに、聴き手によく知られていて一般的に好まれるアリエッタでなくてはならない。こうした楽曲にあっては、聴き手が小さな声でこれをともに歌う喜びも認めるべきである。全体として、あまりに多くの変奏による楽曲は避けなくてはならない。変奏が多すぎると聴き手を退屈させるだけだからである。3〜4行のアリエッタで前後半がともに繰り返される場合、六つの変奏で十分だと私は考える。[…] 変奏を伴うこれらの楽曲においては、音楽家の拍子の正確さをも認めることができる。というのも演奏家は、拍子 [テンポ] をわずかなりとも急がせたり遅らせたりすべきではない。

特徴的ないくつかの変奏でわずかにテンポを揺らすことは許容されますが、よく見られる「変奏ごとに、耳で聴いてわかるほどにテンポを変える」という習慣は、正しくありません。個々の変奏の間に休止を置いて分割してしまうことにも歴史的な正当性はなく、誤ったものだと思われます。

第1楽章（主題と6つの変奏）：アンダンテ・グラツィオーソ

（提案するテンポは ♪=144）

主題 冒頭の和音の上声が正しく強調されることによって、美しい響きがあふれ出します。ただし第1音そのものの強調を意識するのではなく、第4音のe^2を目指すように弾きましょう。バス音はより柔らかに、中声部はあまり目立たせず、あいだを埋めるように整えます。この最初の和音を聴くだけで、弾いている人がデリカシーに富んでいるか否かがわかってしまいます。

各小節の最後の音をアクセントつきのアウフタクトとして弾かないよう、気をつけてください！ たとえ良い音楽家であっても、小節線をまたいだスラーによって不自然なアウフタクトを作り出してしまうことが皆無ではありません。各小節最後の八分音符は先行する四分音符を反復する（また四分音符に属する）ものでしかないため、アクセントをつけるべきではないのです。

■ 例12/106

誤った演奏：

モーツァルトの旋律は、指のみならず声によっても同じように歌えなくてはなりません。歌うには歌詞が必要です。私どもはフレーズを一息で弾く（歌う）助けにするため、その基礎になる歌詞を考案することがよくあります。その後、この方法はどんな国の生徒を教える際でも有益だということがわかりました。詩は音楽に似て、高揚した精神の状態を作り出すのです。

この主題における静穏な感情の状態──グラツィオーソの感覚は、それにふさわしい歌詞によって喚起されます。第8章の例8/9でも紹介した通り、私どもはこんな歌詞を考えました。

Lasst ver-trau-te Weis' er-klin-gen, lasst uns fröh-lich Mo-zart sin-gen！
「親しげなメロディを奏でましょう、楽しくモーツァルトを歌いましょう！」

読者はまた別の、もっと詩的な歌詞を考え出すこともできるでしょう。自分で考えることは、より自然なカンタービレで弾くための効果的なアプローチになります[14]。

主題の後半では軽く*fp*のアクセントをつけながら、最終的に第12小節に重心を置くように意識すれば、魅惑的な感覚を維持できるでしょう。「そう、君は私の愛する人！（Yes, I say you are my love！）」と語っているかのような最後2小節の肯定的な終止は、天才的な着想です。

主題（およびその他の箇所）のくり返しは、変化をつけて若干柔らかく弾くことも可能でしょう。しかし毎回同じように変化させているだけでは新鮮で自然な表現が失われてしまいます。変化をつけて、くり返しを大きな音で弾いてみるのはどうでしょうか？　あるいは「主題をくり返しなしで弾く」という決断すらあり得ます。もっともこの短縮は、私どもにはとても惜しまれる選択ではありますが…。

第1変奏　この変奏を含め、第3変奏までの前半部分は*p*と*f*による4小節ずつのセクションに区分されています。それは異なる動機素材による、いうなればソロとトゥッティの部分と言えるでしょう。第1変奏の*p*のセクションにおける右手の音列は小さな断片に分割され、語りかけるような性格がいっそう強められています。それに対する左手はわずか1個の八分音符によってまるで「うん」「そう」「え？」と言っているかのような答えを返します。この語りかけるようなフレーズを分割し過ぎ、しゃっくりのように弾いてはいけません。ここに書かれているきわめて短いスラーを、文字どおりに受け取る必要はない

14）編者注：日本語の歌詞を考案する場合は、単に字数だけでなく、音楽の脈動に合致した抑揚を持つ言葉をあてがうことが望ましい。

のです。ƒのセクション、最後から2番目の和音は主題における和音と同一であるべきで、初版譜のバージョンは明らかなミスプリントです（第2変奏も同様）。この変奏の後半第2小節以降に出現するe^{2}音への奇抜な弱拍アクセントも見過ごさないように！

第2変奏　なぜかは不明なものの、第3拍上の短いトリルは経験豊かなピアニストにとってさえ不安要素になりがちです。これらのトリルの開始が微妙に前倒しになった上にトリル自体を速く弾き過ぎることによって、伴奏の三連符の均一な流れが損なわれてしまう傾向があるのです。左手のコントロールを意識することで、こうした不具合を回避することができるでしょう。トリルの開始音は上方隣接音でも主音でも構いません。上方隣接音で開始する場合はすでに記譜されている後打音を含めて6音、主音開始の場合は5音で十分です。ƒのセクションにある右手上声部の音は旋律として強調しますが、そのためにはこれらの十六分音符をほんの少し長めに弾くと良いでしょう。左手の上行アッポッジャトゥーラは短く、アクセントをつけずに弾きます。この変奏の後半の旋律につけられたスタッカートはあまり短くしすぎず、優美な、歌う表情を大切にしてください。トリルも主音から開始します。これらのトリル（実質はプラルトリラー。モーツァルトは $\sim\!\!\sim$ をほとんど使用せず、プラルトリラーにも *tr* を使用しました）はできるだけ軽く処理しましょう。弱拍のアッポッジャトゥーラ1音で代用してもかまいません。初版譜における第12小節低音の付点八分音符は残念ながらe^{1}音のみが印刷されています。現代の編纂者はこれにオクターヴ下のe音をおそるおそる追記していますが、初版譜のミスプリントを修正するために必要不可欠な音として、自信を持ってオクターヴを弾いてください。

第3変奏　モーツァルトに限ったことではありませんが、短調の変奏を他の部分より著しく遅く演奏する悪習が蔓延しています。この習慣にはまったく根拠がありません。私どもが知る限り、短調変奏の冒頭に *meno mosso* とモーツァルトが書いたことは一度もありません。第12小節（通算第66小節）では、装飾音の性急な演奏を避けるためにわずかにテンポを緩めることができますが、ここのみに限られます。オクターヴのパッセージは、特に小さな手の奏者にとって弾きにくい課題です。手首をリラックスさせ、スラーのついた高音を強調することで、問題はいくらか容易になるでしょう。右手親指も他の指と同じように扱い、（手首の回転ではなく）関節から上下させることを忘れないように！

第4変奏　右手の音型は歌うような性格を持ちながら、左手で弾かれる高音のカンタービレ旋律を伴奏します。右手が旋律をリードするのは、第7〜8、15〜16、17〜18小節（通算第79〜80、87〜88、89〜90小節）のみです。不要な誤ったアクセントを避けるためには、

左腕のポジション移動を迅速に行なう必要があります。バス音は軽く弾くこと！　この変奏の美しさを一段と増強してくれるペダル（フォルテピアノでは膝レバー）の使用を、ぜひともお推奨します。第5小節（第77小節）で f を提案する編纂者もいますが、不要です。というのもこの変奏は、前半の8小節を通して——主題と同じく——同一音型が持続する唯一のものだからです。モーツァルトの作品でもめったに見られない、耳ざわりな不協和音（cis^1-dis^1）が第12小節（第84小節）に現れます。この不協和音は第1変奏の第12小節（第30小節）にある通常の和音の特殊な転回形とみなすことができますが、この変奏の特徴でもある協和音の甘美な流れを妨げる、風変わりな効果を発揮します。これは、もしかしたらメヌエットの第3小節と同じく（後述）、今まで指摘されてこなかった彫版師の誤りではないか、と私どもは疑っています。a-cis^1音を3度低く置き換えれば、主題および第2変奏における同じ和声に類似した、より自然で美しい和声の響きを作ることができます。

■ 例12/107

第5変奏　このアダージョ変奏は、ソナタ全体における情感的ハイライトのひとつです。歌うようなタッチと伴奏の柔らかなさざめきは、愛情深い優しさで満たされていなくてはなりません。モーツァルトによる他の変奏曲と同じく、もっとも適切なテンポは主題のテンポの半分、♪=72です。十六分音符は先行する八分音符の速度を引き継ぐため、律動自体は変わりません。左右双方のパートにおけるスラーは短い単位に分割されています。18世紀の記譜および印刷によく見られるものですが、スラーの切れ目が音の切れ目にはなりません。気の確かな歌い手なら、スラーの間に新たに息継ぎをすることなどあり得ないでしょう。「愛する君よ！（Du mein Geliebter!）」といった歌詞をつけることを想像してみれば一目瞭然です。第5、6（通算で95、96）小節に見られる三十二分音符の音階には、指先でのごく軽い（手首を使わない）スタッカートがつけられます。いっぽう第7（97）小節のa^2音の連打は、第15（107）小節のようなノンスタッカートで弾かれるべきでしょう。

　この変奏の後半、第11〜12（101〜102）小節にはアーティキュレーションの不統一な箇所があります。おそらくは彫版師の不注意か、誤解によるものでしょう。

■ 例12/108

モーツァルトが意図していたアーティキュレーションの判断は、演奏者に委ねられています。民主的な多数意見に従うなら5音すべてをレガートで弾くことになりますが、私どもは「最初の4個の三十二分音符のみをレガートにする」という少数派のアーティキュレーションのほうを好ましく感じています。もちろん、書かれた通りにそれぞれを異なったアーティキュレーションで処理するのも、可能性のひとつとして排除できません。第13～14（81～82）小節の装飾音については第5章で解説した通りです。

第6変奏 生き生きと活発に、♩=144で。八分音符が主題の2倍の速さになります。行進曲風の性格と、第5（113）小節の打楽器的な f は、のちのトルコ行進曲（第6変奏よりもいくらか遅いテンポですが）を彷彿とさせます。最後から2小節目に、古いアンドレー版（アンドレーはモーツァルトの自筆譜の多くを未亡人コンスタンツェから購入しました）は p（十六分音符）と f（和音の総奏）の交替を記しています。初版譜では欠落しているこの対比は、消失した自筆譜に基づいている指示なのかもしれません。というのも、これはとてもモーツァルト的に響き、《ピアノソナタ変ロ長調K.333》の末尾とも比肩し得るからです。

 第2楽章：メヌエット

（提案するテンポは ♩=132）

ふたつのミスプリントに注意してください。第3小節、右手の最後の音は初版譜において3度低く表示されていました（cis^3 ではなく a^2）。よくある彫版師の手違いです。後のエディションはこれを第33小節にあわせて修正しましたが、最初の2拍にかかるスラーを第3拍まで引き延ばしたことで、cis^3 音につけられていたスタッカートが削除されるという、その後100年以上に及ぶさらなる誤りを作り出すことになったのです。初期楽譜に見られるもうひとつのミスプリントは、第24～26小節にある c^1 音と c^2 音の前のナチュラル記号が欠落していることです。現代の楽譜編纂者はみな「モーツァルトは第24小節から第30小節第1音までは、直前のロ短調（第19～22小節）に続く楽節としてイ短調を考えていたはずだ」という点で意見の一致を見ています[15]。

---

15) 編者注：この段落は2014年に第2楽章の自筆譜が発見される前にまとめられたものである。635ページの注12および注13も参照のこと。

このメヌエットの拍節構造は、舞踊のために書かれたメヌエットよりも複雑です。最初の楽節は、5小節からなるふたつの楽節からなっており、これに4＋4小節による通常の楽節が続きます。メヌエットの後半、第23小節は第19小節の変奏であり、ふたつの機能を持っています。すなわち「それまでのロ短調を締めくくる機能」と「続くイ短調のセクションを先取りして予告する機能」です。演奏のために重要なのは、優雅で軽快なメヌエットの性格を保持し、複雑なリズム構造を意識しつつも1拍目に強調を置くことです。楽章冒頭の数小節はオーケストラ風の性格をもっています。第1ヴァイオリンによるアルペッジョは、ホルンの入り（左手）よりも先に出てはなりません。

第4〜5小節および9〜10小節のスラーは、小節線をまたいだレガートとして拡張されます。このように演奏してください。

■ 例12/109

第15と45小節の十六分音符にはノンレガートでの演奏を提案します。第17小節のアッポッジャトゥーラは拍上で演奏すべきです（その際、右手のdis^{2}音は左手と同時に弾かれます）。第40小節の装飾音の演奏は技術上困難ですが、次のように処理すれば良いでしょう。

■ 例12/110

すでに述べたように、第2楽章最後の2小節は第1楽章の主題の最後の部分を異なるリズムで反復したもので、このソナタの統一性を基礎づけています。第47小節のトリルは、非常に短く弾くと（プラルトリラーを推奨します）、もっとも良い響きが得られます。

トリオは左手の交差によってエコーを反復させるもので、エネルギッシュだったメヌエット部分との甘いコントラストとなっています。冒頭数小節のレガートは途切らせず、上声部が《ピアノソナタハ短調K.457》第2楽章第8小節と同じくレガートの四分音符として

弾かれるべきことに、疑いの余地はほとんどありません。

■ 例12/111

トリオ後半の第65（17）小節に出現するバスのオクターヴ音（₁H-H）を伴う予期せぬ和声上の驚愕は、注意深く演出しなければなりません。属和音ではまだ静止しておき、ホ短調の主音における噴出（*f*）で一挙に解放させるような演奏が考えられるでしょう。第73（25）小節のハ長調以降では強弱の指示が曖昧です。第75（27）小節でクレシェンドをかけて第79（31）あるいは81（33）小節で（*poco*）*f* に至り、第85（37）小節で *p* に戻ることを提案します。第73〜78（25〜30）小節の右手パート最後に位置する八分音符ないし十六分音符を次の小節冒頭の四分音符とレガートで連結してしまうのは、よくある誤りです。これらの音は分離させて弾かなくてはなりません。

第3楽章（トルコ風）：アレグレット

（提案するテンポは ♩=126）

　老いも若きも大好きなこの特別な作品は、ウィーンにおける打倒トルコ100周年記念祭の影響で書かれたと考えられます。

　もちろんモーツァルトといえども、本物のトルコの民族音楽は創作できないでしょう。しかし彼が卓越した方法で行なったのは、異国的な印象を伝えることでした。それはふたつの方法で遂行されています。ひとつはある意味自由に短調を扱ったこと、そして打楽器やシンバルの響きを示唆するイ長調のリトルネッロによって、トルコの軍楽をきらびやかに模倣したことです。1800年頃以降のピアノの多くには軍隊の打楽器を模倣する「トルコ音楽」あるいは「皇帝親衛隊（イェニチェリ）」と呼ばれる特殊なペダルが備わっていました。1796年までのピアノフォルテにトルコ風レジスターが装備されていた確たる記録は見当たりませんが、この種の装置がそれ以前から存在しており、それが100周年記念にあたる1783年前後に発明された可能性も排除できません。現存している18世紀のフォルテピアノの数は、当時のわずか1パーセントだけなのです。それをもって「この装置が1783年にはなかった」と断言するには無理があるでしょう。ただしモーツァルトのウィーン時代の多くのピアノは、ファゴット・ストップを備えていました。これでもある程度の打楽器的効果を作り出せたものと考えられます。

幸いなことに、この楽章の演奏自体はそれほど多くの問題を提起しません。わずかふたつの原則を頭に入れておけば、事足りるでしょう。ひとつは「行進曲リズムを厳格に軍楽のものとしてとらえること」であり、もう一方は「モデラートなテンポ」です。トルコの兵士（あやつり人形の兵士でもそうですが）の行進は遅くはありませんが走ることなく、着実に前進していきます。驚嘆に値するのは、短調和声が頻繁に使用されているにもかかわらず、通常これと関連づけられる痛みや苦しみの効果は決して生成されず、逆に異国のうららかな感覚が生まれる点です。しかし何と言っても魅力的なのは、イ長調セクションが表す軍楽隊と、その反復です。一般的にモーツァルトのフォルテを特に誇張する必要はないものの、ここではある程度の騒々しさが歓迎されます。冒頭フレーズは第4小節の高いc^3音をクライマックスとして上昇させ、その後第8小節におけるホ短調の半終止に向けて音量を微妙に減少させてください（未だ発見に至っていない自筆譜では、この第4小節に第20小節と同じ *fp* が書かれていた可能性もあります）。

末尾のコーダはフルートやトライアングルの音響さえ模倣しつつ、このユニークで偉大なソナタを歓喜に満ちた結末へと導きます。決して穏やかではない *p* のエピソード（第109〜115小節）でのアルベルティ音型は、むしろ軽いスタッカートで弾かれるべきでしょう。あまり気づかれることのない事実ですが、5小節ないし6小節ごとのグループは、厳格に軍楽的というよりは、むしろメヌエットの不規則な楽節構造を思い起こさせます。最後の和音の構成は、現存する1ページの自筆譜よりも初版譜におけるもののほうが充実しており、印刷譜のほうがモーツァルトの最終的なバージョンだったと、私どもは確信しています。

付 録

付録1　パミーナのト短調アリアに関して伝えられるモーツァルトのテンポ

コンスタンツェ・モーツァルトの再婚相手であるニッセンが、《魔笛 K.620》の中でパミーナが歌う有名なト短調のアリア〈愛の喜びは露と消え〉に関する興味深いテンポ指示を伝えています。

ニッセン（1793年にウィーンに到着）は『モーツァルト伝』のなかで「モーツァルトから引き継がれた伝統によれば、当時このアリアのテンポは "Rhein. Zollで6から7" だった」と述べています。ラインのツォル Rheinisch Zoll というのは一種の振り子の機械で、単純な形をしたメトロノームの前身と考えて良いでしょう。モーツァルトの死後1年以上が経過した時点における伝承の信憑性に確信は持てませんが、それでもこの具体的なテンポ指示には一考する価値があります。文字通りにとるにせよ、おおまかにとるにせよ、これはアンダンテを意味しており、私どもの感覚からすれば信じられないほど速いテンポです。なにしろメトロノーム表示に換算するとそれは♪=138〜148にも相当し[1]、演奏不可能として退けたくなるほど速いテンポに思われます。

しかし、アンダンテ楽章に正確なメトロノーム指示を残した後世の作曲家たちのほぼ全員が「アンダンテは遅いテンポを意味しない」という見解だった事実を知っておくことは重要です。ベートーヴェンが《交響曲第2番作品36》の第2楽章に与えた指示♪=92もまた、彼がこのテンポを流れるようなものとみなしていたことを示していますし[2]、《トロイメライ》にアンダンテ、♩=100という指示を付したシューマンについても同じことが言えます。ふだんはメトロノーム指示をつけるのを拒んでいたブラームスですが、《ピアノ協奏曲第2番作品83》の第3楽章に例外的につけられた♩=84というアンダンテの指示を守った演奏を、私どもは一度も聴いたことがありません。アンダンテは流れるようなテンポ指示であると

---

[1] 以下の貴重な論考に多くを負っている。Max Rudolf, "Pamina's Aria, Questions of Tempo," in *A Musical Life: Writings and Letters* (Hillsdale, NY: Pendragon Press, 2001), pp. 207-210.
[2] ベートーヴェンによるテンポ指示はラルゲットだが、ラルゲットとアンダンテの差はそれほど大きくない。ベートーヴェンの《交響曲第5番「運命」作品67》の第2楽章（アンダンテ・コン・モート）にも同じ♪=92のメトロノーム指示が記載されている。

いう作曲家の考えは、ヒンデミットに至るまで健在です[3]。ヒンデミットは《ソナタ第3番》第3楽章（典型的なアンダンテです）に「ほどほどに速く（Mässig schnell）」♩= ca. 84 と表記しています。

　このきわめて本質的なテンポの問題を考える際に、心に留めておくべきことがあります。たっぷりとした響きの音はテンポを引き延ばす方向に作用する一方、音がスリムになるほどテンポが揺れるようになる、という傾向です。このことは、モーツァルトの音楽における決定的な要因のひとつとなります。軽くて透明な音を出すのが不得意な人は、流れるようなアンダンテの中で多くを表現する術を見いだせません。しかし流暢なテンポの中で個々の音符への比重がいくらか失われようとも、フレーズ全体の一貫性がこれを補ってなお余りあるのです。

　モーツァルトにおける「流れるようなアンダンテ」の速度を示す、早期の証拠がもうひとつ存在します。1815年という早い段階で、ゴットフリート・ヴェーバーが「ひとつの疑問 Ein Zweifel」と題する論考をライプツィヒの『一般音楽新聞 Allgemeine Musikalische Zeitung』に発表し、上に挙げた《魔笛 K.620》からのパミーナのアリアが「遅すぎる」と警告を発しているのです[4]。ヴェーバーは、うら若き女性が涙ながらに自分の感情を表現して自らの命を絶とうする、このアリアのドラマティックな背景に注目するよう注意をうながしています。このアリアの後奏に出現する特異なシンコペーションは、ヴェーバーによれば「悲嘆に暮れた感情」を表しているというのです。「モーツァルトの指揮で演奏できた人物から直接の証言を聞ければ興味深いのだが」と述べ、彼はこの論考を閉じました。

　4か月後、同じ紙上にウィーンの記者による文章が掲載され[5]、パミーナのアリアのテンポと性格に関するヴェーバーの意見が追認されます。この記者は《魔笛 K.620》の初演に参加した多くのオーケストラ団員に質問しました。その誰もが、モーツァルトは生き生きとしたテンポを、つまり「はげしい痛みを混じりけなく表現していた」と確証したのです。

　1815年にヴェーバーが発表した論考に対する当時のウィーンの音楽家の反応は、このようなものでした。

　　さまざまな深い洞察によって私たちに多くを教えてくれる、ゴットフリート・ヴェーバー氏は、今年の［ライプツィヒ『一般音楽新聞』］第15号の記事で、《魔笛》のアリア〈愛の喜びは露と消え〉のテンポに関して疑念を呈した。筆者は、モーツァルトの指揮を正確に覚えているのみならず、亡き巨匠の指揮で演奏した何人かの劇場オーケストラ団員ともこの

---

3) アンダンテに限らず、ショパンの《ノクターン変ニ長調作品27の2》のテンポ指示「レント・ソステヌート」にも♩.=50 という流暢な数字が与えられている。
4) Max Rudolf, pp. 207-215.
5) Ibid., pp. 247-249.

件をめぐって議論を交わし、ヴェーバー氏の意見は完全に正しいと断定できる。実際にモーツァルトはこのアリアで、まさに、パミーナの嘆きに満ちた感情の混じりけない表現を感じて理解する人であれば決して退屈しようのないテンポをとったのだ。この機会に私は、同じオペラからの三重唱〈愛しい人よ、あなたにはもうお会いできないのでしょうか Soll ich dich, Teurer, nicht mehr sehn?〉についても若干コメントしておきたい。この曲でもモーツァルトは、今日の慣習よりも2倍に近い速さをとっていた。多くの指揮者は「アンダンテ」の語は銘記するものの、モーツァルトが「アッラ・ブレーヴェ」と指定したことを忘れているのである。アレグロ・モデラートを4/4拍子で考えてみるなら、すべては新たな生命を得るようになる。チェロとファゴットにある3個の八分音符のうちつねに第1音を強調するようモーツァルトは求めているが、これはパミーナの不安、愛する人に語ることのできた喜び、そして愛する人から離れなくてはならない痛み、といった感情を正確に描きだしているのである。

今日なお、このアリアが極端にゆっくり歌われているのを聴くのは残念なことです。これも、しばしば表現に気をとられるあまり、誤ってテンポを引きずってしまう一例にほかなりません。

その一方で、やはりアンダンテが指定されているパパゲーノのアリア〈ほら、やはり何も起こらない Nun wohlan, es bleibt dabei〉が、概して、比較的速く流れるようなテンポで適切に歌われているのは意外です。しかしそのように歌われてこそ、このアリアの味わいを充分に享受できるのです。

付録2　現在入手可能なモーツァルト作品の推奨楽譜（2014年時点）

《ピアノ協奏曲》

第1番 ヘ長調 K.37
　　　新モーツァルト全集

第2番 変ロ長調 K.39
　　　新モーツァルト全集

第3番 ニ長調 K.40
　　　新モーツァルト全集

第4番 ト長調 K.41
　　　新モーツァルト全集

ニ長調/ト長調/変ホ長調 K.107
　　　新モーツァルト全集

第5番 ニ長調 K.175+K.382（ロンド）
　　　新モーツァルト全集　オイレンブルク Nr.1270

第6番 変ロ長調 K.238
　　　新モーツァルト全集　オイレンブルク Nr.1266

第8番 ハ長調 K.246「リュッツォウ」
　　　新モーツァルト全集　オイレンブルク Nr.1269

第9番 変ホ長調 K.271「ジュノム」
　　　ブライトコプフ　ペータース（Fischer-Soldan）

第11番 ヘ長調 K.413
　　　新モーツァルト全集

第12番 イ長調 K.414
　　　新モーツァルト全集　オイレンブルク Nr.800

第13番 ハ長調 K.415
　　　新モーツァルト全集

第14番 変ホ長調 K.449
　　　新モーツァルト全集

第15番 変ロ長調 K.450
　　　新モーツァルト全集　オイレンブルク Nr.743

第16番 ニ長調 K.451
　　　　新モーツァルト全集
第17番 ト長調 K.453
　　　　新モーツァルト全集
第18番 変ロ長調 K.456
　　　　新モーツァルト全集
第19番 ヘ長調 K.459
　　　　新モーツァルト全集
第20番 ニ短調 K.466
　　　　オイレンブルク Nr.721　新モーツァルト全集　ペータース（Fischer-Soldan）
第21番 ハ長調 K.467
　　　　新モーツァルト全集　ヘンレ　ペータース（Fischer-Soldan）
　　　　ヘンレ版に掲載されているアンドラシュ・シフのカデンツァより、2008年にドブリンガー社（ウィーン）から刊行された『パウル・バドゥーラ＝スコダによるモーツァルトカデンツァ集』に収録されているものを推奨する。
第22番 変ホ長調 K.482
　　　　新モーツァルト全集　ペータース（Fischer-Soldan）
第23番 イ長調 K.488
　　　　新モーツァルト全集　ヘンレ　ペータース（Fischer-Soldan）
第24番 ハ短調 K.491
　　　　オイレンブルク Nr.740　ペータース（Fischer-Soldan）
第25番 ハ長調 K.503
　　　　新モーツァルト全集　ヘンレ　オイレンブルク Nr.774
　　　　ヘンレ版に掲載されているアンドラシュ・シフのカデンツァより、2008年にドブリンガー社（ウィーン）から刊行された『パウル・バドゥーラ＝スコダによるモーツァルトカデンツァ集』に収録されているものを推奨する。
第26番 ニ長調 K.537「戴冠式」
　　　　シャーマー Nr.2045　新モーツァルト全集
第27番 変ロ長調 K.595
　　　　新モーツァルト全集
協奏ロンド ニ長調 K.382
　　　　新モーツァルト全集　オイレンブルク Nr.1270

協奏ロンド イ長調 K.386

ショット ED12357

《2台ピアノのための協奏曲》
第10番 変ホ長調 K.365

オイレンブルク Nr.741　新モーツァルト全集

新モーツァルト全集に関しては468ページを参照のこと。

《3台ピアノのための協奏曲》
第7番 ヘ長調 K.242

新モーツァルト全集　オイレンブルク Nr.10050

《ピアノのソロ作品》
ソナタ

ヘンレ　新モーツァルト全集　ウィーン原典版（ライジンガー編、2004）　音楽之友社（今井顕編）

《ハ短調K.457》第1楽章第68、70小節左手第4拍の最低音がb/Bとなっている場合はes^1/esに修正すること。

音楽之友社のソナタアルバムに関して：《変ロ長調K.281》第1楽章第1、5、74小節のトリルは主音から開始すべきである。《ニ長調K.576》第2楽章第61、64小節のトリルは∽として主音開始の3音でまとめる。《ヘ長調K.533》第2楽章第116小節右手冒頭2個の∽および第3楽章（= K.494）第178、184小節にある∽は初版譜を出版したホフマイスターがモーツァルトの了承なく追加したものと思われるので、削除すべきだろう（編者注：《幻想曲K.475》第41小節で誤ってg^{2}音につけられた♮の削除も含め、第2刷以降の版にて反映させる予定）。

小品集

新モーツァルト全集　ヘンレ　ウィーン原典版（ライジンガー編、2006）

幻想曲 ニ短調 K.397

ルデュック（パリ）

変奏曲

ヘンレ

《「ああ、お母さん、あなたに申しましょう」による変奏曲K.265》第4小節（および第20小節。ただしモーツァルトは第17～24小節をDa capoと指示して省略し、音符は記

譜しなかった）のg^2音はよく知られている「きらきら星」の歌にあるように二分音符であって四分音符ではない可能性（モーツァルトによる誤記か？）が見過ごされている。この変奏曲の第2変奏第11小節にあるトリルのように、この作品に記載されているほとんどの *tr* はプラルトリラーあるいはターンとして処理すべきだろう。

デュポールの主題による変奏曲 K.573

アルフレッド・エディション（カリフォルニア）

《ピアノを含むアンサンブル作品》

4手のための作品

ヘンレ　ウィーン原典版（ライジンガー編、2005）

2台ピアノのための作品

ヘンレ　新モーツァルト全集

新モーツァルト全集に掲載されている《2台ピアノのためのソナタニ長調K.448》第3楽章第100/101および293/294小節にある f（編纂者による補填）は誤りである。また第93および286小節には f を補填すべきだろう（本書第2章99ページにまとめてある1.と5.を参照）。

ヴァイオリンソナタと変奏曲

ヘンレ　ウィーン原典版　新モーツァルト全集

《ソナタト長調K.379》第1楽章第48小節のヴァイオリンパートのb^1音の前には初版譜において十六分音符のアッポッジャトゥーラc^2音が表示されているが、複数の版で削除されている。《ソナタイ長調K.526》第2楽章第28、76小節のヴァイオリンパートにもピアノパート第23、71小節に準じたアッポッジャトゥーラが表示されており、同様の形が意図されているものと思われる。

ピアノ三重奏曲

新モーツァルト全集　ヘンレ　ウィーン原典版

ピアノ四重奏曲

ヘンレ　新モーツァルト全集

ピアノ五重奏曲 K.452

ヘンレ　新モーツァルト全集

第1楽章の導入部の最後にあるフェルマータは装飾しないこと。

付録3　バッソ・コンティヌオの実施例

ピアノ協奏曲における通奏低音（バッソ・コンティヌオ）の実施例として《ピアノ協奏曲イ長調K.414》第1楽章冒頭の楽譜を以下に掲載します。

参考文献一覧

Abert, Hermann. *W. A. Mozart*, 2 vols. Leipzig: VEB Breitkopf & Härtel, 1955.
Ahrens, Christian. *Hammerklaviere mit Wiener Mechanik*. Frankfurt: Bochinsky, 1996.
Albrecht, Otto. *A Census of Autograph Music Manuscripts of European Composers in American Libraries*. Philadelphia: University of Pennsylvania Press, 1953.
Albrechtsberger, Johann Georg. *Anfangsgründe der Klavierkunst*. Archiv der Gesellschaft der Musikfreunde Wien, n.d.
Allgemeine Musikalische Zeitung. Vols. I and XVI. Leipzig: Breitkopf & Härtel, 1798 and 1813.
Anderson, Emily. *The Letters of Mozart and His Family*. Complete ed., 3 vols. London: Macmillan, 1938.
Angermüller, Rudolph. "Eine neue Quelle zu Mozarts Klavierkonzert D-Dur KV 175." *Mozart-Studien* 13 (2004): 197–209.
Armbruster, Richard. "Joseph Sardi――Autor der Klaviervariationen KV 460 (454a). Zum Schaffen eines unbekannt gebliebenen Komponisten in Wien zur Zeit Mozarts." *Mozart-Jahrbuch* (1997): 225–248.
Badura-Skoda, Eva. "Über die Anbringung von Auszierungen in den Klavierwerken Mozarts." *Mozart-Jahrbuch* 1957 (1958): 186–198.
――. "Textual Problems in Masterpieces of the 18th and 19th Centuries." *The Musical Quarterly* 51 (1965): 301–317.
――. "W. A. Mozart. Klavierkonzert c-moll KV 491." *Meisterwerke der Musik* 10 (1972).
――. "Haydn, Mozart and Their Contemporaries." In *Keyboard Music*, edited by Denis Matthews, 108–165. London: Penguin, 1972.
――. "Prolegomena to a History of the Viennese Fortepiano." In *Israel Studies in Musicology*. Vol. II, 77–99. Kassel: Bärenreiter, 1980.
――. "Dittersdorf über Mozarts und Haydns Quartette." In *Collectanea Mozartiana*, edited by Mozartgemeinde Wien, 41–50. Tutzing: Schneider, 1988.
――. "Aspects of Performance Practice." In *Eighteenth-Century Keyboard Music*, edited by R. Marshall, 33–67. New York: Schirmer, 1994.
――. "Mozart and the Compound Pianoforte." In *Musicologia Humana (Kirkendale Festschrift)*, 473–484. Firenze: Olschki Editore, 1994.
――. "On Improvised Embellishments and Cadenzas in Mozart's Piano Concertos." In *Mozart's Piano Concertos*, edited by Neal Zaslaw, 365–371. Ann Arbor: University of Michigan Press, 1995.
――. "The Anton Walter Fortepiano―Mozart's Beloved Concert Instrument." *Early Music* 28, no. 3 (2000): 469–473.
Badura-Skoda, Paul. "Über das Generalbaß-Spiel in den Klavierkonzerten Mozarts." *Mozart-Jahrbuch 1957* (1958): 96–107.
――. "Missing Bars and Corrupted Passages in Classical Masterpieces." *Music Review* 22, no. 2 (1961): 94–107. First published in *Neue Zeitschrift für Musik* 2 (1958).
――. *Kadenzen, Eingänge und Auszierungen zu den Klavierkonzerten von W. A. Mozart*. Kassel: Bärenreiter BA, 1967.
――. "Ein authentischer Eingang zum Klavierkonzert in B Dur KV 595?" In *Mozart-Jahrbuch 1971/72* (1973): 76–80.
――. "Mozart's Rondo in A Minor." *Piano Quarterly* 35 (1976): 29–32.
――. "Mozart's Trills." In *Perspectives on Mozart Performance*, edited by R. Larry Todd and Peter Williams, Cambridge: Cambridge University Press 1991: 1–26.

——. "Problematische Textstellen in Mozarts Klavierwerken und ihre fragwürdige Übertragung in die Neue Mozart Ausgabe, W. A. Mozart." In *Symposiums Bericht*, 122–144. Leipzig: Gewandhaus, 1991.

——. "Mozart without 'Pedal?'" *Galpin Society Journal* 15 (2003): 332–350.

Badura-Skoda, Paul and Eva Badura-Skoda. "Zur Echtheit von Mozarts Variationen K.460." *Mozart-Jahrbuch 1959* (1960): 127–140.

Banowetz, Joseph. *The Pianist's Guide to Pedaling*. Bloomington: Indiana University Press, 1985. （邦訳：J. バノヴェッツ『ピアノ・ペダルの技法』岡本秩典訳、音楽之友社、1989年。）

Becking, Gustav. *Der musikalische Rhythmus als Erkenntnisquelle*. Augsburg: 1928.

Berke, Dietrich. "Mozart-Forschung und Mozart-Edition. Zur Erinnerung an Wolfgang Plath," *Bericht über das Mozart-Symposium zum Gedenken an Wolfgang Plath* (1930–1995), Augsburg 2000, published as *Mozart-Jahrbuch 2001*, Salzburg 2003.

Bernet-Kempers, Karel Ph. "Hemiolenrhythmik bei Mozart." In *Festschrift Hellmuth Osthoff zum 65. Geburtstage*. edited by Lothar Hoffmann-Erbrecht and Helmut Hucke. Tutzing: H. Schneider, 1961.

Beyschlag, Adolf. *Die Ornamentik der Musik*. Leipzig: VEB Breitkopf & Härtel, 1953.

Biba, Otto. "Grundzüge des Konzertwesens in Wien zu Mozarts Zeit." *Mozart-Jahrbuch 1978/1979* (1979): 132–143.

Bilson, Malcolm. "The Mozart Concertos Rediscovered." *Mozart-Jahrbuch 1986* (1987): 58–61.

——. "Execution and Expression in Mozart's Sonata in E-flat, K 282." *Early Music* 20/2 (1992): 237–243.

——. "Do we know how to read Urtext Editions?" *Piano and Keyboard Magazine* (August 1995): 24–30.

——. "The Myth of the Authentic Pianoforte." *International Piano* (July 2002): 46–52.

Blume, Friedrich. "Fortspinnung und Entwicklung." *Peters-Jahrbuch* 36 (1930): 51–70.

Boyden, David D. "Dynamics in Seventeenth- and Eighteenth-Century Music." *Essays in Honor of Archibald Thompson Davison*, 185–193. Cambridge, MA: Harvard University Press, 1957.

Broder, Nathan. "Mozart and the 'Clavier.'" In *The Creative World of Mozart*, edited by P. H. Lang. New York: Norton, 1963.

Brown, A. Peter. "On the Opening Phrase of Mozart's K. 271: A Singular, Yet Logical, Event." *Mozart-Jahrbuch 1980–1983* (1983): 310–318.

Brown, Clive. "Dots and Strokes in Late 18th- and 19th-Century Music." *Early Music* 21 (1993): 593–610.

——. *Classical & Romantic Performing Practice 1750–1900*. Oxford: Oxford University Press, 1999.

——. Busby, Thomas. *A Musical Manual or Technical Directory: Containing Full and Perspicuous Explanations of All the Terms, Ancient and Modern*. 1828. Reprint, London, 1976.

Busby, Thomas. *A Musical Manual, or Technical Directory, Containing Full and Perspicuous Explanations of All the Terms, Ancient and Modern*. New York: Da Capo Press, 1976 reprint.

Busoni, Ferruccio. *Entwurf einer neuen Ästhetik der Tonkunst*. Trieste 1907. Reprint, Wiesbaden, 1954. English translation: *Sketch of a New Esthetic of Music*. New York: Schirmer, 1911. （邦訳：F. ブゾーニ『新音楽美学論』二見孝平訳、共益商社書店、1929年。）

Clementi, Muzio. *Introduction to the Art of Playing on the Piano Forte*. London: 1801.

Croll, Gerhard. "Das Andantino für Klavier KV 236 (588b) – eine Gluck-Bearbeitung als Variationen-Thema. Bemerkungen zur autographen Überlieferung, zu Zweckbestimmung und Datierung." In *Bericht über das Mozart-Symposion zum Gedenken an Wolfgang Plath (1930–1995), Augsburg, 13. bis 16. Juni 2000*, published as *Mozart-Jahrbuch 2001* (2003): 245–256.

Czerny, Carl. *Vollständige theoretisch-praktische Pianoforte-Schule* op. 500. 3 vols. Vienna: Diabelli, n.d. （邦訳：『ツェルニー ピアノ演奏の基礎』岡田暁生訳、春秋社、2010年。）

——. "Memoirs." In *On the Proper Performance of all Beethoven's Works for the Piano*, edited by Paul Badura-Skoda. Vienna: Universal Edition, 1970. （邦訳：『音楽家の自叙伝—クヴァンツ／ベンダ／E・バッハ／ツェルニー』東川清一訳、春秋社、2003年。）

Danckwardt, Marianne. "'Muß accurat mit dem Gusto, Forte and Piano, wie es steht, gespielt werden.' Funktionen der Dynamik bei Mozart." *Mozart-Jahrbuch 1997* (1997): 293–316.

Davidson, Michael. *Mozart and the Pianist*. London: Kahn and Averill, 1998.
Dechant, Hermann. "Dirigieren: Zur Theorie und Praxis der Musikinterpretation." Vienna: Herder, 1985.
Dee, James H. "Mozart's Trills, Some Eighteenth-Century Evidence." *The Piano Quarterly* no. 146 (summer 1989).
Derr, Ellwood. "Mozart's Transfer of the Vocal 'fermata sospesa' to his Piano-Concerto First Movements." *Mozart-Jahrbuch 1991* 1 (1992): 155–163.
―――. "Composition with Modules. Intersections of Musical Parlance in Works of Mozart and J. C. Bach." *Mozart-Jahrbuch 1997* (1997): 249–292.
Deutsch, O. E. "Dänische Schauspieler zu Besuch bei Mozart," *Österreichische Musikzeitschrift, 11*, (1956): 406–410.
―――. *Mozart: A Documentary Biography*. California: Stanford University Press, 1966. (邦訳：O.E. ドイッチュ『ドキュメンタリー モーツァルトの生涯』井本晌二訳、シンフォニア、1989年。)
―――. *Addenda und Corrigenda zur Documentary Biography*, collected by Joseph H. Eibl. Kassel: Bärenreiter, 1978.
Deutsch, O. E. and C. B. Oldman. "Mozart-Drucke." *Zeitschrift für Musikwissenschaft* 13 (1931–32).
Dittrich, Marie-Agnes. "Die Klaviermusik." In *Mozart Handbuch*, 482–560. Kassel: Bärenreiter, 2005.
Dittersdorf, Karl v. *Autobiography*. 1896. Reprint, translated by A. D. Coleridge. London: Bentley, 1970.
Einstein, Alfred. *Greatness in Music*. London: Oxford University Press, 1945. (邦訳：A. アインシュタイン『音楽における偉大さ』浅井真男訳、白水社、新装復刊 2010年。)
―――. Foreword to *The 10 Celebrated String Quartets by Mozart, First Authentic Edition*. London: Novello, 1945.
―――. *Mozart, His Character and Work*. Translated by Arthur Mendel and Nathan Broder. London: Cassell, 1946. (邦訳：A. アインシュタイン『モーツァルト―その人間と作品』浅井真男訳、白水社、1961年。)
Eisen, Cliff. "The Mozarts' Salzburg Copyists: Aspects of Attribution, Chronology, Text, Style, and Performance Practice." In *Mozart Studies*, edited by C. Eisen, 253–308. Oxford: Clarendon Press, 1991.
―――. *New Mozart Documents: A Supplement to O. E. Deutsch's Documentary Biography*. London: Stanford University Press, 1991.
―――. "Mozart's Salzburg Orchestras." *Early Music* 20 (1992): 89–103.
―――. "The Mozarts' Salzburg Music Library." In *Mozart Studies* 2, 85–138. Oxford: Clarendon Press, 1997.
Eisen, Cliff and Keefe, Simon P. *Cambridge Mozart Encyclopedia*. Cambridge: Cambridge University Press, 2006.
Engel, H. *Die Entwicklung des Deutschen Klavierkonzerts von Mozart bis Liszt*. Leipzig: 1927.
―――. "Probleme der Aufführungspraxis." *Mozart-Jahrbuch 1955* (1956): 56–65.
Fadini, Emilia. "Indicazioni di movimento e velocità di esecuzione nelle sonate per pianoforte di W. A. Mozart." *Mozart-Jahrbuch 1991* 1 (1992): 327–333.
Fellerer, K. G. "Mozarts Bearbeitung eigener Werke." *Mozart-Jahrbuch 1952* (1953): 70–76.
Ferguson, Faye. "Mozart's Keyboard Concertos: Tutti Notations and Performance Models." *Mozart-Jahrbuch 1984/85* (1986): 32–38.
Fischer, Edwin. *Reflections on Music*. London: 1951. Originally published as *Musikalische Betrachtungen* (Leipzig: 1949). (邦訳：E. フィッシャー『音楽観想』佐野利勝訳、みすず書房、1999年。)
Fischer, Kurt von. "Come un' Agnello-Aria del Sigr. SARTI con Variazioni." *Mozart-Jahrbuch 1978/79* (1979): 112–121.
Fischer, Wilhelm. "Zur Entwicklungsgeschichte des Wiener klassischen Stils." In *Studien zur Musikwissenschaft, Beihefte der Denkmäler der Tonkunst in Österreich*, Vol. III, 25–85. Vienna: Artaria, 1915.
―――. "Der, welcher wandelt diese Strasse voll Beschwerden." *Mozart-Jahrbuch 1950* (1951): 41–48.
―――. "Zu W. A. Mozarts Tonartenwahl und Harmonik." *Mozart-Jahrbuch 1952* (1953): 9–16.
―――. "Selbstzeugnisse Mozarts für die Aufführung seiner Werke." *Mozart-Jahrbuch 1955* (1956): 7–16.
Flothuis, Marius. *Mozart*. S Gravenhage, 1938.
―――. "Über einige metrische Probleme bei Mozart." *Mozart-Jahrbuch 1978/79* (1979): 47–51.
―――. "Mozart bearbeitet und variiert, parodiert und zitiert." *Mozart-Jahrbuch 1980–1983* (1983): 196–207.
―――. "Bühne und Konzert." *Mozart-Jahrbuch 1986* (1987).
―――. "Autograph–Abschrift–Erstdruck. Eine kritische Bewertung." In *Bericht über das Mozart-Symposion zum*

Gedenken an Wolfgang Plath (1930–1995), Augsburg, 13. bis 16. Juni 2000, published as *Mozart-Jahrbuch 2001* (2003): 13–18.

———. "Lernen aus Mozarts Autographen." In *Bericht über das Mozart-Symposion zum Gedenken an Wolfgang Plath (1930–1995), Augsburg, 13. bis 16. Juni 2000*, published as *Mozart-Jahrbuch 2001* (2003): 295–304.

Franz, G. von. "Mozarts Klavierbauer Anton Walter." *Neues Mozart-Jahrbuch* 1 (1941): 211–217.

Freeman, Daniel E. "Josef Mysliveček and Mozart's Piano Sonatas K. 309 (284b) and 311 (284c)." *Mozart-Jahrbuch 1995* (1995): 95–110.

Fuchs, Ingrid. "Nachrichten zu Anton Walter in der Korrespondenz einer seiner Kunden." *Mitteilungen der Internat. Stiftung Mozarteum* 48 (2000): 107.

———. "W. A. Mozart in Wien. Mozarts Klavierkonzert in d-moll KV 466 - Bemerkungen zum Autograph und zum Instrument der Uraufführung." In *Mozartiana. Festschrift for the 70th Birthday of Professor Ebisawa Bin*, 543–554. Tokyo: 2001.（邦訳：I. フックス「モーツァルトの《ピアノ協奏曲ニ短調》K.466—その自筆譜と初演楽器について」山下道子訳、『モーツァルティアーナ—海老沢敏先生古希記念論文集』、東京書籍、2001 年、19 ～ 29 頁。）

———. "W. A. Mozart in Wien. Unbekannte Nachrichten in einer zeitgenössischen Korrespondenz aus seinem persönlichen Umfeld." In *Festschrift Otto Biba zum 60*, 187–208. Tutzing: Schneider, 2006.

Furtwängler, Wilhelm. *Concerning Music*. Translated by L. J. Lawrence. London: 1953. Originally published in Wilhelm Furtwängler, *Gespräche über Musik* (Vienna: 1948).

———. *Ton und Wort*. Wiesbaden: Brockhaus, 1955.（邦訳：W. フルトヴェングラー『音と言葉』芦津丈夫訳、白水社、1996 年。）

Gerstenberg, Walter. "Zum Autograph des Klavierkonzerts KV 503 (C-Dur)." *Mozart-Jahrbuch 1953* (1954): 38–46.

———. "Die Krise der Barockmusik." *Archiv für Musikwissenschaft* (1953/2): 81–94.

Gesellschaft f. Musikforschung, *Die Bedeutung der Zeichen Keil, Strich und Punkt bei Mozart. Fünf Lösungen einer Preisfrage*. Kassel: Bärenreiter, 1957.

Gieseking, Walter. *Mozart mit oder ohne Pedal?* In *Melos*. Mainz: 1949.

Girdlestone, G. M. *Mozart and His Piano Concertos*. London: 1948.

Gottron, Adam. "Wie spielte Mozart die Adagios seiner Klavierkonzerte?" *Die Musikforschung* 13 (1960): 334.

Haas, Robert. "Aufführungspraxis der Musik." In *Handbuch der Musikwissenschaft*, edited by Ernst Bücken. Wildpark-Potsdam: 1931.

Harich-Schneider, Eta. *Die Kunst des Cembalospiels*. Kassel: Bärenreiter, 1939.

Harrison, Bernard. *Haydn's Keyboard Music. Studies in Performance Practice*. Oxford: Clarendon Press, 1997.

Heartz, Daniel. *Haydn, Mozart and the Viennese School 1740–1780*. New York: Norton, 1995.

Herttrich, Ernst. "Studien zum Ausdruck des Melancholischen und seiner kompositions-technischen Mittel in der Musik von Mozart." Dissertation Würzburg, 1969.

Hindemith, Paul. *A Composer's World*. Cambridge: 1952.（邦訳：P. ヒンデミット『作曲家の世界 新装版』佐藤浩訳、音楽之友社、1999 年。）

Huber, Alfons and Rudolf Hopfner. "Instrumentenkundlicher Befund des Mozart-Flügels." *Mitteilungen der Internat. Stiftung Mozarteum* 48: 146–159.

Hudson, Richard. *Stolen Time: The History of Tempo Rubato*. Oxford: Claredon Press, 1994.

Hummel, J. N. *Ausführliche theoretisch-praktische Anweisung zum Pianoforte-Spiel*. Vienna: 1828.（邦訳：J.N. フンメル『フンメルのピアノ奏法—クラシックからロマン派へ』朝枝倫子訳、シンフォニア、1998 年。）

Huneker, James. *Franz Liszt*. Munich: 1922.

Irving, John. *Mozart's Piano Sonatas, Contexts, Sources, Style*. Cambridge: Cambridge University Press, 1997.

Keefe, Simon P., ed. *The Cambridge Companion to Mozart*. Cambridge: Cambridge University Press, 2003.

———. "Mozart's Late Piano Sonatas (K. 457, 533, 545, 570, 576): Aesthetic and Stylistic Parallels with His Piano Concertos." In *Words about Mozart, Essays in Honour of Stanley Sadie*, edited by D. Link and J. Nagley, 59–76. Woodbridge: The Boydell Press, 2005.

Keller, Hermann. *Phrasierung und Artikulation.* Kassel: Bärenreiter, 1955.（邦訳：H. ケラー『フレージングとアーティキュレーション—生きた演奏のための基礎文法』植村耕三・福田達夫訳、音楽之友社、1969 年。）
King, A. Hyatt, "A Census of Mozart Musical Autographs in England." *Musical Quarterly* (1952).
———. *Mozart in Retrospect.* Oxford: Oxford University Press, 1955.
Kirkendale, Ursula. "Bach's 'Musical Offering': *The Institutio Oratoria of Quintilian.*" *Journal of the American Musicological Society* 33 (1980): 88–141.
Kirkendale, Warren. *Fuge und Fugato in der Kammermusik des Rokoko und der Klassik.* Tutzing: Schneider, 1966.
Klaus, Sabine Katharina and Scheibner, Sabine. "Ein 'ausserordentlicher Flügel von Herrn Tschudy' und die Sonate KV 19d." In *Mozart Studien 15*, edited by M. H. Schmid. Tutzing: Schneider, 2006.
Köhler, Karl‑Heinz. „Zur Bewertung der Korrekturen und Provenienznachweise im Autograph zum Klavierkonzert KV 450. Ein Beitrag zu Mozarts Kompositionsweise 1784." *Mozart-Jahrbuch 1984/85* (1986): 52–60.
Komlós, Katalin. "'Ich praeludirte und spielte Variazionen': Mozart the fortepianist." In *Perspectives on Mozart Performance*, edited by Larry Todd and Peter Williams, Cambridge Studies in Performance Practice, 127–154. Cambridge: Cambridge University Press, 1991.
———. "Mozart the Performer." In *The Cambridge Companion to Mozart*, 215–226. Cambridge: Cambridge University Press, 2003.
Konrad, Ulrich. *Mozarts Schaffensweise.* Göttingen: Vandenhoeck & Ruprecht, 1992.
———. "'In seinem Kopfe lag das Werk immer schon vollendet [...]' Bemerkungen zu Mozarts Schaffensweise am Beispiel des Klaviertrios B‑Dur KV 502." *Mozart-Jahrbuch 1991* 1 (1992): 540–551.
———. "Was ist interpretatorische Gewalt? Zum aufgefundenen Zettel von Mozart." *Mozart-Jahrbuch 1993* (1994): 77–82.
———. "Neuentdecktes und wiedergefundenes Werkstattmaterial Wolfgang Amadeus Mozarts. Erster Nachtrag zum Katalog der Skizzen und Entwürfe." *Mozart-Jahrbuch 1995* (1995): 1–28.
Kottick, Edward. *A History of the Harpsichord.* Bloomington: Indiana University Press, 2003.
Küster, Konrad. *Mozart und seine Zeit.* Laaber: Laaber-Verlag, 2001.
Landon, H. C. Robbins. *1791 Mozart's Last Year.* London: Thames & Hudson, 1988.（邦訳：H.C. ロビンズ・ランドン『モーツァルト最後の年』海老澤敏訳、中央公論新社、2001 年。）
———. *The Mozart Compendium.* London: Thames & Hudson, 1990.（邦訳：H.C. ロビンズ・ランドン『モーツァルト大事典』海老澤敏日本語監修、平凡社、1996 年。）
———. *Mozart and Vienna.* New York: Schirmer, 1991.
Lang, Paul Henry, ed. *The Creative World of Mozart.* New York: W. W. Norton, 1963.
Latcham, Michael. "Mozart and the Pianos of Anton Gabriel Walter." *Early Music* 25, no. 3 (1997): 382–402.
———. *The Combination of the Harpsichord and the Piano in the Eighteenth Century.* In *Instruments à claviers – expressivité et flexibilité sonore / Keyboard Instruments – Flexibility of Sound and Expression.* Proceedings of the *harmoniques* Congress, 113–152. Lausanne: Peter Lang, 2002.
Lechleitner, Gerda. "Mozarts Klaviersonate KV 331/300i im Lichte moderner Interpretationsanalyse." *Mozart-Jahrbuch 1991* 1 (1992): 353–363.
Leeson, Daniel N. "On the Authenticity of K. Anh. C 14.01 (297b), a Symphonia Concertante for Four Winds and Orchestra." *Mozart-Jahrbuch 1976/77* (1978).
Levin, Robert D. "*[Mozart's] Konzerte.*" In *Das Mozart Kompendium*, edited by H. C. R. Landon. Droemer-Knaur, 1991. 63-71.
———. "Mozart's Solo Keyboard Music and Mozarts Keyboard Concertos." In *Eighteenth-Century Keyboard Music*, 308–349. New York: Schirmer, 1994.
———. "The Devil's in the Details: Neglected Aspects of Mozart's Piano Concertos." In *Mozart's Piano Concertos: Text, Context, Interpretation*, edited by Neal Zaslaw, 29–50. Ann Arbor: University of Michigan Press, 1996.
———. "Performance Practice in the Music of Mozart." In *The Cambridge Companion to Mozart*, 227–245.

Cambridge: 2003.
Löhlein, Georg Simon. *Clavier-Schule*. Leipzig and Zulichau, 1765.
Luithlen, V. "Der Eisenstadter Walterflügel." *Mozart-Jahrbuch 1954* (1955): 206–209.
Mandyczewsky, E. Vorwort zur Faksimile-Ausgabe neu aufgefundener Kadenzen, issued by the Mozarteum, Salzburg, 1921.
Mann, Alfred. *Theory and Practice. The Great Composers as Teachers and Students*. New York: Norton, 1987.
Marguerre, Karl. "Forte und Piano bei Mozart." *Neue Zeitschrift für Musik* (1967): 153–160.
Marpurg, W. Fr. *Anleitung zum Klavierspielen*. Berlin: 1755.（邦訳：F.W. マールブルク『クラヴィア奏法 美しい演奏をめざして』井本晌二・星出雅子訳、シンフォニア、2002年。）
Marshall, Robert L. *Mozart Speaks: Views on Music, Musicians, and the World*. New York: Schirmer, 1991.（邦訳：ロバート・L. マーシャル『モーツァルトは語る―ぼくの時代と音楽』高橋英郎・内田文子訳、春秋社、1994年。）
———. "Mozart's Unfinished: Some Lessons of the Fragments." *Mozart-Jahrbuch 1991* 2 (1992): 900–921.
Marty, Jean-Pierre. *The Tempo Indications of Mozart*. New Haven, CT: Yale University Press, 1988.
———. "Mozart's Tempo Indications and the Problems of Interpretation." In *Perspectives on Mozart Performance*, edited by Larry Todd and Peter Williams, Cambridge Studies in Peformance Practice, 55–73. Cambridge: Cambridge University Press, 1991.
Mies, Paul. "Die Artikulationszeichen Strich und Punkt bei Mozart." *Die Musikforschung* 11 (1958): 428–455.
Milchmeyer, J. P. *Die wahre Art das Pianoforte zu spielen*. Dresden: 1797.
Moser, Hans Joachim. "Über Mozarts Chromatik." *Mozart-Jahrbuch* 1956 (1957): 167–199.
Mueller von Asow, Erich H. *Briefe W. A. Mozarts*. 2 vols. 1942.
———. "Mozartiana." *Musikforschung* 8, no. 1 (1955): 74–83.
Münster, Robert. "Zur Mozart-Pflege im Münchener Konzertleben bis 1800." *Mozart-Jahrbuch 1978/79* (1979): 159–163.
———. "Vorschlag und Appoggiatur in Mozarts Rezitativ." *Mozart-Jahrbuch 1980–83* (1983): 363–384.
Neumann, Frederick. *Ornamentation and Improvisation in Mozart*. Princeton, NJ: Princeton University Press, 1986.
———. "Eine Klauselfamilie bei Mozart." *Mozart-Jahrbuch 1984/85* (1986): 75–79.
———. *New Essays on Performance Practice*. Ann Arbor, MI: UMI Research Press, 1989.
———. "A New Look at Mozart's Prosodic Appoggiatura." In *Perspectives on Mozart Performance*, edited by Larry Todd and Peter Williams, Cambridge Studies in Peformance Practice, 92–116. Cambridge: Cambridge University Press, 1991.
———. "Dots and Strokes in Mozart." *Early Music* (1993): 429–436.
Niemetschek, F. *Leben des k.k. Kapellmeisters W. G. Mozart, nach Originalquellen beschrieben*. Prague: 1798. Translated by H. Mouther (London: Hyman, 1956).（邦訳：F. ニーメチェク「ヴォルフガング・ゴットリープ・モーツァルトの生涯」高野紀子訳、『最初期のモーツァルト伝』、音楽之友社、1992年。）
Orel, Alfred. "Gräfin Wilhelmine Thun (Mäzenatentum in Wiens klassischer Zeit)." *Mozart-Jahrbuch 1954* (1955): 89–101.
Patier, Dominique. "La dynamique musicale au XVIIIème siècle." Dissertation 1978. Atelier National de Reproduction des Thèses, Université de Lille, 1983.
Paumgartner, Bernhard. "Von der sogenannten Appoggiatur in der älteren Gesangsmusik." *Musikerziehung* 5 (1953): 34.
Pestelli, Giorgio. *The Age of Mozart and Beethoven*. Cambridge: Cambridge University Press, 1984.
Petri, Johann Samuel. *Anleitung zur praktischen Musik*. 2nd ed. Leipzig: 1782.
Plath, Wolfgang. "Beiträge zur Mozart-Autographie I: Die Handschrift Leopold Mozarts." *Mozart-Jahrbuch 1960/61* (1961): 82–117.
———. "Beiträge zur Mozart—Autographie II. Schriftchronologie 1770–1780." *Mozart-Jahrbuch 1976/77* (1978): 131–173.

Pleyel, Ignaz. *Klavierschule*. 3rd ed. Leipzig: Kühnel und Hoffmeister, 1804.
Reeser, Eduard. *Ein Augsburger Musiker in Paris: Johann Gottfried Eckard 1735–1809*. Augsburg: Deutsche Mozart-Gesellschaft e. V., 1984.
Reijen, Paul van. "Die Temporelationen in der Aufführung von Mozarts Variationszyklus 'Ah, vous dirai-je Maman' KV 265/300e." *Mozart-Jahrbuch 1991* 1 (1992): 334–352.
Reinecke, Carl. *Zur Wiederbelebung der Mozart'schen Clavier-Concerte*. Leipzig: 1891.
Rellstab, J. C. Friedrich. *Anleitung für Clavierspieler*. Berlin: 1790.
Restle, Konstantin. "Mozarts Hammerflügel." *Mozart-Jahrbuch 1991* 1 (1992): 313–318.
Rosen, Charles. *The Classical Style: Haydn, Mozart, Beethoven*. London: Faber & Faber, 1971.
Rosenberg, Richard. *Die Klaviersonaten Mozarts*. Hofheim a.T.: Friedrich Hofmeister Verlag, 1972.
Rosenblum, Sandra P. *Performance Practices in Classic Piano Music*. Bloomington: Indiana University Press, 1988.
Rosenthal, Albi. "Leopold Mozart's Violinschule Annotated by the Author." In *Mozart Studies,* edited by Cliff Eisen. Oxford: Clarendon Press, 1991.
Rowland, David. *A History of Pianoforte Pedalling*. Cambridge: Cambridge University Press, 1993.
Rück, U. "Mozarts Hammerflügel erbaute Anton Walter." *Mozart-Jahrbuch 1955* (1956): 246–262.
Rudolf, Max. "Ein Beitrag zur Geschichte der Temponahme bei Mozart." *Mozart-Jahrbuch 1976/77* (1978): 204–224.
———. "Pamina's Aria, Questions of Tempo." In *A Musical Life: Writings and Letters*, 207–210. Hillsdale, NY: Pendragon Press, 2001.
Schenk, Erich. "Zur Tonsymbolik in Mozarts Figaro." *Neues Mozart-Jahrbuch* (1941): 114–134.
Schenker, Heinrich. *Ein Beitrag zur Ornamentik*. Vienna: 1908.（邦訳：H. シェンカー『古典ピアノ装飾音奏法』野呂愛子・為本章子訳、音楽之友社、1979 年。）
———. "Weg mit den Phrasierungs-Bögen." In *Das Meisterwerk der Musik*, Jb. I, Vienna: 1925.
Schering, A. "Vom musikalischen Vortrage." *Peters Jahrbuch for 1930* (1931): 9–23.
Schiedermair, Ludwig. *Mozart. Sein Leben und seine Werke*. Munich: 1922.
Schmid, Ernst Fritz. "Ein neues Autograph zu KV 265." *Mozart-Jahrbuch 1950* (1951): 10–13.
Schmid, Manfred Hermann. "Klaviermusik in Salzburg um 1770." *Mozart-Jahrbuch 1978/79* (1979): 102–112.
———. "Zur Mitwirkung des Solisten am Orchester-Tutti bei Mozarts Konzerten." *Basler Jahrbuch für historische Musikpraxis* 17 (1993): 89–112.
———. "Orchester und Solist in den Konzerten von W. A. Mozart." In *Mozart-Studien Bd. 9*. Tutzing: Schneider, 1999.
Schmitz, H. P. *Die Kunst der Verzierung im 18. Jahrhundert*. Kassel: Bärenreiter, 1995.（邦訳：H.P. シュミッツ『バロック音楽の装飾法 譜例による器楽及び声楽の演奏習慣』山田貢訳、シンフォニア、1974 年。）
Schubart, Christian Friedrich Daniel. *Ideen zu einer Ästhetik der Tonkunst*. Vienna: 1806.
Schünemann, Georg. *Musikerhandschriften von J. S. Bach bis Schumann*. Berlin: 1936.
Seiffert, Wolf-Dieter. "Punkt und Strich bei Mozart." In *Musik als Text, Bericht über den internationalen Kongress der Gesellschaft für Musikforschung*, 133–143. Kassel: Bärenreiter, 1994.
Staehelin, Martin. "Giuseppe Tartini über seine künstlerische Entwicklung." *Archiv für Musikwissenschaft* 35 (1978): 251–274.
Starke, Joseph. Klavierschule: Unpublish Manusript, *Wiener Piano-Forte Schule* in III Abtheilungen, op. 108, Archiv der Gesellschaft der Musikfreunde Wien, ca 1810? (Printed version as Part 1: Starke; Part 2: D. Sprenger; Part 3: Starke / J. Bermann). Vienna: 1819–1829.
Steglich, Rudolf. *Die elementare Dynamik des musikalischen Rhythmus*. Leipzig: 1930.
———. "Studien an Mozarts Hammerflügel." *Neues Mozart-Jahrbuch* 1 (1941): 181–210.
———. "Über den Mozart-Klang." *Mozart-Jahrbuch 1950* (1951): 62–75.
———. "Über Mozarts Adagio-Takt." *Mozart-Jahrbuch 1951* (1953): 90–111.
———. "Über Mozarts Melodik." *Mozart-Jahrbuch 1952* (1953): 47–58.

———. "Über das melodische Motiv in der Musik Mozarts." *Mozart-Jahrbuch 1953* (1955): 128–142.
———. "Das Auszierungswesen in der Musik W. A. Mozarts." *Mozart-Jahrbuch 1955* (1956): 181–237.
Strasser, Stefan. "Mozarts Orchesterdynamik." *Mozart-Jahrbuch 1997* (1997): 38–40.
Strauss, R. *Recollections and Reflections*. Translated by L. J. Lawrence. London: Boosey & Hawkes, 1953. Originally published in *Betrachtungen und Erinnerungen* (Zürich: 1949).
Stravinsky, I. *Poetics of Music*. Translated by Arthur Knodel and Ingolf Dahl. Cambridge: Harvard University Press, 1947.（邦訳：I. ストラヴィンスキー『音楽の詩学』笠羽映子訳、未來社、2012年。）
Sulzer, Johann Georg. *Allgemeine Theorie der schönen Künste. in Einzelnen nach alphabetischer Ordnung der Kunstwörter aufeinanderfolgenden Artikeln abgehandelt*, 4 vols. Berlin: 1792. Reprint, Hildesheim, 1967.
Sutcliffe, Dean W. "The Keyboard Music." In *The Cambridge Companion to Mozart*, edited by Simon P. Keefe. Cambridge: Cambridge University Press, 2003.
———. "Change and Constancy in Mozart's Keyboard Varations K. 180, K. 354 and K. 455." *Mozart-Jahrbuch 2003/04* (2005): 73–94.
Tosi. P. F. *Opinioni de' cantori antichi e moderni o sieno Osservazioni sopra il canto figurato*. Bologna: 1723.（邦訳：P.F. トージ『ベル・カントへの視座—昔時及び当節の歌い手に対する見解と、装飾の施された歌唱への所見』渡部東吾訳・注解、アルカディア書店、1994年。）
Tyson, Alan. *Mozart: Studies of the Autograph Scores*. Cambridge: Harvard University Press, 1987.
———. "Proposed New Dates for Many Works and Fragments Written by Mozart from March 1781 to December 1791." In *Mozart Studies*, edited by Cliff Eisen. Oxford: Clarendon Press, 1991.
Virneisel, W. "Mozartiana (Berichtigung)." *Musikforschung* 8 (1955): 345.
Weinmann, A. *Verzeichnis der Verlagswerke des Musikalischen Magazins in Wien, 1784–1802*. Vienna: 1950.
———. *Vollständiges Verlagsverzeichnis Artaria & Co.* Vienna: 1952.
Whitmore, Philip. "Unpremeditated Art: The Cadenza in the Classical Keyboard Concerto." *Oxford Monographs on Music*. Oxford: Clarendon Press, 1991.
Wichmann, Kurt. *Der Ziergesang und die Ausführung der Appoggiatura*. Leipzig: VEB Deutscher Verlag für Musik, 1966.
Wittmayer, Kurt. "Der Flügel Mozarts. Versuch einer instrumentenbaugeschichtlichen Einordnung." *Mozart-Jahrbuch 1991* 1 (1992): 301–312.
Wolf, Georg Friedrich. *Unterricht im Klavierspielen*. 2nd ed. Halle, 1784. Later edition, *Gründliche Clavierschule* (Vienna: 1801).
Wolff, Christoph. "Zur Chronologie der Klavierkonzert-Kadenzen Mozarts." *Mozart-Jahrbuch 1978/79* (1979): 235–246.
———. "Über kompositionsgeschichtlichen Ort und Aufführungspraxis der Klavierkonzerte Mozarts." *Mozart-Jahrbuch 1986* (1987): 90–92.
Zaslaw, Neal. *Mozart's Symphonies: Context, Performance Practice, Reception*. Oxford: Clarendon Press, 1989.（邦訳：N. ザスラウ『モーツァルトのシンフォニー——コンテクスト、演奏実践、受容』礒山雅監修・訳、永田美穂・若松茂生訳、東京書籍、2003年。）
———, ed. *The Classical Era*. Englewood Cliffs, NJ: Prentice Hall, 1989.（邦訳：N. ザスロー『啓蒙時代の都市と音楽 古典派』樋口隆一監訳、音楽之友社、1996年。）
———, ed. *Mozart's Piano Concertos: Text, Context, Interpretation*. Ann Arbor: University of Michigan Press, 1996.
Zimmermann, Ewald. "Das Mozart-Preisausschreiben der Ges. für Musikforschung." In *Festschrift für Joseph Schmidt-Görg*, 400–408. Bonn: 1957.

監訳者後記

　待望の書がここに完成した。旧版の『モーツァルト 演奏法と解釈』は1957年にドイツ語で出版されたがその後、英語、フランス語、イタリア語、ロシア語などさまざまな言語に訳され、モーツァルトを愛する世界中の音楽関係者にとってバイブル的な存在となった。渡辺護訳の日本語版として出版されたのは1963年だが、ついに絶版となった1995年9月まで実に19刷の版を重ね、音楽ジャンルの学術書としてはまれに見るロングセラーとして多くの読者に愛された。

　1957年から半世紀以上の時が流れ、モーツァルトに関する研究は大きな進展を見せた。第二次世界大戦の戦渦の中で行方不明になっていた資料とともに新しい資料も多数発見され、内容の見直しは避けられない課題となったのである。そうした最新の知見を反映した新版が2008年に出版され、本書はこれを日本語に訳したものである。

　著者のバドゥーラ＝スコダ夫妻と私とは1970年代以来の親交があり、夫妻は私の音楽人生にとって欠くことのできない恩人だ。とりわけパウル・バドゥーラ＝スコダ氏は音楽家としての私を育ててくれた恩師であり、氏から受けた多くの薫陶は何ものにも代えがたい宝物として私の支えになっている。

　本書はまぎれもない「専門書」である。しかし「専門書」あるいは「学術書」はえてして難解になりがちだ。それを避けるために、私を辛抱強く導いてくれた恩師の愛情と言葉遣いを思い出しながら、本書の編集では「わかりやすく、親しみやすく」を常に忘れず、読者とモーツァルトとの距離が少しでも縮まるよう心がけた。基本的な日本語化を全面的に担当してくれた堀朋平氏と西田紘子さんには、その尽力に対して心からの感謝を捧げたい。かれらの精細な翻訳作業なくしては、本書をこのような「身近な存在の本」としてまとめることは不可能だったろう。

　私は監訳者として内容の精査を行ない、日本語としての体裁を整えたのだが、その際にたくさんの疑問点が浮上した。単純な誤植もあれば、新資料の発見に由来する修正の反映が不徹底だったものなど、その背景にはさまざまな要因があった。そうした疑問はすべて原著者に逐一質問し、回答を得た。些細なものから重大なものまで膨大な量の質問に逐一誠実に回答してくれた原著者にも、感謝あるのみだ。

　このような事情から、原著と本書の間には少なからぬ相違（その多くは小節番号あるいは音名表示だが、それ以外の修正、追加や削除も含まれる）が生じているが、これらの改変はすべて原著者の確認と了承を得たものであることを記しておきたい。また、ヨーロッパ言語にありがちな「まわりくどさ」を回避し、わかりやすく集約した部分もある。こうした多くの変更を経て、原著より進化した日本語版は「より望ましいエディション」として原著

者も認めるものとなった。この状況をふまえ、読者が研究論文などに本書（あるいは原著）からの引用を行なう場合、引用文の内容確認と出典表示にはくれぐれも留意していただきたい。

　本書の出版に関して多くの励ましをいただいた音楽之友社の亀田正俊氏、校正作業の際に譜例を丹念に確認し、また表現上の疑問点を忌憚なく指摘してくれた中川航君、そして膨大な原稿を確認しつつ1冊の本にまとめる大変な作業を誠実かつ着実に遂行してくださった音楽之友社の中澤慶さんには、この場を借りて心からの謝辞を表したい。本書が今後何十年も読み継がれていくモーツァルトファンの愛読書となるよう、心から願っている。

　　2016年春

　　　　　　　　　　　　　　　　　　　　　　　　　　　　　　今井　顕

作品索引

◆ピアノ協奏曲

K.37　ヘ長調　第1番　509, 555
K.39　変ロ長調　第2番　509, 555
K.40　ニ長調　第3番　34, 509, 555
K.41　ト長調　第4番　509, 555
K.107　ニ長調／ト長調／変ホ長調　239
K.175　ニ長調　第5番　33, 363, 497, 554
K.238　変ロ長調　第6番　33, 125, **238**, **287**, 295, 371, 373, 382, 394, 509, 526
K.242　ヘ長調　第7番（3台）　**65**, 124, 128, 222, **291**, **292**, **303**, 389, 409
K.246　ハ長調　第8番「リュッツォウ」　33, 130, **221**, 226, 228, **251**, **288**, **360**, 362, 364, 371, 509, 510, **511**, **528**, 529, 530
K.271　変ホ長調　第9番「ジュノム」　33, 34, 49, 50, 78, 108, 121, 126, 129, 131, **152**, **209**, **213**, **256**, **270**, **304**, 316, 352, 363, 364, 373, 375, 378, 381, **383**, 387, **395**, 396, **433**, 458, **481**, **498**, 509, 523, 526, 530
K.365　変ホ長調　第10番（2台）　85, 109, 130, **149**, 154, **214**, **215**, **265**, **269**, **279**, **282**, **283**, **286**, **290**, **292**, **328**, 378, 389, 390, 409, 462, 463, **468**
K.382　協奏ロンド　ニ長調　130, **183**, **190**, 328, 329, 373, 378, 389, **428**, 443, 497, 526, **550**, 554
K.386　協奏ロンド　イ長調　322
K.413　ヘ長調　第11番　80, 118, 371, 378, 497, 505, 510
K.414　イ長調　第12番　80, **193**, **217**, **305**, 362, 370, 373, 378, 381, 396, **402**, **404**, **409**, 469, 505, 510, 515, **518**, 525, 527, 529, 534, 554, **653**
K.415　ハ長調　第13番　**285**, 327, 373, 381, 394, 396, 505, 509, 510
K.449　変ホ長調　第14番　86, **90**, 123, 126, 131, 156, **171**, **196**, **263**, **272**, **284**, 297, 299, 337, 370, 373, **377**, 382, 384, 483, 497, 499, 505, 517, **521**, **523**, **525**, 528, 529, **550**, 554, 558, 597, **600**

K.450　変ロ長調　第15番　54, **154**, **254**, **264**, **281**, 365, 373, **374**, **377**, 381, 394, 395, 396, 483, 497, **517**, 554, 558
K.451　ニ長調　第16番　89, 109, **174**, **196**, 249, 269, **272**, **316**, 334, 357, 360, 365, 389, **391**, 440, **470**, 483, 497, 511, 512, 554
K.453　ト長調　第17番　**65**, 78, **147**, **191**, 198, **221**, **251**, **253**, 292, **293**, **302**, **303**, 342, 362, 370, 373, **376**, 381, 382, **385**, **387**, **402**, 421, **430**, 497, 544, 554, 558
K.456　変ロ長調　第18番　**184**, **293**, 297, 362, **375**, 381, 382, **386**, 388, **425**, **463**, **515**, 523, **526**, 530, 554, 558
K.459　ヘ長調　第19番　130, 132, **175**, **224**, **283**, **339**, 356, 362, 365, 371, 373, 375, 378, **379**, 382, **389**, 399, **404**, 421, **522**, **523**, 554
K.466　ニ短調　第20番　**52**, 54, 57, **60**, 62, **90**, 123, **132**, **211**, **230**, **234**, **248**, **261**, **262**, **273**, 318, 337, 339, 352, **353**, 364, 365, **423**, **427**, **499**, **501**, **502**, **504**, **506**, **507**, 510, 512, 521, **524**, **555**, 558, 564, 588, 605, 607
K.467　ハ長調　第21番　85, 123, 130, 132, 133, **170**, **173**, 212, 269, **283**, **292**, **343**, **344**, 345, 357, 364, 365, 421, 479, 510, 554, 558
K.482　変ホ長調　第22番　**62**, 99, 106, 133, **139**, **140**, **153**, **155**, **196**, 219, **257**, **264**, **265**, **267**, **281**, **282**, **285**, **291**, **296**, 300, 314, **324**, 326, 327, **328**, **329**, 340, 348, 364, 365, 370, 393, 421, **423**, **426**, **429**, **439**, 479, 502, **506**, **522**, 524, **527**, **541**, 554, 558, 593, **597**
K.488　イ長調　第23番　**63**, 130, 132, **172**, **177**, **190**, **289**, 299, 316, **344**, **345**, 364, 365, 370, 372, 375, **376**, 382, **425**, **432**, **433**, **470**, **506**, **516**, 521, **523**, 524, **527**, 529, **536**, **541**, **550**, 558, **573**, 593
K.491　ハ短調　第24番　31, **55**, 99, 121, 125, 143, **172**, **187**, **233**, 326, 328, 329, 339, **340**, **342**, **354**, 357, 364, 365, 372, 373, 392, 393, **419**, **426**, **431**, 439, 440, 443, 466, **471**, 474, 521, **522**, 524, **530**, 549, 558, **587**, 588, 593, 597, 606

K.503　ハ長調　第25番　85, **88**, 99, 100, 119, 130, **219**, 271, **329**, 337, **347**, 357, 364, 372, 393, 440, **474**, 506, 554, 558

K.537　ニ長調　第26番「戴冠式」　121, **182**, 314, 318, 323, 327, **355**, 356, 364, 370, 372, **427**, 480, 513, 555, 605, 606, 608

K.595　変ロ長調　第27番　**54**, **64**, 101, **109**, **121**, 125, 132, 143, 146, **152**, **174**, **175**, **197**, **218**, **222**, **259**, **267**, **279**, 299, **318**, 329, **349**, 362, 364, 365, 370, 371, **374**, 375, **378**, **381**, 382, **386**, **388**, 394, 396, 405, **434**, **448**, **477**, 497, **499**, **504**, **505**, **506**, 513, 523, **539**, 555, 558, 605, 606

◆ピアノソナタ

K.19d　ソナタ　ハ長調（4手）　493
K.279　ハ長調　第1番　33, 34, 75, 76, 197, **218**, 228, **237**, **257**, 433
K.280　ヘ長調　第2番　**226**, 304
K.281　変ロ長調　第3番　86, **155**, 290, **304**, **402**, 498, 534, 635, **651**
K.282　変ホ長調　第4番　41, 129, **162**, **410**
K.283　ト長調　第5番　388
K.284　ニ長調　第6番　33, 75, 77, 85, 101, 121, 130, **250**, 320, 331, **332**, **459**, 467, 489
K.309　ハ長調　第7番　84, 90, **95**, 121, 125, **217**, 320, 334, **462**
K.310　イ短調　第8番　**50**, **51**, **52**, 75, 78, 79, 86, 90, **91**, 92, **94**, 100, 108, 119, 130, 131, **167**, **173**, **189**, 197, **214**, **231**, **250**, **258**, 300, **306**, 321, 432, **434**, **489**, 545, **620**
K.311　ニ長調　第9番　**45**, 54, 86, 102, 121, 125, **168**, **169**, 274
K.330　ハ長調　第10番　77, 78, 80, 82, 86, 101, **107**, **170**, **207**, **216**, 219, **270**, **296**, **298**, **303**, 322, **358**, 488
K.331　イ長調　第11番　23, **53**, 77, 105, 119, 125, 136, 174, 197, **219**, **240**, **258**, 259, **273**, 288, **424**, **425**, **435**, 447, **481**, **490**, **544**, 634
K.332　ヘ長調　第12番　77, 101, 124, **144**, **157**, **162**, **179**, **217**, **220**, **248**, **269**, **274**, **301**, 316, 321, 322, **331**, 334, **435**, 467, 488, **491**
K.333　変ロ長調　第13番　75, 77, **96**, **101**, 125, **164**, **170**, **184**, **271**, **280**, 320, **380**, 387, 459,

463, **491**, 625, 640

K.357　ソナタ　ト長調（4手）　493
K.375b　ソナタ楽章　変ロ長調（2台）　124
K.381　ソナタ　ニ長調（4手）　121, 389
K.448　ソナタ　ニ長調（2台）　63, 78, **81**, 121, 130, **256**, 296, 299, **304**, 440, **652**
K.457　ハ短調　第14番　4, 74, 75, 77, 79, 80, **83**, 84, 85, **91**, 104, 108, 124, 130, 131, 132, 133, 137, **142**, **143**, **198**, **199**, **232**, **271**, **274**, **283**, 289, 316, 321, 322, **335**, **343**, 358, 406, 412, **464**, 467, 490, **491**, **544**, 546, 548, 564, 625, **641**, **651**
K.497　ソナタ　ヘ長調（4手）　77, 150, **256**, 406, **466**, 492
K.521　ソナタ　ハ長調（4手）　149, **171**, **172**, **265**, 300, 322, 407, 492, **628**
K.533/K.494　ヘ長調　第18番　99, 119, 125, 132, 146, **176**, **223**, **238**, **253**, **258**, **271**, 273, **286**, **296**, 321, 387, **390**, **448**, 534, **551**, **651**
K.545　ハ長調　第15番　74, 78, **218**, 228, **432**, **433**, **434**, 447, 634
K.570　変ロ長調　第16番　**46**, **175**, **180**, 197, 358, **428**, **465**
K.576　ニ長調　第17番　83, 85, 100, 104, **108**, 124, 130, 133, 136, 182, 185, 268, 289, 358, 452, **651**

◆ピアノのための変奏曲、小品

K.2　　メヌエット　ヘ長調　**411**
K.4　　メヌエット　ヘ長調　218
K.5　　メヌエット　ヘ長調　218
K.179　フィッシャーのメヌエットによる変奏曲　ハ長調　**233**
K.264　《リゾンは眠った》による変奏曲　ハ長調　252, 544
K.265　《ああ、お母さん、あなたに申しましょう》による変奏曲　ハ長調　**167**, 270, 411, **651**
K.352　《愛の神》による変奏曲　ヘ長調　54
K.355　メヌエット　ニ長調　85
K.394　幻想曲とフーガ　ハ長調　**49**, **62**, 124, 125, **129**, 392, **427**, 549
K.396　幻想曲　ハ短調　48
K.397　幻想曲　ニ短調　**48**, 80, 185, **318**, 367, 409,

	480, 570
K.398	《主よ、幸いあれ》による変奏曲　ヘ長調　279, **282**, 367, 534
K.426	フーガ　ハ短調（2台）　282
K.455	《愚かな民が思うには》による変奏曲　ト長調　54, **213**, 236, 305, 366, 479
K.460	《仔羊のように》による変奏曲　イ長調　54, **280**, 286, 366, 656
K.475	幻想曲　ハ短調　74, 77, 79, **92**, 99, 124, **172**, **176**, **181**, **237**, 238, **262**, **269**, 367, **368**, 412, 425, **437**, 438, 450, 491, 546, **547**, **549**, 588, 596, **651**
K.485	ロンド　ニ長調　118, 197, 216, 226, **280**, **420**, 426
K.494	ロンド　ヘ長調→ピアノソナタ K.533／K.494 を参照
K.501	変奏曲　ト長調（4手）　24, **151**, 270, **467**, 493
K.511	ロンド　イ短調　76, 84, 85, 86, 98, **167**, 185, 197, **254**, **285**, 321, 336, 424, 490, 498
K.540	アダージョ　ロ短調　**94**, 124, 197, **220**, **393**
K.573	デュポールのメヌエットによる変奏曲　ニ長調　**51**, **279**, **299**, **300**, 367, **548**
K.594	幻想曲　ヘ短調（自動オルガン）　493
K.608	幻想曲　ヘ短調（自動オルガン）　493
K.613	《女ほど素敵なものはない》による変奏曲　ヘ長調　**266**, 367, 396
K.616	アンダンテ　ヘ長調（自動オルガン）　195, 278

◆弦楽器のための協奏曲

K.216	ヴァイオリン協奏曲　ト長調　第3番　**231**, **244**, **251**, **394**, **429**
K.219	ヴァイオリン協奏曲　イ長調　第5番　109, 128, **239**, **240**, 322, 404
K.364	シンフォニア・コンチェルタンテ　変ホ長調　85, **289**

◆ヴァイオリンソナタ

K.6	ソナタ　ハ長調　33, 34
K.7	ソナタ　ニ長調　33, 34
K.8	ソナタ　変ロ長調　33, 34
K.9	ソナタ　ト長調　33, 34
K.12	トリオ・ソナタ　イ長調　34
K.296	ソナタ　ハ長調　125, **154**, 224
K.301	ソナタ　ト長調　249
K.304	ソナタ　ホ短調　81, **210**, 295
K.305	ソナタ　イ長調　**263**, **288**
K.306	ソナタ　ニ長調　78
K.359	《羊飼の娘セリメーヌ》による変奏曲　ト長調　213
K.377	ソナタ　ヘ長調　96, 139, **223**, 325, 407
K.378	ソナタ　変ロ長調　**260**
K.379	ソナタ　ト長調　119, **151**, 188, **259**, **261**, **294**, **652**
K.402	アンダンテとフーガ　イ長調　148
K.454	ソナタ　変ロ長調　78, 101, 103, 119, 124, **212**, **216**, 236, **259**, **305**, 315, 327, 406, 459
K.481	ソナタ　変ホ長調　**171**, 494, 577
K.526	ソナタ　イ長調　**200**, **652**

◆ピアノ三重奏曲、四重奏曲、五重奏曲

K.452	ピアノ五重奏曲　変ホ長調　81, 82, **297**, 391, 406, 525, 530, **652**
K.478	ピアノ四重奏曲　ト短調　100, 216, **292**, 322, **401**, 407, 525, 526, 530
K.493	ピアノ四重奏曲　変ホ長調　525, 530
K.496	ピアノ三重奏曲　ト長調　**101**, **266**, 407
K.498	ピアノ三重奏曲　変ホ長調「ケーゲルシュタット」　55
K.502	ピアノ三重奏曲　変ロ長調　**101**, **422**
K.542	ピアノ三重奏曲　ホ長調　41, 80, **91**, 119, **298**
K.548	ピアノ三重奏曲　ハ長調　219, **428**

◆弦楽四重奏曲、五重奏曲

K.387	弦楽四重奏曲　ト長調　129
K.406	弦楽五重奏曲　ハ短調　81
K.421	弦楽四重奏曲　ニ短調　87
K.428	弦楽四重奏曲　変ホ長調　85, 610
K.458	弦楽四重奏曲　変ロ長調「狩」　**89**, **222**, **232**
K.465	弦楽四重奏曲　ハ長調「不協和音」　**40**, 440
K.515	弦楽五重奏曲　ハ長調　81, 82, 296

K.589　弦楽四重奏曲　変ロ長調　82
K.590　弦楽四重奏曲　ヘ長調　136
K.593　弦楽五重奏曲　ニ長調　81, 82

◆交響曲

K.43　　ヘ長調　第6番　85
K.128　ハ長調　第16番　287
K.129　ト長調　第17番　287
K.183　ト短調　第25番　87, 443
K.199　ト長調　第27番　78
K.201　イ長調　第29番　150, 213, 228, **287**, 629
K.319　変ロ長調　第33番　**87**
K.338　ハ長調　第34番　496
K.385　ニ長調　第35番「ハフナー」　106, **115**, 131, 132, **245**, 343
K.425　ハ長調　第36番「リンツ」　407
K.504　ニ長調　第38番「プラハ」　407
K.543　変ホ長調　第39番　129, 322
K.550　ト短調　第40番　129, 134, **156**, **169**, 306, **359**, 441, 443, 566
K.551　ハ長調　第41番「ジュピター」　104, 129, 134, 175, **192**, 293

◆セレナーデ、ディヴェルティメント類

K.186　ディヴェルティメント　変ロ長調　**411**
K.239　セレナーデ　ニ長調「セレナータ・ノットゥルナ」　**220**
K.250　セレナーデ　ニ長調「ハフナー」　36
K.320　セレナーデ　ニ長調「ポストホルン」　85
K.361　セレナーデ　変ロ長調　55, 407, **502**
K.388　セレナーデ　ハ短調　81
K.477　フリーメーソン葬送行進曲　ハ短調　87, **182**
K.522　音楽の冗談　ヘ長調　82
K.525　セレナーデ　ト長調「アイネ・クライネ・ナハトムジーク」　250, 289, **411**, 443
K.546　アダージョとフーガ　ハ短調　149

◆オペラ、ジングシュピール

K.366　《クレタの王イドメネオ》　87, 437
K.384　《後宮からの誘拐》　87, 96, **115**, 437
K.492　《フィガロの結婚》　85, **127**, **178**, **241**, **244**, 299, 428, 440, 444, 583
K.527　《ドン・ジョヴァンニ》　55, 85, 118, **127**, **150**, 157, **244**, 366, 442, 444, 634
K.588　《コシ・ファン・トゥッテ》　**242**, **246**, 437, **438**, 634
K.620　《魔笛》　85, **120**, **149**, **179**, 346, **359**, 428, 438, 439, 452, 513, **646**
K.621　《皇帝ティートの慈悲》　85, 513

◆教会音楽

K.339　証聖者の盛儀晩課　ハ長調　**246**
K.427　ミサ　ハ短調　**149**, 392, 438
K.626　レクイエム　ニ短調　152, 156, 438, 513, 518

◆声楽曲

K.294　私は知らぬ、このやさしい愛情がどこからやってくるのか？　337
K.476　すみれ　ト長調　213, **236**
K.505　心配しなくてもいいのです、愛する人よ　126

◆他者の作品の編曲

K.293e　J.C. バッハの3曲のオペラ・アリアのためのカデンツァ　337, 363

◆その他の作曲家の作品

シューベルト
　ピアノソナタ　イ短調　D537　126
　冬の旅　D911　153, 613

シューマン
　ピアノソナタ第3番　作品14　499

子供の情景よりトロイメライ　作品15　646
ピアノ協奏曲　イ短調　364

ショパン
　ピアノ協奏曲第1番　作品11　482
　ノクターン　変ニ長調　作品27の2　647
　コンサート用アレグロ　イ長調　作品46　499
　ピアノソナタ第3番　作品58　153

スカルラッティ
　ソナタ　ホ長調　K.380　72

チャイコフスキー
　交響曲第6番「悲愴」　作品74　74

ドビュッシー
　前奏曲集第1集よりデルフィの舞姫　627

ハイドン
　フルート、チェロ、ピアノのためのトリオ　ニ長調　Hob.XV/16　126
　ピアノソナタ　ホ長調　Hob.XVI/22　109
　ピアノソナタ　ホ長調　Hob.XVI/31　109
　ピアノソナタ　ハ長調　Hob.XVI/50　549
　ピアノソナタ　変ホ長調　Hob.XVI/52　76
　舞踏会用メヌエット　Hob.IX/11　128
　24のメヌエット　Hob.IX/16　128

バッハ
　平均律クラヴィーア曲集第2巻よりプレリュード　ホ長調　BWV878　72
　半音階的幻想曲　BWV903　47
　イタリア協奏曲　BWV971　73, 144, 319
　ブランデンブルク協奏曲第5番　BWV1050　73
　チェンバロ協奏曲第1番　BWV1052　590

ベートーヴェン
　ピアノソナタ第7番　作品10の3　65
　ピアノ協奏曲第2番　作品19　386
　ピアノソナタ第14番「月光」　作品27の2　107, 312
　ピアノソナタ第18番　作品31の3　65
　交響曲第2番　作品36　646
　ピアノ協奏曲第4番　作品58　65
　交響曲第5番「運命」　作品67　646
　ピアノ協奏曲第5番「皇帝」　作品73　350, 364, 554
　ピアノソナタ第29番「ハンマークラヴィーア」　作品106　194, 386

ヒンデミット
　ピアノソナタ第3番　647

ブラームス
　ピアノ協奏曲第1番　作品15　531
　ピアノ協奏曲第2番　作品83　531, 646

著者
パウル・バドゥーラ＝スコダ（Paul Badura-Skoda）
　1927年ウィーンに生まれる。1945年にウィーン音楽学校に入学、そのわずか2年後にオーストリア音楽コンクールで優勝した。1949年にヴィルヘルム・フルトヴェングラーとヘルベルト・フォン・カラヤンがバドゥーラ＝スコダの並外れた才能に注目してコンサートのソリストとして招いたところ、まさに一夜にしてこの若いウィーン生まれのピアニストは世界的な大ピアニストとなったのである。またエトヴィン・フィッシャーのアシスタントも務め、フィッシャーの死後、ウィーンやザルツブルク、エディンバラ、シエナでマスタークラスの伝統を引き継いだ。数多くの主要な国際ピアノコンクールの審査員を務めつつ、大きな情熱を若い音楽家の育成にも捧げている。
　バドゥーラ＝スコダのレパートリーはウィーン古典派に限定されることなく、バロックから現代音楽までの幅広いジャンルを包括している。ピリオド楽器を使用したコンサート、指揮や作曲のみならず音楽学の分野における研究業績も充実しており、1990年には『バッハ　演奏法と解釈』をドイツのラーバー社より上梓、2008年にはその邦訳が今井顕の監訳によって全音楽譜出版社から出版された。膨大な量の自筆譜や初版のマイクロフィルムに加え、演奏可能なピリオド楽器のコレクションも所有している。1976年、オーストリア政府はパウル・バドゥーラ＝スコダに「オーストリア科学・芸術名誉十字章」を授与してその活動を称え、1978年には「ベーゼンドルファー・リング」が贈られた。

エファ・バドゥーラ＝スコダ（Eva Badura-Skoda）
　ウィスコンシン大学マディソン校の教授として、またザルツブルク・モーツァルテウムやカナダ（クィーンズ大学、マギル大学）、アメリカ（ボストン大学）、ヨーロッパ（ゲッティンゲン大学）でも客員教授として教鞭を執るとともに、世界各地で数々の講演を行っている。夫であり著名なピアニストであるパウル・バドゥーラ＝スコダとともに執筆した『モーツァルト　演奏法と解釈』の旧版（音楽之友社刊）は、日本語を含む6か国語に翻訳されている。他にもモーツァルトのハ短調協奏曲に関する著作、ハイドン、モーツァルト、ベートーヴェン、シューベルトの作品研究や原典版楽譜など、多くの研究成果を発表してきた。また、フォルテピアノの歴史に関する3本のドキュメンタリー映画の脚本執筆および監督を担当、英語のDVD要約版はアメリカ・ブルーミントンのインディアナ大学出版局より出版されている。1982年にウィーンで国際ヨーゼフ・ハイドン学会を、1997年には同地で国際シューベルト会議を企画し、それぞれ論文集を出版した（前者はヘンレ社、後者はベーラウ出版）。近刊に『18世紀のフォルテピアノ・グランドと、スカルラッティからベートーヴェンに至るその主なパトロンThe Eighteenth-Century Fortepiano grand and its main Patrons from Scarlatti to Beethoven』（インディアナ大学出版局）がある。1986年にオーストリア科学・芸術名誉十字章Osterreichisches Ehrenkreuz fur Wissenschaft und Kunstを授与された。

監訳者
今井　顕（いまい・あきら）
　1954年、東京に生まれる。若くして才能をパウル・バドゥーラ＝スコダに認められ、私立武蔵高校を中退してウィーンへ渡欧、氏の薫陶のもとで研鑽を積んだ。早くも19歳でウィーン国立音楽・舞台芸術大学を最優秀の成績にて卒業、数々の国際コンクールに優勝・入賞し、コンサートピアニストとして国際的な活動を開始する。
　恩師スコダにはフォルテピアノも含めた演奏技法のみならず、古典派の書法に関する実践的な知見や原典資料の評価と原典版楽譜の編集技術も教授され、東独ペータース社のショパン原典版全集の『即興曲集』やオイレンブルク社刊『ベートーヴェン　ピアノ協奏曲第5番「皇帝」』の原典版スコアその他の編纂を担当した。
　ウィーン音大にて開講されたスコダ・クラスのアシスタントを経て同大学の客員教授となり、1995年、その業績と尽力とに対しオーストリア政府より名誉教授の終身称号を授与される。
　国内ではP.バドゥーラ＝スコダ著『バッハ　演奏法と解釈』（全音楽譜出版社）の監訳、『初版および初期楽譜に基づくソナチネアルバム』（同）や『モーツァルト　ピアノ・ソナタ集』全6巻（音楽之友社）の出版など、そのグローバルな活動は演奏のみならず多岐にわたっている。http://atwien.com

訳者
堀　朋平（ほり・ともへい）
　神奈川県生まれ。武蔵野音楽大学・国立音楽大学講師。日本学術振興会特別研究員PDを経て2013年、東京大学大学院人文社会系研究科博士後期課程修了。日本シェリング協会第10回研究奨励賞受賞。著書に『〈フランツ・シューベルト〉の誕生』（法政大学出版局、2016年）。共著に『バッハ　キーワード辞典』（春秋社、2012年）など。

西田　紘子（にしだ・ひろこ）
　千葉県生まれ。九州大学大学院芸術工学研究院助教。ロータリー財団奨学金を得て2005年より2年間、ウィーン国立音楽大学博士課程で音楽理論等を学ぶ。2009年、東京藝術大学大学院音楽研究科博士後期課程修了。共訳書にシェンカー『ベートーヴェンのピアノ・ソナタ第28番op.101批判校訂版』（音楽之友社、2015年）など。

新版 モーツァルト 演奏法と解釈

2016年5月10日　第1刷発行
2022年2月28日　第3刷発行

著者	エファ&パウル・バドゥーラ=スコダ
監訳者	今井 顕
訳者	堀 朋平・西田紘子
発行者	堀内久美雄
発行所	株式会社 音楽之友社
	〒162-8716　東京都新宿区神楽坂6-30
	電話　03-3235-2111（代）
	振替　00170-4-196250
	https://www.ongakunotomo.co.jp/

装丁	久保和正
組版	鈴木典子
印刷	（株）シナノパブリッシングプレス
製本	（株）ブロケード

ISBN978-4-276-13111-8　C1073

落丁本、乱丁本はお取替いたします。
本書の全部または一部のコピー、スキャン、デジタル化等の無断複製は著作権法上での例外を除き禁じられています。また、購入者以外の代行業者等、第三者による本書のスキャンやデジタル化は、たとえ個人や家庭内での利用であっても著作権法上認められておりません。
Printed in Japan